张厚粲先生作序推荐

结构方程模型的原理与应用

(第二版)

邱皓政　林碧芳　著

中国轻工业出版社

图书在版编目（CIP）数据

结构方程模型的原理与应用/邱皓政，林碧芳著.—2版.—北京：中国轻工业出版社，2019.2（2020.10重印）
ISBN 978-7-5184-2073-5

Ⅰ.①结⋯　Ⅱ.①邱⋯②林⋯　Ⅲ.①统计模型—研究　Ⅳ.①C815

中国版本图书馆CIP数据核字（2018）第189988号

总　策　划：石　铁
策划编辑：孙蔚雯　　　　　责任终审：张乃柬
责任编辑：孙蔚雯　　　　　责任监印：刘志颖

出版发行：中国轻工业出版社（北京东长安街6号，邮编：100740）
印　　刷：三河市鑫金马印装有限公司
经　　销：各地新华书店
版　　次：2020年10月第2版第2次印刷
开　　本：850×1092　1/16　印张：33.00
字　　数：500千字
书　　号：ISBN 978-7-5184-2073-5　定价：88.00元
读者热线：010-65181109，65262933
发行电话：010-85119832　传真：010-85113293
网　　址：http://www.chlip.com.cn　http://www.wqedu.com
电子信箱：1012305542@qq.com
如发现图书残缺请与我社联系调换
180429Y2X101ZBW

第二版序

10年前，我在本书初版序中诉说了我这个来自台湾的新晋学者于1997年认识大陆心理学界前辈张厚粲先生的故事，也提到在2004年严冬的大雪中，我初次在北京师范大学图书馆演讲厅讲课的情节。往事依然历历在目。而我之所以特别在序言里说这些大小事，不是因为多愁善感，而是因为这些点滴故事不仅带领我跨过海峡，打开眼界，丰富了个人生命经验；更重要的是，我因此能在学术大海中找到一个航行方向，有机会传播个人理念与知识，认识许多学术友人与学生，以及无数读者乃至"粉丝"。对于一个久居陋舍的文人学者来说，这些大小事不能只放在心里默默记得，而是要付诸行动，让它能够开花结果，不负老天赐予我的独特恩惠，所以写在序言里，自我期勉。

这些年来，也许是因为逐渐年长，变得资深，行政工作繁重，因此经常到世界各地出差、开会与交流，来到大陆的机会少了。记得有一天，在京师大厦大厅一隅，出版社的孙编辑询问我这本书要不要改版。已经10年了，我心里一惊，心想确实忽略了这本书的存在。我回答说这本书比较偏冷深，读者未必会喜欢。孙编辑当然好言安慰我，例如说结构方程模型并不偏并不冷，深浅难易不是问题，这个课题越来越重要等等话语。但我尤其记得孙编辑说这本书的序写得特别，有激励作用，大陆读者特别对台湾学者感兴趣……我万万没想到，个人生命体验可以得到更多共鸣。我真的很意外，自己竟然在无形中形塑了台湾学者的意象，促成了两岸交流。所以，就再写个续集吧。

这次改版有两项重要的调整改变。一个是增加了操作分析的广度。在第二作者林碧芳博士的协助下，第二版在第一版的LISREL、SIMPLIS、Amos与Mplus之外，又介绍了如何用免费软件R来进行各种结构方程模型（structural equation modeling，简称SEM）的分析，使得读者在练习实操或进行研究时，多了一项选择，而且可以不再仰赖付费的商用软件。另外，在讨论 Mplus 时，我们也更新至最新的第 8 版，为有兴趣使用 Mplus8（被 SEM 领域研究者认为是复杂模型终结武器的软件）来进行研究的读者提供了又一入门与精熟的途径。

另一项重要的变动是新增加了"潜在成长模型""中介与调节"两个章节，两者各擅所长，又巧妙交集，皆与因果推论有关，都是当代社会科学领域与 SEM 应用的重要议题。潜在成长模型涉及对重复测量追踪数据的分析，能有效处理随时间变动的时序效果；中介与调节则与第三变量的处理有关，可厘清变量间的影响机制，善用统计控制并降低混淆。如果读者经常阅读学术期刊文献，应当会发现，不论中外，都有大量关于中介（Mediation）与调节（Moderation）效应的文章。虽然这些研究可能只是用传统 OLS 回归来进行分析，未必会用到 SEM，但是正因 SEM 是 OLS 回归的进阶方法，所以应用 SEM 来分析中介与调节效应将会有更大的发挥空间。例如，可以利用多重指标（Multi-indicator）设定潜在变量，整合因素分析，估计多重结果变量的复杂模型下的中介与调节效果，等等。更重要的是，利用 SEM 可以将中介与调节议题同"多轮（Multi-wave）""多水平（Multi-level）"等更高阶的统计模型加以联结，更有效地处理量化分析，得到更精致的研究结果。这是 SEM 方法典范的一种升华。有趣的是，若把前面提及的议题或方法的英文前缀 M 连起来，就是 3M、4M、5M……这就是我带着巧克力以"3M and beyond"为题在各地演讲的缘由。

本书第二版为了维持入门教材的定位，并未加入更多对高阶应用模型的讨论，仅导入了一些基本的追踪数据分析与中介调节效果分析的方法介绍。有兴趣向 4M、5M 或更多 M 迈进的读者，可以从我在 2017 年所完成的《多层次模式与纵贯数据分析》（由台湾五南图书公司出版）一书中得到相关的信息。换言之，这两本书就是上下集，读完本书打好底子，再续读《多层次模式与纵贯数据分析》，就可以对 SEM 这一个方法学的当代发展有相当全面而丰富的认识与理解。

虽然新书陆续出版，应有如释重负、心想事成的愉悦与宽心，但其实不然。今年初，一位深交数十年的学术友人辞世，虽过数月但伤痛仍在。从得知他罹患重病以来，屡屡听他诉说病情，只能安慰而无法为他做些什么，于是请他为《多层次模式与纵贯数据分析》作序。他身体虽然虚弱却依约完成。过去的我，羡慕他论文无数、著作等身、德高望重，而我虽书写得多，但发表的国际学术论文少。我们关系虽好，却总觉得他未必肯定我的选择，因为他一直鼓励我一起发表文章，即使他卧病在床，仍可以接到他讨论研究进度的私讯。遗憾的是，我们合作的研究来不及完成了。最后一次见面，是在台北罗斯福路的北京楼。他食欲不好，只点几道小菜。他知道我在修这本书的第二版，问我进度，问我有没有打算写IRT与SEM的整合应用。我笑笑说，读者吃不消，不放这些内容了。他说，"能活着多写东西真好，很羡慕你的文笔，我也想把自己的研究心得写成书，比较多人看。"他的赠序的最后一句说道："借机荐请皓政教授……继续撰写……以飨读者，以推进社会科学数据分析的质量。"今天这本书顺利修版完成，就当作两人承诺与愿望的实现吧。

年轻时，很喜欢一阕词："是非成败转头空，青山依旧在，几度夕阳红。"在人生旅途与学术之路上，人马杂沓，送往迎来。做人追求问心无愧，无关是非成败。奔波一场，仍有青山相伴，有夕阳美好。但学问知识总有个对错好坏，本书留下个人的学研心得，以供读者参考。如有各项建议看法，请不吝赐教指正。

邱皓政

谨志于

台湾师范大学管理学院

2018年7月

第一版推荐序

统计方法的进步，在计算机技术发达的今天尤其神速，新的理论与方法不断被提出。这不但丰富了统计科学本身，更扩展了社会科学等应用研究者的视野。一些基于不同原因而无法跟随当代技术与时俱进的研究者们，则逐渐落后于创新的步伐，逐渐退出学术的舞台。与其说这是社会进化发展的一种现实，不如说是整个学术界得以蜕变跃进的关键契机。

就我在大学讲台授课以来的一甲子光阴中，确实见证了这个变迁的脉络。从统计学来说，从最简单的次数分布表与百分比，到平均数的 t 检验与实验方法所依据的方差分析，一直到多元变量的因素分析与回归分析，这些方法与技术虽已逐渐成为国内高校教材中的标准课题，但更高级的统计模型原理与技术也应纳入学生学习的范围。另外就测验领域来说，传统以经典测量理论所发展出来的测验编制技术，也逐渐扩展得更精细、更宏观（如项目反应理论、结构方程模型等）。尤其是 20 世纪 70 年代所发展出来的结构方程模型，到今天已经是一套完整的统计模式，能够整合潜变量的界定与测量，分析复杂变量结构，处理多重抽样结构数据，可以有效解决研究者面对不同研究课题的多样性需求，从而被视为一门统计方法学，在过去几十年间独领风骚。关于结构方程模型的原理与应用，邱皓政教授的书中有详细的说明。近年来，结构方程模型结合非线性模型与多层次模型的概念，正向着更一般化的方向发展。

在教育与管理领域进行的研究，除了面对潜变量测量与分析之外，另一个现实是研究者所面对的总体带有层级结构，例如教育系统中的学生—教师—学校—省市—国家，管理研究中的员工—主管—部门—公司—地区—产业，因此研究者在规划研究课题时，就必须具备多层次数据分析的思维与设计，注意样本的独立性假设是否成立。善用这种模型的研究者，将可以从同一批数据中有更多的发现，有兴趣的读者可以在温福星教授的著作中得到这方面的详细说明。

对于一门新兴学问的生根发展，除了研究人员深入持续的基础研究、探索、验证外，还要能够与教育实践相结合，加以推广。因此，教材发展可以说是重要的工作。过去多年来，在邱教授积极热心地不断努力下，台湾统计方法学学会的核心成员多次来访，进行讲学、座谈与合作研究，产生了很大的影响。在课堂中，邱教授和温教授与师生的交流是面对面的，如今，邱教授《结构方程模型的原理与应用》与温教授的《阶层线性模型的原理与应用》两本书的出版，使得知识的传递与影响更加广泛。

除了研究著说的成就，邱教授与温教授两位最值得称道之处，是能够不断保持学习与创新。每一年他们到北京来时，总能带来一些新东西、新想法或新作品，他们自己戏说是来"交作业"，但重要的是做学问的人总要不断进取，成果才能质量兼备。两位教授身上所体现的做学问的态度，是任何做学问者的必要特质。两位教授今日的成就与影响力，除了两位本身的天赋之外，更是这些特质所造就的。所以，当两位来找我为他们的著作写序时，我欣然同意。但愿我的几句话能够对他们有些许帮助，对中国年轻一代的学术发展有所启发。同时也期望他们乃至其他台湾学者有更多的优秀作品在大陆问世，为华人的学术发展做出贡献。

张厚粲

2008 年 11 月 10 日

于北京师范大学

第一版序

关于这本书，让我来说个故事。

1997年，刚回台湾教书的我参加了第二届华人心理学家会议，所报告的论文内容是把结构方程模型（structural equation modeling，SEM）应用在效度的跨样本恒等性比较中。犹记得会场中许多海峡两岸的知名教授云集，对于初出茅庐的我，在那种大场合当中可真是名不见经传的人微言轻。走路往往走在最后，吃饭总是躲在角落，但却落得清闲自在。

某天中午，我到餐厅晚了，连个角落的位置都没有，便硬着头皮端着盘子走到一个空位，打断旁边正在谈话的一群教授："请问我可以坐在这里吗？"即刻我听到一句非常响亮的京片子："当然可以"，出自一位脸上堆满和蔼笑容的教授口中。稍后不久，她转头问起我打哪里来，做什么的。我简短回答她之后，她居然说我所研究的东西对大陆与台湾都很新颖、很重要，勉励要我好好做，有空到北京来找她。我心里一方面诧异一方面高兴，觉得有人跟我一样重视结构方程模型，让我精神大振；但是惭愧的是，我并不知道她是谁，只约略听到别人称呼她"张先生"。

会后，我遇到一位上海师范大学的学生，问起她我所巧遇的"张先生"是谁，她听完我的描述后，瞪大眼睛说："该不会是张厚粲教授吧？"我还是摸不着头脑地问她："张厚粲是谁？"她正色道："我们都是读她的书长大的，在测验统计领域，她是地位崇高、令人景仰的学者。"她还好奇地问我跟"张教授"是什么关系。我笑了笑，没回答她。

2001年11月，北京师范大学心理学院成立，我随同台湾辅仁大学心理系访问团拜访北师大。在欢迎餐会上，我再次坐在"张先生"身旁。这一回，我已经知道她的身份与地位，本想跟她好好畅谈SEM，没想到除了见识到张先生喝二锅头的"功力"之外，根本没有私下交谈的时间。只记得我跟她说，我写了一本SEM的书，改天给她送去，她很认真地跟我说："小老弟，辅仁的统计测验就看你的了，大陆的发展重责大任也要你接下去。"然后，又干了一杯二锅头。

我是地道的台湾人，在1997之前与北京没有任何渊源，与大陆没有任何接触。但是今天我会喜欢上北京的二锅头，对大陆的统计测验界的发展非常关心，都是因为张先生。每一次与张先生谈话，都会让我热血沸腾、情绪激昂，并进而转化成具体的行动。或许是因为我以张先生的小小辅仁师弟自居，更重要的是，我深深地被她的风范所吸引、被她的思想所折服。从2004年开始，不论我多忙，每年都会来到北京，与北师大学生聊聊、与中国科学院师生交流或到北师大珠海分校、清华大学与北京大学拜访。

科学是逻辑理性明晰的，感情却是隐晦细腻绵密的，这两样，都是这本书出版的基础。1992年，我被SEM吸引而到美国攻读学位。这套技术果真丰富了我的学术生命，让我能在台湾的学术领域占有一席之地，但让它产生深远意义的更是在大陆这片土地。我永远无法忘记，那年第一次在北师大图书馆的三天SEM讲座，台下几百张年轻人认真学习的脸庞，以及他们眼中所绽放的光彩。张先生那样的忙碌，却亲自主持我与学生的座谈，让一位来自遥远南方的读书人，不会畏惧北方的风雪冰寒，追求真理真知的力量，源源不绝。

1997年，在香港中文大学餐厅的一番对话引我踏进一个崭新的世界，坐拥一个开阔的天地。过去多年来张先生对我说过许多话，我未必一一记得，但是我一直知道不要懈怠自己，也不要妄自菲薄。体育界有西方的奥林匹克精神，学术界更有中国自古以来的文人志气，这都要靠我们一代一代坚持传递下去。我尽一己之力，不但丰富了自己，更丰富了知识分子所共有的历史生命。这一本书最终能够在大陆出版，再一次履行了我心中的承诺，也算是对那一回餐厅里知遇之恩的回报，更是新旅程的开始。让我们一起面对挑战，也一起享受路上的风光气象。

邱皓政
谨志于台湾
2008年8月

目 录

第一章 结构方程模型概说 // 1

第一节 结构方程模型的特性 // 3
一、外显变量与潜在变量 // 3
二、对变量关系的探究 // 4
三、模型比较分析 // 5
四、结构方程模型的技术特性 // 6

第二节 结构方程模型的执行 // 10
一、模型发展阶段 // 10
二、估计与评鉴阶段 // 12

第三节 结构方程模型的执行重点 // 13
一、模型的描述与设定 // 13
二、资料的准备 // 15
三、报表的整理与分析 // 16
四、替代模型的使用 // 20

第四节 结 语 // 22

第二章 结构方程模型的组成 // 25

第一节 结构方程模型的变量 // 25
一、变量的特性 // 25
二、测量变量与潜在变量 // 26
三、内生变量与外源变量 // 27

第二节 结构方程模型的参数 // 28
一、参数的概念 // 28
二、自由参数、固定参数与限定参数 // 29
三、直接与非直接关系 // 30
四、模型参数与方程 // 30

第三节 模型界定 // 34
一、模型界定的概念 // 34
二、模型界定的简效原则 // 35
三、等值模型问题 // 36

第三章 参数估计与识别问题 // 39

第一节 模型识别问题 // 39
一、参数数目与识别 // 39
二、整体模型识别 // 40
三、测量模型的识别性 // 43
四、结构模型的识别性 // 44
五、潜在变量的量尺化与识别性 // 45

第二节 参数估计 // 46
一、相关与共变 // 46
二、SEM 中的共变推导 // 47
三、方差与协方差导出矩阵 // 48

第三节　参数估计策略 // 50

一、加权最小平方策略 // 51

二、最大概似法 // 54

三、渐近分布自由法 // 55

第四节　参数估计的相关议题 // 57

一、参数估计与样本量的关系 // 57

二、模型参数估计的迭代 // 58

三、非正定问题 // 58

第四章　模型拟合评鉴 // 61

第一节　模型评鉴的基本概念 // 62

一、测量质量与模型评鉴 // 62

二、模型评鉴的假设检验 // 62

三、参数估计与模型评鉴 // 63

第二节　模型评鉴的方法 // 64

一、卡方检验 // 64

二、模型拟合指数 // 67

三、替代指数 // 71

四、残差分析指数 // 75

五、拟合指数的比较与运用 // 77

第三节　结　语 // 79

第五章　验证性因素分析 // 81

第一节　验证性因素分析原理 // 81

一、探索性与验证性因素分析 // 81

二、潜在变量的因素分析 // 83

三、验证性因素分析的特性 // 84

四、测量误差与方法效应 // 85

五、单维测量与多维测量 // 86

第二节　测量模型的内部拟合检验 // 88

一、项目质量检验 // 88

二、组合信度（ρ_c）// 91

三、平均变异萃取量（ρ_v）// 94

四、因素区辨力 // 94

第三节　LISREL 的验证性因素分析 // 96

一、验证性因素分析的操作步骤 // 96

二、验证性因素分析的操作 // 97

第四节　验证性因素分析的模型修饰 // 125

一、模型修饰的原理 // 125

二、界定搜寻程序的争议 // 126

三、模型修饰的范例 // 128

第五节　Amos 的验证性因素分析 // 137

一、Amos 十步曲 // 137

二、Amos 的报表解读 // 138

三、模型拟合度分析 // 143

四、模型修饰 // 145

第六节　Mplus 的验证性因素分析 // 146

一、Mplus 语法 // 146

二、Mplus 的分析结果 // 146

第七节　R 的验证性因素分析 // 150

一、R 语法 // 151

二、R 的分析结果 // 151

第八节　结　语 // 156

第六章　高阶验证性因素分析 // 159

第一节　高阶验证性因素分析的概念 // 160

一、高阶验证性因素分析的模型界定 // 160

二、高阶验证性因素分析的统计模式 // 161

第二节　LISREL 的高阶验证性因素分析 // 163

一、创造力理论的因素效度检验 // 163

二、CFA 与 HCFA 的操作 // 163

第三节　Amos 的高阶验证性因素分析 // 174

一、模型界定 // 174

二、Amos 的报表解读 // 175

三、模型拟合度分析 // 176

第四节　Mplus 的高阶验证性因素分析 // 177

一、Mplus 语法 // 177

二、Mplus 估计结果 // 178

第五节　R 的高阶验证性因素分析 // 179

一、R 语法 // 179

二、R 报表 // 180

第七章　路径分析 // 183

第一节　路径分析的基本概念 // 183

第二节　路径分析的模型界定与识别 // 185

一、理论先行 // 185

二、模型的建立 // 186

三、递归模型与非递归模型 // 187

四、路径图与结构方程 // 191

五、直接效应与间接效应 // 192

六、结构方程模型的路径分析 // 196

第三节　LISREL 的路径分析 // 199

一、模型界定 // 199

二、LISREL 语法 // 200

三、SIMPLIS 语法 // 201

四、结果报告与说明 // 202

五、分析结果与参数报告 // 207

六、模型修饰 // 214

第四节　Amos 的路径分析 // 218

一、模型界定 // 218

二、Amos 的报表解读 // 219

三、模型拟合度分析 // 221

第五节　Mplus 的路径分析 // 222

一、Mplus 语法 // 222

二、Mplus 报表 // 223

第六节　R 的路径分析 // 226

一、R 语法 // 226

二、R 分析结果 // 227

第七节　结　语 // 230

第八章　结构方程模型：统合模型分析 // 231

第一节　统合模型的基本概念 // 231

一、路径分析与因素分析模型的整合 // 231

二、统合模型的构成 // 232

三、统合模型方程 // 234

四、统合模型的识别 // 235

第二节　统合模型的分析步骤 // 235

第三节　变量组合与聚合 // 237

一、变量组合的方法 // 238

二、变量组合的优缺点 // 239

第四节　LISREL 的统合模型分析 // 241

一、假设模型 // 242

二、模型界定 // 242

三、参数估计与分析 // 243

四、模型的修饰 // 252

五、完成 SEM 分析 // 254

第五节　Amos 的统合模型分析 // 258

一、模型界定 // 259

二、Amos 的报表 // 260

第六节　Mplus 的统合模型分析 // 262

一、Mplus 语法 // 262

二、Mplus 报表 // 262

第七节　R 的统合模型分析 // 264

一、R 语法 // 265

二、R 分析结果 // 265

第八节　结　语 // 268

第九章　多样本结构方程模型 // 271

第一节　多样本分析的概念 // 271

一、多样本分析的基本概念 // 271

二、多样本分析的应用：测量恒等性 // 273

三、多样本分析的应用：复核效化 // 274

第二节　多样本分析的统计原理 // 276

一、多样本结构方程 // 276

二、多样本模型分析的估计原理 // 277

三、多样本参数估计 // 278

四、恒等性检测策略 // 279

第三节　多样本分析：测量恒等性检验 // 281

一、假设模型的建立 // 282

二、模型界定 // 283

三、参数估计 // 284

四、恒等分析结果 // 289

第四节　Amos 的多样本分析 // 294

一、操作步骤 // 294

二、估计结果 // 298

第五节　Mplus 的多样本分析 // 302

一、Mplus 语法 // 302

二、Mplus 报表 // 303

第六节　R 的多样本分析 // 306

一、R 语法 // 306

二、R 分析结果 // 307

第七节　结　语 // 314

第十章　平均数结构分析 // 315

第一节　平均数结构分析的原理 // 315

一、平均数结构的统计原理 // 316

二、平均数结构分析的拟合函数 // 317

第二节　平均数结构的分析技术 // 318

一、LISREL 的矩阵概念 // 318

二、平均数结构分析的识别性 // 319

第三节　平均数结构分析：测量模型 // 320

一、LISREL 模型界定 // 321

二、分析语法与参数估计 // 321

三、估计结果与分析 // 324

四、参数整理与报告 // 327

五、Amos 平均数结构分析 // 331

六、Mplus 估计语法与结果 // 337

七、R 的语法与分析结果 // 339

第四节　平均数结构分析：统合模型 // 342

一、模型界定 // 343

二、LISREL 模型设定与参数估计 // 344

三、估计结果与模型拟合 // 346

四、Amos 平均数结构的示范 // 353

五、Mplus 估计语法与结果 // 357

六、R 的语法与分析结果 // 361

第五节　结　语 // 365

第十一章　潜在成长模型 // 367

第一节　潜在成长模型的基本概念 // 367

第二节　潜在成长模型的统计原理 // 369

一、潜在成长模型：单因子模型 // 369

二、潜在成长模型：二因子模型 // 370

三、潜在成长模型：非线性模型 // 371

四、潜在成长模型：无指定轨迹模型 // 374

第三节　LISREL 的潜在成长模型分析 // 376

一、单因子分析 // 376

二、二因子潜在成长模型 // 382

三、三因子与四因子潜在成长模型 // 389

第四节　Mplus 的 LGM 分析 // 392

一、Mplus 语法 // 392

二、Mplus 报表（以 UTM 为例）// 393

第五节　R 的 LGM 分析 // 396

一、R 语法 // 396

二、R 结果（仅列出模型设定图示）// 397

第六节　结　语 // 398

第十二章　中介与调节 // 399

第一节　中介与调节的基本概念 // 399

第二节　中介效应的统计原理 // 401

一、中介效应的定义与估计 // 402

第三节　调节效应的统计原理 // 406

一、调节效应的定义与估计 // 406

二、调节效应的解释方法 // 407

三、调节效应的分析程序 // 408

第四节　调节式中介与中介式调节 // 409

一、调节式中介（MoMe）// 410

二、中介式调节（MeMo）// 411

第五节　LISREL 的中介与调节分析 // 412

一、中介效应分析 // 413

二、调节效应分析 // 418

三、调节式中介效应分析 // 420

第六节　Mplus 的中介与调节效应分析 // 426

一、中介效应分析 // 426

二、调节效果分析 // 429

三、调节式中介效应分析 // 430

第七节　R 的中介与调节分析 // 432

一、R 语法 // 432

二、R 分析结果 // 433

第八节　结　语 // 436

第十三章　结构方程模型的正确运用 // 437

第一节　正确运用 SEM 的相关议题 // 437

一、SEM 运用的三个关键议题 // 438

二、SEM 的决策建议 // 439

第二节　SEM 的解释与应用 // 440

一、因果关系的论证 // 441

二、SEM 分析的推论限制 // 441

三、SEM 分析的解释 // 442

第三节　结语：对 SEM 的展望 // 443

附录一　LISREL 语法 // 445

一、数据设定指令 // 445

二、模型界定指令 // 453

三、结果输出设定 // 459

附录二　SIMPLIS 语法 // 465

一、简介 // 465

二、SIMPLIS 语法的基本内容 // 466

三、输出设定指令 // 473

附录三　Mplus 简介与语法功能 // 475

一、Mplus 简介 // 475

二、Mplus 界面架构 // 477

三、Mplus 语法指令 // 482

附录四　SEM 操作常见疏失检核表 // 493

一、与设定有关的疏失 // 493

二、与资料有关的疏失 // 493

三、与执行过程有关的疏失 // 494

四、与结果报告有关的疏失 // 494

参考文献 // 495

第一章　结构方程模型概说

如果问在过去的一个世纪中，影响社会科学研究最大的统计方法是什么，想必非因素分析与回归分析莫属。1904年，Spearman提出了心理特质的潜在结构因素分析模型，开启了潜在变量模型的大门。另一方面，Wright自1918年开始，将回归分析扩大到对多重联立方程的估计，正式将回归分析提升到路径模型的层次。百年来，潜在变量模型与路径分析这两个重量级的量化范式各拥其主，蓬勃发展，却始终没有交集。直到20世纪70年代，Jöreskog（1973）利用数学矩阵的观念将两种范式巧妙整合，开创了一个崭新的量化研究范式，正式宣告结构方程模型（structural equation modeling，SEM）的时代来临。

就方法层面来说，SEM是一门基于统计分析技术的研究方法学（statistical methodology），可用来处理对复杂的多变量研究数据的探究与分析。重要的是，SEM能够同时进行潜在变量的估计与复杂自变量/因变量预测模型的参数估计，也因此被归为多变量统计（multivariate statistics）的一环。自从Jöreskog（1973）提出最大概似参数估计的SEM分析概念，并发展出LISREL软件来进行繁复的计算程序之后，SEM已成为当今社会与行为科学计量研究中最重要的一个统计方法范式。到现在，SEM不仅拥有专属的期刊《结构方程模型》(*Structural Equation Modeling*)、无数专著，更有多种专门的统计软件，使得SEM的应用大为普及。

值得一提的是，早在20世纪90年代初期，SEM研究者即成立了虚拟网络社区SEMNET，截至2018年4月，注册会员已经超过3500位学者专家，是一个非常庞大的虚拟化研究讨论社区[1]，平均每日会有10～15封讨论邮件，见图1.1。分享者或提问者包括了硕博士研究生、研究人员、教师等，参与讨论者不乏SEM领域的重要学者，如Bentler、Mulaik、Marsh、Hayduk和Muthén等人。在讨论过程中，学者们会分享重要文献，甚至提供文件下载链接，分享新书出版消息与研讨会讯息（图1.2），从中可以获得第一手信息，是一个非常活跃的讨论平台。

February 2018

View: **Show Author** | Hide Author

Subject	Date ▼	Size
Calculating McDonald's NCI using DWLS estimation	Wed, 28 Feb 2018 22:42:16 -0600	53 lines
predicting which behaviors or pts are the first event	Wed, 28 Feb 2018 23:34:22 +0000	464 lines
Re: Nonlinear Relation between manifest cause and latent effect	Wed, 28 Feb 2018 21:38:17 +0000	177 lines
Re: Missing data in latent growth models	Wed, 28 Feb 2018 10:19:53 -0800	266 lines
Re: Missing data in latent growth models	Wed, 28 Feb 2018 17:58:32 +0000	170 lines
Limits of FIML in cross-lagged model	Wed, 28 Feb 2018 11:39:50 -0600	82 lines
Re: error in lavaan	Wed, 28 Feb 2018 17:01:55 +0000	152 lines
Re: error in lavaan	Wed, 28 Feb 2018 09:58:00 -0500	33 lines
Re: Missing data in latent growth models	Wed, 28 Feb 2018 08:48:11 -0600	34 lines
Re: Growth Mixture Modeling: How to understand the significant effect of a covariate on a non-significant slope	Wed, 28 Feb 2018 09:27:48 -0500	140 lines
Re: Missing data in latent growth models	Wed, 28 Feb 2018 08:08:57 -0600	38 lines
Missing data in latent growth models	Wed, 28 Feb 2018 07:08:28 -0600	38 lines
Re: error in lavaan	Wed, 28 Feb 2018 05:16:50 -0600	35 lines
Nonlinear Relation between manifest cause and latent effect	Wed, 28 Feb 2018 10:44:54 +0000	39 lines
Re: Indicators having many causes	Tue, 27 Feb 2018 14:04:02 -0800	669 lines
error in lavaan	Tue, 27 Feb 2018 22:39:31 +0100	35 lines
Re: Indicators having many causes	Tue, 27 Feb 2018 14:22:00 -0700	616 lines

图1.1　SEMNET虚拟社区部分邮件清单

1　SEMNET全名为the Structural Equation Modeling Discussion Network，成立于1993年2月，是一个由美国阿拉巴马大学Seebeck Computer Center支持成立的虚拟网络社区，并以电子邮件传递信息。有兴趣的读者可以登录http://www.gsu.edu/～mkteer/semnet.html网页浏览相关信息或订阅电子报。

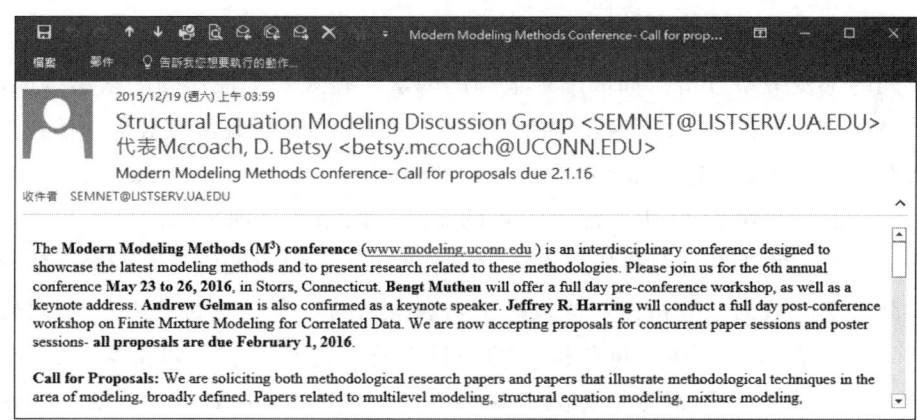

图 1.2　SEMNET 中分享研讨会信息的邮件

第一节　结构方程模型的特性

一、外显变量与潜在变量

SEM 的一个重要特性是能够对于抽象的构念（construct）进行估计与检验。社会与行为研究经常必须处理一些抽象的概念，例如，当我们问"你幸福吗？"的时候，针对抽象的概念，我们必须给予一个操作化的定义，以便通过该程序来得到具体的数据，用以反映不同个体在该概念上的强度。此时，我们具体测量的变量被称为外显变量（manifest variable）、观察变量（observed variable）或测量变量（measured variable）。这些可以直接获得数据的变量若是受到同一个潜在构念的影响，则会具有共同性，反映在变量之间的共变关系上。如果针对这些变量之间的共同性加以估计，所得到的能够反映该潜在构念的强度的数据被称为潜在变量（latent variable）。

在具体用来获得潜在变量的研究策略中，最典型的代表是因素分析[1]（factor analysis）。因素分析系利用一组测量同一个构念的观察变量来估计背后的潜在变量。传统因素分析针对的是观察变量的背后具有哪几个潜在变量，以及潜在变量

---

[1]　因素分析又可译为因子分析，其中的因素（factor）也可译为因子，表示潜在变量或构念。

与观察变量之间的关系为何。它无法事前预知，直到数据搜集完成之后，才进行变量间的共变关系分析，抽取出最适当的因素，确立一个最佳的因素结构模型，并为潜在变量命名。从这一程序进行的因素分析而得到的潜在因素是一种经验性的潜在变量，因而被称为探索性因素分析（exploratory factor analysis，EFA）。

相对而言，在 SEM 中，潜在变量的概念与内涵基于理论的推导，且潜在变量与观察变量的关系是在资料搜集完成之前（事先）提出的假设性概念，然后通过实际搜集的数据，分析比对假设模型与观察到的数据之间的一致性或差异性，来决定研究者对于潜在变量所提出的假设性看法是否恰当，即模型拟合分析。以此种模型进行的因素分析称为验证性因素分析（confirmatory factor analysis，CFA），即一种先验性的、由事前的潜在变量定义的模型。

二、对变量关系的探究

社会及行为科学研究的变量关系通常并不是单纯地对一个变量的推论或两变量关系的讨论，而是涉及一组变量之间关系的讨论，这一组变量除了存在数学的、表面上的关系外，可能还存有潜在的因果性（causality）或阶层性（hierarchy）。例如，在一项对于学业表现的研究中，最常用的解释变量为智力。然而，研究者可能会考虑到除了智力（IQ）因素，学生先前的学习经验（Exp）也会影响学生的学习表现（GPA）。而先前学习经验的影响还可能基于成就动机（Ach）的中介作用，间接影响学业成就。从上述概念中，可以得到如下的研究方程：

$$GPA = a \times IQ + b \times Exp + c \times Ach + e_1 \tag{1.1}$$

$$Ach = d \times Exp + e_2 \tag{1.2}$$

公式 1.1 与公式 1.2 描述了智商、学习经验、成就动机与学业表现四个变量相互影响的途径，也就是变量的结构性关系。若以图形表示，公式 1.1 与公式 1.2 可绘制成图 1.3 所示的路径图（path diagram）。

图 1.3 当中的实线反映了公式 1.1 与公式 1.2 的关系，但是由 $IQ \rightarrow Ach$ 的关系并未在两个公式中定义，因此在图 1.3 当中不应该标出来，而仅以虚线表示。但是如果过去的文献或理论认为智力会影响成就动机，那么对 $IQ \rightarrow Ach$ 必须加以检验，而在图 1.3 当中改以实线表示。换言之，如果研究者调整变量之间的假

设关系或扩增研究变量，所需检验的变量间关系将更为复杂，对于可支持研究正当性的理论基础与逻辑推理的需要也就更为迫切。

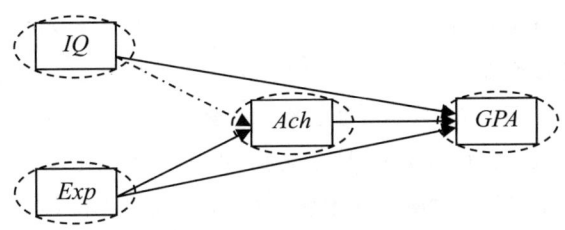

图 1.3　四个变量的假设关系

此外，如果再把潜在变量的观念加以考虑，就是将图 1.3 当中的各个变量改以椭圆形外框表示，每一个潜在变量由一组观察变量萃取得出，整个模型即成为一个典型的结构方程模型。社会与行为科学领域探究的变量结构性关系大多是由一群无法直接观察与测量的抽象命题或构念组成的。此时，必须先针对这些构念的定义运用 CFA 来确认每一个构念内在结构的适切性，然后进一步检验潜在变量间的结构关系，这也是 SEM 的主要长处之一（Bollen，1989）。

总之，不论是对变量因果关系的证明，还是对构念内在结构的确认，均有赖于事前研究变量的性质与内容的厘清，并清楚地描述变量的假设性关系，通过研究者提出具体的有关结构性关系的假设命题并寻求统计证据来确认。整个过程即是 SEM。

三、模型比较分析

SEM 的另一个特征是模组化分析的应用。利用先前所讨论的假设检验与结构化验证功能，SEM 可以将一系列研究假设同时构造成一个有意义的假设模型（hypothetical model），然后经由统计的程序对于这一模型进行检验。在不同的模型之间，则可进行竞争比较。

在社会与行为科学的研究中，研究者往往会因为理论观点的不同而对同一组变量之间的假设关系产生不同的主张。因此，研究者可以基于不同的理论与假设前提，发展出不同的替代模型（alternative model），进行模型间的竞争比较。如此利用假设模型进行统计检验的优点是大大改善了传统路径分析对在多组回归等式间进行同时估计的限制，也提高了分析的应用广度。

Jöreskog 与 Sörbom（1996）指出，SEM 的模组化应用策略有三个层次：第一是单纯的验证（confirmatory），也就是针对单一的先验假设模型，评估其适切性，称为验证型研究；第二是模型的产生（model generation），其程序是先设定一个起始模型，再与实际观察数据进行比较，从而进行必要的修正，反复进行估计程序以得到最佳拟合的模型，称为产生型研究；第三是替代模型的竞争比较，以决定何者最能反映真实资料，称为竞争型研究（competitive modeling）。

Maccallum 与 Austin（2000）从文献整理中发现，以单纯的验证与模型产生为目的的 SEM 研究约占 20% 与 25%，涉及竞争比较的 SEM 研究则有 55%。Maccallum 与 Austin（2000）认为，模型产生型 SEM 研究有其限制，尤其在模型修饰的过程中，往往过度依赖数据所呈现的讯息而忽略理论的意义。过度滥用修正程序以获得对自己有利的结果，是相当危险的做法，使用者应小心为之。相对而言，竞争比较的研究则有较为强固的理论基础，修饰问题较少，而可以发挥较大的弹性与说服力。

SEM 的这一模组化分析功能的最主要的一个贡献，即是为社会与行为科学研究界对于抽象理论进行实证的检验提供了一套严谨的程序，使得研究者可以通过统计分析去检验所提出的理论模型（theoretical model）。此举将对假设检验的运用自对单一参数的考验提升至更高层次的对理论模型的整体考验，突破了传统计量技术对于理论模型欠缺整合分析能力的困境。

四、结构方程模型的技术特性

Hoyle（1995）指出，SEM 可被视为不同统计技术与研究方法的综合体。从技术的层面来看，SEM 并非单指某一种特定的统计方法，而是一套用以分析共变结构的技术的整合。SEM 有时以协方差结构分析（covariance structure analysis）、协方差结构模型（covariance structure modeling）等不同的名词的形式存在；有时则单指因素分析模型的分析，以验证性因素分析来称呼之；有时，研究者虽然以 SEM 的分析软件来执行传统的路径分析，进行因果模型（causal modeling）的探究，但以 SEM 的名义——事实上这也是 SEM 的重要应用之一。这些分析技术具有一些基本的共同特质（Kline，1996，pp. 8-13），具体说明如下。

（一）SEM 具有理论先验性

SEM 分析最重要的一个特性，是它必须建立在一定的理论基础之上。也就是说，SEM 是一个用以检验某一先期提出的理论模型（priori theoretical model）的适切性的统计技术。这也是 SEM 被视为一种验证性而非探索性统计方法的主要原因。在 SEM 的分析过程中，从变量内容的界定、变量关系的假设、参数的设定、模型的安排与修正，一直到应用分析软件来进行估计，其间的每一步都必须有清楚的理论概念或逻辑推理作为依据。从统计的原理来看，SEM 也必须同时符合多项传统统计分析的基本假设（例如，线性关系、正态性）以及 SEM 分析软件所特有的假设要件，否则所获得的统计数据无法采信。

以因素分析为例，SEM 所使用的因素模型采取了相当严格的限制。对于潜在变量的内容与性质，研究者在测量之初就必须有非常明确的说明，或有具体的理论基础，并已先期决定了相对应的观察变量的组成模型。分析的进行即在考验这一先期提出的因素结构的适切性。除了在开发测量工具时可以利用这一程序来检验其结构的有效性，也用这一程序检验理论架构，因此称为验证性因素分析。

（二）SEM 同时处理测量与分析问题

不论分析的内容为何，过去传统的统计方法多把变量视为"真实""具体""可观测"的测量数据，在分析过程中并不去处理测量过程所存在的问题，也就是说，"测量"与"统计"是两个独立分离的程序。传统上，如果变量所涉及的概念如同"智力"或"焦虑"等不易界定的心理概念，研究者为了获得可以分析的数据，会先行讨论测量的方法，并以信度与效度的概念程序先行进行评估。一旦通过评估的标准，即对所获得的测量数据进行分析。

相对于传统的做法，SEM 是一套可以将"测量"与"分析"整合为一的计量研究技术。关键在于 SEM 以潜在变量的形式，利用对观察变量的模型化分析，对不可直接观察的构念或概念加以估计，不仅可以估计测量过程当中的误差，也可以评估测量的信度与效度（如因素效度），甚至可以超越古典测量理论的一些基本假设，针对特定的测量现象（例如，误差的相关性）加以检测。另一方面，在探讨变量之间关系的时候，测量过程所产生的误差并没有被排除在外，而是同时包含在分析的过程当中，使得测量信度的概念可以整合到路径分析等统计推论的决策过程中。

（三）SEM 以协方差的运用为核心，亦可处理平均数估计

SEM 分析的核心概念是变量的协方差[1]（covariance）。协方差是描述统计中的一种离散量数，利用方差（variance）的离均差和的数学原理，计算出两个连续变量配对分数的变异量，用以反映两个变量的共同变异或相互关联程度。协方差是一个非标准化的统计量数，受到两个变量所使用的量尺或单位的影响，数值可能介于 $-\infty \sim +\infty$ 之间，如果将协方差除以两个变量的标准差，即可得出标准化协方差（即 Pearson 相关系数）。

在 SEM 当中，协方差具有两种功能：第一种功能是描述性功能，利用变量之间的协方差矩阵，我们可以观察出多个连续变量之间的关联情形；第二种功能是验证性功能，用以反映理论模型所导出的协方差与实际观测得到的协方差的差异。分析过程中最重要的数学程序即是计算导出协方差矩阵（Σ matrix）。如果研究者所设定的模型有问题，或是数据估计过程导致 Σ 矩阵无法导出，整个 SEM 即无法完成。

除了协方差以外，SEM 也可以处理变量的集中趋势的分析与比较，也就是平均数的检验。传统上，平均数检验是以 t 检验或方差分析（ANOVA）进行的。由于 SEM 可以对于截距进行估计，使得 SEM 可以将平均数差异的比较纳入分析模型，同时若配合潜在变量的概念，SEM 更可以估计潜在变量平均数，使应用范围更为广泛。

（四）SEM 适用于大样本分析

由于 SEM 所处理的变量数目较多，变量之间的关系较为复杂，因此为了保证不违反统计假设，必须使用较大的样本量。同时，样本规模的大小也牵动着 SEM 分析的稳定性与各种指数的适用性。因此，样本量的影响在 SEM 当中是一个重要的议题。

与其他统计技术一样，SEM 分析所使用的样本规模当然是越大越好，但是所谓的最适合的规模会随着 SEM 模型的复杂度与分析的目的与种类而有相当大的

---

[1] 协方差（covariance）反映了两个变量共同变化的程度，除了译为协方差，又可译为共变数。variance 反映了某个变量数据离散的变异程度，除了译为方差，又可译为变异数，在本书中，这两组词汇被视为同义词而交替使用。

变化。但是，一般来说，当样本量低于 100 时，几乎所有的 SEM 分析都是不稳定的。Breckler（1990）曾针对人格与社会心理学领域的 72 个 SEM 实证研究进行分析，样本规模为 40～8650，中数为 198。有 1/4 的研究的样本量小于 500，约 20% 的研究样本的规模小于 100。因此，一般而言，大于 200 的样本才可以称得上是一个中型的样本。若要追求稳定的 SEM 分析结果，低于 200 的样本量是不鼓励的。

（五）SEM 包含了许多不同的统计技术

综观统计分析技术的内容，可以概略分为平均数检验的方差分析与探讨线性关系的回归分析两大范畴。事实上，这两者并无本质差异，前者可以被归为一般线性模型（general linear model）分析技术，后者则是以变量间的线性关系为分析的内容。随着计算机科技的发展，以及分析软件功能的提升，两种统计模型已经可以互通，合而为一。

一般线性模型的优点是可用数学方式来整合不同形态的变异来源，可以不断扩充研究者所欲探讨的变量的数目与影响方式。因此，一般线性模型逐渐发展出多种多变量统计的概念，例如，多变量方差分析（multivariate analysis of variance）。而回归分析在处理变量的弹性与复杂度上的优势似乎有凌驾方差分析之势，但是方差分析由于简单清楚的数学原理与容易解释分析的特性，也一直受到研究者青睐[1]。在 SEM 中，虽然以变量的共变关系为主要内容，但由于 SEM 模型往往牵涉对大量变量的分析，因此常借用一般线性模型分析技术来整合变量，故 SEM 分析可以说是多种不同的统计分析程序的集合体。

（六）SEM 重视多重统计指标的运用

虽然 SEM 囊括多种不同的统计技术于一身，但是对于统计显著性的依赖性远不及一般统计分析，主要理由有三：第一，SEM 所处理的是整体模型的比较，因此所参考的指标不是以单一的参数为主，而是整合性的系数，所以个别检验是否具有特定的统计显著性不是 SEM 分析的重点；第二，SEM 发展出多种不

---

[1] 有关方差分析与相关/回归分析的优劣与取代性，在心理计量领域曾经有过精彩的对话：方差分析着重于实验研究的应用，重视团体差异；相关/回归分析着重于对个别差异的分析，受到非实验研究者的欢迎，这些讨论可以参考 Cohen et al（2003）、Licht（1995）、Pedhazur（1997）与 Tatsoka（1975）的文章。

同的统计评估指标，使得使用者可以从不同的角度进行分析，避免过度倚赖单一指标；第三，由于 SEM 涉及大样本分析，样本越大，SEM 分析的核心概念卡方统计量的显著性越会受到相当的扭曲，因此 SEM 的评估指数都特意避免碰触到卡方检验的显著性检验。也因为这个原因，在 SEM 分析当中，较少讨论与统计显著性决策有关的一类与二类错误议题，显示了 SEM 技术的优势在于整体层次（macor-level）而非个别或微观层次（micro-level）。

第二节　结构方程模型的执行

SEM 分析的基本程序可以概分为模型发展与估计评鉴两个阶段。前者发展 SEM 分析的原理基础并使 SEM 模型符合特定的技术要求，此时研究者的主要工作是概念推导与对 SEM 分析的技术原理的考虑；后者则是产生 SEM 的计量数据来评估 SEM 模型的优劣好坏。有关 SEM 分析的执行流程的概念，请参考图 1.4。

一、模型发展阶段

模型发展阶段的主要目的是建立一个适用 SEM 分析概念与技术需要的假设模型（hypothetic model），牵涉理论发展、模型界定与模型识别等三个概念。在图 1.4 当中，这三个概念虽然是以连续的流程图来表示的，但是三者间的关系只是说明概念发生的先后顺序，在实际操作上，这三个概念的运作则是一个相互作用的不断往复的过程。

首先，SEM 模型的建立必定以理论为基础。所谓的以理论为基础，并不是说 SEM 模型必须建立在某一个特定的理论之上，而是强调 SEM 模型的建立必须经过观念的厘清、文献的整理与推导或是研究假设的发展等理论性的辩证与演绎过程，最终提出一套有待检验的假设模型。前文已经指出了 SEM 的一个重要特性是理论的先验性，因此，SEM 分析的第一个阶段的主要目的便是建构 SEM 的理论基础。另外两个概念——模型界定与模型识别——即是在理论性推演过程的基础上，将 SEM 模型的理论假设转换成适当的技术语言。

为配合理论推导的过程，研究者同时必须进行模型界定的重要工作。模型界定（model specification）可以说是第一个阶段当中最为具体的步骤，目的是发展可供 SEM 进行检验与估计的变量关系与假设模型。

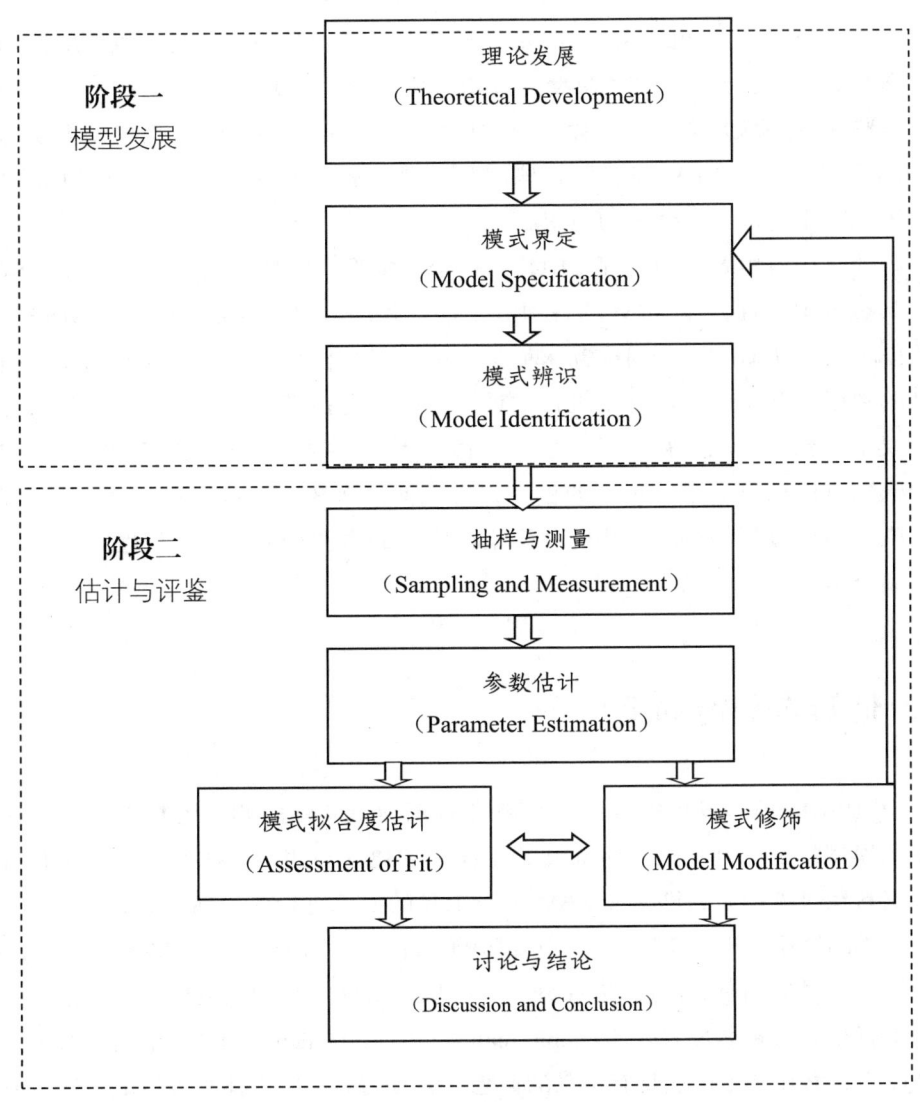

图 1.4　结构方程模型的基本程序

一般来说，SEM 模型的构成主要有两个部分：第一部分是理论或概念的基础，或是研究者个人的先备知识与经验；第二部分是 SEM 的技术语言与方法要求。当研究者面对所关心的研究问题时，除了基于自己的知识基础与研究兴趣来推演出值得探讨的研究命题之外，还需对于理论文献详加检阅，以建立严谨的科学假设或提出有待验证的理论模型。

如果研究者选择使用 SEM 来探讨所提出的假设与理论模型，则必须配合特定的 SEM 技术语言与各项操作要求，将研究者所提出的假设与理论模型转换成

SEM 模型。与此同时也需考虑 SEM 分析当中可能涉及的各种统计概念所使用的统计原理，并将其纳入 SEM 模型的设定之中。这个由理论发展到技术性模型建立的一整套程序就是第二个具体步骤"模型界定"的主要任务。而模型界定的具体产品是建立一个 SEM 路径图。该路径图就是模型识别步骤据以评估的依据，也是第二阶段进行估计分析的地图。

此外，在模型界定的过程当中，有一个非常重要的技术问题，是必须让 SEM 模型具有可识别性，使 SEM 的各项数学估计程序可以顺利地进行。SEM 设定的假设模型是基于研究者的研究需求而提出的，但是模型的分析必须利用实际搜集得到的数据，利用分析软件来进行估计工作。只有在模型符合统计分析与软件执行的要求（也就是能够被有效识别）的情况下，SEM 分析才能顺利进行。此时，一个模型可以被有效进行识别的程度称为模型识别度（identifiability）。有关模型识别度的估算过程是第三个步骤"模型识别"的主要任务。相关议题将在后续章节详细介绍。

二、估计与评鉴阶段

一旦 SEM 模型发展完成，研究者即必须搜集实际的测量资料来检验所提出的概念模型的适当性。这一阶段开始于样本的建立与测量工作的进行，所获得的观察资料经过处理后，即依照 SEM 分析工具的要求进行各项估计。

样本的性质对于 SEM 分析有重要影响。除了样本规模大小的影响，由于 SEM 涉及潜在变量的测量，因此 SEM 分析的结果也与样本结构及测量质量有密切的关系，也就是具有样本依赖性（sample realitication）。Bollen（2002）指出，对于某些个体而言，潜在变量可能是有意义的概念，但是对另一些个体来说可能不然，或有不同的意义。因此在不同的样本间，SEM 分析可能得到非常不同的结果。

为了因应 SEM 会随着样本的特性而改变结果的性质，SEM 的分析工具多提供了评鉴的指标，以反映样本规模与性质的影响。同时，SEM 分析本身亦可以处理对测量误差的估计，使测量质量的影响可以被有效地控制。但是，研究者仍然必须谨慎选取研究样本，维护测量的质量，因为 SEM 分析的复杂性高，任何一个环节的瑕疵或失误都可能造成 SEM 分析结果产生变化。

SEM 的参数估计可以说完全是由计算机进行的，只有少数部分必须由人工计算完成（例如，测量模型的信度估计），但是如何让 SEM 分析顺利完成，仍有赖研究者对计算机软件正确无误地下达指令，以及对分析工具的各种选项的正确选择。不同的分析软件各有其优劣，因此操作方法各有不同。SEM 的使用者必须对于 SEM 分析工具的一般性基本原理有深入的了解，也必须从操作演练中积累经验，熟知每一套软件的优劣与限制，了解每一个参数或警告讯息的意义与作用，如此才能顺利完成各项估计与评估程序。本书将在后续章节对于有关参数估计的方法与模型检验的基本原理及各项指标加以介绍说明。

值得注意的是，在估计与评鉴过程中，SEM 分析工具通常会提供模型调整与修饰的计量信息，使用者可以根据这些指数或统计检验数据调整先前提出的假设模型，重新反复进行估计与模型评估，这一过程称为模型修饰（model modification）。虽然这一做法违反了 SEM 分析理论先验性的精神，但是观察数据背后潜藏的各种信息也是科学研究相当珍贵的线索，从中既可能看出研究者在理论推导过程当中的疏忽或盲点，也可能引导研究者继续推导出更有意义的概念或假设，重新提出一套更趋合理的 SEM 模型。因此，模型的修正步骤一般也是 SEM 使用者相当重视的部分。有关模型修饰的各项指数与方法，我们将在第五章介绍。

第三节　结构方程模型的执行重点

一、模型的描述与设定

典型的 SEM 分析是由一系列代表特定研究假设的回归方程组成的。一个 SEM 模型不仅牵涉不同类型的变量的处理（例如，观察变量与潜在变量、内生变量与外源变量等），也涉及不同关系形态的设定（例如，回归、相关与残差估计等）。因此，SEM 分析首先重视的就是模型的正确设定与呈现，模型的设定除了依据前面章节的介绍，SEM 分析尤其重视概念路径图的运用（如图 1.5），路径图不仅可以协助研究者呈现他们的研究架构，更可以促成研究者与其他读者之间的沟通。

在 SEM 的应用中，模型有两种呈现形式：概念模型（conceptual model）与统计模型（statistical model）。概念模型主要在说明一个 SEM 研究当中所探讨的概念间的关系，可以利用如图 1.5 的路径图的形式呈现。该图是由 LISREL 软件的 Path Diagram 指令产生的（点选对话框当中的 conceptual diagram 选项即可获得）。读者可以利用 LISREL 的图形编辑对话框来增加或移除图 1.5 中的模型内的参数路径或变量形态，或是移动位置来整理出美观的图形，使用上非常便利。

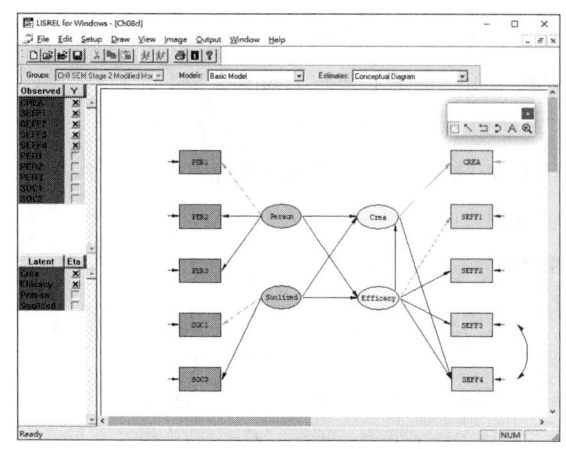
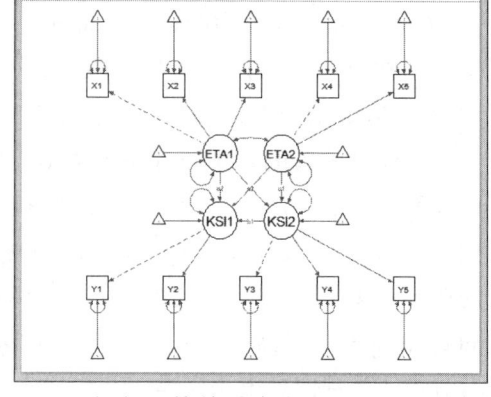

（a）LISREL 软件　　　　　　　　　（b）R 软件（来自 RStudio）

图 1.5　以软件产生的概念模型

在研究者发展概念模型时，并不是要将所有的变量、参数、关系都无所遗漏地标示在图中，以呈现一个"看起来"完整的统计模型。当一个模型当中有越多需要估计的参数时，该模型越趋于复杂。从简效原则来看，模型越复杂，越不建议采用。Hoyle 与 Panter（1995）建议，概念模型应能适当地反映研究者感兴趣的参数或关系，避免漫无目的地、缺乏理论根据地绘制模型。具体来说，概念模型必须建立在特定理论概念的基础上，通过研究者的研究假设，形成概念模型。

至于统计模型，则是指可以利用分析工具加以检测的操作性模型（operational model）。这里所谓的操作性模型，其意义就好比操作性定义（operational definition），表示经过操作程序得到概念结果的整个程序。而此时的操作性除了指符合统计运算的原理外，同时也需符合统计分析工具的技术原理与限制。

统计模型与概念模型的差别是概念模型可以利用路径图来具体说明，但是统计模型通常是进行 SEM 分析过程中的一些思考概念与计算原则，而不是具体的实体模型。例如，我们要计算模型是否可以顺利地产生参数估计，所以要计算模型的识别度。此时，根据识别原理发展出来的参数估计安排就是统计模型的概念；或者，为了使潜在变量能够量尺化，我们可能会对某一些参数进行特殊设定，此时也是基于对统计模型的考虑。

通常，统计模型最具体的呈现就是语法指令的内容。例如，在一个 LISREL 语法当中会详细列举哪些参数是被估计参数、哪些参数是固定参数等讯息。然而统计模型的真正内涵是概念模型得以进行估计分析的整个统计过程。

二、资料的准备

用于 SEM 分析的数据可以是原始数据或矩阵数据。SEM 分析的始祖 LISREL 最早使用的数据形态即是矩阵。由于影响数据质量的原因很多，因此在进行 SEM 分析之前，也必须先行进行资料完整性与正确性的筛检，使得 SEM 分析可以在一个干净、完整、正确的资料基础上进行。

（一）矩阵数据的应用

Cudeck（1989）建议，SEM 分析最好使用协方差矩阵，而非相关系数矩阵。一般人或许会以为相关系数可以提供较为清楚的对变量关系的描述，因为相关系数是标准化的系数，数据介于 $-1 \sim +1$，越接近 0 表示关系微弱，越接近 ± 1 表示线性关系明显。甚至，有人误以为将经过标准化的相关系数输入 SEM 分析软件后，会有利于对标准化 SEM 参数的标准化数值的估计。

统计学的知识告诉我们，相关系数是将协方差除以标准差所获得，在一组变量的协方差矩阵中，不仅可以计算出协方差和方差，也可以计算出相关系数。但是，利用相关系数矩阵来进行 SEM 分析并不能导出协方差数据，除非我们另行告知 LISREL、Mplus 和 Amos 等分析软件有关各变量的标准差数据。也就是说，协方差矩阵能够涵盖相关系数矩阵，最重要的是它能够推导出 SEM 分析所需的各种重要数据，例如，变量的方差与协方差等。

在输入矩阵数据时，我们往往会将数据化简到小数点后第二位，但是 Hoyle 与 Panter（1995）建议应增加至小数点后第三位，以提高计算的精确度。尤其当我们输入相关矩阵与标准差数据时，如果小数点后的位数太少，推导出的协方差估计量的波动性增加，会间接造成模型拟合指数的降低，不利于研究结果。一般而言，利用相关矩阵作为输入数据时，在论文中应报告相关矩阵与标准差数据；利用协方差矩阵作为输入数据时，在论文中也应附上矩阵数据，以利查考（McDonald & Ho，2002）。

（二）原始数据的使用

除了矩阵资料之外，SEM 分析也可以直接读取原始资料来进行分析。当研究者所使用的变量包括了类别或顺序变量时，即无法产生协方差矩阵或相关矩阵，此时必须先行处理这些非等距数据，使其在格式上符合 SEM 分析的需求。这时候，原始数据就显得格外重要。

另外，原始数据的使用有助于多阶段 SEM 分析的进行。在许多研究中，一个变量的分数可能是由几个题目的相加求和（或相加求平均）来测得。在进行 SEM 分析之前，研究者会先行利用其他软件先进行相加求和的工作，再以原始数据或矩阵数据的形态输入计算机中。但是，这一动作也可以通过将相加求和前的原始数据库输入 SEM 分析软件后，以多阶层测量模型的估计程序来获得因素分数，而不是以相加求和的方式来获得变量分数。在有些 SEM 的分析上，当以项目层次（item-level）的原始数据作为 SEM 分析数据时，有其不同的操作程序［例如，多重特质多重方法矩阵（multitrait-multimethod matrix，MTMM）研究若以项目层次来进行分析，与以总分层次的原始数据输入 SEM 分析软件时得到的结果可能不同］，但是都必须以原始数据作为输入数据。

（三）变量的分布特性

SEM 分析的进行必须建立在一定的统计假设基础之上，当违反统计假设时，SEM 分析的数据是值得怀疑的。因此，一般撰写研究论文时，应列举变量的分布特征与统计假设的检验结果（Hoyle & Panter，1995；McDonald & Ho，2002）。尤其是当研究者以矩阵数据作为输入数据时，由于缺乏各变量的原始数据以助判断变量的分布特性，因此更需要揭示各变量的频数分布的特征，证明变量的偏态与峰度处在合宜的水平，或是没有遗漏与偏离的状况。

Hoyle 与 Panter（1995）建议，在撰写研究报告时，应说明变量的正态性、多变量正态性以及峰度的数据，因为某些估计程序明显受到正态性不足的影响，例如，最大概似法与一般化最小平方法程序。所以，完整清楚地列举检验结果是保证研究报告正确性的一个负责任的做法。

三、报表的整理与分析

SEM 分析涉及一连串的参数估计、模型检验与模型修饰的技术处理程序。因此，使用者必须非常熟悉每一个步骤的原理与目的，才能理解报表的内容与分析说明的重点。

在阅读分析软件的报表时，应分别就两个层次的数据进行处理：第一层是过程性的资料，也就是在完成最终结论之前，我们必须详细检阅 SEM 分析的各项数据，观察这些数据的状态，必要时加以记录，以备撰写报告之用；第二层是最终解（final solution）的报告，也就是 SEM 分析的最后结论的各种参数数据，以及模型拟合度的最终数据。这两项处理的完成有下列重要原则。

（一）估计方法的选择

SEM 分析可以用不同的估计方法进行参数估计，而不同的方法所得到的结果也有所不同。因此，在 SEM 的研究报告中应说明使用何种估计策略，并说明为配合该种策略，有无特殊的处理（例如，关于样本规模的决定、变量经过正态校正等），使得读者可以清楚地了解 SEM 的各项参数是在何种基础上估计出来的。

一般而言，最常用的估计方法是最大概似法（maximum likelihood，ML）。ML 法的优点是在小样本时，或是变量有不太理想的峰度时，仍然可以获得理想的参数估计数。因此，对于 SEM 分析不熟悉的使用者可以直接使用 ML 法来进行 SEM 分析。

（二）模型拟合指数

模型拟合指数的功能是评估一个 SEM 模型是否与观测数据相拟合。在 SEM 的具体应用上，拟合有两种意义：第一种是绝对拟合（absolute fit）；第二种是增量拟合（incremental fit）。前者反映的是模型导出的协方差矩阵与实际观测的协方差矩阵之间的拟合情形，拟合度的数值大小，表示模型导出数与实际观测数差异的多寡。至于增量拟合，则是指某一个模型的拟合度与另一个替代模型的拟合度相比，增加或减少了多少拟合度。例如，一个模型假设潜在变量之间具有相关，替代模型则假设潜在变量之间没有相关（称为虚无或独立模型），计算出两个模型的拟合度差异量后，推知何者较能拟合观测资料。

这两种拟合度的概念适用不同的模型拟合指数。然而，所有的 SEM 分析都应先报告卡方统计量以及与卡方统计量的计算有关的讯息（自由度、样本量、显著性数据）。如果是经过校正的非正态性数据，在报告传统的卡方值之外，还应报告调整后的卡方值（Scaled χ^2；Satorra & Bentler，1994）。

除此之外，拟合指数[goodness-of-fit（*GFI*）index]可以说是每一个 SEM 研究都会报告的数据。因为 *GFI* 指数的性质类似于回归分析的 R^2，数值越大，表示实际观察的协方差矩阵能够被假设模型解释的比例越高，模型拟合度越佳。*GFI* 指数可以说是反映绝对拟合的最佳指数。

增量拟合的评估可以利用 NNFI、IFI 等指数，这些指数的基础是模型间的卡方值差异值，也就是 Hu 与 Bentler（1995）所称的第二类指数。如果研究者使用的是 ML 估计程序，NNFI [或称为 TLI 指数（Tucker & Lewis's index）] 是较常用的指数；但是当样本量少时（例如，低于 150），则不建议使用，例如可以改用 IFI 指数。如果研究者采用的是 GLS 估计方法，则 IFI 指数的表现较理想。

若以非中央卡方为基础来比较模型增量拟合 [Ho 与 Bentler（1995）所称的第三类型指数]，较佳的选择是 CFI 指数（又称为 BFI 指数，Bentler，1989；或 RNI 指数，McDonald & Marsh，1990）；RMSEA 指数则是近年来逐渐被普遍采用的指数，因为 RMSEA 是第三类的非中央卡方指数当中不受样本分布影响的指数。Hu 与 Bentler（1999）主张，CFI 指数与 RMSEA 指数都需报告在论文中。当研究者想去估计统计检验力时，RMSEA 指数是非常适合的。当研究者想要比较不同的模型，但是没有嵌套关系时，则可使用 ECVI、AIC 或 CAIC 指数。

在呈现这些数据时，如果分析的模型很多，可以利用表格来整理呈现，做到一目了然（读者可以参考本书范例中的整理方式，或是其他论文的整理格式）。在论文的文字叙述中，可以写为 χ^2（128，N=284）=506.23，p<0.001，NNFI=0.89，CFI=0.91 的形态。在呈现 χ^2 数值时，应一并报告自由度与样本量数据，然后再就数值的内容与意义加以说明。

（三）参数的报告

当模型拟合指数显示某一个模型是适合的模型之后，研究者应着手整理从该模型估计的最终解当中得出的各参数数据。Hoyle 和 Panter（1995）指出，参数的报告应该尽可能充分翔实，使得读者可以清楚地看出每一个参数的特性与代表的意义，三种重要的讯息——参数的合理性、显著性检验和标准化解——都应完整地揭示。

首先，参数估计的合理性反映的是该参数是否符合数学或统计学理上的可能性，或是实证资料的可能性。一般而言，参数的方差是衡量参数估计数最重要的资料。当残差的方差出现了负值 [称为海伍德（Heywood）现象] 或是超过范围的协方差（当标准化的估计数大于 1 时）时，表示参数估计是有问题的。在报告 SEM 分析结果时，如果有方差的数值，都应在报告中予以揭示。

其次，各参数的显著性检验数据应翔实列举。除了指出检验值的大小与显著性以外（例如，t 检验值与 p 值），标准误也是重要的数据，从标准误的大小中可以看出参数估计是否存在潜在的问题。值得注意的是，在 SEM 模型当中，可能有某些参数被设定为固定值（例如，被用来作为潜在变量量尺化的因素载荷通常被设定为 1.00），因此没有经过估计与显著性检验，在说明显著性结果时，亦应予以标注说明。

最后，标准化解的呈现通常是 SEM 分析最重要的一部分，因为标准化解反映了 SEM 模型中各参数估计的最后结果，而且是以标准化的形式出现的。

一般而言，在 LISREL 或 EQS 等软件里，都会在报表的最后提供标准化解的详细信息，指出相关系数、因素载荷、回归系数等各项数值的结果。以 LISREL 为例，在分析完成之后，可以要求列出标准化解的路径图，以图示法来列出所有参数的标准化解，如图 1.6 所示。

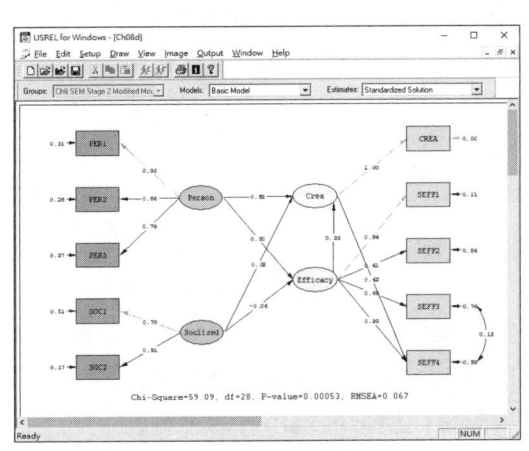
（a）LISREL 软件

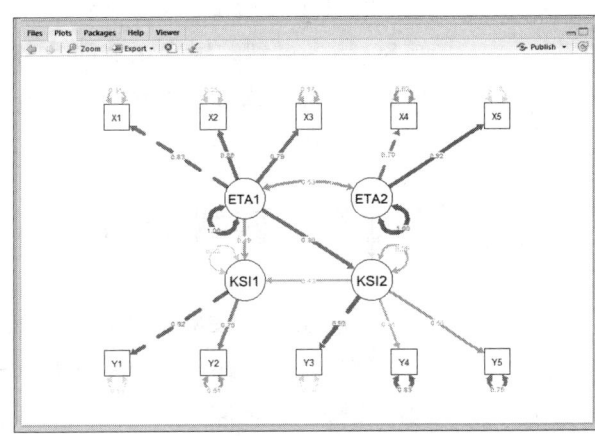
（b）R 软件（来自 RStudio）

图 1.6　统计软件呈现的估计结果路径图

（四）标准化解与完全标准化解

值得注意的是，LISREL 分析会产生两种不同的标准化解：一是以 SS（standard solution）指令所获得的标准化解；二是以 SC（solution completely standardized）指令得到的完全标准化解。标准化解的数学原理是针对潜在变量的方差估计数进行标准化，也就是将潜在变量的估计数除以潜在变量的估计标准差（以去除每一个潜在变量各有不同的变异情形的影响），然后计算出所有参数的数值。完全标准化解则是除了将潜在变量的数据加以标准化之外，还将观察变量的估计数加以标准化。也就是将每一个观察变量的数据除以各变量的标准差（以去除每一个观察变量各有不同的变异情形的影响），然后计算出所有参数的标准化估计数。对于不具有结构模型的 SEM 分析（例如 CFA 分析），SS 与 SC 指令所得到的数据会完全相等。因为对因素的标准化，即对测量变量的标准化。

一般研究在报告 SEM 的分析结果时，多呈现完全标准化解，使每一个参数都具有标准化的性质，例如，因素载荷会落入 ±1 的范围内。如果不是完全标准化解，某些数据可能会出现不寻常数值。但是，在某些时候，研究者仅关心结构模型当中的参数估计，例如路径模型分析，此时标准化解已足够，结构模型中的参数应会落在合理的范围内，不必针对所有观察变量进行标准化，因为测量模型的参数并不是研究报告的重点。过多的标准化会使数据失去原有测量的特性。

值得注意的是，如果研究者输入数据时直接输入相关系数矩阵，那么用 SS 或 SC 指令得到的标准化解都是完全标准化解，因为相关矩阵本身就已经对所有观察变量的数据进行了事前的标准化处理。

四、替代模型的使用

一般来说，SEM 分析很少只处理一个模型的估计。在一个研究当中，除了基本的模型之外，还可能有一些替代模型，代表不同的假设或理论模型，经由模型间的比较，决定何者最能反映实际状态。而替代模型的运用有两种可能：第一是由研究者基于理论观点而提出的假设模型；第二是估计结果所产生的数据所建议的修正模型。前者是一种理论推导演绎的结果，模型的提出与数据无关，因此称为演绎取向（deductive approach）或先验（priori）的替代模型；后者是基于计量数据所得到的替代概念，例如由模型修饰程序所得到的修正模型均属此类，因此称为归纳取向（inductive approach）或事后（post-hoc）的替代模型。

（一）演绎取向的替代模型

最理想的 SEM 模型是基于理论观点提出的模型，因此替代模型的提出最好是能够运用演绎取向的策略。Jöreskog（1993）指出，任何一个 SEM 模型都可能具有其他的替代模型。因此，SEM 研究应善用替代模型的相互比较，来决定哪一个模型最能够反映实际观察数据，Jöreskog（1993）称之为替代模型取向（alternative models approach）的 SEM 研究。但是，替代模型的提出是基于理论上或概念上的考虑，因此都是在分析进行之前即已经提出。

演绎取向的替代模型最重要的价值在于具有先验的理论基础。此外，也正由于模型的建立是在数据分析之前进行的，因此模型的设定可以经过详细的计算与安排，不受限于资料的计量特性。在结果的分析上，每一个替代模型的重要性和理论内涵都十分清晰明确；在操作层面上看，可以免除许多人为操纵的疑虑，减少犯错的可能。

（二）归纳取向的替代模型

如果说演绎取向的替代模型是理论概念的产物，那么归纳取向的替代模型就是现实世界的产物，虽然可能缺乏理论的正当性，但是归纳取向所提出的替代模型能够反映真实数据的特性，得到的结果最符合真实世界的描述。此类研究被Jöreskog（1993）称为模型产生取向（model generating approach）的SEM研究。

在某些情况下，归纳取向的替代模型分析有其必要性。例如，当样本规模很小时，或是某些变量的测量质量较差时，参数估计的稳定性不佳，演绎取向所提出的替代模型之间的比较难以进行。此时，适当地利用参数的估计结果进行修正，可以让参数估计较为顺利。

其次，当研究的性质偏向探索性研究时，归纳取向的替代模型可以较演绎取向的替代模型提出更多有建设性的信息。尤其在应用研究领域，例如，教育研究、消费调查、管理研究等，理论的引导性不如实际现象与数据具有启发性。此时，从研究数据反映的各项修饰建议所累积出来的假设模型更具有解释力。

使用归纳取向的替代模型比较，有两个必须注意的事项。第一，测量残差的相关应谨慎，即使修饰指数（MI index）显示某些测量残差的相关甚为明显，在没有合理的理由或理论观念的支持下，测量残差也是不宜设定在模型之中的。残差相关的假设在追踪研究上比较容易看到，因为同一个题目是在不同的时间点测量的，所以测量分数除了受到潜在变量的影响，测量残差在不同的时间也应具有一致性。因此，测量残差的相关系数是有意义的。此外，在MTMM研究中，同一个测量题目受到不同来源的影响，残差的相关可能代表方法效应（method effects），因此残差相关也有设定上的理论意义。但是，无论如何，残差相关的设定除非具有相当的合理性，否则不应轻易为之。

第二，对于残差与其他变量的相关，也不应随意假设其存在，因为测量残差反映了测量误差的存在，而且具有随机误差的特性。所以，随机变异与其他变量的关系的假设即使具有统计上的意义，一旦被设定在模型之中，整个模型也需要讨论测量误差非随机性的问题，增添了SEM分析与解释的复杂度。

一般而言，模型的修饰必须在样本量很大的情况下才比较安全。一般规模（例如，100～400个样本）的SEM研究执行模型修饰都有相当的风险，因为如果换一个相同规模的样本来重复SEM估计，所得到的修饰建议可能是不一样的。此时，由于样本有差异，研究者所得到的结论也会有所不同，这一个现象对于强调理论合理性的SEM分析是最大的讽刺。

第四节 结　语

综观SEM近年来的发展，可以发现SEM已经是一门高度发展的成熟学科，不仅在学理上有相当程度的进展，相关的社群活动也相当热络。学术活动基本上是由研究人员、学者专家与实务工作者所汇聚的科学社群与具体的研究议题及成果组成的。只有在一个研究领域聚集了足够的资源，累积了足够的理论论述与研究发现，汇集了相当的共识之后，方能促成并支持专门期刊的诞生与支持专属社群的动力。SEM的发展正是经历了这一连串的学术过程所获致的一个具体成果。

SEM的相关研究除了发表在专属期刊《结构方程模型》上，也可见于各重要期刊，例如《心理学评论》(Psychological Bulletin)、《心理学方法》(Psychological Methods)、《心理计量学》(Psychometrika)、《应用心理测量》(Applied Psychological Measurement)、《多变量行为研究》(Multivariate Behavioral Research)、《教育与心理测量》(Educational and Psychological Measurement)、《教育测量的议题与实务》(Educational Measurement: Issues and Practices)、《社会学方法与研究》(Sociological Methods and Research)、《社会学方法论》(Sociological Methodology)、《英国数学与统计心理学期刊》(British Journal of Mathematical and Statistical Psychology)等，国内有关SEM的研究报告则散见在各期刊中。

在软件方面，目前坊间已有多种付费或免费软件可以用来进行SEM分析，参见表1.1。普遍为社会科学研究者接受的SAS、SPSS、STATA软件皆有附属的SEM分析模块，例如，PRO CALIS是SAS软件当中的SEM分析模块，SPSS则由Amos模块进行SEM分析，其他还有几种专门用于SEM分析的统计软件，例如，EQS、LISREL、Mplus、Mx、RAMONA和SEPath等。

表 1.1　主要的 SEM 分析软件一览表

名称	版次	模块	网址
EQS	V6.2		http://www.mvsoft.com/
LISREL	V9.3*		http://www.ssicentral.com/lisrel
Mplus	V8*		https://www.statmodel.com/
R	V3.4.4	lavaan*	http://lavaan.ugent.be/
		OpenMx	http://openmx.ssri.psu.edu
SPSS	V24	Amos*	https://www.ibm.com/
SAS	V9.4	CALIS	http://www.sas.com
STATA	V14	sem/gsem	http://www.stata.com

注：*表示本书所使用的示范软件。

值得一提的是，免费的 R 软件（R Core Team，2015）有一段时间仅有 SEM（Fox，Nie，& Byrnes，2002）可供使用，但是最近则有多个模块被开发并分享，尤其是 OpenMx（Boker et al.，2011）与 lavaan（Rosseel，2012）两个 R 模块，均由统计与信息工程专家团队投入开发，不断更新算法，也引用了 SEM 领域学者的著作，因此可信赖度高。尤其是 lavaan 已经能够整合 MLM、IRT、潜在类别模型和混合模型，并应用于 LGM 等纵向数据分析。

为了进行示范，本书分别使用了 LISREL、Amos、Mplus 与 R 四种软件。其中 LISREL 可说是历史最悠久的 SEM 分析软件，分析程序、语法撰写与设定原理均遵循 Jöreskog 的概念原理，最适用于 SEM 的原理教学与概念示范，因此本书主要利用 LISREL 进行范例示范与报表解说。而 Amos 因为与 SPSS 软件相互衔接，而 R 软件是免费软件且可很方便地下载 lavaan 套件进行 SEM 分析，并利用 semPlot 套件进行绘图，所以两者的普及率高，因此也纳入本书作为辅助示范。

至于 Mplus 软件，它由美国加州大学洛杉矶分校的 Bengt O. Muthén 教授与其同事发展，目前已经发展到第 8.1 版（2018，June）（Muthén & Muthén，1998-2017）。其优点是可以整合其他高阶统计模型（例如，SEM、IRT 和 mixture）进行整合性分析。同时，由于 Mplus 提供了便利的蒙地卡罗与拔靴法等统计仿真功能，非常适合用于模拟研究。最近，Muthén、Muthén 与 Asparouhov（2016）合著了一本专著《应用 Mplus 进行回归与中介分析》（*Regression and mediation analysis using Mplus*），对于回归原理与中介及调节效果分析进行了深入讨论，并以 Mplus 进行数据分析示范，对于 Mplus 语法的撰写提供了相当多的说明，有利于读者对于

Mplus 软件的了解。因此本书特别以最近发行的 Mplus8 进行辅助说明，以利读者衔接后续的高阶应用。

近年来，有关 SEM 在基本原理上的重要发展，除了可以应用于非正态化数据［包括二分变量、顺序或类别变量（Browne，1984；Muthen，1984）］的分析中，对于特定的问题（例如非随机性遗漏值的处理），Allison（1987）、Muthén、Kaplan 与 Hollis（1987）也提出了应对策略。此外，多层次 SEM 分析（multilevel SEM）以及追踪研究的 SEM 分析也开始受到研究者的重视与广泛讨论（参见 Little，2013；Little，Schnabel，& Baumert，2000）。一些原创性问题仍不时地出现在期刊上，并引起了研究者的重视。

SEM 虽然有种种的优点，却面临着与其他高级统计技术相似的命运。不少人对于统计学具有相当的排斥感，使得大多数的研究者在未触及 SEM 之前，就已对其抱持敬而远之的心态，加上早期的 SEM 语言过分艰涩，各种庞杂的数学矩阵甚至令熟手感到头疼，这些都越发突显了学习理解 SEM 的困难。但是随着研究者对这套方法的逐渐掌握，高校开授相关课程的教师越来越多，学术刊物以及互联网上的介绍讨论不胜枚举，分析软件不断进步，如今学习 SEM 变得越来越容易。例如，本书同时介绍了多种分析软件，读者可以挑选一种最适合自己且便于获得的软件，配合本书的原理说明与操作示范，循序渐进，反复演练，必定熟能生巧，将这套当代重要的统计方法掌握在手中。

第二章 结构方程模型的组成

基本上，SEM 是由一系列变量与参数组成的，联结变量与参数的工作则由数学方程来完成。由于变量与参数众多、关系复杂，因此在发展之初，LISREL 模型即利用数学矩阵来整合这些变量与参数的关系。本章将介绍 SEM 的基本组成，以及所涉及的各个专有名词与数学公式。

事实上，将研究者所关心的变量与参数用统计模型来描述，进而加以估计分析，即是 SEM 所谓的模型界定。通过模型界定，研究者除了可以厘清理论与概念的内容与关系，最重要的是发展成可供 SEM 进行检验的模型，通过统计分析的程序，完成所有的评估与统计决策。因此，了解 SEM 模型的组成以及掌握正确有效的模型界定方法，是 SEM 研究的重要环节。

第一节 结构方程模型的变量

一、变量的特性

变量（variable）可以说是统计学中最基本的概念。相对于常数（constant）来说，变量反映了变动与差异，指某一属性因时间、地点和人物的不同而不同，或是在质或量上的个别差异。基本上，变量可分成两大类：连续变量与类别变量。其中，连续变量指利用等距或比率尺度等有特定单位的工具测量得到的变量，变量中的每一个数值皆代表强度上的意义，又称为量化变量（quantitative variable）。

相对而言，当变量数值所代表的意义为质性的概念时，则称这类变量为类别变量（categorical variable）或质性变量（qualitative variable）。类别变量的重点在于分门别类，而非反映强度，因此变量数值仅具相等或不等的数学特性，或是大于与小于的顺序关系，这类变量无法像一般的变量那样以数学算式计算出有意义的统计量，仅能利用数值的频数（frequency）或百分比（percentage）来进行数据的分析与检验。相对而言，连续变量的数值反映了被观察现象或特质的程度大小，因此变量数值可通过加减乘除等数学运算法则获得各种统计量（例如，平均数、方差、标准分数等），进行进一步的统计分析。

由于 SEM 是一套用来分析变量间复杂的共变关系的统计方法，因此 SEM 的基本组成单位是连续变量，类别变量仅作为辅助或分组讨论的调节变量之用。换言之，在一个 SEM 模型中，凡是被视为变量的，就存在平均数与方差的统计量信息，变量之间的关系由协方差反映。

二、测量变量与潜在变量

在 SEM 模型当中，变量有两种基本的形态：测量变量与潜在变量。研究者测量得到的测量变量资料是真正被 SEM 用来分析与计算的基本元素[1]；潜在变量则是由测量变量推估出来的变量。在典型的 SEM 分析中，测量变量的变异受某一个或某几个潜在变量的影响，因此又被称为潜在变量的测量指标或外显变量。

在 SEM 的路径图中，测量变量是以长方形来表示的，如图 2.1 中的 V_1 与 V_2。当测量变量是一个无误差的测量之时，我们可以视此变量为一个真实有效的测量。通常，人口学变量属于这一类型，例如，性别、年龄等。另一类测量变量可能伴随一定的测量误差，或是反映某种抽象的概念内涵，以 SEM 的术语来说，这些测量变量受特定潜在变量影响，这使得测量变量分数呈现高低变化。

在 SEM 分析的路径图中，潜在变量以椭圆形的符号来表示，如图 2.1 中的 F 所示。由于潜在变量无法由单一变量反映其抽象内容，必须通过测量变量来推估，因此一个潜在变量必须以两个以上的测量变量来估计，称为多元指标原则。不同变量之间的协方差反映了潜在变量的共同影响。在一个 SEM 模型中，测量变量一定存在，但潜在变量不可能单独存在，因为在研究过程当中，潜在变量并

---

1 测量变量又称为观察变量，在本书中，这两个名词代表相同的意思，将交替使用。潜在变量则与因素交替使用。

不是真实存在的变量，而是由测量变量估计出来的。

潜在变量的另一个特性是具有测量误差，测量变量的变异无法被共同的潜在变量充分解释的部分称为测量误差，如图 2.1 中的 E_1 与 E_2。测量误差可以被视为一个潜在变量，其平均数为零，变异量则可被估计，因此在路径图中有时会以椭圆形符号来表示残差（表示一个潜在变量），例如，Amos 软件的绘图。

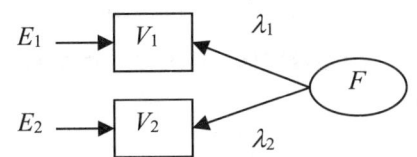

图 2.1　潜在变量与测量变量关系图示

三、内生变量与外源变量

沿用过去路径分析的术语，SEM 模型中的变量可以分为内生变量与外源变量。所谓内生变量（endogenous variables）是指模型当中会受到任何一个其他变量影响的变量，也就是路径图中会受到任何一个其他变量以单箭头指涉的变量。外源变量（exogenous variables）则是模型当中不受任何其他变量影响但影响其他变量的变量，也就是路径图中会指向任何一个其他变量，但不被任何变量以单箭头指涉的变量。

在 SEM 模型中，如果在以内生及外源变量区分的基础上加上前述测量变量与潜在变量之分，那么 SEM 中的变量可以分为内生测量变量、外源测量变量、内生潜在变量与外源潜在变量四种类型。当一个潜在变量作为内生变量时，称为内生潜在变量（以希腊字母 η 表示，读作 eta，"依塔"），它所影响的测量变量则称为内生测量变量（以 y 表示）；相对的，当一个潜在变量作为外源变量时，称为外源潜在变量（以希腊字母 ξ 表示，读作 ksi，"克西"），它所影响的测量变量则称为外源测量变量（以 x 表示）。

若以传统的自变量（independent variable）与因变量（dependent variable）的关系来看，外源变量因为不受其他变量影响，所以必为自变量，而内生变量多做因变量，但也可能作为影响其他变量的自变量。在回归分析中，因变量被视为被解释变量（或称为效标变量），是一个研究关心的焦点，因此 SEM 中的内生变量可以说是模型中的关键变量。

当内生变量同时做因变量与自变量之时，如图 2.2 中的 V_2 与 V_3，表示该变量不仅被他人影响，还可能对其他变量产生作用，即成了一个中介变量（mediator）。由此可知，内生变量之间的关系与其本身的参数估计是 SEM 分析中相当重要的部分。

图 2.2　内生变量作为中介变量的关系图示

内生变量的一个重要性质是具有残差，因为内生变量的变异量不一定能够被模型当中的其他变量完全解释，而其他变量解释内生变量的不足之处即为残差。对于测量变量而言，其变异量无法被完全解释的残差部分称为测量残差或独特变异量（uniqueness）。如果内生测量变量存在于测量模型当中作为潜在因素的测量指标，残差可被视为测量误差。

对于潜在变量而言，内生潜在变量的变异量已经排除了测量误差的影响，因此无法被完全解释的残差部分不能被视为测量误差，而是其他变量无法解释的独特变异量。这部分变异量所反映的是模型无法有效解释内生潜在变量的部分，也就是过去回归分析的 $1-R^2$，解释因素必定来自模型之外，因此被称为 SEM 模型的干扰项（disturbance）。由于它是无法被其他变量有效解释的变异量，因此也可以称之为解释残差或预测残差。

第二节　结构方程模型的参数

一、参数的概念

在统计学当中，参数（parameter）是一个相当重要但很抽象的名词。参数的概念与推论统计有关，带有"未知"与"估计"这两个基本特质。有时，研究者想要通过样本数据（已知）对于总体特性（未知）进行了解，例如，如果我们想要了解现在学生拥有零用钱的状况，我们可以从一群学生（样本）的每月零用钱的平均数去推估其他所有学生拥有零用钱的状况（总体）。此时，每月零用钱的平均数称为样本统计量，所有学生每月零用钱的平均数是我们想要估计得知的参数。值得注意的是，从统计的观点来看，参数所指的是一个未知而需要进行推估的量数，是一个计量的概念，而非总体本身。有时候，参数会被误当作总体的代名词，这是不正确的。

基本上，SEM 所使用的参数概念与其他统计方法并无差异，但是所包含的类型较为繁多。在一般的回归分析当中，代表各预测变量对于效标变量预测力的 β 系数即是回归分析的参数；方差分析的主效应与交互效应也是参数；因素分析当中的因素载荷也是参数的一种。而在 SEM 当中，可能包括对上述各种参数的估计。

研究者所关心的是潜在变量的抽取或是对变量之间的关系的探讨，因此参数多半与潜在变量本身有关（例如，对总体的平均数或方差的估计），或是反映变量之间关系的参数（例如，对因素载荷、路径系数或协方差的估计）。研究者所拥有的只是样本观察数据的相关矩阵或协方差结构，再利用一些 SEM 软件，可以估计这些参数数值，并进行显著性的假设检验。

二、自由参数、固定参数与限定参数

除了参数的性质之外，在 SEM 当中，参数就其是否有估计的需要而分成三种类型：自由参数（free parameter）、固定参数（fixed parameter）与限定参数（constrained parameter）。在 SEM 模型中，联结变量与变量之间关系的关键就是参数，参数的强弱大小必须通过统计程序加以估计，因此都是自由参数。当 SEM 模型中需要估计的自由参数越少时，称为越简效（既简单又有效率）的模型，自由度越大。

其次，SEM 模型当中不被估计的参数将被设定为 0，因此也被视为固定参数（固定为 0）。因为某些理由被设定为常数（通常是 1）而不被估计者，亦被称为固定参数。

限定参数的使用多半与多样本间的比较有关，例如，某一个参数在甲样本与乙样本间被设定为等值（equivalent）的，此时的 SEM 对于这两个参数仅进行了一次估计，是为限定参数。限制参数通常是研究者基于特殊的需要而提出的，因此多与特定的理论或逻辑推导有关。从概念上来看，限定参数介于自由参数与固定参数之间，可被视为半自由参数。但是由于限定参数的数据仍然是由估计得出的，因此限定参数与自由参数被视为模型当中必须进行估计的参数。

三、直接与非直接关系

在 SEM 模型中,参数所联结的变量关系有直接(方向性)关系(directional relationship)与非直接(非方向性)关系(non-directional relationship)两种类型。直接关系表示参数带有特定的影响方向,变量之间具有假设性的线性因果或预测关系,在路径图中以单向箭头(──→)来表示。非直接关系则表示参数不带有特定方向,即变量之间虽然具有关系,但影响方向无法辨认,在 SEM 路径图中,以带有双箭头的线段(←──→)或曲线表示。例如,在图 2.3 当中,潜在变量对于测量变量的关系就是一种直接关系的结构参数,强度以因素载荷来表示。两个潜在变量(F_1 与 F_2)关系的直接效应参数则是回归系数,用以说明两者间的影响路径。

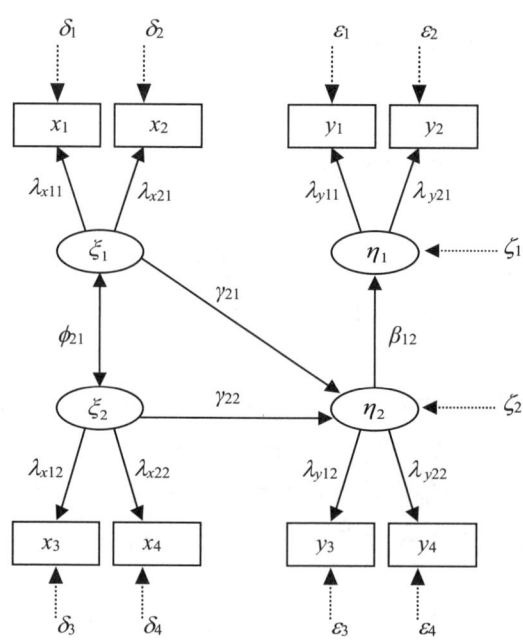

图 2.3　完整 SEM 模型的参数图示

四、模型参数与方程

一个完整的 SEM 模型包括测量模型(measurement model)与结构模型(structure model)两部分。前者指实际测量变量与潜在特质的相互关系,后者则说明潜在变量之间的关系，构成这两种模型的参数分别被称为测量模型参数与结构模型参数，如图 2.3 所示。

在图 2.3 中，SEM 模型被分成左侧的外源变量关系与右侧的内生变量关系两部分，潜在变量与观察变量的关联强度由 λ（lambda）参数表示，又称为因素载荷（factor loading），所构成的模型即为测量模型。外源与内生潜在变量之间的关系则以 γ（gamma）参数反映，内生潜在变量之间的关系由 β（beta）参数反映，由 γ 与 β 参数联结构成的模型即是结构模型。

模型中的 δ（delta）与 ε（epslon）分别表示外源观察变量与内生观察变量被潜在变量解释不完全的测量残差，ζ（theta）则为内生潜在变量无法被完全解释的估计误差。残差的单箭头表示其方差可以被估计，而残差之间的共变关系则没有在图 2.3 中描述出来，但它可能存在，可被视为自由估计参数来估计。

上面所提及的各种参数与变量的关系可以利用一般线性方程加以描述。公式 2.1 与公式 2.2 是反映测量模型的一般方程，公式 2.3 是反映结构模型的一般方程，这三个一般方程即可构成一个一般结构方程模型（general structural equation model），这就是结构方程（structural equation）一词的含义：

$$y = \Lambda_y \eta + \varepsilon \tag{2.1}$$

$$x = \Lambda_x \xi + \delta \tag{2.2}$$

$$\eta = B\eta + \Gamma\xi + \varsigma \tag{2.3}$$

所谓一般方程，是指一般性的通式，而不反映特定变量与特定参数的关系。如果针对特定变量与参数的关系，则可利用明确的方程来表现。例如，图 2.3 中的结构模型可以用下列两个方程来说明参数的关系：

$$\eta_1 = \beta_{12}\eta_2 + \varsigma_1 \tag{2.4}$$

$$\eta_2 = \gamma_{21}\xi_1 + \gamma_{22}\xi_2 + \varsigma_2 \tag{2.5}$$

在 SEM 中，当单独使用测量模型，也就是只有测量模型而没有结构模型的回归关系假设时，即为验证性因素分析，因其检测的内容是测量题目的因素结构与测量误差。进一步地，单独看待结构模型，它其实就是一个传统的路径分析模型，可以用多元回归的概念来说明变量的因果或预测关系。事实上，如果一个 SEM 模型当中没有任何潜在变量的假设（即没有测量模型），只存在测量变量，并探讨这些测量变量的因果/预测关系时，就与传统的路径分析模型无异。

值得注意的是 SEM 模型与传统的回归分析不同。SEM 不仅可以同时处理对多组回归方程的估计，更重要的是变量关系的处理更具有弹性。首先，在回归分析当中，变量仅分为自变量与因变量，同时这些变量都是无误差的测量变量。但是在 SEM 模型中，变量的关系除了具有测量关系之外，还可以利用潜在变量进行观察值的残差估计。因此，在 SEM 的模型中，残差的概念远比传统回归分析复杂。其次，在回归分析中，因变量被自变量解释后的残差被假设与自变量之间的关系是相互独立的；但是在 SEM 分析中，残差项是允许与变量之间有关联的，但前提是这些特殊的假设也应具有一定的理论逻辑基础。

在 SEM 模型中，测量模型与结构模型的变量和参数可利用八种主要的矩阵概念来整合（见图 2.4）。这八种矩阵的名称、代号、发音、意义与矩阵状态如表 2.1 所示。

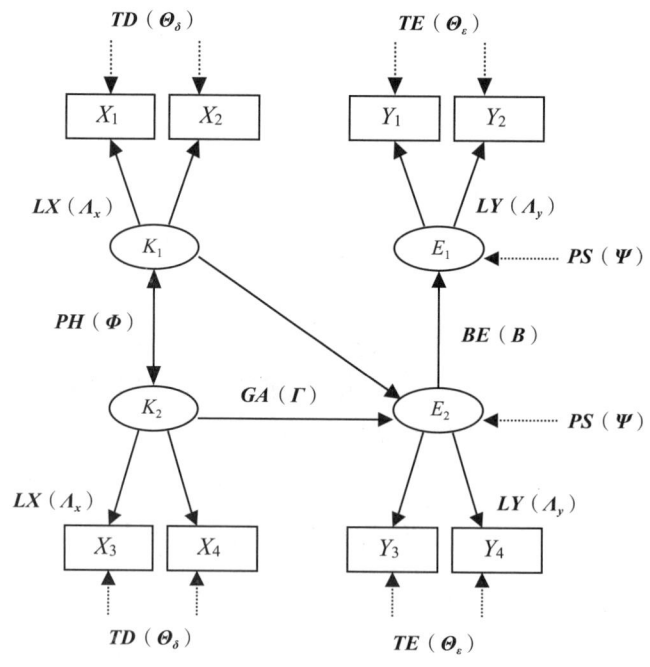

图 2.4　完整的 LISREL 模型矩阵的概念图示

各矩阵当中的向量元素与顺序由观察变量的数目（NX 与 NY）与潜在变量的数

表 2.1　SEM 模型的八种矩阵概念列表

符号与发音		缩写	代表意义	*mm*	*mf*	order
结构模型矩阵						
B	beta	**BE**	内生潜在变量被内生潜在变量解释的回归矩阵（E 到 E 的回归系数）	*ZE*	*FI*	*NE* × *NE*
Γ	gamma	**GA**	内生潜在变量被外源潜在变量解释的回归矩阵（E 到 K 的回归系数）	*FU*	*FR*	*NE* × *NK*
测量模型矩阵						
Λ_x	lambda x	**LX**	外源观察变量被外源潜在变量解释的回归矩阵（K 到 X 的因素载荷）	*FU*	*FI*	*NY* × *NE*
Λ_y	lambda y	**LY**	内生观察变量被内生潜在变量解释的回归矩阵（E 到 Y 的因素载荷）	*FU*	*FI*	*NX* × *NK*
Φ	phi	**PI**	外源潜在变量协方差矩阵（K 到 K 的因素共变）	*SY*	*FR*	*NK* × *NK*
残差矩阵						
Ψ	psi	**PS**	内生潜在变量被外源潜在变量解释的误差项协方差矩阵（解释残差）	*SY*	*FR*	*NE* × *NE*
Θ_δ	theta-delta	**TD**	外源观察变量被外源潜在变量解释的误差项协方差矩阵（X 变量残差）	*DI*	*FR*	*NX* × *NX*
Θ_ε	theta-epsilon	**TE**	内生观察变量被内生潜在变量解释的误差项协方差矩阵（Y 变量残差）	*DI*	*FR*	*NY* × *NY*

目（NK 与 NE）来决定。其中，NE 为内生潜在变量数目（m 个），NK 为外源潜在变量数目（n 个），NY 为内生观察变量数目（p 个），NX 为外源观察变量数目（q 个）。

早期以 LISREL 软件进行分析时，皆以语法（程序语言）来设定模型与参数状态，因此需要对矩阵的特性与关系加以设定。在未经宣告时，自动设定为预设的形式（model format，*mf*）与状态（model mode，*mm*）。传统上的 LISREL 矩阵预设代号列于表 2.2 中，以 * 标示。读者亦可自行更改矩阵设定为其他形式与状态，可供替代的设定代号列于表 2.2 中，以 + 标示。

有关矩阵的数值，***ZE*** 为零矩阵（矩阵中所有数据为 0）；***ID*** 为相等矩阵（identity matrix，矩阵中除了对角线为 1，其余均为 0）；***IZ*** 为部分相等与零矩阵（partitioned identity and zero matrix）；***ZI*** 为部分零与相等矩阵（partitioned zero and identity matrix）。

表2.2　LISREL 各矩阵原始设定与替代设定代码对照表

设定代码	矩阵缩写	B BE	Γ GA	Λ_x LX	Λ_y LY	Φ PH	Ψ PS	Θ_ε TE	Θ_δ TD	$\Theta_{\delta\varepsilon}$ TH
Matrix Mode	mm									
Fixed	FI	*	+	*	*	+	+	+	+	*
Free	FR	+	*	+	+	*	*	*	*	
Matrix Form	mf									
Zero(0)	ZE	*					+	+	+	+
Identity(I)	ID		+	+	+	+				
Identity,Zero	IZ		+	+	+					
Zero,Identity	ZI		+	+	+					
Diagonal	DI		+	+	+	+	*	*	*	+
Symmetric	SY					*	+	+	+	+
Subdiagonal	SD	+								
Standardized symmetric	ST					+				
Full	FU	+	*	*	*					

注：* 表示原始设定，+ 表示可容许。改编自 Jöreskog & Sörbom（1996，p.67）。

在矩阵的形态上，**DI** 为对角矩阵（diagonal matrix），只有对角线的向量被处理；**SD** 为下对角矩阵（sub-diagonal matrix），只有对角线下三角区域的向量被处理，用于回归系数（B）矩阵；**SY** 为对称矩阵（symmetric matrix）包含对角线与下三角区域的向量被处理，但对角线数字不为 1 时为协方差矩阵；**ST** 为对称矩阵且对角线数字设定为 1，用于相关（Φ）矩阵；**FU** 为正方或直方形的非对称完全矩阵（full matrix）。至于对矩阵参数的估计状态的表示，*FI* 表示固定参数，*FR* 表示自由参数。

第三节　模型界定

一、模型界定的概念

SEM 分析的第一个具体步骤就是发展假设模型。通过本章所介绍的统计符号与观念所建立的结构方程可以协助研究者进行分析与决策。而模型界定的内容可以从两个方面来获得：第一方面是理论的基础或研究者个人的先备知识与经验，第二方面是 SEM 分析工具的技术语言与方法要求。首先，当研究者面对所关心的研究问题时，除了基于自己的知识基础与研究兴趣来推演值得探讨的研究命题之外，还需对理论文献详加检阅，以建立严谨的科学假设，或提出有待验证的理论模型。

进一步地，如果研究者决定使用 SEM 来检验他所提出的假设与理论模型，则必须配合 SEM 技术语言的规范与各项操作要求，将研究者所提出的假设与理论模型转换成 SEM 模型。在此同时，必须考虑 SEM 分析当中可能涉及的各种统计概念的基本原理与要求（例如，因素分析、路径分析、潜在变量的设定、平均数的估计等），将之一并纳入 SEM 模型界定之中。这个由理论发展到技术性模型建立的一整套程序被称为模型界定。

在模型界定的过程中，除了依据 SEM 原理来设定模型之外，另外一个非常重要的技术问题就是让 SEM 模型具有技术上的可识别性，使 SEM 的各项数学估计程序与统计决策过程顺利进行下去。SEM 所设定的理论模型是基于研究者的研究需求提出的。但是，模型的分析与最终的统计决策的获得，必须利用实际搜集到的数据，在转换成为 SEM 分析的数据格式之后，利用分析软件来进行分析工作。只有假设模型符合统计分析与软件执行的要求，也就是在能够被有效识别的情况下，SEM 分析才能顺利进行。此时，一个模型可以被分析工具有效识别的程度称为模型识别度，有关议题将在下一章介绍。

二、模型界定的简效原则

对共变结构关系的分析可以说是 SEM 最主要的核心概念，一个 SEM 模型往往涉及对数十个变量的共变关系的探讨，这些变量可以组合成无数种不同的假设模型。当 SEM 分析牵涉对如此复杂的变量关系的探究时，一个重要的基本原则是将这些共变关系以最符合理论意义且最简明扼要的方式加以界定，并使之最符合实际观测到的数据结构，这一原则称为简效原则（principle of parsimony）。

简效原则反映了 SEM 分析的一个主要限制，即研究者无法精确地说明一组变量的共变结构关系究竟以何种模型来表示会最好。因为同样一组变量的组合有无限种可能，而不同的关系模型可能代表了特定的理论意义。因此，如果研究者可以用一个比较单纯简单的模型来解释较多的实际观察数据的变化，那么以这个模型来说明变量间的真实关系时，比较不会得到错误的结论，避免犯下一类错误。换句话说，SEM 分析对于理论模型的检验只能说明一个模型不至于有错，但是很难证明它是真正正确的模型。

三、等值模型问题

从 SEM 出现以来，有一个常被讨论的议题，即所谓等值模型的问题（Marcoulides & Schumacker, 1996; Raykov & Marcoulides, 2001）。所谓等值模型（equivalent models）是指不同的 SEM 模型具有相同的模型拟合度，也就是模型拟合指数（例如 χ^2 与 p value）统计量在不同的模型间具有相等的数值。等值模型的出现使得统计上"相等"的模型有不同的解释方法。如此一来，关于 SEM 的研究产生了相当大的困扰，不仅在概念层次上无法有效地厘清变量的关系与模型的优劣，在 SEM 的操作层次上也使得模型比较无法进行。

另一方面，即使等值模型的现象没有发生在某一个研究中，SEM 的操作者也必须明了潜在的等值模型现象是可能存在的。换句话说，任何模型的提出，都可能发生模型界定方式不同，但是模型的拟合度相同的情形。研究者对于 SEM 分析结果的解释虽然是就他所提出的模型以及所获得的数据进行的，但是同样的一套数据也可以不同的方式来诠释其意义。有许多研究已经证实，对于特定的 SEM 模型，操作者可以在没有任何理论基础的情况下，利用 SEM 模型界定策略提出具有相同拟合度的等值模型（例如，Hershberger, 1994; Lee & Hershberger, 1990; Stelzl, 1986; Raykov & Penev, 1999）。

等值模型的现象可以用一个最简单的回归分析的概念来说明。在相关或协方差的概念中，描述 X 与 Y 两个变量关系的统计量并没有特定的方向性，两个变量可以用下列关系式描述：

$$X \leftrightarrow Y \tag{2.6}$$

上述 X 与 Y 的关系如果改以回归的方式来解释，则产生了两种情形：

$$X \to Y \tag{2.7}$$

$$X \leftarrow Y \tag{2.8}$$

前者（公式 2.7）是以 X 变量解释 Y 变量的变异量，后者（公式 2.8）是以 Y 变量解释 X 变量的变异量。两者具有不同的回归方程，各自计算出一组回归系数，但是如果将回归系数标准化，我们会发现两个方程具有相同的 β 系数，且等于相关系数。三个模型其实是同一个模型，却有不同的理论意义，造成了 SEM 模型比较决策的问题。

对于等值模型现象在 SEM 分析中的影响，文献中已有相当数量的讨论。目前最常被引用的解决方案称为前导理论（priori theory）策略（MacCallum, Wegener, Uchino, & Fabrigar, 1993），仍然是非常原始地从模型发展的初始，以特定理论基础或前导研究发现作为模型界定的依据，而其他各种等值模型被视为不合理但可能存在的模型。如果没有必要，一般皆把等值模型排除在研究讨论之外，以减少不必要的困扰。

另一个普遍的做法是提出几个具有特殊理论内涵的代表性对等模型，利用 SEM 估计获得各参数的估计数，通过对参数估计的比较，分析哪一个对等模型具有较高的解释力，这一策略可以被称为参数比较（parameter comparison）策略。由于对等模型的卡方值相等，因此所有的拟合指数都失去了比较的意义，仅可逐一检查参数估计结果来检查模型的优劣。

虽然等值模型在单一模型的评估上有困难，但是每一个等值模型都可以继续发展不同的嵌套模型以进行竞争比较。因此，Kline（1998）建议，可以利用代表性的等值模型对每个等值模型进行竞争比较，来检验哪一个等值模型具有最佳的解释性。然而，最终的决策仍在于何者最符合理论上的解释或最具有逻辑推导的正当性，再次显示了理论的考虑在 SEM 分析中的重要性。

第三章 参数估计与识别问题

在 SEM 的分析过程中,最核心的计量程序就是参数估计(parameter estimation)。由于完全交由计算机处理,所以这也是 SEM 使用者最难以一探究竟的部分,可以说是 SEM 分析过程中最大的黑箱。

参数估计的进行建立在特定的统计计量原理之上。因此,用于 SEM 分析的测量数据除了必须符合一般性的统计假设之外,还必须符合属于 SEM 特殊的要求。例如,一个 SEM 模型必须具有统计与方法上的可识别性,方能使各项估计程序与统计决策过程顺利进行,被称为模型识别(model identification)。本章的主要目的即是介绍 SEM 的参数估计方法与识别问题,以利使用者了解 SEM 的运作原理。

第一节 模型识别问题

一、参数数目与识别

识别性的问题可以模拟为我们中学时代解联立方程的过程,例如,对于一个二元一次方程:

$$X+Y=10 \tag{3.1}$$

在没有指定 X 或 Y 值或提供第二组方程的情况下，符合该方程条件的 (X,Y) 解有无数个，例如，(2,8)、(5,5) 都是可能解。此时，就是所谓无法识别或识别不足（underidentified）的状况，也就是数学上无法得到一组特殊解的现象。除非我们提出第二个方程：

$$X+2Y=20 \tag{3.2}$$

此时便能够求出一组且唯一一组特殊解 (0,10)。以 SEM 的术语来说，此种提供足够的条件去求取联立方程未知变量的解的过程即是一种可以识别的状况，称为充分识别（just-identified）。但是，我们若再提出第三个方程，例如：

$$X+3Y=40 \tag{3.3}$$

此时，有两个未知数，却有三个方程，也会造成无特定解的状况，但是可以利用估计的方式，求出符合这三个方程的最佳解，称为过度识别（over-identified）。例如，以 (0,10) 代入三式，分别得到 10、20、30，此解在第三个方程产生 10 的差距（残差）；若改以 (-1,11) 代入三式，则可以得到 10、21、32，此解在三个方程的残差分别为 0、1、8，总和为 9。也就是说，(-1,11) 是一个较佳解（better solution）。

SEM 的理论模型多是由好几个多元一次联立方程组成的，已知的条件与对未知的参数数目的估算相当复杂，稍有不慎，就会造成模型无法估计（待解未知数多于方程数目）的窘境。因此，在 SEM 当中，有关联立解的求取与估计的方法格外受到重视。

传统上，模型识别以整体模型为计算基础（Bollen, 1989）。但 McDonald 与 Ho（2002）指出，识别性问题应从三个角度来看：测量模型、结构模型与潜在变量的界定。下面，我们分别就 SEM 模型的不同层次的识别加以说明。

二、整体模型识别

决定模型识别性的具体步骤，首先是计算用以产生共变结构的观测值数目，称为测量数据数（numbers of data points, DP）。测量数据数与样本测量变量协方差矩阵当中的协方差与方差数目有关，可利用下式来计算：

$$DP = \frac{(p+q)(p+q+1)}{2} \qquad (3.4)$$

其中，$p+q$ 表示测量变量的个数，其中 p 为外源测量变量的数目，q 为内生测量变量的数目。假设今天有 10 个测量变量，总计可以产生 10 个方差与 C_2^{10}=45 个协方差，合计为 55 个数据点，DP=55。至于对被估计的参数数目的计算，则牵涉研究者所提出的模型的各种设定，包括回归系数、协方差和方差三类参数，这些未知的参数必须能够顺利地估计。

（一）t 法则

Bollen（1989）利用 DP 数与参数估计数目的比较来判断模型的识别性，提出了一个必要非充分的识别条件计算法则——t 法则（t-Rule），t 值代表模型中的自由估计参数数目。SEM 模型要能被识别，必须符合下列关系式：

$$t \leqslant \frac{1}{2}(p+q)(p+q+1) = DP \qquad (3.5)$$

t 法则的判断原则为下：

1）当 $t < DP$ 时，为过度识别，好比我们有过多的方程，但是只需要求少数几个因素解；
2）当 $t = DP$ 时，为充分识别，好比我们用两个方程来求二元因素的解；
3）当 $t > DP$ 时，为识别不足，如同以太少的条件求取过多的因素解，在 SEM 分析中，识别不足的情况将导致无法进行任何参数估计。

在充分识别的情况下，参数估计恰可以导出一组估计协方差矩阵，且完全等值于样本观测协方差矩阵，因此又称为饱和模型（saturated model）。在饱和模型下，估计模型与实际模型的共变结构完全等值，卡方统计量为 0，呈现完美拟合。虽然参数估计结果稳定，也可以检测每一个个别的参数，但是无法评估整体模型的适切性，无法进行模型拟合度的假设检验。只有在过度识别的情况下，SEM 才可以利用不同的参数估计方法对于参数进行优化估计，也就是从无限组解当中找到最佳解，进而从参数估计的结果当中得出对整体模型拟合度的评估，或进行模型的比较。

在识别不足的情况下，若要使 SEM 分析顺利进行，研究者可以将部分参数设定为定值，也就是不予估计，或是对参数设限，或直接将参数估计从模型中移除，使测量数据点能够大于 t，即可顺利进行 SEM 分析。

（二）虚无 B 矩阵法则与递归法则

当一个 SEM 模型中没有任何内生变量影响其他的内生变量时，即没有结构关系的假设时，也就没有任何的结构参数（β 系数）的估计，即 B 矩阵为 0。此时，Φ、Γ 与 Ψ 等各矩阵的未知参数数目为导出矩阵（Σ 矩阵）识别参数数目的函数，因此整个模型可以顺利识别。换句话说，当 B 矩阵为 0 时，模型自动识别，Bollen（1989）称之为虚无 B 矩阵法则（Null B Rule）。虚无 B 矩阵法则可以说是反映模型识别性的充分条件，当一个 SEM 模型符合虚无 B 矩阵法则时，模型的识别性就不成为问题，不必计算识别性数值。

另一个模型识别的充分条件是模型中的 B 矩阵呈现三角形状态（对称矩阵，对所有变量间的结构参数均加以估计），而 Ψ（PSI）矩阵呈现对角线状态（表示仅估计干扰项的方差，干扰项的相关不列入估计），此时为一个递归模型且为饱和模型。符合这一条件的模型会自动识别，称为递归法则（recursive rule）。

在递归模型（recursive model）中，变量的因果关系是单一方向的，预测残差项是彼此独立的独立残差模型；非递归模型（nonrecursive model）则允许干扰项具有相关的假设关系而列入估计，变量间亦可能具有回溯关系。当递归模型条件成立时，B、Φ、Γ 与 Ψ 等各矩阵自动获得识别。因此，递归法则显示的也是识别性的充分条件。

整体来说，要判断一个模型是否能够被识别，牵涉模型的界定方式当中各矩阵与各参数的不同状况的影响，初学者非常容易碰上无法识别的尴尬状况。为了解识别不足的状况，Hayduk（1987）建议使用者尽量简化 SEM 模型，如果识别不足的情况持续存在，建议同时将潜在变量的残差设定为 1，或是将信度理想的测量模型的参数设定为 1，或去除不良的变量（结构参数偏低的），这样一来或许能够获得识别。

三、测量模型的识别性

在 SEM 分析中，测量模型所决定的是整体模型当中的外显变量（测量变量）与潜在变量之间的关系。一个 SEM 可能包括多组测量模型，每一个测量模型的识别性都应符合识别性原则，否则可能影响整体模型评估的稳定性。

对于个别测量模型的识别，主要牵涉潜在变量量尺的设定问题。因为潜在变量是由 SEM 分析估计出来的，而非实际的观察变量，因此必须给定一个单位尺度。此时，可以将潜在变量的方差设定为 1，也就是强制以标准化方差作为潜在变量的共同单位。另一种做法是在潜在变量所影响的各测量变量中指定一个变量的因素载荷（或回归系数）为 1，也就是将测量变量的单位设定为潜在变量的参考标尺，并使潜在变量的方差得以自由估计。

当把潜在变量作为影响别人的外源变量（外源潜在变量）时，上述两种方式都可以用来设定测量模型的单位。但是当潜在变量作为被他人决定与影响的内生变量时（内生潜在变量），潜在变量本身成为估计的主要对象，此时应设定测量变量的因素载荷为 1，使潜在变量的方差可以自由估计。

一个理想的测量模型应是潜在变量所影响的每一个测量变量的因素载荷越接近 1，且需达到统计的显著性。同时每一组测量模型各自形成一个独立的丛集，彼此间没有假设性的因素载荷假设，也就是每一个测量变量仅受到单一潜在变量的影响。此时，测量变量被称为纯化指标（pure indicator），此要求是一个非常严格的模型界定策略。

在严格的模型界定策略下，测量模型的识别性的计算主要涉及测量模型中设定的每一个潜在因素所影响的测量变量数目的多寡。对于只有一个潜在变量的测量模型，至少要有三个测量变量才能满足测量模型的识别性。同时，这三个测量变量的因素载荷都必须不等于 0，且测量残差之间没有任何相关的假设。

如果测量模型当中有超过一个以上的潜在变量，每一个潜在变量只要有至少三个测量变量来估计，而每一个测量变量只用以估计单一一个潜在变量（或被单一一个潜在变量影响），残差之间没有共变假设，且潜在变量的方差被自由估计，此时测量模型就可以被有效识别。另外，如果潜在变量只以两个测量变量来估计，残差无相关，每一个测量变量只用以估计单一一个潜在变量，且没有任何一个潜在变量的共变或方差为 0，则模型可以维持可识别的状况。

McDonald（1999）提出了一个较为温和的模型界定策略，称为独立丛集策略

(independent cluster basis)。当潜在因素之间具有相关假设时，每一个潜在变量至少需要两个纯化指标；或是当潜在因素之间不具有相关的假设时，每一个潜在变量需要具有至少三个纯化指标。此概念是一个简单的概念，可以套用在验证性因素分析的模型识别性计算中。McDonald 与 Ho（2002）的分析指出，多数 SEM 研究均忽略了测量模型的识别性报告，使得读者无从判断测量模型的设定是否恰当，因此呼吁研究者应主动提供测量模型的识别性信息。

四、结构模型的识别性

对于整个 SEM 模型的识别，如果模型当中包含结构模型（也就是统合模型的情况），除了测量模型的识别问题之外，必须进一步评估结构模型的识别性，以确认结构模型当中的参数设定是恰当的。在计算上，结构模型识别性与测量模型识别性是两个独立的判断过程。结构模型的识别性判定主要牵涉结构模型的结构参数的设定，也就是潜在变量之间的参数数目，无关乎测量模型的参数设定。

结构模型的识别性决定于内生变量之间的关系的假设。如果内生变量之间没有任何预测关系假设（B 矩阵为 0），可直接应用前面提及的虚无 B 矩阵法则（Bollen，1989），此时的结构模型必然可以识别。如果内生变量之间具有特定的预测关系假设，此时需检验这些预测关系是否属于递归模型的路径模型。如果该结构模型是递归模型，也就是说没有回溯关系，且没有干扰残差的相关假设，那么此时的结构模型仍然可以识别，这就是递归法则的概念。

在非递归模型的路径模型中，潜在内生变量之间具有回溯关系（feedback loop），干扰残差项具有相关的假设，此时的结构模型因为涉及过多参数的估计而无法识别，研究者必须使用别的策略来使模型能够识别。除此之外，非递归模型的结构模型有两个附加的条件：第一，每一个方程至少要有潜在内生变量数目减一个变量不属于非递归模型路径；第二，用以计算标准误的信息矩阵（information matrix）必须可以被完全估计，并可以求出倒置信息矩阵（inverted information matrix）。如果从 SEM 的分析软件中无法得到一个倒置信息矩阵，表示第二个原则无法满足，结构模型的识别性不足，在进行 SEM 分析时，将会出现警语，警告基于无法求出倒置信息矩阵的识别不足问题。

McDonald（1997）提出了前置原则（precedence rule）与直交法则（orthogonality rule）的概念，是两种较简易的判断原理。所谓前置原则是指在具有因果的先后次序的变量中（也就是具有因果关系的那一对变量），干扰项协方差均设定为零；

而当所有的内生变量的干扰项之间都不具有相关的假设时,称为直交法则。在这两条法则下,结构模型的识别性是足够的。在一般的递归模型中,直交法则可以作为判断识别性的依据,但是在非递归模型中,直交法则不适用[1]。

五、潜在变量的量尺化与识别性

潜在变量与一般测量变量最大的不同在于其"不可直接测量"的特性,因此潜在变量缺乏一个自然存在的尺度,必须以人为的手段设定尺度。这里所指的尺度可以被视为测量使用的量尺或单位。例如,身高是一个测量变量,单位是厘米,属于比率尺度。但是对于智力这一个潜在变量来说,它的单位或尺度就必须由测量者依据智力估计的方法加以设定。

在 SEM 当中,潜在变量的尺度会因为设定方法的不同而不同,具有非决定性(indetermination),往往会造成 SEM 参数估计的问题。对于 SEM 模型中的外源潜在变量的设定,最常使用的方法是将潜在外源变量的方差设定成一个常数(通常为 1.00),也就是对模型当中所有的潜在变量进行标准化,使方差维持一致,如此可以对于其他参数进行比较。对于潜在内生变量,通常是将其中的一个测量变量与潜在变量的因素载荷设定为常数(通常为 1.00)。

针对潜在变量进行量尺化(scaling)设定的具体做法有二:一是可以将潜在变量的方差设定为 1;二是指定潜在变量中任何一个变量的因素载荷(或回归系数)为 1。但是,当一个 SEM 模型混合了测量与结构模型时,潜在变量的量尺化便较为复杂。

在兼含测量与结构模型的统合模型中,对于外源潜在变量的设定可以是单纯地将外源潜在变量的方差设定为 1 来进行量尺化。但是,对于内生潜在变量,由于作为内生变量者的变异量被外源变量解释,并非被估计参数解释,因此对内生潜在变量的量尺化必须特别小心地处理,否则将造成外源变量无法顺利估计内生潜在变量方差的识别错误。

内生变量的量尺化有三种常用策略:第一是 Browne 与 Du Toit(1992)所提出的,将内生潜在变量的方差设定为 1,进行设限的参数估计程序;第二是 McDonald、Parker 与 Ishizuka(1993)的再参数化策略(reparameterization method),也是将内生潜在变量的方差设定为 1,但是仅应用于递归模型的设

---

[1] 有关非递归模型的识别性问题,可参考 Bollen(1989)的说明。

定；第三是取内生潜在变量中一个因素载荷为固定参数，进行参数估计后，将潜在变量量尺固定后，再进行内生潜在变量的方差估计，称为再量尺法（rescaling method）。

前两种策略分别可由不同的分析软件来设定（例如，RAMONA、SEPATH、CALIS、COSAN），其优点是在完全标准化的参数估计下，标准误能维持不偏，但是结构参数的估计数值存在偏差。第三种再量尺策略应用于 LISREL 与 EQS 软件，优点是在完全标准化的参数估计下，可获得正确的参数估计值，但是某些标准误无法正确估计，使得显著性检验参考性降低。目前，大多数的 SEM 研究均是以 LISREL 或 EQS 所提供的再量尺法来进行内生潜在变量的量尺化设定的，这使得这些研究能够获得正确的标准化解，但是无法获得充分的标准误与显著性检验数据。

McDonald 与 Ho（2002）指出，虽然标准化估计解的报告是证明理论模型各参数意义的重要数据，因此强调精确的标准化解是一个正确的做法，但是这并不意味着在内生潜在变量中，参数估计的显著性检验可以被忽略。因此，搭配不同的检验程序，可以正确报告参数估计的显著性检验，这是未来研究可以努力的目标，但是至少在目前，LISREL 与 EQS 等常用软件仍未能积极处理这一问题。

第二节 参数估计

一、相关与共变

相关（correlation）是反映两个变量线性关系强度的统计概念。两个连续变量的关联情形除了可以用散点图的方式来表达，也可以利用数学模型来呈现其计量特性，即建立一个用以描述相关情形的量数——相关系数（coefficient of correlation）——来表示线性关系的强度。

线性关系的定义可以用一条最具代表性的直线来表示两个变量的关系，并以直线方程中的斜率来表现变动关系的计量关系。但是，斜率并不足以说明两个变量观察值的分布情形。若要以相关系数反映两个变量的配对观察值的分布，其运算必须考虑两个变量各自的集中与分散状况，以及配对分数的集中与分散状况，将所有观察值的分布情形纳入考虑，以协方差的概念进行处理。而 SEM 就是用来处理多个变量之间复杂共变结构的统计技术。协方差的公式如下：

$$Cov(X,Y) = \frac{\Sigma(X-\overline{X})(Y-\overline{Y})}{N-1} \quad (3.6)$$

协方差的正负号代表两变量是正向或负向关系。例如，若要得到一个正值的协方差，两个离均差必须同时为正值或同时为负值，即两个变量需同时在平均数的左侧或右侧，表示两个变量有同方向的变动关系或正向关联。相反的，要得到一个负的协方差，两个离均差必须一个为正值、一个为负值，即两个变量有反方向的变动关系或负向关联。

值得注意的是，协方差的数值会因为两个变量的不同单位而没有一定的范围，因此协方差的大小可以反映两个变量共同变化时的原始量的变动，但两个协方差数值无法直接用于比较。若将公式3.6除以两个变量的标准差，协方差即成为相关系数，也就是去除单位的标准化关联系数。公式如下：

$$r = \frac{Cov(X,Y)}{s_x s_y} \quad (3.7)$$

相关系数作为一个标准化的协方差，其目的在于反映两个变量的关联强度：系数值越高（绝对值越接近1），表示线性关系越强；系数值越低（绝对值越接近0），表示线性关系越弱。SEM的分析过程主要探讨了两两变量的变化关系的结构特性。因此，适当的数据格式是输入协方差数据，协方差的优点是带有各变量的原始计量特征。如果是输入相关系数，那么因为标准化过程已经消除了变量的原始分布特征，所以必须另外输入平均数与标准差，在分析时才可获得测量变量的完整性质。

二、SEM 中的共变推导

SEM 对于参数的估计主要与方差及共变结构的导出过程有关。Hays（1994）指出了四种与方差（协方差）计算有关的定理，说明如下：

★定理一：某一个变量与自己的共变即等于该变量的方差，即：

$$Cov(X,X)=Var(X)$$

★定理二：经过线性整合后的变量的协方差为：

$$Cov(aX+bY,cZ+dU)=acCov(X,Z)+adCov(X,U)+bcCov(Y,Z)+bdCov(Y,U)$$

★定理三：经过线性整合后的变量的方差为：

$$Var(aX+bY)=Cov(aX+bY,aX+bY)=a^2Cov(X,X)+b^2Cov(Y,Y)+2abCov(X,Y)$$

★定理四：独立的两个变量的线性整合后的方差为：

$$Var(aX+bY)=a^2Cov(X,X)+b^2Cov(Y,Y)$$

这四个定理在概念上非常简单易懂，也是 SEM 利用共变结构进行分析的主要原理，尤其是定理三和定理四所显示的，当两个变量之间没有关联时，也就是 $Cov(X,Y)$ 等于 0，两个变量线性整合后的方差等于两个变量方差的和，而且这一关系不受合并参数（a，b，c，d）的影响。当一个 SEM 模型当中有许多变量要进行共变结构分析时，变量间独立性与相依性的差别就在于定理三和定理四应用上的差异。

三、方差与协方差导出矩阵

现以图 3.1 中的 SEM 分析为例。对于两个观察变量 V_1 与 V_2，其数学方程为：

$$V_1 = \lambda_1 F_1 + E_1$$

$$V_2 = \lambda_2 F_1 + E_2$$

由定理二，计算两个观察变量的协方差为：

$$Cov(V_1,V_2)=Cov(\lambda_1F_1+E_1,\lambda_2F_1+E_2)$$
$$=\lambda_1\lambda_2Cov(F_1,F_1)+\lambda_1Cov(F_1,E_2)+\lambda_2Cov(E_1,F_1)+Cov(E_1,E_2)$$
$$=\lambda_1\lambda_2Cov(F_1,F_1)=\lambda_1\lambda_2Var(F_1,F_1)=\lambda_1\lambda_2$$

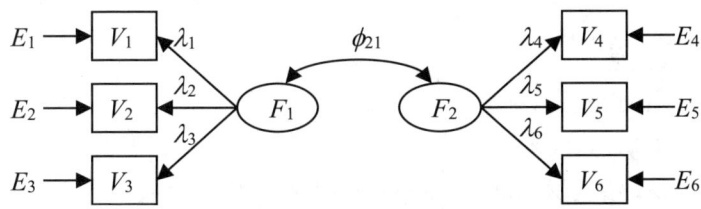

图 3.1　两个具有相关的潜在变量的 CFA 图示

要得到上式的结果，必须符合三个条件：第一，两个误差项的共变为 0；第二，误差项与潜在变量的共变为 0；第三，潜在变量 F_1 的方差为 1。也就是说，符合前述条件时，受到同一个潜在变量影响的两个观察变量的协方差等于潜在变量所属的两个观察变量的因素载荷乘积。

进一步地，对于 V_1 与 V_4 这两个不同的潜在变量的观察变量，其协方差计算公式为：

$$Cov(V_1,V_4)=Cov(\lambda_1 F_1+E_1,\lambda_4 F_2+E_4)$$
$$=\lambda_1\lambda_4 Cov(F_1,F_2)+\lambda_1 Cov(F_1,E_4)+\lambda_4 Cov(E_1,F_2)+Cov(E_1,E_4)$$
$$=\lambda_1\lambda_4 Cov(F_1,F_2)=\lambda_1\lambda_4\phi_{21}$$

$$Var(V_1)=Cov(\lambda_1 F_1+E_1,\lambda_1 F_1+E_1)$$
$$=\lambda_1^2 Cov(F_1,F_1)+\lambda_1 Cov(F_1,E_1)+\lambda_1 Cov(E_1,F_1)+Cov(E_1,E_1)$$
$$=\lambda_1^2 Var(F_1)+Var(E_1)=\lambda_1^2+\theta_1$$

也就是说，观察变量的方差等于各观察变量的因素载荷的平方加上误差项的方差（θ_1）。

利用上述各式的概念，可以逐一计算出图 3.1 当中的六个观察变量的方差与配对协方差，进而产生一个由参数所导出的方差与协方差矩阵（Σ），内容如下：

$$\Sigma = \begin{bmatrix} \lambda_1^2 + \theta_1 & & & & & \\ \lambda_1\lambda_2 & \lambda_2^2 + \theta_2 & & & & \\ \lambda_1\lambda_3 & \lambda_2\lambda_3 & \lambda_3^2 + \theta_3 & & & \\ \lambda_1\lambda_4\phi_{21} & \lambda_2\lambda_4\phi_{21} & \lambda_3\lambda_4\phi_{21} & \lambda_4^2 + \theta_4 & & \\ \lambda_1\lambda_5\phi_{21} & \lambda_2\lambda_5\phi_{21} & \lambda_3\lambda_5\phi_{21} & \lambda_4\lambda_5 & \lambda_5^2 + \theta_5 & \\ \lambda_1\lambda_6\phi_{21} & \lambda_2\lambda_6\phi_{21} & \lambda_3\lambda_6\phi_{21} & \lambda_4\lambda_6 & \lambda_5\lambda_6 & \lambda_6^2 + \theta_6 \end{bmatrix}$$

这一由各参数导出的 Σ 矩阵，称为导出矩阵（reproduced matrix Σ）。也就是说，矩阵中的每一个量数，都是由 SEM 的假设模型与参数估计推导得出的，而非由实际观测到的数值。

Σ 矩阵中的每一个元素都具有一个对应的实际观测值。也就是说，由样本测量得到的六个观察变量的方差与协方差也可以利用一个 6×6 的矩阵来表示，称之为 S 矩阵。矩阵中的每一个数值都是具体的实际观测值。将两个矩阵的数值相减，可以得到一个残差矩阵，用来评估每一个量数的拟合情形。所有残差整合之后，即可以用来评估理论模型与实际模型的拟合度。

第三节 参数估计策略

前面一节指出，SEM 进行分析的主要原理是方差与协方差。利用共变结构的分析，SEM 可以导出特定的参数，并进行整体模型的评鉴与分析。SEM 分析中的参数涉及传统因素分析当中的因素载荷，也与多元回归的参数估计有关。因此，下一个问题就是讨论 SEM 进行参数估计的统计原理与方法。

在 SEM 中，至少有下列方法可以估计各参数：工具性变量方法（instrumental variable method，IV）、二阶段最小平方法（two-stage least squares，TSLS）、未加权最小平方法（unweighted least squares，ULS）、最大概似法（maximum likelihood，ML）、一般化最小平方法（generalized least squares，GLS）、椭圆分布理论法（elliptical distribution theory，EDT）以及渐近分布自由法（asymptotic distribution free，ADF）。这些方法的共同点是求取观察与估计共变结构之间差异的最小值，来导出各参数的最佳估计数。

在各种方法当中，最简单的方法是直接分别估计每一个方程，求得每一个方程的解，而不必参考模型当中其他方程的条件，称为有限讯息技术（limitedinformation techniques），IV 法与 TSLS 法即属此类技术。相对而言，完全讯息技术（full-information techniques）则是同时考虑模型当中所有方程，以获得各参数的估计数。所谓完全讯息是指充分运用模型当中的所有计量信息，以获得最理想的估计数，一般常用的 ULS、GLS、ML、ADF 法等均属此类。

从统计原理来看，有限讯息技术是单变量（univariate）估计程序，也就是说，估计程序是各方程单独进行的；而完全讯息技术则是多变量（multivariate）估计程序，在估计每一个参数时，要同时考虑其他的方程。因此，有限讯息技术并没有迭代估计（iterative estimation）的问题，而完全讯息技术则必须进行迭代程序，以求取最理想的终解。一般而言，有些学者利用 IV 法或 TSLS 法来估计起始值（starting values），这些起始值可以用于完全讯息技术法的参数估计，并且节省估计的时间，提高 SEM 分析的效率。

由于有限讯息技术并不需要进行迭代估计，因此具有速度快、识别错误问题较少、不受某些高阶统计假设限制等优点，因此统计的强韧性（robustness）较高。相对而言，完全讯息技术则有较佳的统计效度，得到的结论较为合理（Long，1983）。

经由迭代程序，完全讯息技术可以在一定的重复估计程序中找到最理想的解，这一程序称为有效的收敛（convergence）。所得到的估计结果应该是可以被理解的，称为可接受解（admissible solution）或是适当解（proper solution）。相对的，有时候研究者所提出的模型不恰当，模型数据与观察数据相差太大，或是起始值与最终解的差距过大，导致迭代程序无法在少数几次内完成。即使完成了估计，得到的估计解也无法理解、无法解释，称为不可接受解（non-admissible solution）或不适当解（improper solution），例如，超过范围的标准化估计数、方差出现负值（Heywood 现象），以及非正定问题。由此可知，一个具有理论与实务合理性的模型对于 SEM 的参数估计有决定性的影响。而起始值的估计虽然是改善终解适合性的一种策略，但是基本问题还是在待验证的假设模型之上。

一、加权最小平方策略

在 SEM 的分析当中，参数估计的进行是通过估计协方差矩阵与观察协方差矩阵的差异极小化来完成的。而估计协方差矩阵与观察协方差矩阵的差异，可以用一个 $F(Q)$ 函数关系来表示，称为拟合函数（function for fitting covariance structures）：

$$F(Q) = [s-\sigma(\Theta)]' W^{-1} [s-\sigma(\Theta)] \qquad (3.8)$$
$$= \sum_{g=1}^{k}\sum_{h=1}^{g}\sum_{i=1}^{k}\sum_{j=1}^{i} w^{gh,ij}(s_{gh}-\sigma_{gh})(s_{ij}-\sigma_{gh})$$

其中，s 是观察数据向量，也就是从样本观察到协方差矩阵（S 矩阵）向量，σ 是估计协方差矩阵（Σ 矩阵）向量，两者的差距是残差；其中 σ 为 Θ 的函数，Θ 是指 SEM 模型中的各项参数，例如，回归系数、因素载荷、方差与协方差等。W^{-1} 用来校正参数估计的校正权数矩阵（correct weight matrix）。不同的估计策略的主要差异在于所使用的 W^{-1} 矩阵不同，求取 $F(Q)$ 函数最小化的方式不同。应用这一拟合函数所进行的参数估计统称为加权最小平方法（weighted least-squares，WLS），ULS、GLS、ML 法都可以视为 WLS 法的特殊应用情况[1]。不同的估计策略的主要差异在于所使用的 W^{-1} 矩阵不同。

由于 WLS 的应用弹性大，因此深受研究者的喜爱，但是 WLS 法有几个基本问题。第一，由于 W 矩阵是一个 $u \times u$ 的矩阵，$u=(n+1)/2$。当观察值数目（n）增加时，矩阵的规模即快速增加，造成执行 SEM 分析的操作时间与复杂度。例如，当 $n=20$ 时，W 矩阵共有 22155 个元素。

第二，当存在遗漏值时，估计的进行会因为遗漏的形态而受到影响，因此必须使用全列排除法（listwise deletion）而非配对排除法（paired deletion），将具有遗漏值的样本去除，此时将造成样本的流失与流失一致性的问题。

第三，配合 W 矩阵权数不同的估计法，整个 SEM 分析需要较大的样本量，动辄要数百至数千人，提高了实际操作的难度。一般而言，样本量越大，非正态对于统计估计的影响就可以越缩小，但是到底多大的样本才足够呢？研究者之间并没有一定的共识，一般而言，样本量必须达到一个 SEM 模型当中自由估计的参数数目的 10 倍以上（Bentler，199；Hu，Bentler，& Kano，1992）。如果样本量不足，研究者可以使用替代的估计法来估计参数。

基本上，WLS 法必须建立在一定的统计假设之上，例如，当违反观察变量的正态分布假设时，统计检验的正确性也可能被违反，WLS 的结果将被扭曲。如果将 $F(Q)$ 乘以 N-1，即可得到卡方值，适用卡方分布来决定其统计显著性。在统计程序上，卡方检验是计算观察值与期望值的差异的平方。因此，如果 W 矩阵的

---

[1] 在各种估计程序中，ULS 法得到的结果不符合卡方统计的原理（其标准误的计算不同于卡方的期望值计算原理），因此 ULS 法已经逐渐不被纳入主要的参数估计策略。

计算不符合期望理论值,就无法应用卡方分布来决定统计显著性。

虽然学者提出了不同的方法来处理这些单变量的非正态问题,例如,Satorra与Bentler(1988)发展出了非正态性数据的校正技术(Satorra-Bentler Scaled χ^2)。但是,如果研究者的数据具有相当程度的偏态,必须在进行SEM分析之前先行处理测量变量不佳的现象,以及漏值的问题。否则,只仰赖校正统计,不仅耗时(例如,EQS软件的Robust程序可以处理偏态问题,但是耗时是一般SEM的10倍以上),有些软件甚至并未提供校正功能。校正的进行也在统计过程中增加了不稳定的因素,着实不是SEM分析的有利条件。

(一)无加权最小平方法

无加权最小平方法(ULS)的原理是求取 Σ 矩阵与 S 矩阵的差异(残差矩阵)平方和的最小值,各向量元素差异值的计算并没有经过加权处理,W 矩阵当中的权数均为1,也就是每一个向量具有相等的重要性。因此,当所有的观察变量有类似的测量尺度时(单位均相同时),适合使用这一方法。其函数为:

$$F_{ULS} = \frac{1}{2} tr\left\{[S - \Sigma(\Theta)]^2\right\} \tag{3.9}$$

以ULS法来进行参数估计,即是对上述函数予以最小化估计。$tr\{[S-\Sigma(\Theta)]^2\}$ 表示残差矩阵当中各元素的平方和,每一个元素都具有相等的计量尺度。利用这一方法来进行参数估计的优点是计算简单、快速,但是拟合函数极小化的处理能力较差。例如,ULS法没有考虑到每一个向量的残差因为量尺单位(或各变量的标准差)的不同造成的异质性(heteroscedasitc),因此若以ULS法来估计大样本的矩阵,其残差变异量相当大,估计结果效果差。此外,利用ULS法来估计所获得的标准误,是在正态假设成立的基础上;如果违反假设,ULS法的估计结果将不可信赖。

(二)一般化最小平方法

一般化最小平方法(GLS)的基本原理也是使用差异平方和的概念,只是在计算每一个差异值时,以特定的权数来加权个别的比较值。此概念最早由Aitken(1934)所提出,Jöreskog与Goldberger(1972)随后将其应用于路径分析当中。

GLS 法由 ULS 法改进而来，是求取下列函数的最小化：

$$F_{GLS} = \frac{1}{2} tr\left\{ \left[S - \Sigma(\Theta) \right] W^{-1} \right\}^2 \qquad (3.10)$$

由 3.10 的函数可知，GLS 法在估计残差矩阵的最小平方数值时增加了一组权数 W^{-1}，使矩阵中的不同向量依照权数加权后来求得函数的最小化。其原始目的是校正 ULS 法当中无法处理的残差异质性问题，具体做法是将残差乘以观察协方差矩阵的反矩阵 S^{-1}（令 W^{-1} 为 S^{-1}），也就是将每一个残差除以自己的协方差或方差。因此，GLS 的函数又可以写成：

$$F_{GLS} = \frac{1}{2} tr\left\{ \left[S - \Sigma(\Theta) \right] S^{-1} \right\}^2 = \frac{1}{2} tr\left[1 - S^{-1} \Sigma(\Theta) \right]^2 \qquad (3.11)$$

二、最大概似法

最大概似法（ML）是 SEM 分析最常用的参数估计法。最早由 Koopmans、Rubin 与 Leipnik（1950）提出时，称为完全讯息最大概似法（full-information maximum likelihood），其后由 Jöreskog（1971）将其纳入 SEM 分析当中。ML 法的函数式如下：

$$F_{ML} = \log|\Sigma| - \log|S| + tr(S\Sigma^{-1}) - \rho \qquad (3.12)$$

其中，ρ 为测量变量的数目（$p+q$），Σ 为估计总体协方差矩阵。当估计矩阵与观察矩阵完全拟合时，Σ 矩阵的对数值与 S 矩阵的对数值相减为 0，而 $tr(S\Sigma^{-1})$ 则为 $tr(1)$，解开后数值等于 $p+q$，亦等于 ρ，因此后两项的和也会为 0，使得 F_{ML} 为 0。由于 F_{ML} 是基于概率原理的非线性函数，不容易获得参数解，因此仰赖迭代的程序来获得参数的最终解。

最大概似法的基本假设是观察数据都是从总体中抽取得到的数据，且所抽出的样本必须是所有可能样本中被选择概率最大者，若能符合这一假设，估计的参数即能反映总体的参数。将这一概念以函数方式表示，则是求取估计总体协方差

矩阵 Σ，并以其反矩阵为加权参数，（即 W^{-1} 权数），来导出拟合函数值。对于 W^{-1} 矩阵，F_{ML} 以协方差矩阵的估计倒置矩阵 Σ^{-1} 为之，而非 GLS 法中的样本观察共变的倒矩阵。

ML 法对于概率的估计基于参数必须符合多变量正态假设的假设，将多变量正态分布的概率密度分布也一并考虑在 F_{ML} 中，估计每一个参数从总体中加以估计的最大概率。在计算上，各变量于正态分布下的概率密度计算矩阵式如下：

$$f(z) = (2\pi)^{-(p+q)/2} |\Sigma|^{1/2} \exp\left(-\frac{1}{2} z^{-1} \Sigma^{-1} z\right) \qquad (3.13)$$

上式中，z 为观察值向量，代表来自多变量正态分布总体的随机样本在某一变量上的测量。假设随机样本中的 N 个观察值彼此独立，联合概率密度为个别概率密度的乘积，$f(z_1,z_2,...,z_N)=f(z_1)f(z_2)...f(z_N)$，此式又称为概似函数 $L(\Omega)$，也就是该样本参数的概率（likelihood）的数学定义。将此函数取对数，便可以导出 F_{ML} 函数的通式。最后求取最大的概率，即为最佳的估计值。

ML 法有一个重要的特性：概率的估计是一个渐近的过程，必须在样本规模较大时，即在各参数的多变量正态假设成立下，才能得到不偏的估计数，也就是一种渐近不偏性（asymptotic unbiasedness），而样本参数估计数与参数的总体之间也呈现渐近一致性（asymptotic consistency）。基于中央极限定理，当样本量增加时，所有参数估计误的变小呈现出渐近有效性（asymptotic efficiency）。

因此，应用 ML 法最大的要求是必须有效维系变量的正态性。前述 ULS 法与 GLS 法也基于正态分布假设来进行估计，因此在使用这些估计程序之前，都必须先行检验观察变量的正态化假设是否成立，否则不宜使用这两种估计方法。Raykov 与 Marcoulides（2000）指出，除了检验观察变量的偏态与峰度，还应利用一些统计指标来检验多变量正态性，例如 Mardia 多变量峰度系数（Mardia multivariate kurtosis coefficient）。当观察数据明显违反正态化假设，同时样本量较大时，可以采用椭圆分布理论法（EDT）或渐近分布自由法（ADF）来进行参数估计。

三、渐近分布自由法

渐近分布自由法（ADF）是由 Bollen（1984）提出的一种无须正态假设为基础的参数估计法，由于不需考虑正态分布的问题，因此称为分布自由

（distribution free）。ADF 法也可以视为 WLS 法的一种特例，利用特殊的 W^{-1} 权数来消除多变量正态假设的影响。其拟合函数公式如下：

$$F_{\text{ADF}} = \frac{1}{2}(\kappa+1)^{-1} tr\left\{[S-\Sigma(\Theta)]W^{-1}\right\}^2 - \delta\left\{[S-\Sigma(\Theta)]W^{-1}\right\}^2 \quad (3.14)$$

其中 κ、δ 为观察变量的峰度（kurtosis）。又

$$F_{\text{ADF}} = [s-\sigma(\Theta)]' W^{-1} [s-\sigma(\Theta)] \quad (3.15)$$

其中，W 权数矩阵包括不同类型权数的整合：

$$w_{ijkl} = \sigma_{ijkl} - \sigma_{ij}\sigma_{kl} \quad (3.16)$$

σ_{ijkl} 为峰度，σ_{ij} 为协方差。通过上述程序，F_{ADF} 的计算考虑了非正态分布的影响，因此 F_{ADF} 可以不受分布正态性的影响。但是，使用 ADF 法有下列限制：

首先，F_{ADF} 函数所处理的是测量变量的峰度，因此利用 ADF 分析必须使用原始数据，无法利用共变或相关矩阵输入法。其次，ADF 法的计算过程繁复，在导出协方差矩阵的过程中，可针对各变量的非正态性进行校正处理，因此需要更长的计算时间，耗费较多的计算机内存，使用者必须配有较佳的硬件才能有效处理 ADF 的计算过程。同样的，因为参数估计涉及四级动差的运算，因此样本量必须保证一定规模才能使估计结果趋于稳定（West, Finch, Curran, 1995）。通常，ADF 法的样本量甚至要高达 2500 人以上才趋于稳定。

上述限制不仅出现在 ADF 法中，也出现在各种估计方法中。可见在技术层次，还有诸多的因素考验着 SEM 分析的稳定性与实际的可操作性。到目前为止，SEM 研究者还在不断地为改善估计的方法、提升估计的效率而努力，并没有哪一种策略可以说是最佳的估计策略。使用者应斟酌各自的状况，挑选最适合的策略，或是尝试使用不同的策略，比较出最佳的结果。

第四节 参数估计的相关议题

一、参数估计与样本量的关系

为了使 SEM 分析能够在正态化假设成立的条件下进行,维持一定规模的样本量是必要的。一般而言,使用最大概似法的参数估计,样本量需到达 500 人,正态假设的共变结构分析才能够维系;在 500 人以下时,GLS 方法较佳(Hu,Bentler & Kano,1992)。

Bentler 与 Yuan(1999)提出了一个统计量——Yuan-Bentler 的 T,稍微修正了 ADF 法的计算过程,发现样本规模为 60~120 时,仍有相当稳定的估计结果。公式如下:

$$T = \frac{\left[N-(p^*-q)\right]T_{ADF}}{\left[(N-1)(p^*-q)\right]} \tag{3.17}$$

其中,N 为样本量,p 为测量变量的数目,$p^*=[p(p+1)]/2$ 为观察变量所提供的 SEM 分析的数据数,q 为估计参数数目,T_{ADF} 为基于 ADF 方法所估计出来的统计量。

当违反正态性假设时,以 ML 法与 GLS 法来估计参数,样本规模必须达 2500 以上,参数估计才能趋于稳定(Hu,Bentler,& Kano,1992)。样本越少,GLS 法较 ML 法稍微好一点。ADF 法在样本量在 2500 以下时表现得不理想。如果违反误差项独立假设,ML 法与 GLS 法的估计效果在任何样本规模下均不理想,ADF 法在样本量大于 2500 时表现理想。EDT 法比 ML、GLS 与 ADF 法都更好,在中度到大型样本量的情况下,度量化 ML 法(scaled ML,是修正正态化不足后的最大概似法)表现得最好。

总而言之,测量变量的正态性假设与独立性假设是影响 SEM 参数估计与假设检验的重要因素。ML 法、度量化 ML 法和 GLS 法适用于中到大规模样本的 SEM 分析,度量化 ML 法尤其依赖计算机的校正。因此,如果考虑成本因素,ML 法与 GLS 法是适合的参数估计方法,尤其是 ML 法,已经成为 SEM 分析参数估计的主要方法。如果配合 ML 的度量化校正，非正态的威胁可以加以修正，使得参数估计更为稳定。但是由于度量化 ML 法必须针对所有的观察变量进行调整，即使使用大型计算机工作站，估计过程也非常耗费时间。因此，使用者可以先利用 ML 法进行整体 SEM 模型检验。当进行参数估计时，则使用度量化 ML 法，将得到最佳的效果。在小样本下，可以使用 Yuan-Bentler 所发展的 T 统计量。

二、模型参数估计的迭代

由于参数的数值大小是被估计出来的，因此，估计的程序必须能够不断尝试各种可能的数值，以获得最适合的结果（使估计矩阵与观察矩阵的差异最小化）。以人为的方式来计算最佳解，是一件旷日废时的工作，但是通过分析软件，计算机可以快速地反复进行估计。每一次的估计都可以稍微缩小观察矩阵与理论模型矩阵的差异，直到无法进一步有效改善模型的拟合度，计算机即自动停止参数估计，达成收敛，得出一组优化的参数值，称为最终解，这一过程就是所谓的迭代估计。有时，SEM 的迭代估计在一定的次数内无法获得有效收敛以获得终解，即使得到任何参数估计值，也是不值得采信的。

一旦获得终解，SEM 估计也可以获得每一个参数的估计标准误（standard error），用以反映每一个参数估计的可能的波动范围，也就是估计误差的大小。利用参数估计值除以标准误，可以计算出统计检验值（t 值），再配合 t 分布，可以进行参数的显著性检验。一般而言，如果 t 值的绝对值大于 1.96，则该参数即可达到 0.05 的显著水平。在样本量低于 30 之时，样本量越小，t 值要越大才能超越显著水平的门槛。读者可以参酌 t 分布表来获得特定自由度之时的显著水平关键值。

三、非正定问题

曾经执行过 SEM 参数估计的使用者多曾遇到一种称为非正定（non-positive definition）的技术问题，造成统计分析不正常终止。所谓正常定义，反映分析过程数学运算程序的合理性。在 SEM 分析中，实际观察到的协方差矩阵与理论导出的协方差矩阵必须是正常定义或非歧异性（non-singular）的，否则将使 SEM 的数学计算陷入无意义的困境。

SEM 矩阵估计的非正定问题通常发生于下列状况下：第一，矩阵中对角线的数值通常为观察变量的方差或自身相关系数（1.00），其数值必须为正值，否则违反数学原理。第二，对角线的数值是其他元素的基本条件，也就是说，方差是计算协方差的基础，在一定的方差的条件下，协方差有其存在的合理范围。因此，当矩阵中有超出一定合理范围的情况时，即违反数学原理，称为三角不均等条件（triangular inequality condition）。

出现方差为负值或协方差数值超过合理范围的现象，可能是数据输入错误造成的。SEM 分析可以直接读取协方差矩阵，不必从原始数据逐个读取数据。但是在矩阵数据处理过程中，可能由于操作者的疏失产生错误，造成不合理的现象。

此外，当数据库当中存在遗漏值且呈现非系统性遗漏现象时，如果使用配对排除法或以其他方式填补遗漏值，都可能造成不合理数值的出现。LISREL 第八版软件提供了一种平滑程序（smoothing procedure），利用脊状估计法指令（RIDGE），可以将不正常负数调整为正值。

第三，为了使 SEM 的参数估计顺利得到反矩阵，矩阵必须符合非歧义的要件。如果在倒置过程中分母项为零，将造成数学的无意义除式，致使分析中止。通常这一问题发生在变量之间高度相关的情况下，这就是变量间线性依赖或共线性（collinearity）的问题。当某一个变量是其他变量的线性整合时，反矩阵即可能出现非正定问题。

例如，当在观察变量中有某一个变量是其他变量的组合变量（其他变量的加减乘除）时，这一变量便会与参与组合的变量形成高相关，造成非正定问题。或者是当样本量少于观察变量数或观察变量存在特殊的偏离值或极端值时，也可能造成变量间的线性依赖问题。这些问题与研究者的测量程序及数据准备程序是否严谨有关，再次凸显了测量工作的优先性，与事前妥善地过滤与检查数据的重要性。

整体而言，造成 SEM 参数估计的非正定问题的原因不止上述三类，还可能有其他问题（例如，不恰当的假设模型、不恰当的起始值、模型的识别性问题，等等），或是多重原因造成的影响（Schumacker & Lomax，1996）。研究者除了要提高测量的质量，落实数据检查与数据准备，还必须详加研读 SEM 各项操作程序的要领与基本原理，避免错误地使用。如果非正定问题仍然没有办法解决，最好的方式是重新建立模型，重新进行 SEM 分析。此外，就必须依赖研究者操作 SEM 的经验与功力了。

第四章　模型拟合评鉴

在完成了参数估计之后，SEM 分析的另一个重要工作是进行模型的评估与检验，以决定研究者所提出的假设模型是否能够用以描述实际观察的变量关系，这一过程称为模型拟合评估（model-fit evaluation）。由于 SEM 模型包括多种参数估计，整体模型的考验涉及烦琐复杂的计量程序，用以反映模型拟合程度的方式也很多，读者应熟知这些拟合度评估的原理与差异，才能获得正确合宜的评估结果。

基本上，SEM 的拟合度评估与其他多变量统计（例如，对数线性模型分析、逻辑回归分析）的做法类似，都是以不显著的卡方值来反映理想的模型拟合度。此做法的基本概念是从抽样理论出发，因为 SEM 模型的分析基于某一个特定样本的观测数据，以特定的假设模型为架构，来推导估计所有的参数数据。所以，将 SEM 模型的分析结果与样本的抽样分布进行比较，并利用卡方分布来检验模型是否与观察数据拟合，是最早被接受的做法。

虽然以卡方分布来进行模型拟合度检验符合抽样理论的基本原理，但是以卡方检验来进行统计决策有诸多限制，直接以卡方检验来决定 SEM 模型适合与否备受质疑。例如，随着样本量的增加，卡方值也会自然增加，无关模型本身的优劣；但是在样本很小时，模型估计得到的统计量分布不一定是卡方分布，若以卡方分布进行显著性检验，又会产生偏误的结果（Bentler，1988）。基于这些问题，学者们开始研发各种替代性的模型拟合指数。到目前为止，各种不同的指数仍不断被发表出来。也不断地有专文质疑与争辩已被发表出来的指数是否合理、恰当。本章仅就一些目前常用的指数加以介绍，对于它们的学术评价则有赖读者自行查阅当代学术界最新的看法。

第一节　模型评鉴的基本概念

承如先前提及的，SEM 是一套用以检验特定假设模型的统计方法学。因此，SEM 最主要的目的之一是检验研究者所提出的理论或概念架构是否具有实证的意义。整个 SEM 的分析程序都离不开研究者所提出的假设模型，因而研究者是否可以在提出研究问题的第一时间就通过理论推导与文献检阅过程来选择适当的研究变量，提出有意义的研究假设去说明变量的关系，进而发展出适切理想的假设模型，即成为 SEM 模型的计量检验程序是否可以顺利完成的一个基本条件。换句话说，SEM 分析技术只是一套统计的方法与分析的策略，SEM 本身并无法创造理论或知识，而是需要研究者以其智慧去整理前人发展出来的理论或知识，建构一套适当的概念模型，然后再以 SEM 技术协助研究者完成模型的分析与讨论。

一、测量质量与模型评鉴

要能够顺利完成 SEM 的计量分析，除了假设模型的发展，还依赖严谨的抽样与测量程序，以获得稳定、有效的观察数据来评估 SEM 模型的适切性。

在计量领域中，测量与分析可以说是两套独立的程序，如果抽样有偏或测量的过程带有大量误差，不仅在检验过程当中会导致统计上的诸多问题，更可能导致错误的结论。换句话说，当观察变量的信效度不佳、测量质量低时，SEM 的分析也不会有理想的结果，而且这一不理想的结果可能完全与假设模型的优劣无关，却让人们误将研究结果的问题指向是假设模型本身。因此，在进行 SEM 分析之前，研究者必须具体指出变量的操作性定义，谨慎小心地处理测量的信效度问题，以避免上述困境的发生。

二、模型评鉴的假设检验

SEM 模型评鉴的一个重要概念是 SEM 分析只能用来评估研究者所提出的假设模型是否适切。但是，究竟何者才是真正反映真实世界的变量之间关系的模型，并不能从模型评鉴程序中得出这一个结论。因为除了研究者所提出的模型，对于同样的一组观察变量，可能还有许多不同的模型组合，这些基于同样的观察数据的基础假设模型可能都有理想的拟合度，SEM 分析无法区辨这些计量特征类似的理论模型哪个为真。SEM 的使用者不但必须谨记统计方法学本身的限制，也必须避免陷入过度推论的陷阱中。

SEM 分析策略与其他推论统计方法有一个明显差异：以支持虚无假设为模型拟合度存在的证据。一般来说，推论统计的各种统计检验多以推翻某一寻常假设（虚无假设）、获得研究者所提出的特定假设（对立假设）为真的结论为目标。当虚无假设不成立之时，研究者即可以"证明"所提出的假设有其存在的意义与价值。

但是，在 SEM 中，假设模型的适切性是以虚无假设的形式存在的，虚无假设代表 SEM 假设模型与实际观察所得数据相符合，对立假设则表示理论模型不能反映观察数据。很明显，基于这一假设检验逻辑获得的虚无假设成立的统计决策（也就是我们可以主张被检验的 SEM 模型是一个适当的模型时），只能说明该 SEM 假设模型与观察数据没有不同，却无法"证明"该 SEM 假设模型是否有别于任何其他的模型。这也就是为何 SEM 的研究者无不挖空心思去发展计量技术，以区辨、评估 SEM 模型的好坏优劣。

三、参数估计与模型评鉴

从 SEM 的执行技术来看，假设模型的检验是在完成参数估计之后才进行的工作。因此，评估模型适切性的第一步应是 SEM 的模型与各项参数能够顺利被识别、收敛和估计。然后借由对模型参数的质量与适当性的检验，对于假设模型有一个初步的筛检。

具体来说，研究者可以逐一检查参数估计的结果，检查每一个参数的正负号、数值大小是否符合理论预期；或是检查测量误差的大小，分析这些残差项当中是否透露了某些变量的测量质量不佳的讯息。如果某些变量的测量误差过于严重，研究者应先行解决测量的问题，重新检讨参数的估计，而非进入模型评鉴的程序。

第二节 模型评鉴的方法

一旦 SEM 假设模型中的每一个参数被顺利估计，SEM 即可以进行整体模型的评估。通过不同的统计程序或拟合指数的计算，研究者可以分析假设模型与实际观察数据的拟合情形。如果模型拟合度不理想，代表研究者所提出的假设模型可能存在某些问题，可能是模型的设定、参数的估计或是技术上的问题导致了假设模型无法与观察数据拟合。此时，研究者可以应用模型修饰的原则，调整假设模型的参数估计内容，重新加以估计，直到模型拟合度达到理想的水平。在此过程中也必须反复检验模型拟合指数，可见模型拟合度评估在 SEM 分析当中的重要性。

以 LISREL 为例，执行完毕后，从报表中可以得到一个模型拟合度检验报告，其中罗列了各式各样常用或特殊的模型评鉴指数。图 4.1 是根据本书第五章的验证性因素分析范例得到的模型评鉴指数数据。下面，我们将逐一说明各数据的意义与使用方法。

一、卡方检验

（一）卡方检验的原理

在 SEM 分析当中，最常用的模型评鉴方式是卡方检验（χ^2 test）。在 SEM 中，卡方值是由拟合函数转换而来的统计量，反映了 SEM 假设模型的导出矩阵与观察矩阵的差异程度[1]。卡方值的导出式如下：

$$T = (N-1)F_{\min} \tag{4.1}$$

1　LISREL 的结果报告总共可以产生 C1 至 C4 四种卡方值：C1 导自最小契合函数；C2 导自正态化加权最小平方契合函数；C3 是 Satorra-Bentler 量尺化卡方统计量（SB scaled chi-square statistic）；C4 导自渐近协方差矩阵，即基于 Browne（1984）的定义。原理请参考 LISREL 使用手册。

```
                        Log-likelihood Values

                    Estimated Model         Saturated Model
                    ---------------         ---------------
Number of free parameters(t)    51               171
-2ln(L)                       3168.281         2925.983
AIC (Akaike, 1974)*           3270.281         3267.983
BIC (Schwarz, 1978)*          3461.337         3908.584

*LISREL uses AIC= 2t - 2ln(L) and BIC = tln(N)- 2ln(L)


                     Goodness-of-Fit Statistics

Degrees of Freedom for (C1)-(C2)                    120
Maximum Likelihood Ratio Chi-Square (C1)            242.298 (P = 0.0000)
Browne's (1984) ADF Chi-Square (C2_NT)              230.062 (P = 0.0000)

Estimated Non-centrality Parameter (NCP)            122.298
90 Percent Confidence Interval for NCP              (81.721 ; 170.655)

Minimum Fit Function Value                          0.774
Population Discrepancy Function Value (F0)          0.391
90 Percent Confidence Interval for F0               (0.261 ; 0.545)
Root Mean Square Error of Approximation (RMSEA)     0.0571
90 Percent Confidence Interval for RMSEA            (0.0466 ; 0.0674)
P-Value for Test of Close Fit (RMSEA < 0.05)        0.128

Expected Cross-Validation Index (ECVI)              1.100
90 Percent Confidence Interval for ECVI             (0.970 ; 1.254)
ECVI for Saturated Model                            1.093
ECVI for Independence Model                         9.196

Chi-Square for Independence Model (153 df)          2842.325

Normed Fit Index (NFI)                              0.915
Non-Normed Fit Index (NNFI)                         0.942
Parsimony Normed Fit Index (PNFI)                   0.717
Comparative Fit Index (CFI)                         0.955
Incremental Fit Index (IFI)                         0.955
Relative Fit Index (RFI)                            0.891

Critical N (CN)                                     205.676


Root Mean Square Residual (RMR)                     0.0536
Standardized RMR                                    0.0518
Goodness of Fit Index (GFI)                         0.924
Adjusted Goodness of Fit Index (AGFI)               0.892
Parsimony Goodness of Fit Index (PGFI)              0.649
```

图 4.1 验证性因素分析（范例一）的模型拟合度分析数据

其中，T 代表模型拟合度的检验值，其性质与卡方值相同，因此可以视为卡方值；N 为样本量，F_{min} 表示以各种不同参数估计方法（例如，ML、GLS、ADF 法等）得到的拟合函数的最小函数估计值，该数值也反映了优化的参数统计量（假设模型与观察数据差异的最小值）。

在符合卡方分布的条件下，可以对于 T 值进行卡方检验来检验其显著性。此时，虚无假设为理论矩阵与观察矩阵没有差异 [H_0: $\Sigma=\Sigma(\theta)$]（模型拟合度良好）。当 T 值到达显著水平，代表虚无假设不成立，模型拟合度不佳；反之，当 T 值未达显著水平，代表虚无假设成立，模型拟合度良好。

以图 4.1 的数据为例，可以得出以最大概似法得到的拟合函数估计值 F_{min} 为 0.774，由于范例所使用的样本量为 313 人，根据计算式：(313-1)×0.774=241.488。图 4.1 当中的最大概似卡方值为 242.298（$p=0.0000$），自由度为 120，此数值是由饱和模型 C1（各观察变量之间仅有相关而没有其他假设性关联的情况，df=171）以及检测与模型 C2 两者之间的概似对数值的差异求得，即 3168.281−2925.983=242.298。自由度也是由两个模型的自由度相减而得：171−51=120。

当使用 GLS、ML、DWLS 等估计程序时，LISREL9.3 另外报告了一个 Browne's ADF 卡方值，其性质为基于正态化理论调整量数，数值为 230.062。基本上，如果卡方值具有统计显著性，表示假设模型与实际观测数据的拟合度不理想，也就是由假设模型所导出的协方差矩阵 $\Sigma(\theta)$ 与观察矩阵 S 相等的虚无假设被推翻。

（二）正规卡方值（卡方自由度比）

在卡方检验的概念下，我们可以理解自由度越大的模型在卡方统计检验上越处于不利的地位。因此，如果对两个模型同时进行 SEM 分析，得到不显著的卡方值时，自由度越大的模型越有能力反映真实的数据，这就是 SEM 中常见的简效原理的统计原理。由此可见，如果利用卡方数据去检验模型拟合度，除了依据卡方值越小越好的统计显著性原理之外，还需考虑自由度大小的影响。

在 SEM 中，可以计算出一个卡方自由度比（χ^2/df），称为正规卡方值（normed chi-square），来进行模型间拟合比较。正规卡方值越小，表示模型拟合度越高；反之则表示模型拟合度越差。一般而言，正规卡方值小于 2 或 3 时，模型具有理想的适配度（Carmines & McIver，1981），小于 1 则有过度适配的问题（Hair et al.，2006）。

以图 4.1 的数据为例，正规卡方值为 242.298/120=2.021，若以 Browne 卡方来计算，则为 230.062/120=1.917，已达 2.00 的门槛，显示如果考虑了模型的复杂度（自由度越大，模型越复杂），该范例的模型拟合度尚称理想。由于 SEM 分析深受非正态数据的影响，因此在进行 LISREL 分析时，可用 Browne 卡方值来描述模型的拟合度。

（三）卡方检验的相关议题

以卡方检验来评估理论模型的适切性，应注意几个问题。第一，承如先前所提到的，在 SEM 当中，被检验的假设模型若能够有效反映实际观察到的数据，其虚无假设应成立，而对立假设不成立。因此，利用卡方分布来进行假设模型的统计检验并无法推翻不良的模型以支持特定的模型，只能确认虚无假设是否成立。此程序无法检验假设模型的特定意义，只能说明假设模型并不是无法反映观察资料，只是不能证明假设模型是否真的反映了它所代表的理论概念。

进一步的，由于卡方分布受到自由度的影响，所以自由度越大，卡方值越大。也就是说，当自由度越大，所欲估计的参数数目越多，影响一个假设模型的因素就越多，造成假设模型拟合度不佳的可能性越大，此时的卡方值越不能反映理论模型是否能够反映观察数据的程度。

此外，卡方分布也与样本规模有关：样本越大，所累积的卡方值也就越大。但是大样本虽然提高了观察数据的稳定性，却也造成了卡方值扩大的效果。虚无假设被拒绝的概率与自由度及样本量具有正比函数关系。因此，当利用卡方分布来检验 SEM 模型时，会因为参数数目与样本量的技术特性，影响假设模型的拟合度检验。这也是一般 SEM 使用者舍卡方而用其他拟合指数的主要原因。

另一方面，基于中央极限定理，当样本够大时，从样本上获得的参数估计统计量应会越接近中央极限卡方分布，称为中央卡方分布（central chi-square distribution）。中央卡方分布代表假设模型参数是否能够拟合观测数据的卡方真分数。由 SEM 分析当中获得的 T 值除了可以通过卡方检验来检验其显著性，亦可以与中央卡方分布进行差异比较，来决定 T 值的统计意义。

二、模型拟合指数

除了卡方值与卡方检验之外，SEM 还使用不同的指数来检验模型的拟合度。这些指数可能基于卡方统计量，只是修正了卡方统计的某些限制，或以不同的替代性模型作为参照，使模型拟合的程度能够被真实地反映出来。最常见的模型拟合指数有 *GFI*、*AGFI*、*NFI*、*NNFI* 等几种，下面将分别进行介绍。

（一）GFI 与 AGFI 指数

GFI 指数即是拟合指数（goodness-of-fit index）的缩写，类似于回归分析当中的可解释变异量（R^2）（Tanaka & Huba，1989），表示假设模型可以解释观察数据的方差与协方差的比例。

$$GFI = \frac{tr(\hat{\sigma}'W\sigma)}{tr(s'Ws)} \tag{4.2}$$

其中，分子是理论假设模型的协方差所导出加权方差和，分母是样本实际观察所得到的协方差导出的加权方差和，W 是加权矩阵。由于模型导出值会小于实际观测值，因此 GFI 是小于 1 的比值。GFI 值越接近 1，分子分母越接近，表示模型拟合度越高。相对地，GFI 数值越小，分子分母差距越大，表示模型拟合度越低。

AGFI（adjusted GFI）则类似于回归分析当中的调整后可解释变异量（adjusted R^2），是在计算 GFI 系数时，将自由度纳入考虑之后所计算出来的模型拟合指数。参数越多，AGFI 指数数值越大，越有利于得到理想的拟合度结论，其公式如下：

$$AGFI = 1 - \frac{1-GFI}{1-\frac{t}{DP}} \tag{4.3}$$

公式 4.3 中的 t 为估计参数数目，DP 为观察资料数。GFI 与 AGFI 均具有标准化的特性，数值介于 $0 \sim 1$，数值越大（越接近 1）表示拟合越佳，越接近 0 表示拟合越差。一个能够拟合观察数据的 SEM 模型，其 GFI 与 AGFI 都会非常接近 1.00，一般需要大于 0.90 才可被视为具有理想的拟合度（Hu & Bentler，1999）。以图 4.1 为例，GFI=0.924，达 0.90 门槛，表示模型的拟合情形理想。由于范例的 DP=171，自由估计参数 =51，因此可以计算出 AGFI 数据：

$$AGFI = 1 - \frac{1-0.924}{1-\frac{51}{171}} = 0.892$$

到目前为止，并无这两个指数的统计概率分布，因此无法直接针对 *GFI* 与 *AGFI* 进行显著性检验。

（二）*PGFI* 指数

GFI 指数的另一种变形是 *PGFI* 指数（Parsimony Goodness-of-fit Index；James，Mulaik，& Brett，1982），其计算式如下：

$$PGFI = \left[1 - \left(\frac{t}{DP}\right)\right] GFI \quad (4.4)$$

从计算式可以看出，*PGFI* 指数考虑到了模型当中估计参数的多寡，可以用来反映 SEM 假设模型的简效程度（degree of parsimony）。其判断原理与 *GFI* 相似，*PGFI* 指数越接近 1，显示模型越简单。但是，根据其计算式，可以发现除非估计参数的数目远小于观察资料数，否则 *PGFI* 指数会远小于 *GFI* 指数数值。

Mulaik 等人（1989）指出，对于一个良好的模型来说，*PGFI* 指数大约在 0.5 以上都是可能的，以图 4.1 为例，范例一的 *PGFI* 指数为 0.649，表示拟合度佳。其计算式如下：

$$PGFI = \left[1 - \left(\frac{51}{171}\right)\right] 0.924 = 0.649$$

（三）*NFI* 与 *NNFI* 指数

另外两种相当常用的拟合指数是正规拟合指数（normed fit index，*NFI*）与非正规拟合指数（non-normed fit index，*NNFI*）（Bentler & Bonnet，1980），这两种指数是利用嵌套模型的比较原理所计算出来的一种相对性指数，反映了假设模型与一个观察变量间没有任何共变假设的独立模型的差异程度。

在 SEM 模型中，将观察变量之间设定为没有任何共变情况所得到的独立模型（independent model），可以说是利用同一组观察变量可能组合而成的无数个假设模型当中最基本的一种状况，在概念上可以作为所有其他模型的基准模型（baseline model）。独立模型表示了拟合状况最不理想的一种模型，反映了所有的观察变量之间没有任何关联，且自由度最大。故以独立模型导出的卡方值

(χ^2_{indep}）是所有可能模型的卡方值的最大值。而其他所有的模型（称为比较模型，以 χ^2_{test} 表示）都是从虚无模型加以延伸的嵌套模型，卡方值会较独立模型的卡方值为低，可以与虚无模型相比较：

$$NFI = \frac{\chi^2_{\text{indep}} - \chi^2_{\text{test}}}{\chi^2_{\text{indep}}} \quad (4.5)$$

NFI 指数的原理是计算假设模型的卡方值（χ^2_{test}）与虚无模型的卡方值（χ^2_{indep}）的差异量，可以视为某一个假设模型比起最糟糕模型的改善情形。以图 4.1 的数据为例，独立模型的卡方值为 2842.325，自由度为 153，NFI 为 0.915 的数据计算过程如下：

$$NFI = \frac{2842.325 - 242.298}{2842.325} = 0.915$$

根据研究发现，在小样本与大自由度的情况下，对于一个拟合度理想的假设模型，以 NFI 来检验拟合度会有低估的现象（Bearden，Sharma，& Teel，1982）。所以，其他研究者提出了另一个 NNFI 指数，考虑了自由度的影响，类似于前述 AGFI 对 GFI 的调整，由此可以避免模型复杂度的影响，其计算式如下：

$$NNFI = \frac{\chi^2_{\text{indep}} - \dfrac{df_{\text{indep}}}{df_{\text{test}}}\chi^2_{\text{test}}}{\chi^2_{\text{indep}} - df_{\text{indep}}} \quad (4.6)$$

调整后的 NNFI 指数改善了 NFI 的问题，却使得 NNFI 有时会有超越 0～1 范围的数值出现，显示 NNFI 的波动性较大。同时，NNFI 可能会比其他指数小，导致了在其他指数显示模型拟合的情况下，NNFI 显示出模型拟合度不理想的矛盾结论（Anderson & Gerning，1984）。图 4.1 中 NNFI 指数的计算过程如下：

$$NNFI = \frac{2842.325 - \dfrac{153}{120}242.298}{2842.325 - 153} = 0.942$$

（四）IFI 指数

Bollen（1989）提出了一个增量拟合指数（incremental fit index，IFI）来处理

$NNFI$ 波动的问题以及样本大小对于 NFI 指数的影响，公式如下：

$$IFI = \frac{\chi^2_{\text{indep}} - \chi^2_{\text{test}}}{\chi^2_{\text{indep}} - df_{\text{test}}} \qquad (4.7)$$

在一般正常情况下，IFI、NFI 与 $NNFI$ 值都会介于 0～1，数值越大，表示拟合度越佳，同时系数值需大于 0.90 才可被视为具有理想的拟合度（Hu & Bentler，1999）。由图 4.1 的数据来看，范例一的模型拟合度理想。

$$IFI = \frac{2842.325 - 242.298}{2842.325 - 120} = 0.955$$

三、替代指数

替代指数（alternative index）与模型拟合指数的主要不同在于替代指数不是以卡方统计量的假设检验来进行模型拟合度的评估的。替代性指数的基本想法是假设模型与实际观察矩阵的比较不是全有／全无的概念。也就是说，模型拟合度的检验并非针对假设模型导出矩阵与观察矩阵是否相同这一个虚无假设进行检验。因为观察数据本身是否能够反映真实变量的关系也是有待考验的问题，若以观察数据矩阵作为比较基准，并不一定能够反映假设模型的优劣。例如，观察数据本身的测量质量不良（信效度不佳）可能影响观察矩阵的内容。因此，替代性指数不再关心虚无假设是否成立，而是去直接估计假设模型与由抽样理论导出的卡方值的差异程度。

由于替代指数是直接估计被检验模型与理论分布的差异程度，因此可以在中央极限定理的基础上，以区间估计的概念来进行显著性检验。其做法是考虑抽样误差对于指数估计的影响，将所计算出来的指数转换成特定信心水平下（如 90%）真实指数出现的范围。其优点是可以反映抽样误差的影响。

（一）非中心性参数（NCP）

一种主要的替代指数是非中心性参数（non-centrality parameter, NCP）。Steiger（1990, p.177）称 NCP 为"模型不拟合的自然量数"（natural measure of badness-of-fit of a covariance structure model），其原理类似于离散量数的测量，即

计算 SEM 模型估计得到的卡方统计量距离卡方分布期望值（中央点）的距离 [discrepancy between Σ and $\Sigma(\theta)$]。模型越不理想，距离卡方分布中央越远，以几个标准差（δ）来表示（即 NCP 数值）。越大的 NCP 值代表模型越不理想，当 NCP 为 0 时，代表模型具有完美的拟合度[1]。在 LISREL 报表中，除了 NCP 值之外，也报告 NCP 在 90% 的信心水平下的估计范围，若这一区间涵盖了 0，亦表示模型拟合度完美。

以图 4.1 的数据为例，NCP 数值为 122.298，90% 置信区间为 81.721～170.655，并未涵盖 0。因此，以 NCP 指数来判断，显示模型的估计数距离卡方分布的中央点有一段距离，亦为拟合度不佳的讯息。

（二）RMSEA 指数

另一个重要的替代性指数为平均概似平方误根系数（root mean square error of approximation，RMSEA）（Browne & Cudeck，1993），其计算式如下：

$$\text{estimated } RMSEA = \sqrt{\frac{\hat{F}_0}{df_{\text{test}}}} \quad (4.8)$$

其中，$\hat{F}_0$ 是被检验模型的卡方值减去自由度再除以样本量的函数值：

$$\hat{F}_0 = \frac{\chi^2_{\text{test}} - df_{\text{test}}}{N} \quad (4.9)$$

由上式可知，RMSEA 系数不受样本量大小与模型复杂度的影响，当模型趋近完美拟合时，$\hat{F}_0$ 接近 0，RMSEA 指数亦接近 0。RMSEA 指数越小，表示模型拟合度越佳。

由计算原理可以看出，RMSEA 与 CFI 及 NFI 的不同是：RMSEA 指数在比较理论模型与完美拟合的饱和模型上的差距程度。数值越大代表模型越不理想，数值越小代表模型拟合度越理想。Hu 与 Bentler（1999）建议：当 RMSEA 指数低于 0.06，模型可以视为一个好模型；大于 0.10 表示模型不理想（Browne & Cudeck，

---

[1] 有关中央性卡方分布与非中央性卡方分布的统计原理与相关议题，请参考 MacCallum 与 Schumacker（1996）的专著。

1993）。McDonald 与 Ho（2002）则建议以 0.05 为良好拟合的门槛，以 0.08 为可接受的拟合门槛。

以图 4.1 的数据为例，$RMSEA=0.0571$，相当接近 0.05 的门槛，但低于 Hu 与 Bentler（1999）提出的 0.06 的门槛，显示模型具有相当的理想性。以图 4.1 的数据为例，$RMSEA$ 指数的获得程序如下：

$$RMSEA = \sqrt{\frac{\frac{242.298-120}{313}}{120}} = 0.0571$$

近年来，$RMSEA$ 指数相当受到重视，由于其他模型拟合指数多受到样本大小与观察变量分布（如平均数）的影响，而 $RMSEA$ 可摆脱这项困扰，且具有 NCP 指数反映假设模型与中央卡方分布的离散性特质，因此 $RMSEA$ 指数近年来普遍为大家接受（Marsh，1996）。但是最近的研究指出，$RMSEA$ 指数在小样本时有高估的现象，使拟合模型被视为不理想的模型（Bentler & Yuan，1999），因此在小样本时应谨慎使用 $RMSEA$ 数值。

（三）CFI 指数

另一个常用的指数为 CFI 指数（comparative-fit index）（Bentler，1992）。CFI 指数反映了假设模型与无任何共变关系的独立模型差异程度的量数，也考虑到被检验模型与中央卡方分布的离散性。其计算原理基于非中央性改善比（ratio of improvement in noncentrality；假设模型距离中央卡方分布的移动情形），得出一个非中央性参数（noncentrality parameter，τ_i）：τ_i 越大，代表拟合越不理想；当 $\tau_i=0$ 时，假设模型具有完美适切性。其概念式如下：

$$\tau_{\text{indep.test}} = \chi^2_{\text{indep.test}} - df_{\text{indep.test}} \qquad (4.10)$$

$$\tau_{\text{est.test}} = \chi^2_{\text{est.test}} - df_{\text{est.test}} \qquad (4.11)$$

$\tau_{\text{est.test}}$ 为理论假设模型非中央性参数估计数，$\tau_{\text{indep.test}}$ 为虚无模型相对于假设模型的非中央性参数。根据上式，得到 CFI 指数公式如下：

$$CFI = 1 - \frac{\tau_{\text{est.test}}}{\tau_{\text{indep.indep}}} \tag{4.12}$$

以图 4.1 的数据为例，CFI 为 0.98，计算程序如下：

$$CFI = 1 - \frac{242.298 - 120}{2842.325 - 153} = 0.955$$

由于独立模型（观察变量之间没有任何共变）是最不理想的模型，任何模型一定比独立模型的拟合度更佳。因此，CFI 指数的数值也是越接近 1 越理想，表示能够有效改善非中央性的程度。其性质与 NFI 接近，一般是以 0.95 为通用的门槛。同时在小样本的 SEM 分析中，CFI 指数用来评估模型拟合度十分稳定（Bentler，1995）。

（四）ECVI 与 AIC 指数

Browne 与 Cudeck（1993）提出了一个期望交叉效度指数（expected cross-validation index，ECVI），扩大了非中央性参数的应用。ECVI 指数反映了在相同的总体之下，不同样本重复获得同一个假设模型的拟合度的期望值，是诊断模型的复核效化（cross-validation）的良好指数。ECVI 值越小，表示模型拟合度的波动性越小，该假设模型越好；反之，ECVI 越大，表示模型拟合度在不同样本上的波动性越大，该假设模型的拟合度越不理想。

在进行不同样本间的比较时，ECVI 较 RMSEA 更优之处在于，RMSEA 指数的计算不考虑样本量与自由度的影响，因此无法应用于不同样本量的假设模型拟合度的比较。尤其当样本量很小但是自由度很大（模型很复杂时）时，ECVI 指数能够反映假设模型的适切性。当必须进行不同竞争模型（competing models）的比较时，或是从多个模型当中挑选一个最佳模型时，ECVI 指数与另外两个类似的指数——Akaike 讯息指数（Akaike information criterion，AIC）以及 Akaike 一致讯息指数（Consistent Akaike information criterion，CAIC）（Akaike，1987）——是非常理想的指数，因为 ECVI 指数与 AIC 指数可以同时考虑样本量与模型复杂度的非中央性参数。

一般而言，ECVI、AIC 与 CAIC 指数越小，表示模型越简效。此时，如果模型可以具有一定的拟合度，则越简效的模型越理想。换句话说，这些指数可以作为模型选择的依据。可惜的是，这两种指数的数值范围不是 0～1，因此仅适合进行模型间的比较，从 AIC、CAIC 或 ECVI 数值的绝对值大小，很难判定个别模型的拟合性。

（五）CN 指数

LISREL 报表提供了一个特别的模型拟合统计量——关键样本指数（Critical N，CN）。CN 指数是由 Hoelter（1983）提出的，用以说明样本规模的适切性。其原理是估计若要产生一个适当的模型拟合度（不显著的卡方统计量），所需要的样本量为多少（Hu & Bentler，1995）。Hoelter（1983）认为，当 CN 指数大于 200 时，表示该模型可以适当地反映样本的数据。Byrne（1998）主张除了 200 是一个门槛之外，一个研究的样本量只有大于 CN 指数所估计出来的样本量，该 SEM 分析才具有合理性。

四、残差分析指数

除了对整体模型拟合度的检验，对个别参数良好与否的检测与说明也是 SEM 当中一个重要的工作。例如，在一个 SEM 模型当中，可能有某一个测量模型的结构非常不理想，观察变量的测量误差非常大，这一部分的估计可能导致整个模型的不良拟合，此时可以通过残差分析来检查 SEM 模型的特定参数的设定是否理想。

一般而言，SEM 分析均提供了两种残差的数据：非标准化残差（unstandardized residuals）与标准化残差（standardized residuals）。非标准化残差就是假设模型与观察数据之间差距的原始量数，也就是参数估计无法反映实际观察数据的变异量（unexplained variance or covariance）。在 LISREL 中，残差原量尺估计数列于 Fitted Residuals 报表中。标准化残差将残差量转换为标准 Z 分数，因此残差值将大约落于 ±3.5 的区间中[1]。

使用非标准化残差来了解各估计数良好与否的优点是可以直接应用测量的原

---

[1] LISREL 所提供的残差分析除了原始估计量与标准化残差数据之外，还包括摘要统计量、各种散点图与茎叶图。

始量尺，来了解残差数值大小的具体意义。然而，这不利于相互的比较。当不同的观察变量的量尺或单位趋近一致时，对非标准化残差的直接比较无异议；但是当观察变量的性质差异较大或使用不同的量尺或单位时，对残差的数值就无法直接加以比较，而需先行转换成为标准化分数（例如，Z 分数），也就是取标准化的残差。将所有的残差置于相同的量尺单位之上，才能显示出残差的比较意义。

对 SEM 的标准化残差分析，与其他统计分析（例如，多元回归分析）的做法类似。当标准化残差大于 +3 时，代表该估计变异量或协方差不足；当标准化残差小于 -3 时，代表该估计变异量或协方差对于两个观察变量的共变有过度解释的现象。两者都会造成模型不良拟合。

残差的大小反映了不良拟合的问题，除了从数值大小来判断，还可以通过绘图的方式来观察残差变动的趋势。例如，使用标准化残差分布 Q 图可以看出每一个估计残差的差距分布图。如果是一个好模型，标准化残差 Q 图内的观察点应呈现水平直线，当观察点分布在水平直线之外时，代表有不寻常的估计数存在（Jöreskog & Sörbom，1993）。严重的残差除了可能来自该估计数不适当的理论假设，也可能来自非正态化的观察数据。因此，在诊断残差的大小之时，应配合观察数据的正态性检验，才能得知是不是假设模型界定有问题，或观察数据本质有问题。

目前，各主要的 SEM 分析软件均提供残差均方根指数（root mean square residual，RMR）与标准化残差均方根指数（standardized root mean square residual，SRMR）来反映理论假设模型的整体残差：

$$RMR = \sqrt{2\sum_{i=1}^{q}\sum_{j=1}^{i}\frac{(s_{ij}-\hat{\sigma}_{ij})^2}{q(q+1)}} \tag{4.13}$$

其中，$s_{ij}-\hat{\sigma}_{ij}$ 代表样本（观察）与估计（理论假设模型）的方差或协方差差异。RMR 与 SRMR 越小，代表模型越能拟合观察值。由于 RMR 基于未标准化残差值计算得出，其数值没有标准化的特性，较难解释。因此，学者多采用标准化后的 SRMR 指数来评估模型的优劣。SRMR 指数的数值介于 0～1，当数值低于 0.08 时，表示模型拟合度佳（Hu & Bentler，1999）。以图 4.1 的数据为例，该模型的 RMR 为 0.0536，SRMR 为 0.0518，落于 0.08 的门槛下，表示残差量低，模型拟合度佳。

五、拟合指数的比较与运用

(一) 模型评鉴指数的比较

虽然 SEM 的文献提供了多种不同的模型评鉴指数,然而不同的指数得到的结果往往趋近一致,因此,选择何种指数并不是一个重要的问题。但是,如果不同的指数有不一致的结果,宜考虑假设模型的适当性,重新加以分析。

一般来说,使用者可以根据自己的偏好与分析软件所提供的指数类型,来评估理论假设模型的拟合度。有时,某些期刊审查人对于 SEM 的使用方法以及指数的运用有独特的立场,而要求报告特定的指数与系数。一般而言,在 SEM 技术领域,对于指数的优劣与选择方法并无共识。目前最常见到的拟合度评估策略除了卡方值及卡方显著性、卡方自由度比这两种传统方式之外,还有 *CFI* 与 *RMSEA* 指数。有关各项指数运用的时机与判断标准,列于表 4.1。

(二) 模型拟合指数的报告

Hu 与 Bentler(1999)主张将 *CFI* 与 *RMSEA* 都报告在论文中。尤其是 *RMSEA* 指数,当研究者想去估计统计检验力时特别适合。另外,当研究者想要比较不同的模型,但是没有嵌套关系时,则可使用 *ECVI*、*AIC* 或 *CAIC* 指数。

在报告模型拟合度的评鉴数据时,McDonald 与 Ho(2002)建议,必须将测量模型与结构模型的模型拟合度分开列举说明。Anderson 与 Gerbing(1988)曾经提出一个二阶段估计程序(two-stage procedure),他们将结构模型视为测量模型的嵌套模型,将一个完整的 SEM 模型的测量与结构部分的模型拟合度评鉴区分为两个独立的步骤来进行,如此即符合 McDonald 与 Ho(2002)的建议。

如果不是使用两阶段估计程序,在 ML 与 GLS 这两种估计程序中,一个兼含测量模型与结构模型的 SEM 模型的卡方值可以直接切割成两个独立的卡方值,一个反映测量模型,另一个反映结构模型,然后分别利用相对应的卡方分布进行显著性检验(Steiger,Shapiro,& Browne,1985)。

表 4.1　各种拟合指数的比较

指标名称与性质	范围	判断值	适用情形
卡方检验			
χ^2 **test** 理论模型与观察模型的拟合程度	—	$p>0.05$	说明模型解释力
χ^2/df（Wheaton et al.） 考虑模型复杂度后的卡方值	—	1～3	不受模型复杂度影响
适合度指数			
GFI（Bentler, 1983） 假设模型可以解释观察数据的比例	0～1	>0.90	说明模型解释力
AGFI（Bentler, 1983） 考虑模型复杂度后的 GFI	0～1*	>0.90	不受模型复杂度影响
PGFI（Mulaik, 1989） 考虑模型的简效性	0～1	>0.50	说明模型的简单程度
NFI（Bentler & Bonett, 1980） 比较假设模型与独立模型的卡方差异	0～1	>0.90	说明模型较虚无模型的改善程度
NNFI（Bentler & Bonett, 1980） 考虑模型复杂度后的 NFI	0～1*	>0.90	不受模型复杂度影响
替代性指数			
NCP（Bentler, 1988） 假设模型的卡方值距离中央卡方分布的离散程度	—	越接近0,越好	说明假设模型距离中央性卡方的程度
CFI（Bentler, 1988） 假设模型与独立模型的非中央性差异	0～1	>0.95	说明模型较虚无模型的改善程度 特别适合小样本
RMSEA（Browne & Cudeck, 1993） 比较理论模型与饱和模型的差距	0～1	<0.05	不受样本量与模型复杂度影响
AIC（Akaike, 1987） 经过简效调整的模型拟合度的波动性	—	越小越好	适用于效度复核 非嵌套模型比较
CAIC（Akaike, 1987） 经过简效调整的模型拟合度的波动性	—	越小越好	适用于效度复核 非嵌套模型比较
CN（Hoelter, 1983） 产生不显著卡方值的样本规模	—	>200	反映样本规模的适切性
残差分析			
RMR 未标准化假设模型的整体残差	—	越小越好	了解残差特性
SRMR 标准化假设模型的整体残差	0～1	<0.08	了解残差特性

注：*指数数值可能会超过范围。

第三节　结　语

本章介绍了用来评估 SEM 模型优劣的多种方法与技术，并说明了进行模型修饰的原理与技术。基本上，SEM 模型评鉴是以参数估计所得到的估计数与实际观察所得到的数据的差异程度作为基础的，通过拟合函数的计算，进而转换成卡方统计量，得以进行显著性检验。然而，受限于卡方检验的诸多问题，越来越多的研究者改用模型拟合指数来评估 SEM 模型的优劣。模型拟合指数的选择甚多，但 McDonald 与 Ho（2002）指出，这些指数的应用也具有一些限制，读者应留心。

第一，尽管这些指数都有很明确的意义，但是从数学或实证的角度来看，并没有一个强而有力的理论基础来支持数字的意义与使用原则，背后仍存有未知的隐忧。

第二，不同指数的优劣比较仍具有相当的争议，尤其是某些指数以独立模型（观察变量间不具有共变关系假设）作为比较基点的做法，其合理性仍有待质疑。

第三，当 SEM 模型的检验以理论为依据进行统计决策时，应该具有一定的理论合理性。然而，这些模型拟合指数往往只反映了一种分析技术上的数据，而非理论上的证据。当研究者可以提出无数种可能的模型时，最佳的指数可能只是反映了某一个模型在技术上的优化，而不是理论上的优化。

第四，不良的模型拟合度往往是错误的模型界定造成的。当模型中存在某些不理想的参数设定时，可能会产生很可观的不拟合度。由于模型拟合指数是一种概括性指数，这些不当的参数设定无法被模型拟合指数反映。如果一些极端明显的不适当参数可以被侦测出来，将可以大幅度影响对模型拟合与否的判断。因此，McDonald 与 Ho（2002）建议，进行 SEM 分析的研究应报告各变量的相关与拟合残差量（discrepancies），使读者可以明确了解各变量的估计状况。

第五章　验证性因素分析

因素分析是一套用来简化变量，分析变量间的群组关系，或寻找变量背后共同的潜在构念的统计技术。为了证实研究者所设计的测验工具的确能够测量某一潜在特质的强度与内在结构，将一组具有共同特性或有特殊结构关系的测量指标抽离出背后的潜在构念并进行因素关系的探究的统计分析技术，便是因素分析。

第一节　验证性因素分析原理

一、探索性与验证性因素分析

传统上，研究者在进行因素分析之前，并未对于数据的因素结构有任何预期与立场，而是借由统计量来分析因素的结构。此种因素分析策略带有浓厚的尝试错误的意味，因此称为探索性因素分析（EFA）。然而有时，研究者在研究之初就已提出了关于特定的结构关系的假设，例如，某个概念的测量问卷是由数个子量表组成的，此时因素分析可以用来确认数据的模型是否为研究者所预期的形式，此种因素分析称为验证性因素分析（CFA），具有理论检验与确认的功能。在技术层次来说，CFA 是 SEM 的一种次模型（submodel）（Jöreskog & Sörbom, 1993），除了做因素结构检验之用，还可以与其他次模型整合，构成完整的 SEM 分析。

EFA 与 CFA 最大的不同在于测量的理论架构（因素结构）在分析过程中所扮演的角色与检验时机。对 EFA 而言，测量变量的理论架构是因素分析的产物，因素结构是在一组独立的测量指标或题目间，以数学程序与研究者的主观判断决定的一个具有计量合理性与理论适切性的结构，并以该结构代表所测量的概念内容。换句话说，理论架构的出现在 EFA 中是一个事后（posterior）的概念。相对而言，CFA 的进行则必须有特定的理论观点或概念架构作为基础，然后借由数学程序来确认该理论观点所导出的计量模型是否确实、适当。换句话说，理论架构对于 CFA 的影响是在分析之前发生的，计量模型具有理论的先验性，其作用是作为一种事前（priori）的概念。

在 SEM 架构下，CFA 为一种子模型，CFA 分析的数学原理与统计程序都是 SEM 的一种特殊应用。由于 SEM 的模型界定能够处理潜在变量的估计与分析，具有高度的理论先验性，因此如果研究者在测量之初即对于潜在变量的内容与性质非常明确，已详细地加以推演，或有具体的理论基础，提出了适当的测量变量组成测量模型，那么借由 SEM 的分析程序，可以对于潜在变量的结构或影响关系进行有效的分析。SEM 中对于潜在变量的估计程序，即是在考验研究者先期提出的因素结构（测量模型）的适切性。一旦测量的基础确立了，潜在变量的因果关联就可以进一步通过多元回归、路径分析的策略（结构模型）来加以探究。一般而言，CFA 可以说是进行整合性 SEM 分析的一个前置步骤或基础架构，亦可以独立进行。

CFA 在 SEM 整体的发展过程中占有相当重要的地位，如 Jöreskog 等先驱长期以来即积极地改善传统的因素分析的限制，扩大其应用范围，最后促成了 SEM 的出现。在 SEM 的分析架构中，CFA 所检验的是测量变量与潜在变量的假设关系，可以说是 SEM 中最基础的测量部分。它不但是 SEM 中其他后续高等统计检验的基础，更可以独立地应用在对信效度的考验与理论有效性的确认上（Bentler，1989）。

由于 CFA 使用的范围相当广泛，大大超越了传统 EFA 用来简化数据或抽取因素的单纯目的，CFA 可以用来检验抽象概念或潜在变量存在与否，评估测验工具的项目效度与信效度，并且检验特定理论假设下的因素结构（参考 Brown，2006）。因此在 SEM 范式下，CFA 经常被独立使用。然而，虽然 CFA 可以说是因素分析技术的一大革命，但是读者仍须注意 EFA 与 CFA 的目的不同，使用的时机也不一样。从研究的立场来看，CFA 并不足以完全取代 EFA，两者反而具有相辅相成的功效，因此建议读者对两者均要熟悉。

二、潜在变量的因素分析

以 SEM 的术语来看，潜在变量的因素分析就是所谓的 CFA，可以说是心理计量学者在处理潜在特质测量问题时，最具有创意的表现，使得过去传统因素分析与路径分析限制得以突破并加以融合。潜在变量反映的是研究者关心但无法直接观察与测量的现象或假设性构念。从外表来看，构念所反映的通常只是一组有相互关联的行为现象，经由研究者基于理论的推导、文献的支持或个人主观的分析与演绎而提出的理论上存在的假设（Nunnally & Bernstein，1994）。

为了使构念得以有效地测定，需要经过下列四个程序：第一，构念必须要有明确的操作性定义来界定其内容与范畴；第二，用以测量构念的指标能够被明确地指出；第三，测量同一构念的指标必须具有相当的一致性，测量不同构念的指标则有相当的区辨性，多元指标的一致与区辨性应能从观察资料中检验得出；第四，经由统计检验的程序，观察数据可以支持或推翻构念是否存在的假设。上述程序称为构念有效化（construct validation）（Cronbach & Meehl，1955），从 SEM 的术语来说，这个过程就是检验构念的测量模型的过程。当把从测量变量中搜集到的协方差矩阵与由测量模型推导、计算出来的协方差矩阵加以比对时，两者若相符且达到一定的程度，我们即无法推翻测量模型存在的可能性，也就是说，研究者所提出的潜在构念的概念建构获得了支持。

Kline（1998）指出，对测量模型的检验有两个值得注意的逻辑上错误：

第一，当测量数据无法指出测量模型不适切时（即无法推翻测量模型存在的可能性），并不能说明测量模型所代表的抽象建构确实存在。因为同一组测量指标有多种不同的组合方式，也就是说，可能有其他替代模型存在。对于一个特定的理论模型与观察数据的共变结构的拟合比对，其数据所反映的是一种数学的现象，倘若研究者提出另一套替代的测量模型与相同的观察数据相比对，也可能获得支持性结论。虽然 SEM 提供了一套竞争模型比较的策略来决定一个最佳的模型，但是基于 SEM 的数学程序，这一逻辑性错误的威胁始终存在。另一个原因是，测量模型所代表的构念究竟为何也无法用 SEM 的检验程序来确认。由研究者根据测量的指标与概念发展的过程来以人为的方式为该构念命名，背后可能的错误称为命名陷阱（naming fallacy）。命名陷阱一直威胁着因素分析的应用，研究者不宜经由测量模型的支持来推导特定构念确实存在的结论。

第二种逻辑上的错误是抽象概念实质化（reification）（Gould，1981）。当 SEM 程序确认了特定的测量模型最能反映观察数据时，仅代表某种抽象概念的测量程序的有效性得到了支持，但是该抽象建构是否确实存在，则无法确知。也就是说，假设性构念不一定反映了真实世界的现象。如果研究以测量模型的结果去描绘客观的事实，则犯了抽象概念实质化的逻辑错误。

三、验证性因素分析的特性

在 SEM 的术语中，测量模型的检验程序称为验证性因素分析，图 5.1 即是一个典型的 CFA 测量模型。图 5.1 中有两个相关的潜在变量 F_1 与 F_2，F_1 由 $V_1 \sim V_3$ 这 3 个指标来测量，F_2 由 $V_4 \sim V_6$ 这 3 个指标来测量，$E_1 \sim E_6$ 分别代表 6 个测量变量的测量误差。从潜在变量指到测量变量的单箭头代表研究者所假设的潜在变量对于测量变量的直接因果关系。经由统计过程对于这些因果关系的估计数称为因素载荷，有标准化与未标准化两种形式，性质类似于回归系数。

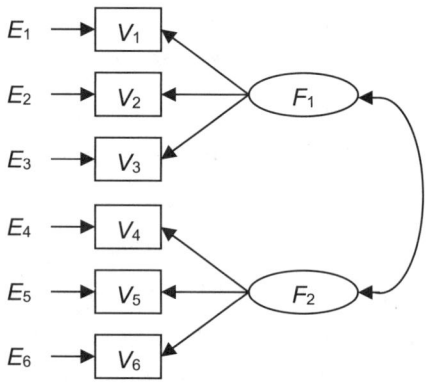

图 5.1　典型的 CFA 测量模型图

在整个模型当中，研究者所能具体测量的是 6 个测量变量，其背后受到某些共同的潜在变量的影响，因此测量变量可以说是内生变量，潜在变量与测量误差则为外源变量。从变异量的拆解原理来分析，每个测量变量的变异量可以被拆解成两部分：共同变异（common variance）与独特（或误差）变异（unique variance）。以 F_1 为例，V_1、V_2、V_3 是用来测量潜在特质 F_1 的指标或测量题目，其背后受到同一个潜在因素的影响——从数学关系来说，即是 3 个变量共变的部分。而测量误差的部分就是 3 个测量变量无法被该潜在变量解释的独特变异量或残差，彼此相互独立。

四、测量误差与方法效应

CFA 测量模型分析与路径分析最大的不同在于误差的处理。传统路径分析当中的每一个变量都被视为可直接测量、可信赖的变量，误差的概念仅反映在外源变量对于内生变量无法预测与解释的部分。虽然研究者不会忽略外源变量与内生变量本身可能存在着测量误差，但是对测量误差的估计独立于路径模型，即以信度估计的方式来表达每一个变量的可信度。路径分析的本身是假设变量是无误差的测量，这个假设显然是很容易被违反的，尤其当变量本身带有高度的抽象特质或是变量分数的信度偏低时。

CFA 测量模型能够有效地处理路径分析当中变量具有一定测量误差的问题。CFA 测量模型不但将每一个具有抽象特性的外源或内生变量以潜在变量的形式表示了出来，同时对于潜在变量的每一个测量变量进行了误差估计，即对独特变异量的分析。从测量变量拆解得出的独特变异量可能包含两种类型的测量误差。第一种是随机误差（random error），也就是传统信度估计所处理的测量误差。造成随机误差的原因有很多，例如，测量的过程因素、受测者个人因素以及工具的因素等。但这些因素对于测量分数并无系统化的影响（如系统性地高估或低估），因此称为随机性的误差来源。第二种则是系统误差（systematic error），对于测量分数会有系统化的影响，使测量分数以特定的模型偏离实际的真分数。理论上，系统化误差可以从测量变量中的独特变异量中抽离出来，因为系统性误差是在潜在变量之外仍有其他影响分数的变异来源导致的。最明显的一个例子是方法效应（method effect），也就是研究过程中对于变量的测量基于某一种特殊的方法（例如，纸笔测验），造成测量分数的系统性变化而无法反映真分数的一种现象（Marsh，1988；Kenny & Kashy，1992）。

在测量上，方法效应对于测量分数的正确运用有非常大的影响，因为方法效应会使得测量分数当中除了由于测量特质引起的变异（trait variance），又增加了因为工具或方法而导致的方法变异（method variance）（Bagozzi，1993），而混淆了研究数据的意义。在相关系数的计算上，使用同一种工具所测得的分数的相关系数，很可能因为使用了共同的方法而造成扩大与膨胀（Mitchell，1985）。针对这些工具引发的系统误差，CFA 的测量模型提供了技术上的解决策略，借由对共变关系的分析，配合多维测量的假设（见下一节），可以有效地估计存在于独特变异当中的系统性方法变异（Marsh，1989；Marsh & Bailey，1991；Kenny & Kashy，1992）。此外，研究者发展出了 CFA 的多重特质多重方法矩阵法（MTMM）程序来分析多重方法造成的多重方法效应问题（Chiou & Hocevar，

1995；Chiou，1995；Lowe & Ryan-Wenger，1992；Marsh & Hocevar，1988）。在文献上，CFA 测量模型分析对于系统误差的处理能力受到学者相当的重视，对于解决计量研究者长期以来的困扰有其一定的贡献（见 Fisicaro，1988；Ilgen，Barnes-Farrell，& McKellin，1993；Murphy，Jako，& Anhalt，1993；Podsakoff & Organ，1986）。

五、单维测量与多维测量

CFA 测量模型与传统因素分析有一个相当大的不同，即测量变量与潜在因素之间的组合形态不但可以由研究者依其假设来指定，更可以突破单一变量只能反映单一潜在变量——单维测量（unidimensional measurement）——的限制。

以图 5.2 为例，每一个测量变量皆与特定的潜在变量相联结，但是 V_3 与 V_5 另有额外的联结（$V_3 \leftarrow F_2$、$V_5 \leftarrow F_1$），也就是说 V_3 与 V_5 同时与两个潜在变量有关，反映出对 V_3 与 V_5 两个变量的测量有其他变异来源的特殊测量模型，称为多维测量（multidimensional measurement）。

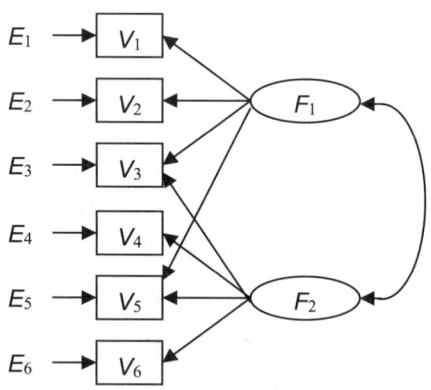

图 5.2　多维测量的 CFA 测量模型图

CFA 测量模型除了允许测量变量与潜在变量具有多维关系之外，测量变量的误差项（独特变异）也可以与其他变量存在假设性的共变，也就是说，CFA 测量模型在技术上允许测量变量的误差项为多维测量。最普遍的一种现象是使用相关误差（correlated measurement error）的测量模型，当误差项存在有意义的相关时，代表测量变量除了受特定潜在特质的影响之外，尚有其他未知的影响来源，须由对误差项的共变分析来估计。图 5.3 描绘出了两种不同的相关误差测量模型。

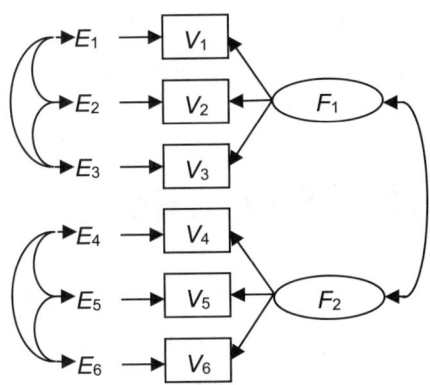

（a）因素内关联误差的 CFA 模型

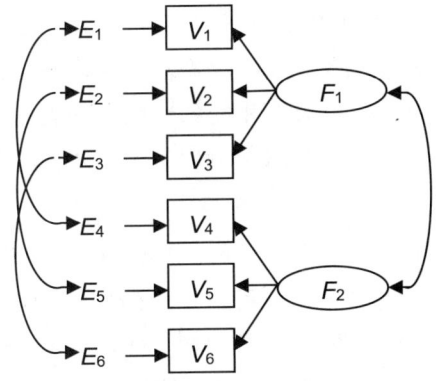

（b）因素间关联误差的 CFA 模型

图 5.3　两种关联误差的 CFA 测量模型图

在图 5.3a 与图 5.3b 中，误差项之间具有假设存在的共变，图 5.3a 中的关联误差发生在同一个潜在因素内，称为因素内关联误差模型，而图 5.3b 中的关联误差则跨越了不同的因素，称为因素间关联误差模型。

因素内关联误差模型最典型的例子是前面提及的方法效应，也就是说测量变量都是由同一种测量工具测量的，例如，F_1 是以三个利克特式自陈量表的题目 V_1、V_2、V_3 来测定的，F_2 用另一种方法来测定。对于同一个因素（如 F_1），三个测量变量除了受到该潜在因素的影响外，还受到方法效应的影响，反映在误差项的相关上（$E_1 \leftrightarrow E_2$、$E_1 \leftrightarrow E_3$、$E_2 \leftrightarrow E_3$）。

因素间关联误差模型最典型的例子是对重测信度的测量。假设 F_1 因素与

F_2因素分别代表在两个时间点对同一个潜在特质的两次测量，V_1、V_2、V_3与V_4、V_5、V_6是同一组题目，即$V_1=V_4$、$V_2=V_5$、$V_3=V_6$。时间变动将造成测量分数的波动，三个题目在两次测量中的误差项的两两相关（$E_1 \leftrightarrow E_4$、$E_2 \leftrightarrow E_5$、$E_3 \leftrightarrow E_6$）反映了特定题目因为时间变动而波动的情形。

第二节 测量模型的内部拟合检验

前面已经讨论了测量模型的基本原理与模型的可能变形。然而，一个测量模型可否被接受以及参数估计的优劣，除了要从模型的整体拟合来看之外，还必须从模型的内在质量来衡量每一个潜在变量的适切性，又称内部拟合。这就好比过去我们以方差分析（analysis of variance；ANOVA）来进行多个平均数的差异比较时，首先要以F检验来考验平均数之间是否存在一个整体性的、有意义的差异，称为整体检验（overall test），然后再去检验差异究竟发生在哪里，称为事后检验（post-hoc test）。多元回归分析也遵循相同的法则，即先对整体回归模型的效应量（R^2）以F检验进行考验，一旦整体模型的回归效应量具有统计显著性之后，才进行个别解释变量的参数检验。

SEM虽然没有一个单一的效应量（R^2）来进行模型的整体检验，但是可以就假设模型与观察模型之间的拟合程度进行整体检验。当模型拟合性被接受之后，我们得以针对个别的因素质量进行检测。在本质上，模型拟合性检验就是一种整体检验，个别因素的检验就是一种事后的评估程序。Hair等人（2006）认为，在CFA中，除了报告模型拟合指数之外，还必须进一步了解测量模型当中的个别参数是否理想（项目信效度），各潜在变量的组合情形是否稳定可靠（构念的信效度）。如果某些参数不甚理想，可以借由模型修饰程序来去除不良题目或增加参数，来提高模型的内在拟合。在具体做法上，较多被人采用的策略包括四项检验：项目质量、组合信度（ρ_c）、平均变异萃取量（ρ_v）以及构念区辨力。下面将分别加以介绍。

一、项目质量检验

Bollen（1989）指出，构成一个有意义的潜在变量的最重要前提，是一组能够反映潜在构念意义的观察指标。换言之，构成潜在变量的题目必须具有相当的信效度，否则无法支撑一个潜在变量模型。

在古典测量理论中，信度（reliability）代表测量的可靠程度（trustworthiness），或对真分数的测量不受测量误差影响的程度。效度（validity）则反映了测量工具能够正确无误地测出潜在特质的程度，也就是研究者可以掌握抽象意义的程度。两者必须兼具，才能确保测量的质量。

就组成一个因素的个别题目来说，测量误差越小，表示测量题目受到误差的影响越小，能够测到真分数的程度越高。在 SEM 的测量模型中，测量残差由 Θ_δ 与 Θ_ε 两个矩阵的对角线的参数（δ 与 ε 系数）反映，而这两组参数与因素载荷具有函数关系，因素载荷越高，测量残差越小。Bagozzi 与 Yi（1988）认为，测量模型当中的测量残差必须具有统计显著性，才能确立一个潜在变量由一组带有测量误差的观察变量形成的这个前提。相反，如果测量误差太微弱而未达统计显著水平（或因素载荷太高，超过 0.95），则意味该题足以完全反映该潜在构念的内容，测量模型的合理性即不复存在（Anderson & Gerbing，1988）。除此之外，因素载荷系数的正负号也应符合理论预期，更不应出现超过 −1～+1 的数值。这些条件是测量模型的基本拟合指标（preliminary fit criteria）（Bagozzi & Yi，1988）。

延续前述的讨论，因素载荷一方面除了反映测量误差的影响之外，也同时反映了个别题目能够用来反映潜在变量的程度。Hair 等人（2006）认为，一个足够大的因素载荷代表题目具有良好的构念效度（construct validity）。一般而言，当因素载荷大于 0.71 时，即可以宣称项目具有理想质量，因为此时的潜在变量能够解释观察变量将近 50% 的变异，这个 $\lambda \geqslant 0.71$ 指标可以说是基本拟合指标当中最明确的一个判断标准（Bagozzi & Yi，1988；Hair et al，2006）。

事实上，$\lambda \geqslant 0.71$ 原则来自传统因素分析当中对共同性（communality）的估计，这是个别题目反映潜在变量的能力的指标。Tabachnica 与 Fidell（2007）具体提出了下列标准（见表 5.1）：当因素载荷大于 0.71，也就是该因素可以解释观察变量 50% 的变异量之时，是非常理想的状况；当因素载荷大于 0.63，也就是该因素可以解释观察变量 40% 的变异量之时，是很好的状况；但若载荷小于 0.32，也就是该因素解释了不到 10% 的观察变量的变异量时，是非常不理想的状况——通常，这类题目虽然是形成某个因素的题目，但是贡献非常小，可以考虑删除该题，以提高整个因素的一致性。

表 5.1　因素载荷的判断标准

λ	λ^2	状况
0.71	50%	优秀
0.63	40%	很好
0.55	30%	好
0.45	20%	普通
0.32	10%	不好
0.32 以下		不及格

一般来说，社会科学研究者所编制的量表的因素载荷都不会太高，这可能是受限于测量本质的特性（例如，态度测量的范围太广而不易聚焦，构念过于模糊而不易界定）、外在干扰与测量误差的影响，甚至是构念本质是形成性的还是反映性的等争议。此时，建议采用 Tabachnica 与 Fidell（2007）提出的标准（例如，$\lambda \geqslant 0.55$ 即可宣称良好），而不必坚守 $\lambda \geqslant 0.71$ 原则。

SEM 分析软件中的多元相关平方（squared multiple correlation，SMC）数据反映了个别测量变量受到潜在变量影响的程度。SMC 越高，表示真分数所占的比重越高；SMC 越低，表示真分数所占的比重越低，信度越低。SMC 的计算原理如下：

$$SMC_{\mathrm{var}i} = \frac{\lambda_i^2}{\lambda_i^2 + \Theta_{ii}} \tag{5.1}$$

其中，λ_i 为个别测量变量的因素载荷，取平方后除以总变异量（解释变异量加误差变异量），即为个别题目的信度估计数。值得注意的是，SMC 是以单维假设为基础的信度估计数，也就是一个测量变量仅受到单一潜在变量的影响（单一真分数变异来源）。如果一个测量变量受到两个或两个以上潜在变量影响，该式即不适用。

二、组合信度（ρ_c）

（一）测量信度的概念

传统的测验观点认为，对于被测量的心理特质，在一定的时间范围内，每个人都具有特定的水平或强度。测验的主要目的就是利用一组题目去评估个体在这个特质上的水平或强度。如果一组题目所构成的测验真的可以测到这个人类"真实"的特质强度，反映在测验得分上，称为真实分数（true scores）。这个真实分数是一个理论上存在的分数，代表受测者的实际心理特质内涵与真实的心理运作历程。测量分数当中真实分数所占的比例越大，表示测量信度越高。在测验实务上，准确测得人类心理特质的真实分数是所有测验的终极目标。从这个目标延伸出来的测验理论一般即称为古典测验理论（classical test theory）。

古典测量理论最关心的是真分数如何被测量到，但由于真分数无法得知，因此仅能从另一个方向去思考，即影响或干扰真分数测量的因素越少，真分数被测得的可能性越高。因此得到一个基本假设为：观察分数 = 真实分数 + 误差分数。当误差为 0 时，观察分数可以完全反映真实分数。若以方差的概念来表示，观察分数的变异可以 σ^2_{total} 表示；而真实分数的方差可以 σ^2_{true} 表示；误差分数的方差则反映了测量误差波动情形，以 σ^2_{error} 表示。三者关系如下：

$$\sigma^2_{\text{total}} = \sigma^2_{\text{true}} + \sigma^2_{\text{error}} \tag{5.2}$$

或

$$1 = \frac{\sigma^2_{\text{true}}}{\sigma^2_{\text{total}}} + \frac{\sigma^2_{\text{error}}}{\sigma^2_{\text{total}}} \tag{5.3}$$

公式 5.3 中，真实分数的变异除以变量的总变异量，代表一个测量分数的信度指标，即为信度系数（coefficient of reliability），以 ρ 表示（Lord & Novick, 1968）。如公式 5.4 所示：

$$\rho = \frac{\sigma_{\text{true}}^2}{\sigma_{\text{total}}^2} = 1 - \frac{\sigma_{\text{error}}^2}{\sigma_{\text{total}}^2} \tag{5.4}$$

（二）SEM 的组合信度估计

SEM 测量模型的信度估计基本上延续了古典测量理论的观点，将信度视为真实分数所占的比例，而测量误差的变异即为观察分数当中无法反映真实分数的残差变异量。对于个别测量题目来说，由于测量变量分数的变动会受到潜在因素与测量误差的影响，而潜在因素影响产生的变异即代表真实分数的存在，因此，信度可以用测量变量的变异量能够被潜在变量解释的百分比（proportion of variance of a measured variable）来表示。Fornell 与 Larker（1981）基于前述 SMC 的概念，提出了一个非常类似内部一致性信度系数（Cronbach's α）的潜在变量的组合信度（composite reliability；CR 或 ρ_c）：

$$CR = \rho_c = \frac{(\sum \lambda_i)^2}{(\sum \lambda_i)^2 + \sum \Theta_{ii}} \tag{5.5}$$

其中，$(\sum \lambda_i)^2$ 为因素载荷相加求和后取平方的数值，$\sum \Theta_{ii}$ 为各观察变量残差方差的总和。当测量模型中带有残差相关时，残差变异量估计数会因为残差间的相关而降低，因此 ρ_c 的估计必须将残差相关纳入计算（Raykov，2004；Brown，2006），公式如下：

$$\rho_c = \frac{(\sum \lambda_i)^2}{(\sum \lambda_i)^2 + \sum \Theta_{ii} + 2\sum \Theta_{ij}} \tag{5.6}$$

其中，$\sum \Theta_{ij}$ 为第 i 与 j 题残差共变的总和。换言之，在利用 SEM 来估计模型之余，可以进行对测量工具的信度的估计。而且，除了可以估计整体量表的信度，也可以计算个别测量题目的信度。唯一的缺点是在计算整个因素（量表）的信度时，必须以人为的方式来计算，LISREL 尚无模块来自动产生。

若要利用 LISREL 来计算，Brown（2006）提供了一组语法来产生组合信度值，其中利用非线性限定参数可以产生一组虚拟潜在变量来估计三个数据：真分数变异、总变异以及两者的比值。有兴趣的读者可以参考书中的范例。

依据古典测量理论的观点，量表信度需达 0.70 才属比较稳定的测量，SEM 的测量模型多沿用这一标准。但此标准的达成必须使各题的因素载荷平均达 0.70 以上，社会科学领域的量表不易达到此水平，因此，Bagozzi 与 Yi（1988）建议 ρ_c 达 0.60 即可。Raine-Eudy（2000）的研究指出，组合信度达 0.50 时，测量工具在反映真分数时即可获得基本的稳定性。

（三）组合信度的区间估计

前述的 ρ_c 估计是一种点估计，如果考虑模型估计的随机性可能造成的误差影响，信度估计也应把样本波动因素纳入考虑，采取区间估计的做法来报告因素的信度，说明我们的测量模型估计得到的 ρ_c 可以反映真正的总体信度的 95% 或 99% 置信区间。

进行区间估计最重要的步骤是计算估计数的抽样标准误（standard error of sampling），Raykov（2002）提出 CFA 的因素信度的标准误计算公式如下：

$$SE(\rho_c) = \sqrt{D_1^2 Var(u) + D_2^2 Var(v) + 2D_1 D_2 Cov(u,v)} \qquad (5.7)$$

其中，u 是标准化因素载荷估计数的总和，v 是误差方差估计数的总和，$Cov(u,v)$ 则是两者的协方差，D_1 与 D_2 是量表信度系数分别对 u 与 v 做偏微分，得到估计数：

$$D_1 = \frac{2uv}{(u^2+v)^2} \qquad (5.8)$$

$$D_2 = \frac{u^2}{(u^2+v)^2} \qquad (5.9)$$

一旦获得标准误的估计数后，即可获得信度的 95% 或 99% 置信区间：

$$95\%CI(\rho_c) = \rho \pm 1.96 SE(\rho_c) \qquad (5.10)$$

$$99\%CI(\rho_c) = \rho \pm 2.59 SE(\rho_c) \qquad (5.11)$$

三、平均变异萃取量（ρ_v）

先前已经提及，测量题目的因素载荷越高，表示题目能够反映潜在变量的能力越高，因素能够解释各观察变量的变异的程度越大。因而可以计算出一个平均变异萃取量（Average Variance Extracted；AVE 或 ρ_v），来反映一个潜在变量能被一组观察变量有效估计的聚敛程度指标（Fornell & Larker，1981）。公式如下：

$$AVE = \rho_v = \frac{\sum \lambda_i^2}{\sum \lambda_i^2 + \sum \Theta_{ii}} \quad (5.12)$$

其中，分母为各题的因素载荷平方加上误差变异，相加为 1。因此，分母即为题数 n：

$$\rho_v = \frac{\sum \lambda_i^2}{n} \quad (5.13)$$

换言之，ρ_v 指标就是各因素的各题因素载荷平方的平均值。如果配合前述的 $\lambda \geq 0.71$ 原则，那么 ρ_v 的判断标准即是 0.50（Anderson & Gerbing，1988；Hair et al.，2006）。当 ρ_v 大于 0.50，表示潜在变量的聚敛能力十分理想，具有良好的操作性定义（operationalization）。

从数学过程来看，ρ_v 的概念其实就是传统 EFA 当中的特征值（eigenvalue）。也就是说，当各观察变量提供了一个单位变异量时，各因素的解释变异量也就是潜在变量变异量占总变异的百分比。换言之，CFA 当中的每一个因素就是执行一次单因素的 EFA 的结果，ρ_v 即为该单一因素的特征值。因此，ρ_v 宜以概念本身来解释，而不宜解释成聚敛效度（Hair et al.，2006）。

四、因素区辨力

Hair 等人（2006）除了引用 ρ_v 作为聚敛能力的指标，也指出了 CFA 估计结果所得到的潜在变量必须具有区分效度（discriminant validity），即不同的构念之间必须能够有效分离。

在具体的 CFA 操作技术上，有三种方式可以用来检验潜在变量的区辨力。第一种是相关系数的区间估计法，如果两个潜在变量的相关系数的 95% 的置信区间涵盖了 1.00，表示构念缺乏区辨力。

第二种方法是竞争模型比较法，利用两个 CFA 模型来进行竞争比较。一个 CFA 模型是令两个构念之间相关的自由估计（效度模型），另一个 CFA 模型则是将相关设为 1.00（完全相关模型；此模型等同于单一因素模型），完全相关模型由于少一个有待估计的参数，自由度多 1，模型的拟合度也较低。如果效度模型没有显著地优于完全相关模型，即代表两个构念间缺乏区辨力（Anderson & Gerbing，1988；Bagozzi & Phillip，1982）。

第三种方法是平均变异萃取量比较法，比较两个潜在变量的 ρ_v 平均值是否大于两个潜在变量的相关系数平方（Fornell & Larker，1981）。

Hair 等人（2006）将这些测量模型的内在质量的各种要求加以整理后，认为在这些检测都符合的情况下，测量的构念效度即可获得确保。但是对此说法应审慎，因为理想的测量模型的内在拟合或许可以提供聚敛与区分效度的证据（Anderson & Gerbing，1988），但非构念效度的充分条件。

在心理计量领域，效度是一个建构的过程，而非可以由单一统计量数来充分支持（Messick，1989）。以上述程序来检验所获得的证据，或许可以作为测量模型的质量评估的部分证据与参考，但是要能作为测量工具反映构念效度的充分证据，还有一段距离。

更进一步地，测量工具的构念效度无法借由待测量表本身来证实。换言之，抽象特质是否能被正确地测量的计量证据必须超越研究者所关心的测量工具本身，以其他相近的测量工具来求得合理的关系，或以实验手段来证实测量分数的有效性（Meehl，1959；Anastasi & Urbina，1997）。

另一个值得注意的问题是，Hair 等人所谓的聚敛效度与传统的定义有所不同。Campbell 与 Fiske（1959）认为，聚敛效度是指以"不同方法"来测量相同特质的相关要高于所有的相关。此时，不同方法是指不同的量表或不同的测量方式（例如，自评与他评），而非一个分量表当中的不同题目（不同题目测量相同特质时的相关或因素载荷反映的是测量信度）。进一步地，区分效度的达成是不同方法或相同方法测量不同特质的相关高于不同方法测量相同特质的相关，此观点也无法单纯从单一量表的检验中获得。

因此，本节虽然引述了 Hair 等人（2006）诸多的策略与观点，说明了个别题目质量、ρ_c、ρ_v 和因素区辨力的做法，但是在此必须提醒读者在论及测量的"构念效度"时，应采取更审慎保守的态度。尤其应避免将 ρ_v 视为聚敛效度的唯一证据。

一般现行的 CFA 或 SEM 分析研究均把因素载荷与测量误差当作测量稳定性与一致性的指标，即信度的概念，而 ρ_c 与 ρ_v 也反映了潜在变量的整体稳定可靠性，这也是信度的概念。至于通过 CFA 方法获得的理想模型多以测量工具具有因素效度（factorial validity）相称（Byrne，1994；Bentler，1995），而因素效度仅是构念效度的一部分（Anastasi & Urbina，1997）。这就好像传统进行 EFA 时，我们所得到的因素结构只能作为量表因素效度的证据，至于构念效度，还需要以其他方式从待检工具以外的途径来举证（例如，平行测量的相关）。

第三节　LISREL 的验证性因素分析

基本上，CFA 可以视为 SEM 当中的测量模型检验。在一个 SEM 模型中，如果仅涉及测量模型的检验，而没有结构模型的概念，即是 CFA。在此种模型当中，SEM 所处理的仅是测量变量与潜在变量的关系。

CFA 虽然仅处理对测量变量与潜在变量的关系的检验，但是在实际研究中，它可以应用在两种情况下：第一是应用在开发测量工具时，用以评估测量工具的因素结构是否恰当；第二是探讨潜在变量之间的关系是否与特定的理论观点相符，称为理论概念的检验。下面，我们便以一个实际的范例来说明 CFA 应用于测量工具检验的分析技术。

一、验证性因素分析的操作步骤

CFA 的执行可以分成几个步骤。第一个步骤是发展假设模型。也就是针对测量的题目的潜在结构关系，基于特定的理论基础或是先期的假设，提出一个有待检验的因素结构模型。用 SEM 的术语来说，就是要建立一套假设的测量模型。

第二个步骤是进行模型的识别，也就是将研究者所欲检验的测量模型转换成符合 SEM 分析的模型，以便利用统计软件来进行分析。完成这一步骤时必须非常谨慎地计算模型的识别性，以避免 SEM 执行失败。除此之外，研究者必须熟习 SEM 分析软件的程序语言或操作方式，将所欲检验的模型写入 SEM 分析软件的指令系统中。

第三个步骤是执行 SEM 分析，进行参数估计与模型检验。其中最重要的一个工作是将研究数据整理成适合 SEM 分析的数据库类型。一般而言，使用原始数据虽然较为方便，但是由于原始数据库当中往往包含许多与因素分析无关的变量，以及许多遗漏值，因此，如果要使用原始数据库，应先清理数据库。比较简单的方法则是直接取用测量变量的相关或协方差矩阵。

第四个步骤是进行结果分析，也就是分析 SEM 分析的报表结果，检验各项数据的正确性。

第五个步骤是模型的修正，以获得较佳的数据与结果。

在 CFA 当中，模型修饰多从三个方向来进行。第一个方向是各题目与潜在变量（因素）之间的关系的确认。检测个别的题目是否如同假设般受到特定因素的影响，或者是否受到其他因素的影响，甚至是否受到多个因素共同的影响。第二个方向是从测量残差的修正着手进行模型修饰，也就是利用测量误差间的相关性来检查测量模型的拟合度。第三个方向是从因素间的相关情形检验整理测量模型的拟合度。

第六个步骤是完成 SEM 分析，并做出报告。此时，SEM 模型的分析已经完成，研究者必须从繁杂的统计报表中找出重要的参数数据，整理以得到最后的分析结论。

二、验证性因素分析的操作

（一）模型界定

本范例以组织创新气氛的测量为例，进行测量工具发展的 CFA 的操作示范。为了便于说明，本范例仅取用《组织创新气氛量表》（邱皓政，1999）的 18 题短题版本来进行操作示范。样本是 384 位来自中国台湾某企业的员工。量表题目与描述统计量如表 5.2 所示。

表5.2　组织创新气氛量表18题短版本的描述统计量

题目	平均数	标准差
1. 我们公司重视人力资产、鼓励创新思考。	4.42	0.98
2. 我们公司下情上达、意见交流沟通顺畅。	4.31	1.02
3. 我们公司能够提供诱因鼓励创新的构想。	4.07	0.97
4. 当我有需要，我可以不受干扰地独立工作。	4.02	1.16
5. 我的工作内容有我可以自由发挥与挥洒的空间。	4.25	1.16
6. 我可以自由地设定我的工作目标与进度。	4.24	1.09
7. 我的工作伙伴与团队成员具有良好的共识。	4.37	0.98
8. 我的工作伙伴与团队成员能够相互支持与协助。	4.34	1.03
9. 我的工作伙伴与团队成员能以沟通协调来化解问题与冲突。	4.31	1.05
10. 我的上司主管能够尊重与支持我在工作上的创意。	4.83	0.94
11. 我的上司主管拥有良好的沟通协调能力。	4.95	0.84
12. 我的上司主管能够信任下属、适当地授权。	4.83	0.91
13. 我的公司提供充分的进修机会、鼓励参与学习活动。	4.63	0.97
14. 人员的教育训练是我们公司的重要工作。	4.73	1.01
15. 我的公司重视信息收集与新知的获得与交流。	4.70	0.98
16. 我的工作空间气氛和谐良好，令人心情愉快。	4.23	1.17
17. 我有一个舒适自由、令我感到满意的工作空间。	4.63	1.09
18. 我的工作环境可以使我更有创意的灵感与启发。	4.49	0.94

《组织创新气氛量表》为利克特式六点量尺自陈量表，用以测量组织成员对于组织创新气氛的知觉。该量表题目的编写是根据研究者执行的前导研究所发现的影响组织创新气氛知觉的因素，包括"组织价值""工作方式""团队合作""领导风格""学习成长""环境气氛"等六个因素。研究者针对这些因素编写题目，发展出评定量表。

在本范例中，每一个因素仅取出3个题目作为代表，因此共有18个题目（代号A1～E3）。受测者在这些题目上的得分越高，代表所知觉到的组织气氛越有利于组织成员的创新表现。由于部分成员在部分题目上表示无法作答，所以实际应用于SEM分析的样本为完全作答的350位受测者。这个18题的评定量表基于研究者所提出的先期结构（六因素测量模型），6个因素与18个测量变量的关系可以利用图5.4的假设模型来表示。

对组织气氛的知觉是一个多维度的个人知觉现象，以18个测量变量来测量受测者的知觉强度,同时不同的知觉维度(6个因素)之间可能具有相关。根据这些条件,对模型界定情形说明如下,并以路径图标示各参数(见图5.4)。

1)模型中有18个测量变量($X_1 \sim X_{18}$ 被标签为 A1～E3)与6个潜在变量($\zeta_1 \sim \zeta_6$)。
2)模型中有18个测量残差($\delta_1 \sim \delta_{18}$),其变异量被自由估计。
3)为了使6个潜在变量(因素)的量尺得以确立,每一个因素的方差被设定为1.00。
4)每一个测量变量仅受单一潜在变量影响(单维假设),产生18个因素载荷参数($\lambda_1 \sim \lambda_{18}$)。
5)因素共变允许自由估计,产生15个相关系数参数($\phi_{21} \sim \phi_{65}$)。
6)测量残差被视为彼此独立的,没有共变。

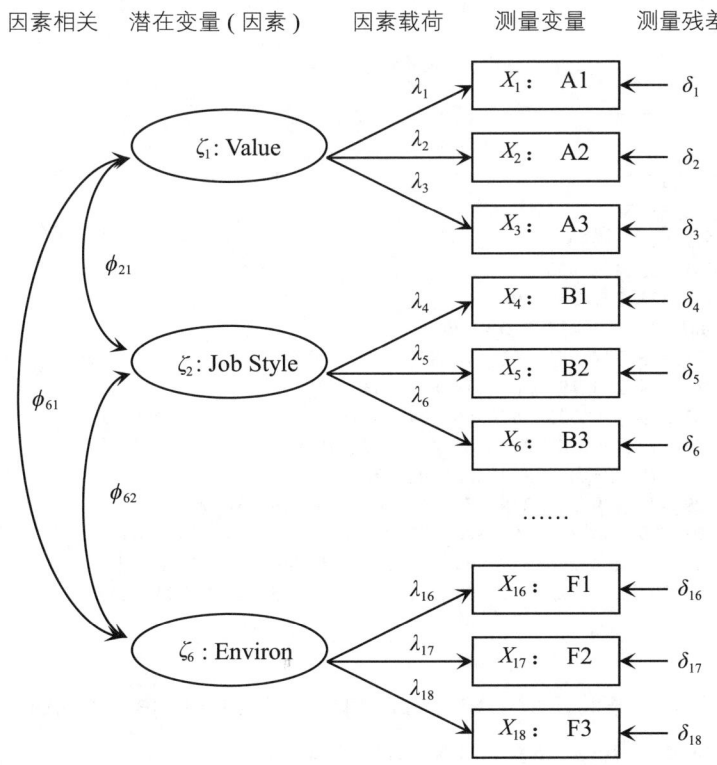

图 5.4　CFA 模型各参数路径图示

（二）LISREL 数据结构

为了便于说明，本范例的分析以协方差矩阵作为输入数据，并以外挂的方式将矩阵数据存放于 ch5a.cov 档案中。在执行 LISREL 分析时，仅需指明该数据档案，并将 LISREL 语法档案（*.LIS）与数据档案放置于同一个目录区，LISREL 即可顺利抓取该数据档案。值得注意的是，变量数目应符合 LISREL 语法中的变量数目。

Ch5a.cov 档案的内容为 18 个测量变量的方差与协方差矩阵，纵列与横行变量数目各为 18，为一个对称矩阵，但因对角线上方与下方的内容相同，因此对上方数据予以省略。对角线上的数字为变量自身的协方差，也就是方差，对角线下方的内容为两两变量的协方差。ch5a.cov 档案的内容如下：

```
.968
.574 1.047
.524 .397 .940
.269 .360 .300 1.343
.417 .474 .263 .762 1.337
.358 .381 .274 .679 .824 1.183
.197 .266 .158 .407 .485 .442 .953
.279 .296 .122 .411 .475 .399 .559 1.064
.352 .411 .291 .380 .470 .422 .438 .510 1.106
.306 .352 .160 .275 .375 .354 .245 .306 .318 .876
.220 .240 .119 .232 .279 .256 .195 .283 .288 .610 .703
.213 .269 .118 .227 .340 .319 .335 .367 .356 .504 .491 .831
.329 .315 .348 .387 .519 .460 .340 .282 .387 .420 .347 .378 .945
.344 .441 .327 .386 .471 .426 .410 .372 .400 .392 .323 .408 .736 1.016
.237 .400 .246 .329 .425 .409 .340 .349 .379 .363 .308 .335 .623 .734 .954
.346 .256 .332 .163 .339 .236 .340 .403 .380 .272 .281 .320 .306 .369 .323 1.364
.463 .365 .290 .134 .252 .282 .268 .319 .469 .197 .189 .210 .240 .324 .272 .551 1.196
.478 .381 .355 .216 .337 .279 .325 .291 .353 .169 .141 .191 .265 .320 .260 .473 .662 .885
```

测量变量的方差与协方差矩阵可以利用 LISREL 的 PRELIS 软件或其他统计软件制作，例如，SPSS、SAS 和 MINITAB 等。

（三）LISREL 语法

输入数据的准备工作完成后，即可以进行 LISREL 语法的编写，如表 5.3 所

表 5.3　验证性因素分析的 LISREL 语法范例（ch5a.LIS）

1	Title ch5a Confirmatory Factor Analysis using LISREL syntax
2	DATA　NI=18 NO=313 MA=CM
3	CM SY FI=ch5a.cov
4	LA; A1 A2 A3 B1 B2 B3 C1 C2 C3 D1 D2 D3 E1 E2 E3 F1 F2 F3
5	MODEL　NX=18 NK=6 LX=FU,FI TD=DI,FR
6	LK; VALUE JOBSTYLE TEAMWORK LEADERSHIP LEARNING ENVIRONMENT
7	FREE LX(1,1) LX(2,1) LX(3,1) LX(4,2) LX(5,2) LX(6,2) LX(7,3)
8	FR LX(8,3) LX(9,3) LX(10,4) LX(11,4) LX(12,4) LX(13,5) LX(14,5)
9	FR LX(15,5) LX(16,6) LX(17,6) LX(18,6)
10	FI　PH(1,1) PH(2,2) PH(3,3) PH(4,4) PH(5,5) PH(6,6)
11	VA 1 PH(1,1) PH(2,2) PH(3,3) PH(4,4) PH(5,5) PH(6,6)
12	PD
13	OUTPUT　SE TV RS MR FS SS SC MI

注：表中左侧的数字仅为本书标示行数之用，在 LISREL 语法中无该列数字。

示。表 5.3 中的 LISREL 语法共有 13 个主要的指令。第 1 行主指令是整个语法的标题，以 TITLE 指令为行首。第 2～4 行指令的功能为数据设定，其中第 2 行指令为 DATA，告知变量的数目为 18（NI=18）与样本量为 350（NO=350），MA=CM 表示本范例的数据为协方差矩阵。第 3 行指令为对数据内容的说明，以 CM 为首，表示协方差矩阵，SY 代表对称矩阵，档案位置以 FI 指令说明。

第 4 行指令则为这 18 个输入变量的标签，分别为 A1～F3，以说明这 18 个测量变量的内容，使用者可以根据自己的偏好输入适当的标签（中文标签亦可）。如果没有这行指令，LISREL 将自动生成 V1～V18 作为测量变量的标签。

第 5～11 行指令为模型界定指令。第 5 行指令（MODEL 指令）设定模型当中的外源测量变量数为 18（NX=18），因素个数（外源潜在变量数目）为 6（NK=6）。测量变量被各因素解释的误差项协方差矩阵为对角矩阵且被自由估计（TD=DI,FR），即矩阵中只有对角线上的数据（也就是误差变异量）将被自由估计。测量变量被潜在变量解释的参数矩阵（因素载荷）为完全矩阵且被固定（LX=FU,FI）。因为大部分的因素载荷在本范例当中是假设不存在的，所以设定为 0，而将被估计的因素载荷将在下面的 FR 指令中设定。

第 6 行主指令 LK 用于给外源潜在变量加标签，6 个因素分别被标签为：VALUE、JOBSTYLE、TEAMWORK、LEADERSHIP、LEARNING 和 ENVIRONMENT。

第 7～11 行指令为详细说明个别参数的状况。第 7 行指令 FREE（可简写为 FR）说明被估计参数为第一个测量变量（A1）与第一个因素（VALUE）的因素载荷 LX(1,1)，第二个测量变量（A2）与第一个因素（VALUE）的因素载荷 LX(2,1)，第三个测量变量（A3）与第一个因素的因素载荷 LX(3,1)，依此类推，直到第 18 个测量变量（F3）与第 6 个因素的因素载荷 LX(18,6) 被自由估计。

第 10 行指令则说明各因素当中，设定为 1 作为定位的参数，分别为各外源潜在变量的方差 PH(1,1) 至 PH(6,6)；第 11 行指令以 VALUE 指令为首（可简写为 VA），指出先前固定的参数数值为 1，分别为第一个潜在变量（VALUE）的方差 PH(1,1)、第二因素（JOBSTYLE）的方差 PH(2,2)，依此类推直到第 6 个因素方差 PH(6,6) 被设定为 1。

第 12～13 行指令为输出指令，第 12 行指令要求列出路径图（Path Diagram）；第 13 行指令 OUTOUT（可简写为 OU）为指定输出标准误（SE）、t 检验值（TV）、列出残差、正态化残差与 Q 图（RS）、列出因素分数回归值（FS）、标准化参数估计解（SS）与参数估计解完全标准化（SC）、修饰指数（MI）。如果用户不想写这么多输出指令，可以简单地以 OUTPUT 或 OU 来要求列出 LISREL 默认的报表。

（四）SIMPLIS 语法

LISREL 的分析除了可以利用 LISREL 语法（*.LIS）以外，也可以利用比较简单的 SIMPLIS 语法（*.SPL）来撰写控制指令，其他程序则完全与 LISREL 语法相同。前述的 ex5a.LIS 改写成 SIMPLIS 语法后，档案名为 ch5a.SPL，内容如表 5.4 所示。

表 5.4 的 SIMPLIS 语法，共有 16 行指令。第 1 行指令仍为整个语法的标题，不需以任何文字作为起始。第 2～5 行指令为数据定义，第 2 行指令以 observed variables 起始，功能为指定观察变量名称，本例观察变量为 A1～F3 等 18 个变量，各变量可以逐一撰写，也可以"-"连接有一致次序变动的相似变量，例如 D1-D3 E1-E3（但不可写为 D1-E3，因为英文字母变了）。第 3 行指令以 covariance matrix 起始，功能是说明数据输入的形态以及数据所在的位置。第 4 行指令以 sample size 起始，说明样本量为 313。第 5 行指令以 latent variables 为起始，说明潜在变量的名称。

表 5.4　验证性因素分析的 SIMPLIS 语法范例（ch5a.SPL）

1	ch5a Confirmatory Factor Analysis using SIMPLIS syntax
2	Observed Variables: A1 A2 A3 B1 B2 B3 C1-C3 D1-D3 E1-E3 F1-F3
3	Covariance Matrix from File ch5a.cov
4	Sample Size = 313
5	Latent Variables　VALUE JOBSTYLE TEAMWORK LEADERSH LEARNING ENVIRONM
6	Relationships
7	A1-A3 = VALUE
8	B1-B3 = JOBSTYLE
9	C1-C3 = TEAMWORK
10	D1-D3 = LEADERSH
11	E1-E3 = LEARNING
12	F1-F3 = ENVIRONM
13	Set the Variance of VALUE-ENVIRONM to 1
14	Path Diagram
15	LISREL Output ALL
16	End of Problem

第 6～13 行指令则为模型界定，说明本范例的检测模型，第 6 行指令以 relationship 为起始，说明观察变量与潜在变量的关系。其中第 1～3 行观察变量（A1-A3）用来定义第一个潜在变量（因素）（VALUE），第 4～6 行观察变量（B1-B3）用来定义第二个潜在变量（JOBSTYLE），依此类推，直到第 12 行完成 6 个潜在变量的定义。

值得注意的是，第 7～12 行有多种写法，例如，可以每一观察变量一题，以 18 行来分别定义 18 个观察变量，例如，第 7 行为 A1=VALUE，第 8 行为 A2=VALUE，第 9 行为 A3=VALUE。这样的写法有一个好处，可以让每一个观察变量有进行其他设定的可能（例如，如果我们要指定第一题的因素载荷为 1.0，只要将第 7 行改为：A1=1*VALUE 即可）。另一种简要写法是把三个用来定义同一个潜在变量的观察变量写在一起，例如：A1 A2 A3=VALUE，结果都会一样。

第 13 行指令说明模型中被设定为 1 作为定位的参数，本例子把各潜在变量的方差设为 1，因此语法为 set the variance of VALUE to 1，由于潜在变量有 6 个，因此以 VALUE-ENVIRONM 来一并处理其他 5 个，变量名称中间以 "-" 作为连接。值得注意的是，在 SIMPLIS 语法中，这一指令可以省略，因为 SIMPLIS 预设各因素方差为 1。

第 14~15 行指令为输出指令，第 14 个指令要求列出路径图（Path Diagram）；第 15 行指令为指定输出形态为传统 LISREL 报表，其中包含标准误（SE）；t 检验值（TV）；列出残差、正态化残差与 Q 图（RS）；列出因素分数回归值（FS）；标准化参数估计解（SS）与参数估计解完全标准化（SC）、修饰指数（MI）。值得注意的是，此行如果不写，则会输出简式的 SIMPLIS 报表。

第 16 行指令为结束指令，有时亦可写成 end of problem。表示 SIMPLIS 的分析工作结束。

在 SIMPLIS 语法中，变量名称的大小写必须前后维持一致，其他各指令的大小写则无限制。此外，SIMPLIS 指令可以按近似于英文句型的方式撰写。例如，样本量 Sample size=313 可以写为 Sample size is 313 或 Sample size equal to 313，都可以被计算机识别。

（五）结果报告与说明

报表的首页为系统信息与版权页，紧接着列出使用者所要处理的 LISREL 指令语法。版权页与语法内容之间有一行说明，指出 LISRE 语法档案名与路径（from file ch5a.LIS）（见注 1）。

```
                    DATE:  4/ 1/2018
                    TIME:   8:56

              L I S R E L  9.30 (64 Bit)

                          BY

            Karl G. J"reskog & Dag S"rbom

         This program is published exclusively by
            Scientific Software International, Inc.
                  http://www.ssicentral.com

      Copyright by Scientific Software International, Inc.,
      Use of this program is subject to the terms specifi
                Universal Copyright Convention.

      The following lines were read from file C:\SEM\Ch05\LISREL\ch5a.LIS:
```

注 1：LISREL 指令档案名与存放的位置。

```
Title Ch5a Confirmatory Factor Analysis using LISREL syntax
DATA   NI=18 NO=313 MA=CM
CM SY FI=ch5a.cov
LA; A1 A2 A3 B1 B2 B3 C1 C2 C3 D1 D2 D3 E1 E2 E3 F1 F2 F3
MODEL   NX=18 NK=6 LX=FU,FI TD=DI,FR
LK; VALUE JOBSTYLE TEAMWORK LEADERSHIP LEARNING ENVIRONMENT
FREE   LX(2,1) LX(3,1) LX(5,2) LX(6,2) LX(8,3) LX(9,3)
FR   LX(11,4) LX(12,4) LX(14,5) LX(15,5) LX(17,6) LX(18,6)
FR   LX(1,1) LX(4,2) LX(7,3) LX(10,4) LX(13,5) LX(16,6)
FI   PH(1,1) PH(2,2) PH(3,3) PH(4,4) PH(5,5) PH(6,6)
VA 1 PH(1,1) PH(2,2) PH(3,3) PH(4,4) PH(5,5) PH(6,6)
PD
OUTPUT   SE TV RS MR FS SS SC MI

ch5a Confirmatory Factor Analysis for Scale development

              Number of Input Variables  18
              Number of Y - Variables     0
              Number of X - Variables    18
              Number of ETA - Variables   0
              Number of KSI - Variables   6
              Number of Observations    313
```

分析结果以使用者输入的标题作为开端，首先介绍模型当中各种变量的数目。测量变量共计18个，外源测量变量（X）数目18，外源潜在变量（KSI）数目为6，样本量为313，其余为0。紧接着的是LISREL所读入的方差/协方差矩阵数据，内容如下：

```
Covariance Matrix

           A1        A2        A3        B1        B2        B3
        --------  --------  --------  --------  --------  --------
   A1    0.968
   A2    0.574     1.047
   A3    0.524     0.397     0.940
   B1    0.269     0.360     0.300     1.343
   B2    0.417     0.474     0.263     0.762     1.337
   B3    0.358     0.381     0.274     0.679     0.824     1.183
   C1    0.197     0.266     0.158     0.407     0.485     0.442
   （略）
```

1. 参数估计结果

接下来，LISREL将以矩阵形态列出所有参数的估计状况，包括被自由估计以及被固定为0或1的参数，依次为 *LAMBDA-X*（因素载荷）、*PHI*（因素方差与协方差）、*THETA-DELTA*（测量误差方差）。其中，自由估计参数依次编号为1～51，表示51个估计参数。

Parameter Specifications

LAMBDA-X

	VALUE	JOBSTYLE	TEAMWORK	LEADERSH	LEARNING	ENVIRONM
A1	1	0	0	0	0	0
A2	2	0	0	0	0	0
A3	3	0	0	0	0	0
B1	0	4	0	0	0	0
B2	0	5	0	0	0	0
B3	0	6	0	0	0	0
C1	0	0	7	0	0	0
C2	0	0	8	0	0	0
C3	0	0	9	0	0	0
D1	0	0	0	10	0	0
D2	0	0	0	11	0	0
D3	0	0	0	12	0	0
E1	0	0	0	0	13	0
E2	0	0	0	0	14	0
E3	0	0	0	0	15	0
F1	0	0	0	0	0	16
F2	0	0	0	0	0	17
F3	0	0	0	0	0	18

PHI

	VALUE	JOBSTYLE	TEAMWORK	LEADERSH	LEARNING	ENVIRONM
VALUE	0					
JOBSTYLE	19	0				
TEAMWORK	20	21	0			
LEADERSH	22	23	24	0		
LEARNING	25	26	27	28	0	
ENVIRONM	29	30	31	32	33	0

THETA-DELTA

A1	A2	A3	B1	B2	B3
34	35	36	37	38	39

THETA-DELTA

C1	C2	C3	D1	D2	D3
40	41	42	43	44	45

THETA-DELTA

E1	E2	E3	F1	F2	F3
46	47	48	49	50	51

接续前述的参数估计状况，则是各参数估计的结果与统计显著性检验，依次为 **LAMBDA-X**、**PHI**、**THETA-DELTA** 的数据。由报表可知，本范例中，LISREL 采用 ML 法（最大概似法），总计进行了 8 次迭代而完成了所有的参数估计。

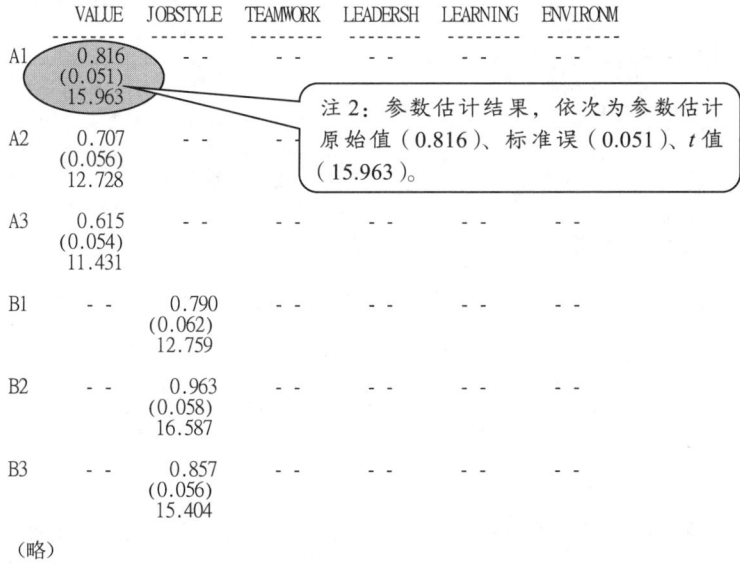

各参数估计结果提供了原始估计量（非标准化数值）、标准误与统计显著性等三种资料。其中显著性检验是以 t 检验来进行的，t 值越大表示强度越强。在样本量为 313 的情况下，t 值的绝对值若超过 1.96 即可视为显著。

以 A_1 变量为例，它所对应的因素为第一个因素 VALUE，因此该数值应为因素载荷，其值为 0.816，标准误为 0.051，t 值为 15.963（t 值为原始值除以标准误）。因为 t 值远大于 1.96，所以达到显著水平，表示该参数具有统计上的意义（见注 2）。

PHI 参数的估计结果亦以矩阵形式表示，各潜在变量的方差被设定为 1，因此在对角线出现数据为 1（见注 3）。下三角区域的系数可以被视为标准化参数，各协方差的数值也就成了相关系数。

由资料可知，VALUE 与 JOBSTYLE 的相关系数为 0.542，t 值为 9.978，达显著水平（见注 4）。其他各系数 t 值均达显著水平，表示这些标准化协方差（相关系数）的估计均具有统计的意义。

```
PHI

              VALUE      JOBSTYLE   TEAMWORK   LEADERSH   LEARNING   ENVIRONM
              --------   --------   --------   --------   --------   --------
VALUE          1.000

JOBSTYLE       0.542      1.000
              (0.054)
               9.978

TEAMWORK       0.494      0.697      1.000
              (0.061)    (0.047)
               8.100     14.891

LEADERSH       0.417      0.448      0.522      1.000
              (0.058)    (0.055)    (0.055)
               7.172      8.130      9.484

LEARNING       0.526      0.574      0.603      0.557      1.000
              (0.052)    (0.048)    (0.050)    (0.046)
              10.072     12.087     12.128     12.057

ENVIRONM       0.696      0.391      0.600      0.316      0.443      1.000
              (0.046)    (0.061)    (0.054)    (0.062)    (0.056)
              15.155      6.401     11.021      5.140      7.946
```

注3：各因素方差被设定为1。反映在对角线。

注4：因素间共变量估计值的显著性检验，共变量为0.542、标准误为0.054、t值为9.978，达显著水平。

在 ***THETA-DELTA*** 矩阵结果报表中列出了各测量变量的误差变异量估计数与统计检验值。由下列的报表可知，18个测量变量的测量误差分别为0.302、0.547、0.562、……、0.265，以 t 检验进行检验均达显著水平，表示这些误差变异量均是有意义的估计量。

```
THETA-DELTA

         A1         A2         A3         B1         B2         B3
      --------   --------   --------   --------   --------   --------
        0.302      0.547      0.562      0.718      0.410      0.449
       (0.046)    (0.055)    (0.053)    (0.068)    (0.057)    (0.052)
        6.510      9.982     10.698     10.523      7.211      8.601

THETA-DELTA

         C1         C2         C3         D1         D2         D3
      --------   --------   --------   --------   --------   --------
        0.463      0.520      0.620      0.217      0.152      0.401
       (0.050)    (0.056)    (0.061)    (0.031)    (0.024)    (0.037)
        9.305      9.349     10.172      7.042      6.221     10.800

THETA-DELTA

         E1         E2         E3         F1         F2         F3
      --------   --------   --------   --------   --------   --------
        0.293      0.182      0.327      0.952      0.509      0.265
       (0.032)    (0.030)    (0.034)    (0.083)    (0.058)    (0.042)
        9.242      6.104      9.741     11.402      8.705      6.263
```

由于先前在模型界定时，各潜在变量（各因素）的方差被设定为1以作为定位值，因此，此地的误差变异量也可以说对应于潜在因素的变异量设定为1的标准化估计值。因此，误差变异量数值越大，表示测量残差越大，该变量被潜在变量解释的程度越低；数值愈小，表示测量残差越小，该变量被潜在变量解释的程度越高，在该因素中是重要的变量。

最后，完成各项参数估计之后，LISREL即列出了各测量变量与潜在变量的多元相关平方（squared multiple correlations for X variables），这一数值反映了测量变量能够被潜在变量解释的百分比，类似回归分析中的 R^2。这些数值也反映了测量变量的信度。

```
Squared Multiple Correlations for X - Variables
       A1        A2        A3        B1        B2        B3
    --------  --------  --------  --------  --------  --------
      0.688     0.478     0.402     0.465     0.694     0.621
Squared Multiple Correlations for X - Variables
       C1        C2        C3        D1        D2        D3
    --------  --------  --------  --------  --------  --------
      0.514     0.511     0.439     0.752     0.784     0.518
Squared Multiple Correlations for X - Variables
       E1        E2        E3        F1        F2        F3
    --------  --------  --------  --------  --------  --------
      0.690     0.821     0.658     0.302     0.575     0.701
```

以 A_1 为例，有69%的变异量能够被潜在变量解释，31%的变异量为误差变异。在各测量变量当中，F_1 变量被解释的比率最低（30%），表示该测量变量与潜在因素的关系较微弱。在前面的残差估计中，F_1 变量的误差变异量也是最高的。根据这一原理，我们可以诊断特定的测量变量与因素的关联强度。

2. 模型拟合度分析

前面的分析数据为参数估计的结果，可以用来诊断个别参数的统计意义。而这些参数估计的整体效应反映了这一模型的统计意义，可以通过各项模型拟合指数来评估，数据如下：

```
                                        Log-likelihood Values

                              Estimated Model            Saturated Model
                              ---------------            ---------------
       Number of free parameters(t)    51                      171
       -2ln(L)                      3168.281                 2925.983
       AIC (Akaike, 1974)*          3270.281                 3267.983
       BIC (Schwarz, 1978)*         3461.337                 3908.584

       *LISREL uses AIC= 2t - 2ln(L) and BIC = tln(N)- 2ln(L)


                                    Goodness-of-Fit Statistics

       Degrees of Freedom for (C1)-(C2)               120
       Maximum Likelihood Ratio Chi-Square (C1)       242.298 (P = 0.0000)
       Browne's (1984) ADF Chi-Square (C2_NT)         230.062 (P = 0.0000)

       Estimated Non-centrality Parameter (NCP)       122.298
       90 Percent Confidence Interval for NCP         (81.721 ; 170.655)

       Minimum Fit Function Value                     0.774
       Population Discrepancy Function Value (F0)     0.391
       90 Percent Confidence Interval for F0          (0.261 ; 0.545)
       Root Mean Square Error of Approximation (RMSEA) 0.0571
       90 Percent Confidence Interval for RMSEA       (0.0466 ; 0.0674)
       P-Value for Test of Close Fit (RMSEA < 0.05)   0.128

       Expected Cross-Validation Index (ECVI)         1.100
       90 Percent Confidence Interval for ECVI        (0.970 ; 1.254)
       ECVI for Saturated Model                       1.093
       ECVI for Independence Model                    9.196

       Chi-Square for Independence Model (153 df)     2842.325

       Normed Fit Index (NFI)                         0.915
       Non-Normed Fit Index (NNFI)                    0.942
       Parsimony Normed Fit Index (PNFI)              0.717
       Comparative Fit Index (CFI)                    0.955
       Incremental Fit Index (IFI)                    0.955
       Relative Fit Index (RFI)                       0.891

       Critical N (CN)                                205.676

       Root Mean Square Residual (RMR)                0.0536
       Standardized RMR                               0.0518
       Goodness of Fit Index (GFI)                    0.924
       Adjusted Goodness of Fit Index (AGFI)          0.892
       Parsimony Goodness of Fit Index (PGFI)         0.649
```

  LISREL 提供了多种模型拟合指数，用以判断假设模型与实际观察值之间的拟合情形。首先，报表中列出了整体模型的自由度 [Degrees of Freedom for(C_1)-(C_2)] 与卡方统计量 [Maximum Likelihood Ratio Chi-Square (C_1)]，其中的 C_1 表示饱和模型（satuated model），C_2 表示估计模型（estimated model）。其中自由度为 120，卡方值为 242.298，p 值为 0.0000，表示假设模型与观察值之间有显著的差异。

  自由度的计算为模型的整体估计点数减去参数估计数，以本范例而言，18 个测量变量共可以产生（18×19）/2=171 个测量点数，也就是 153 对协方差与 18

个方差。而假设模型共针对 51 个参数进行了估计，因此剩下 120 个自由度。

卡方值有两种数值，第一种为最大似然卡方值（maximum likelihood ratio Chi-square），这一数值也就是用于计算其他各模型拟合度估计法的原始卡方值。LISREL 另外提供了 Browne's ADF 卡方值（230.062），以及非中心性参数估计值（NCP=122.298），这两项数据均为其他模型拟合指数计算的基础值。如果不显著，卡方值越小越好，越代表测量模型与观察值相拟合。

在各种替代性指数当中，最常用的指数为平均概似平方误根系数（$RMSEA$），$RMSEA$ 系数不受样本量大小与模型复杂度影响，当模型趋近完美拟合时，$RMSEA$ 指数接近 0。本范例中的 $RMSEA$ 指数为 0.0571，90% 的置信区间为 (0.0466,0.0674)，涵盖了惯用的 $RMSEA$<0.06 的标准，显示模型拟合度佳。

在其他的各参数当中，NFI、$NNFI$、CFI 都是常用的指数。$NNFI$ 指数改善了 NFI 受到小样本与高自由度影响的问题，CFI 指数反映了理论模型与无任何共变关系的虚无模型（独立模型）差异程度的量数。一般而言，NFI、$NNFI$ 与 CFI 等指数需大于 0.90 才可以视为具有理想的拟合度（Hu & Bentler, 1999），本范例中的 NFI（0.915）、$NNFI$（0.942）、CFI（0.955）均超过 0.95 的惯用值，表示模型拟合度理想。

3. 残差分析

除了检验模型拟合度之外，衡量假设模型的计量特性，可以通过各测量变量所产生的测量残差来检验。在 LISREL 报表中，残差分析紧接在模型拟合指数之后。残差分析的资料先以拟合的协方差矩阵（fitted covariance matrix）列出各测量变量的方差与协方差，也就是由 LISREL 估计出来的方差与协方差。这些数据是模型的导出数，与实际观察值之间的差距即称为残差。拟合协方差矩阵如下：

```
Fitted Covariance Matrix

            A1        A2        A3        B1        B2        B3
         --------  --------  --------  --------  --------  --------
   A1      0.968
   A2      0.578     1.047
   A3      0.502     0.435     0.940
   B1      0.349     0.303     0.263     1.343
   B2      0.426     0.369     0.321     0.761     1.337
   B3      0.379     0.328     0.285     0.677     0.825     1.183
   C1      0.282     0.245     0.213     0.386     0.470     0.418
         （略）
```

若取上面的数据去比较原始数据（也就是作为我们数据库的输入矩阵），我们可以看到两者之间有一定的落差，列在拟合残差（fitted residuals）当中：

```
Fitted Residuals

              A1         A2         A3         B1         B2         B3
           --------   --------   --------   --------   --------   --------
    A1       0.000
    A2      -0.004      0.000
    A3       0.022     -0.038      0.000
    B1      -0.080      0.057      0.037      0.000
    B2      -0.009      0.105     -0.058      0.001      0.000
    B3      -0.021      0.053     -0.011      0.002     -0.001      0.000
    C1      -0.085      0.021     -0.055      0.021      0.015      0.024
```
（略）

以 A_1 与 A_3 的协方差为例，实际观察值为 0.524（参考 Covariance Matrix 中的数据），估计值为 0.502，残差为 0.022。

接着，LISREL 提供了一个摘要表，统整了所有 171 个观察数据点与汇出值之间的残差量，列于 Summary Statistics for Fitted Residuals 表中，同时也利用茎叶图（stemleaf plot）（见注 5）绘制出了残差值的分布情形。

由摘要数据可知，最小残差为 –0.122，最大残差为 0.187，残差的中位数为 0.000。这些资料为残差的原始估计量。

```
Summary Statistics for Fitted Residuals

 Smallest Fitted Residual =   -0.122
   Median Fitted Residual =    0.000
  Largest Fitted Residual =    0.187

Stemleaf Plot

 -12|2
 -10|132
 - 8|500
 - 6|761400
 - 4|877552008884311
 - 2|85443321199874110
 - 0|19988777663221009877665444331110000000000000000000
   0|1112244555689135556889
   2|1011112344458012788
   4|13366735778
   6|1371124669
   8|37578
  10|1567923479
  12|120
  14|
  16|7
  18|7
```

注 5：茎叶图的茎为小数第一位与第二位数，叶为小数第三位数，因此，在图例上最小的负残差为 –0.122。

```
Standardized Residuals

             A1         A2         A3         B1         B2         B3
          --------   --------   --------   --------   --------   --------
A1          - -
A2        -0.060      0.000
A3         0.373     -0.646      0.000
B1        -1.194      0.852      0.593      0.000
B2        -0.133      1.499     -0.875      0.009      0.000
B3        -0.445      0.987     -0.195      0.023     -0.015      0.000
C1        -1.643      0.366     -1.016      0.361      0.245      0.385
（略）
```

若考虑各变量的分散性，以及残差的集中性与分散性，将各残差除以 Z 分数形态进行标准化，可以得到标准化残差，最小的标准化残差为-2.279，最大的标准化残差为 3.082，标准化残差的中位数为 0.000。依据正态分布原理，当标准化残差数据大于 1.96 时，显示该残差达到了 0.05 的统计显著水平。

```
Summary Statistics for Standardized Residuals

 Smallest Standardized Residual =   -2.279
   Median Standardized Residual =    0.000
  Largest Standardized Residual =    3.082

Stemleaf Plot

 - 2|3
 - 1|98776
 - 1|14333221100000
 - 0|9999888887766665555555
 - 0|444444433333332222222211111111110000000000000000000000000
   0|1111111122223333333344444444
   0|155666666777889999
   1|0000111222444
   1|15556666778899
   2|1111344
   2|7
   3|1
Largest Positive Standardized Residuals
Residual for      C3 and     A2    2.739
Residual for      F1 and     D3    3.082
```

不论是非标准化残差还是标准化残差，都可以看到有部分的残差值偏高，显示部分测量题目在假设模型的架构之下，所导出的协方差与观察值不符合，表示某特定测量题目的适切性可能有待进一步的检验。这些有待检验的测量变量可以用目测的方式从报表中找出，也可以利用 LISREL 报表的其他功能来检查。例如，最大的正标准化残差 3.082 出现在 D_3 与 F_1 变量的协方差。

此外，LISREL 甚至列出了残差散点图（Qplot of Standardized Residuals），列

出标准化残差与正态化残差偏离图，可以协助我们了解残差分布的状况。分布图中的对角线为当残差呈现正态分布时的趋势，如果实际观测到的残差过多，则会在散点分布上偏离对角线，偏离越多表示残差越非呈现正态分布。

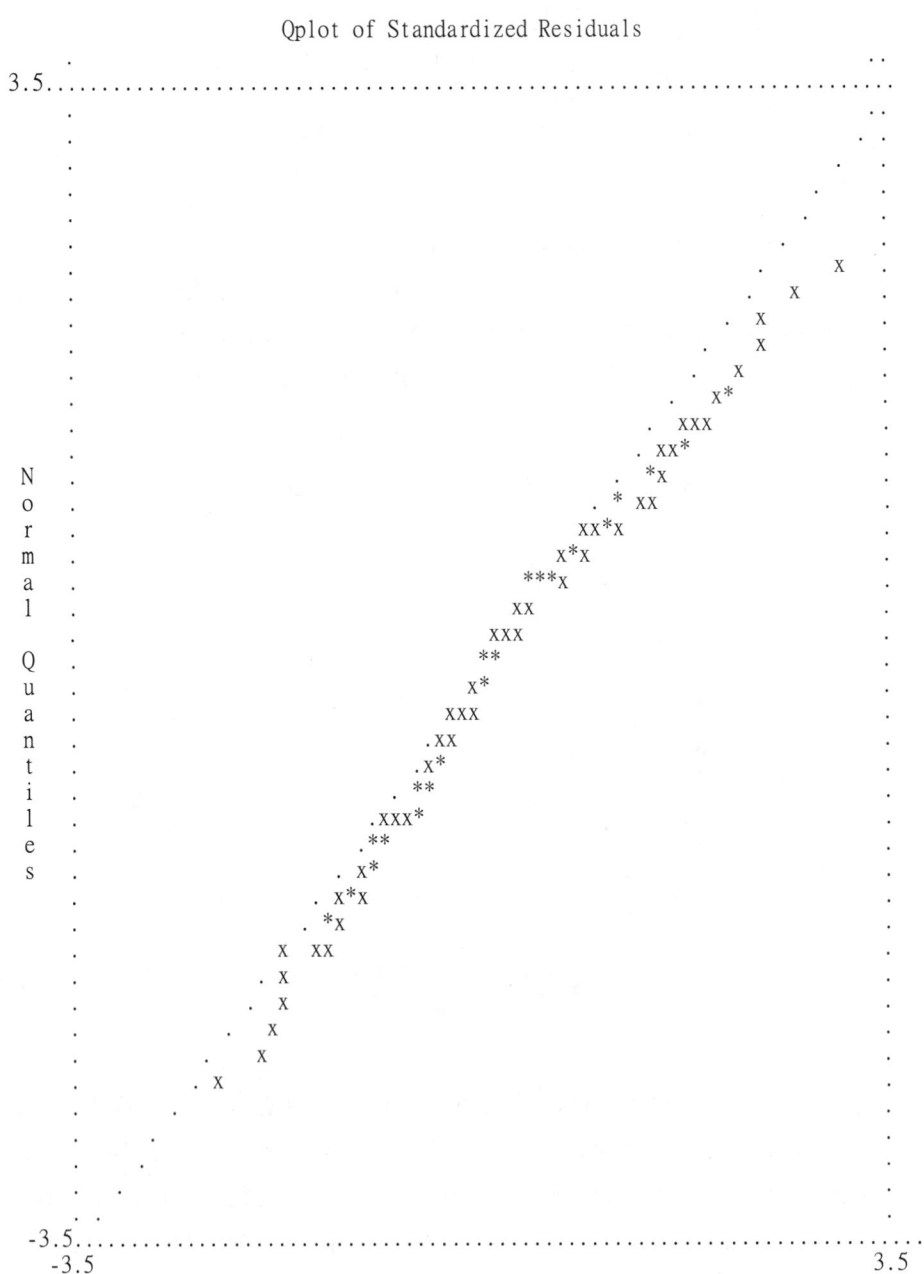

（六）模型修饰指数的检查

利用残差的表列与散点图，虽然可以看到残差分布的情形，但是无法看出测量变量与所对应的潜在变量的关系，以及测量变量的两两共变对于模型拟合度估计的影响。尤其是那些没有被估计的参数，可能具有统计的意义，可以加入假设模型之中。因此，LISREL 针对非相对应的各测量变量与潜在变量的关系，计算出这些残差如果进行调整之后，对于模型改善的贡献等统计量，列于下列的 *MI* 指数中。

MI 指数可以作为下一个步骤——模型修饰——的具体根据。在 LISREL 分析中，当 *MI* 指数高于 5 时，表示该残差具有修正的必要。例如，在 C_3 变量与 VALUE 因素之间，*MI* 指数达 14.815，显示 C_3 与该因素之间，可能具有关联，建议纳入估计（见注 6）。也就是说，C_3 变量除了被 TEAMWORK 因素影响之外，还可能受到 VALUE 因素的影响。C_3 变量与 VALUE 因素之间的 *MI* 值是 14.815，若增加该因素载荷，卡方值约可降低 14.815，是一个很显著的改变。

> 注 6：*MI* 值大于 5 时，表示该变量的存在具有统计意义的关联性，建议加入模型中。

Modification Indices and Expected Change

Modification Indices for LAMBDA-X

	VALUE	JOBSTYLE	TEAMWORK	LEADERSH	LEARNING	ENVIRONM
A1	- -	4.685	3.295	0.511	14.067	0.794
A2	- -	9.708	9.832	7.182	10.420	0.639
A3	- -	0.588	1.552	4.304	1.094	0.030
B1	1.059	- -	0.077	0.426	0.340	2.384
B2	0.438	- -	0.021	0.003	0.000	0.659
B3	0.032	- -	0.009	0.367	0.251	0.197
C1	5.219	0.562	- -	3.985	0.192	1.740
C2	1.752	1.369	- -	0.335	3.268	2.183
C3	14.815	0.196	- -	2.315	2.112	8.963
D1	3.802	1.793	0.489	- -	0.244	0.070
D2	5.858	8.643	7.011	- -	7.752	1.639
D3	0.485	4.849	19.844	- -	8.996	4.646
E1	0.676	6.883	0.000	5.458	- -	0.672
E2	0.172	4.665	0.244	4.360	- -	0.932
E3	1.798	0.059	0.303	0.000	- -	0.078
F1	0.001	1.902	9.588	11.654	6.371	- -
F2	3.730	3.330	0.946	0.047	1.222	- -
F3	3.539	0.704	1.357	3.891	0.366	- -

除了利用 *MI* 指数作为进行模型修饰的具体根据，LISREL 分析还提供了因素载荷预期改变（Expected Change for LAMBDA-*X*）、标准化因素载荷预期改变（Standardized Expected Change for LAMBDA-*X*）、完全标准化因素载荷预期改

变（Completely Standardized Expected Change for LAMBDA-X），来衡量每一个变量与因素关系改变的影响结果。由于本范例将因素方差设为 1.00，因此所获得的因素载荷其实就是标准化的数值，所以标准化因素载荷预期改变与原始因素载荷预期改变的数值相同，但是完全标准化（调整各观察变量的方差后的标准化估计值）则有所差异。

Expected Change for LAMBDA-X

	VALUE	JOBSTYLE	TEAMWORK	LEADERSH	LEARNING	ENVIRONM
A1	- -	-0.157	-0.138	-0.043	-0.258	0.091
A2	- -	0.218	0.227	0.160	0.215	-0.076
A3	- -	-0.051	-0.086	-0.119	0.066	-0.015
B1	-0.078	- -	-0.028	-0.043	-0.044	-0.103
B2	0.050	- -	0.016	-0.004	0.000	0.053
B3	0.013	- -	0.009	0.037	0.035	0.027
C1	-0.162	0.071	- -	-0.133	0.033	-0.100
C2	-0.099	-0.117	- -	0.041	-0.144	-0.119
C3	0.290	0.044	- -	0.108	0.116	0.243
D1	-0.087	0.061	-0.036	- -	0.025	-0.011
D2	-0.097	-0.121	-0.122	- -	-0.126	-0.047
D3	0.034	0.108	0.242	- -	0.157	0.099
E1	0.041	0.138	0.001	0.116	- -	-0.038
E2	0.021	-0.117	-0.029	-0.105	- -	0.045
E3	-0.069	-0.013	0.032	-0.001	- -	-0.013
F1	0.003	0.100	0.281	0.228	0.182	- -
F2	-0.207	-0.118	-0.080	-0.012	-0.071	- -
F3	0.189	0.049	-0.088	-0.103	-0.035	- -

由上列数据可知，C_3 与 VALUE 因素之间的关系如果纳入模型当中，会改变因素载荷估计数达 0.290，是变动最大的一个参数。有些参数的改变是减低数值，因此数据的符号是负值。例如，F_2 与 Value 的载荷数值（-0.207）。

值得注意的是，这些数据是单变量的统计估计值，也就是说，每一个参数的增减的贡献是不考虑其他参数增减的影响的。由此可见，一旦增减某一个参数，对其他参数的影响可能产生变动，因此必须重新加以估计。在 LISREL 软件中，修饰指数可以利用路径图来表示（如图 5.5 所示），使得对模型修饰的判断更加便利。

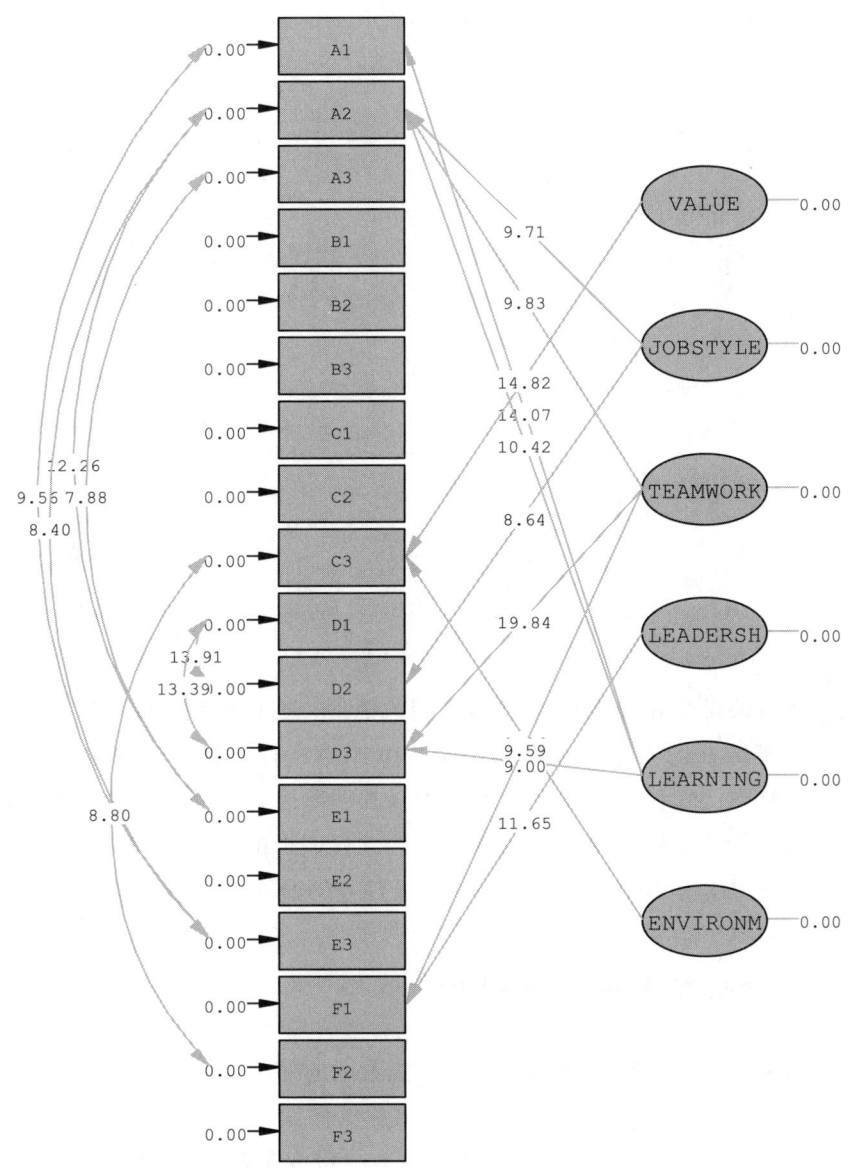

图 5.5 验证性因素分析各参数修正估计路径图示

除了对各测量变量与因素之间关系的修正，另一个修正途径是检验测量残差之间的相关情形。也就是检验 ***THETA-EPS*** 矩阵数值。检验的原理与参考的数据均类似。

```
No Non-Zero Modification Indices for PHI

Modification Indices for THETA-DELTA

              A1        A2        A3        B1        B2        B3
           --------  --------  --------  --------  --------  --------
    A1       - -
    A2      0.132      - -
    A3      3.573     2.604      - -
    B1      2.840     0.338     5.269      - -
    B2      0.620     1.233     4.746     0.003      - -
    B3      0.004     0.568     0.032     0.007     0.020      - -
    C1      4.394     0.008     0.009     0.375     0.022     0.436
   (略)

Expected Change for THETA-DELTA

              A1        A2        A3        B1        B2        B3
           --------  --------  --------  --------  --------  --------
    A1       - -
    A2     -0.020      - -
    A3      0.087    -0.068      - -
    B1     -0.061     0.024     0.094      - -
    B2      0.026     0.040    -0.078     0.003      - -
    B3      0.002    -0.027     0.006     0.004    -0.010      - -
    C1     -0.065     0.003    -0.003     0.024     0.005     0.023
   (略)
```

值得注意的是修正测量误差之间的相关情形，也就是说，将测量误差之间的相关视为合理的并纳入假设模型中，是一个相当具有争议性的做法。在 CFA 当中，任何的修饰已经存在着与理论不相符合的质疑了，更何况是测量残差之间的相关，更有违传统上对于测量误差的基本独立性假设的要求。因此，建议使用者谨慎为之，或提出有力的主张后再进行测量残差的修饰。

（七）分析结果与参数报告

到目前为止，LISREL 分析在 CFA 检验上的应用已经到了一个段落，如果研究者决定不进行任何模型修补，即可报告最终的数据。

在假设模型当中，研究者所关心的仅是测量变量与所对应的潜在变量的关系，因此，LISREL 报表中提供了各测量变量与各因素的协方差，以厘清各题目与因素之间的关系。

```
Covariances

         X - KSI

                    A1      A2      A3      B1      B2      B3
                  ------- ------- ------- ------- ------- -------
         VALUE    0.816   0.707   0.615   0.428   0.522   0.464
         JOBSTYLE 0.442   0.383   0.333   0.790   0.963   0.857
         TEAMWORK 0.403   0.350   0.304   0.551   0.671   0.597
         LEADERSH 0.340   0.295   0.256   0.354   0.431   0.383
         LEARNING 0.429   0.372   0.323   0.454   0.553   0.492
         ENVIRONM 0.568   0.492   0.427   0.309   0.376   0.335

         X - KSI

                    C1      C2      C3      D1      D2      D3
                  ------- ------- ------- ------- ------- -------
         VALUE    0.346   0.364   0.344   0.338   0.309   0.273
         JOBSTYLE 0.488   0.514   0.486   0.363   0.332   0.293
         TEAMWORK 0.700   0.737   0.697   0.424   0.388   0.342
         LEADERSH 0.366   0.385   0.364   0.812   0.742   0.656
         LEARNING 0.423   0.445   0.421   0.452   0.413   0.365
         ENVIRONM 0.420   0.442   0.418   0.257   0.235   0.207

         X - KSI

                    E1      E2      E3      F1      F2      F3
                  ------- ------- ------- ------- ------- -------
         VALUE    0.424   0.480   0.416   0.446   0.577   0.548
         JOBSTYLE 0.464   0.525   0.455   0.251   0.324   0.308
         TEAMWORK 0.487   0.551   0.478   0.385   0.497   0.472
         LEADERSH 0.450   0.509   0.441   0.203   0.262   0.249
         LEARNING 0.807   0.913   0.792   0.285   0.368   0.349
         ENVIRONM 0.358   0.405   0.351   0.642   0.829   0.788
```

在上述数据中，各测量变量与相对应的因素的协方差以框线表示，这些协方差在各因素方差设定为1的情形下成了相关系数，系数越高表示该题与该因素的关系越良好，例如，B_2 与第二个因素（JOB STYLE）的相关达0.963。如果相关系数过低，表示该题与因素的关系较弱。

1. 因素载荷

一般而言，在因素分析所产生的数据中，以因素载荷的报告最为重要，也就是 *LAMBDA-X* 参数估计的结果。在数学计算原理上，SEM 分析获得的 *LAMBDA-X* 参数估计与传统的因素载荷估计程序没有什么不同。但是在 CFA 当中，*LAMBDA-X* 参数估计可以排除测量残差的影响，也可以让各测量变量与潜在因素之间具有多维的假设设定（也就是同一个测量题目受到两个因素的影响）。因此，CFA 分析结果所得到的因素载荷多比传统估计高。

Standardized Solution

LAMBDA-X

	VALUE	JOBSTYLE	TEAMWORK	LEADERSH	LEARNING	ENVIRONM
A1	0.816	- -	- -	- -	- -	- -
A2	0.707	- -	- -	- -	- -	- -
A3	0.615	- -	- -	- -	- -	- -
B1	- -	0.790	- -	- -	- -	- -
B2	- -	0.963	- -	- -	- -	- -
B3	- -	0.857	- -	- -	- -	- -
C1	- -	- -	0.700	- -	- -	- -
C2	- -	- -	0.737	- -	- -	- -
C3	- -	- -	0.697	- -	- -	- -
D1	- -	- -	- -	0.812	- -	- -
D2	- -	- -	- -	0.742	- -	- -
D3	- -	- -	- -	0.656	- -	- -
E1	- -	- -	- -	- -	0.807	- -
E2	- -	- -	- -	- -	0.913	- -
E3	- -	- -	- -	- -	0.792	- -
F1	- -	- -	- -	- -	- -	0.642
F2	- -	- -	- -	- -	- -	0.829
F3	- -	- -	- -	- -	- -	0.788

Completely Standardized Solution

LAMBDA-X

	VALUE	JOBSTYLE	TEAMWORK	LEADERSH	LEARNING	ENVIRONM
A1	0.830	- -	- -	- -	- -	- -
A2	0.691	- -	- -	- -	- -	- -
A3	0.634	- -	- -	- -	- -	- -
B1	- -	0.682	- -	- -	- -	- -
B2	- -	0.833	- -	- -	- -	- -
B3	- -	0.788	- -	- -	- -	- -
C1	- -	- -	0.717	- -	- -	- -
C2	- -	- -	0.715	- -	- -	- -
C3	- -	- -	0.663	- -	- -	- -
D1	- -	- -	- -	0.867	- -	- -
D2	- -	- -	- -	0.885	- -	- -
D3	- -	- -	- -	0.719	- -	- -
E1	- -	- -	- -	- -	0.830	- -
E2	- -	- -	- -	- -	0.906	- -
E3	- -	- -	- -	- -	0.811	- -
F1	- -	- -	- -	- -	- -	0.550
F2	- -	- -	- -	- -	- -	0.758
F3	- -	- -	- -	- -	- -	0.837

由上述数据可以看出，标准化解或完全标准化解的大多数参数估计结果均十分良好。标准化参数估计数是令每一个潜在变量的变异都相同并等于1，本范例由于把潜在变量的参数设为1，事实上就已经是参数以标准化参数来处理了。

完全标准化解则是除了让每一个潜在变量的变异都相同并等于1，并要求每一个观察变量的变异也都相同并等于1，即令每一个观察变量的变异情形都维持一致，以利比较（一般在传统 EFA 中报告的因素载荷也是将每一个观察变量的方差调整为相同并等于1，等同于完全标准化解的意义）。

标准化因素载荷以 JOBSTYLE 的 B_2（0.963）最高，VALUE 因素中的 A_3（0.615）最低，但仍高于0.60，完全标准化后的这两个系数估计值分别为0.833

与 0.634，显示整个测量问卷的测量质量良好，各题的适切性均高。这一结果仅为模型未经修饰前的原始模型的估计结果，如果经过修饰，可能有更佳的表现。

2. 因素间相关

对因素间相关的估计在 LISREL 分析中可以自 **KSI** 矩阵中获得。事实上，在先前参数估计的过程中，因素相关的结果已经可以从报表中得出，在最后阶段再次出现相同的报表，主要是因为本范例将因素方差设定为 1，也就是将数据设定为标准化系数（Pearson 相关），因此在估计过程中即可以得到因素相关系数。在一般情形下，在参数估计时所产生的 **ETA** 矩阵为未标准化参数，而相关系数必须到最后才能得到。

```
        PHI

              VALUE    JOBSTYLE  TEAMWORK  LEADERSH  LEARNING  ENVIRONM
             --------  --------  --------  --------  --------  --------
    VALUE     1.000
 JOBSTYLE     0.542     1.000
 TEAMWORK     0.494     0.697     1.000
 LEADERSH     0.417     0.448     0.522     1.000
 LEARNING     0.526     0.574     0.603     0.557     1.000
 ENVIRONM     0.696     0.391     0.600     0.316     0.443     1.000
```

3. 测量残差变异量

最后产生的报表则是各测量变量的测量残差变异量估计数，也就是 **THETA-EPS** 矩阵的估计结果。也如同前面因素相关的资料。

```
        THETA-DELTA

               A1        A2        A3        B1        B2        B3
             --------  --------  --------  --------  --------  --------
              0.312     0.522     0.598     0.535     0.306     0.379

        THETA-DELTA

               C1        C2        C3        D1        D2        D3
             --------  --------  --------  --------  --------  --------
              0.486     0.489     0.561     0.248     0.216     0.482

        THETA-DELTA

               E1        E2        E3        F1        F2        F3
             --------  --------  --------  --------  --------  --------
              0.310     0.179     0.342     0.698     0.425     0.299
```

4. 验证性因素分析的路径图示

LISREL 分析的优点之一是在能够产生各种参数估计值之外，还可以将各项数据以路径图的方式呈现，免除人工制图的工作。因此，使用者可以在整理了前面的标准化解结果后，佐以路径图（见图 5.6），来强化对研究结果的说明，有效地利用办公软件来协助报告的完成。

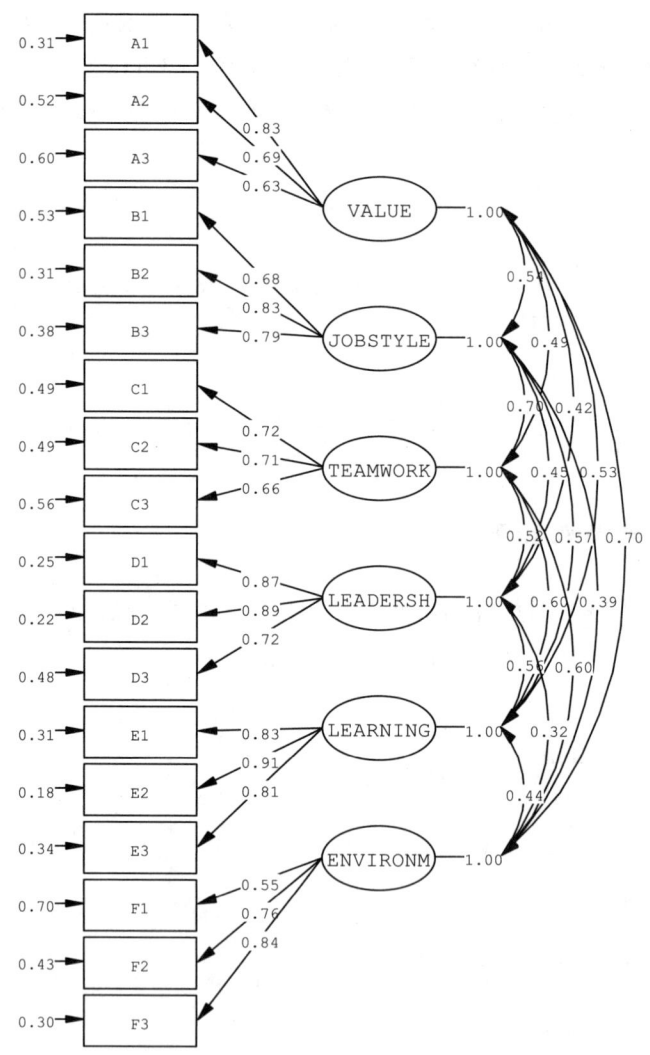

图 5.6 验证性因素分析终解路径图示

（八）内在拟合检测

前述各步骤完成了组织创新气氛量表的 CFA，确立了六因素模型的适切性。下一步即是进行测量模型内在拟合的评估。

表 5.5 列出了 18 个题目的因素载荷（完全标准化解）、残差、ρ_c 与 ρ_v。表中所有的参数的显著性检验均达 0.05 显著水平。虽然部分因素载荷的数值未达 0.71 的理想水平，但除了第 16 题低于 0.60 以外，其他题目也都能保持在良好的水平之上，因此从个别题目来看，题目的质量良好。

表 5.5 验证性因素分析结果摘要表（修饰前模型）

因素	题目	λ^*	残差	ρ_c	ρ_v
组织理念	1. 我们公司重视人力资产、鼓励创新思考。	0.830	0.312	**0.764**	**0.523**
	2. 我们公司下情上达、意见交流沟通顺畅。	0.691	0.522		
	3. 我们公司能够提供诱因鼓励创新的构想。	0.634	0.598		
工作方式	4. 当我有需要，我可以不受干扰地独立工作。	0.682	0.535	**0.813**	**0.593**
	5. 我的工作内容有我可以自由发挥与挥洒的空间。	0.833	0.306		
	6. 我可以自由地设定我的工作目标与进度。	0.788	0.379		
团队合作	7. 我的工作伙伴与团队成员具有良好的共识。	0.717	0.486	**0.741**	**0.488**
	8. 我的工作伙伴与团队成员能够相互支持与协助。	0.715	0.489		
	9. 我的工作伙伴与团队成员能以沟通协调来化解问题与冲突。	0.663	0.561		
领导效能	10. 我的主管能够尊重与支持我在工作上的创意。	0.867	0.248	**0.866**	**0.684**
	11. 我的主管拥有良好的沟通协调能力。	0.885	0.216		
	12. 我的主管能够信任下属、适当地授权。	0.719	0.482		
学习成长	13. 我的公司提供充分的进修机会、鼓励参与学习活动。	0.830	0.310	**0.886**	**0.723**
	14. 人员的教育训练是我们公司的重要工作。	0.906	0.179		
	15. 我的公司重视信息收集与新知的获得与交流。	0.811	0.342		
环境气氛	16. 我的工作空间气氛和谐良好，令人心情愉快。	0.550	0.698	**0.764**	**0.526**
	17. 我有一个舒适自由、令我感到满意的工作空间。	0.758	0.425		
	18. 我的工作环境可以使我更有创意灵感与启发。	0.837	0.299		

注：因素载荷 λ^* 为完全标准化系数。所有系数均达 0.05 的统计显著性。

至于反映各因素内在拟合指数的组合信度（ρ_c）与变异萃取量（ρ_v），以公式 5.5 与公式 5.12 计算出的结果，均能达到 ρ_c 大于 0.7、ρ_v 大于 0.50 的一般水平，显示各因素的内在拟合良好。兹以第一个因素（组织理念）为例，列出 ρ_c 与 ρ_v 的计算过程如下：

$$\rho_c = \frac{(\sum \lambda_i)^2}{(\sum \lambda_i)^2 + \sum \Theta_{ii}}$$

$$= \frac{(0.830 + 0.691 + 0.634)^2}{(0.830 + 0.691 + 0.634)^2 + (0.31 + 0.52 + 0.60)}$$

$$= \frac{4.62}{6.05} = 0.76$$

$$\rho_v = \frac{\sum \lambda_i^2}{\sum \lambda_i^2 + \sum \Theta_{ii}} = \frac{0.83^2 + 0.69^2 + 0.63^2}{(0.83^2 + 0.69^2 + 0.63^2) + (0.31 + 0.52 + 0.60)} = \frac{1.56}{3} = 0.52$$

在叙述上，ρ_c 可以解释为因素内各观察变量的一致性，其数值接近因素内各因素载荷的平均值。以组织理念因素为例，三个因素载荷的平均为 0.72，与 ρ_c 的 0.76 相差不远。ρ_v 则反映了因素的解释力，0.52 的 ρ_v 表示因素能够解释观察变量 52% 的变异，解释方式等同于传统 EFA 的特征值。

最后，关于因素之间的区辨力，可以相关系数的 95% 是否涵盖 1.00 来判断。由 LISREL 报表中我们可以获得各相关系数的标准误，利用区间估计的公式，可以计算出各相关系数 95% 的置信区间。如果这些区间没有涵盖 1.00，可视为构念间相关具有合理区辨力的证据之一，如表 5.6 所示。

由表 5.6 可知，各因素之间的相关系数介于 0.32 ～ 0.70，以最大的相关 0.70（团队合作与工作方式间的相关系数）为例，其 95% 的置信区间（confidence interval，CI）为 0.60 ～ 0.80，并未涵盖 1.00，可以解释成该相关系数显著不等于 1.00。计算过程如下：

$$95\% CI = 0.70 \pm 1.96(0.05) = 0.60 \sim 0.80$$

表 5.6 各因素区辨力检验摘要表

因素		组织理念	工作方式	团队合作	领导效能	学习成长
工作方式	$R(R^2)$	0.54（0.29）				
	95%CI	(0.44,0.64)				
	aveVE	0.56				
团队合作	$R(R^2)$	0.49（0.24）	0.70（0.49）			
	95%CI	(0.37,0.61)	(0.60,0.80)			
	aveVE	0.51	0.54			
领导效能	$R(R^2)$	0.42（0.18）	0.45（0.20）	0.52（0.27）		
	95%CI	(0.30,0.54)	(0.33,0.57)	(0.40,0.64)		
	aveVE	0.61	0.64	0.59		
学习成长	$R(R^2)$	0.53（0.28）	0.57（0.32）	0.60（0.36）	0.56（0.31）	
	95%CI	(0.43,0.63)	(0.47,0.67)	(0.50,0.70)	(0.46,0.66)	
	aveVE	0.62	0.66	0.61	0.71	
环境气氛	$R(R^2)$	0.70（0.49）	0.39（0.15）	0.60（0.36）	0.32（0.10）	0.44（0.19）
	95%CI	(0.60,0.80)	(0.27,0.51)	(0.50,0.70)	(0.20,0.44)	(0.32,0.56)
	aveVE	0.53	0.56	0.51	0.61	0.63

若以 Fornell 与 Larker（1981）建议的 ρ_v 比较法，检验两个潜在变量的 ρ_v 平均值是否大于两个潜在变量的相关系数的平方。结果列于表 5.6 的第三列，所有因素两两 ρ_v 的平均值均大于相关系数的平方，亦显示各构念之间具有理想的区辨力。

第四节　验证性因素分析的模型修饰

一、模型修饰的原理

如果参数估计的结果不理想，也就是说当理论模型与观察数据的拟合度不足或是参数估计的结果不理想时，研究者可以利用不同的程序与方法去修正模型，以提高模型的拟合情形或参数估计数，称为模型修饰（Long，1983）。虽然 CFA 的基本精神是验证一个研究者事先提出的假设模型的合理性，模型的修正似乎违反了理论推导的基本原则，但是从分析技术的角度来看，与其报告一组本质不良的参数，不如在适当的修正模型之后，在理想模型拟合的基础之上，提出一套较具可信度的参数数据，这样可能更具有学术上的意义。

检查、确认并调整一个 SEM 界定，来改善模型拟合度的整个程序，称为界定搜寻程序（specification searches）。一般来说，在进行 SEM 分析的过程当中，研究者往往有很多机会发现所提出的 SEM 模型可能有疏忽，可能是某些变量不应用以反映某个潜在变量，或是某些参数应该纳入估计。此时，研究者可能采取某些调整或修正的步骤，使得观察数据与假设模型趋于一致，提高模型拟合度。对于测量模型而言，可能进行调整的参数包括：

1）改变因素载荷（λ）参数的固定与自由估计状态。此时可能牵涉 Λ_x 与 Λ_y 两个矩阵的设定。
2）改变测量残差之间的共变的估计状态（增减测量残差 δ 或 ε 之间的共变假设），此时将影响 Θ_δ 与 Θ_ε 两个矩阵的设定。

在上述所有可能进行调整的参数中，有些调整较为容易解释，但是有些调整可能涉及基本假设的争议，使用者应谨慎处理不同参数的调整。例如，在残差部分的共变代表研究者可能在模型当中遗漏了某一个或某几个重要的潜在变量的设定，使得不同的测量残差之间仍有共同的影响来源。而此时遗漏的潜在变量可能是另一个具有特定理论内涵的概念，或是有方法效应的影响，或是有其他变量的干扰，在概念厘清上相当的困难（Bagozzi, 1983）。

二、界定搜寻程序的争议

界定搜寻程序虽然在技术上可以有效地协助研究者得到最佳的模型拟合指数，且在执行上相当单纯，任何对于 SEM 分析稍有概念者都可以很快学会如何操作，但是使用这一程序来改善模型拟合状况有下列的疑义。第一，这一程序使得 SEM 分析失去了验证性的特性，而带有探索性的意味。尤其当研究者所进行的调整纯粹基于技术的考虑而无理论为基础之时，甚至会被质疑采取 SEM 分析程序来处理研究者所提出的问题的适当性（Diamantopoulos, 1994）。

第二，通过界定搜寻程序所得到的 SEM 模型可以说是一个已经不同于原先提出的模型的新模型，研究者必须重新对于新模型的形成与背后原理加以说明。只报告出优越的模型拟合指数，无法成为一个具有说服性的结论（Long, 1983）。

第三，界定搜寻程序对于模型的修正与调整的判准为何？何时应进行搜寻，何时应终止搜寻，并没有清楚的界定与共识性做法。因此，利用这一程序进行的调整往往会造成俗称的过度拟合模型（overfitting model）的情况。所谓过度拟合模型，是指研究者为了获得良好的拟合而以不正确的方式对模型进行调整的结果，这些调整可能是研究者加入了一些参数，而这些参数对于模型拟合的贡献并不显著，其效果在后续的分析中可能会消失，或者是加入一些参数，造成估计标准误的扩张，影响了模型中重要参数的估计结果（Byrne，1998）。

过度拟合模型的问题在于加入了一些不恰当的参数或错误地移除了被估计的参数，由于模型拟合指数良好，与实际观察数据吻合，因此在 SEM 分析程序中不会被拒绝，而导致被错误地接受为理想的模型，这也是模型修饰程序被质疑的关键因素。

第四，参数的调整会影响模型的自由度（复杂度），进行影响卡方值的计算，使得除了参数背后理论适合性问题之外，又掺杂了技术上的不确定因素。

一般来说，如果研究者移除一个参数的估计，将增加整个模型的自由度，如此将造成卡方值扩增的自然倾向，卡方扩大将造成模型拟合度降低。但是，由于模型中有较少的参数进行估计，有利的一面是符合简效原则（越简单的模型越佳）。相对地，如果研究者减少参数的设限，增加参数的估计，将减少模型的自由度，造成卡方值减少的自然倾向，自动改善模型拟合度。但是，由于模型中有较多的参数估计，则违反了简效原则。由此可知，参数的增减会使模型简效度（parsimony）与拟合度（goodness-of-fit）发生消长。但是，由于模型修饰的主要目的是改善拟合度，因此，一般建议使用者先增加参数的估计，等提高了模型拟合度之后，再进行参数的删减，以简化模型的复杂度。

除了上述的争议，界定搜寻还涉及其他的技术与理论议题，因此学者多建议避免盲目使用界定搜寻程序来决定模型的修饰，而宜参考其他技术性指数来进行。此外，Diamantopoulos 与 Siguaw（2000）指出了界定搜寻可能导致的各项问题，并提出了操作建议（见表 5.7）。

表 5.7　界定搜寻的问题与操作建议

模型修饰的可能问题	操作建议
界定搜寻不一定带来一个正确合理的模型	界定搜寻不宜用在模型验证的初期阶段（因为模型尚未稳定）
越多界定错误，界定搜寻成功的机会越少	审慎小心地进行模型界定的工作
无法拒绝一个错误模型（二类错误）的概率提高	检验研究的统计检验力是否足够（例如，样本量的影响）；避免过度依赖卡方统计量来进行拟合度分析
测量模型的界定搜寻较不易成功，结构模型的界定搜寻较容易进行	同时兼顾测量模型与结构模型的修正可能性
以数据为基础的无限制搜寻比以理论为基础的有限度搜寻更不易成功	避免过度依赖计量指标来进行修饰的决策，应适当地纳入理论的考虑
先处理测量模型不见得会有帮助而可能造成修正的混淆	针对模型当中最重要、最有意义的参数进行讨论，而非取决于参数的类型
小型样本的模型修饰易造成统计结果的较大波动	若要进行模型修饰，可尽可能地扩大样本规模，样本规模小于 100 时不宜进行界定搜寻
模型修饰造成模型拟合指数的不理性波动	如果样本足够大，建议将样本随机切割为二，以进行交叉检验
修正后模型往往无法获得理想的效度交叉检验结果（除非样本量够大）	如有可能，可进行双重交叉检验（double cross-validation）

注：改自 Diamantopoulos & Siguaw (2000), p.106。

三、模型修饰的范例

以前面的 CFA 分析结果为例，MI 指数与 Expected Change for LAMBDA-X 数据显示，如果将 C_3 与组织价值（VALUE）因素之间的关系纳入模型当中，可以有效地改善模型拟合度，会改变因素载荷估计数达 0.29，是贡献最大的一个参数改善。因此，我们便以 C_3 与 VALUE 参数的增加作为示范。

（一）假设模型的修饰

模型修饰的第一个步骤是修改假设模型。由于增加了 C_3 与 VALUE 因素的参数估计，也就形同在因素结构之中增加了多维的假设。对于 C_3 测量变量而言，不仅受到第三个潜在变量 TEAMWORK 因素的影响，也受到了第一个潜在变量 VALUE 因素的影响，显示我们将在模型当中指定 C_3 变量具有多元的变异来源。

从题目的题意与因素的概念来看，C_3 的内容是"我的工作伙伴与团队成员能以沟通协调来化解问题与冲突"，这一题原本被设定为"团队工作"因素的测量题目，但受测者在这一题上得分的高低也可能受到"组织价值"这一个潜在因素的影响。换言之，组织价值越倾向于创新者，在 C_3 这一题上越可能以沟通协调来化解冲突。因此反映在 MI 指数上，建议本题与"组织价值"因素有关联。从表面上来看，这一修正并无不妥，我们可以尝试一下将这一参数纳入模型，看看有何影响，修饰后的假设模型路径图如图 5.7 所示。

在此必须提醒使用者，由于 CFA 是由理论基础推导得出的因素分析，因此，为了维持验证性的精神，模型的修饰也应提出理论或概念上的说明，避免过度修饰，使模型修饰具有一定的理论上的合理性。

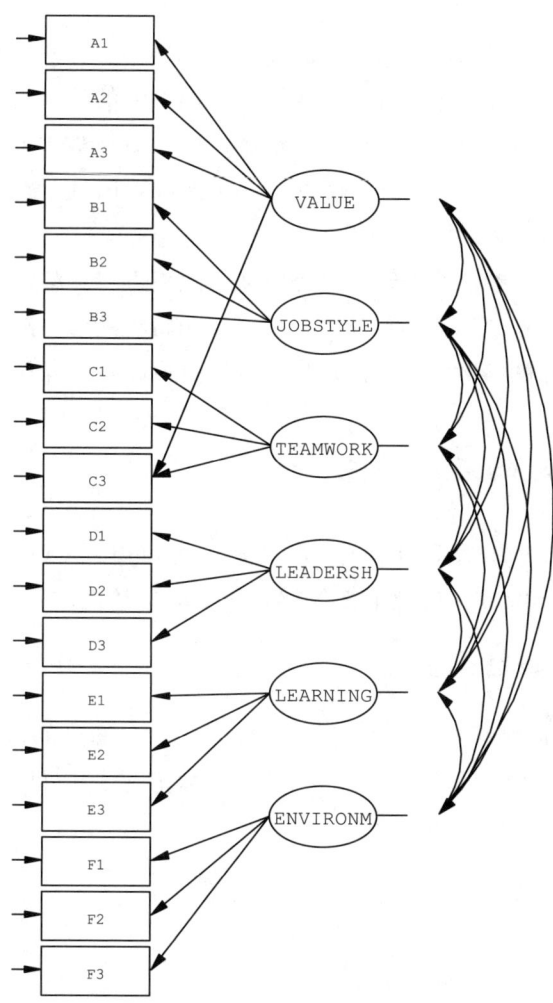

图 5.7 修饰后的假设模型图示

(二)模型修饰后的模型界定

模型修饰的第二个步骤是修改模型界定的内容。由于增加了 C_3 与 VALUE 因素的参数估计,模型界定更动的情形如下:

1) 除了 C_3 变量之外,其他每一个测量变量仅受单一潜在变量影响。
2) C_3 变量除了受第三个潜在变量(因素)的影响,还受到第一个潜在变量(因素)的影响。

由于模型界定条件的改变,LISREL 语法亦有了相对应的改变。在前面的路径图中,我们知道 C_3 变量的改变仅是增加了一条参数的估计(自由度将减少 1),在 LISREL 语法中,也仅是增加了一个参数自由估计 *FREE LX*(9,1)的指令于 FREE 指令之处,其余均无变动(修正后的 LISREL 语法档案为 ch5a_MO.LIS、SIMPLIS 语法档案为 ch5a_MO.SPL)。

在 LISREL 当中,参数的变动除了可以从语法来进行调整之外,也可以直接在路径图中,以鼠标点选所需进行修正的参数,拉出特性的参数路径,来设定各个需要增加的参数。删除的参数也可以用鼠标点选后直接删除,操作上相当简便。

(三)模型修饰后的结果

将上述语法以 LISREL 软件进行分析之后,即可得到 CFA 修正后的报表。由于大多数的数据均无改变,因此下面仅就有所变动的数据进行说明。

1. 估计参数数目的变化

首先,CFA 分析结果在参数的个数上有所变动。原来的假设模型共有 51 个参数需进行估计,修饰后的模型应有 52 个参数需进行估计,这一调整显示于 Parameter Specifications 报表页的注 7 之中。

Parameter Specifications

LAMBDA-X

	VALUE	JOBSTYLE	TEAMWORK	LEADERSH	LEARNING	ENVIRONM
A1	1	0	0	0	0	0
A2	2	0	0	0	0	0
A3	3	0	0	0	0	0
B1	0	4	0	0	0	0
B2	0	5	0	0	0	0
B3	0	6	0	0	0	0
C1	0	0	7	0	0	0
C2	0	0	8	0	0	0
C3	9	0	10	0	0	0
D1	0	0	0	11	0	0
D2	0	0	0	12	0	0
D3	0	0	0	13	0	0
E1	0	0	0	0	14	0
E2	0	0	0	0	15	0
E3	0	0	0	0	16	0
F1	0	0	0	0	0	17
F2	0	0	0	0	0	18
F3	0	0	0	0	0	19

注 7：新增的参数估计，为 C_3 与 VALUE 的因素载荷，编号为 9，总参数数目为 52。

PHI

	VALUE	JOBSTYLE	TEAMWORK	LEADERSH	LEARNING	ENVIRONM
VALUE	0					
JOBSTYLE	20	0				
TEAMWORK	21	22	0			
LEADERSH	23	24	25	0		
LEARNING	26	27	28	29	0	
ENVIRONM	30	31	32	33	34	0

THETA-DELTA

A1	A2	A3	B1	B2	B3
35	36	37	38	39	40

THETA-DELTA

C1	C2	C3	D1	D2	D3
41	42	43	44	45	46

THETA-DELTA

E1	E2	E3	F1	F2	F3
47	48	49	50	51	52

2．新增参数估计的显著性检验

针对所加入的参数，其估计结果与显著性检验可以从 **LAMBDA-X** 报表页中获得。

```
LISREL Estimates (Maximum Likelihood)

LAMBDA-X

          VALUE     JOBSTYLE   TEAMWORK   LEADERSH   LEARNING   ENVIRONM
         --------   --------   --------   --------   --------   --------
A1        0.806       - -        - -        - -        - -        - -
         (0.051)
         15.798

A2        0.712       - -        - -        - -        - -        - -
         (0.055)
         12.855

A3        0.617       - -        - -        - -        - -        - -
         (0.054)
         11.510

B1         - -       0.791       - -        - -        - -        - -
                    (0.062)
                    12.766

B2         - -       0.963       - -        - -        - -        - -
                    (0.058)
                    16.587

B3         - -       0.857       - -        - -        - -        - -
                    (0.056)
                    15.405

C1         - -        - -       0.730       - -        - -        - -
                                (0.054)
                                13.600

C2         - -        - -       0.756       - -        - -        - -
                                (0.057)
                                13.286

C3        0.269       - -       0.534       - -        - -        - -
         (0.065)                (0.066)
          4.133                  8.074

(略)
```

新增参数的估计结果得到估计量为 0.269，标准误为 0.065，t 值为 4.133，大于 0.05 的显著水平门槛值 1.96，显示该参数具有统计意义。

至于 C_3 与原因素 TEAMWORK 的因素载荷估计数，在原来的理论模型中，其值为 0.697，标准误为 0.058，t 值为 11.945；修饰后，因素载荷估计数降为 0.534，t 值为 8.074，显示其他的参数估计受到新增参数的影响，唯这一改变并未影响此参数显著的这个结论，但是其他参数估计的显著性有无改变，则需加以检查。

3. 模型拟合度的改变

加入新的参数的主要目的是改善整体模型的拟合度，因此在大多数情况下，模型修饰的用户会直接检查模型拟合度数据的变化，以决定是否继续进行修饰。

```
                          Log-likelihood Values

                         Estimated Model        Saturated Model
                         ---------------        ---------------
 Number of free parameters(t)    52                  171
 -2ln(L)                      3153.280            2925.983
 AIC (Akaike, 1974)*          3257.280            3267.983
 BIC (Schwarz, 1978)*         3452.083            3908.584

 *LISREL uses AIC= 2t - 2ln(L) and BIC = tln(N)- 2ln(L)

                       Goodness-of-Fit Statistics

 Degrees of Freedom for (C1)-(C2)                 119
 Maximum Likelihood Ratio Chi-Square (C1)         227.297 (P = 0.0000)
 Browne's (1984) ADF Chi-Square (C2_NT)           216.168 (P = 0.0000)

 Estimated Non-centrality Parameter (NCP)         108.297
 90 Percent Confidence Interval for NCP           (69.536 ; 154.866)

 Minimum Fit Function Value                       0.726
 Population Discrepancy Function Value (F0)       0.346
 90 Percent Confidence Interval for F0            (0.222 ; 0.495)
 Root Mean Square Error of Approximation (RMSEA)  0.0539
 90 Percent Confidence Interval for RMSEA         (0.0432 ; 0.0645)
 P-Value for Test of Close Fit (RMSEA < 0.05)     0.262

 Expected Cross-Validation Index (ECVI)           1.058
 90 Percent Confidence Interval for ECVI          (0.935 ; 1.207)
 ECVI for Saturated Model                         1.093
 ECVI for Independence Model                      9.196

 Chi-Square for Independence Model (153 df)       2842.325

 Normed Fit Index (NFI)                           0.920
 Non-Normed Fit Index (NNFI)                      0.948
 Parsimony Normed Fit Index (PNFI)                0.716
 Comparative Fit Index (CFI)                      0.960
 Incremental Fit Index (IFI)                      0.960
 Relative Fit Index (RFI)                         0.897

 Critical N (CN)                                  217.604

 Root Mean Square Residual (RMR)                  0.0497
 Standardized RMR                                 0.0482
 Goodness of Fit Index (GFI)                      0.929
 Adjusted Goodness of Fit Index (AGFI)            0.898
 Parsimony Goodness of Fit Index (PGFI)           0.646
```

由数据可知，模型拟合指数有些微改善，参见表5.8。修饰前，模型自由度为120，χ^2=242.298，*RMSEA*=0.0571。修饰后的模型 *df*=119，χ^2=227.297，

$RMSEA=0.0539$，显示修饰后的模型拟合度更理想。卡方下降的程度与 MI 指数非常接近。

表 5.8 修正前后的模型拟合度比较表

模型	卡方检验量 χ^2	Browne χ^2	df	RMSEA	NNFI	CFI	GFI	SRMR
修饰前	242.298	230.062	120	0.0571	0.942	0.955	0.924	0.0518
修饰后	227.297	216.168	119	0.0539	0.948	0.960	0.929	0.0482
差异	15.001（$p<0.05$）	13.894 $p<0.05$	1					

4. 参数估计的比较

虽然模型拟合的改善达到了统计的显著水平，但要弄清参数的意义与重要性是否有所改变，仍须检查参数估计的结果。由反映项目信度的相关平方（Squared Multiple Correlations for X Variables）系数可以看出，修饰模型的 C_3 变量的解释力并没有什么变化，修饰前为 0.44，修饰后为 0.43。从协方差来看，C_3 与原因素 TEAMWORK 因素的相关为 0.64（未修饰前为 0.70），与第一个因素（VLAUE）的相关为 0.49（未修饰前为 0.34），新增参数的相关维持正相关，表示组织价值（VALUE）因素强度越强，C_3 题得分越高。但是模型修饰后，对于原因素的相关系数强度有所减低。修饰后的报表如下：

```
         Squared Multiple Correlations for X - Variables

                   C1        C2        C3        D1        D2        D3
                 --------  --------  --------  --------  --------  --------
                   0.56      0.54      0.43      0.75      0.78      0.52

         Covariances

         X - KSI
                   C1        C2        C3        D1        D2        D3
                 --------  --------  --------  --------  --------  --------
          VALUE    0.30      0.31      0.49      0.34      0.31      0.28
       JOBSTYLE    0.49      0.51      0.50      0.36      0.33      0.29
       TEAMWORK    0.73      0.76      0.64      0.40      0.36      0.32
       LEADERSH    0.36      0.37      0.38      0.81      0.74      0.66
       LEARNING    0.42      0.43      0.45      0.45      0.41      0.37
       ENVIRONM    0.40      0.41      0.48      0.26      0.23      0.21
```

完全标准化解的数据则列出了新增参数的因素载荷，C_3 与 VALUE 因素的载荷为 0.256，数值与先前 *MI* 指数列出的 0.276 很接近。C_3-VALUE 参数的加入对于原因素（TEAMWORK）当中的其他各参数因素载荷会有影响，C_1、C_2、C_3 三个题目与 TEAMWORK 的因素载荷在修饰前为 0.717、0.715、0.663，修饰后为 0.748、0.733、0.508；而 VALUE 因素内各参数的影响不大，修饰前 A_1、A_2、A_3 对 VALUE 的载荷分别为 0.830、0.691、0.634，修饰后为 0.819、0.696、0.637。更简便的数据呈现方法是利用路径图，图 5.8 列出了所有参数的标准化解（完全标准化解），其中增加的参数因素载荷为 0.256。

```
Completely Standardized Solution

         LAMBDA-X

           VALUE    JOBSTYLE  TEAMWORK  LEADERSH  LEARNING  ENVIRONM
           --------  --------  --------  --------  --------  --------
    A1     0.819      - -       - -       - -       - -       - -
    A2     0.696      - -       - -       - -       - -       - -
    A3     0.637      - -       - -       - -       - -       - -
    B1      - -      0.682      - -       - -       - -       - -
    B2      - -      0.833      - -       - -       - -       - -
    B3      - -      0.788      - -       - -       - -       - -
    C1      - -       - -      0.748      - -       - -       - -
    C2      - -       - -      0.733      - -       - -       - -
    C3     0.256      - -      0.508      - -       - -       - -
    D1      - -       - -       - -      0.867      - -       - -
    D2      - -       - -       - -      0.885      - -       - -
    D3      - -       - -       - -      0.719      - -       - -
    E1      - -       - -       - -       - -      0.830      - -
    E2      - -       - -       - -       - -      0.906      - -
    E3      - -       - -       - -       - -      0.811      - -
    F1      - -       - -       - -       - -       - -      0.549
    F2      - -       - -       - -       - -       - -      0.758
    F3      - -       - -       - -       - -       - -      0.837
```

因素间的相关在修饰前与修饰后亦有所改变，但是主要发生于新增观察变量的 TEAMWORK 因素，与另外五个因素的相关由原来的 0.494、0.697、0.522、0.603、0.600 变成 0.409、0.668、0.491、0.569、0.545，见表 5.9。新增观察变量影响因素的相关显示在最后的标准化解中。

整体而言，新增的参数对于整体模型的拟合度有了改善，使得 *RMSEA* 系数降至 0.054，但是新增的参数一方面增添了理论上的复杂性，使得使用者必须回到理论与文献探讨上，寻求理论模型变动的解释基础；另一方面，统计资料的变动也增加了解释上的难度。

表 5.9　模型修饰前后因素间相关系数比较表

	VALUE		JOBSTYLE		TEAMWORK		LEADERSH		LEARNING	
修饰前后	前	后	前	后	前	后	前	后	前	后
VALUE	1.00	1.00								
JOBSTYLE	0.542	0.544	1.00	1.00						
TEAMWORK	**0.494**	**0.409**	0.697	0.668	1.00	1.00				
LEADERSH	0.417	0.424	0.448	0.448	**0.522**	**0.491**	1.00	1.00		
LEARNING	0.526	0.533	0.574	0.574	**0.603**	**0.569**	0.557	0.557	1.00	1.00
ENVIRONM	0.696	0.700	0.391	0.391	**0.600**	**0.545**	0.316	0.316	0.443	0.443

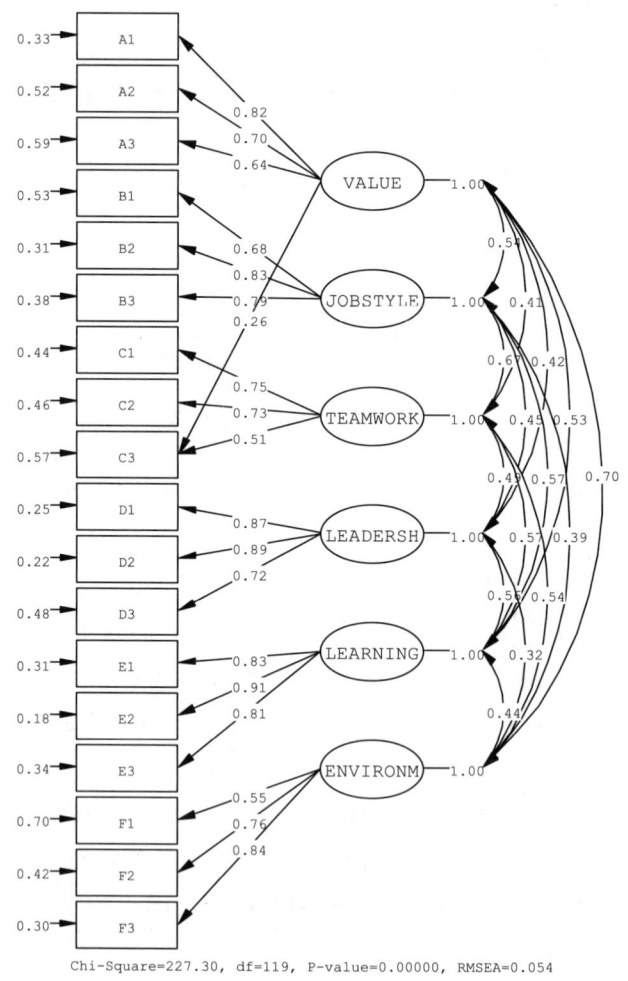

图 5.8　修饰后的验证性因素分析终解路径图示

第五节 Amos 的验证性因素分析

一、Amos 十步曲

以 Amos 进行 CFA 的估计分析操作方式非常简单，仅需依照下列十个步骤进行估计：

步骤一：绘制假设模型。依照研究者的理论架构，选择适当的图标与相关曲线，绘制完成一个 SEM 模型。

步骤二：选取数据库。打开存放观察变量的数据库。

步骤三：选取变量。依照研究者的理论模型，将各观察变量移至模型中长方形框的空白位置。

步骤四：潜在变量命名。可以逐一命名，也可以利用 Amos 所提供的小工具（Plugins 中的 Name Unobserved Variables）来快速命名，潜在变量的圆圈将自动从 F1、F2……依次命名；误差的圆圈将自动从 e1、e2……依次命名。

步骤五：点选分析的性质（Analysis properties）选择所需报告的数据。例如，选取模型修饰指数、标准化估计数和截距（当数据存在遗漏值时）。

步骤六：检查相关设定。例如，被箭头指到的潜在变量是否有增加残差变异的设定。或是各潜在变量有无适当的给定参照量尺化参数（Amos 自动将第一条因素载荷设定为 1，如果要更改，可将鼠标移到变量或路径上，右键单击选择 Object Properties 进行更改）。

步骤七：点选计算估计（Calculate estimate）执行分析。检查模型是否收敛成功（执行之前应先开启 SRMR 对话框，使得估计完成后，同时出现 SRMR 的数据）。

步骤八：检查最终解。利用路径图来标示标准化解与非标准化解（组织创新气氛范例的 Amos 标准化最终解路径图如图 5.9 所示）。

步骤九：检查报表。找出研究者所需要报告的各项信息。

步骤十：存档并结束分析。

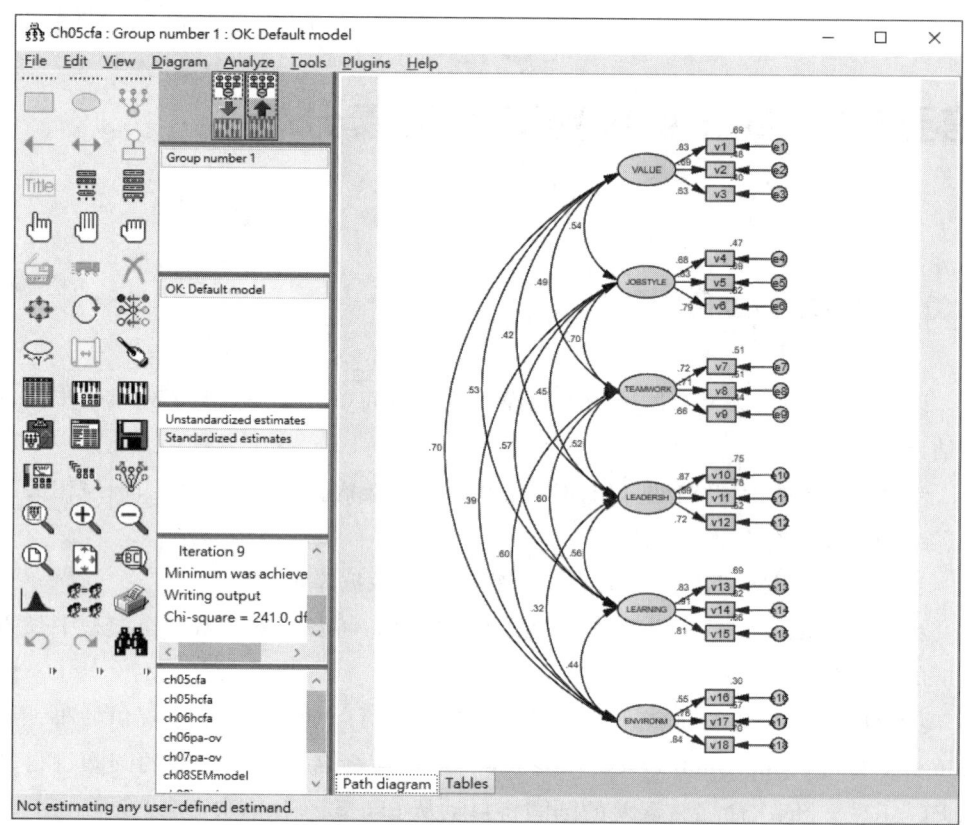

图 5.9　以 Amos 执行 CFA 的终解路径图示

二、Amos 的报表解读

Amos 报表有六项主要的输出，包含分析摘要（Analysis Summary）、变量摘要（Variable Summary）、模型记录（Notes for Model）、估计数（Estimates）、模型拟合度（Model Fit）与运行时间（Execution Time）。以下将分别列出报表内容，并说明结果：

本范例已事先对遗漏值进行了处理，也就是当任何一个变量存在遗漏值时，该笔数据即完全删除，只有完整作答的数据才会被纳入分析，样本量共计 313 个（以下报表档案请参阅 ch05.AmosOutput）。

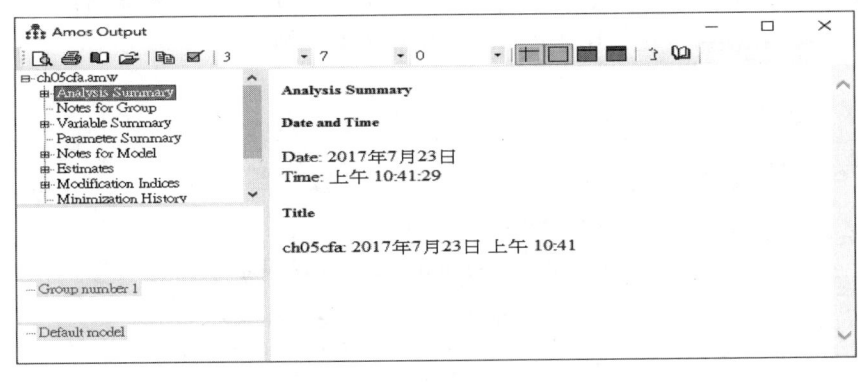

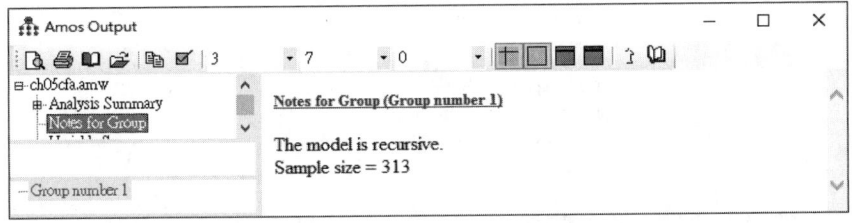

变量的摘要显示了模型中的所有变量，包含观察变量（内生变量）与非观察变量（外源变量），观察变量有 18 个，非观察变量有 24 个，共计 42 个变量。

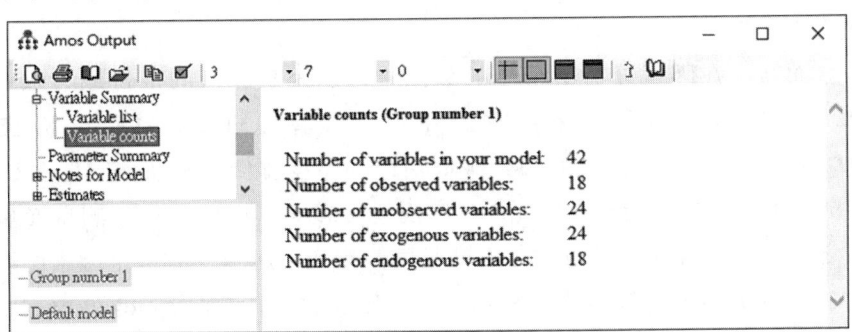

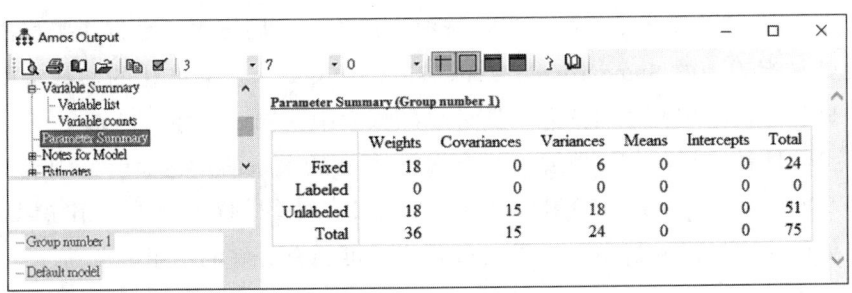

模型的记录显示模型的测量数据数为171个，有51个参数被估计，因此自由度为120。在模型的记录中也能看到卡方值与显著性。

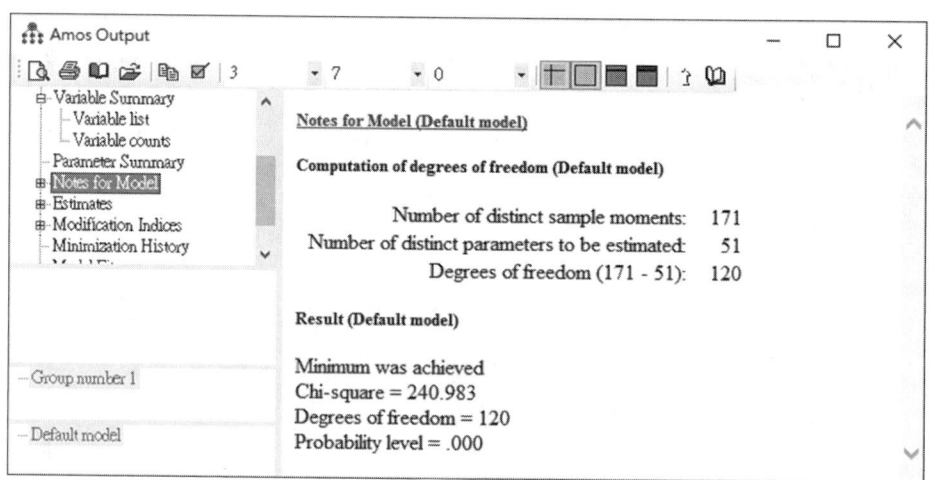

Amos 的报表会列出各参数估计的结果与统计显著性检验，依次为 Regression Weights（未标准化的参数估计值）、Standardized Regression Weights（标准化的参数估计值）、Covariances、Correlations、Variances 以及 Squared Multiple Correlations 的数据。本范例是采用 Maximum Likelihood Estimates（最大概似法）进行参数估计的。

一般而言，在因素分析所产生的数据中，以因素载荷的报告最为重要，也就是 **LAMBDA-X** 参数估计的结果。在数学计算原理上，SEM 分析获得的 **LAMBDA-X** 参数估计与传统的因素载荷估计程序没有什么不同，但是在 CFA 当中，**LAMBDA-X** 参数估计可以排除测量残差的影响，也可以让各测量变量与潜在因素之间具有多维的假设设定（也就是同一个测量题目受到两个因素的影响），因此，CFA 分析结果所得到的因素载荷多比传统估计高。在 Amos 的报表中，各参数估计结果提供了原始估计量（非标准化数值），也就是报表中的 Regression Weights、标准误与统计显著性等三种资料。但作为最后报告的数据应为标准化的解，也就是报表中的 Standardized Regression Weights，在标准化的参数解中却无法得知显著性，研究者必须从原始估计量的报表中获知显著性。

从参数估计结果的报表数据可以得知，所有的参数值均达显著，因素载荷以 v_{14} 的 0.906 最高，v_{16} 的 0.550 最低。显示所提出的组织创新气氛的理论模型良好。这一结果仅为未修饰的数据；如果经过修饰，可能有更好的结果。

第五章 验证性因素分析

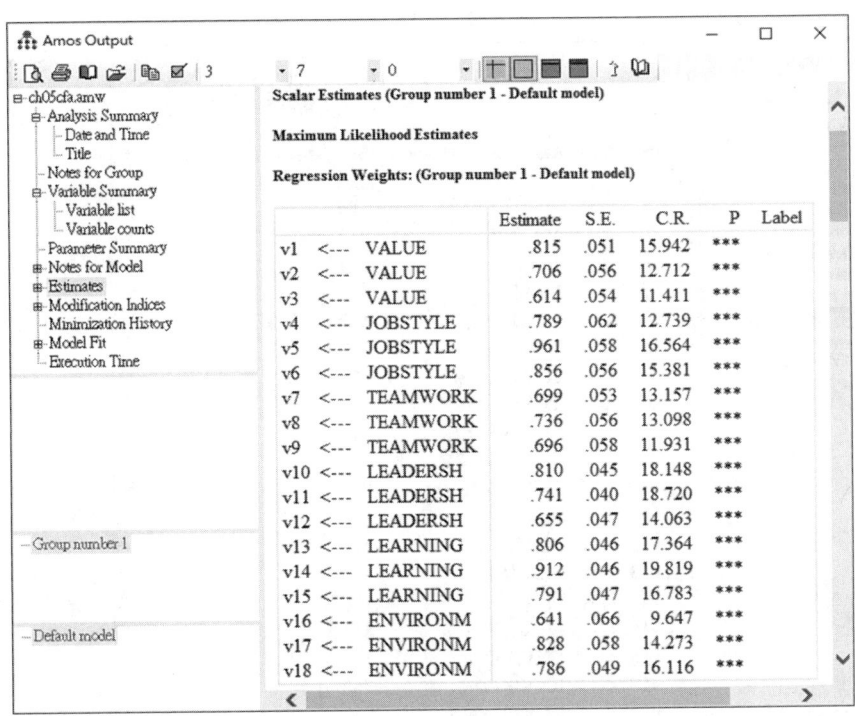

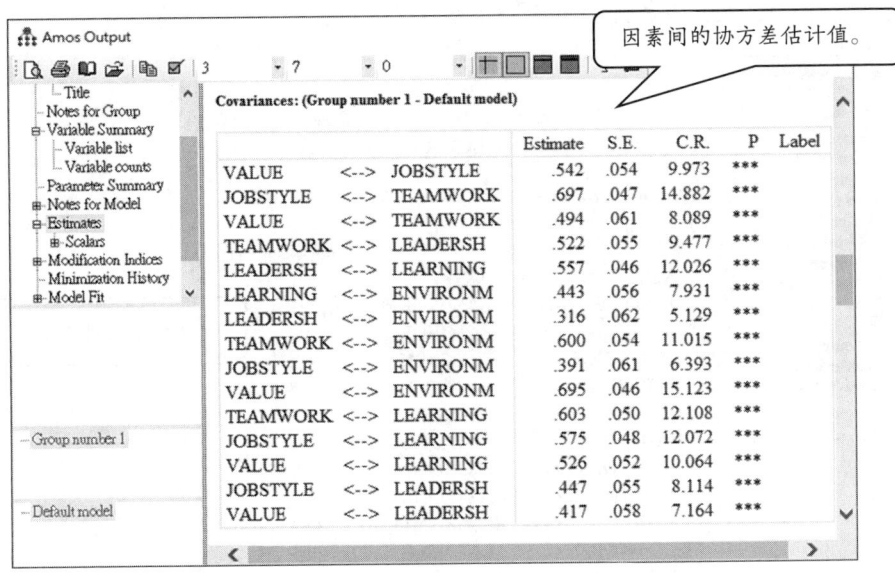

因素间的协方差估计值。

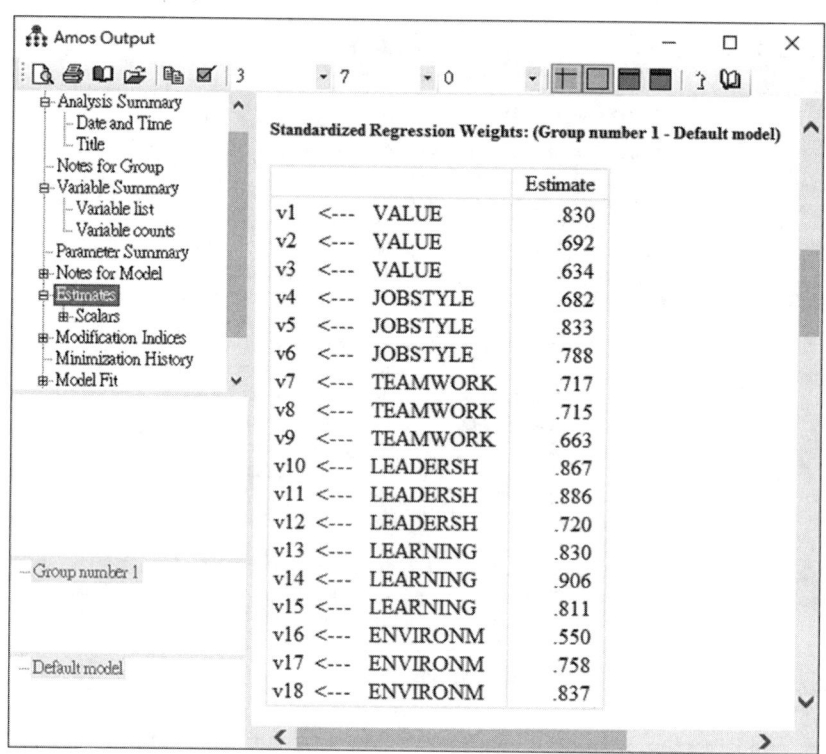
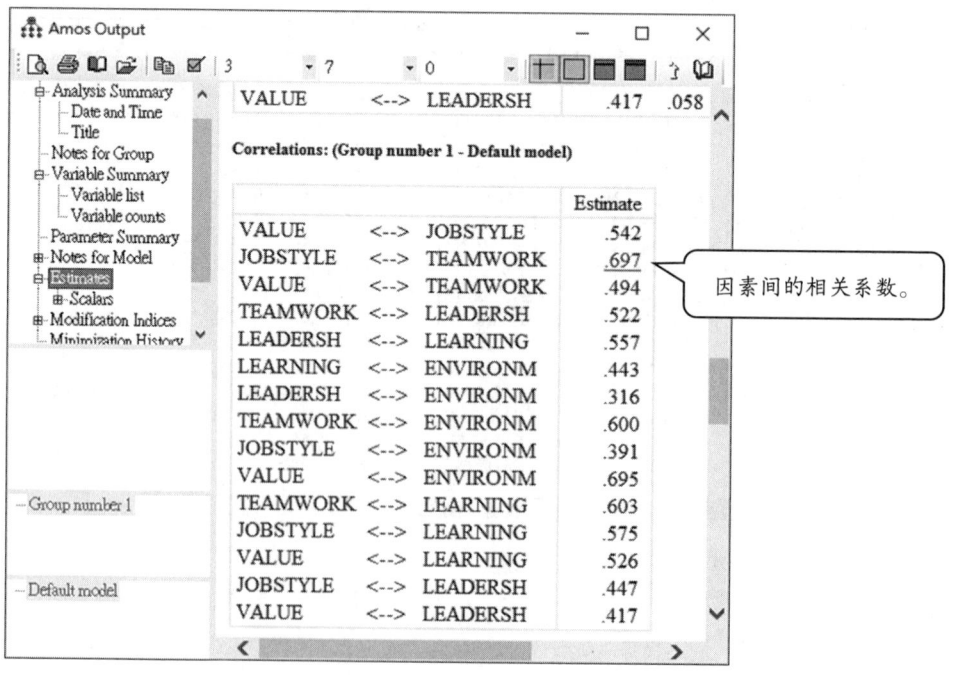

因素间的相关系数。

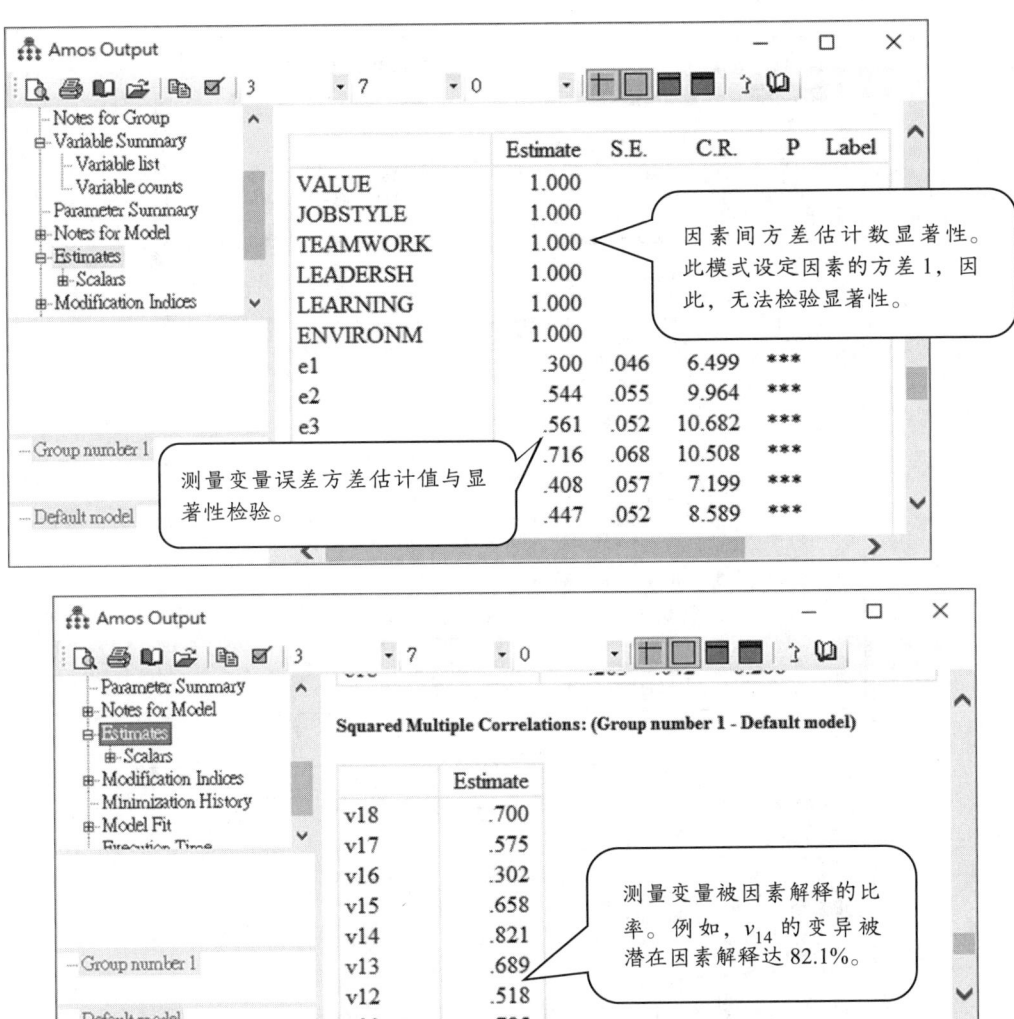

三、模型拟合度分析

前面的参数估计透露出组织创新气氛的模型是一个不错的模型，主要的参数均达显著水平。整体效果评估也呈现相当理想的结果。

从前面的模型的记录中显示拟合 χ^2=240.983（p=0.00），从模型拟合度摘要表中也显示 *CMIN/DF* 为 2.008，在 Amos 的输出报表中的 *CMIN* 即是指卡方值。本范例的 *SRMR*=0.052；平均概似平方误根系数 *RMSEA*=0.057；*TLI*（*NNFI*）、*NFI*、*CFI*、*GFI* 皆大于 0.90，显示组织创新气氛模型具有理想的拟合度。

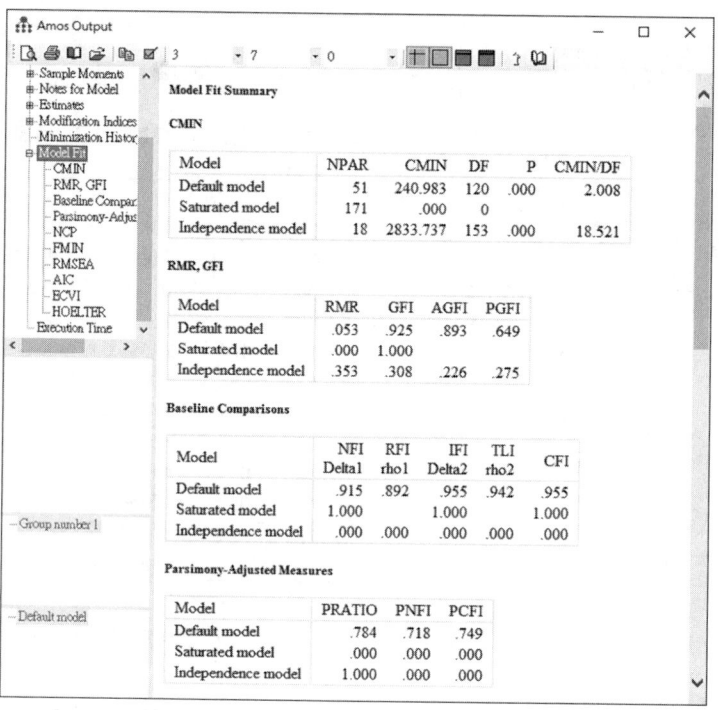

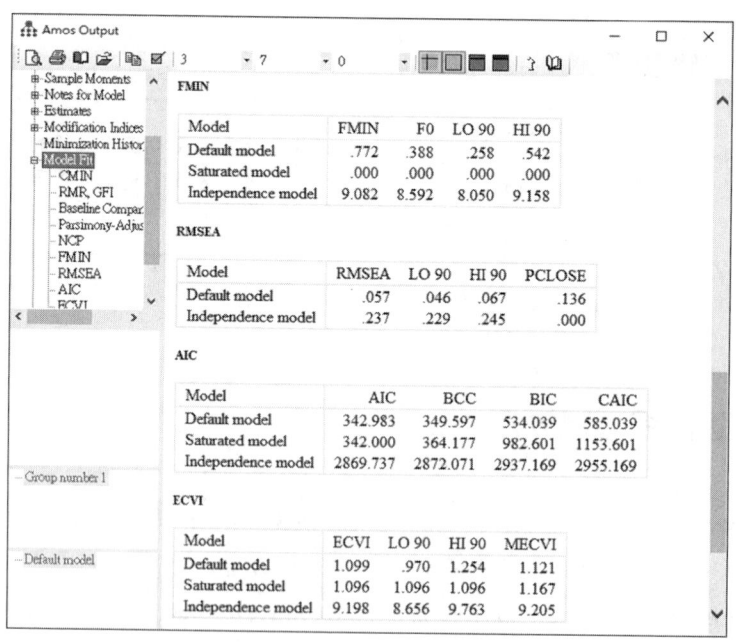

模型拟合度报表中只呈现 RMR，未呈现标准化的 RMR，使用者必须自行至菜单栏的"Plugins"先打开的"Standardized RMR"，再进行一次计算估计

（calculate estimates），计算机自动计算出 *SRMR* 的拟合指数。

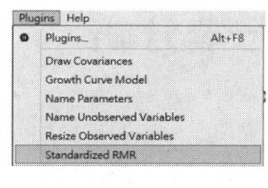
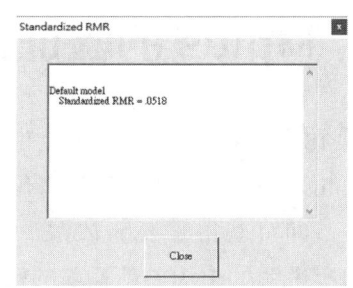

四、模型修饰

范例所提出的模型已堪称理想，不需再进行模型修饰。如果需要进行模型修饰，可利用 *MI* 指数作为下一步进行模型修饰的具体根据。在 Amos 软件里，可在"分析的性质（analysis properties）"指标的 output 点选 modification index，指数内设为 4。如果选择内设值，即表示当 *MI* 指数高于 4 时，该残差具有修正的必要。例如，v_{12} 变量与 F_3 因素之间的 *MI* 指数达 11.979，显示 v_{12} 与该因素之间可能具有关联，建议纳入估计。也就是说，v_{12} 变量除了被 F_4 因素影响之外，还可能受到 F_3 因素的影响。

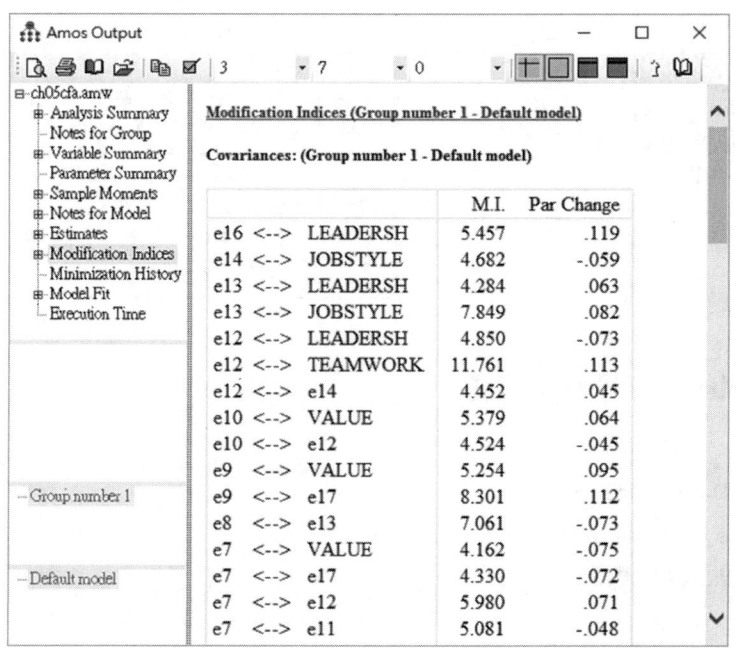

第六节　Mplus 的验证性因素分析

Mplus 与 LISREL 都是以语法为主的分析工具。相对于 LISREL 与 Amos 的图表功能，Mplus 的操作与呈现非常简化，使用者只需参考指导手册的范例，撰写适当的指令，即可获得重要的数据。以下就以 Mplus（请参阅语法档案 ch5a.inp）示范先前所说明的组织创新量表的验证性因素分析。

一、Mplus 语法

```
TITLE:      Ch5a Confirmatory Factor Analysis using Mplus
DATA:       FILE IS ch5a.dat;
VARIABLE:   NAMES ARE a1-a3 b1-b3 c1-c3 d1-d3 e1-e3 f1-f3;
MODEL:
    VALUE     by a1*a2-a3;
    JOBSTYLE  by b1*b2-b3;
    TEAMWORK  by c1*c2-c3;
    LEADERSH  by d1*d2-d3;
    LEARNING  by e1*e2-e3;
    ENVIRONM  by f1*f2-f3;
    VALUE@1;
    JOBSTYLE@1;
    TEAMWORK@1;
    LEADERSH@1;
    LEARNING@1;
    ENVIRONM@1;
OUTPUT:
    STANDARDIZED;
```

设定模型：
"VALUE by a1*a2-a3" 是指 VALUE 因素有三个测量指标，其中 a_1 的 λ 被自由估计。若写作 "VALUE by a1-a3" 则 Mplus 自动设定第一条参数的为 1。

设定因素方差为 1：
由于因素当中的每一条 λ 都被自由估计，因此必须设定各因素方差为 1。

打印标准化估计数：
默认报表仅打印原始估计数，若需要完全标准化解，则需下达此指令。

二、Mplus 的分析结果

```
TESTS OF MODEL FIT
Ch5a Confirmatory Factor Analysis using MPLUS
SUMMARY OF ANALYSIS
```

```
Number of groups                                              1
Number of observations                                      313

Number of dependent variables                                18
Number of independent variables                               0
Number of continuous latent variables                         6

MODEL FIT INFORMATION

Number of Free Parameters                       69

Loglikelihood

          H0 Value                       -6751.785
          H1 Value                       -6630.907

Information Criteria

          Akaike (AIC)                   13641.569
          Bayesian (BIC)                 13900.057
          Sample-Size Adjusted BIC       13681.211
            (n* = (n + 2) / 24)

Chi-Square Test of Model Fit

          Value                            241.755
          Degrees of Freedom                   120
          P-Value                           0.0000

RMSEA (Root Mean Square Error Of Approximation)

          Estimate                           0.057
          90 Percent C.I.              0.047  0.067
          Probability RMSEA <= .05           0.132

CFI/TLI

          CFI                                0.955
          TLI                                0.942

Chi-Square Test of Model Fit for the Baseline Model

          Value                           2842.819
          Degrees of Freedom                   153
          P-Value                           0.0000

SRMR (Standardized Root Mean Square Residual)

          Value                              0.049
```

MODEL RESULTS —— 原始估计数与相关报表   *t*-test

```
                                                    Two-Tailed
                     Estimate     S.E.   Est./S.E.   P-Value

 VALUE     BY
     A1                0.815     0.052     15.740     0.000
     A2                0.706     0.056     12.617     0.000
     A3                0.614     0.054     11.425     0.000

 JOBSTYLE  BY
     B1                0.789     0.062     12.752     0.000
     B2                0.961     0.058     16.582     0.000
     B3                0.856     0.056     15.396     0.000
```

TEAMWORK BY				
C1	0.699	0.054	13.011	0.000
C2	0.736	0.057	12.965	0.000
C3	0.696	0.059	11.825	0.000
LEADERSH BY				
D1	0.810	0.044	18.277	0.000
D2	0.741	0.039	18.866	0.000
D3	0.655	0.047	14.021	0.000
LEARNING BY				
E1	0.806	0.046	17.345	0.000
E2	0.912	0.046	19.835	0.000
E3	0.791	0.047	16.845	0.000
ENVIRONM BY				
F1	0.641	0.067	9.546	0.000
F2	0.828	0.058	14.325	0.000
F3	0.786	0.049	16.094	0.000
JOBSTYLE WITH				
VALUE	0.542	0.055	9.802	0.000
TEAMWORK WITH				
VALUE	0.494	0.063	7.825	0.000
JOBSTYLE	0.697	0.047	14.824	0.000
LEADERSH WITH				
VALUE	0.417	0.059	7.068	0.000
JOBSTYLE	0.447	0.055	8.067	0.000
TEAMWORK	0.522	0.056	9.335	0.000
LEARNING WITH				
VALUE	0.526	0.054	9.677	0.000
JOBSTYLE	0.575	0.048	11.974	0.000
TEAMWORK	0.603	0.050	12.014	0.000
LEADERSH	0.557	0.047	11.851	0.000
ENVIRONM WITH				
VALUE	0.695	0.046	15.263	0.000
JOBSTYLE	0.391	0.061	6.394	0.000
TEAMWORK	0.600	0.056	10.743	0.000
LEADERSH	0.316	0.062	5.071	0.000
LEARNING	0.443	0.056	7.909	0.000
Intercepts				
A1	4.415	0.056	79.524	0.000
A2	4.307	0.058	74.595	0.000
A3	4.073	0.055	74.447	0.000
（略）				
Variances				
VALUE	1.000	0.000	999.000	999.000
JOBSTYLE	1.000	0.000	999.000	999.000
TEAMWORK	1.000	0.000	999.000	999.000
LEADERSH	1.000	0.000	999.000	999.000
LEARNING	1.000	0.000	999.000	999.000
ENVIRONM	1.000	0.000	999.000	999.000
Residual Variances				
A1	0.300	0.048	6.222	0.000
A2	0.544	0.056	9.796	0.000
A3	0.561	0.052	10.692	0.000
B1	0.716	0.068	10.512	0.000
B2	0.408	0.057	7.196	0.000
B3	0.447	0.052	8.585	0.000
（略）				

（方差设定为1.0）

STANDARDIZED MODEL RESULTS

STDYX Standardization 〔完全标准化解与相关检验〕

	Estimate	S.E.	Est./S.E.	Two-Tailed P-Value
VALUE BY				
A1	0.830	0.032	26.314	0.000
A2	0.692	0.038	18.205	0.000
A3	0.634	0.041	15.518	0.000
JOBSTYLE BY				
B1	0.682	0.036	18.754	0.000
B2	0.833	0.027	30.700	0.000
B3	0.788	0.030	26.634	0.000
TEAMWORK BY				
C1	0.717	0.038	19.037	0.000
C2	0.715	0.038	18.935	0.000
C3	0.663	0.041	16.301	0.000
LEADERSH BY				
D1	0.867	0.021	40.729	0.000
D2	0.886	0.020	43.694	0.000
D3	0.720	0.032	22.644	0.000
LEARNING BY				
E1	0.830	0.023	36.901	0.000
E2	0.906	0.017	51.860	0.000
E3	0.811	0.023	34.623	0.000
ENVIRONM BY				
F1	0.550	0.046	11.828	0.000
F2	0.758	0.033	22.837	0.000
F3	0.837	0.030	27.683	0.000
JOBSTYLE WITH				
VALUE	0.542	0.055	9.802	0.000
TEAMWORK WITH				
VALUE	0.494	0.063	7.825	0.000
JOBSTYLE	0.697	0.047	14.824	0.000
LEADERSH WITH				
VALUE	0.417	0.059	7.068	0.000
JOBSTYLE	0.447	0.055	8.067	0.000
TEAMWORK	0.522	0.056	9.335	0.000
LEARNING WITH				
VALUE	0.526	0.054	9.677	0.000
JOBSTYLE	0.575	0.048	11.974	0.000
TEAMWORK	0.603	0.050	12.014	0.000
LEADERSH	0.557	0.047	11.851	0.000
ENVIRONM WITH				
VALUE	0.695	0.046	15.263	0.000
JOBSTYLE	0.391	0.061	6.394	0.000
TEAMWORK	0.600	0.056	10.743	0.000
LEADERSH	0.316	0.062	5.071	0.000
LEARNING	0.443	0.056	7.909	0.000
Intercepts				
A1	4.495	0.188	23.867	0.000
A2	4.216	0.178	23.721	0.000
A3	4.208	0.177	23.716	0.000

(略)

```
Variances
    VALUE           1.000      0.000    999.000    999.000
    JOBSTYLE        1.000      0.000    999.000    999.000
    TEAMWORK        1.000      0.000    999.000    999.000
    LEADERSH        1.000      0.000    999.000    999.000
    LEARNING        1.000      0.000    999.000    999.000
    ENVIRONM        1.000      0.000    999.000    999.000
Residual Variances
    A1              0.311      0.052      5.950      0.000
    A2              0.522      0.053      9.929      0.000
    A3              0.598      0.052     11.554      0.000
    B1              0.535      0.050     10.781      0.000
    B2              0.306      0.045      6.775      0.000
    B3              0.379      0.047      8.134      0.000
(略)
```

基本上，LISREL、Amos、Mplus 等不同软件所估计出来的参数数值几乎完全相同，但是 Amos 报表仅提供残差的原始估计数。

三种软件在估计模型整体拟合性时的差异比较明显。LISREL 提供了两种最小拟合函数 χ^2 与 WLS χ^2，其中 WLS χ^2 数值较小，也因此导致 *CFI*、*TLI*、*RMSEA* 等各项指数比另外两个软件更理想。更进一步的比较在此省略，有兴趣的读者可以自行比较三种软件的差异。

第七节　R 的验证性因素分析

R 软件是免费软件，广受研究工作者与实务工作者欢迎。如同 Mplus 与 LISREL，R 的 lavaan 套件也是以语法下达指令进行分析的。此外，semPlot 套件可以进行绘图的工作。由于 R 为开放软件，很容易在网络上找到参考资料，例如 http://lavaan.ugent.be/tutorial/index.html，亦有专门为了执行 R 分析而开发的操作平台，本书即以 RStudio 加载 lavaan 套件后，进行 CFA 分析。

一、R 语法

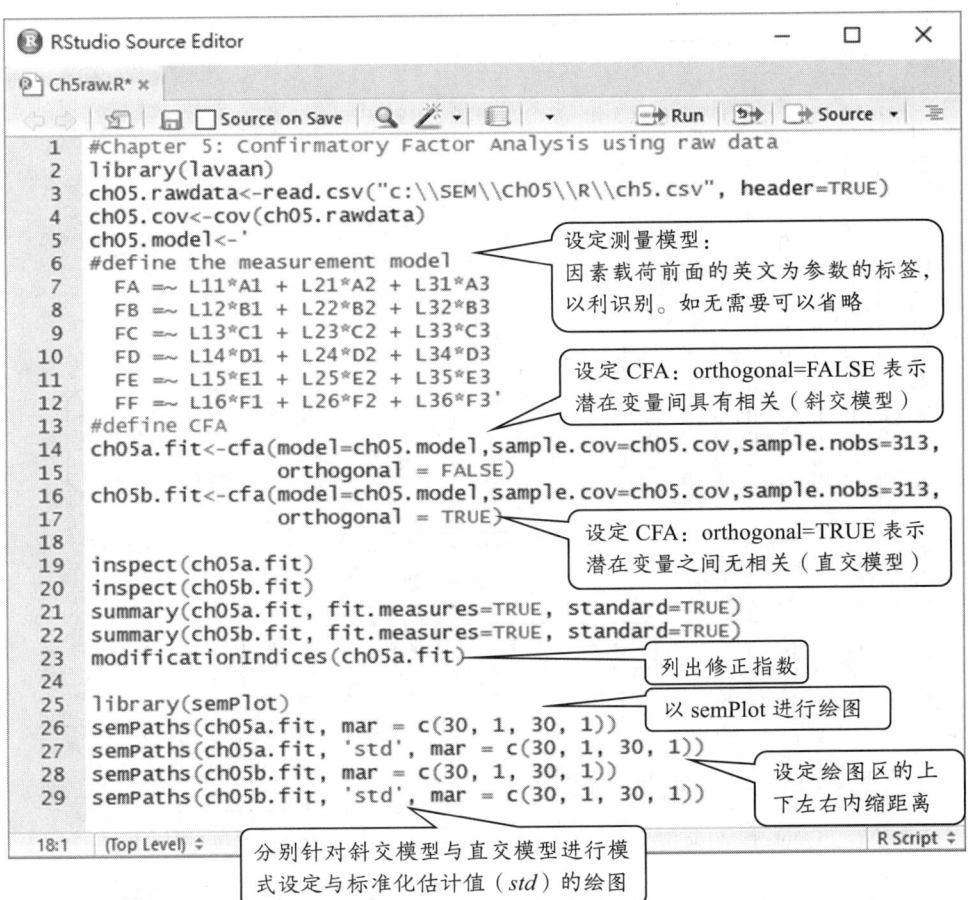

二、R 的分析结果

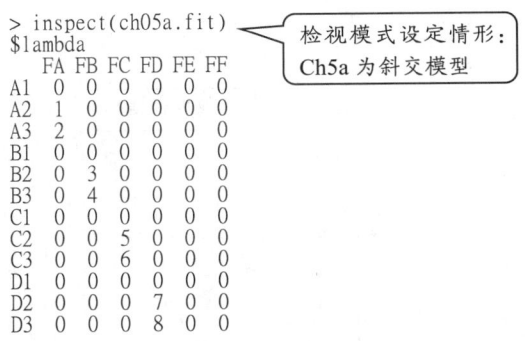

```
      E1 0 0 0 0 0 0
      E2 0 0 0 0 9 0
      E3 0 0 0 0 10 0
      F1 0 0 0 0 0 0
      F2 0 0 0 0 0 11
      F3 0 0 0 0 0 12
```
> 测量模型的模式设定状态。有 12 个估计参数。

```
$theta
   A1 A2 A3 B1 B2 B3 C1 C2 C3 D1 D2 D3 E1 E2 E3 F1 F2 F3
A1 13
A2  0 14
A3  0  0 15
B1  0  0  0 16
B2  0  0  0  0 17
B3  0  0  0  0  0 18
C1  0  0  0  0  0  0 19
C2  0  0  0  0  0  0  0 20
C3  0  0  0  0  0  0  0  0 21
D1  0  0  0  0  0  0  0  0  0 22
D2  0  0  0  0  0  0  0  0  0  0 23
D3  0  0  0  0  0  0  0  0  0  0  0 24
E1  0  0  0  0  0  0  0  0  0  0  0  0 25
E2  0  0  0  0  0  0  0  0  0  0  0  0  0 26
E3  0  0  0  0  0  0  0  0  0  0  0  0  0  0 27
F1  0  0  0  0  0  0  0  0  0  0  0  0  0  0  0 28
F2  0  0  0  0  0  0  0  0  0  0  0  0  0  0  0  0 29
F3  0  0  0  0  0  0  0  0  0  0  0  0  0  0  0  0  0 30
```

> 测量残差的模式设定状态，有 18 个测量残差参数。

> 测量残差之间没有相关参数

```
$psi
   FA FB FC FD FE FF
FA 31
FB 37 32
FC 38 42 33
FD 39 43 46 34
FE 40 44 47 49 35
FF 41 45 48 50 51 36
```

> 方差与协方差的模式设定状态。对角线上为方差，下三角部分为协方差。

```
> summary(ch05a.fit, fit.measures=TRUE, standard=TRUE)
lavaan (0.5-23.1097) converged normally after  52 iterations

  Number of observations                           313

  Estimator                                         ML
  Minimum Function Test Statistic              241.755
  Degrees of freedom                               120
  P-value (Chi-square)                           0.000

Model test baseline model:

  Minimum Function Test Statistic             2842.819
  Degrees of freedom                               153
  P-value                                        0.000

User model versus baseline model:

  Comparative Fit Index (CFI)                    0.955
  Tucker-Lewis Index (TLI)                       0.942

Loglikelihood and Information Criteria:

  Loglikelihood user model (H0)              -6751.785
  Loglikelihood unrestricted model (H1)      -6630.907

  Number of free parameters                         51
  Akaike (AIC)                               13605.569
  Bayesian (BIC)                             13796.626
  Sample-size adjusted Bayesian (BIC)        13634.870
```

> 检视模式估计结果：Ch5a 为斜交模型。

> 样本量：313

> 拟合指标：卡方值（241.755）与模型自由度（120）

> 其他拟合指标

```
Root Mean Square Error of Approximation:
    RMSEA                                            0.057
    90 Percent Confidence Interval        0.047      0.067
    P-value RMSEA <= 0.05                            0.132

Standardized Root Mean Square Residual:
    SRMR                                             0.052

Parameter Estimates:    [参数估计结果：因素载荷的估计与检定结果，最后一栏为完全标准化解。]

Latent Variables:
                   Estimate   Std.Err   z-value   P(>|z|)   Std.lv   Std.all
  FA =~
    A1     (L11)    1.000                                   0.815    0.830
    A2     (L21)    0.867     0.075     11.496    0.000     0.706    0.692
    A3     (L31)    0.753     0.071     10.564    0.000     0.614    0.634
  FB =~
    B1     (L12)    1.000                                   0.789    0.682
    B2     (L22)    1.219     0.101     12.027    0.000     0.961    0.833
    B3     (L32)    1.084     0.093     11.686    0.000     0.856    0.788
  FC =~
    C1     (L13)    1.000                                   0.699    0.717
    C2     (L23)    1.053     0.099     10.686    0.000     0.736    0.715
    C3     (L33)    0.995     0.099     10.061    0.000     0.696    0.663
  FD =~
    D1     (L14)    1.000                                   0.810    0.867
    D2     (L24)    0.915     0.051     17.843    0.000     0.741    0.886
    D3     (L34)    0.809     0.057     14.218    0.000     0.655    0.720
  FE =~
    E1     (L15)    1.000                                   0.806    0.830
    E2     (L25)    1.132     0.061     18.637    0.000     0.912    0.906
    E3     (L35)    0.982     0.059     16.512    0.000     0.791    0.811
  FF =~
    F1     (L16)    1.000                                   0.641    0.550
    F2     (L26)    1.292     0.144      8.948    0.000     0.828    0.758
    F3     (L36)    1.226     0.133      9.188    0.000     0.786    0.837

[各因素的第一个因素载荷设定为1，没有检定值]

Covariances:
                   Estimate   Std.Err   z-value   P(>|z|)   Std.lv   Std.all
  FA ~~
    FB              0.349     0.055      6.366    0.000     0.542    0.542
    FC              0.282     0.048      5.858    0.000     0.494    0.494
    FD              0.275     0.049      5.645    0.000     0.417    0.417
    FE              0.345     0.051      6.772    0.000     0.526    0.526
    FF              0.363     0.055      6.592    0.000     0.695    0.695
  FB ~~
    FC              0.385     0.055      6.982    0.000     0.697    0.697
    FD              0.286     0.049      5.784    0.000     0.447    0.447
    FE              0.365     0.054      6.819    0.000     0.575    0.575
    FF              0.198     0.043      4.614    0.000     0.391    0.391
(略)

[因素间的协方差]    [因素间的相关系数]

Variances:
                   Estimate   Std.Err   z-value   P(>|z|)   Std.lv   Std.all
   .A1              0.300     0.046      6.509    0.000     0.300    0.311
   .A2              0.544     0.055      9.980    0.000     0.544    0.522
   .A3              0.561     0.052     10.700    0.000     0.561    0.598
   .B1              0.716     0.068     10.525    0.000     0.716    0.535
   .B2              0.408     0.057      7.211    0.000     0.408    0.306
   .B3              0.447     0.052      8.602    0.000     0.447    0.379
   .C1              0.461     0.050      9.305    0.000     0.461    0.485
(略)

[残差方差]
```

```
> modificationIndices(ch05a.fit)
    lhs op rhs    mi    epc  sepc.lv sepc.all sepc.nox
58  FA =~  B1  1.064 -0.096  -0.078   -0.068   -0.068
59  FA =~  B2  0.431  0.061   0.049    0.043    0.043
60  FA =~  B3  0.035  0.016   0.013    0.012    0.012
61  FA =~  C1  5.236 -0.198  -0.162   -0.166   -0.166
(略)

> summary(ch05b.fit, fit.measures=TRUE, standard=TRUE)
lavaan (0.5-23.1097) converged normally after  36 iterations

  Number of observations                             313
  Estimator                                           ML
  Minimum Function Test Statistic                825.706
  Degrees of freedom                                 135
  P-value (Chi-square)                             0.000

Model test baseline model:

  Minimum Function Test Statistic               2842.819
  Degrees of freedom                                 153
  P-value                                          0.000

User model versus baseline model:

  Comparative Fit Index (CFI)                      0.743
  Tucker-Lewis Index (TLI)                         0.709

Loglikelihood and Information Criteria:

  Loglikelihood user model (H0)                -7043.760
  Loglikelihood unrestricted model (H1)        -6630.907

  Number of free parameters                           36
  Akaike (AIC)                                 14159.520
  Bayesian (BIC)                               14294.383
  Sample-size adjusted Bayesian (BIC)          14180.203

Root Mean Square Error of Approximation:

  RMSEA                                            0.128
  90 Percent Confidence Interval          0.120   0.136
  P-value RMSEA <= 0.05                            0.000
```

> 修正指数

> 检视模式估计结果：Ch5b 为直交模型。因素间没有相关。

> 拟合指标：直交模型卡方值（825.706）和模型自由度（135），与斜交模型的卡方值（241.755）和自由度（120）相比，差距甚大，少估计 15 个因素相关，模式拟合不理想。

最后，CFA 的模型设定与结果图示分别见图 5.10 与图 5.11。

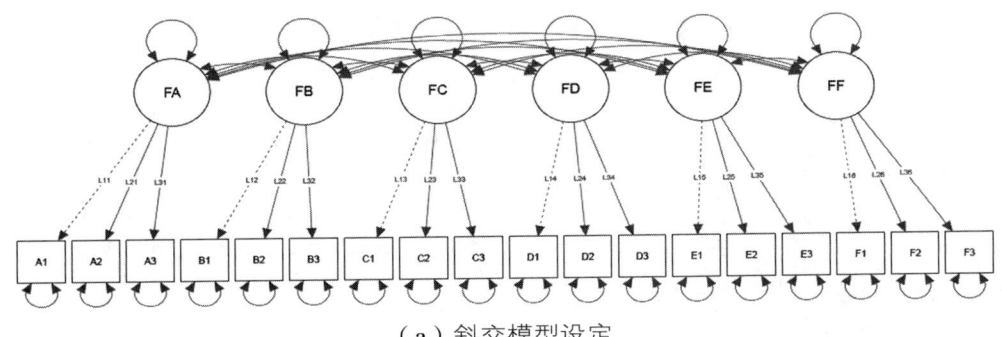

（a）斜交模型设定

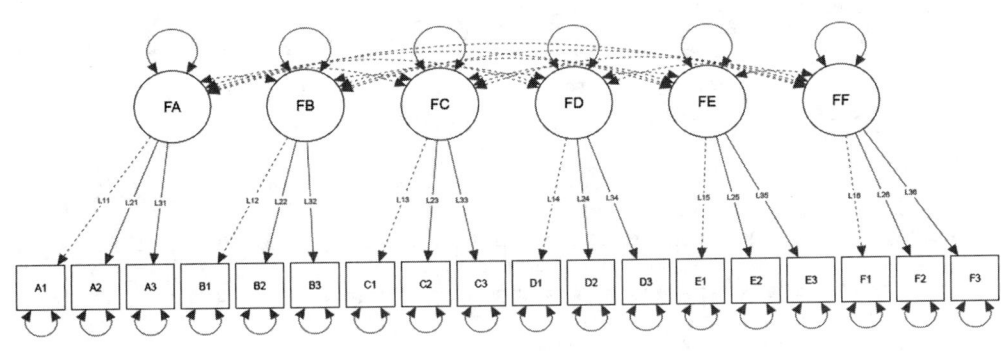

（b）直交模型设定

图 5.10　以 R 进行 CFA 的模型设定图示

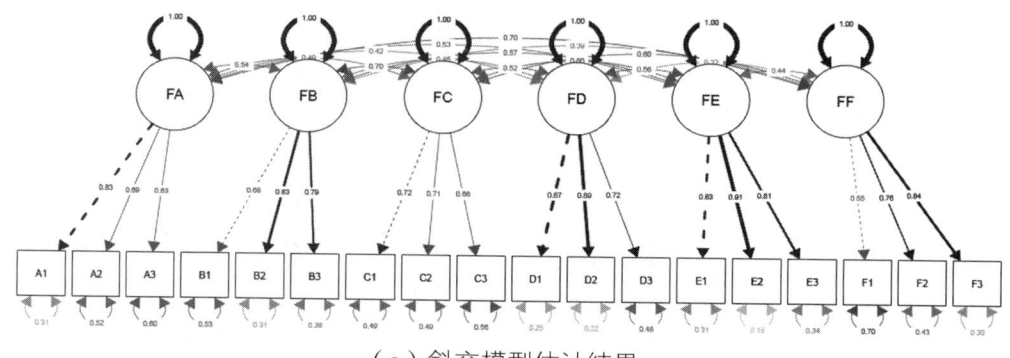

（a）斜交模型估计结果

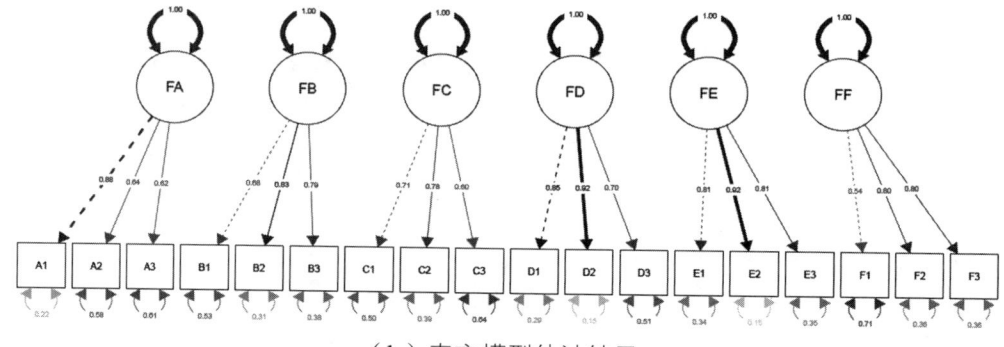

（b）直交模型估计结果

图 5.11　以 R 进行 CFA 的结果图示

第八节　结　语

因素分析是当代心理计量领域最重要的统计分析方法之一，其最大的特色是可以处理潜在变量的估计问题，因此深受社会与行为科学家的喜爱。然而，就是因为因素分析法所处理的是社会与行为科学领域最为棘手的抽象构念的问题，所以传统上的 EFA 的使用存在许多必须小心处理的细节（例如，变量相关程度的检测、样本规模大小等）。在操作过程中，牵涉不少人为主观判断的决策历程（例如，因素个数的决定、变量的取舍和因素的命名等），如果研究者没有清楚地交代决策的原则与标准，外人将无法得知因素分析的结果是如何获得的，难免给他人黑箱作业的感觉。

到了 SEM 发展成熟的今天，除了传统的 EFA，研究者多了一项新的因素分析工具，也就是CFA，得以进行对抽象构念的探讨。虽然CFA增强了因素分析的理论与逻辑的合理性，在应用上比EFA增加了许多的弹性（例如，允许多维假设的因素分析、提供多重因素模型检测指数、便捷的模型修饰程序等），但是，因素分析是否能够正确、可靠地操作，以获得客观、有效的结果，仍是威胁因素分析在学术上的贡献的最关键因素。

Nunnally与Bernstein（1994）提醒研究者，因素分析法不论其功能多么强大，不论所得到的数据有多么丰富，它始终是数学与统计堆砌的产物，并掺杂着许多缺乏明确客观机制的人为操纵。因此，在检视这些分析成果的同时，研究者仍须不时地回头反省这些统计程序与客观事实之间的关系，并时时检查是否过度解释了各项数据或不当操纵了分析的过程，借以满足研究者个人的需求，而非忠诚于科学客观的程序与结论。换句话说，因素分析只是一个手段，而非目的，它可以带领我们深入人类行为现象的抽象世界，但是最后还是要倚赖科学的准则以及我们的聪明睿智，才能找到出口，勾勒出现象界的真实面貌。水能载舟亦能覆舟，因素分析能够带领我们找到真理、看到真相，却也能让我们迷失在人类行为复杂现象与诡谲的统计技术所交织的五里雾中，其中的奥妙与深意，不言而喻。

第六章 高阶验证性因素分析

一般而言，CFA 测量模型所处理的问题是测量变量与潜在变量的关系。利用一组测量变量实际测得的共变结构，抽离出适当的潜在因素，用以检测研究者所提出的假设模型是否合宜、拟合。这些潜在因素直接由测量变量抽离得出，称为初阶因素（first-order factors）。如果一个测量模型有多个初阶潜在因素，那么对因素之间的共变关系可以加以估计，计算出两两因素相关系数来反映潜在变量之间的关系强度。此时，潜在因素之间存在的是平行的相关关系，各个初阶因素并无特定的隶属结构关系，称为初阶验证性因素分析（first-order CFA）。如果研究者认为在初阶潜在因素之间存在有共同的、更高阶的潜在因素，称为阶层验证性因素分析（hierarchical CFA，HCFA），如图 6.1 所示。

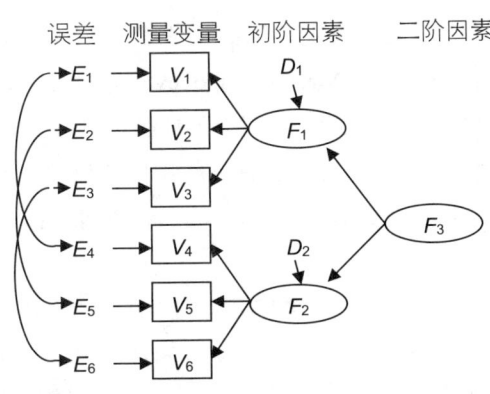

图 6.1 二阶的阶层验证性因素分析图示

第一节　高阶验证性因素分析的概念

一、高阶验证性因素分析的模型界定

对于一个测量模型，若研究者认为在初阶潜在因素之间存在有共同的、更高阶的潜在因素（因素的因素），此种测量模型称为阶层测量模型（hierarchical measurement model），如图 6.1 所示。影响初阶因素的共同影响源称为高阶因素（higher-order factor）。初阶因素之上的一层潜在因素称为二阶因素（second-order factor）（图 6.1 中的 F_3）。如果还有第三层因素，则称为三阶因素（third-order factor），依此类推。

高阶验证性因素分析的适用时机可以从两方面来检查。一方面是理论的观点，如果研究者所关心的议题在理论或概念上可能存在一个高阶因素时，即可利用 HCFA 程序来加以检测。例如，在一项关于创造力的研究中，研究者基于一般学者所采用的多维度理论观点，纳入了图形与语文两种类型的认知性创造测量（包括流畅力、变通力、独创力与精进力四个指标）与情意性创造测量（包括冒险性、好奇性、想象力与挑战性四个子维度），此时共有图形创造力（F_1）、语文创造力（F_2）和情意创造力（F_3）三个初阶因素。研究者还可以假设这三个初阶因素受到一个共同的一般创造力决定，因而构成了一个高阶验证性因素模型。

再例如对自我概念的测量，Marsh 与 Hocevar（1985）发展了一个多维度自我概念工具来评估年轻人的自我状态，初阶因素包括了语文、数理、一般性学业、父母、同性、异性、外表、体能等十项自我概念维度，这十个初阶因素背后则受到学业自我概念与非学业自我概念两个高阶因素影响，详细分析程序可参考邱皓政（2003）的研究实例。

另一方面考虑的层次是实证数据的需要与技术上的考虑。如果研究者从 CFA 模型中观察到初阶因素之间具有一致的高相关，如图 6.2 的 $F_1 \sim F_3$ 因素的高相关，以及 $F_4 \sim F_6$ 因素的高相关，即可进行高阶因素模型分析，比较 CFA 与 HCFA 模型的拟合度优劣，来决定初阶因素间是否具有更高阶的共同影响因素（HF_1 与 HF_2）。

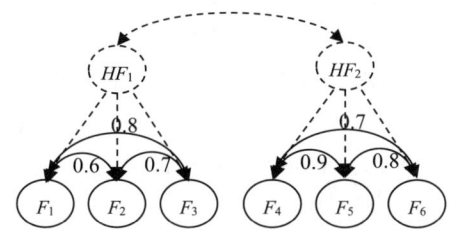

图 6.2　可能带有高阶因素的测量模型

如果模型比较的结果发现 HCFA 模型更能代表初阶因素的关系，研究者即可把这一模型利用在后续的应用上，或是将初阶因素改以组合分数简化成观察变量，将 HCFA 模型降级成 CFA，这一方式的优点是可以降低测量模型的复杂度，提高模型的简效性，有利于研究者解释这些潜在因素之间的关系。尤其适合于研究样本较小的情况，利用这一方式可以提高模型收敛的能力，得到较佳的估计结果。

利用阶层化的测量结构，并借由 CFA 进行实证检验，使得研究者可以提出更多的测量模型来相互比较，提高了分析的弹性，尤其在一些行为科学研究中，因素之间具有繁复的结构关系，SEM 的分析技术提供了这类弹性检验的可能性。

二、高阶验证性因素分析的统计模式

高阶测量模型又称为全 Y 模型（all-Y model），因为模型中的高阶因素被设定为影响初阶因素的外源变量，初阶因素为内生变量，因而所有的观察变量必须被设定为内生潜在变量的观察变量（即 Y 变量），作为外源变量的高阶因素没有任何观察变量（即无 X 变量）。一个完整的 SEM 模型由下列三个方程组成：

$$y = \Lambda_y \eta + \varepsilon \tag{6.1}$$

$$x = \Lambda_x \xi + \delta \tag{6.2}$$

$$\eta = B\eta + \Gamma\xi + \varsigma \tag{6.3}$$

由于 HCFA 模型中没有 X 变量，因此公式 6.2 不需要存在，潜在变量 ξ 由内生潜在变量定义。换言之，HCFA 模型中仅需估计 Λ_y，但须增加对于 Γ 矩阵的估计借以定义潜在变量 ξ。而且由于初阶因素的相关被高阶因素取代，因此 B 矩阵为零矩阵。

进一步的，也因为 HCFA 模型中有公式 6.3 的结构参数需要估计，因此模型中除了测量残差（ε）以外，也会产生新的估计残差（ς），即图 6.1 中的 D_1 与 D_2）。因此一个 HCFA 模型仅需下列两个方程来决定：

$$y = \Lambda_y \eta + \varepsilon \tag{6.4}$$

$$\eta = \Gamma \xi + \varsigma \tag{6.5}$$

其中，公式 6.5 中的外源潜在变量的方差协方差矩阵 Φ 中的对角线（即 ξ 变量的方差）可以设定为 1.0，协方差可以自由估计。此时，Γ 矩阵不需要设定任何一个参数为 1.0 来作为高阶因素（ξ 变量）的量尺化参数。

值得注意的是，基于模型识别原则，形成高阶因素的初阶因素数目不能低于 3，否则将造成识别不足问题。因此，HCFA 模型界定的一个简单算法是每一个高阶因素必须被 3 个或以上的初阶因素定义。

HCFA 的特色之一是比 CFA 简效。当形成高阶因素的初阶因素越多时，与原来的 CFA 相比，HCFA 越简单（所需估计的参数越少）。诚如先前所言，HCFA 的特色是最高阶的因素作为外源潜在变量，并没有所属的观察变量，ξ 变量系由初阶的因素估计得出的，因此初阶因素的相关将作为高阶因素的定义基础。当有 3 个带有相关的初阶因素（有 3 个协方差参数）并改以 1 个高阶因素来取代这 3 个初阶因素的相关时，自由度不变，即是一个等值模型，模型拟合度会完全相同。但如果是 4 个带有相关的初阶因素（有 $C_4^2=6$ 个协方差参数），改以 1 个高阶因素来取代这 4 个初阶因素的相关时，所估计的参数会减少 2，自由度增加 2，但卡方值会增加。

HCFA 的简效性优点在初阶因素数目为 3 时并不存在，此时，HCFA 与 CFA 模型的差异主要是理论层次上的。但当初阶因素数目大于 3 时，两种模型的比较除了理论考虑，还有统计上的意义：当初阶因素数目大于 3 或更多时，HCFA 模型的简效性优点则趋凸显，但所付出的代价是模型拟合变差。只要 HCFA 模型拟合度没有显著比 CFA 模型差，我们即可依据简效法则，接受 HCFA 模型为较佳模型。

第二节　LISREL 的高阶验证性因素分析

一、创造力理论的因素效度检验

为了说明 HCFA 在理论模型验证上的应用，我们在此以一个典型的心理学理论研究——创造力研究——作为范例。

一般而言，研究者普遍认为创造力不是用单一指标可以测量得到的概念，而是呈现多维度、多层面的概念。从创造力的本质来看，人类的创造力可以区分为认知与非认知层面。Guilford（1962）认为，认知层面的创造力可以依据认知历程所处理的材料的不同，区分为图形与语文创造力等不同形式。认知创造能力由四种不同的过程组成：流畅力、变通力、独创力与精进力。在非认知层面方面，Williams 认为高创造力者应具有好奇性、想象力、挑战性及冒险性等四种情意成分，因此提出了四成分的创造性情意的理论概念。综合这两位学者的观点，可以得到一个创造力的认知与情意二成分理论模型，将创造力区分为认知层面与情意层面，而认知层面又区分为图形与语文两类型，这些创造力概念可以分别由不同的测量方式得到观察分数，再以 CFA 及 HCFA 模型来检验该理论模型的适合度。

在测量上，Guildford 的认知创造力可以由拓弄思创造思考测验测得（吴静吉，高泉丰，王敬仁，丁兴祥，1981），针对语文与图形两种形式，测得受测者的流畅力、变通力、独创力与精进力分数（由于精进力计分不易，本范例不予纳入）。情意创造力的概念则可以由 Williams 于 1980 年所编制的创造力评量组测验中的扩散性情意测验（Test of Divergent Feeling）测得个体在好奇性、想象力、挑战性及冒险性等四项创造性情意的强弱程度（王木荣，林幸台，1987）。

二、CFA 与 HCFA 的操作

（一）模型界定

基于前述的创造力理论，可以设定一个创造力测量的 CFA 模型。图形流畅

力、图形变通力、图形独创力、语文流畅力、语文变通力、语文独创力、好奇性、想象力、挑战性及冒险性等 10 个创造力分数为 10 个观察（测量）变量，根据不同的概念基础，我们可以利用不同的假设提出不同的组合形式，分述如下：

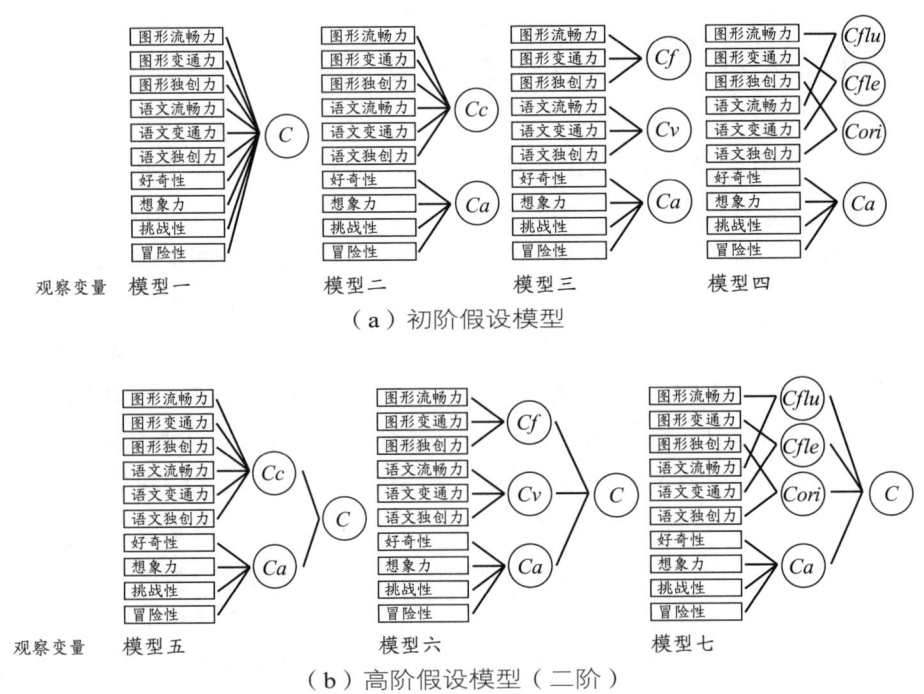

图 6.3　各种创造力测量分数的假设模型

模型一：10 个创造力分数受到同 1 个潜在变量的影响，称为一般性创造力因素（C），这是 CFA 模型中具有最少的潜在变量（因素）的一个最简单初阶模型。

模型二：基于认知与非认知的区分，6 个认知分数受到同一个潜在变量的影响［一般性创造力认知因素（Cc）］，而 4 个情意性分数受到另一个潜在变量的影响［一般性创造力情意因素（Ca）］。

模型三，认知成分的 6 个得分受 2 种认知形式的影响［图形（Ccf）与语文（Ccv）］。

模型四：认知成分的 6 个得分由 3 个成分组成［流畅力（$Cflu$）、变通力（$Cfle$）和独创力（$Cori$）］。

上述 4 个模型如图 6.3 中的模型一至模型四。这 4 个模型均为初阶模型，也就是 10 个观察变量的背后受到一群潜在因素的影响，但是潜在因素的背后并没有更高阶的因素。如果考虑这些初阶因素背后还有更高阶的因素，就必须以高阶验证性因素分析来检验下列几项模型。

模型五：模型二的 2 个初阶因素 Cc 与 Ca 背后受到一个二阶因素一般性创造力因素（C）的影响。

模型六：模型三的 2 个认知初阶因素——图形（Ccf）和语文（Ccv）——以及情意因素（Ca）的背后受到一个二阶的一般创造力因素（C）的影响。

模型七：模型四的 3 个认知初阶因素——流畅力（$Cflu$）、变通力（$Cfle$）和独创力（$Cori$）——与情意因素（Ca）的背后受到一个二阶的一般性创造力因素（C）的影响。

后面三个模型均为高阶模型，因为初阶因素的背后均存在更高阶的因素，如图 6.3 中的模型五至模型七所示，这几个 CFA 即为 HCFA。从图 6.4 的 CFA 概念路径图中可以算出测量数据为（10×11）/2=55（DP=55）。模型三为 CFA 模型（图 6.4），模型六为 HCFA 模型（图 6.5），两者的模型界定条件差异并不大。

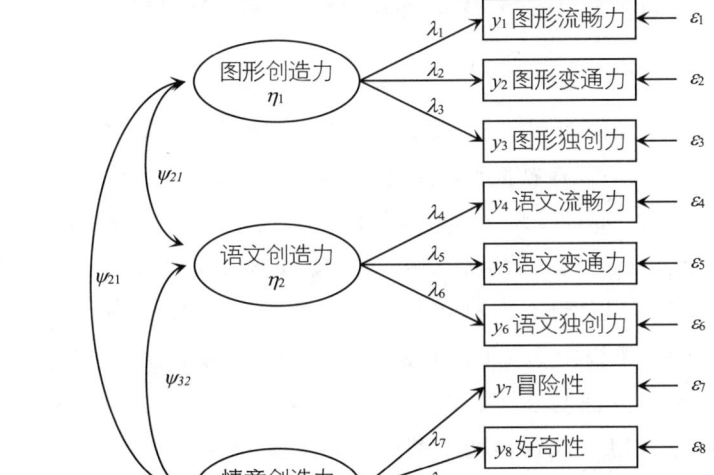

图 6.4　CFA 模型（模型三）的假设模型路径图示

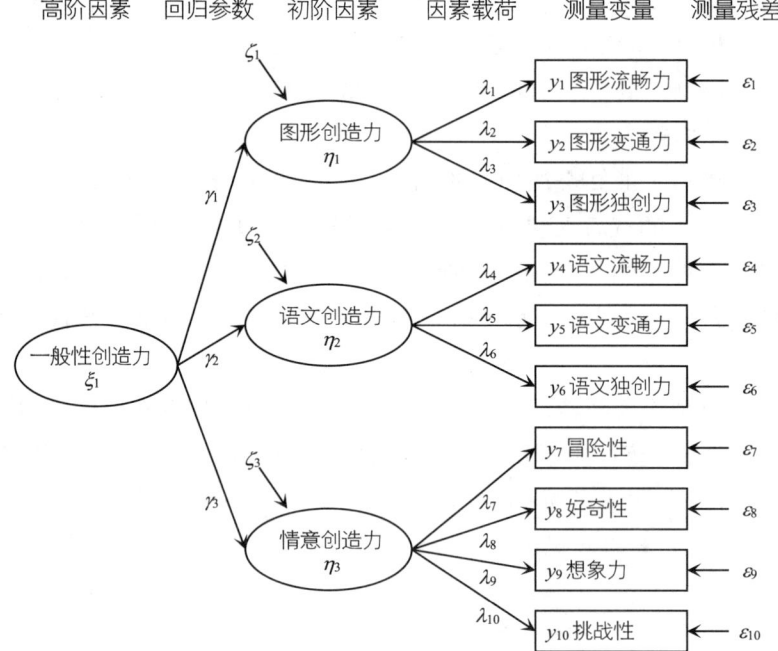

图 6.5 HCFA 模型（模型六）的假设模型路径图示

从图 6.4 的路径图可以看出，初阶模型的因素之间仅具有相关而没有高阶潜在变量的设定。而一旦在初阶因素之上再增加一个高阶因素，图 6.5 则同时增加了 3 个干扰项（ζ_1、ζ_2、ζ_3），也就是以外源潜在变量（ξ_1 二阶因素）解释 3 个内生潜在变量（η_1、η_2、η_3）的解释残差。其他各参数均维持一致。值得注意的是，为了使高阶因素得以估计，必须将高阶因素的方差设为 1，或是把定义高阶因素的 γ 系数之中的一个设定为 1（在 LISREL 中默认外源潜在变量的方差为 1）。

HCFA 的执行方法与步骤，除了语法指令的撰写与 CFA 稍有不同之外，其余皆无异。因此，以下仅针对初阶模型与高阶模型各举一个假设模型进行分析示范，然后以摘要表的形式进行各模型的竞争比较。

（二）LISREL 语法

本范例以原始数据库作为输入数据，原始数据库储存于 ch6.dat，模型三（CFA）与模型六（HCFA）的 LISREL 语法列举于表 6.1。

表 6.1　模型三与模型六的 LISREL 语法（ch6m3.LIS 与 ch6m6.LIS）

```
Title ch6 Higher-Oder CFA using LISREL syntax Model 3
DATA    NI=10 NO=804
RA FI=ch6.dat
LA
FF1 FF2 FF3 VF1 VF2 VF3 PF1 PF2 PF3 PF4
MO      NY=10 NE=3 PS=SY,FR
LE;  Figural Verbal Affect
FR      LY 2 1 LY 3 1 LY 5 2 LY 6 2 LY 8 3 LY 9 3 LY 10 3
VA  1 LY 1 1 LY 4 2 LY 7 3
PD
OUTPUT  SE TV SS MI
```

```
Title ch6 Higher-Oder CFA using LISREL syntax Model 6
DATA    NI=10 NO=804
RA FI=ch6.dat
LA
FF1 FF2 FF3 VF1 VF2 VF3 PF1 PF2 PF3 PF4
MO      NY=10 NE=3 NK=1 LY=FU,FI GA=FU,FR
LE;  Figural Verbal Affect
LK;  Crea
FR      LY 2 1 LY 3 1 LY 4 2 LY 6 2 LY 8 3 LY 9 3 LY 10 3
VA 1    LY 1 1 LY 5 2 LY 7 3
PD
OUTPUT  SS SC MI
```

表 6.1 中是 LISREL 语法，前面的数据读入指令完全相同。变量数目为 10，样本量为 804，数据以原始数据形式读入。从 MO 指令开始有所变化。模型三与模型六的不同在于 Model 指令。模型三为了估计因素间的相关，必须增加 PS=DI,FR 指令，或在语法中直接释放因素间的共变，使其得以估计。PS=DI,FR 则说明初阶因素（各内生潜在变量）被高阶因素解释后所剩余的独特变异 Ψ 矩阵中，对角线与下三角部分（初阶因素的残差方差与协方差）被自由估计。

至于高阶模型则增加了一个外源潜在变量（*NK*=1），这一新增的高阶潜在变量（二阶因素）由 3 个初阶因素所定义，因此必须增加 GA=FU,FR 指令。GA=FU,FR 说明了高阶因素（外源潜在变量）与初阶因素（各内生潜在变量）的 Γ 矩阵所有的结构参数被自由估计。

（三）SIMPLIS 语法

以 SIMPLIS 语法进行前述模型的估计，语法列于表 6.2。CFA 与 HCFA 的语法差异在于 HCFA 模型中增加了初阶与高阶因素的关系设定：Figural Verbal Affect=Crea，并将高阶因素的方差设为 1.0：Set the Variance of crea to 1。除此之外则无不同（但是要记得在潜在变量名称中多增列高阶因素的名字：Latent

Variables: Figural Verbal Affect Crea）。

表 6.2　模型三与模型六的 SIMPLIS 语法（ch6m3.spl 与 ch6m6.spl）

```
Ch6 Higher-Order CFA using SIMPLIS syntax model 3 CFA
Observed Variables: FF1 FF2 FF3 VF1 VF2 VF3 PF1 PF2 PF3 PF4
Raw Data from File ch6.dat
Sample Size = 804
Latent Variables:  Figural Verbal Affect
Relationships:
FF1-FF3=Figural
VF1-VF3=Verbal
PF1-PF4=Affect
Path Diagram
LISREL Output
End of Program
```

```
Ch6 Higher-Order CFA using SIMPLIS syntax model 6 HCFA
Observed Variables: FF1 FF2 FF3 VF1 VF2 VF3 PF1 PF2 PF3 PF4
Raw Data from File ch6.dat
Sample Size = 804
Latent Variables:  Figural Verbal Affect Crea
Relationships:
FF1-FF3=Figural
VF1-VF3=Verbal
PF1-PF4=Affect
Figural Verbal Affect=Crea
Set the Variance of crea to 1
Path Diagram
LISREL Output
End of Program
```

（四）结果报告与说明（以 HCFA 为例）

1. 模型界定

模型六的报表指出，测量变量共计 10 个，内生测量变量（Y）数目为 10，内生潜在变量（ETA；初阶因素）数目为 3，外源潜在变量（KSI；高阶因素）数目为 1，样本量为 804。

```
Number of Input Variables  10
Number of Y - Variables    10
Number of X - Variables     0
Number of ETA - Variables   3
Number of KSI - Variables   1
Number of Observations    804
```

接着列出了模型六所估计的 23 个参数，分别是因素载荷 7 个（1～7）、结构参数 3 个（8～10）（见注 1）、初阶因素被高阶因素解释剩余的残差变异量 3 个（11～13）（见注 2），以及观察变量测量误差 10 个（14～23）。注 1 与注 2 所列为高阶因素所影响的参数。

```
Parameter Specifications
    LAMBDA-Y

         Figural    Verbal    Affect
         -------    ------    ------
FF1            0         0         0
FF2            1         0         0
FF3            2         0         0
VF1            0         3         0
VF2            0         0         0
VF3            0         4         0
PF1            0         0         0
PF2            0         0         5
PF3            0         0         6
PF4            0         0         7
```

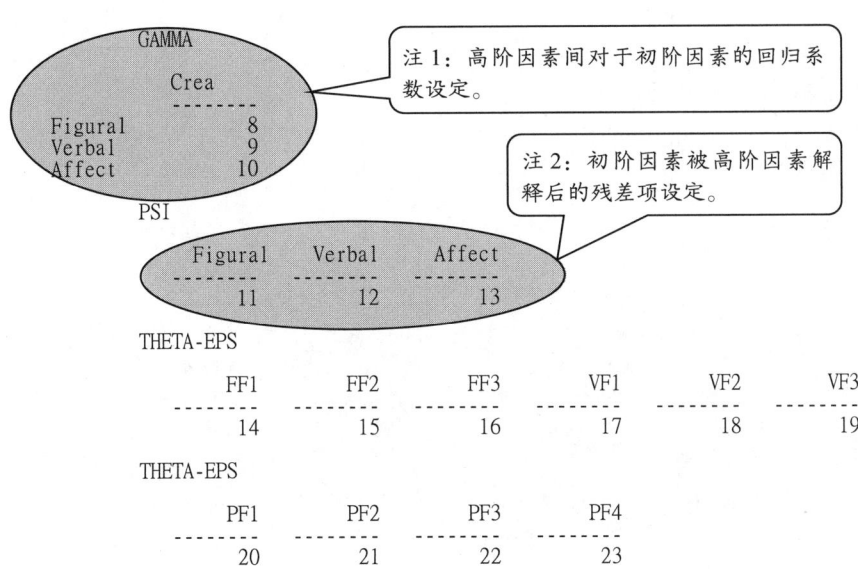

注 1：高阶因素间对于初阶因素的回归系数设定。

注 2：初阶因素被高阶因素解释后的残差项设定。

```
         THETA-EPS

         FF1        FF2        FF3        VF1        VF2        VF3
         ------     ------     ------     ------     ------     ------
          14         15         16         17         18         19

         THETA-EPS

         PF1        PF2        PF3        PF4
         ------     ------     ------     ------
          20         21         22         23
```

2．参数估计结果

模型六所得到的结果指出，LISREL 总计进行了 73 次迭代才完成了所有的参数估计。但是在范例二中，没有高阶设定的模型三仅需要 4 次迭代即完成了参数估计。然而，模型六的各初阶参数的因素载荷估计数与模型三完全相同（见注 3），显见高阶因素的设定提高了整体模型估计上的难度，而非个别参数估计本身。结果输出如下：

Higher-order Confirmatory Factor Analysis #3 Model 6

Number of Iterations = 73

LISREL Estimates (Maximum Likelihood)

```
          LAMBDA-Y

           Figural    Verbal    Affect
           -------    ------    ------
FF1         1.000      - -       - -

FF2         0.628      - -       - -
           (0.013)
           50.032

FF3         1.611      - -       - -
           (0.033)
           49.185
```

注3：参数估计结果与显著性检验与模型三完全相同，表示高阶因素的设定并不影响初阶因素的参数估计。

（略）

```
          GAMMA

            Crea
           -------
Figural     3.059
           (0.350)
            8.751

Verbal      6.252
           (0.650)
            9.619

Affect      0.883
           (0.139)
            6.360
```

```
        Covariance Matrix of ETA and KSI

         Figural    Verbal    Affect     Crea
         -------    ------    ------    ------
Figural   30.521
Verbal    19.127    60.234
Affect     2.701     5.520     6.919
Crea       3.059     6.252     0.883     1.000
```

注4：潜在变量的方差与协方差参数估计结果，包括了高阶因素与初阶因素。

```
          PHI

           Crea
          -------
           1.000

          PSI
          Note: This matrix is diagonal.

          Figural    Verbal    Affect
          -------    ------    ------
           21.162    21.144     6.140
          (2.146)   (7.721)   (0.696)
            9.862     2.739     8.822
```

注5：初阶因素被高阶因素解释后的残差变异量，均达显著水平，表示各初阶因素具有未被解释的独特性。

Squared Multiple Correlations for Structural Equations

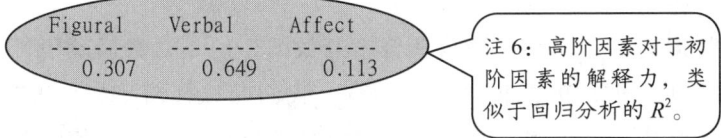

Figural	Verbal	Affect
0.307	0.649	0.113

> 注6：高阶因素对于初阶因素的解释力，类似于回归分析的 R^2。

上述参数估计结果显示，所有的参数估计数均具有显著的意义。潜在变量的方差与协方差的估计数（**ETA** 与 **KSI** 矩阵）虽然被列出（见注4），但是并未提供显著性检验，因为这些参数仅是作为 **Γ** 矩阵估计的基础。

高阶因素对初阶因素的结构参数取代了 **ETA** 与 **KSI** 矩阵，造成 **ETA** 与 **KSI** 矩阵的估计数不被继续处理，但是造成了 **PSI** 需被检验，也就是各初阶因素被解释后的残差矩阵（**Ψ**）。数据显示这些残差项均达显著水平（见注5），表示初阶因素具有高阶因素之外的独特变异量。而报表亦指出，3 个初阶因素可以被解释的变异量分别为 30.7%、64.9% 和 11.3%，显示高阶因素（一般性创造力）对于语文认知创造力的解释力较强，对于情意创造力的解释力最弱（见注6）。

紧接着是测量变量的测量残差估计数（**THETA-EPS**）与显著性检验。所有的数据与范例二的 Model 3 的估计值及显著性完全相同，证明了高阶因素的设定并不会影响初阶因素与测量变量之间的关系。

3. 模型拟合度分析

模型六的模型拟合指数与其他模型的模型拟合数据列于表 6.3。从模型拟合指数来看，模型三与模型六是相当理想的模型，但两个模型拟合度数据完全相同，显示两者反映真实观测资料的优劣程度一样，无法比较。

表 6.3　各模型拟合度比较表

模型	Chi-square	df	RMSEA	NNFI	CFI	SRMR
模型一	2913.88	35	0.320	0.365	0.506	0.223
模型二[a]	2057.230	34	0.272	0.541	0.653	0.164
模型三[b]	87.389	32	0.046	0.987	0.991	0.020
模型四[c]	1891.195	29	0.283	0.504	0.681	0.120
模型五	2082.976	33	0.278	0.521	0.648	0.167
模型六	87.389	32	0.046	0.987	0.991	0.020
模型七	3503.486	31	0.373	0.136	0.404	0.285

注：[a] 模型二为模型五的初阶模型；[b] 模型三为模型六的初阶模型；[c] 模型四为模型七的初阶模型。

（五）分析结果与参数报告

先前的数据提供了模型估计与适合度的数据，但是在最后阶段，我们必须决定何者是我们所欲取用的数据。一般而言，我们应选择模型拟合度较佳的模型，作为我们的最终模型。但是，如果两个模型拟合度相当，卡方值的差异未达显著水平，我们即无法识别何者的拟合度较佳。

模型六与模型三的自由度完全相同，拟合度数据完全相同，证实了先前所讨论的两者为等值模型，两个模型的拟合优劣无法比较。模型六仅有在高阶因素设定上有所变化，并未影响测量变量的设定，因此模型整体拟合情形没有变化。如此一来，我们即无法利用模型拟合度来进行模型竞争比较，无法看出模型三与模型六的优劣性。最后则将模型三与模型六的最终解的所有参数估计详列于图 6.6 与图 6.7，读者可以自行比较其间的异同。

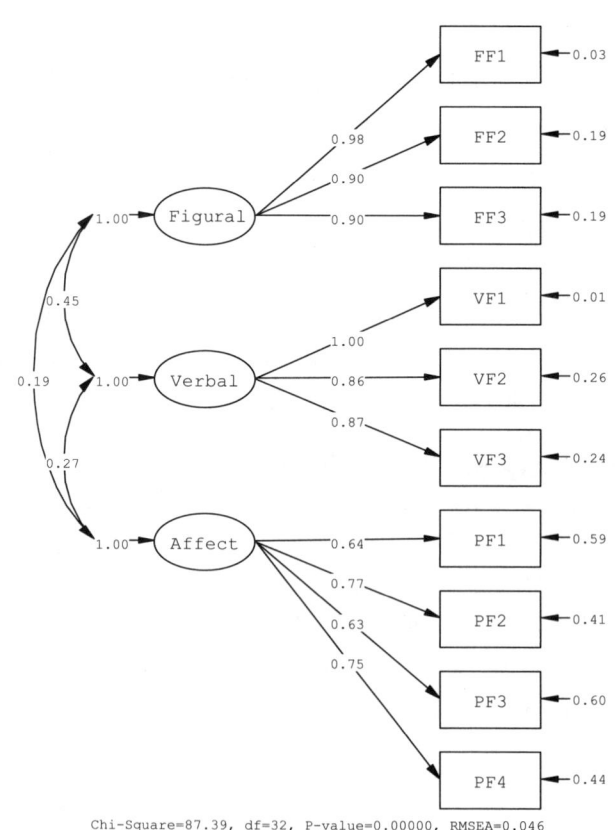

Chi-Square=87.39, df=32, P-value=0.00000, RMSEA=0.046

图 6.6　模型三的标准化终解路径图示

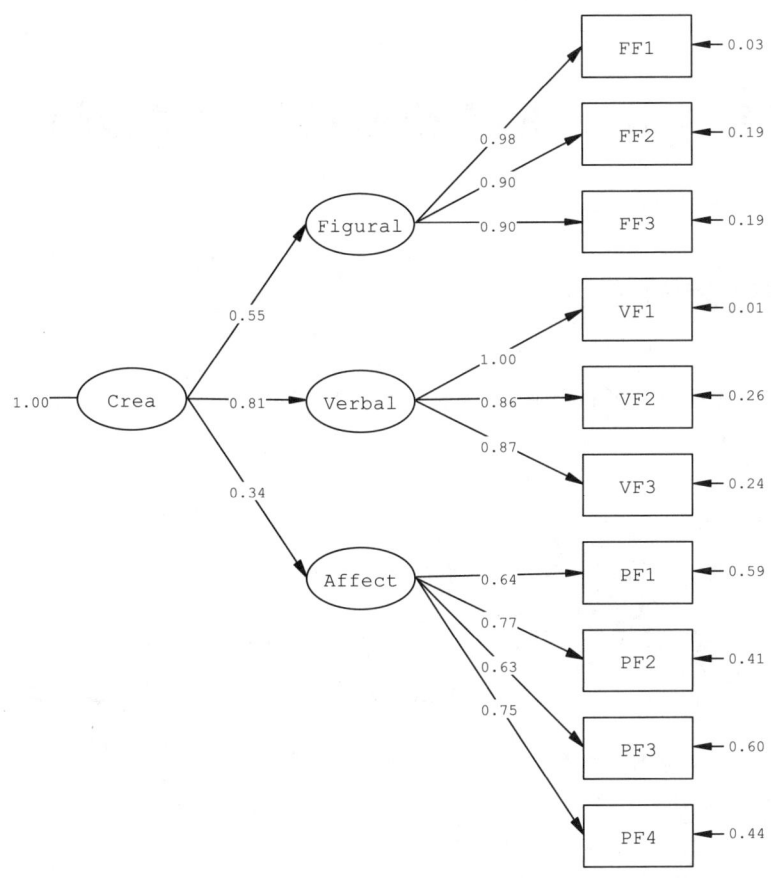

图 6.7　模型六的标准化终解路径图示

就 HCFA 而言，最重要的系数莫过于高阶因素的因素载荷，该参数反映了高阶因素对于初阶因素的解释力，列于 Γ 矩阵中。报表数值指出，高阶因素（一般创造力）对于语文认知性创造力的影响最大（$\gamma=0.81$），其次为图形认知性创造力（$\gamma=0.55$），最后是情意创造力（$\gamma=0.34$）。在模型三当中，这些高阶因素的因素载荷由初阶因素之间的相关来表示，分别为图形认知与语文认知的 0.45、图形认知与情意认知的 0.19，以及语文与情意创造力的 0.27。γ 系数与相关系数的性质相差甚大，同时数据的意义与解读的方式也大不相同，因此，究竟模型三与模型六中的哪一个可以用来反映创造力的理论因素效度，除了可以依据简效原则来判断，也应该审视数据所提供的信息，配合文献与理论的讨论，得到最合理的论证。

第三节 Amos 的高阶验证性因素分析

一、模型界定

依照创造力理论的假设图,绘制图形,图 6.8 为执行完毕之后的标准化最终解路径图(以模型六为例)。

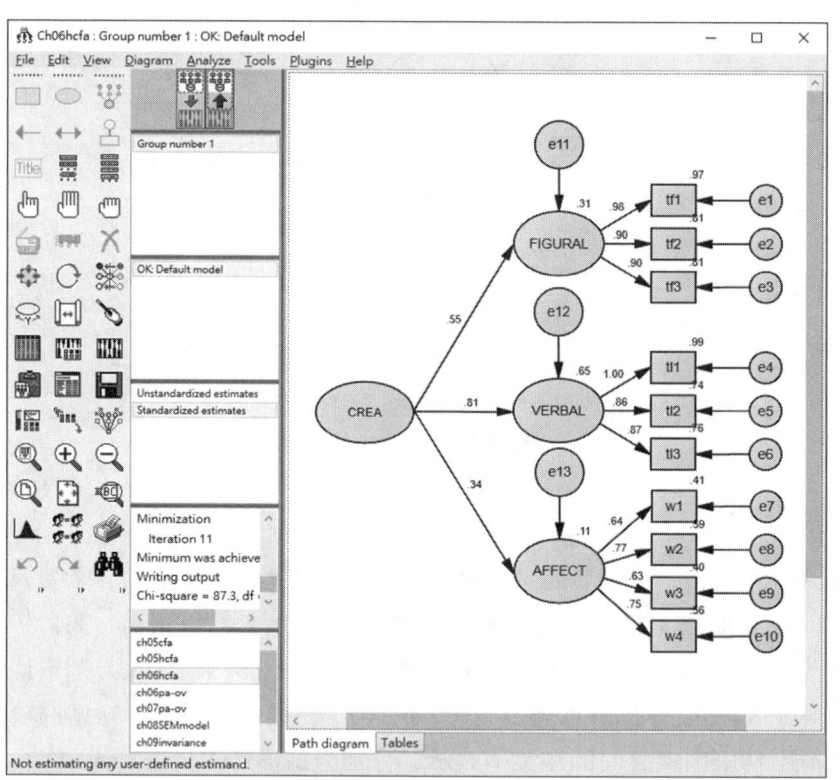

图 6.8 以 Amos 绘制的 HCFA 概念图与参数估计结果

二、Amos 的报表解读

变量的摘要显示了模型中的所有变量，包含观察变量（内生变量）与非观察变量（外源变量），观察变量有 10 个，非观察变量有 17 个，共计 27 个变量。

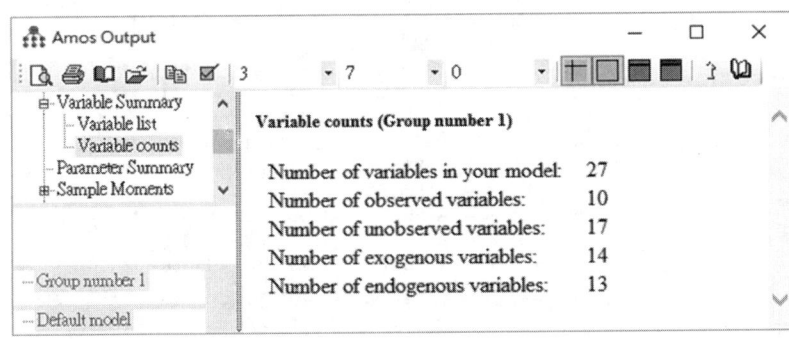

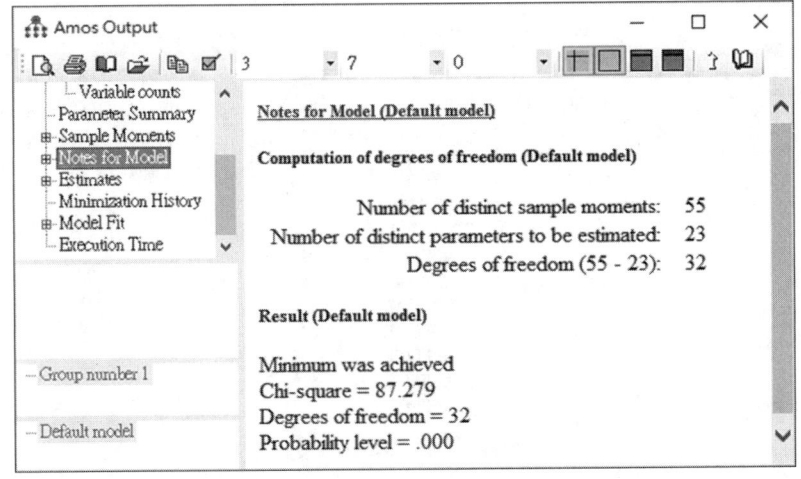

模型的记录显示模型的测量数据数为 55 个，有 23 个参数被估计，因此自由度为 32。在模型的记录中也能看到卡方值（87.28）与显著性（0.000）。

从参数估计结果的报表数据可以得知，所有的参数值均达显著，因素载荷以 tl_1 的 0.996 最高，w_3 的 0.629 最低。高阶因素的标准化结构系数即初阶因素被高阶因素解释的因素载荷，一般创造力（CREA）对图形创造力（FIGURAL）解释的因素载荷为 0.554，一般创造力对语文创造力（VERBAL）为 0.806，一般创造力对情意创造力（AFFECT）为 0.336。

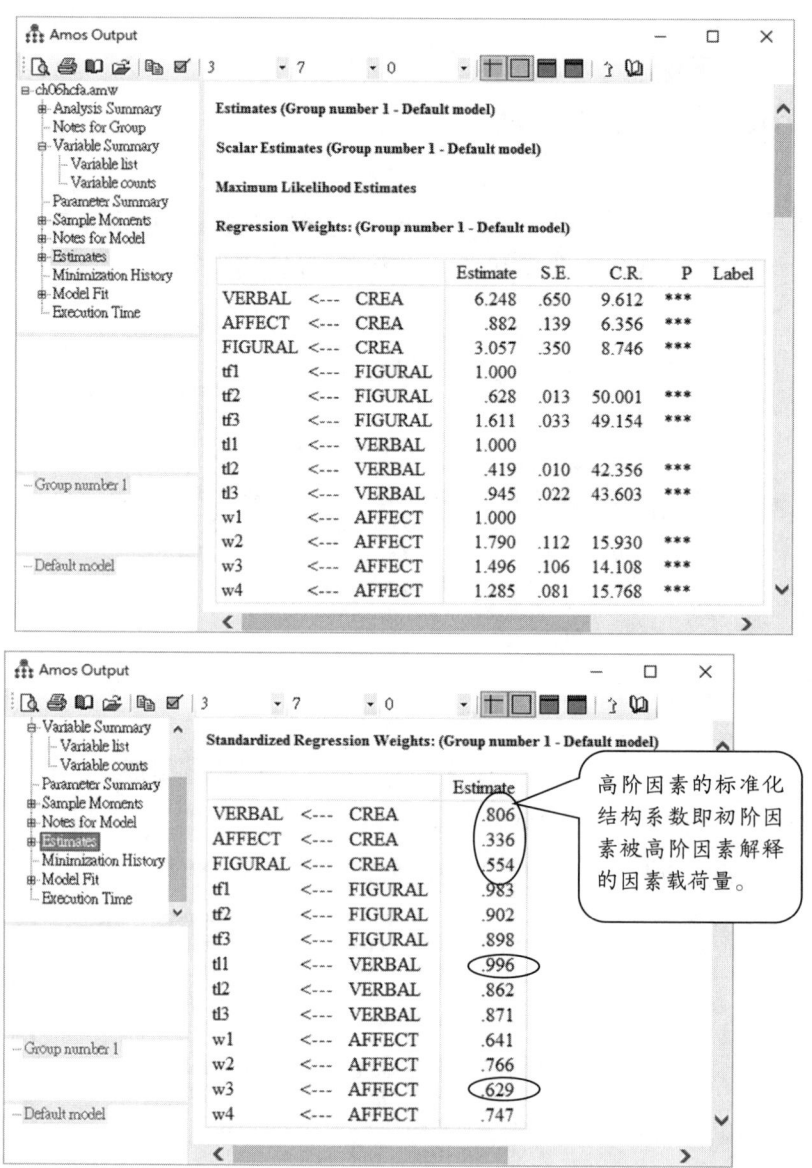

三、模型拟合度分析

从前面的模型记录中显示拟合卡方值（Chi-square）为 87.279（p=0.000），模型拟合度摘要表也显示 CMIN/DF 为 2.727。平均概似平方误根系数 RMSEA=0.046；SRMR=0.020；TLI（NNFI）、NFI、CFI、GFI 皆大于 0.90，显示模型六具有理想的拟合度。

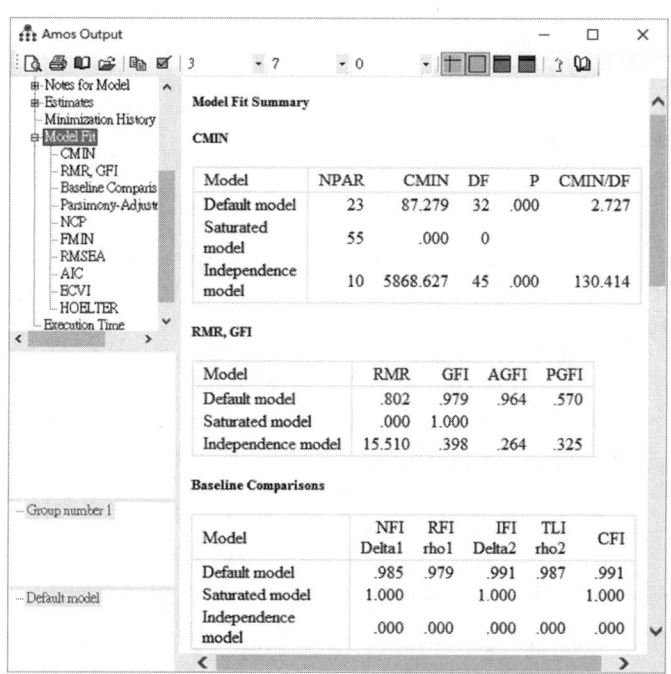

第四节　Mplus 的高阶验证性因素分析

一、Mplus 语法

```
TITLE:    ch6 Higher-Order CFA
DATA:     FILE IS ch6.dat;
VARIABLE: NAMES ARE FF1 FF2 FF3 VF1 VF2 VF3 PF1 PF2 PF3 PF4;
MODEL:
 Figural by FF1-FF3;
 Verbal  by VF1-VF3;
 Affect  by PF1-PF4;
 Crea    by Figural* Verbal Affect;
 Crea@1;
OUTPUT:
 STANDARDIZED;
```

设定模型：
各初阶因素的第一条参数的 λ 自动预设为 1.0

设定高阶因素：
高阶因素 Crea 由 3 个初阶因素所定义。3 个参数自由估计。

高阶因素的方差设为 1.0

二、Mplus 估计结果

```
MODEL FIT INFORMATION

Number of Free Parameters                          33

Loglikelihood

        H0 Value                          -22539.019
        H1 Value                          -22495.325

Information Criteria

        Akaike (AIC)                       45144.038
        Bayesian (BIC)                     45298.795
        Sample-Size Adjusted BIC           45194.001
          (n* = (n + 2) / 24)

Chi-Square Test of Model Fit

        Value                                 87.388
        Degrees of Freedom                        32
        P-Value                               0.0000

RMSEA (Root Mean Square Error Of Approximation)

        Estimate                               0.046
        90 Percent C.I.                  0.035  0.058
        Probability RMSEA <= .05               0.677

CFI/TLI

        CFI                                    0.991
        TLI                                    0.987

Chi-Square Test of Model Fit for the Baseline Model

        Value                               5875.935
        Degrees of Freedom                        45
        P-Value                               0.0000

SRMR (Standardized Root Mean Square Residual)

        Value                                  0.019

STANDARDIZED MODEL RESULTS

STDYX Standardization

                                                       Two-Tailed
                       Estimate    S.E.  Est./S.E.     P-Value

 FIGURAL  BY
    FF1                 0.983     0.005   214.121       0.000
    FF2                 0.902     0.008   117.104       0.000
    FF3                 0.898     0.008   112.619       0.000

 VERBAL   BY
    VF2                 0.862     0.010    83.735       0.000
    VF1                 0.996     0.006   179.773       0.000
    VF3                 0.871     0.010    89.034       0.000

 AFFECT   BY
    PF1                 0.641     0.026    24.574       0.000
    PF2                 0.766     0.022    34.895       0.000
    PF3                 0.629     0.027    23.668       0.000
    PF4                 0.747     0.023    33.152       0.000
```

```
CREA     BY
    FIGURAL         0.554    0.060     9.283    0.000
    VERBAL          0.806    0.080    10.090    0.000
    AFFECT          0.336    0.048     6.937    0.000
Intercepts
    FF1             2.094    0.063    33.230    0.000
    FF2             2.275    0.067    34.057    0.000
    FF3             1.684    0.055    30.704    0.000
    VF1             1.818    0.057    31.653    0.000
    VF2             2.369    0.069    34.432    0.000
(略)
Variances
    CREA            1.000    0.000   999.000  999.000
Residual Variances
    FF1             0.034    0.009     3.771    0.000
    FF2             0.186    0.014    13.359    0.000
    FF3             0.193    0.014    13.494    0.000
    VF1             0.008    0.011     0.721    0.471
    VF2             0.256    0.018    14.419    0.000
(略)
```

第五节　R 的高阶验证性因素分析

一、R 语法

```
#Chapter 6: Higher-order CFA using raw data
library(lavaan)
ch06.rawdata<-read.csv("c:\\SEM\\Ch06\\R\\ch06.csv", header=TRUE)
ch06.cov<-cov(ch06.rawdata)
ch06.model<-'
#set the first order factor structure
  FA  =~ tf1+tf2+tf3
  FB  =~ tl1+tl2+tl3          设定一阶因素
  FC  =~ w1+w2+w3+w4
#set the higher order factor structure
  Crea =~NA*FA+FB+FC
  Crea ~~1*Crea'              高阶因素的方差设为1.0
ch06.fit <- cfa(model=ch06.model, sample.cov=ch06.cov, sample.nobs=802)
inspect(ch06.fit)
summary(ch06.fit, fit.measures=TRUE, standard=TRUE)
modificationIndices(ch06.fit)

library(semPlot)
semPaths(ch06.fit, 'std', mar = c(30, 5, 10, 5))
```

二、R 报表

```
> inspect(Ch06.fit)
$lambda
    FA FB FC Crea
tf1  0  0  0   0
tf2  1  0  0   0
tf3  2  0  0   0
t11  0  0  0   0
t12  0  3  0   0
t13  0  4  0   0
w1   0  0  0   0
w2   0  0  5   0
w3   0  0  6   0
w4   0  0  7   0

$theta
    tf1 tf2 tf3 t11 t12 t13 w1 w2 w3 w4
tf1  11
tf2   0  12
tf3   0   0  13
t11   0   0   0  14
t12   0   0   0   0  15
t13   0   0   0   0   0  16
w1    0   0   0   0   0   0 17
w2    0   0   0   0   0   0  0 18
w3    0   0   0   0   0   0  0  0 19
w4    0   0   0   0   0   0  0  0  0 20

$psi
     FA FB FC Crea
FA   21
FB    0 22
FC    0  0 23
Crea  0  0  0  0

$beta
     FA FB FC Crea
FA    0  0  0    8
FB    0  0  0    9
FC    0  0  0   10
Crea  0  0  0    0
```

> 高阶因素的方差设为 1.0 不进行估计

> 3 个一阶因素对于二阶因素的载荷均进行估计

```
> summary(Ch06.fit, fit.measures=TRUE, standard=TRUE)
lavaan (0.5-23.1097) converged normally after  88 iterations

  Number of observations                            802

  Estimator                                          ML
  Minimum Function Test Statistic                87.170
  Degrees of freedom                                 32
  P-value (Chi-square)                            0.000

Model test baseline model:

  Minimum Function Test Statistic              5861.318
  Degrees of freedom                                 45
  P-value                                         0.000
```

```
User model versus baseline model:

  Comparative Fit Index (CFI)                    0.991
  Tucker-Lewis Index (TLI)                       0.987

Loglikelihood and Information Criteria:

  Loglikelihood user model (H0)              -22482.939
  Loglikelihood unrestricted model (H1)      -22439.354

  Number of free parameters                          23
  Akaike (AIC)                                45011.879
  Bayesian (BIC)                              45119.682
  Sample-size adjusted Bayesian (BIC)         45046.644

Root Mean Square Error of Approximation:

  RMSEA                                           0.046
  90 Percent Confidence Interval         0.035   0.058
  P-value RMSEA <= 0.05                           0.678

Standardized Root Mean Square Residual:

  SRMR                                            0.020

Latent Variables:
                   Estimate  Std.Err  z-value  P(>|z|)   Std.lv  Std.all
  FA =~
    tf1              1.000                                5.521    0.983
    tf2              0.628    0.013   49.969    0.000    3.469    0.902
    tf3              1.611    0.033   49.123    0.000    8.892    0.898
  FB =~
    t11              1.000                                7.756    0.996
    t12              0.419    0.010   42.330    0.000    3.253    0.862
    t13              0.945    0.022   43.576    0.000    7.328    0.871
  FC =~
    w1               1.000                                2.629    0.641
    w2               1.790    0.112   15.920    0.000    4.706    0.766
    w3               1.496    0.106   14.099    0.000    3.933    0.629
    w4               1.285    0.082   15.758    0.000    3.378    0.747
  Crea =~
    FA               3.057    0.350    8.740    0.000    0.554    0.554
    FB               6.248    0.650    9.606    0.000    0.806    0.806
    FC               0.882    0.139    6.352    0.000    0.336    0.336

Variances:
                   Estimate  Std.Err  z-value  P(>|z|)   Std.lv  Std.all
    Crea             1.000                                1.000    1.000
   .tf1              1.074    0.280    3.836    0.000    1.074    0.034
   .tf2              2.746    0.175   15.646    0.000    2.746    0.186
   .tf3             18.948    1.189   15.933    0.000   18.948    0.193
   .t11              0.483    0.664    0.728    0.467    0.483    0.008
   .t12              3.643    0.216   16.836    0.000    3.643    0.256
   .t13             17.132    1.042   16.446    0.000   17.132    0.242
   .w1               9.906    0.601   16.494    0.000    9.906    0.589
   .w2              15.586    1.231   12.665    0.000   15.586    0.413
   .w3              23.664    1.415   16.726    0.000   23.664    0.605
   .w4               9.042    0.672   13.452    0.000    9.042    0.442
    FA              21.136    2.146    9.850    0.000    0.693    0.693
    FB              21.117    7.721    2.735    0.006    0.351    0.351
    FC               6.132    0.696    8.811    0.000    0.887    0.887
```

最后，模型标准化终解路径图如图 6.9 所示。

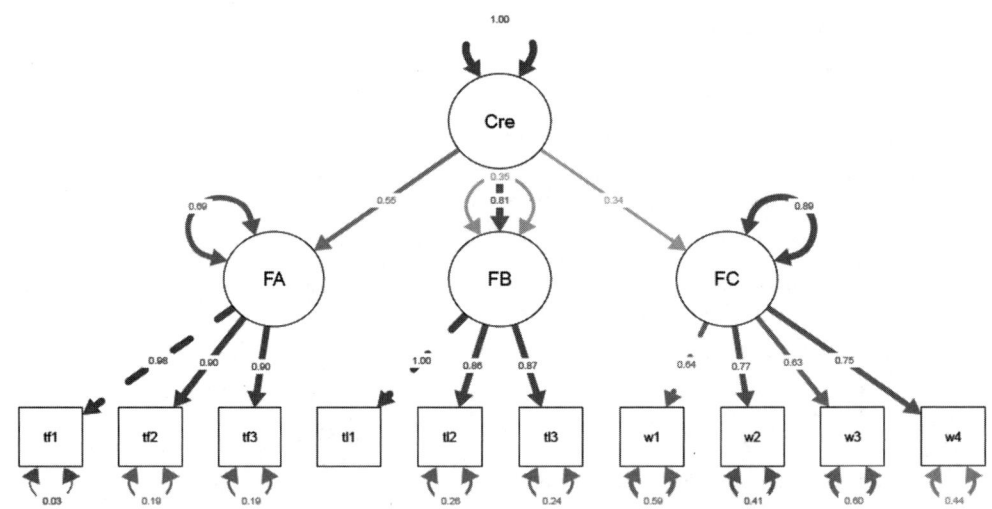

图 6.9 以 R 分析得到的模型六标准化终解路径图示

第七章 路径分析

路径分析是一种将观察变量间的关系以模型化的方式进行分析的统计技术。在实际分析操作上,可以利用统计软件进行多次的多元回归分析,得到所有的路径系数并加以组合。然而,自从 SEM 发展以来,路径分析可以轻易地在 SEM 加以模组与检验,因此路径分析逐渐改以 SEM 的方式来处理,称为 SEM 取向(SEM approach)的路径分析。其主要特色是可以利用测量变量间的共变情形,同时估计模型当中所有的参数,并可以配合研究者所提出的假设模型或竞争模型来检验理论模型与观察数据的适切性,找出最佳模型。

第一节 路径分析的基本概念

2008 年 5 月 12 日下午 2 时 28 分左右,中国四川省发生 8.0 级的大地震。震中汶川县首当其冲,死伤无数。如果人类能够预知地震,那么无数的生命即得以挽救。

然而,根据报道,四川绵竹市西南镇檀木村在地震前两日曾出现大规模蟾蜍迁徙,数十万蟾蜍走上马路。另据报道,4 月 26 日早上 7 时,湖北下村坝中一个直径约百米、水深数十米的水塘约 8 万立方米的蓄水全部消失,并伴有轰鸣声。犹有甚者,地震发生前半小时,邻近的甘肃有民众拍到天空出现五颜六色的美丽彩云霞光,认为这是地震要发生之前的"地震云"。一时之间,似乎地震是可以预知的,而是我们疏于关心探究。但是,地震真的可以预知吗?

确实曾有科学家指出,地震要发生之前,天空中会出现一种白色的带状白云,并称之为地震云。其原理是地球本身是一个大磁场,当地震来临前,"地壳变动"影响了"地底磁场",进而影响"云层中电子排列"而形成地震云。这套说法如果合并其他异象,可以绘制成图 7.1 的关系。

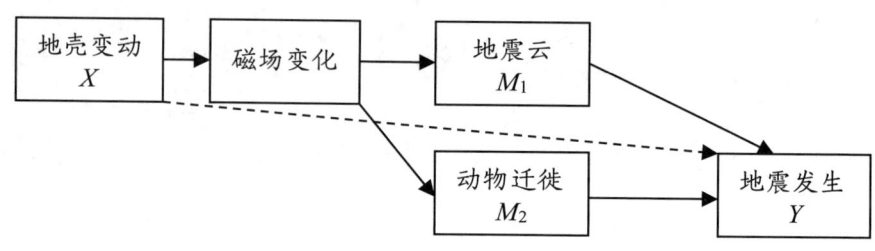

图 7.1　大地震前的预兆

图 7.1 的因果关系图如果获得证实,或许人们无法掌握因为地壳变动(X)所产生的地震(Y)($X \to Y$),但可以通过天象观测[地震云(M_1)、动物迁徙(M_2)]的中介变量(mediation)来预知地震($M_1 \to Y$、$M_2 \to Y$)而逃过一劫。虽然科学界一直在持续相关研究,却始终无法证明天空中云彩的变化以及动物的迁徙和地震的关联机制。如今演变成芸芸百姓不断报告一些与地震"相关"的信息,但科学家始终不愿下"因果"结论。为什么呢?难道真的因为科学家缺乏大智慧,又或者是研究者并没能善用路径分析,去掌握天象与地震之间的因果关系。

除了自然科学家关心因果,心理学家、社会学家、经济学家、父母老师甚至政治人物无不关心。观察相关、掌握因果,是学术工作者最大的梦想,却也是最遥不可及的梦想。

1921 年,学经济的 Wright 首度提出了"路径分析"的概念,利用回归方程来联结图 7.1 当中的 X(自变量,independent variable,IV)、M(中介变量,mediator,Me)和 Y(因变量,dependent variable,DV),建立一个统计模型来解释一组有关联的变量之间的因果关系,以推得经济上的因果结论。

简单来说,路径模型的目的是解释为何一组变量会有关系?它们是如何彼此影响的?因此背后的数学逻辑以及分析的基本素材是观察变量之间的共变结构,这也是路径分析与其他 SEM 技术相通之处。共变结构反映的是一组变量之间的多元化共变性,而个别变量的两两共变强度可以利用标准化共变(也就是相关系数)来描述两者线性关系的强度。

几乎所有的基本统计教科书上都会提醒大家,相关不等于因果,但在路径分析中,这条警语被修改为相关蕴涵了因果关系,变量之间可以存在因果关系,通过适当的程序与分析,配合假设检验,相关可以推导出因果结论。

Meehl 与 Waller（2002）指出，路径分析虽然可以检验因果论证的存在，但是对于谁为因、谁为果，却需要更为严谨的检验（p. 284）。虽然 Wright 发明了一套用以检测因果关系的有力工具，但如果把某一个研究的分析结果视为特定变量因果关系的唯一证据，而没有多方检验其真实性，将可能造成偏差的结论。循此，也正说明了正确学习与运用路径分析的重要性。

第二节 路径分析的模型界定与识别

一、理论先行

路径分析最初由遗传学家 Sewall Wright 于 1921 年提出，至 20 世纪 60 年代才广泛受到重视，用以探讨多重变量之间因果结构模型。路径分析不仅在心理学、教育学或社会学等传统社会科学领域有重要的地位，在商学研究或经济计量学上，路径分析也受到相当的重视。例如，在经济学领域，路径分析被称为联立方程模型（simultaneous equation modeling），很早就被提出讨论。

路径分析的目的是建立因果解释模型，这也是社会科学领域用来检测因果模型的重要策略。但是因为因果关系所倚赖的基本前提多半难以确立，所以路径分析的结论也经常遭到质疑。例如，因果关系的两个变量应具有明确的前后时间关系，即 X 发生在前，Y 发生在后，X 与 Y 的共变方可以被推导为因果关系。在理论上，这种 X 先于 Y 发生的资料仅存在于追踪（longitudinal）研究中，但多数的社会与行为科学研究是以同时性（concurrent）测量来收集各观察变量的数据的，也就是变量的数据发生时间相同。因此，因果关系的假设有赖研究者提出清楚、合理、明确的逻辑与推理程序，来说明假设存在的基础，例如，提出"性别影响自我概念，但是自我概念不会改变性别"之类的论证，或征引理论与文献的支持，来确立假设的合宜性与合理性。

另一个重要的问题是如何排除与控制其他变量的影响，这使得因果关系的存在具有相当的稳定性与内部关系的有效性。在传统上，实验研究的优点即是可以精确地控制其他变量，借以观察 X 变量对于 Y 变量的影响。但是多数的社会与行为科学研究所探讨的变量数目多、关系复杂，许多变量因为基本性质或伦理考虑无法在实验室中操作，使得实验研究无法执行，大量使用统计控制程序的回归分析、路径分析或 SEM 即成为复杂的共变关系分析的重要替代方案，但同时这也是这类技术共同的问题根源。统计控制的程序往往因为不同的处理方式造成了数据的变异，在分析过程当中常常因为控制变量的调整造成了估计结果的改变，甚至扭转了研究的结论。因此，要从技术层面来追求一个稳定的、具有统计检验力（power）的参数估计程序的路径分析来达成对真相的发掘，往往收效有限。根本的解决之道仍是建立适切的理论基础与严谨的假设建构过程，并时时注意统计技术本身的限制与问题（Cliff，1983）。

从上述分析中可以看出，路径分析与其他的 SEM 技术都需要强而有力的理论基础作为统计检验过程的支撑。虽然在技术上，路径分析与 SEM 技术提供了各种因应方案来处理各种问题，配合计算机优越的数据处理能力可以协助处理繁复的运算，但是根本的关键取决于知识的基础。深度的文献检阅、扎实的理论内涵与缜密的逻辑推论是提出假设模型必要的前提条件，这些研究执行的重要工作的落实是研究成败的关键。

二、模型的建立

路径分析的首要步骤是建立一个有待检验的路径模型（path model）。模型的建立除了基于研究者所关心的变量与关系，也必须斟酌相关研究与过去文献的观点，提出一个适当的模型以待验证。但是要如何选择适当的变量与安排适当的假设关系，是路径模型建立的两大挑战。以变量的选择来说，某一个因变量 Y（如学业表现）的影响因素除了研究者所关心的变量（如动机因素）之外，可能存在其他重要的影响变量（例如，智力）。模型中是否纳入了其他重要的变量，考验着研究者的智慧。

从技术的观点来看，纳入越多的对于因变量具有解释力的自变量，可以有效提升模型的拟合度，但是从研究的观点，纳入过多的变量对于现象的解释不但没有帮助，反而容易造成概念上的混淆。因此，研究者无不希望提出一个精简的模型而能解释最大的变异，太多的讯息反而会造成判断的困扰。相反的，有时候研究者对于哪些变量对因变量具有影响力缺乏足够的讯息，尤其对于一些较为冷门或新兴的议题，过去的文献与既有的理论可能相当缺乏，造成研究者不知如何选择变量，或是无法提出有力的论证以支持模型的意义。过多或过少的信息都对模型的建立造成了困扰，最后的解决方案还有赖研究者自行通过归纳、推理与主观的分析来决定。

其次是变量关系的决定，表 7.1 列举了路径模型中可能存在的变量关系，除了 ↔ 代表没有方向性的相关之外，其他的关系类型都与因果关系有关。当研究者获得观察数据之后，任何两个变量的共变都可以直接计算出来，所以相关可以说是具体存在而可以估算的变量关系，是整个路径分析的基础。其他所有关系的检验则建立在研究者的假设之上，需要适当的理论依据作为基础。

表 7.1　路径分析的各种变量关系

变量与符号	代表意义	关系类型
$X \leftrightarrow Y$	相关 Correlation	X 与 Y 为共变关系
$X \rightarrow Y$	单向因果关系 direct causal effect	X 对 Y 为直接效应
$X \rightarrow Y_1 \rightarrow Y_2$	单向因果关系 direct causal effect	X 对 Y_1 为直接效应，X 对 Y_2 为间接效应，Y_1 为中介变量
$X \rightleftarrows Y$	回溯因果关系 reciprocal causal effect	X 与 Y 互为直接效应，X 与 Y 具有回馈循环效果
$Y_1 \rightarrow Y_2 \rightarrow Y_3 \rightarrow Y_1$	循环因果关系 indirect loop effect	Y_1 对 Y_2、Y_2 对 Y_3、Y_3 对 Y_1 均为直接效应，Y_1、Y_2 与 Y_3 为间接回馈循环效果

综上所述，建构一个路径模型时，对于变量的选择与关系的拟定具有高度艺术性。除了借由理论文献的检查与个人主观的判断来推导之外，尚必须考虑模型可识别性等技术层次的问题，避免造成参数无法估计的窘境。

三、递归模型与非递归模型

（一）模型的定义

借由变量关系的安排，路径分析有两种不同的基本类型：递归（不可逆）模型与非递归（可逆）模型（见图 7.2）。这两种模型的区别主要在于是否具有回溯性或循环因果关系（见表 7.1）。

一般回归模型由于有明确的自变量与因变量，自变量对因变量的影响有一定的次序位阶，所以不会有可逆或不可逆问题。但是在路径分析中，变量数目至少超过 3 个，因此"因"变量与"果"变量之间的关系就相对复杂了（这也就是为什么路径分析不再使用自变量与因变量来描述预测变量与被预测变量,而改以外源或内生变量来描述变量间的关系,因为有时被预测变量会变成别人的预测变量)。

假如现在有四个变量,两个是作为解释其他变量的自变量(以 X_1 与 X_2 表示,即是外源变量),另外两个是被 X_1 与 X_2 解释的因变量(以 Y_1 与 Y_2 表示,即是内生变量)。Y_1 与 Y_2 之所以被称为内生变量,是因为这两者一定会被其他变量解释,即 Y_1 与 Y_2 的变异量将被任何其他变量解释,解释不足之处称为干扰(disturbance),以回归分析的术语来说,就是指估计后的残差方差(error variance of the estimation)。相对的,X_1 与 X_2 之所以被称为外源变量,是因为这两者专门解释他人,它们自己的变异量不被任何变量所解释,因此 X_1 与 X_2 不会有干扰项。

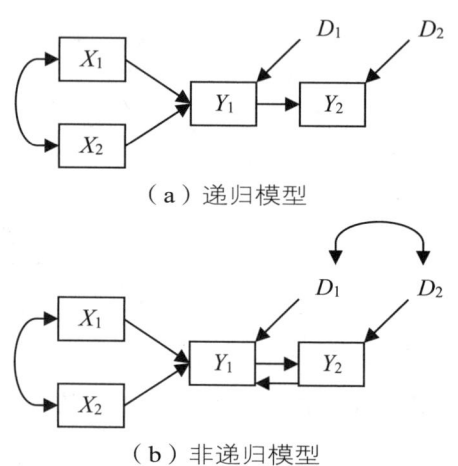

图 7.2　路径分析之递归模型与非递归模型图示

在回归分析中,残差方差是因变量不能被自变量解释的部分,计算方法是以 1 减去 R^2 再乘以因变量的方差,得到非标准化残差方差(若不乘以内生变量方差则是标准化的方差):

$$Var_D = (1-R^2) \times S_y^2 \tag{7.1}$$

值得注意的是,虽然 Y_1 与 Y_2 一定会被其他变量解释,但这里所谓的"其他变量"除了指外源变量(X_1 与 X_2)之外,也有可能是内生变量。换言之,Y_1 除了被 X_1 与 X_2 解释之外,也可以去解释 Y_2;同样的,Y_2 除了被 X_1 与 X_2 解释之外,也可以去解释 Y_1。然而,为了维系模型的稳定性与可解释性,Y_1 若作为 Y_2 的解释变量，不宜"同时"作为被 Y_2 解释的内生变量，此时即是路径分析所谓的递归模型（如图 7.2a 所示）。在递归模型中，任何自变量与因变量的配对是不可逆的。

有时，有些研究无可避免地会碰到 Y_1 作为 Y_2 的解释变量，Y_2 又返回作为 Y_1 的解释变量的情况（例如，经济学中的供给与需求之间的关系，或是管理学中的成就与动机之间的关系）。此时即会形成路径分析中所谓的非递归模型（如图 7.2b 所示）。在非递归模型中，自变量与因变量的配对是可逆的。

可逆性的回溯因果关系是一种特殊的因果关系。假设两个变量之间互为因果，或是一群变量之间具有循环式的间接关联，则造成了两变量的直接回溯效果。一般在横断研究中，两个变量互为因果的假设不容易在理论与概念层次获得清楚的界定，因为在同一个特定时间点下，某一个自变量不太可能成为它所解释的因变量的因变量。因此，一般社会科学中的研究均不建议采用此种模型，以免造成解释上的混淆（interpretational confounding）。（读者可以试想，既然"互为因果"，那么在同一个时间下，因会随果而"变动"，果也会随因而"变动"，这种因已非因、果已非果的现象，还可称为因果吗？）

（二）延宕模型

在具有时间落差的纵贯性或重复测量（repeated measures）的研究中，因为存在有限因果性延宕（finite casual lag），两个变量互为因果的假设模型比较可能被接受。因为互为因果的两个变量在经过一段时间的延宕后成为彼此的果与因，两个时间点的距离不论长短都提供了"因""果"两变量成为他人的"果""因"所需的时间落差，如图 7.3 的实线所示。

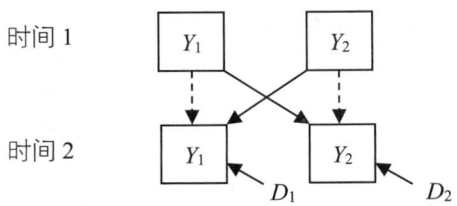

图 7.3 具有时间延宕的非递归模型图示

图 7.3 又称为延宕模型（lag model）或跨因果模型（cross-causal model）（Maruyama, 1997），其重要价值在于解决了干扰具有相关的问题（如图 7.2b 当中的 D_1 与 D_2 的相关）。从图 7.3 可以看出，除了两个实线说明了研究者所主张

的互为因果的关系之外，还存在两个关系更强的因果关系（由第一个 Y_1 到第二个 Y_1、由第一个 Y_2 到第二个 Y_2），即变量本身的前后期关系，但由于它并非研究者所关心的，因此以虚线表示。变量的前后期的自我相关（auto-correlation）如果没有纳入估计，显然会影响整个模型的参数估计，这也就是为什么图 7.2b 当中会有 D_1 与 D_2 的相关设定。延宕模型优于可逆模型的主要理由就是可以有效处理残差相关的问题。

Maruyama（1997）指出，可逆模型经常会有无法收敛的问题，即因为干扰项的关系太强，参数不容易得到唯一解，甚至因为低度识别而无解。从图 7.2b 也可以看出，干扰项 D_1 与 D_2 如果不设定相关，也存在一种可能的影响关系：$D_1 \rightarrow Y_1 \rightarrow Y_2$ 与 $D_2 \rightarrow Y_2 \rightarrow Y_1$，造成参数估计的不稳定（Kaplan，2000；Kaplan，Harik，& Hotchkiss，2000）。相对而言，不可逆的递归模型则容易被有效识别、获得终解，亦具有解释明确与理论清晰的优势。

（三）工具变量模型

Maruyama（1997）曾介绍一种如何在非递归模型中借由纳入工具变量（instrumental variable）来协助模型得以识别的做法。也就是纳入一个变量（工具）来解释某些内生变量但不影响其他内生变量，来协助解释内生变量间的复杂关系。

在前面的讨论中已经提及，互为因果的回溯变量关系在概念上不易解释，在统计上更有识别不足而无法得解的窘境。为了让模型得以识别，可以增加一些条件来协助参数的有效估计。例如，在模型中增加变量来解释互为因果的两个变量。

以图 7.4 为例，模型中外源变量共有 X_1、X_2 与 X_3，互为因果的变量仍为 Y_1 与 Y_2，此时共有 5 个变量，共能产生 (5+6)/2=15 个数据点。模型中有 12 个待估计参数（包含实线与虚线以及 D_1 与 D_2），因此模型得以识别。

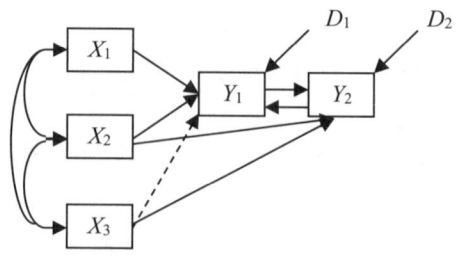

图 7.4　工具变量模型的图示

值得注意的是，对 Y_1 而言，3 个外源变量都解释 Y_1，因而缺乏工具变量来澄清回溯关系。对 Y_2 而言，X_1 并没有解释 Y_2，因而可作为 Y_1 与 Y_2 的工具变量。换言之，由于 X_1 仅能解释 Y_1，而与 Y_2 无关，因此通过 $X_1 \to Y_1 \to Y_2$ 的关系可说明 $Y_1 \to Y_2$ 的影响（X_1 作为 Y_2 的工具）。

如果把图 7.4 当中的虚线移除，就获得了 $X_3 \to Y_2 \to Y_1$ 的关系来说明 $Y_2 \to Y_1$ 的影响的合理性（X_3 作为 Y_1 的工具），如此一来，自由度增加 1，也强化了模型的解释力，这就是纳入工具变量的优点。但值得注意的是，外源变量之间相关不能太高，除了解释上的困难，也将造成共线性问题，进而使得工具变量的"工具"角色失效〔有关工具变量模型的详细数学内涵，请参考 Maruyama（1997）、Bollen（1989）和 Rigdon（1995）的论述〕。

四、路径图与结构方程

现以学生学业表现的理论模型建构为例，说明一个假设性的路径模型。如图 7.5 所示，研究者认为学生的求学动机会影响其学业表现，在参酌相关文献后，认为学生受到他人影响的因素（社会期待）与个人对自己能力的判断（自我效能感）构成动机的基础，进而影响学业表现。整个模型可用图 7.5 的路径图来描述。

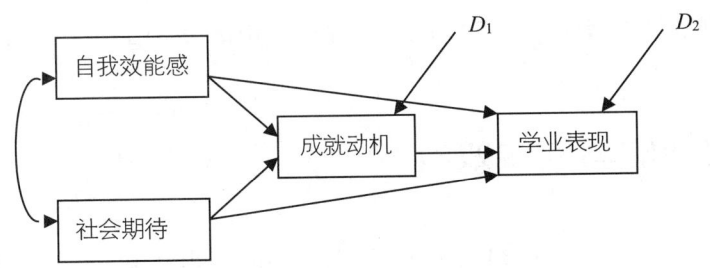

图 7.5　影响学业表现的路径模型图

图中包括了四个变量之间的结构关系，包括自我效能感、社会期待、成就动机与学业表现。单箭头代表因果方向，双箭头则代表相关。这一结构关系由下列三组假设所组成：

- 假设一：自我效能感与社会期待影响个人的成就动机
- 假设二：自我效能感、社会期待与成就动机影响学业表现

■ 假设三：自我效能感与社会期待具有相关

在上述假设中，假设一与假设二皆为多元回归假设。假设一以成就动机为因变量，自我效能感与社会期待为自变量。假设二则将成就动机、自我效能感与社会期待同列为预测学业表现的自变量。可用下列方程来表现：

$$Y_1（成就动机）=b_1X_1（自我效能感）+b_2X_2（社会期待）+a_1$$
$$Y_2（学业表现）=b_3X_1（自我效能感）+b_4X_2（社会期待）+b_5X_3（成就动机）+a_2$$

这两个方程构成了一套结构方程，即路径模型，各变量与因变量之间的关系系数 b_i，称为路径系数（path coefficient）。路径模型必须满足回归分析的所有假设，例如，变量之间的关系均必须是线性的且具有可加性，变量皆属可量化的连续变量，误差项为正态且独立的，等等。

在图 7.5 中，成就动机同时具备自变量（X_3）与因变量（Y_2）的双重身份。自我效能感与社会期待仅作为自变量，不受其他变量的影响，是为外源变量，其变异量由不属于路径模型的其他变量决定。外源变量之间可能具有相关，也可能相互独立，但它们的关系并不影响路径模型内的因果关系。

在图 7.5 的模型中，学业表现纯属因变量，其变异量完全由路径模型中的其他变量的线性组合决定，是内生变量。D 则为无法被变量解释的独特变异。值得注意的是，成就动机变量同时具备自变量与因变量的双重身份，其自身的变异量由路径模型中的自我效能感与社会期待两个自变量决定，因此也属于内生变量。

五、直接效应与间接效应

经由上述的描述，变量之间的关系得以结构的方式呈现，每一个独立的回归方程都可用回归分析的原理与技术进行分析。对于每一个回归模型，自变量对于因变量的解释力可以由 R^2 及 F 检验值来表示，而每一个箭头则可以获自回归系数，无论是显著还是不显著的回归系数，均需填注于路径模型箭头两侧。箭头的回归系数若达显著，代表该因果变量间具有直接效应（direct effect），未显著的箭头回归系数则代表无直接效应存在。两个变量之间除了可能具有直接效应，亦可能存在间接效应（indirect effect），也就是说，两个变量间具有一个或多个中介变量（mediated variable），变量与变量之间的直接效应均为显著，若有任何一个直接效应不显著，间接效应无法成立。

（一）效应分解

图7.6是一个路径分析的结果。自我效能感对于成就动机与学业表现均有直接效应，标准化回归系数β（路径系数）分别为0.63（$p<0.001$）与0.29（$p<0.01$）。同时，由于成就动机对于学业表现亦有显著的直接效应（$\beta=0.21$，$p<0.01$），因此，自我效能感对于学业表现的影响除了具有直接效应之外，尚具有一个由成就动机所中介的间接效应。

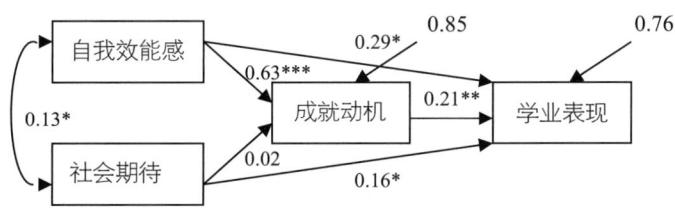

图7.6　路径分析参数估计图

对于社会期待而言，由于对于成就动机的预测力不足（$\beta=0.02$，n.s.），直接效应不明确，但是对于学业表现仍具有直接预测力（$\beta=0.16$，$p<0.05$），但是社会期待已无法借由成就动机来间接影响学业表现。

间接效应的强度可直接由两端点变量之间的直接效应标准回归系数相乘而得。自我效能感对于学业表现的间接效应由两个直接效应（自我效能感→成就动机，成就动机→学业表现）所组成，取两者的回归系数相乘得到间接效应0.63×0.21=0.13，代表每一标准差单位的两个自变量的变动，对于学业表现造成的变动量为0.13个单位。

每一个自变量对于每一个内生变量的整体效应（total effect）可以从路径模型当中与该自变量与内生变量有关的所有显著与不显著的直接效应与间接效应的回归系数值相加求和而得。以自我效能感对学业表现的整体效应为例，取0.29（自我效能感→学业表现）+0.13（自我效能感→成就动机→学业表现）=0.42，代表每一标准差单位的自变量（自我效能感）的变动对于学业表现造成的变动量为0.42个单位。

对于自我效能感对成就动机的影响而言，整体效应即唯一一个直接效应（0.63），无间接效应的存在，该值表示每一标准差单位的所有自变量（自我效能感）的变动，对于学业表现造成的整体变动量为0.63个单位。上述所有结果可以如表7.2所示加以整理。

表 7.2　回归取向路径分析各项效应分解说明

自变量	内生变量	
	成就动机	学业成绩
自我效能感		
直接效应	0.63***	0.29**
间接效应	-	0.13*
整体效应	0.63***	0.42**
社会期待		
直接效应	0.02	0.16*
间接效应	-	0.00
整体效应	0.02	0.16*
成就动机		
直接效应		0.21**
间接效应		-
整体效应		0.21**

注：*表示 $p<0.05$；**表示 $p<0.01$；***表示 $p<0.001$。

（二）模型衍生相关与模型拟合

表 7.2 整理了路径模型中各变量的影响效果。传统上，以一般回归分析（普通最小二乘法）即可获得这些参数值，即使利用 SEM 软件来估计，数据也会相同。

从统计的角度来看，任何两变量之间都可以计算出一个协方差，反映两个变量的关系，称为观察相关（observed correlation），但表 7.2 所列出的是经由路径模型推导并估计所得到的回归效果。Pedhazur（1997）详细说明了在路径分析中，如何将间接效应和直接效应加以合并，并纳入未被分析的拟似相关（spurious correlation）（图 7.6 当中的自我效能感与社会期待的相关系数），计算出路径模型中任意两变量的模型衍生相关（model-implied or predicated correlation）。计算的原理称为轨迹法则（tracing rule）。

所谓的"轨迹"主要是寻找由于相关系数所导致的间接效应。每一个自变量对于内生变量的模型衍生相关是由先前所求得的整体效应再加上尚未被计算的相关导致的间接效应。以图 7.6 为例，自我效能感对于学业成绩的模型衍生相关共

牵涉四条轨迹:

1) 直接效应: 自我效能感→学业表现 =0.29
2) 间接效应: 自我效能感→成就动机→学业表现 =0.13
3) 相关间接效应(拟似效应)I: 自我效能感↔社会期待→学业表现 = $0.13 \times 0.16 = 0.02$
4) 相关间接效应(拟似效应)II: 自我效能感↔社会期待→成就动机→学业表现 = $0.13 \times 0.02 \times 0.21 = 0.00$

因此,自我效能感对于学业成绩的模型衍生相关如下:

$$0.29+0.13+0.02+0.00=0.44$$

这一相关系数可以与该两变量的简单相关(例如0.46)进行比较,两者的差距代表理论模型与观察数值的差距(残差相关),模型中所有其他两两变量的模型衍生相关与简单相关的差异被分别列出,可以得到整体模型与观察值的整体差异程度的残差相关矩阵。最终得以了解模型拟合情形。

(三)间接效应与路径系数的检验

如果一个路径模型当中只有三个变量 X、Me、Y,此时 $X \rightarrow Me \rightarrow Y$ 的间接效应其实就是中介效应。换言之,X 对 Y 的影响力除了可以从直接效应来看,更重要的是通过 Me 的中介效应来解释,甚至只有当 $X \rightarrow Y$ 的效应从原来不考虑 Me 的情况下为显著,而考虑 Me 之后变成不显著时,才被称为完全中介效应(两个变量间只有间接效应而无直接效应)(Baron & Kenny,1986)。显然,间接效应可以说是路径分析中最重要的焦点。

间接效应的强度简单来说就是取 $X \rightarrow Me \rightarrow Y$ 的两个标准化回归系数相乘,又称为路径系数(Wright,1960)。间接效应的强度是否具有统计的显著性,可以利用 Sobel(1982)所推导的标准误来计算 t 检验值。但由于两个正态化的回归系数相乘后并不服从正态分布(呈现峰度为6的高狭峰分布)(Lomnicki,1967;Springer & Thompson,1966),如果变量的平均数不为零,还有偏态问题,因此采用 Sobel(1982)的公式导出的标准误为偏估计值(biased estimator)。Sampson 与 Breuning(1971)导出了路径系数的不偏估计数,得以进行路径系数的显著性检验。

虽然标准误的公式相继被提出，但经过模拟研究发现，Sobel（1982）所提出的公式 7.2 仍是效率最佳的路径系数标准误（Mackinnon，2008），这也是为何多数的 SEM 软件（例如，LISREL、EQS、Mplus）仍以 Sobel（1982）作为间接效应的显著性检验方法。

除了显著性检验之外，间接效应的强度也可以利用区间估计来描述，并得以进行不同的中介效应的相互比较。近年来，由于统计仿真技术的进步与计算机指令周期的提升，对于间接效果标准误的估计得以利用重复取样技术来建立参数分布，求得参数的拔靴标准误（boostraping standard error）（Efron & Tibshirani，1993），用以建立 0.95 置信区间（$0.95CI$）。此外，除了拔靴置信区间（$0.95CI$），贝叶斯估计标准误也逐渐受到重视，并认为可以取代拔靴标准误来检验间接效果的统计意义（例如，Wang & Preacher，2016）。事实上，贝叶斯估计法所建立的 $0.95CI$ 也如同拔靴法的估计程序，利用重抽技术来反复取样借以获得参数分布。贝叶斯方法的不同之处，是基于先验分布信息的导入，结合实际样本的重抽分布，两者加以整合之后所得到的参数后验分布的标准偏差即贝叶斯标准误，进而建立贝叶斯置信区间（Baysians-based credibility interval）。在 Mplus 软件中提供贝叶斯估计功能，可以便捷地执行间接效果的贝叶斯估计。

由于本章的目的在介绍路径分析，因此关于中介效应的概念与原理不在此章深入讨论。

六、结构方程模型的路径分析

先前提及第三变量将使 $X \rightarrow Y$ 的关系产生相当复杂的变量，如果一个模型存在第四或第五个变量，那么整个模型就相当复杂了。而路径分析就是一种利用回归模型来整合一连串复杂的变量关系所形成的完整模型。模型中所有变量的关系虽然未必全然是中介关系，也可能带有调节变量与非线性关系，但在本章的架构下，主要是以中介模型来分析变量关系。

其次，一般当研究者提及路径分析一词时，主要是指一组外显观察变量的关系，而不涉及潜在变量的定义与分析。近年来，由于 SEM 盛行，路径分析一词也逐渐与 SEM 当中的结构模型分析混淆并用。一般而言，当一个模型称为 SEM 时，是指模型中除了带有诸多变量间的因果解释关系之外，各研究变量还牵涉潜在变量的定义，因而有学者将之称为带有潜在变量的 SEM（structural equation modeling with latent variables）（Tabachnica & Fidell，2007）。至于路径分析则是指仅包含外显变量的多重因变量的复杂回归模型，不涉及潜在变量的定义。近来，由于 SEM 的软件逐渐普及以及以 SEM 软件进行路径分析有诸多优点，因此绝大多数的路径分析已采用 SEM 软件以完整的共变结构来进行分析，为了有别于带有潜在变量的路径分析一词，Tabachnica 与 Fidell（2007）将其称为带有观察变量的 SEM（structural equation modeling with observed variables）。本章首先介绍路径分析的操作与解释，至于潜在变量模型，则待第八章再介绍。

以 SEM 来进行路径分析可以说是 SEM 最重要的应用价值之一。如果单从取代性来看，SEM 的分析软件与技术原理可以完全取代过去路径分析的分析任务，更可以超越过去路径分析只能以外显变量作为分析变量的限制，通过统合模型（hybrid modeling）分析的运用，巧妙地将因素分析的概念与技术融合到路径分析的检验中，堪称计量技术的一大革命。

在传统的路径分析中，所处理的变量若以 SEM 的术语来表示，都应该以方块来表示，其性质属于测量变量，而无椭圆形的潜在变量。也就是说，路径分析当中的变量是假设没有测量误差的，即使误差明显（例如，信度很低），在路径分析过程中，变量的误差也将被忽略。SEM 取向的路径分析可以说是 SEM 的一种应用特例，也就是没有包含任何潜在变量的结构模型分析。在 SEM 路径图中，变量皆以方块来表示。联结后方程通式如下：

$$Y = \alpha + BY + \Gamma X + \zeta \tag{7.2}$$

其中，B 为内生变量之间的回归系数矩阵，Γ 为外源变量与内生变量间的回归系数矩阵，α 为截距，ζ 为回归残差。当 SEM 分析共变或相关矩阵的关系时，α 为 0，因此被忽略。此外，外源变量间的相关并没有反映在上述通式当中，但会在 Φ 矩阵中加以估计。

以双中介变量模型为例，SEM 取向的共变结构分析的参数如图 7.7 所示。以结构方程来表示如下：

$$Y_1 = \gamma_{11}X_1 + \zeta_{11} \tag{7.3}$$

$$Y_2 = \gamma_{21}X_1 + \zeta_{22} \tag{7.4}$$

$$Y_3 = \gamma_{31}X_1 + \beta_{31}Y_1 + \beta_{32}Y_2 + \zeta_{33} \tag{7.5}$$

以矩阵表示如下：

$$\begin{bmatrix} Y_1 \\ Y_2 \\ Y_3 \end{bmatrix} = \begin{bmatrix} 0 & 0 & 0 \\ 0 & 0 & 0 \\ \beta_{31} & \beta_{32} & 0 \end{bmatrix} \begin{bmatrix} Y_1 \\ Y_2 \\ Y_3 \end{bmatrix} + \begin{bmatrix} \gamma_{11} \\ \gamma_{21} \\ \gamma_{31} \end{bmatrix} [X_1] + \begin{bmatrix} \zeta_{11} \\ \zeta_{22} \\ \zeta_{33} \end{bmatrix} \quad (7.6)$$

由于两个中介变量（Y_1 与 Y_2）之间可能存在相关，因此图 7.7 中的解释残差 ζ_{11} 与 ζ_{22} 之间可以设定一个自由估计的参数 ζ_{12}（虚线所示）。此时，残差变异矩阵（$\boldsymbol{\Psi}$）与外源变量方差矩阵（$\boldsymbol{\Phi}$）如下：

$$\boldsymbol{\Psi} = \begin{bmatrix} \psi_{11} & & \\ \psi_{21} & \psi_{22} & \\ 0 & 0 & \psi_{33} \end{bmatrix} \quad (7.7)$$

$$\boldsymbol{\Phi} = [\phi_{11}] \quad (7.8)$$

此模型的待估参数数目为 10，数据点为（4+5）/2=10，两者相同，为一个充分识别的饱和模型，$df=0$，$\chi^2=0$，参数有唯一解，估计值的数据与传统普通最小二乘法回归分析的结果相近。由于模型拟合指数为 0，因此无法进行模型优劣的检验（除非移除模型中的某些待估参数，例如 ζ_{12} 或 γ_{31}。此时，路径模型背后的理论观点就略有不同了）。

如果图 7.7 再增加任何一个参数（例如，ζ_{23}），将造成识别不足的问题，模型无法收敛估计。换言之，只有在模型自由度大于 0 的非饱和模型（non-saturated model）中，拟合指数才得以计算。在模型可识别的情况下（自由度大于 0），研究者可采用模型竞争策略，借由增减参数来比较不同的嵌套模型（nested model；参数少的较小模型嵌套在参数较多的较大模型当中），此时模型的优劣可以利用两个模型的卡方差异量（$\Delta\chi^2$）是否达到自由度为两个模型自由度差异量（Δdf）下的统计显著水平，来检验两者拟合是否有别（额外增加的参数是否能够改善模型拟合性），称为卡方差异检验（chi-square difference test）。

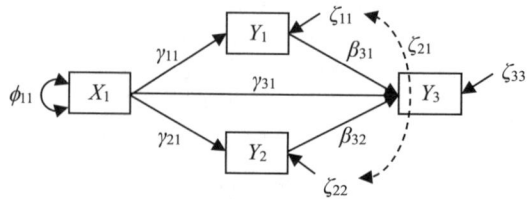

图 7.7　双中介变量的路径模型共变结构分析图示

第三节　LISREL 的路径分析

为了说明路径分析的操作，我们将以某上市公司 289 位员工的组织行为研究调查数据作为范例。数据库中的测量变量包括组织气氛的知觉、组织承诺与员工绩效。为了符合路径分析的形式，本范例将量表的得分相加得到一个总分，以外显观察变量的形态来进行分析。组织气氛的测量曾在第五章的范例中详细介绍，共有六个因素，包括"组织价值""工作方式""团队合作""领导风格""学习成长""环境气氛"。员工的组织承诺则是将组织承诺量表的得分相加后，得到一个单一的承诺分数，分数越高，代表员工的向心力与承诺意愿高。最后，员工绩效变量则由三个题目的平均数表示，这三个题目分别为工作满意度、离职意愿、自我绩效评定，以 1～10 分的量尺测得，员工绩效变量分数越高，显示员工工作状况越好。另外，加上年资变量（作为控制变量），总共有 9 个观察变量。以下，我们将利用 SEM 的结构模型分析来进行路径分析的估计程序。

一、模型界定

本研究的主要假设是组织气氛的知觉影响员工的承诺感，进而影响员工的工作表现。此时组织承诺扮演中介变量的角色，年资变量则是一个干扰变量或控制变量，其角色不但影响了组织承诺，也影响工作产出，它调节了承诺感与员工绩效的预测力。路径图如图 7.8 所示。

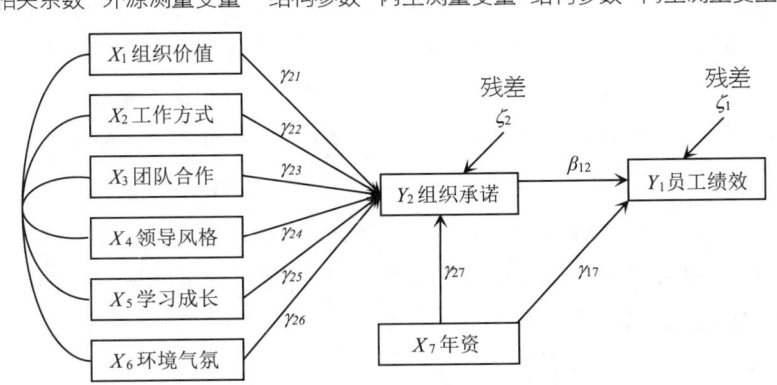

图 7.8　路径分析的假设模型路径图示

图 7.8 说明了研究变量的假设关系，也列出了路径分析的主要参数。当以组织承诺为因变量时（Y_1），6 个组织气氛变量（$X_1 \sim X_6$）与年资变量（X_7）为自变量，当以员工绩效为因变量（Y_2）时，仅有年资与组织承诺为自变量，整个模型的回归方程如下：

$$Y_1 = b_1X_1 + b_2X_2 + b_3X_3 + b_4X_4 + b_5X_5 + b_6X_6 + b_7X_7 + a_1$$
$$Y_2 = b_7X_7 + b_8X_8 + a_2$$

在方程中，b 与 a 分别为回归系数（斜率）与截距。在 SEM 的路径分析中，截距设定为 0，回归系数则视其性质属于不同的参数矩阵。

在本范例中，整个模型的观察变量共有 9 个，因此测量数据数为 $(9 \times 10)/2 = 45$（$DP=45$）。7 个外源变量之间都可能具有相关，但是图 7.8 显示年资变量与其他 6 个组织气氛的测量并未假设具有相关，因此在模型界定时，需予以说明。

模型中有 0 个测量残差，但两个内生变量有 2 个解释残差（ζ_1、ζ_2），其变异量被自由估计。第一个内生变量（员工绩效）被 2 个外源变量解释，故 B 矩阵中有 2 个结构参数（β_1、β_2）。第二个内生变量（组织承诺）被 7 个外源变量解释，故 Γ 阵中有 7 个结构参数（$\gamma_1 \sim \gamma_7$）。6 个外源变量之间的相关允许自由估计，表示 Φ 矩阵将产生 30 个相关系数。

二、LISREL 语法

本范例所输入的数据为方差与协方差矩阵，9 个测量变量总共产生了 9 个方差与 36 个协方差，以对称三角形的矩阵方式列出。值得注意的是，LISREL 在输入变量时，先读入内生变量，再读入外源变量，因此，本范例输入的变量顺序分别如下：员工绩效（Y_1）、组织承诺（Y_2）、组织价值（X_1）、工作方式（X_2）、团队合作（X_3）、领导风格（X_4）、学习成长（X_5）、环境气氛（X_6）、以及年资（X_7）。依次读入各变量的方差与协方差。LISREL 语法如表 7.3 所示。

表 7.3 的 LISREL 语法，共有 13 条主要的指令。DATA 指令说明变量数目为 9，样本量为 289，数据以协方差矩阵形式读入（MA=CM）。自第 3 条指令开始，CM SY 指出下列为对称协方差矩阵，依次读入所有的变量的变异与协方差。并在第 4 条指令中设置标签。

表 7.3　路径分析的 LISREL 语法范例（ch7a.LIS）

1	Ch7a Path Modela using LISREL syntax
2	DATA　NI=9 NO=281 MA=CM
3	CM SY
	.402
	.466　2.537
	.185　.667　.649
	.174　.704　.368　.910
	.167　.578　.272　.421　.693
	.157　.483　.207　.330　.320　.600
	.221　.730　.346　.463　.392　.387　.779
	.172　.647　.370　.270　.369　.250　.333　.768
	1.406　2.883　.949　.154　.347　.274　.527　1.116　85.137
8	LA; OUTCOME COMMIT VALUE JOBSTYLE TEAMWORK LEADERSH LEARNING ENVIRONM TENURE
9	MODEL NY=2 NX=7 PS=DI,FR PH=SY,FR BE=FU,FI GA=FU,FI
10	FREE　BE 1 2 GA 2 1 GA 2 2 GA 2 3 GA 2 4 GA 2 5 GA 2 6 GA 2 7 GA 1 7
11	FIX　　PH 1 7 PH 2 7 PH 3 7 PH 4 7 PH 5 7 PH 6 7
12	PD
13	OUTPUT　SE TV RS MR FS EF SS SC MI

第 5 条指令指出外源观察变量数目为 2（NY=2），内生观察变量数目为 7（NX=7），内生变量残差矩阵为对角线矩阵并自由估计（PS=DI,FR），相关系数矩阵为对称矩阵并估计之（PH=SY,FR），结构系数矩阵则为完全矩阵并先加以固定（BE=FU,FI GA=FU,FI），所需估计的结构参数则由 FREE 指令指定。分别为第 10 条指令中的 9 个参数。最后，第 11 条指令逐一列出不予以估计的 7 个相关系数，指出除了不估计与年资有关的相关系数，其余的相关系数均予以估计。输出指令中比较重要的是 EF 指令，可要求 LISREL 列出总效应与间接效应。

三、SIMPLIS 语法

SIMPLIS 的语法列于表 7.4，路径模型的设定主要在第 5～8 行中，被解释的因变量置于等号左侧，解释变量则放于右侧。语法中没有出现 LISREL OUTPUT 的指令，表示将列出简式的 SIMPLIS 报表。

表 7.4　路径分析的 SIMPLIS 语法范例（ch7a.SPL）

1	Ch7a Path Modela using SIMPLIS syntax
2	Observed variables: OUTCOME COMMIT VALUE JOBSTYLE TEAMWORK LEADERSH LEARNING ENVIRONM TENURE
3	Covariance matrix:
	.402
	（略）
4	Sample Size = 281
5	Relationships:
6	OUTCOME = COMMIT
7	OUTCOME = TENURE
8	COMMIT = VALUE JOBSTYLE TEAMWORK LEADERSH LEARNING ENVIRONM TENURE
9	Path Diagram
10	Print Residuals
11	End of Problem

四、结果报告与说明

本范例直接读入协方差矩阵数据，LISREL 省略了处理协方差计算的程序，所得到的读入信息显示，内生变量（Number of Y Variables）个数为 2，外源变量（Number of X Variables）个数为 7。值得注意的是，虽然潜在变量数目出现了 2（*ETA*）与 7（*KSI*），但是本范例并未针对观察变量的误差项进行估计，因此潜在变量并不会出现在报表当中。这些摘要信息与协方差矩阵的报表如下（参见结果文档 ch7a.out）：

```
Ch7a Path Modela using LISREL syntax

                              Number of Input Variables    9
                              Number of Y - Variables      2
                              Number of X - Variables      7
                              Number of ETA - Variables    2
                              Number of KSI - Variables    7
                              Number of Observations     281

         Covariance Matrix

              OUTCOME     COMMIT      VALUE    JOBSTYLE   TEAMWORK   LEADERSH
              --------   --------   --------   --------   --------   --------
    OUTCOME     0.402
     COMMIT     0.466      2.537
      VALUE     0.185      0.667      0.649
   JOBSTYLE     0.174      0.704      0.368      0.910
   TEAMWORK     0.167      0.578      0.272      0.421      0.693
   LEADERSH     0.157      0.483      0.207      0.330      0.320      0.600
```

```
LEARNING    0.221    0.730    0.346    0.463    0.392    0.387
ENVIRONM    0.172    0.647    0.370    0.270    0.369    0.250
TENURE      1.406    2.883    0.949    0.154    0.347    0.274

         Covariance Matrix

             LEARNING   ENVIRONM    TENURE
             --------   --------   --------
LEARNING      0.779
ENVIRONM      0.333      0.768
TENURE        0.527      1.116     85.137
```

（一）参数估计结果

接下来，LISREL 将以矩阵形态列出所有参数的估计状况，包括被自由估计以及被固定为 0 或 1 的参数。被估计的参数依次编号列出，依次为编号 1 的 *beta*（外源变量对内生变量解释的结构系数）、编号 2～9 的 *gamma*（内生变量间的结构系数）、编号 10～31 的 *phi*（外源变量间的相关系数）、编号 32～33 的 *psi*（内生变量误差方差），表示有 33 个参数被估计。总测量单位数为 45，因此自由度为 12，模型属于识别剩余情形，可顺利估计。

在这些参数当中，*beta* 与 *gamma* 等结构参数为路径分析关心的路径参数（见注 1）也就是传统利用回归分析所得到的回归系数。

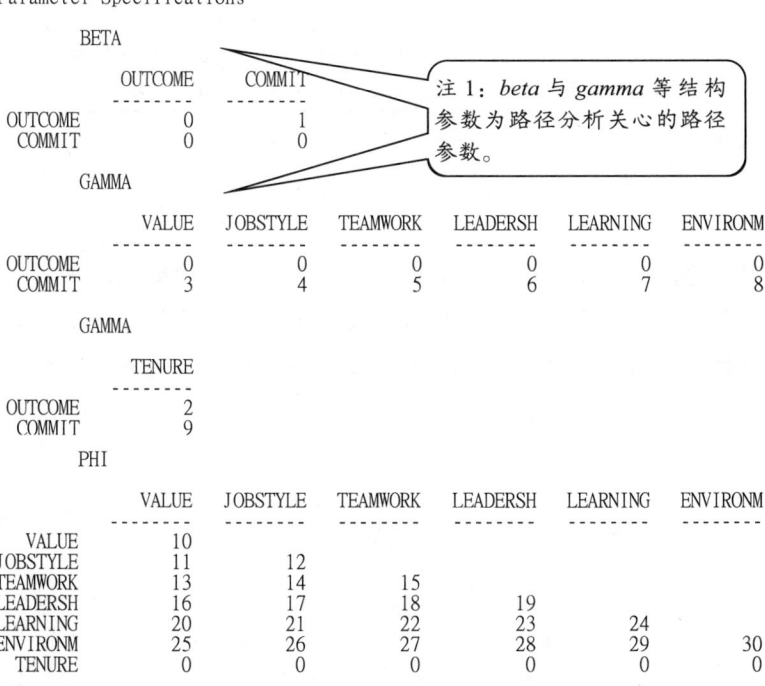

注 1：*beta* 与 *gamma* 等结构参数为路径分析关心的路径参数。

LISREL 定义完成后，即进行参数估计。由数据可知，LISREL 仅耗费 5 次的迭代即完成了最大概似法估计。由报表可知，第 5、第 6 个结构参数的 t 检验值未达 1.96 的门槛（见注 2），表示这两个参数（团队合作与领导风格对于组织承诺的解释）的估计不具有统计意义。

```
Number of Iterations =  5

LISREL Estimates (Maximum Likelihood)

         BETA

              OUTCOME      COMMIT
              --------    --------
  OUTCOME        - -         0.172
                            (0.021)
                             8.003

  COMMIT         - -          - -


         GAMMA

              VALUE     JOBSTYLE   TEAMWORK   LEADERSH   LEARNING   ENVIRONM
            --------   --------   --------   --------   --------   --------
  OUTCOME     - -        - -        - -        - -        - -        - -

  COMMIT     0.429      0.242      0.106      0.109      0.363      0.275
            (0.118)    (0.102)    (0.120)    (0.120)    (0.116)    (0.107)
             3.639      2.378      0.884      0.904      3.118      2.562


         GAMMA

              TENURE
            --------
  OUTCOME     0.011
             (0.004)
              2.894

  COMMIT      0.022
             (0.008)
              2.743
```

注 2：由 t 值（0.884 与 0.904）可知这两个参数的估计未达显著。其余所有的 *beta* 与 *gamma* 参数均达 0.05 显著水平。

PHI 矩阵的估计结果完全达到显著水平，表示各外源变量的方差（对角线的数据，见注 3）与协方差具有统计上的意义。年资与其他各外源变量的关系不予以估计，因此缺乏显著性检验（见注 4），仅针对年资本身的方差进行检验。

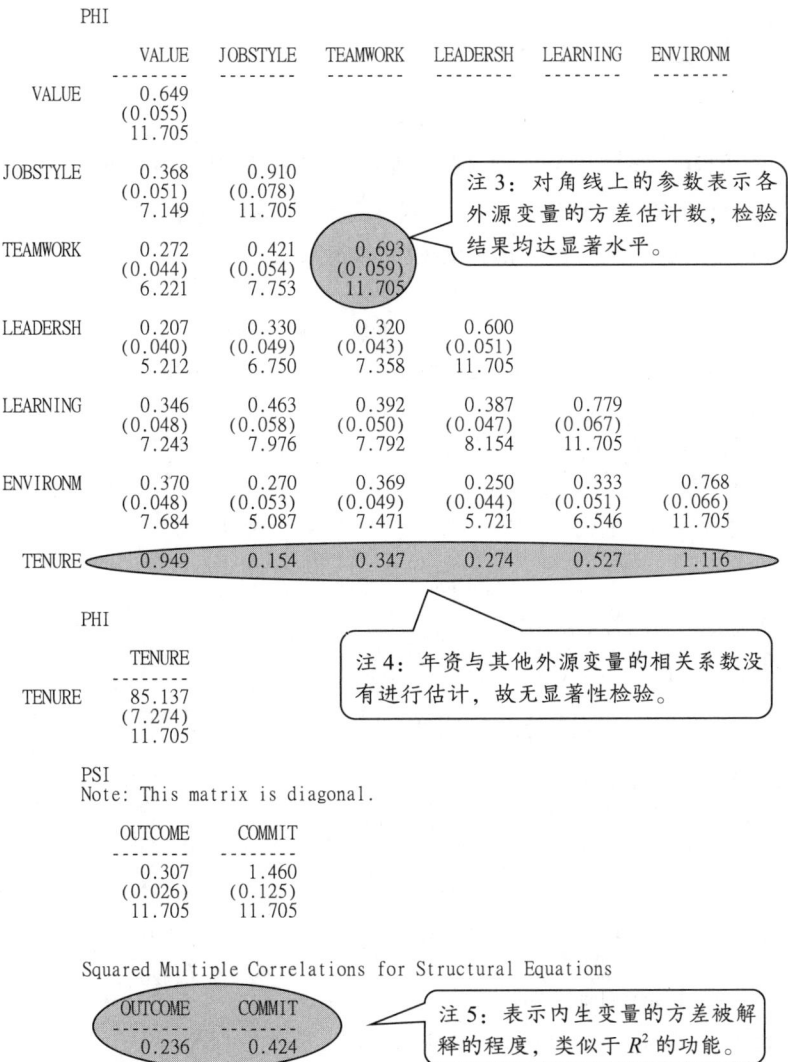

PSI 矩阵的估计结果显示,两个内生变量被解释之后的测量残差达到显著水平。而两个变量被解释的比例分别为员工绩效的 0.236 与组织承诺的 0.424,这两个数值的意义类似于回归分析中的 R^2(见注 5),只是回归分析中的两个 R^2 是独立估计的结果,而此处的 Squared Multiple Correlations for Structural Equations 则为两个方程同时估计的结果,严谨度较高。

（二）模型拟合度分析

由数据可知，整体而言，本模型适合度堪称理想，Browne 的 ADF 卡方值为 18.657（$p=0.0972$），NNFI、CFI、GFI 均达 0.95 标准，然而从 RMSEA 系数（0.0465）可知，本范例所提出的假设模型大致良好。

```
                              Log-likelihood Values
                        Estimated Model      Saturated Model
                        ---------------      ---------------
Number of free parameters(t)    33                   45
-2ln(L)                      2397.371             2378.066
AIC (Akaike, 1974)*          2463.371             2468.066
BIC (Schwarz, 1978)*         2583.437             2631.792

*LISREL uses AIC= 2t - 2ln(L) and BIC = tln(N)- 2ln(L)


                         Goodness-of-Fit Statistics

Degrees of Freedom for (C1)-(C2)                    12
Maximum Likelihood Ratio Chi-Square (C1)            19.305 (P = 0.0814)
Browne's (1984) ADF Chi-Square (C2_NT)              18.657 (P = 0.0972)

Estimated Non-centrality Parameter (NCP)            7.305
90 Percent Confidence Interval for NCP              (0.0 ; 23.415)

Minimum Fit Function Value                          0.0687
Population Discrepancy Function Value (F0)          0.0260
90 Percent Confidence Interval for F0               (0.0 ; 0.0833)
Root Mean Square Error of Approximation (RMSEA)     0.0465
90 Percent Confidence Interval for RMSEA            (0.0 ; 0.0833)
P-Value for Test of Close Fit (RMSEA < 0.05)        0.514

Expected Cross-Validation Index (ECVI)              0.304
90 Percent Confidence Interval for ECVI             (0.278 ; 0.361)
ECVI for Saturated Model                            0.320
ECVI for Independence Model                         3.147

Chi-Square for Independence Model (36 df)           866.373

Normed Fit Index (NFI)                              0.978
Non-Normed Fit Index (NNFI)                         0.974
Parsimony Normed Fit Index (PNFI)                   0.326
Comparative Fit Index (CFI)                         0.991
Incremental Fit Index (IFI)                         0.991
Relative Fit Index (RFI)                            0.933
Critical N (CN)                                     381.266


Root Mean Square Residual (RMR)                     0.0241
Standardized RMR                                    0.0449
Goodness of Fit Index (GFI)                         0.985
Adjusted Goodness of Fit Index (AGFI)               0.945
Parsimony Goodness of Fit Index (PGFI)              0.263
```

（三）SIMPLIS 报表

前以 SIMPLIS 所得到的报表是以方程的方式来表现各参数估计的结果（包括原始估计数、标准误、检验值、残差方差与检验值），方程的最后列出了各方程的解释变异量（R^2），分别为员工绩效的 0.236 与组织承诺的 0.424。只是因为系统问题而产生乱码（R？）。

```
Structural Equations

OUTCOME = 0.172*COMMIT + 0.0107*TENURE, Errorvar.= 0.307  , R?= 0.236
Standerr   (0.0214)        (0.00370)                (0.0262)
Z-values    8.003           2.894                   11.705
P-values    0.000           0.004                    0.000

COMMIT = 0.429*VALUE + 0.242*JOBSTYLE + 0.106*TEAMWORK + 0.109*LEADERSH + 0.363*LEARNING + 0.275*ENVIRONM + 0.0220*TENURE,
Standerr  (0.118)       (0.102)          (0.120)         (0.120)        (0.116)         (0.107)         (0.00802)
Z-values   3.639         2.378            0.884           0.904          3.118           2.562           2.743
P-values   0.000         0.017            0.377           0.366          0.002           0.010           0.006

          Errorvar.= 1.460 , R?= 0.424
Standerr   (0.125)
Z-values   11.705
P-values    0.000
```

五、分析结果与参数报告

利用 SEM 来进行路径分析可以获得相当丰富的信息，除了传统的参数估计可以一次完成之外，SEM 还提供了修正的建议，包括了残差项之间的估计，显示 SEM 对于传统路径分析是一个非常便利的分析工具。SEM 的另一项更有价值的应用是在最后的报表中会直接列出路径分析可能产生的各种直接与间接效应，使得研究者可以立即获得路径参数的综效，来进行研究数据的分析报告。以下，我们就 SEM 所产生的各种最终解答来进行说明。

（一）路径参数

在 SEM 进行路径分析所产生的数据中，以 beta 与 gamma 两种结构参数最为重要，也就是传统路径分析的路径系数。这些数据可以从标准化解（standardized solution）中获得。值得注意的是，先前已经证实，团队运作与领导风格无法有效地解释组织承诺，因此，这两个参数的数值是不显著的（见注 6），其余各参数均达显著水平。在绘制路径图时，这两个参数需标示为不显著。

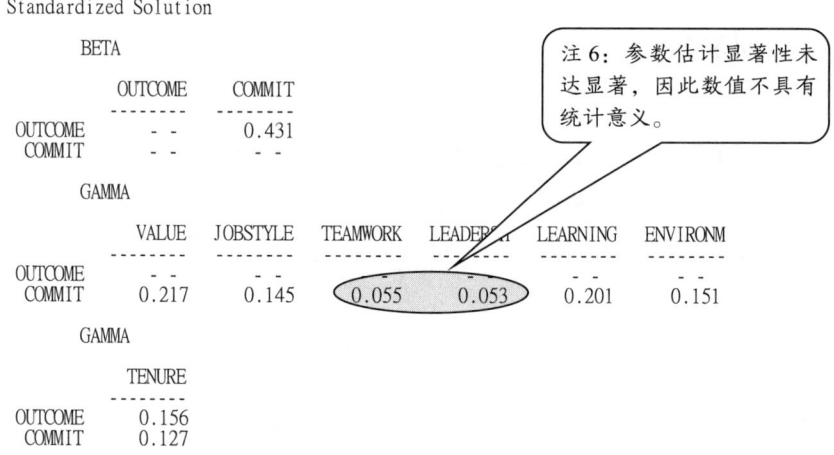

```
Standardized Solution

          BETA
                OUTCOME     COMMIT
                --------   --------
    OUTCOME       - -        0.431
     COMMIT       - -         - -

          GAMMA
                VALUE    JOBSTYLE   TEAMWORK   LEADERSH   LEARNING   ENVIRONM
              --------   --------   --------   --------   --------   --------
    OUTCOME    - -         - -        - -        - -        - -        - -
     COMMIT    0.217       0.145      0.055      0.053      0.201      0.151

          GAMMA
               TENURE
              --------
    OUTCOME    0.156
     COMMIT    0.127
```

（二）外源变量相关

以 SEM 进行路径分析的一个优点是可以整合所有参数的估计。过去用路径分析估计外源变量的相关时，必须在回归分析之外独立计算，增加了统计决策错误的可能性。在 SEM 则可以在估计结构参数之时一并获得外源变量间的相关系数。分析结果列于下方，先前的显著性检验已经证实，这些相关系数均达显著水平。

值得注意的是，年资变量与其他 6 个外源变量的相关也在报表中列出（见注 7），其数值大小显示可能达到显著水平，但是在模型中我们并未将这 6 个相关系数纳入模型中，因此，即使这些系数有统计意义，也不需要报告于最后的结论当中，除非研究者修改其假设模型。

```
Correlation Matrix of Y and X

              OUTCOME     COMMIT      VALUE    JOBSTYLE   TEAMWORK   LEADERSH
              --------   --------   --------   --------   --------   --------
    OUTCOME    1.000
     COMMIT    0.461      1.000
      VALUE    0.244      0.520      1.000
   JOBSTYLE    0.202      0.463      0.479      1.000
   TEAMWORK    0.195      0.436      0.406      0.530      1.000
   LEADERSH    0.175      0.391      0.332      0.447      0.496      1.000
   LEARNING    0.234      0.519      0.487      0.550      0.534      0.566
   ENVIRONM    0.221      0.464      0.524      0.323      0.506      0.368
     TENURE    0.240      0.196      0.128      0.017      0.045      0.038

Correlation Matrix of Y and X

              LEARNING   ENVIRONM    TENURE
              --------   --------   --------
   LEARNING    1.000
   ENVIRONM    0.431      1.000
     TENURE    0.065      0.138      1.000
```

```
PSI
Note: This matrix is diagonal.
   OUTCOME    COMMIT
   --------   --------
    0.764      0.576
```

上述资料汇总之后，研究者即可以整理出一个最终的估计后路径图，如图7.9所示。图中清楚地说明了各变量的关系与参数数值大小。

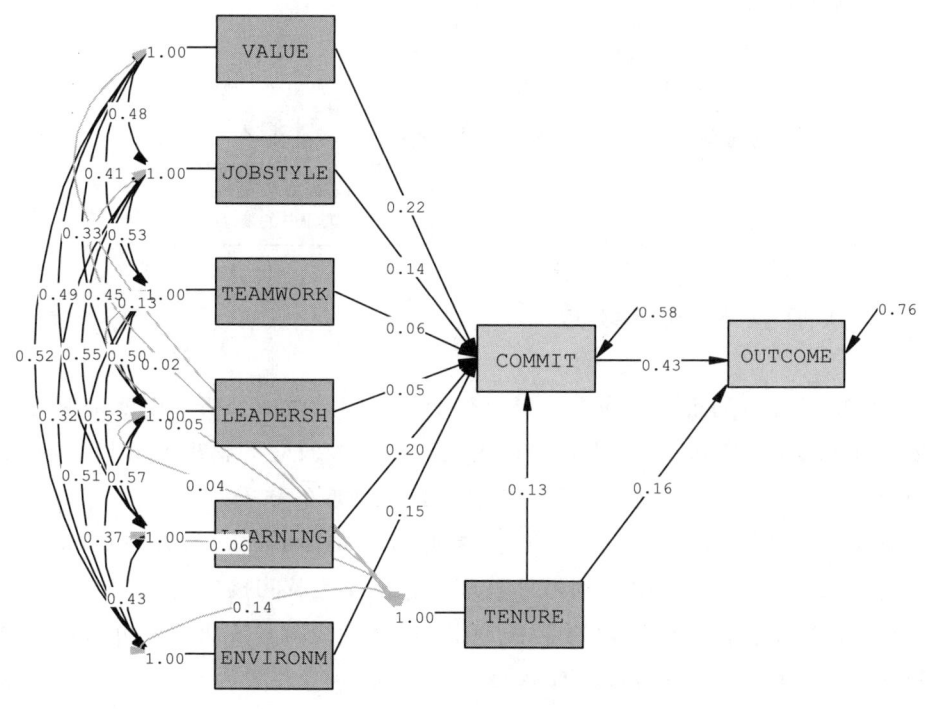

Chi-Square=19.30, df=12, P-value=0.08143, RMSEA=0.047

图 7.9　路径分析的标准化终解路径图示

（三）回归系数矩阵

除了前述的 *beta* 与 *gamma* 结构参数的数据，LISREL 另外报告了所有外源变量对于内生变量的回归系数，列于下方。

在这些回归系数矩阵当中，有些数据已经在先前路径系数的数据中列出（例如，7 个外源变量对于组织承诺的 *gamma* 系数）。另外，有些参数则是并未被纳入估计的参数。其中，甚至有 3 个参数经过 *MI* 指数建议应纳入模型加以估计（见

注8）。

值得注意的是，此地的回归系数矩阵其实就是路径模型的饱和模型可能出现的所有回归系数。所谓饱和模型乃是包含了所有可能的路径系数（不包括回溯关系的设定）的路径模型。部分路径分析的文献建议，路径分析的第一步应从饱和模型的检验开始，对所有的路径参数进行考验，再通过修正程序来排除不适合的参数，以完成最恰当的模型。如果使用者欲采取这种途径，实则可以从回归系数矩阵的数据来进行分析，也有类似功效。

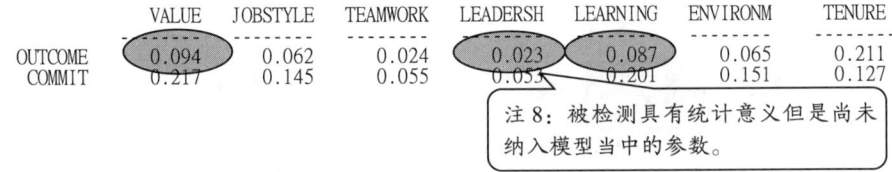

注8：被检测具有统计意义但是尚未纳入模型当中的参数。

（四）直接与间接效应

传统路径分析的重点工作之一是进行变量之间的效应分析，也就是探讨内生变量被外源变量解释的总体效应、直接效应与间接效应的整理与分析。而SEM路径分析的最后一个报表也就是报告整体与间接效应的数据。

在SEM分析程序中，直接效应已经在前面的路径系数以*beta*与*gamma*结构参数的形式呈现，而LISREL则另外整理出总体效应及间接效应，且包括非标准化与标准化数据。在非标准化效应中，附上显著性检验，使研究者可以直接快速且明确地说明路径模型的各效应的统计意义。这一特性成为SEM分析用于路径分析的最大优势之一。这些效应的估计数报表罗列于后。

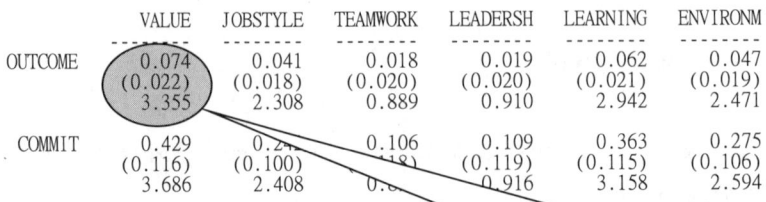

注9：总效应的估计数与显著性检验显示，组织价值对于员工绩效的总效应显著。

Total Effects of X on Y

```
              TENURE
              --------
OUTCOME        0.014
              (0.004)
               3.772
COMMIT         0.022
              (0.008)
               2.778
```

注10：年资对于员工绩效的总效应的估计数与显著性检验，达显著水平。

Indirect Effects of X on Y

```
              VALUE    JOBSTYLE  TEAMWORK  LEADERSH  LEARNING  ENVIRONM
              -------- --------  --------  --------  --------  --------
OUTCOME        0.074    0.041     0.018     0.019     0.062     0.047
              (0.022)  (0.018)   (0.020)   (0.020)   (0.021)   (0.019)
               3.355    2.308     0.889     0.910     2.942     2.471
COMMIT          - -      - -       - -       - -       - -       - -
```

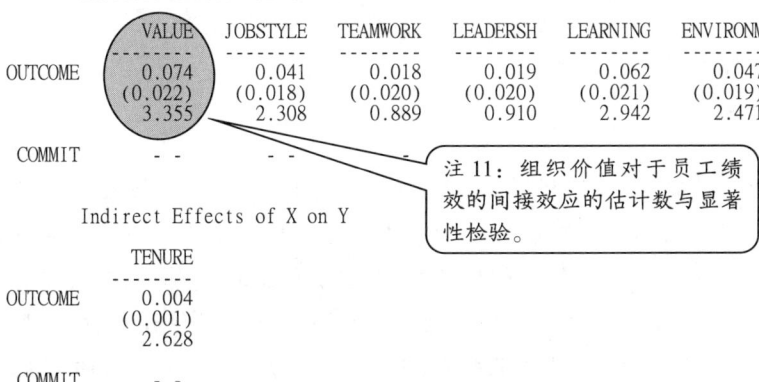

注11：组织价值对于员工绩效的间接效应的估计数与显著性检验。

Indirect Effects of X on Y

```
              TENURE
              --------
OUTCOME        0.004
              (0.001)
               2.628
COMMIT          - -
```

Total Effects of Y on Y

```
              OUTCOME   COMMIT
              --------  --------
OUTCOME         - -      0.172
                        (0.021)
                         8.104
COMMIT          - -       - -
```

Largest Eigenvalue of B*B' (Stability Index) is   0.029

Ch7a Path Model a using LISREL syntax

Standardized Total and Indirect Effects

Standardized Total Effects of X on Y

```
              VALUE    JOBSTYLE  TEAMWORK  LEADERSH  LEARNING  ENVIRONM
              -------- --------  --------  --------  --------  --------
OUTCOME        0.094    0.062     0.024     0.023     0.087     0.065
COMMIT         0.217    0.145     0.055     0.053     0.201     0.151
```

Standardized Total Effects of X on Y

```
              TENURE
              --------
OUTCOME        0.211
COMMIT         0.127
```

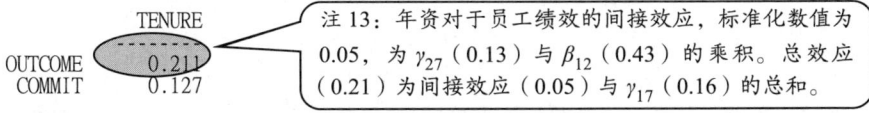

注13：年资对于员工绩效的间接效应，标准化数值为 0.05，为 γ_{27} (0.13) 与 β_{12} (0.43) 的乘积。总效应 (0.21) 为间接效应 (0.05) 与 γ_{17} (0.16) 的总和。

```
Standardized Indirect Effects of X on Y
          VALUE    JOBSTYLE  TEAMWORK  LEADERSH  LEARNING  ENVIRONM
         --------  --------  --------  --------  --------  --------
OUTCOME    0.094     0.062     0.024     0.023     0.087     0.065
COMMIT      - -       - -       - -       - -       - -       - -

Standardized Indirect Effects of X on Y
          TENURE
         --------
OUTCOME    0.055
COMMIT      - -

Standardized Total Effects of Y on Y
         OUTCOME    COMMIT
         --------  --------
OUTCOME     - -      0.431
COMMIT      - -       - -
```

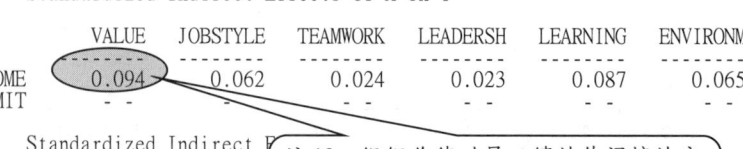

注12：组织价值对员工绩效的间接效应，标准化数值为0.094，为γ_{21}（0.21）与β_{12}（0.431）的乘积。

以第一个测量变量（组织价值）对于第一个因变量（员工绩效）的效应分析为例，具有0.07的总效应，标准化总效应为0.09，检验值为3.31，显著性检验达到显著水平（见注9）。组织价值与员工绩效之间并无直接效应，但是具有一个由组织承诺扮演中介效应的间接效应。因为组织价值对组织承诺的结构系数达到显著（γ_{21}=0.22），而组织承诺对员工绩效的结构系数亦达显著（β_{12}=0.431），这两个系数的乘积就是组织价值对于员工绩效的间接效应，其显著性检验达到显著水平（见注11），其标准化数值（也就是γ_{21}与β_{12}的乘积）为0.094（见注12）。

总效应为直接效应与间接效应的总和，因此第一个测量变量（组织价值）对于第一个因变量（员工绩效）的效应分析如下：

$$总效应 = 直接效应 + 间接效应$$
$$0.09 = 0.00 + 0.09$$

再以年资为例，年资作为控制变量，对于员工绩效与组织承诺均具有显著的直接效应，分别为γ_{17}（0.16）与γ_{27}（0.13）。在此同时，组织承诺对于员工绩效又有显著的直接效应（β_{12}=0.43），因此，年资变量对于员工绩效具有一个0.05的间接效应，其数值为γ_{27}（0.13）×β_{12}（0.431）之乘积（见注13）。年资对于员工绩效的效应分析如下：

$$总效应 = 直接效应 + 间接效应$$
$$0.21 = 0.16 + 0.05$$

SEM的路径分析不但可以依上述公式得到总效应的数值，更可以进行显著性检验，给予研究者相当大的便利，使得最后的路径分析整理表（见表7.5）不但容易编制，更具有显著性检验来证明其统计意义。这就是为何有越来越多的研究者舍弃传统的回归分析，改以 SEM 取向进行路径分析。

表 7.5　路径分析各项效应分解说明

自变量	因变量（内生变量）			
	Y_2 组织承诺		Y_1 员工绩效	
	标准化效应	t 值	标准化效应	t 值
外源变量				
X_1 组织价值				
直接效应	0.22	3.63***	-	-
间接效应	-	-	0.09	3.31***
整体效应	0.22	3.63***	0.09	3.31***
X_2 工作方式				
直接效应	0.14	2.37**	-	-
间接效应	-	-	0.06	2.28*
整体效应	0.14	2.37**	0.06	2.28*
X_3 团队合作				
直接效应	0.06	0.88	-	-
间接效应	-	-	0.02	0.88
整体效应	0.06	0.88	0.02	0.88
X_4 领导风格				
直接效应	0.05	0.90	-	-
间接效应	-	-	0.09	0.90
整体效应	0.05	0.90	0.09	0.90
X_5 学习成长				
直接效应	0.20	3.11**	-	-
间接效应	-	-	0.07	2.90**
整体效应	0.20	3.11**	0.07	2.90**
X_6 环境气氛				
直接效应	0.15	2.56*	-	-
间接效应	-	-	0.05	2.44**
整体效应	0.15	2.56*	0.05	2.44**
X_7 年资				
直接效应	0.13	2.74**	0.16	2.89**
间接效应	-	-	0.05	2.59**
整体效应	0.13	2.74**	0.21	3.72***

（续表）

自变量		因变量（内生变量）			
		Y_2 组织承诺		Y_1 员工绩效	
		标准化效应	t 值	标准化效应	t 值
内因变量	Y_2 组织承诺				
	直接效应			0.43	7.99***
	间接效应			-	-
	整体效应			0.43	7.99***

注：t 值大于 1.96 时，$p<0.05$；t 值大于 2.58 时，$p<0.01$；t 值大于 3.29 时，$p<0.001$。

六、模型修饰

前述参数估计与残差分析结果指出，有两个被估计的结构参数未达显著，而有数个未被估计的参数残差值偏高，显示这些模型有进一步修正的空间。以下，我们通过对模型修饰指数的检阅，来找出可以进行修正的参数。

其中最值得注意的是员工绩效对组织承诺的结构参数 β_{21}，MI 值为 15.305（见注 14），表示此参数应纳入模型当中，然而该参数若纳入估计，表示路径模型具有回馈循环效应，也就是员工绩效与组织承诺两个外源变量互为直接效应，即员工绩效与组织承诺之间具有回馈循环效应。

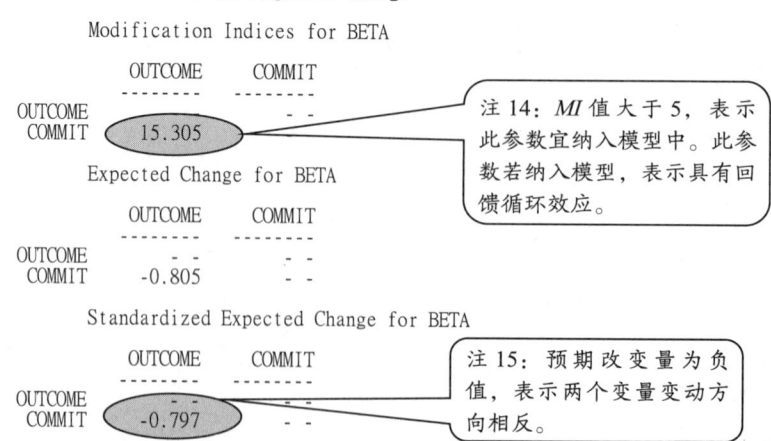

由预期改变量来看，结构参数 β_{21} 的效应将为负值（见注 15），表示员工绩

效越高，组织承诺将会越低。这一结果从理论逻辑性来看实难解释。因此，虽然 MI 指数建议将该参数纳入模型当中，但是基于理论的合理性，纳入反而会造成解释上的困难。

进一步检验 gamma 参数的 MI 指数，发现有数个参数的回归系数皆有统计的意义。例如，学习成长、领导风格、组织价值等变量对员工绩效的预测，MI 值分别为 13.053、9.123、7.040，显示这些变量是具有解释力的变量。同时预期改变量均为正值，显示这些变量对于员工绩效的预测值将为正值，当这些变量得分越高，员工绩效表现越佳，具有理论上的合理性。

```
          Modification Indices for GAMMA

                 VALUE   JOBSTYLE   TEAMWORK   LEADERSH   LEARNING   ENVIRONM
                 -----   --------   --------   --------   --------   --------
     OUTCOME     7.040     3.423      6.700      9.123     13.053     3.654
     COMMIT       - -       - -        - -        - -        - -       - -

          Expected Change for GAMMA

                 VALUE   JOBSTYLE   TEAMWORK   LEADERSH   LEARNING   ENVIRONM
                 -----   --------   --------   --------   --------   --------
     OUTCOME     0.128     0.073      0.115      0.140      0.159     0.082
     COMMIT       - -       - -        - -        - -        - -       - -

          Standardized Expected Change for GAMMA

                 VALUE   JOBSTYLE   TEAMWORK   LEADERSH   LEARNING   ENVIRONM
                 -----   --------   --------   --------   --------   --------
     OUTCOME     0.162     0.109      0.150      0.172      0.221     0.113
     COMMIT       - -       - -        - -        - -        - -       - -
```

有关残差部分的修饰指数则指出，员工绩效与组织承诺的残差间有显著的修正空间，MI 值为 15.305，这一数值与先前 β_{21} 的 MI 值都很高。也就是说，在员工绩效与组织承诺之间存有一定的可估计共变，处理方式可以用 beta 参数来估计，或以残差项的相关来处理。然而，前面对于 β_{21} 预期改变量为负值，较具理论与实务的合理性。

从预期改变量来看，增加员工绩效与组织承诺的残差的相关系数的估计也将带来负值（-0.247），反映的是这两个内生变量的被解释剩余共变异量为负值。

```
          Modification Indices for THETA-EPS

                    OUTCOME      COMMIT
                    -------     -------
     OUTCOME         - -
     COMMIT         15.305      15.305

          Expected Change for THETA-EPS

                    OUTCOME      COMMIT
                    -------     -------
     OUTCOME         - -
     COMMIT         -0.247       1.441
```

其他残差修饰指数显示，年资与组织承诺的残差之间具有修正的价值，*MI* 为 12.080（见注 16）。但是，尽管修正指数如此高，由于路径分析的一项基本假设是解释残差与外源变量之间应相互独立，因此若要纳入这一参数将违反独立性假设。

```
Modification Indices for THETA-DELTA-EPS

             OUTCOME    COMMIT
             --------  --------
    VALUE      2.052     2.052
 JOBSTYLE      0.133     0.133
 TEAMWORK      0.489     0.489
 LEADERSH      1.621     1.621
 LEARNING      3.357     3.357
 ENVIRONM      0.011     0.011
   TENURE      0.771    12.080

 Expected Change for THETA-DELTA-EPS

             OUTCOME    COMMIT
             --------  --------
    VALUE      0.029    -0.167
 JOBSTYLE     -0.009     0.050
 TEAMWORK      0.014    -0.082
 LEADERSH      0.026    -0.149
 LEARNING      0.037    -0.218
 ENVIRONM      0.002    -0.013
   TENURE      2.111    20.121
```

注 16：年资与组织承诺残差具有修正价值，但是对这一相关系数的估计将违反独立性假设。

图 7.10 整理出了所有基于 *MI* 指数而建议增加的参数，并以路径图的方式呈现，有助于模型修饰决定。

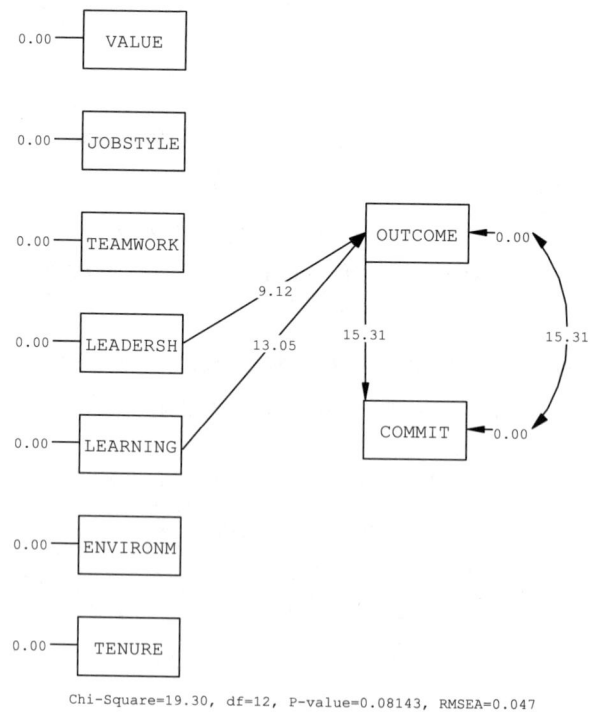

图 7.10 外显变量路径分析的修正建议路径图示

基于上述考虑，模型修饰得以增加一条由"学习成长"到"员工绩效"的直接效应，即增加 γ_{15}。LISREL 语法中新增 FREE GA(1,5)，预期回归系数数值为 0.159，能降低的 χ^2 约为 13.053。

修饰后的结果

如预期一样，经过增加一条由"学习成长"到"员工绩效"的直接效应后，整体拟合大幅提升，χ^2 降至 5.89（df=11，p=0.881），$RMSEA$=0.00，近似于完美拟合。从"学习成长"到"员工绩效"的直接效应为 0.22，比原先预期的 0.16 还高，如图 7.11 所示。两个模型为嵌套模型，因此可以进行卡方差异检验，$\Delta\chi^2$=12.78，Δdf=1，大于自由度为 1 的 χ^2 临界值 3.84，显示这一修饰具有统计的意义。因此我们的结论为："组织的学习成长气氛越浓，员工的绩效表现越好（0.22）"。从间接效应来看，"学习成长气氛会通过影响员工的组织承诺（0.20）、进而影响绩效（0.31）"，间接效应为 0.06，直接效应为 0.22，合计总效应为 0.28。

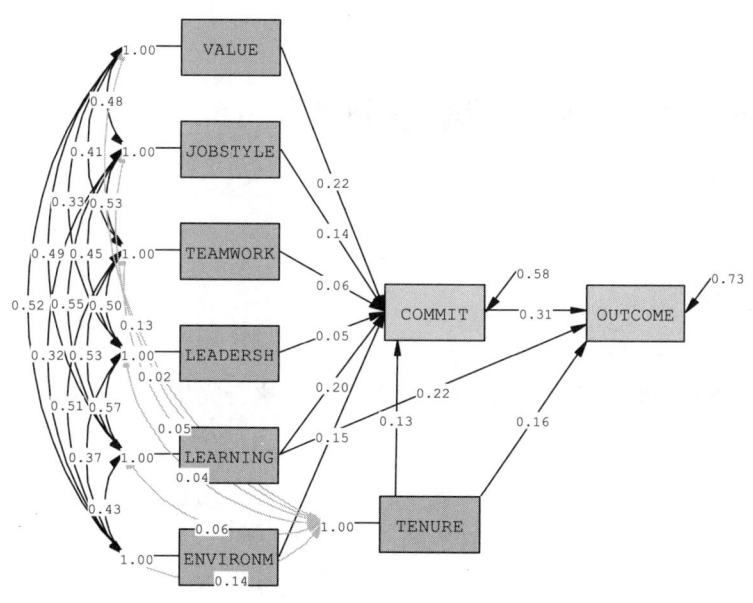

图 7.11 路径分析修正后终解图示

有趣的是，原模型的 MI 指数指出了 4 个需要修饰的参数，但是经过新增一条参数后，新模型的 MI 则无一达到需要修饰的水平（见表 7.6），这说明了虽然修饰指数建议了单变量参数，但是一旦某个参数改变后，修饰指数的内容也随之改变。另一方面，这反映了模型修饰的困难与吊诡，因为各参数的调整是"牵一发而动全身"，除了仰赖统计量的证据，也得靠理论与文献来支持何者最适合于修饰，更重要的是，或许还需要研究者的直觉与主观判断！那么，SEM 究竟是客观的科学，还是一种辩证的艺术呢？这值得深思。

表 7.6　路径模型修饰前后的模型拟合度比较表

Model	卡方检验量		df	RMSEA	NNFI	CFI	GFI	SRMR
	χ^2	WLS χ^2						
修饰前	19.24 p=0.083	18.59 p=0.099	12	0.045	0.99	1.00	0.99	0.045
修饰后	5.87 p=0.88	5.81 p=0.89	11	0.000	1.01	1.00	1.00	0.018
差异	13.37 p<0.05	12.78 p<0.05	1					

第四节　Amos 的路径分析

一、模型界定

依照本范例的假设模型，绘制图形，下图为执行完毕之后的标准化最终解路径图。

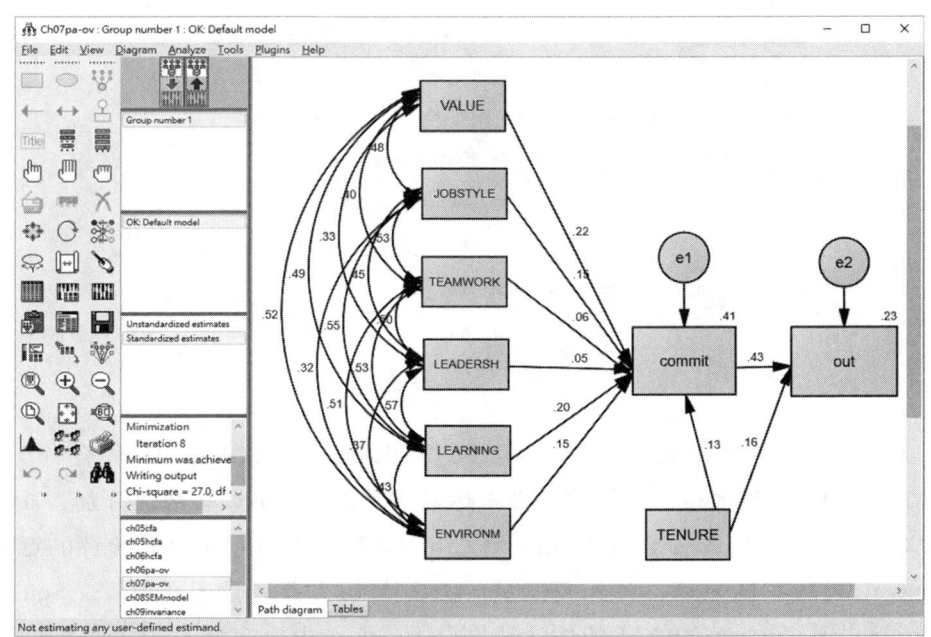

二、Amos 的报表解读

本范例已事先对遗漏值进行了处理，样本量为 281。变量的摘要显示模型中的所有变量包含观察变量（内生变量）与非观察变量（外源变量），观察变量有 9 个，非观察变量有 2 个，共计 11 个变量。

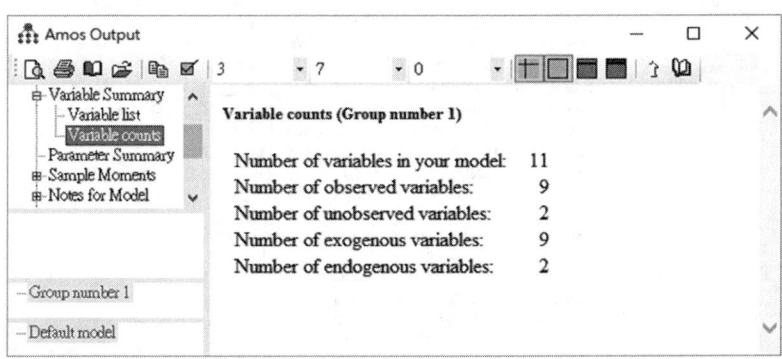

模型的记录显示，模型的测量数据数为 45 个，有 33 个参数被估计，因此自由度为 12。χ^2=27.009，p=0.008。

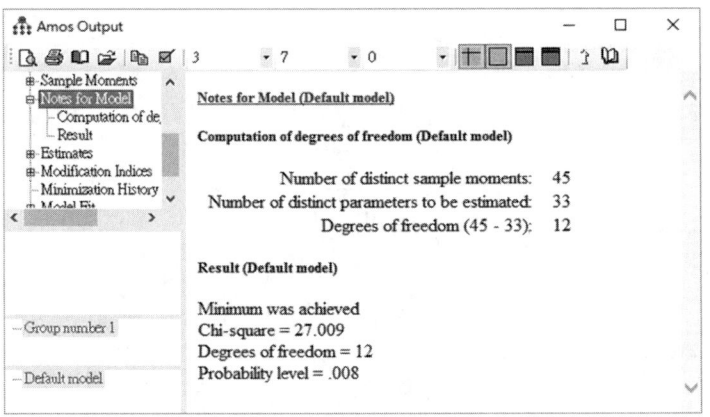

从参数估计结果的报表数据可以得知，TEAMWORK（团队合作）与 LEADERSH（领导风格）的结构参数未达显著，标准化回归系数值分别为 0.056 与 0.053，表示这两条参数对于 commit（组织承诺）的解释不具有统计的意义。Covariances 的数据显示，各外源变量的方差与协方差皆达显著水平。Squared Multiple Correlations（*SMC*）的估计结果显示，两个内生变量（组织承诺与员工绩效）被外源变量解释的比例分别为 0.414 与 0.227。

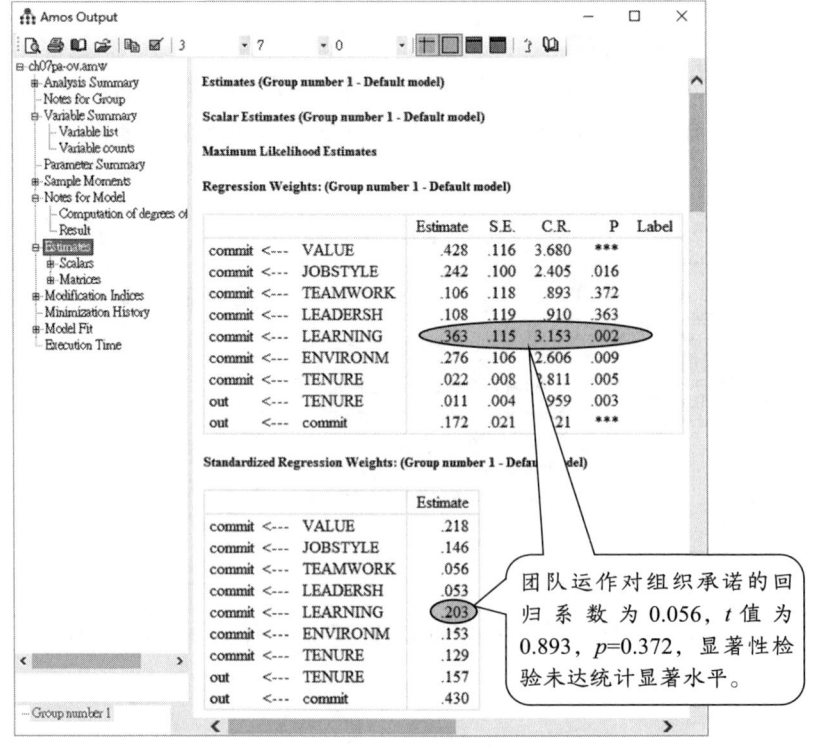

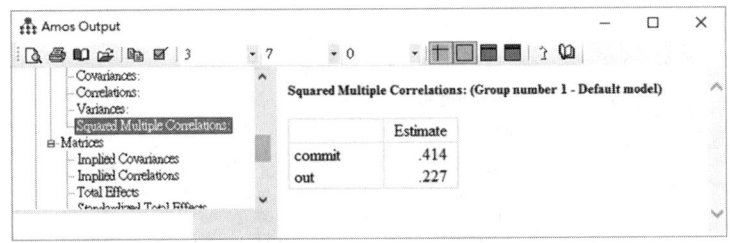

从变量之间的效应分析数据来看，我们应报告标准化的总体效应、标准化的直接效应以及标准化的间接效应。标准化的直接效应已在前面的结构参数中呈现。Amos 报表另外整理出了总体效应与间接效应。唯一可惜的是，报表中并未附上显著性检验（t 检验），使用者必须另外利用公式自行计算。

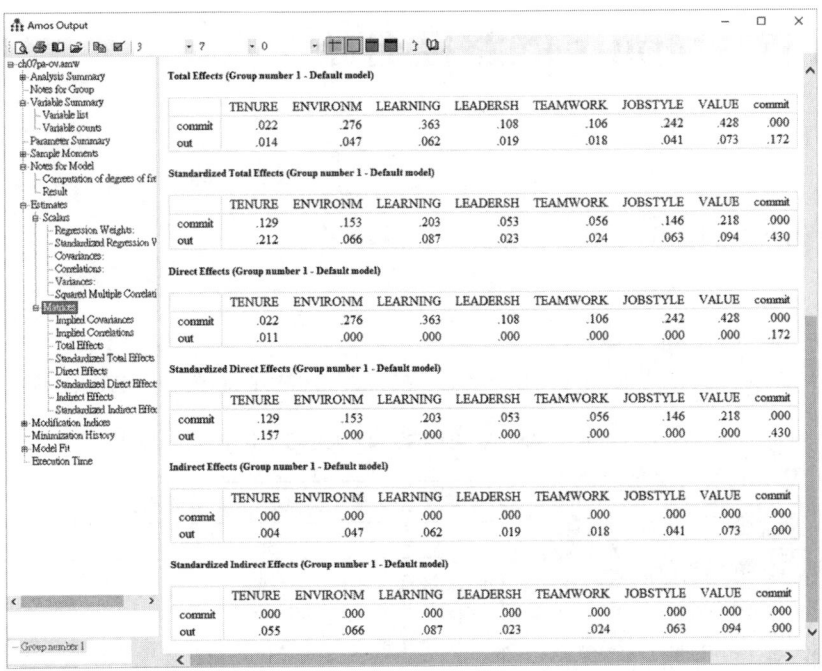

三、模型拟合度分析

从模型拟合度摘要表中显示 *CMIN/DF* 为 2.251，$p=0.008$，*SRMR* $=0.060$，*RMSEA*$=0.067$；*TLI*（*NNFI*）、*NFI*、*CFI*、*GFI* 皆大于 0.90。整体而言，本模型拟合度堪称理想，因此可以直接报告最后的研究数据。

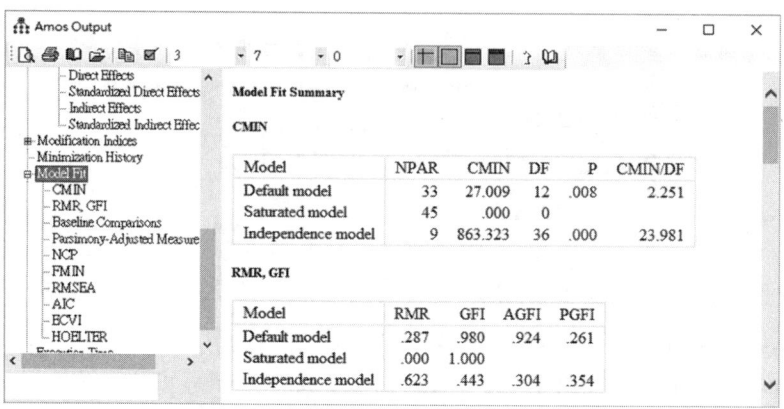

第五节　Mplus 的路径分析

一、Mplus 语法

```
TITLE:    Ch7a Path analysis
DATA:     FILE IS ch07.dat;
VARIABLE: NAMES ARE OUTCOME COMMIT VALUE JOBSTYLE TEAMWORK LEADERSH LEARNING ENVIRONM
          TENURE;
MODEL:
   COMMIT on VALUE JOBSTYLE TEAMWORK LEADERSH LEARNING ENVIRONM TENURE;
   OUTCOME on COMMIT TENURE;
   VALUE    with TENURE @0;
   JOBSTYLE with TENURE @0;
   TEAMWORK with TENURE @0;
   LEADERSH with TENURE @0;
   LEARNING with TENURE @0;
   ENVIRONM with TENURE @0;
MODEL INDIRECT:
   OUTCOME IND COMMIT VALUE;
   OUTCOME IND COMMIT JOBSTYLE;
   OUTCOME IND COMMIT TEAMWORK;
   OUTCOME IND COMMIT LEADERSH;
   OUTCOME IND COMMIT LEARNING;
   OUTCOME IND COMMIT ENVIRONM;
   OUTCOME IND COMMIT TENURE;
   OUTCOME IND TENURE;
OUTPUT:
   STANDARDIZED;
```

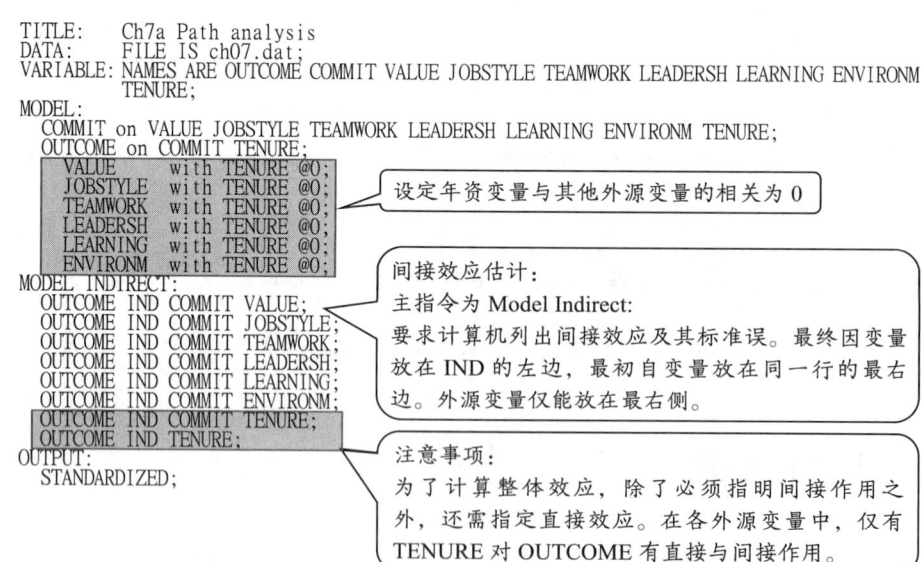

设定年资变量与其他外源变量的相关为 0

间接效应估计：
主指令为 Model Indirect：
要求计算机列出间接效应及其标准误。最终因变量放在 IND 的左边，最初自变量放在同一行的最右边。外源变量仅能放在最右侧。

注意事项：
为了计算整体效应，除了必须指明间接作用之外，还需指定直接效应。在各外源变量中，仅有 TENURE 对 OUTCOME 有直接与间接作用。

二、Mplus 报表

Ch7a Path analysis
SUMMARY OF ANALYSIS

Number of groups   1
Number of observations   281

Number of dependent variables   2
Number of independent variables   7
Number of continuous latent variables   0

> 显示读取数据的概况与模型设定的基本信息。

UNIVARIATE SAMPLE STATISTICS

> 读取原始资料，因此可以检视各变量的描述统计量，进行资料状况检查。

UNIVARIATE HIGHER-ORDER MOMENT DESCRIPTIVE STATISTICS

Variable/Sample Size	Mean/Variance	Skewness/Kurtosis	Minimum/Maximum	% with Min/Max	Percentiles 20%/60%	Percentiles 40%/80%	Median
OUTCOME	4.216	-0.586	2.000	0.36%	3.670	4.000	4.330
281.000	0.401	-0.359	5.000	20.28%	4.330	5.000	
COMMIT	9.491	-0.321	4.000	0.36%	8.000	9.000	9.670
281.000	2.527	-0.192	12.000	8.90%	10.000	11.000	
VALUE	4.272	-0.765	1.000	0.36%	3.670	4.000	4.330
281.000	0.647	0.988	6.000	0.36%	4.670	5.000	
JOBSTYLE	4.182	-0.423	1.000	0.71%	3.330	4.000	4.330
281.000	0.907	0.106	6.000	2.85%	4.670	5.000	
TEAMWORK	4.335	-0.271	1.330	0.36%	3.670	4.000	4.330
281.000	0.691	-0.063	6.000	2.85%	4.670	5.000	
LEADERSH	4.874	-0.596	2.000	0.71%	4.330	4.670	5.000
281.000	0.598	0.745	6.000	15.66%	5.000	5.670	
LEARNING	4.706	-0.480	1.670	0.36%	4.000	4.330	5.000
281.000	0.776	-0.015	6.000	12.81%	5.000	5.670	
ENVIRONM	4.427	-0.401	1.000	0.36%	3.670	4.330	4.330
281.000	0.765	0.371	6.000	5.34%	4.670	5.330	
TENURE	9.125	0.685	0.000	11.39%	1.000	2.000	4.000
281.000	85.027	-0.951	32.000	0.71%	10.000	20.000	

MODEL FIT INFORMATION

Number of Free Parameters   42

> 显示模型估计结果与拟合指数。

Loglikelihood

    H0 Value   -3522.703
    H1 Value   -3509.090

Information Criteria

    Akaike (AIC)   7129.406
    Bayesian (BIC)   7282.217
    Sample-Size Adjusted BIC   7149.037
      (n* = (n + 2) / 24)

Chi-Square Test of Model Fit

    Value   27.225
    Degrees of Freedom   12
    P-Value   0.0072

> 拟合指标：卡方值（27.225）与模型自由度（12）。

```
RMSEA (Root Mean Square Error Of Approximation)
        Estimate                            0.067
        90 Percent C.I.                     0.033   0.101
        Probability RMSEA <= .05            0.177

CFI/TLI
        CFI                                 0.935
        TLI                                 0.919

Chi-Square Test of Model Fit for the Baseline Model
        Value                             250.354
        Degrees of Freedom                     15
        P-Value                            0.0000

SRMR (Standardized Root Mean Square Residual)
        Value                               0.056

MODEL RESULTS
                                                          Two-Tailed
                        Estimate    S.E.   Est./S.E.      P-Value

COMMIT    ON
    VALUE                0.428     0.116     3.679         0.000
    JOBSTYLE             0.243     0.100     2.418         0.016
    TEAMWORK             0.105     0.118     0.891         0.373
    LEADERSH             0.108     0.119     0.911         0.362
    LEARNING             0.363     0.115     3.154         0.002
    ENVIRONM             0.276     0.106     2.598         0.009
    TENURE               0.022     0.008     2.780         0.005

OUTCOME   ON
    COMMIT               0.172     0.021     8.118         0.000
    TENURE               0.011     0.004     2.925         0.003

Intercepts
    OUTCOME              2.488     0.200    12.453         0.000
    COMMIT               2.537     0.539     4.703         0.000

Residual Variances
    OUTCOME              0.306     0.026    11.853         0.000
    COMMIT               1.456     0.123    11.853         0.000
```

直接效应：
原始估计数与标准化估计数（*STDXY*）。
一般论文所呈现的均为*STDXY*，即为标准化回归系数。

```
STANDARDIZED MODEL RESULTS

STDYX Standardization

                                                          Two-Tailed
                        Estimate    S.E.   Est./S.E.      P-Value

COMMIT    ON
    VALUE                0.217     0.058     3.716         0.000
    JOBSTYLE             0.145     0.060     2.427         0.015
    TEAMWORK             0.055     0.062     0.891         0.373
    LEADERSH             0.053     0.058     0.912         0.362
    LEARNING             0.201     0.063     3.178         0.001
    ENVIRONM             0.152     0.058     2.609         0.009
    TENURE               0.128     0.046     2.788         0.005

OUTCOME   ON
    COMMIT               0.432     0.048     8.931         0.000
    TENURE               0.155     0.053     2.952         0.003
```

```
Intercepts
    OUTCOME          3.931    0.431    9.128    0.000
    COMMIT           1.596    0.385    4.144    0.000
Residual Variances
    OUTCOME          0.763    0.044   17.227    0.000
    COMMIT           0.576    0.045   12.871    0.000
```

R-SQUARE

Observed Variable	Estimate	S.E.	Est./S.E.	Two-Tailed P-Value
OUTCOME	0.237	0.044	5.343	0.000
COMMIT	0.424	0.045	9.477	0.000

R^2：两个因变量被直接效应解释的百分比。

TOTAL, TOTAL INDIRECT, SPECIFIC INDIRECT, AND DIRECT EFFECTS

	Estimate	S.E.	Est./S.E.	Two-Tailed P-Value

Effects from TENURE to OUTCOME

```
Total                0.014    0.004    3.768    0.000
Total indirect       0.004    0.001    2.630    0.009
Specific indirect
    OUTCOME
    COMMIT
    TENURE           0.004    0.001    2.630    0.009
Direct
    OUTCOME
    TENURE           0.011    0.004    2.925    0.003
```

间接与总效应：此为原始估计数，一般并不报告此数据。

（略）

STANDARDIZED TOTAL, TOTAL INDIRECT, SPECIFIC INDIRECT, AND DIRECT EFFECTS

STDYX Standardization

标准化间接效应与总效应：此为标准化估计数，等于标准化回归系数。

	Estimate	S.E.	Est./S.E.	Two-Tailed P-Value

Effects from TENURE to OUTCOME

```
Total                0.211    0.055    3.847    0.000
Total indirect       0.055    0.021    2.677    0.007
Specific indirect
    OUTCOME
    COMMIT
    TENURE           0.055    0.021    2.677    0.007
Direct
    OUTCOME
    TENURE           0.155    0.053    2.952    0.003
```

（略）

第六节　R 的路径分析

一、R 语法

二、R 分析结果

```
> inspect(Ch07.fit)
$lambda
         COMMIT OUTCOM VALUE JOBSTY TEAMWO LEADER LEARNI ENVIRO TENURE
COMMIT        0      0     0      0      0      0      0      0      0
OUTCOME       0      0     0      0      0      0      0      0      0
VALUE         0      0     0      0      0      0      0      0      0
JOBSTYLE      0      0     0      0      0      0      0      0      0
TEAMWORK      0      0     0      0      0      0      0      0      0
LEADERSH      0      0     0      0      0      0      0      0      0
LEARNING      0      0     0      0      0      0      0      0      0
ENVIRONM      0      0     0      0      0      0      0      0      0
TENURE        0      0     0      0      0      0      0      0      0

$theta
         COMMIT OUTCOM VALUE JOBSTY TEAMWO LEADER LEARNI ENVIRO TENURE
COMMIT        0
OUTCOME       0      0
VALUE         0      0     0
JOBSTYLE      0      0     0      0
TEAMWORK      0      0     0      0      0
LEADERSH      0      0     0      0      0      0
LEARNING      0      0     0      0      0      0      0
ENVIRONM      0      0     0      0      0      0      0      0
TENURE        0      0     0      0      0      0      0      0      0

$psi
         COMMIT OUTCOM VALUE JOBSTY TEAMWO LEADER LEARNI ENVIRO TENURE
COMMIT       25
OUTCOME       0     26
VALUE         0      0    27
JOBSTYLE      0      0    10     28
TEAMWORK      0      0    11     15     29
LEADERSH      0      0    12     16     19     30
LEARNING      0      0    13     17     20     22     31
ENVIRONM      0      0    14     18     21     23     24     32
TENURE        0      0     0      0      0      0      0      0     33

$beta
         COMMIT OUTCOM VALUE JOBSTY TEAMWO LEADER LEARNI ENVIRO TENURE
COMMIT        0      0     1      2      3      4      5      6      7
OUTCOME       9      0     0      0      0      0      0      0      8
VALUE         0      0     0      0      0      0      0      0      0
JOBSTYLE      0      0     0      0      0      0      0      0      0
TEAMWORK      0      0     0      0      0      0      0      0      0
LEADERSH      0      0     0      0      0      0      0      0      0
LEARNING      0      0     0      0      0      0      0      0      0
ENVIRONM      0      0     0      0      0      0      0      0      0
TENURE        0      0     0      0      0      0      0      0      0

> summary(Ch07.fit, fit.measures=TRUE, standard=TRUE)
lavaan (0.5-23.1097) converged normally after  47 iterations

  Number of observations                           281
  Estimator                                         ML
  Minimum Function Test Statistic               27.106
  Degrees of freedom                                12
  P-value (Chi-square)                           0.007
```

> 外源变量间的相关自由估计的参数编号。

> 自由估计的路径系数编号。

> 拟合指标：卡方与模型自由度。

```
Model test baseline model:

    Minimum Function Test Statistic              866.406
    Degrees of freedom                                36
    P-value                                        0.000

User model versus baseline model:

    Comparative Fit Index (CFI)                    0.982
    Tucker-Lewis Index (TLI)                       0.945

Loglikelihood and Information Criteria:

    Loglikelihood user model (H0)              -3522.025
    Loglikelihood unrestricted model (H1)      -3508.473

    Number of free parameters                         33
    Akaike (AIC)                                7110.051
    Bayesian (BIC)                              7230.116
    Sample-size adjusted Bayesian (BIC)         7125.475

Root Mean Square Error of Approximation:

    RMSEA                                          0.067
    90 Percent Confidence Interval         0.033   0.101
    P-value RMSEA <= 0.05                          0.181

Standardized Root Mean Square Residual:

    SRMR                                           0.060

Regressions:
                       Estimate  Std.Err  z-value  P(>|z|)  Std.lv  Std.all
  COMMIT ~
    VALUE      (a1)       0.428    0.116    3.687    0.000   0.428    0.218
    JOBSTYLE   (a2)       0.242    0.100    2.409    0.016   0.242    0.146
    TEAMWORK   (a3)       0.106    0.118    0.895    0.371   0.106    0.056
    LEADERSH   (a4)       0.108    0.119    0.912    0.362   0.108    0.053
    LEARNING   (a5)       0.363    0.115    3.159    0.002   0.363    0.203
    ENVIRONM   (a6)       0.276    0.106    2.611    0.009   0.276    0.153
    TENURE     (a7)       0.022    0.008    2.816    0.005   0.022    0.129
  OUTCOME ~
    TENURE     (c)        0.011    0.004    2.964    0.003   0.011    0.157
    COMMIT     (b)        0.172    0.021    8.135    0.000   0.172    0.430

Covariances:
                       Estimate  Std.Err  z-value  P(>|z|)  Std.lv  Std.all
  VALUE ~~
    JOBSTYLE              0.367    0.051    7.244    0.000   0.367    0.479
    TEAMWORK              0.271    0.043    6.288    0.000   0.271    0.405
    LEADERSH              0.206    0.039    5.274    0.000   0.206    0.331
    LEARNING              0.344    0.047    7.328    0.000   0.344    0.486
    ENVIRONM              0.369    0.047    7.782    0.000   0.369    0.524
  JOBSTYLE ~~
    TEAMWORK              0.420    0.053    7.853    0.000   0.420    0.530
    LEADERSH              0.328    0.048    6.829    0.000   0.328    0.446
    LEARNING              0.461    0.057    8.078    0.000   0.461    0.550
    ENVIRONM              0.269    0.052    5.149    0.000   0.269    0.323
  TEAMWORK ~~
    LEADERSH              0.318    0.043    7.443    0.000   0.318    0.496
    LEARNING              0.390    0.049    7.884    0.000   0.390    0.533
    ENVIRONM              0.368    0.049    7.571    0.000   0.368    0.506
  LEADERSH ~~
    LEARNING              0.386    0.047    8.259    0.000   0.386    0.566
    ENVIRONM              0.249    0.043    5.800    0.000   0.249    0.369
```

> 路径系数：直接效应的估计与检定结果，也包含标准化系数。

```
LEARNING ~~
    ENVIRONM       0.332    0.050    6.626    0.000    0.332    0.430
JOBSTYLE ~~
    TENURE         0.000                                0.000    0.000
TEAMWORK ~~
    TENURE         0.000                                0.000    0.000
LEADERSH ~~
    TENURE         0.000                                0.000    0.000
LEARNING ~~
    TENURE         0.000                                0.000    0.000
ENVIRONM ~~
    TENURE         0.000                                0.000    0.000

Variances:
                  Estimate  Std.Err  z-value  P(>|z|)   Std.lv   Std.all
   .COMMIT          1.456    0.123   11.853    0.000    1.456    0.586
   .OUTCOME         0.305    0.026   11.853    0.000    0.305    0.773
    VALUE           0.647    0.055   11.853    0.000    0.647    1.000
    JOBSTYLE        0.907    0.077   11.853    0.000    0.907    1.000
    TEAMWORK        0.691    0.058   11.853    0.000    0.691    1.000
    LEADERSH        0.598    0.050   11.853    0.000    0.598    1.000
    LEARNING        0.776    0.065   11.853    0.000    0.776    1.000
    ENVIRONM        0.765    0.065   11.853    0.000    0.765    1.000
    TENURE         84.834    7.157   11.853    0.000   84.834    1.000

Defined Parameters:
                  Estimate  Std.Err  z-value  P(>|z|)   Std.lv   Std.all
    a1b             0.073    0.022    3.358    0.001    0.073    0.094
    a2b             0.041    0.018    2.310    0.021    0.041    0.063
    a3b             0.018    0.020    0.889    0.374    0.018    0.024
    a4b             0.019    0.021    0.906    0.365    0.019    0.023
    a5b             0.062    0.021    2.945    0.003    0.062    0.087
    a6b             0.047    0.019    2.486    0.013    0.047    0.066
    a7b             0.004    0.001    2.661    0.008    0.004    0.055
    total           0.272    0.038    7.217    0.000    0.272    0.514
```

> 外源变量的相关为 0。

> 间接效果与总效果的估计与检定结果，包含标准化系数。

最后，路径分析结果如图 7.12 所示。

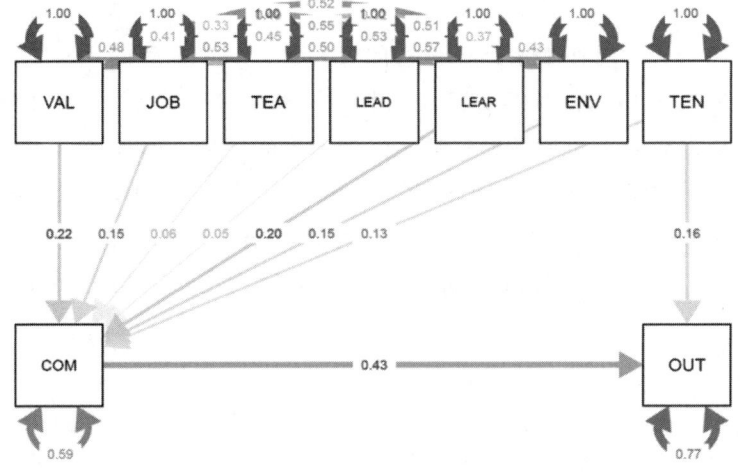

图 7.12　以 R 估计得到的路径分析结果图示

第七节 结 语

路径分析可以说是当代社会科学研究当中最重要的统计技术之一。从 20 世纪 70 年代开始，有关路径分析的论文如同雨后春笋，所讨论的议题涉及方法学、分析技术、软件应用，不一而足，所牵涉的领域扩及社会与行为科学的所有领域。路径分析的延伸应用仍在持续成长中，最近的议题包括了多层次的测量、纵贯性的成长测量、类别变量与非正态化数据的分析、估计标准误的不偏估计、遗漏值处理问题，而这些论文亦散见于各领域的相关期刊当中，显见路径分析不但是深受各方重视的分析技术，学者对其发展的掌握也格外的辛苦。

尽管 SEM 分析为路径分析提供了相当便利的分析工具，但是传统取向的路径分析仍然相当普遍。据统计，在以 SEM 取向进行的路径分析研究当中，有将近 1/4 的论文采取了没有潜在变量的路径分析设计，也就是路径分析的分析策略（Maccallum & Austin，2000）。作者认为，显然仍有相当多的研究人员不明了潜在变量在路径分析当中的重要性，同时这些研究背后可能潜藏着许多测量与统计上的误差问题。显然，Maccallum 与 Austin 偏好潜在变量路径分析的应用，但是在许多研究领域（例如，消费研究和社会调查），研究者所处理的数据多为具体的、可观察的真实测量，研究中并没有潜在变量的概念，因此自然没有必要使用到潜在变量路径分析的分析策略。也就是基于这一观点，本书同时介绍了路径分析与潜在变量路径分析两种范式，使用者可以视需要选择其一来分析数据。但是也应注意 Maccallum 与 Austin（2000）所提醒的路径分析策略可能存在的测量误差问题。

不论路径分析和潜在变量路径分析何者为优，一个显著的事实是以多次多元回归来进行路径分析的传统策略已经面临被淘汰的命运，改用 SEM 分析软件来进行路径分析已经是不可避免的趋势，除非研究者的研究数据不涉及路径关系的探讨，仍可以利用多元回归分析来处理一组自变量与一个因变量之间的关系讨论。其他有关中介变量、调节变量乃至多重因变量的回归分析，都将以 SEM 模型为标准程序，也说明了 SEM 技术在未来量化研究范式中的重要性将会不断提高。

第八章 结构方程模型：统合模型分析

同时带有测量模型与结构模型的 SEM 分析称为统合模型分析，可以说是 SEM 各种基本模型的整合运用，也可以视为路径分析与验证性因素分析的综合分析，又称为结构回归模型（structural regression models）（Raykov & Marcoulides, 2000）。

当验证性因素分析与路径分析的概念在 SEM 分析过程中相融合时，因素分析的潜在构念分析技术恰好将路径分析所忽略的抽象构念的测量与误差的处理问题予以补足，强化了路径模型的内在测量基础。另一方面，路径分析所擅长的因果关系结构分析弥补了因素分析只能用来探讨测量变量与潜在构念的内在关系的遗憾，将因素分析的触角伸向了潜在构念的外部结构关系，因此是 SEM 分析当中最重要的一般化模型。

第一节 统合模型的基本概念

一、路径分析与因素分析模型的整合

自 SEM 发展以来，路径分析可以轻易地在 SEM 中加以模块与检验，因此路径分析逐渐改以 SEM 的方式来处理。SEM 取向的路径分析的主要特色是可以利用测量变量间的共变情形，同时估计模型参数，并可配合研究者所提出的特定假设模型来检验理论模型与观察数据的适切性，找出最佳的模型。此外，SEM 取向

的路径分析的另一个优势是可以处理对潜在变量的估计。换言之，SEM 取向的路径分析可以在处理潜在变量的同时，进行路径因果关系的检测。正因如此，SEM 取向的路径分析还可以处理对测量误差的控制。

在传统的路径分析中，用来解释或预测其他变量的解释性变量通常被假设是没有测量误差的，或其测量误差可以被忽略。仅有被解释或被预测的变量可以被解释残差估计出来。在 SEM 取向的路径分析中，不论是潜在变量还是观察变量，测量误差都可以有效地估计，排除在分析过程之外。因此，SEM 取向的路径分析有取代传统回归取向路径分析的诸多优势。

从路径分析的原理来看，统合模型的结构化假设可以假定各种直接或间接的因果关系，并利用模型拟合度分析技术来进行参数估计，找出路径系数并检验其显著性；从因素分析的角度来看，统合模型的测量模型可以用来检测一群测量变量背后的潜在因素，验证研究者提出的假设模型，并以竞争模型的比较来寻找最佳的因素结构。

在测量的内在基础与外部的结构关系皆能兼顾的优势下，统合模型分析一举整合了路径分析与因素分析的核心概念，回避了这些传统多变量统计技术的缺失与限制，并提供各种统整性指数与统计量数，来检测各项参数与模型特性，例如，路径分析对整体效应、间接效应的估计在 SEM 模型中可以快速有效地完成，并提供显著性检验来检验效果的统计意义，此为 SEM 最有价值的贡献。

二、统合模型的构成

统合模型就是同时包括了测量模型与结构模型的 SEM 模型，如图 8.1 所示。在图 8.1 中，模型 a_1 与 a_2 是由三个测量变量组成的测量模型，模型 a_3 与 a_4 是由两个测量变量组成的测量模型。这四个测量模型所建立的四个潜在变量（或因素）的结构关系形成了一个结构模型，即模型 b。四个测量模型的适切性可以分别检验，也可以用特定的方式组合（例如，模型 a_1 与 a_2 的潜在变量具有相关），经由 CFA 分析来检验。另一方面，结构模型的检验建立在测量模型的基础上，配合路径分析的策略来探讨潜在变量的结构因素关系，F_1 与 F_2 为外源变量，F_3 与 F_4 为内生变量，外源变量对于内生变量无法解释的部分是残差 D_{F3} 与 D_{F4}，整个模型即为 SEM 的统合模型。

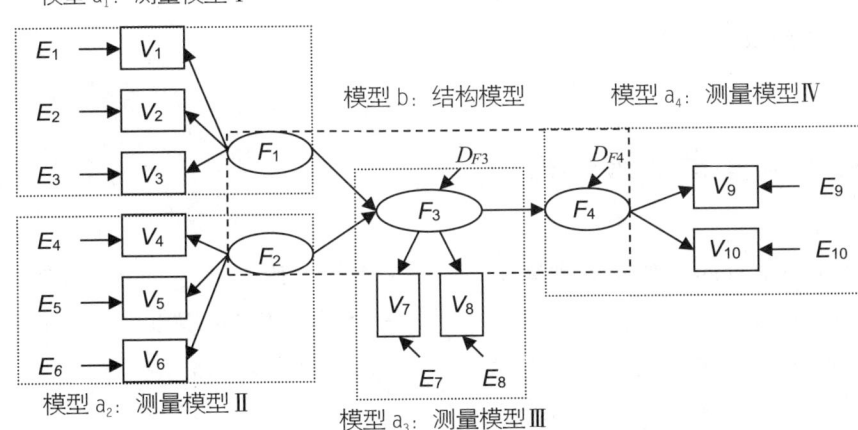

图 8.1 典型的统合模型图示

图 8.1 可以说是一个完全统合模型，因为结构模型当中的每一个变量都是潜在变量，包括两个外源变量与两个内生变量，潜在变量的估计皆建立在多重指标所形成的测量模型之上，又称为完全潜在模型（full latent model）。如果结构模型中的某一个或某几个变量是单一指标的测量变量，如图 8.2 中的 V_4 与 V_7，称为部分潜在模型（partial latent model）（Kline，1998），也就是说，模型中夹杂着测量变量与潜在变量。以图 8.2 为例，其中 V_4 为外源变量，V_7 为内生变量，两者皆是外显的测量变量，而 D_{V7} 为外源变量对 V_7 无法解释的残差变异。

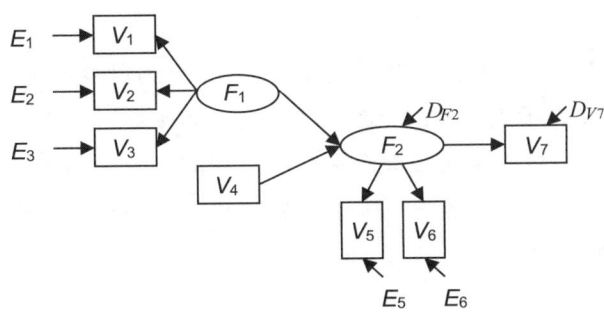

图 8.2 具有两个单一指标测量变量的统合模型

在图 8.1 当中，如果结构模型中的四个潜在变量都以变量组合程序（item parceling）改以单一指标测量变量的形式出现（例如，将潜在因素的各指标直接相加得到一个总分），整个模型只剩下外显的测量变量的结构关系，这即是一个典型的回归取向的路径模型。

三、统合模型方程

(一) 测量模型的方程

图 8.1 当中有四个独立的测量模型,每一个模型代表了一个特定的潜在变量与两个以上的观察变量之间的组合关系,每一个观察变量可以被视为一个内生变量,它的分数受到潜在变量(外源变量)的影响以及测量误差(ε)的影响,可以用一个单独的方程来表示其间的关系:

$$x = \Lambda_x \xi + \delta \quad (\text{模型 } a_1 \text{ 与 } a_2) \tag{8.1}$$

$$y = \Lambda_y \eta + \varepsilon \quad (\text{模型 } a_3 \text{ 与 } a_4) \tag{8.2}$$

在上述两个通式当中,ξ 表示潜在外源变量(F_1 与 F_2),η 表示潜在内生变量(F_3 与 F_4),x 与 y 是各潜在变量所影响的观察变量,在概念上属于内生变量。也就是说,对于每一个个别的观察变量,不论是 x 或 y,它的分数都可以被切割为由共同的潜在变量影响的部分,以及无法被解释的部分(称为测量误差,由 ε 与 δ 表示),Λ_x 与 Λ_y 即表示潜在变量各自的因素载荷系数矩阵(matrices of factor loadings)。

以测量模型 I(a_1)为例,潜在变量 F_1 与三个测量变量的模型关系由三个联立方程组成,Λ_x 表示 F_1 潜在变量所影响的三个观察变量 V_1、V_2、V_3 在 F_1 上的因素载荷,三个观察变量无法被潜在变量解释的部分为测量误差,分别为 E_1、E_2、E_3。整个模型的组成就是一个典型的单一因素的因素分析模型,其他三个测量模型的方程是类似的概念。

(二) 结构模型的方程

上述潜在变量与相对应的测量变量的模型关系显示出了测量模型的组成,而结构模型的组成方程如下:

$$\eta = B\eta + \Gamma\xi + \zeta \tag{8.3}$$

η 是 $m \times 1$ 个潜在内生变量向量（vector of endogenous latent variables），也就是研究者所关心的潜在因变量，即图 8.1 中的 F_3 与 F_4；ξ 是 $k \times 1$ 个潜在外源变量向量（vector of exogenous latent variables），是研究者拿来解释或预测因变量的独立变量；B 是 m 个内生变量的 $m \times m$ 回归系数矩阵，Γ 是 m 个内生变量与 k 个外源变量的 $m \times k$ 回归系数矩阵，ζ 为 $m \times 1$ 个内生变量无法被解释的干扰向量（vector of disturbance）。B 与 Γ 两个矩阵所代表的是方程的标准化回归系数矩阵，性质等同于传统多元回归的回归系数，多个内生变量的组合关系即为传统的路径分析模型，这些回归系数也就自动成了路径系数，这些系数都是研究者最后所要报告标示出来的重要参数。

四、统合模型的识别

在统合模型当中，由于合并了测量模型与结构模型，牵涉的参数相当众多且复杂，因此在识别上的处理也就必须格外的小心。

首先，在测量模型部分，为了使潜在变量与观察变量之间的关系被顺利地估计出来，不论是潜在内生变量还是潜在外源变量，在各潜在变量之下所属的各观察变量中，挑选其中一个观察变量与潜在变量的参数，也就是因素载荷（Λ_x 或 Λ_y）固定为 1.00，以便作为其他参数的参照，并可以让潜在变量的方差自由估计。此时，由这一特定的潜在外源变量组成的测量模型就是一个典型的单一因素模型。

一旦测量模型的参照设定完成，整体模型的识别性是否足够可以利用 t 法则来计算？Bollen（1989）提出了一个二阶段法则，将统合模型的分析区分为两个步骤：第一步是以因素分析的方式单纯进行测量模型的参数估计；第二步则将第一步所建立的潜在因素视为观察变量，以路径分析的模型来进行结构模型分析。

第二节 统合模型的分析步骤

基本上，统合模型的执行与先前所介绍的验证性因素分析与路径分析相似，需遵循假设模型的提出、模型识别的计算、参数估计、模型拟合检验、最终解的报告等程序。但是由于统合模型的内容包括测量模型与结构模型两个部分，因此在实际估计时，必须考虑这两种模型的执行顺序。如果不区分测量模型与结构模型，而把整个SEM视为一个完整模型，进行一次估计而获得所有的参数估计数，报告一个模型拟合指数来评估模型的优劣，称为一阶段模型（one-step modeling）。如果模型拟合不佳，可进行模型修饰，直到模型拟合良好为止。

相对的，如果一个带有潜在变量的路径分析模型将测量模型与结构模型分成两个模型进行检测，则称为两阶段模型（two-stage modeling）（James，Mulaik，& Brett，1982；Anderson & Gerbing，1989）。第一阶段确定因素结构的拟合性，第二阶段则是在不改变测量模型的前提下，增加结构模型的设定，并评估结构模型界定之后的拟合性。此种做法是目前广为学者建议的分析策略。Anderson与Gerbing（1988）主张两阶段模型对于潜在变量的效度评估具有重要的价值，因为测量模型的检测可以提供潜在变量的聚敛与区分效度的信息，结构模型则可提供预测效度的证据。

Mulaik与Millsap（2000）提出了四阶段的策略，其操作方式是利用一系列的嵌套模型，借由模型竞争比较策略来评估各模型的拟合性。

- 阶段一：未限制测量模型（unrestricted measurement model）。这是一种探索性测量模型分析，以决定能让理论协方差矩阵与观察协方差矩阵达到最理想拟合下的潜在变量数目。（对每一个测量变量与每一个潜在变量的因素载荷均加以估计。）
- 阶段二：限制性测量模型（restricted measurement model）。执行研究者所决定的因素结构，确认模型拟合，并决定测量模型的最终参数估计数。（不属于某特定潜在变量的因素载荷设定为0，此举将使这一CFA模型较前一个阶段的模型拟合变差。）
- 阶段三：完整结构模型（structure model）。依据研究者所关心的理论假设关系估计潜在变量间的参数，无关联的结构参数设定为0。
- 阶段四：替代模型竞争比较（alternative model competition）。依据其他理论观点提出的结构模型，调整结构模型（包括增减结构参数，对结构参数加以设限，或是利用参数的置信区间来比较参数的差异），以比较不同结构模型的拟合性，推估最合理的结构模型。

基本上，四阶段策略是从二阶段策略扩充而来的，本质并无不同。四阶段的第一阶段之所以需要比较不同数目的潜在变量，多半是因为研究者无法确切掌握因素的结构，在这种情况下，并不适合进行验证性因素分析，而可以改以EFA先对于因素的可能结构加以讨论。另一方面，第四个阶段实则是第三阶段的结构模型的延伸，如果研究者不关心其他替代模型下的参数关系，并无进一步执行第四阶段的必要。换言之，二阶段策略可以说是SEM分析中最根本的操作方法。

多阶段模型的优势是可以获得更丰富的模型拟合数据，借以厘清影响模型估计的原因为何。Joreskog与Sorbom（1983）以及Bollen（1989）均曾指出，测量模型的良好拟合提供了后续结构模型的重要基础，因而测量模型必须在结构模型之前进行确认。换言之，如果测量模型不佳，结构模型的分析即缺乏合理的测量基础。

从测量模型与结构模型中的参数数目也可以看出，测量模型中所带有的参数远多于结构模型，因此一个良好拟合的测量模型表示绝大部分的参数（包括因素载荷、测量残差、潜在变量的共变等）都获得了良好合宜的估计值，也确保了后续的结构模型分析的质量。

从参数的性质来看，结构模型的参数多为单方向的回归系数，不论是 $A \rightarrow B$ 或 $B \rightarrow A$，其实都是 $A \leftrightarrow B$ 的一种特例，而测量模型是把潜在变量的相关（即 $A \leftrightarrow B$）设定为自由估计，因此如果测量模型获得理想拟合，那么结构模型的单方向参数也应有一定的适切性。Anderson与Gerbing（1992）主张，测量模型所提供的估计是测量的计量基础，而结构模型所检测的是理论关系，因此结构模型所看重的并不是测量的合理性，而是参数的方向性背后所代表的是理论合理性。

发生测量模型的参数合理但结构参数不理想的可能性之一，是当相关系数过高时，可能产生共线性问题。在多元回归当中，多元共线性问题原本就是威胁参数估计与解释的重要议题（Cohen, Cohen, West, & Aiken, 2003；Pedhazur, 1997），而非测量问题。

第三节　变量组合与聚合

SEM分析经常以变量组合策略（item parceling）来简化测量模型，从而在比较简化的情形下估计结构模型（Bandalos & Finney, 2001）。例如，当某个潜在变量有6个观察变量时，可以将6个变量聚合（aggregate）成3个变量（每两题加在一起或求平均值），来降低模型的复杂度，聚合层次的变量分数称为组合分数（parcel scores）。另外，当研究样本太少（例如低于200）而统合模型很大、所需估计的参数很多时，一种变通的做法是将潜在变量改为观察变量来处理（把构成各潜在变量的题目组合成单一变量），来进行路径分析。

一、变量组合的方法

在 SEM 分析中,变量组合并没有一致的方式,但有一个基本前提是构念具有单维性。也就是说,只有测量同一个构念的测量题目才能够进行组合(Bandalos & Finney,2001;Little et al.,2002)。其他的组合方法各有目的,研究者必须了解各种方法的特殊性与使用时机,才能发挥变量组合的优势(Bandalos & Finney,2001;Hall et al.,1999)。例如,当观察变量的正态性不理想时,变量组合的方式应能抵消各题的偏态,以提高组合后变量的正态性。此外,也有学者主张就题目的内容来组合题意相近的观察变量,使得组合后的观察变量拥有可解释的意义(Comrey,1970)。

(一)辐射组合法

较早的一种方法是 Cattell(1974;Cattell & Bursdal,1975)所提出的辐射组合法(radial parceling),它是利用两阶段的 EFA,基于观察变量在各萃取因素当中的因素载荷高低,依次将若干题目组合成组合变量,再进行变量较少的 EFA,确认组合变量是否仍可以得到类似的因素结构。此法适用于多因素的因素模型(例如,对性格的测量),但此法费时费力,而且可能会把不同构念的观察题目组合到不适当的群组中(Bandalos & Finney,2001;Barrett & Kline,1981)。

(二)随机分布法

最直观的方法是随机分布法(random assignment),其做法是将测量同一个构念的题目以随机方式或系统性方式加以组合(Kishton & Widaman,1994)。例如,一个原有 9 个随机排列的观察变量的构念,可将第 1~3 题、第 4~6 题、第 7~9 题依次求和并除以题数(3)形成三个带有原始测量尺度的新变量,简化成一个带有 3 个观察变量的测量模型。Little 等人(1999;2002)认为这种策略在多数情况下会比依据题目内容来组合更理想,但是未必会得到效度最好的组合变量。

(三)项目构念平衡法

为了改善随机法的缺点,Little 等人(2002)提出了一种更能找到反映同一个构念的一组最相似的组合变量的方法,称为项目构念平衡法(item-to-construct balance approach），是利用 CFA 得到的因素载荷数值，将同一个构念中的题目的载荷依高低顺序将各题平均分布到各个组合变量中。例如，若要将 6 个题目组合成 3 个组合变量，那么因素载荷第 1、2、3 高的 3 个题目依次成了 3 个组合变量的第一题［"定锚题（anchor item）"］，然后载荷次高的另外 3 题则以相反的次序（第 6、5、4 题）归入三个组合变量中成为第二题，使最高载荷的三题与低载荷的三题可以平衡组合在一起，使组合后的新变量有一致的变异量。此种方法适用于当研究者希望组合后的观察变量有一致的因素载荷时，即平行指标（Parallel indicators）。

如果研究者同时关心各变量的平均数，则可套用相似的原则，将各题依照截距的高低排列，将各题组合成平均数相当的新组合变量。

（四）同源法

项目构念平衡法所组合的变量是方差或平均数最相当的一组平行测量，相对而言，另一种策略则是令组合后的因素结构与组合前的结构最相似的同源法（congeneric parcels）（Fletcher，2005；Fletcher & Perry，2007）。具体做法是将最相似的完全标准化因素载荷者组合成一个组合变量。例如，将 6 个题目组合成 3 个组合变量，于是因素载荷第 1、2 高的题目组合成第一个观察变量，第 3、4 高者组成第二个组合变量，依此类推。如此一来，因为组合变量下的观察变量同构性最高，所形成的组合变量的重要性差异即是按原始因素结构内的因素载荷权重排序的。因而，对组合后的新变量进行简化的因素分析可以得到与组合前最相似的因素结构。事实上，这一做法类似于辐射组合法，以及 Hall 等人（1999）提出的误差分离法（isolated uniqueness procedure），所不同的是，它采用 CFA 分析数据。Fletcher 与 Perry（2007）的模拟研究发现，此法的效果比项目构念平衡法好。

二、变量组合的优缺点

如果第一阶段所获得的测量模型的拟合性理想，后续利用组合分数来进行组合分数的统合分析会有诸多优点。除了模型可大幅简化，提高模型拟合度，获得较理想的估计解之外（Marsh, Hau, Balla, & Grayson，1998；Rogers & Schmitt，2004；Yuan, Bentler, & Kano，1997），也可以让测量模型得到较佳的测量信度（Cattell & Burdsal，1975；Kishton & Widaman，1994）、较高的变量解释力或共同性（Little，Cunningham，Shahar，& Widaman，2002）、观察变量的尺度更具有等距性与正态性（Bagozzi & Heatherton，1994）、更理想的检验效力（样本量与题数之比较高）（Bagozzi & Edwards，1998；Gottfried，Fleming & Gottfried，1994；Vandenberg & Scarpello，1991），以及可避免特殊题目的干扰（Chapman & Tunmer，1995）。

　　Bandalos 与 Finney（2001）指出，组合分数之所以会有较佳的拟合，主要是因为当利用组合分数时，观察变量矩阵中的元素数目会大幅度降低，同时也让观察矩阵与导出矩阵的差异（残差）减少，进而大幅提升模型拟合的数据。另外，各潜在变量的信度会提高，因为潜在变量对观察变量的解释力提高了（共同性提高），测量误差的比例也随之下降。因此，根据这一原理，在进行两阶段的统合模型估计时，如果测量模型并不十分理想，可以在第一阶段尝试将测量模型简化，以利第二阶段的结构模型的估计。Bandalos 与 Finney（2001）整理了 7 个期刊当中的论文，发现在 317 篇文章中有 62 篇（占 20%）涉及组合变量的运用。

　　组合变量的处理虽然有诸多优点，但是也有一些限制。最重要的一点是研究者不应为了简化而简化，而需提出简化的理由与统计数据上的支持。例如，能够加以组合的题目，必定具有相同的量尺（例如，都是二分变量或是同点数的利克特量尺）。此外，能够组合成简化题目的一组观察变量应具有单维性（unidimensionality），即它们是测量同一个构念的变量，受到同一个潜在变量的影响。如果一群观察变量的相关并不高，或是其性质是在测量不同的构念，且具有多维性（multidimensionality），即不宜组合成组合变量（Bandalos，2002；Bandalos & Finney，2001；Hall，Snell，& Foust，1999；Kim & Hagtvet，2003；Little et al.，2002）。因为观察变量之间的关系可能非常复杂，如果径自组合变量，可能会遮蔽有意义的因素结构，造成不当的测量模型。

　　一般在进行变量组合之前，必须经过验证性因素分析的检验，以确保构念的单维性。观察变量的因素载荷越高，表示单维性越稳固，越适合进行题目组合。进一步地，在高阶验证性因素分析当中，如果第一阶潜在变量能够形成更高阶的二阶潜在因素，表示这些低阶因素具有高阶的单维性，因此也可以利用组合变量策略，改以测量变量处理第一阶的潜在变量，用来定义高阶的潜在变量。

　　Meade 与 Kroustalis（2006）引入了测量恒等性（measurement invariance）的概念，强调组合变量的使用前提是这些变量必须在不同情境（例如，前后测）或不同团体（例如，性别）中具有测量恒等性，以确保组合过程不致产生团体偏误。在进行恒等性评估时，最重要的是去检测因素载荷。因为变量的组合直接影响变量的方差与协方差的数值，所以组合后的观察变量的因素载荷在跨样本间都应具有恒等性。如果研究者关心潜在变量的平均数，那么组合变量的截距的恒等性就必须纳入考虑。Meade 与 Kroustalis（2006）以仿真数据获得的研究建议是，为了确保组合变量的恒等性，建议研究者在组合之前逐一检查个别观察变量的恒等性，找出导致不恒等的变量，这样一来比较有可能得到理想的恒等性的结论。其他有关变量组合的问题可以参考相关的文献（Bandalos, 2002; Bandalos & Finney, 2001; Landis, Beal, & Tesluk, 2000; Little et al., 2002; Nasser & Wisenbaker, 2003; Rogers & Schmitt, 2004）。

第四节　LISREL 的统合模型分析

前一个范例示范了潜在变量路径分析的典型应用。通常，在一个统合模型分析当中包含多个潜在变量，这些潜在变量除了作为外源变量与内生变量，有时还扮演着中介变量的角色，也就是介于两个潜在变量之间，既作为被他人影响的因变量，也作为影响他人的自变量。其他变量可以通过该中介变量来间接影响因变量。此时，我们可以称之为中介模型的潜在变量路径分析。

中介模型分析的基本原理与前面范例的做法类似，然而更重视间接效应的分析。在模型界定上，必须涉及测量模型与结构模型的设定。因此，在分析的复杂度上，会更甚于单纯的路径分析或验证性因素分析。

本范例将示范中介模型 SEM 分析的具体做法，并使用实际研究数据库，使读者可以明了真实研究数据的分析情形。所使用的资料为 250 位基层教师的创意教学行为调查数据。调查数据包括了教师的创造人格特质、创意教学自我效能感、组织社会化与教学创新行为。其中，对创造人格特质的测量是通过叶玉珠、吴静吉、郑英耀等人（2000）所编制的《创造性格量表》的摘要版本来完成的，其中包括 3 个测量变量："多角推理""兴趣广泛""乐在工作"；对创意教学自我效能感的测量采用的是林碧芳和邱皓政（2003）所编制的《创意教学自我效能感量表》，共计 4 个指标："自我肯定""自我防卫""社会支持寻求"和"外在压力抗衡"。对组织社会化程度的测量取自郭美凰（1996）的量表，经重新分析后，得到"组织融入"与"工作熟练度"2 个指标。对教师教学创新行为的测量则采用吴静吉、王文中、郭俊贤、陈淑惠与李慧贤（1996）所编制的教师教学创新行为量表，共 9 题，相加后得到一个总分，分数越高，代表教师的教学创新行为越多。下面，我们将利用 SEM 的统合模型分析技术来进行潜在变量的中介模型估计程序。

一、假设模型

本范例所采用的数据库的目的是探讨教师的创意教学行为是否受到教师自身对于执行创意教学的胜任感的自我评价（也就是创造行为的自我效能感）的影响。也就是说，教师的创意教学自我效能感越强，越有可能展现出创意教学的行为。然而，教师创意教学自我效能感的高低可能受到教师个人性格特质与组织生活经验（组织社会化程度）的影响，因此，研究假设可写为：

1）教师创意教学自我效能感越高，越能够表现出创意教学行为。
2）教师个人创造性格越强、组织社会化程度越高，创意教学自我效能越高。
3）教师个人创造性格与组织社会化程度两项特质会通过自我效能感的中介作用，间接影响教师的创意教学行为。

根据上述假设以及前面提及的各变量的测量指标，我们可以得到图 8.3 中的概念图。

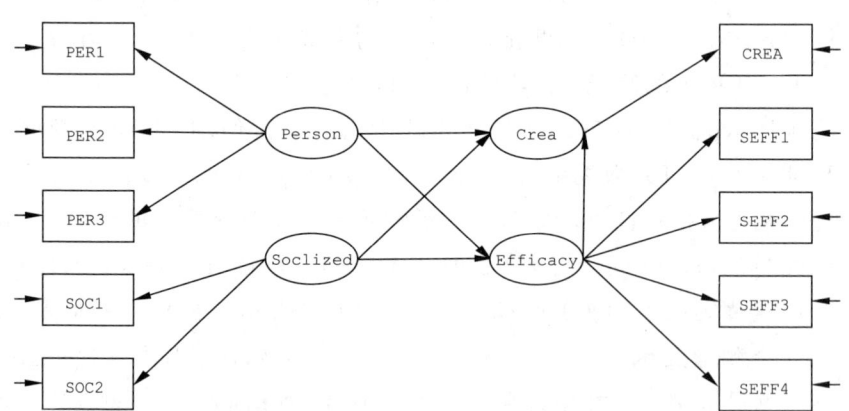

图 8.3　教师创意教学行为研究的 SEM 统合模型的概念图示

二、模型界定

在整个模型当中，共有 10 个测量变量，测量资料数为 $(10 \times 11)/2=55$（$DP=55$）。整个模型的设定条件如下：

1) 模型中有 5 个外源测量变量（$x_1 \sim x_5$），5 个内生测量变量（$y_1 \sim y_5$）。
2) 模型中有 2 个外源潜在变量（ξ_1、ξ_2）与 2 个内生潜在变量（η_1、η_2）。
3) 模型中有 5 个外源测量残差（$\delta_1 \sim \delta_5$），5 个内生测量残差（$\varepsilon_1 \sim \varepsilon_5$）、2 个解释残差（$\zeta_1$、$\zeta_2$），其变异量被自由估计。
4) 内生潜在变量被外源潜在变量解释，$\boldsymbol{B}$ 矩阵有 1 个结构参数（β_1）。$\boldsymbol{\Gamma}$ 矩阵有 4 个结构参数（γ_{11}、γ_{12}、γ_{21}、γ_{22}）。
5) 每一个测量变量仅受单一潜在变量影响（单维假设），故产生了 5 个外源测量变量因素载荷参数（$\lambda x_1 \sim \lambda x_5$）与 5 个内生测量变量因素载荷参数（$\lambda y_1 \sim \lambda y_5$）。
6) 为了使潜在变量的量尺得以确立，各潜在变量的第一个因素载荷被设定为 1，共有 4 个因素载荷被设定为 1。

三、参数估计与分析

为了示范两阶段法，在此步骤中首先将进行一次带有 4 个具有相关的因素的 CFA，然后再进行第二阶段的结构模型分析。本范例所输入的数据为协方差矩阵，内容如下（Ch8.cov）：

```
17.711
1.843  0.404
0.801  0.146  0.374
1.243  0.227  0.110  0.589
1.692  0.226  0.115  0.208  0.393
7.518  1.074  0.301  0.531  0.741  7.565
7.585  1.062  0.538  0.609  0.806  5.202  7.046
6.499  0.906  0.388  0.434  0.664  4.530  4.626  6.335
3.020  0.369  0.237  0.322  0.196  1.947  1.524  1.649  4.482
2.663  0.318  0.307  0.335  0.326  2.092  1.824  1.662  2.335  2.982
```

（一）阶段一：CFA

1. 分析语法

CFA 的 LISREL 语法文件与 SIMPLIS 语法文件列于表 8.1，数据文件读入的变量排列顺序如下：创意教学经验（CREA）；创意教学自我效能感的"自我肯定效能""自我防卫效能""支持寻求效能""压力抗衡效能"（SEFF1-SEFF4）；创造人格量表的"独特思考""广泛兴趣""乐在工作"(PER1-PER3);以及组织社会化的"组织融入"与"工作熟悉"(SOC1-SOC2)。

表 8.1　统合模型阶段一的 LISREL 与 SIMPLIS 语法（ch8a.LIS 与 ch8a.SPL）

LISREL

1	Ch8 SEM Stage 1 CFA using LISREL syntax
2	DATA NI=10 NO=250
3	CM SY FI=Ch8.cov
4	LA; CREA SEFF1 SEFF2 SEFF3 SEFF4 PER1 PER2 PER3 SOC1 SOC2
5	MO NX=10 NK=4
6	LK; Crea Efficacy Person Soclized
7	FR LX (3,2) LX(4,2) LX(5,2) LX(7,3) LX(8,3) LX(10,4)
8	FI TE 1
9	VA 1 LX 1 1 LX 2 2 LX 6 3 LX 9 4
10	PD
11	OUTPUT SE TV RS SS SC MI

SIMPLIS

1	Ch8 SEM Stage 1 CFA using SIMPLIS syntax
2	Observed variables: CREA SEFF1 SEFF2 SEFF3 SEFF4 PER1 PER2 PER3 SOC1 SOC2
3	Covariance matrix from file Ch8.cov
4	Sample Size = 250
5	Latent Variables Creat Efficacy Person Soclized
6	Relationships
7	CREA = Creat
8	SEFF1-SEFF4 = Efficacy
9	PER1-PER3= Person
10	SOC1-SOC2 =Soclized
11	Set the error variance of CREA to 0
12	Path Diagram
13	End of Problem

值得注意的是,由于创意教学经验(CREA)只有单一观察变量,因此误差设为 0:在 LISREL 语法中的第 8 行(FI TE 1 1)为 0;在 SIMPLIS 语法中则有 Set the error variance of CREA to 0。

创意教学经验(CREA)的唯一观察变量的因素载荷设为 1.00,在 LISREL 语法中的第 9 行有 VA 1 LY 1 1,在 SIMPLIS 中则不必加以设定(因为预设第一条参数即为 1.0 参数)。

2. 分析结果

测量模型的检测结果列于图 8.4。模型的拟合情形大致良好，$\chi^2=80.964$（$df=30$，$p=0.00$），$\chi^2/df=2.699$，低于 3。RMSEA 值为 0.082；NNFI=0.937、CFI=0.958。因素载荷大致良好，因此继续进行第二阶段的结构模型的估计。

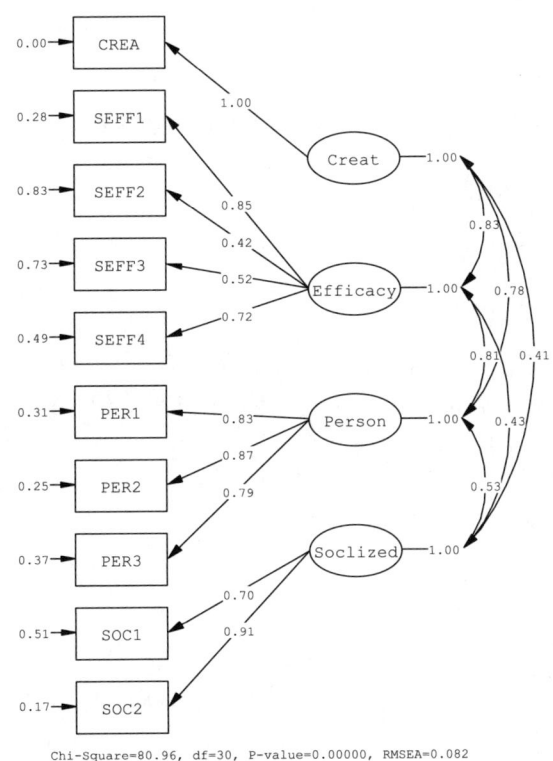

Chi-Square=80.96, df=30, P-value=0.00000, RMSEA=0.082

图 8.4　统合模型分析阶段一的 CFA 估计结果图示

（二）阶段二：结构模型分析

1. 分析语法

表 8.2 中 LISREL 语法共有 11 行指令，DATA 指令说明变量数目为 10，样本数目 250。CM SY 表示数据以对称的协方差矩阵形式读入，放置于 Ch08.cov 档案中，10 个观察变量的标签放置于外部档案 Ch08.lab 中，以 LA FI=Ch08.lab 读入。

表8.2 统合模型阶段二的 LISREL 与 SIMPLIS 语法（ch8b.LIS 与 ch8b.SPL）

LISREL

1 Ch8 SEM Stage 2 Structure Model Analysis using LISREL syntax
2 DATA   NI=10 NO=250
3 CM SY   FI=Ch8.cov; LA FI=Ch08.lab
4 MODEL   NY=5 NE=2 NK=2 NX=5 PS=DI GA=FU BE=FU
5 LE; Crea Efficacy
6 LK; Person Soclized
7 FR LY(3,2) LY(4,2) LY(5,2) LX(2,1) LX(3,1) LX(5,2) BE (1,2)
8 FI TE 1
9 VALUE 1 LY 1 1 LY 2 2 LX 1 1 LX 4 2
10 PD
11 OUTPUT   SE TV RS FS EF SS SC MI

SIMPLIS

1 Ch8 SEM Stage 2 Structure Model Analysis using SIMPLIS syntax
2 Observed variables: CREA SEFF1 SEFF2 SEFF3 SEFF4 PER1 PER2 PER3 SOC1 SOC2
3 Covariance matrix from file Ch08.cov
4 Sample Size = 250
5 Latent Variables   Creat Efficacy Person Soclized
6 Relationships
7   CREAT = Crea
8   SEFF1-SEFF4 =Efficacy
9   PER1-PER3=Person
10   SOC1-SOC2 =Soclized
11   Crea = Efficacy
12   Crea = Person Soclized
13   Efficacy = Person Soclized
14 Set the error variance of CREAT to 0
15 Path Diagram
16 End of Problem

表 8.2 中 LISREL 语法中的第 4 行的 Model 指令说明了模型的条件：内生观察变量（NY=5）与外源观察变量（NX=5）数目各为 5，内生潜在变量（NE=2）与外源潜在变量（NK=2）数目各为 2，内生变量残差矩阵为对角线矩阵并自由估计（PS=DI），结构系数矩阵为完全矩阵并先加以估计（GA=FU；BE=FU）。

在从第 7 行开始的参数设定指令中，FR 说明了需要估计的各因素载荷。第 8 行的 FI 指令则指出第一个内生测量变量的残差设定为 0（TE 1），表示第一个内生潜在变量（创意教学行为）是由单一指标构成的，创意行为潜在变量实质上是一个测量变量。第 9 行则指定设定为 1 的参数，以使每一个潜在变量得以量尺化。

SIMPLIS 语法从第 6 行开始，说明测量模型与结构模型的设定方式，测量模型为第 7～10 行，结构模型为第 11～13 行。以第 13 行为例，说明自我效能感有两个预测变量 Efficacy = Person Soclized，该行指令也可以写作：Person Soclized-> Efficacy，结果不变。

2．分析结果

根据上述模型界定，以 LISREL 软件分析的结果（Ch08a.out）如下：

```
Number of Input Variables   10
Number of Y - Variables      5
Number of X - Variables      5
Number of ETA - Variables    2
Number of KSI - Variables    2
Number of Observations     250
```

总计读入 10 个变量，内生与外源测量变量各为 5，内生与外源潜在变量各为 2，样本量为 250。紧接着列出所读入的协方差矩阵与平均数数据，在此予以省略。

（1）参数估计结果

由参数设定的列表可以看出各参数的估计情形。**LAMBDA-Y** 与 **LAMBDA-X** 参数为测量模型内的因素载荷，编号为 1～3 与 4～6；*beta* 系数（7）自我效能感指对创意行为的回归系数；**GAMMA** 矩阵估计所有的 4 个参数（8～11）；其他参数均为残差参数（**PHI**、**THETA-EPS** 与 **THETA-DELTA**），编号 12～25。共有 25 个被估计参数。

```
Parameter Specifications

        LAMBDA-Y

             Crea    Efficacy
           --------  --------
CREAT         0         0
SEFF1         0         0
SEFF2         0         1
SEFF3         0         2
SEFF4         0         3

        LAMBDA-X

            Person   Soclized
           --------  --------
PER1          0         0
PER2          4         0
PER3          5         0
SOC1          0         0
SOC2          0         6
```

（外源变量测量模式设定值。）

（内生变量测量模式设定值。）

248 结构方程模型的原理与应用

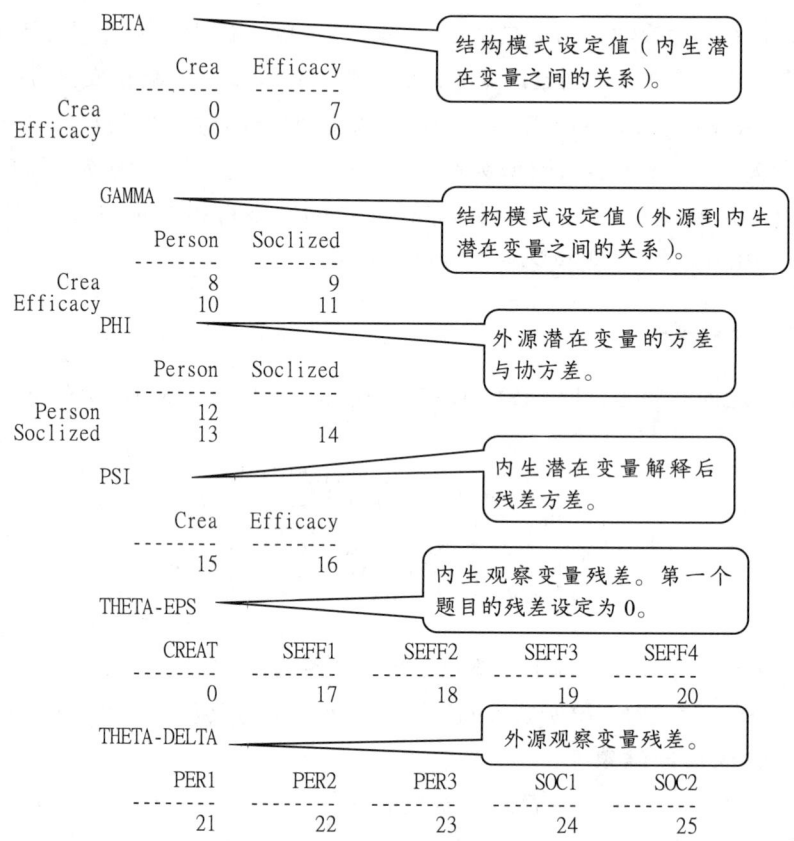

参数估计以最大概似法进行估计，耗费 12 次迭代。结果发现各测量模型的因素载荷均达显著水平，表示测量模型良好（见注 1）。

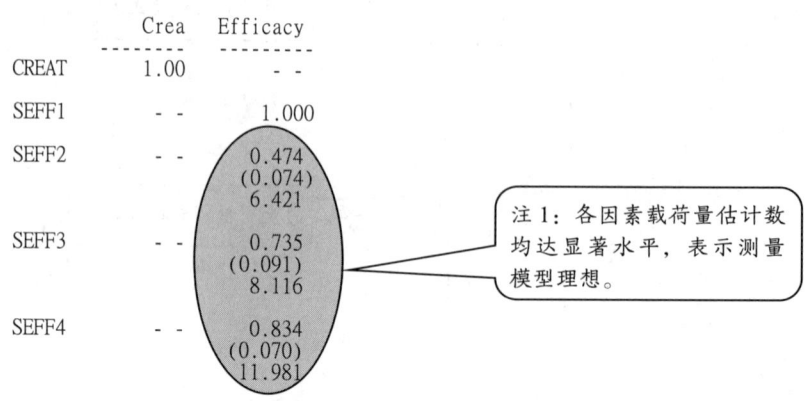

```
LAMBDA-X

            Person    Soclized
            --------  --------
    PER1      1.000      - -

    PER2      1.009      - -
             (0.064)
             15.877

    PER3      0.875      - -
             (0.062)
             14.129

    SOC1       - -      1.000

    SOC2       - -      1.064
                       (0.149)
                        7.148
```

　　beta 系数亦达显著水平，表示自我效能感可以有效预测创意教学行为（估计值为 4.364，标准误为 0.807，$t=5.407$，$p<0.01$；见注 2）。但组织社会化对于两个内生潜在变量预测值（*gamma* 系数）未达显著水平（见注 3）。

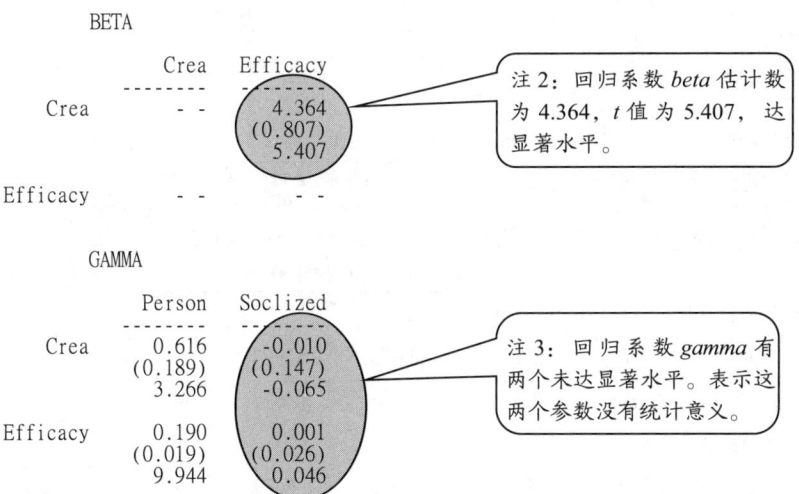

　　外源潜在变量间的共变与相关估计结果显示，两个外源潜在变量间的方差估计值达显著水平，而两个外源潜在变量间的共变估计值亦达显著水平（估计值为 1.795，标准误 0.351，$t=5.114$，$p<0.01$；见注 4）。

Covariance Matrix of ETA and KSI

```
              Crea      Efficacy    Person    Soclized
            --------    --------   --------   --------
Crea         17.711
Efficacy      1.869       0.289
Person        7.497       0.989      5.190
Soclized      2.585       0.344      1.795      2.194
```

PHI

```
              Person    Soclized
            --------    --------
Person        5.190
             (0.670)
              7.751

Soclized      1.795       2.194
             (0.351)     (0.439)
              5.114       4.992
```

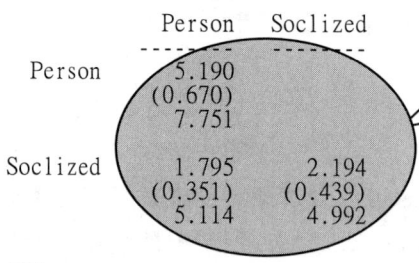

注4：外源潜在变量间的方差与协方差估计数。5.190与2.194分别为两个外源潜在变量间的方差估计值，1.795则为两个外源潜在变量间的协方差估计值，均达显著水平。

PSI
Note: This matrix is diagonal.

```
              Crea      Efficacy
            --------    --------
              4.961       0.101
             (0.602)     (0.020)
              8.238       4.954
```

Squared Multiple Correlations for Structural Equations

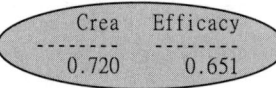

```
              Crea      Efficacy
            --------    --------
              0.720       0.651
```

注5：结构模型对于潜在变量的解释力，类似于R^2的功能，表示创意行为可以被解释72%的变异量；自我效能感可以被解释65.1%的变异量。

Squared Multiple Correlations for Y - Variables

```
            CREAT      SEFF1      SEFF2      SEFF3      SEFF4
          --------   --------   --------   --------   --------
            1.000      0.716      0.174      0.266      0.512
```

THETA-DELTA

```
             PER1       PER2       PER3       SOC1       SOC2
          --------   --------   --------   --------   --------
            2.375      1.765      2.363      2.288      0.497
           (0.284)    (0.242)    (0.262)    (0.341)    (0.312)
            8.355      7.302      9.033      6.714      1.592
```

Squared Multiple Correlations for X - Variables

```
             PER1       PER2       PER3       SOC1       SOC2
          --------   --------   --------   --------   --------
            0.686      0.750      0.627      0.489      0.833
```

注6：外源测量模型的残差与解释力分析。数据显示，组织社会化潜变量对工作熟悉变量的解释力较高。

（2）模型拟合度分析

拟合度分析数据显示拟合度尚可称理想，χ^2=80.964（df=30，p=0.00），χ^2/df=2.699。RMSEA 值为 0.0824；NNFI=0.937、CFI=0.958，均达 0.90。虽然模型拟合状况大致良好，但仍有修正空间。

```
                                    Log-likelihood Values
                              Estimated Model      Saturated Model
                              ---------------      ---------------
   Number of free parameters(t)        25                   55
   -2ln(L)                         3302.318             3221.354
   AIC (Akaike, 1974)*             3352.318             3331.354
   BIC (Schwarz, 1978)*            3440.354             3525.034

   *LISREL uses AIC= 2t - 2ln(L) and BIC = tln(N)- 2ln(L)
                              Goodness-of-Fit Statistics

   Degrees of Freedom for (C1)-(C2)              30
   Maximum Likelihood Ratio Chi-Square (C1)      80.964 (P = 0.0000)
   Browne's (1984) ADF Chi-Square (C2_NT)        73.086 (P = 0.0000)

   Estimated Non-centrality Parameter (NCP)      50.964
   90 Percent Confidence Interval for NCP        (27.987 ; 81.602)

   Minimum Fit Function Value                    0.324
   Population Discrepancy Function Value (F0)    0.204
   90 Percent Confidence Interval for F0         (0.112 ; 0.326)
   Root Mean Square Error of Approximation (RMSEA)  0.0824
   90 Percent Confidence Interval for RMSEA      (0.0611 ; 0.104)
   P-Value for Test of Close Fit (RMSEA < 0.05)  0.00769

   Expected Cross-Validation Index (ECVI)        0.524
   90 Percent Confidence Interval for ECVI       (0.432 ; 0.646)
   ECVI for Saturated Model                      0.440
   ECVI for Independence Model                   5.130

   Chi-Square for Independence Model (45 df)     1262.601

   Normed Fit Index (NFI)                        0.936
   Non-Normed Fit Index (NNFI)                   0.937
   Parsimony Normed Fit Index (PNFI)             0.624
   Comparative Fit Index (CFI)                   0.958
   Incremental Fit Index (IFI)                   0.959
   Relative Fit Index (RFI)                      0.904

   Critical N (CN)                               157.516

   Root Mean Square Residual (RMR)               0.104
   Standardized RMR                              0.0416
   Goodness of Fit Index (GFI)                   0.945
   Adjusted Goodness of Fit Index (AGFI)         0.899
   Parsimony Goodness of Fit Index (PGFI)        0.515
```

在这一部分，我们以两阶段程序完成了带有潜在变量的中介模型 SEM 分析。第一阶段得到了 CFA 估计结果（见图 8.4），第二阶段则针对结构系数部分进行估计（见图 8.5）。在图 8.5 中，我们可以清楚地看到潜在变量之间的影响力，尤其是创造人格能有效预测自我效能感（$gamma$=0.81），而自我效能感也能有效预测创意教学行为（*beta*=0.56），即创造人格—自我效能感—创意教学行为的间接效果十分明显，而创造人格对于创意教学行为也有直接效果（*gamma*=0.33），但是组织社会化的效果很微弱，可忽视。

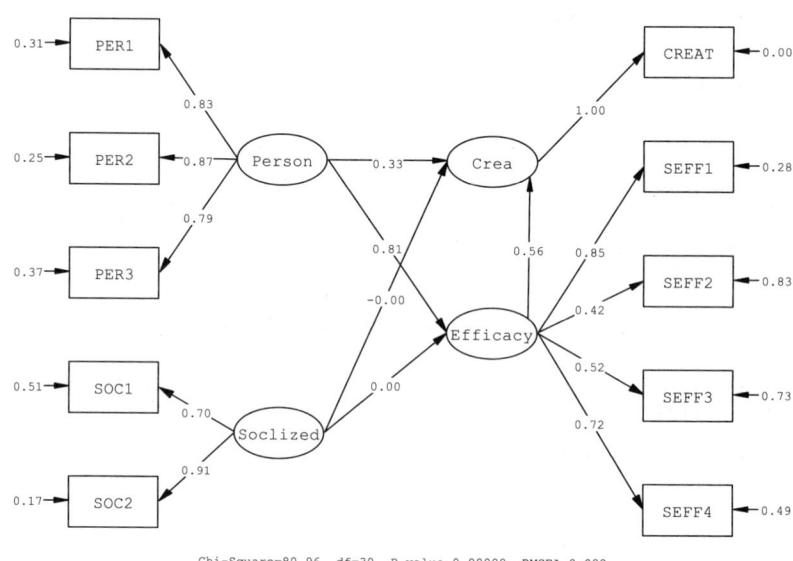

图8.5　统合模型阶段二结构模型估计结果图示

四、模型的修饰

延续前一个步骤，我们可以利用修饰指数来检查可以进行增补的参数。LISREL提供了路径图来说明，如图8.6所示。

图8.6显示有三条路径被建议纳入模型中，其中包括一条由潜在内生变量"创意教学行为（Crea）"影响自我效能感的压力抗衡变量（SEFF4）的因素载荷参数（*MI*=12.71）。另外两个参数则为测量残差。一般而言，参数的增补必须优先考虑理论的适切性，然后再以一般参数优先，而对残差相关的假设应慎之又慎。

以本范例来说，Crea影响SEFF4的因素载荷参数有其逻辑上的合理性，表示创造教学行为这一个潜在变量影响了自我效能感的抗压信念，教师表现出的创意行为可能助长其抗压信念，因此可以建议将其优先纳入修补参数当中。

但是值得注意的是，由于Crea → SEFF4这条参数属于测量模型的参数，理应在第一阶段做CFA分析时进行模型修饰；到了第二阶段进行结构模型估计时，不应再去更动测量模型的参数，在此仍进行修正处理，仅出于示范的目的。

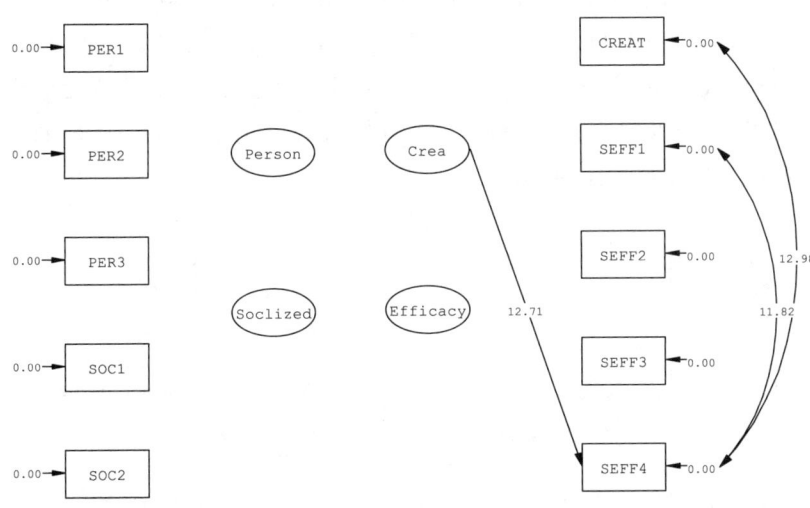

图 8.6　统合模型修饰指数图示

（一）模型修饰后的新语法

为了增加上述新增因素载荷，在表 8.1 的 LISREL 语法中，第 7 行的 FREE 指令增加一条 LY 5 1 的参数，表示第一个潜在变量（创造教学行为）对于第五个测量变量的因素载荷需加以估计。至于另外两个残差相关是否列入修饰，则可等待 LY 5 1 估计完成后，再以 *MI* 指数评估之。因为纳入了 LY 5 1 参数后，其他参数的修正建议指数也可能改变。

值得注意的是，在参数估计时，亦发现组织社会化（Soclized）因素对于两个内生变量的解释力未达显著水平，因此也可以取消这两条 *gamma* 参数，且一并纳入修正。但为了简化修饰的内容，本范例先行处理 LY 5 1 的修正（语法文件为 Ch08c.LIS）。

（二）模型修饰后的结果

新增的 Crea → SEFF4 的因素载荷参数为 0.058，达显著水平（*t*=4.614，*p*<0.001）。整体模型拟合度也有改善，*RMSEA* 指数为 0.0666，χ^2=67.863，

$\Delta\chi^2=7.64$（$df=1$，$p<0.01$），表示该参数的增加有统计意义（结果文档为 Ch08c.out）。新增的参数的统计显著性被确认之后，我们再检查 MI 指数，发现仍有一个残差相关得以增补（SEFF3 与 SEFF4 的残差相关，$MI=8.74$）。因此，若在模型中纳入该参数，重新加以估计，语法文档为 Ch08d.LIS，发现该相关系数为 0.125（$t=2.864$，$p<0.01$），具有统计意义。再以 MI 指数检查，已无任何建议参数，所得到的最终模型可以作为分析终解。利用 LISREL 的路径图指令（PD）可获得图 8.7 的标准化系数的路径图示。

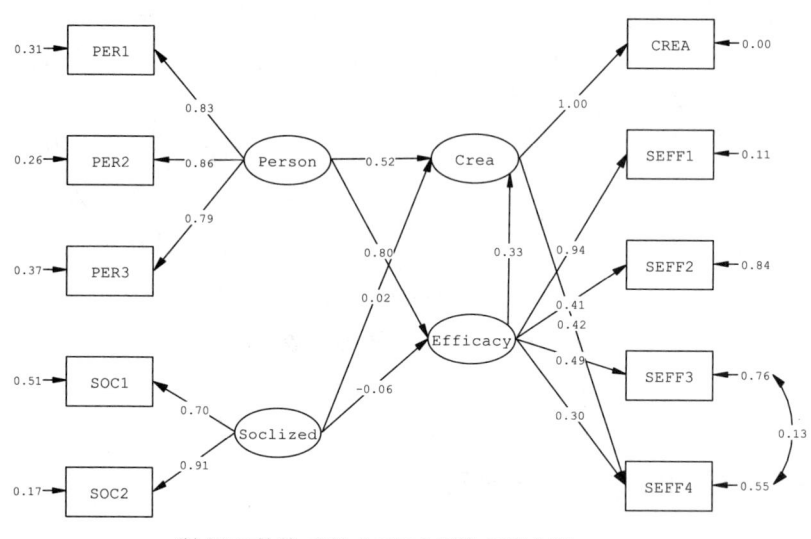

图 8.7 修正后统合模型最终解路径图示

增加两个参数后的整体模型拟合度更为改善，$RMSEA$ 指数为 0.0666，$\chi^2=59.089$，$\Delta\chi^2=9.56$（$df=1$，$p<0.01$），表示该参数的增加有统计意义（结果文档为 Ch08d.out）。

五、完成 SEM 分析

（一）标准化参数估计数

在中介模型的潜在变量路径分析所产生的数据中，兼含测量模型（见注 7）

与结构模型（见注 8）的数据。而所有参数的完全标准化解除了可以用路径图来表示，也可以由报表整理而得（Ch08d.out）。

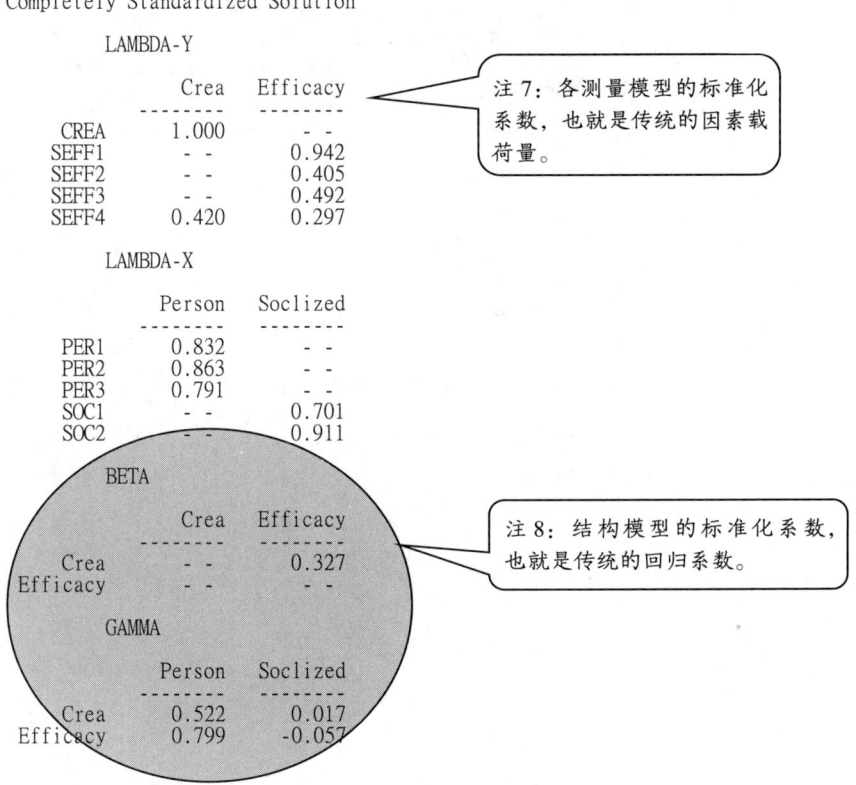

注 7：各测量模型的标准化系数，也就是传统的因素载荷量。

注 8：结构模型的标准化系数，也就是传统的回归系数。

（二）直接与间接效应

由报表数据可知，与组织社会化有关的直接与间接效应均未达显著水平（见注 9 与注 10），显示组织社会化变量作为外在环境影响变量在整个模型中的解释力甚低。

Total and Indirect Effects

Total Effects of KSI on ETA

```
              Person    Soclized
              --------  --------
    Crea       1.441    -0.006
              (0.123)   (0.168)
              11.681    -0.034

    Efficacy   0.209    -0.023
              (0.020)   (0.027)
              10.678    -0.847
```

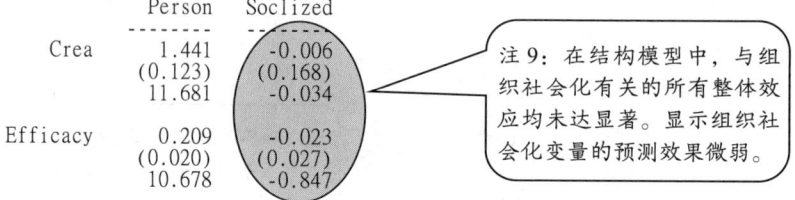

注9：在结构模型中，与组织社会化有关的所有整体效应均未达显著。显示组织社会化变量的预测效果微弱。

Indirect Effects of KSI on ETA

```
              Person    Soclized
              --------  --------
    Crea       0.481    -0.053
              (0.142)   (0.064)
              3.396    -0.835

    Efficacy    - -      - -
```

Largest Eigenvalue of B*B' (Stability Index) is   5.292

Total Effects of ETA on Y

```
              Crea     Efficacy
              -------- --------
    CREA      1.000     2.301
                       (0.672)
                        3.423

    SEFF1      - -      1.000

    SEFF2      - -      0.414
                       (0.068)
                        6.122

    SEFF3      - -      0.631
                       (0.085)
                        7.403

    SEFF4     0.062     0.455
             (0.011)   (0.092)
              5.502     4.948
```

Indirect Effects of ETA on Y

```
              Crea     Efficacy
              -------- --------
    CREA       - -      2.301
                       (0.672)
                        3.423

    SEFF1      - -       - -
    SEFF2      - -       - -
    SEFF3      - -       - -

    SEFF4      - -      0.144
                       (0.045)
                        3.221
```

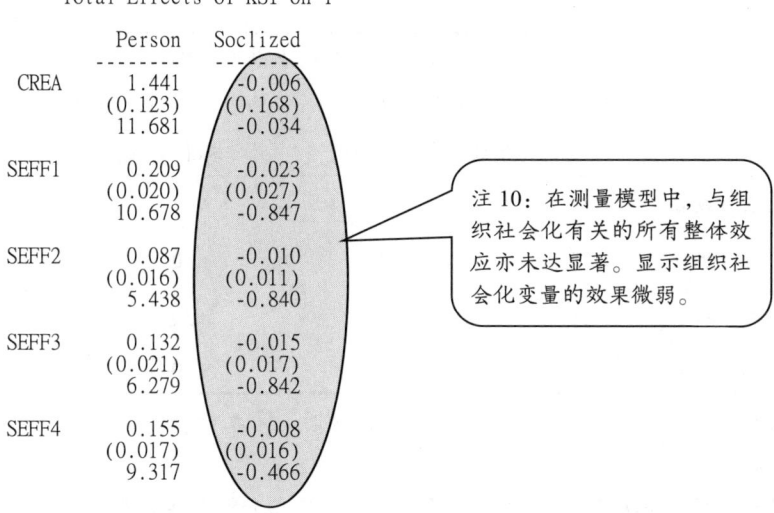

```
Total Effects of KSI on Y
            Person    Soclized
            --------  --------
CREA        1.441     -0.006
           (0.123)   (0.168)
           11.681     -0.034

SEFF1       0.209     -0.023
           (0.020)   (0.027)
           10.678     -0.847

SEFF2       0.087     -0.010
           (0.016)   (0.011)
            5.438     -0.840

SEFF3       0.132     -0.015
           (0.021)   (0.017)
            6.279     -0.842

SEFF4       0.155     -0.008
           (0.017)   (0.016)
            9.317     -0.466
```

注10：在测量模型中，与组织社会化有关的所有整体效应亦未达显著。显示组织社会化变量的效果微弱。

根据所有的效应分析报表，我们可以整理出结构模型当中的所有变量的效应分析，列于表 8.3。值得注意的是，由于整个模型当中同时包含了测量模型与结构模型，因此在整理数据时，应采用完全标准化解的数值，使得所有的参数均具有惯用的标准化性质（数值介于 $-1 \sim +1$）。

至于测量模型的效应，由于不是研究分析的主要焦点，因此不必详细说明。如果读者想要完成这一部分的报表整理，可以参考先前的范例自行加以整理，在此予以省略。

表 8.3　潜在变量路径分析结构模型各项效果分解说明 [a]

自变量		因变量（内生潜在变量）			
		η_2 自我效能感		η_1 创意教学行为	
		标准化系数	t 值	标准化系数	t 值
外源变量	ξ_1 创造性格				
	直接效应	**0.80**	10.66***	**0.52**	5.14**
	间接效应	-	-	**0.26**	3.39***
	整体效应	**0.80**	10.66***	**0.78**	11.66***
	ξ_2 组织社会化				
	直接效应	−0.06	−0.85	−0.02	0.31
	间接效应	-	-	0.02	−0.83
	整体效应	−0.06	−0.85	0.00	−0.03

（续表）

自 变 量		因变量（内生潜在变量）			
		η_2 自我效能感		η_1 创意教学行为	
		标准化系数	t 值	标准化系数	t 值
内生变量	η_2 自我效能感				
	直接效应			0.33	3.42***
	间接效应			-	-
	整体效应			0.33	3.42***

注：t 值大于 1.96 时，*表示 $p<0.05$；大于 2.58 时，**表示 $p<0.01$；大于 3.29 时，***表示 $p<0.001$。

a 本表数据是依照修正后的模型所得到的 t 检验值与完全标准化解编制。

第五节　Amos 的统合模型分析

本范例所示范的是由 Amos 读取 SPSS 当中的协方差矩阵数据来进行的，如图 8.8 所示。

在 SPSS 的数据库中建立协方差矩阵，仅需将协方差数据直接贴入一个新的 SPSS 窗口中，第一个变量名称输入"rowtype_"，第二个变量名称输入"varname_"，接下来依次输入 10 个变量名称。在第一行输入 n，说明样本量。第一栏输入 cov 以标示为协方差，第二栏输入各变量名称（必须与变量窗口当中的变量名称一致）。然后，在下三角区域内贴上或填入协方差数据。开启 Amos 后，完全依照一般程序，即可读入所有的 10 个变量。

图 8.8　SPSS 数据库中的协方差矩阵数据

一、模型界定

本范例的统合模型依照先前所说明的模型界定，在 Amos 中直接进行假设图形绘制。值得注意的是，若要以单一指标（crea）反映潜在变量（creat），必须限制误差项（e6）的方差为 0，方可进行模型估计。下图是估计完成后的图示。

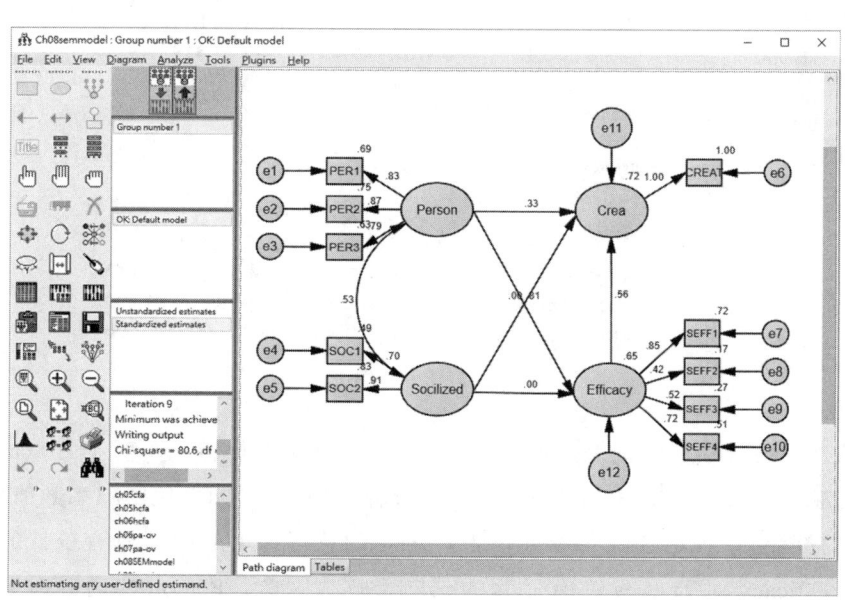

二、Amos 的报表

本范例的样本量共计 250。变量的摘要显示模型中的所有变量包含观察变量（内生变量）与非观察变量（外源变量），观察变量有 10 个，非观察变量有 16 个，共计 26 个变量。模型的记录显示模型的测量数据数为 55 个，有 25 个参数被估计，因此自由度为 30。

在本范例中，χ^2=80.641，df=30，GFI=0.945，$SRMR$=0.042，$RMSEA$=0.082，各拟合指数数据良好，显示此模型具有理想的拟合度。

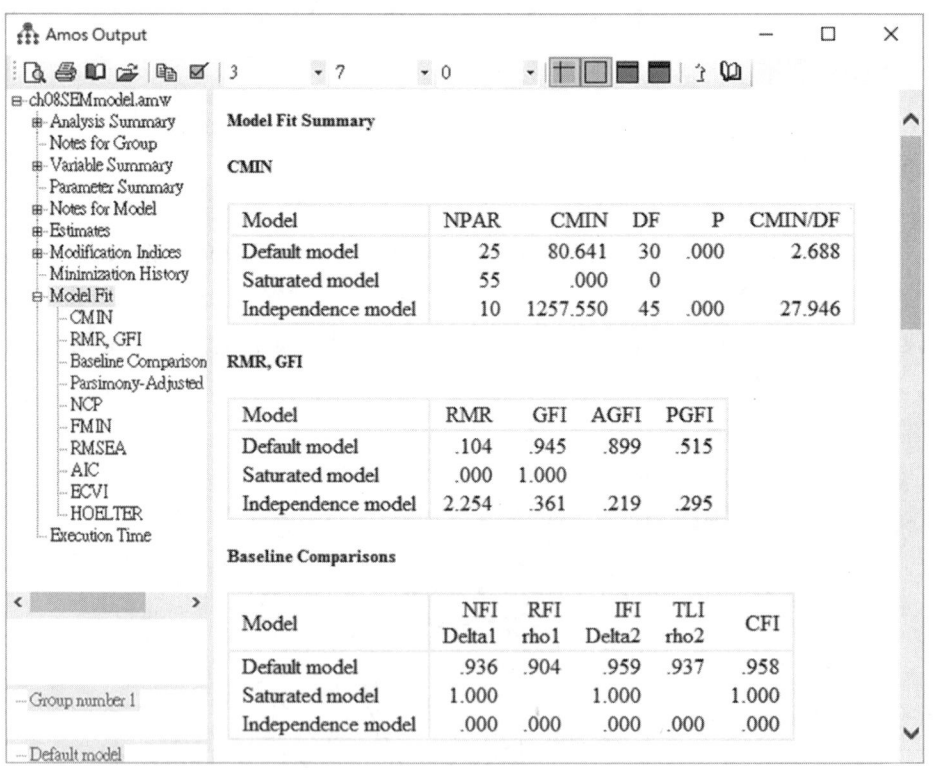

从参数估计结果的报表数据可以得知，Person（人格特质）对于 Efficacy（自我效能感）与 Crea（创意行为）的结构参数皆达显著，标准化回归系数值分别为 0.805 与 0.334，表示这两条参数对于 Crea（创意行为）的解释具有统计的意义。此外，Efficacy 对于 Crea 亦有显著的正向影响。因此，Person 能通透过 Efficacy

间接影响 Crea，其间接效应为 0.449。从 Squared Multiple Correlations（*SMC*）的估计结果，显示两个内生变量（Efficacy 与 Crea）被外源变量解释的比例分别为 0.651 与 0.720。这些数据皆与 LISREL 估计得到的结果相同。

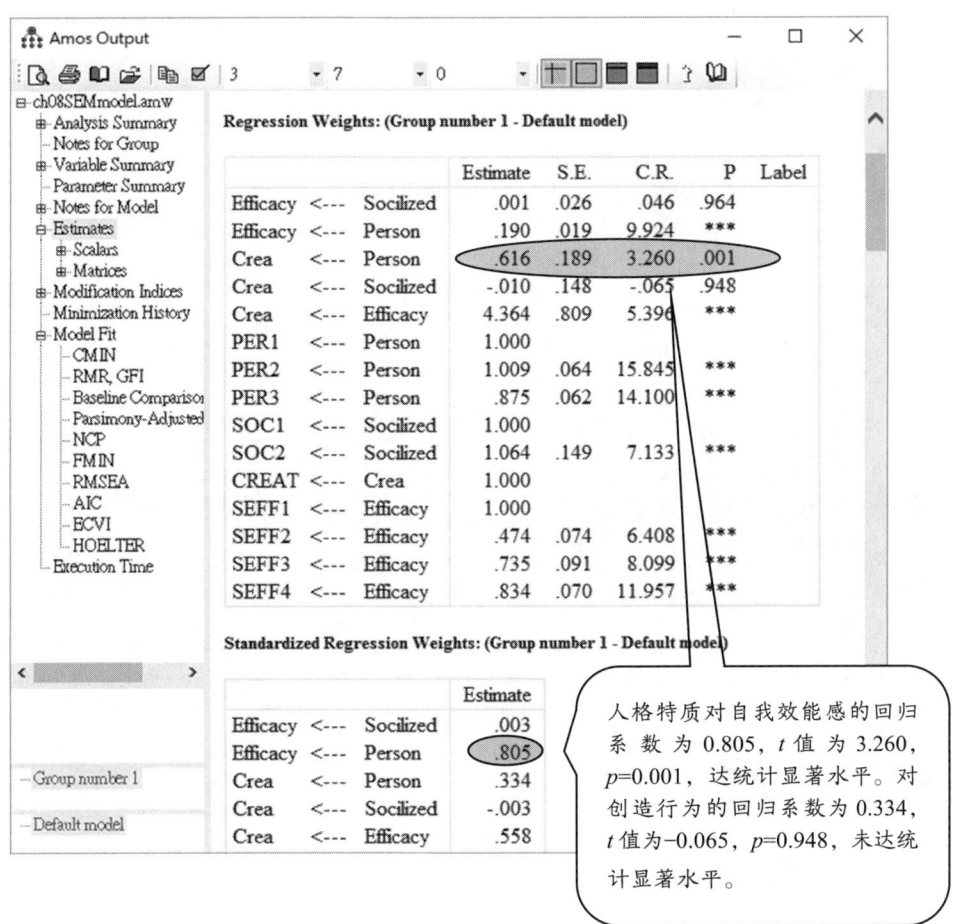

第六节 Mplus 的统合模型分析

一、Mplus 语法

```
Title: Ch8 SEM  Stage 2 Modified Model using MPLUS5
DATA: File is Ch08.cov;
      Type is covariance;
      NOBSERVATIONS are 250;
Variable:
    Names are CREAT SEFF1 SEFF2 SEFF3 SEFF4 PER1 PER2 PER3 SOC1 SOC2;
Model:
    Crea        by CREAT;
    Efficacy    by SEFF1-SEFF4;
    Person      by PER1 PER2 PER3;
    Soclized    by SOC1 SOC2;
    Crea        on Efficacy Person Soclized;
    Efficacy    on Person Soclized;
    CREAT @0;

MODEL INDIRECT:
    Crea IND Efficacy Person;
    Crea IND Efficacy Soclized;
    Crea IND Person;
    Crea IND Soclized;
OUTPUT:
tech1;
STANDARDIZED;
```

间接效应估计：
主指令为 Model Indirect；要求计算机列出间接效应及其标准误。最终因变量放在 IND 的左边，最初自变量放在同一行的最右边。外源变量仅能放在最右侧。

二、Mplus 报表

```
                MODEL FIT INFORMATION

Number of Free Parameters                        25

Loglikelihood

        H0 Value                          -3943.495
        H1 Value                          -3903.013

Information Criteria

        Akaike (AIC)                       7936.991
        Bayesian (BIC)                     8025.027
        Sample-Size Adjusted BIC           7945.775
          (n* = (n + 2) / 24)

Chi-Square Test of Model Fit

        Value                                80.964
        Degrees of Freedom                       30
        P-Value                              0.0000
```

```
CFI/TLI
        CFI                                      0.958
        TLI                                      0.937
Loglikelihood
        H0 Value                             -3943.495
        H1 Value                             -3903.013
Information Criteria
        Number of Free Parameters                   25
        Akaike (AIC)                          7936.991
        Bayesian (BIC)                        8025.027
        Sample-Size Adjusted BIC              7945.775
           (n* = (n + 2) / 24)
RMSEA (Root Mean Square Error Of Approximation)
        Estimate                                 0.082
        90 Percent C.I.                          0.061  0.104
        Probability RMSEA <= .05                 0.008
SRMR (Standardized Root Mean Square Residual)
        Value                                    0.042

STANDARDIZED MODEL RESULTS

STDYX Standardization
                                                          Two-Tailed
                      Estimate    S.E.   Est./S.E.         P-Value

CREA     BY
    CREAT              1.000     0.000    999.000          999.000

EFFICACY BY
    SEFF1              0.846     0.028     30.736            0.000
    SEFF2              0.417     0.057      7.331            0.000
    SEFF3              0.515     0.051     10.052            0.000
    SEFF4              0.716     0.037     19.533            0.000

PERSON   BY
    PER1               0.828     0.025     33.233            0.000
    PER2               0.866     0.022     39.688            0.000
    PER3               0.792     0.028     28.123            0.000

SOCLIZED BY
    SOC1               0.700     0.054     12.922            0.000
    SOC2               0.913     0.058     15.827            0.000

CREA     ON
    EFFICACY           0.558     0.093      5.990            0.000
    PERSON             0.334     0.100      3.329            0.001
    SOCLIZED          -0.003     0.052     -0.065            0.948

EFFICACY ON
    PERSON             0.805     0.056     14.390            0.000
    SOCLIZED           0.003     0.071      0.046            0.964

SOCLIZED WITH
    PERSON             0.532     0.060      8.855            0.000

Variances
    PERSON             1.000     0.000    999.000          999.000
    SOCLIZED           1.000     0.000    999.000          999.000
Residual Variances
    CREAT              0.000   999.000    999.000          999.000
    SEFF1              0.284     0.047      6.087            0.000
    SEFF2              0.826     0.047     17.399            0.000
(略)
```

STANDARDIZED TOTAL, TOTAL INDIRECT, SPECIFIC INDIRECT, AND DIRECT EFFECTS
STDYX Standardization

	Estimate	S.E.	Est./S.E.	Two-Tailed P-Value
Effects from PERSON to CREA				
Total	0.783	0.046	17.056	0.000
Total indirect	0.449	0.085	5.303	0.000
Specific indirect				

CREA
  EFFICACY
  PERSON
	0.449	0.085	5.303	0.000

Direct				
CREA PERSON	0.334	0.100	3.329	0.001
Effects from SOCLIZED to CREA				
Total	-0.002	0.059	-0.027	0.979
Total indirect	0.002	0.039	0.046	0.964
Specific indirect				

CREA
  EFFICACY
  SOCLIZED
	0.002	0.039	0.046	0.964

Direct				
CREA SOCLIZED	-0.003	0.052	-0.065	0.948
Effects from PERSON to CREA				
Sum of indirect	0.449	0.085	5.303	0.000
Specific indirect				

CREA
  EFFICACY
  PERSON
	0.449	0.085	5.303	0.000

Effects from SOCLIZED to CREA				
Sum of indirect	0.002	0.039	0.046	0.964
Specific indirect				

CREA
  EFFICACY
  SOCLIZED
	0.002	0.039	0.046	0.964

第七节　R 的统合模型分析

统合模型包括测量模型与结构模型，在 R 软件上执行统合模型分析可利用 lavaan 套件来同时进行，R 语法与分析结果（统合模型设定与最终解路径图见图

8.9）列举如下：

一、R 语法

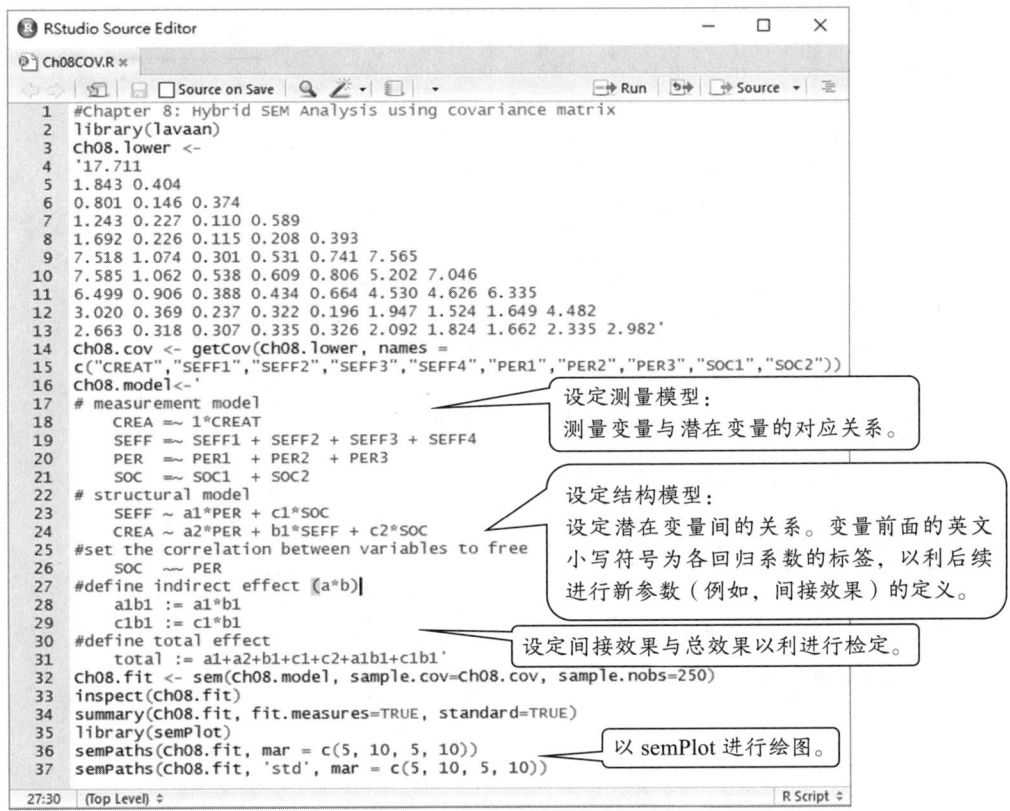

二、R 分析结果

```
$theta
       CREAT SEFF1 SEFF2 SEFF3 SEFF4 PER1 PER2 PER3 SOC1 SOC2
CREAT  0
SEFF1  0     13
SEFF2  0     0     14
SEFF3  0     0     0     15
SEFF4  0     0     0     0     16
PER1   0     0     0     0     0     17
PER2   0     0     0     0     0     0    18
PER3   0     0     0     0     0     0    0    19
SOC1   0     0     0     0     0     0    0    0    20
SOC2   0     0     0     0     0     0    0    0    0    21

$psi
     CREA SEFF PER SOC
CREA 22
SEFF 0    23
PER  0    0    24
SOC  0    0    12  25

$beta
     CREA SEFF PER SOC
CREA 0    10   9   11
SEFF 0    0    7   8
PER  0    0    0   0
SOC  0    0    0   0
```

测量残差的模式设定状态。

方差与协方差的模式设定状态。对角线为方差，下三角部分为协方差。

结构模型的模式设定状态。beta 系数包含外源对内生潜在变量的回归系数，以及内生与内生潜在变量的回归系数。

```
> summary(Ch08.fit, fit.measures=TRUE, standard=TRUE)
lavaan (0.5-23.1097) converged normally after 524 iterations

  Number of observations                              250

  Estimator                                            ML
  Minimum Function Test Statistic                  80.964
  Degrees of freedom                                   30
  P-value (Chi-square)                              0.000

Model test baseline model:

  Minimum Function Test Statistic                1262.601
  Degrees of freedom                                   45
  P-value                                           0.000

User model versus baseline model:

  Comparative Fit Index (CFI)                       0.958
  Tucker-Lewis Index (TLI)                          0.937

Loglikelihood and Information Criteria:

  Loglikelihood user model (H0)                 -3943.495
  Loglikelihood unrestricted model (H1)         -3903.013

  Number of free parameters                            25
  Akaike (AIC)                                   7936.991
  Bayesian (BIC)                                 8025.027
  Sample-size adjusted Bayesian (BIC)            7945.775

Root Mean Square Error of Approximation:

  RMSEA                                             0.082
  90 Percent Confidence Interval          0.061    0.104
  P-value RMSEA <= 0.05                             0.008
```

拟合指标：卡方与模型自由度。

```
Standardized Root Mean Square Residual:
    SRMR                                              0.042
Latent Variables:
                   Estimate  Std.Err  z-value  P(>|z|)  Std.lv  Std.all
  CREA =~
    CREAT           1.000                                4.200   1.000
  SEFF =~
    SEFF1           1.000                                0.537   0.846
    SEFF2           0.474    0.074     6.421   0.000     0.255   0.417
    SEFF3           0.735    0.091     8.116   0.000     0.395   0.515
    SEFF4           0.834    0.070    11.981   0.000     0.448   0.716
  PER =~
    PER1            1.000                                2.274   0.828
    PER2            1.009    0.064    15.877   0.000     2.294   0.866
    PER3            0.875    0.062    14.129   0.000     1.989   0.792
  SOC =~
    SOC1            1.000                                1.478   0.700
    SOC2            1.064    0.149     7.148   0.000     1.573   0.913

Regressions:
                   Estimate  Std.Err  z-value  P(>|z|)  Std.lv  Std.all
  SEFF ~
    PER      (a1)   0.190    0.019     9.944   0.000     0.805   0.805
    SOC      (c1)   0.001    0.026     0.046   0.964     0.003   0.003
  CREA ~
    PER      (a2)   0.616    0.189     3.266   0.001     0.334   0.334
    SEFF     (b1)   4.364    0.807     5.407   0.000     0.558   0.558
    SOC      (c2)  -0.010    0.147    -0.065   0.948    -0.003  -0.003

Covariances:
                   Estimate  Std.Err  z-value  P(>|z|)  Std.lv  Std.all
  PER ~~
    SOC             1.787    0.350     5.114   0.000     0.532   0.532

Variances:
                   Estimate  Std.Err  z-value  P(>|z|)  Std.lv  Std.all
   .CREAT          0.000                                 0.000   0.000
   .SEFF1          0.114    0.018     6.519    0.000     0.114   0.284
   .SEFF2          0.308    0.028    10.834    0.000     0.308   0.826
(略)
Defined Parameters:
                   Estimate  Std.Err  z-value  P(>|z|)  Std.lv  Std.all
    a1b1            0.830    0.166     5.012   0.000     0.449   0.449
    c1b1            0.005    0.112     0.046   0.964     0.002   0.002
    total           5.997    0.818     7.327   0.000     2.148   2.148
```

> 因素载荷的估计与检定结果，最后一栏为完全标准化解。

> 结构模型的直接效果估计与检定结果。

> 间接效果与总效果的估计与检定结果，包含标准化系数。

最后，统合模型设定与最终解路径图如图8.9所示。

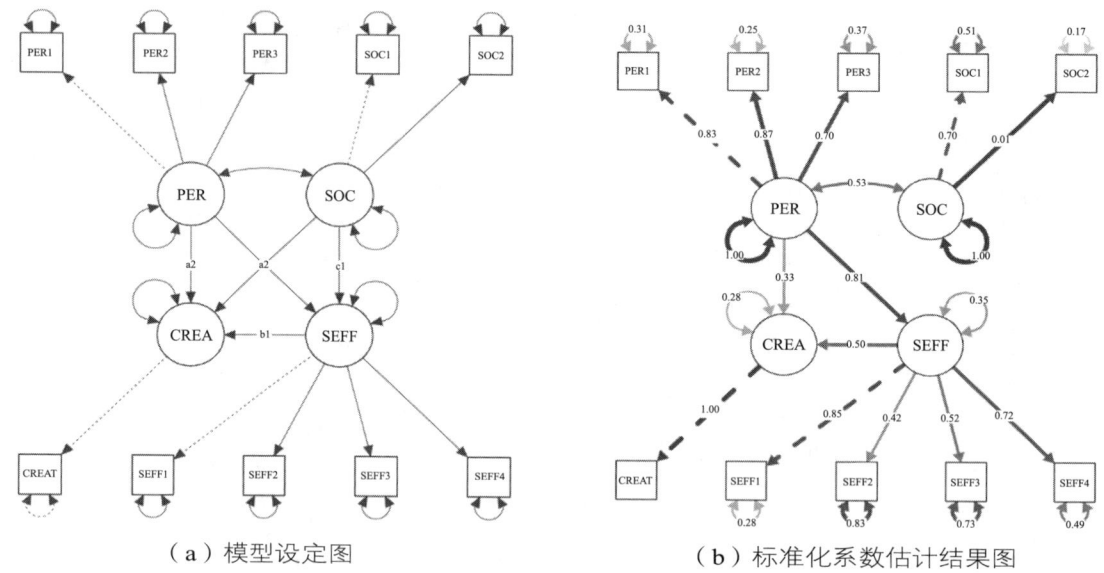

(a)模型设定图　　　　　　(b)标准化系数估计结果图

图 8.9　以 R 进行统合模型设定与最终解路径图示

第八节　结　语

在 SEM 分析架构下，同时包含测量与结构部分的统合模型可以说是最完整的分析形式，也正是 SEM 最重要的一种应用。换言之，前面章节中所介绍的验证性因素分析与路径分析都只是 SEM 分析的一种特例，两者的结合才是完整的 SEM 应用。至于测量与结构部分是要以一阶段、二阶段还是四阶段程序来分别依次处理，只是操作上的考虑，研究者其实可以依照个人研究之需，就分析重点与研究问题的不同来进行取舍。

在本章完成了统合模型的介绍之后，有关 SEM 的基本操作程序与相关原理的介绍已经告一段落，后面的章节则可以说是统合模型的延伸应用。至于对 SEM 进一步的高阶应用与当代最新的发展，基于本书的定位与篇幅限制，请读者参考当代期刊当中的讨论［例如《心理学方法》(*Psychological Methods*)、《结构方程模型》］或新书的介绍［例如 Hancock 于 2013 年所出版的《结构方程模型（第二版）》(*Structural Equation Modeling: A Second Course*, 2nd Edition)］。

曾有学生打趣地说，SEM 的学习有三个境界，第一是"知其然"，第二是"知其所以然"，第三是"知其所以不然"。第一个"知其然"阶段的达成是学习者第一次顺利得到 SEM 分析结果，如 LISREL 软件终于跳出一个美丽的图形作为判断标准。第二个"知其所以然"的境界则是学习者可以解释各种数据的意义与解释方式，并判断是否存在不合理的数据，是否存在非正定问题或任何警告信息必须处理。本书前述所有章节的介绍就是希望读者能够顺利成就这两个阶段，以帮助读者顺利完成研究。

第三个"知其所以不然"的最高境界则是知道隐藏在 SEM 分析背后的各种盲点、危机或误用的可能性；能够在适当的情况下正确使用 SEM 这套技术来解决相对应的问题；有效提高分析的质量及研究结果的理论与实务价值；甚至可以教导他人学习 SEM，执行 SEM，担任 SEM 的咨询协助工作。要达到这个境界，无法仰赖他人，更无法通过教科书来有系统地获知，而是需要经验的累积、一定程度的数理基础作为支撑，以及与志同道合者的意见交流与相互切磋，持续进行相关议题的研究讨论，才能参透 SEM 背后的玄机与奥妙。以我个人的经验来看，若不坚持个十年八年，就想在 SEM 领域得心应手、左右逢源，是不太可能的。真可谓是十年树木、百年树人。虽然代价很高，路途遥远，但是一旦能够达成这一境界，除了个人受益，亦能庇佑他人，更是学术工作应有的坚持与实践。

第九章　多样本结构方程模型

前面几章有关 SEM 的应用都限于对单一样本的共变结构进行的分析。也就是说，SEM 模型所分析的数据是来自总体当中的一个随机样本的观察数据。但是，在很多情形下，研究者必须处理来自多个样本的数据，例如，不同类型的工作者（内勤人员与外勤人员）、不同层级的员工（主管与下属）、不同族群的比较（中国台湾样本与中国大陆样本）、性别差异（男性与女性）、不同实验状况（实验组与对照组）。此时，要检验研究者所提出的假设模型在不同样本间是否相等，也就是检验多样本恒等性或等同性（multi-group invariance），单一样本的 SEM 分析即不敷所需，而必须使用多样本结构方程模型（multi-group structural equation modeling）来进行共变结构的分析。

第一节　多样本分析的概念

一、多样本分析的基本概念

简单来说，多样本 SEM 与单样本分析的主要差异，在于在原有的 SEM 分析之外，增加了对另一个（或多个）平行样本的估计。换句话说，就是在 SEM 模型的基本设定之外，另外纳入一个类别变量来反映共变结构的跨样本变化。也就是说，由于模型需同时考虑两个或两个以上的样本的共变结构，研究者必须提供这些有待检测的各个样本的观察数据，以 SEM 模型来检验两个共变结构是相同还是相异的。

举例来说，在发展一套组织气氛量表时，利用一批样本来进行 CFA 分析之后，我们或许可以继续讨论这套量表在测量不同产业时是否有一样的意义。此时必须纳入一个产业变量，将原来组织创新气氛量表的共变结构区分成不同的产业来比较。

或者，当教师关心自我效能感和社会期望是否会影响学生的成就动机，进而影响学生的学业表现时，在这个路径模型中必须纳入一个类别变量"性别"，检验两个样本的结构模型在男性样本与女性样本上是否一样。如果考虑的是学生的不同年级，就成了多个样本（一、二、三年级样本）的 SEM 模型比较。

虽然多样本 SEM 仅仅是在原有的 SEM 模型中增加了一个类别变量，但是由于 SEM 模型本身有多种组合（如测量模型、结构模型、混合模型）以及各种不同的参数（路径参数、因素载荷参数、相关系数等），因此 SEM 模型的多样本恒等性评估也就存在多种不同的变化。Byrne（1994）指出，多样本之间的恒等性检验至少有下列五种不同的评估途径：

1）观察变量的数据在不同的样本间是否等同？这一问题涉及测量模型的恒等性评估。

2）研究者所提出的因素结构在不同的样本间是否等同？这一问题涉及结构模型的恒等性评估。

3）在 SEM 中，是否有某些特定的参数（如回归系数或相关系数）在不同样本间等同？这一问题涉及的不是整个模型的恒等性问题，而是比较特定参数在不同样本中的估计状况。

4）潜在变量的平均数在不同的样本间是否等同？这一问题涉及 SEM 的平均数结构评估。

5）因素结构在不同样本上是否可以复制？也就是复核效化（cross-validation）的概念。

SEM 延伸到多样本间的应用虽然是 SEM 技术发展到相当程度后的一种应用，但并不是一种新的概念，早在 20 世纪 50 年代，即有学者提出测量恒等性的概念（Thurstone，1947），在多样本分析的架构下，测量恒等性就是测量模型在不同样本间是否相同的一种应用。另一方面，结构模型在不同样本间等同与否则是一种调节效果（moderation）的概念，以 SEM 的术语来说，就是对在不同条件下各结构参数是否相等的检测。也就是说，多样本 SEM 分析不但可以在测量模型上进行应用，检验跨样本的测量信效度（也就是一种复核效化的应用），更可以延伸到结构参数的跨样本检验，进行调节效果的分析，从而扩大了 SEM 应用的范畴。

有关多样本分析的具体技术直到近一二十年才有快速发展，一方面是因为 SEM 本身理论与概念的成熟，另一方面则是因为计算机硬件与分析软件的推陈出新，使得社会科学研究者得以对于复杂的因素建构与其参数估计进行实证的统计操作。

二、多样本分析的应用：测量恒等性

多样本 SEM 分析可以说是用来评估测量恒等性的最佳策略。所谓测量恒等性，是指测验工具或评量方法被用于不同的对象或于不同的时间点使用时，测验分数或评量结果应具有一定的恒等性（Reise，Widaman，& Pugh，1993）。也就是说，当研究者利用一组测验题目测得一个心理的概念（如焦虑或自尊）并应用于组间的比较（如男女之间或不同年级间的比较）时，研究者必须假设测验分数背后的项目分数与尺度对不同的受试对象具有相同的意义（Drasgow & Kanfer，1985）。

测量恒等性最具体的应用是古典测量理论中对于测验信度的检验，也就是指测验项目的稳定性与可靠性。一般而言，测验编制者希望测验分数不会因时间的变动或施测对象的不同而变化，此即测验形式等同性（formal identity）或项目恒等性（item equivalence）（Hui & Triandis，1985）。

在 SEM 发展之前，传统的信度估计是以测验得分的波动状况或相关情形为基础的，或求取项目间的相关（如内部一致性系数）。多样本 SEM 发展后，测量恒等性除了可以具体应用于信度估计程序来探讨测验项目的等同性外，还可以将恒等性的概念延伸到对项目的尺度和文字使用的讨论上，探讨功能/概念恒等性（functional/conceptual equivalence），也就是测验项目与其所对应的潜在因素之间的共变结构（covariance structure）上的相似性与差异性。例如，同一个量表被转译为不同的语言之后，项目的等同性亦为测量恒等性的一种典型研究范例，称为转译恒等性（transliteral equivalence/translation equivalence）（Brislin，1986；Hocevar & El-Zahhar，1992）。一个测验的因素结构在不同研究对象中的相似性则被称为因素恒等性（factorial invariance）。在跨文化研究中，对测量恒等性的检测更是重要，因为将测量工具应用于跨文化议题时，亟须一套客观的检验程序来确保测量的可比较性（Byrne & Campbell，1999；Cheung，2008；Vandenberg &

Lance，2000）。

传统上，检验测量恒等性的方法是应用 EFA，例如，分别对两个样本执行两次因素分析，比较各自的因素结构（例如，Ahmavaara，1954；Cliff，1966；Meredith，1964；Mulaik，1972；Please，1973；Taylor，1967）或求取两次因素分析所得的载荷值的相关系数（Cattell & Baggaley，1960；Kaiser, Hunka, & Bianchini，1971；Reynold & Harding，1983）。这些检验方式受限于 EFA 本身的限制，因素结构缺乏明确的判定标准，无法事先指定因素结构的形态，而因素结构的相同或相异仅能以目测比对或借建立其他指标的方式进行，缺乏标准化数据的客观检验。因此，测量恒等性的评估容易受到技术本身不稳定的影响，操作上相当困难。再者，由于一个因素结构是由不同的部分（因素载荷、因素方差和误差方差）组成的，此种方法无法分别就各个不同的恒等性部分加以检测（Marsh & Hocevar，1985）。

三、多样本分析的应用：复核效化

如果说测量恒等性所重视的是测量题目的质量与因素结构内在信效度的跨样本恒等性，那么复核效化即是测量的外在效度的跨样本恒等性。所谓复核效化是指假设模型所具有的跨样本或跨情境的有效性。这个概念很早就受到了重视，早期是应用于回归分析的一种统计技术，用于检测回归模型的稳定性（Mosier，1951；Cattin，1980）。但随着测量理论与统计技术的发展，凡是对测量分数在不同情境下进行预测与解释的稳定性的检验，都可被视为复核效化的一种做法。

在 SEM 中，学者多将复核效化定义成了 SEM 模型（包括测量模型与结构模型）在不同样本间可重复估计的稳定程度（Diamantopoulos & Siguaw，2000）。因此，复核效化的定义涵盖了测量恒等性的概念。复核效化重视整体模型的跨样本效用，测量恒等性则强调测量的个别参数与因素结构的稳定与否。在某一个研究当中证实的最佳模型在该研究样本上虽有最佳的拟合度，但不代表它在其他样本上也具有相当程度的拟合度。这里所谓的其他样本可能是与该研究有相同总体的另一个样本，也可能是不同总体下的另一个独立样本。

复核效化的典型做法是利用多样本模型分析来针对同一个假设模型在两个样本上进行估计，其中一个样本称为测定样本（calibration sample），另一个样本则为效度样本（validation sample）（Kaplan，2000）。首先将被检验的 SEM 模型在测定样本上进行估计，将所估得的参数套在效度样本上，然后进行模型拟合检验。

如果研究者先后两次获得了同一个总体的两个随机样本，此时即可利用这两个样本进行同一个模型是否等同的模型稳定性（model stability）考验。如果研究者无法重复取样，那么一种变通的做法是将整个研究的样本随机分割成两个子样本，以进行复核效化的估计程序。一般来说，SEM 研究所使用的样本量少则数百，多则数千，因此研究者多半拥有足够规模的样本来进行切割。

当研究者的两个样本来自不同的总体时，等于将假设模型更进一步地扩展到其他不同的总体下，此时复核效化所检验的不仅是模型的稳定性，也是效度延展性（validity extension）。

进一步地，如果在某一个研究中，研究者有多个模型同时进行竞争比较，若再利用同一个总体的另一个样本进行重复检验，即是 SEM 多重样本分析的模型选择性（model selection）检验，其优点是模型的选择程序具样本间的稳定性。如果所使用的是不同总体的样本，即可称为测量效度在不同情境下的效度类化（validity generalization）检验。Diamantopoulos 与 Siguaw（2000）将这四种不同的复核效化程序加以整理，得到一个完整的概念，如表 9.1 所示。

表 9.1　复核效化的不同形式与检验内容

研究中的模型数目	效度样本来源	
	相同总体	不同总体
单一模型	模型稳定性	效度延展性
多重模型	模型选择性	效度类化性

注：改自 Diamantopoulos & Siguaw（2000），p.130。

从操作实务来看，SEM 的复核效化检验可区分为三种方式，分别为宽松复核（loose replication strategy）、温和复核（moderate replication strategy）以及严格复核（tight replication strategy）（MacCallum，Roznowski，Mar，& Reith，1994）。顾名思义，宽松取向是将效度样本上的模型界定套用于测定样本的模型界定，但对效度样本的每一个参数仍进行自由估计而没有任何限定，因此称为"宽松"。这一做法可以说是模型结构的复核，并没有做到数量的复核，又称为形貌恒等（configural invariance）。

相比之下，严格复核取向是不仅将效度样本上的模型界定套用于测定样本的模型界定，而且将参数套以测定样本的估计数值，使两个样本的假设模型具有完全相等的条件，唯一的不同是样本的差异。在严格策略下，效度样本的模型估计是在一个非常严格的条件下进行的,因为每一个参数的估计数并不是从自己样本的观测数据中推估而得的。如果效度样本在如此严格的条件下仍然可以获得良好的拟合度,表示测量的稳定度佳。如果效度样本并不是全部的参数都被设定为与测定样本相等,某些参数可以被自由估计,则称为温和复核策略。MacCallum等人(1994)称此种策略所得到的证据为部分复核效化(partial cross-validation)。

复核效化可被视为SEM模型的有效性分析,当我们运用SEM分析检验某一个假设模型得到一个理想的终解之后,可以利用其他样本进行跨样本的检测,来证明模型的跨样本有效性。

在做法上,复核效化与测量恒等性评估十分类似,主要的差异是两者在利用多样本SEM分析时,所评估的模型对象有所不同。在测量恒等性检验中,各参数在不同样本之间具有不同的恒等性设限。相比之下,复核效化利用测定样本的参数估计数作为效度样本的参数数值,然后仅评估整个模型在效度样本上的拟合度。

第二节　多样本分析的统计原理

由于SEM模型牵涉因素结构的设定,因此多样本SEM的首要问题是因素结构的设定在样本间的可比较性。较普遍的做法是用Jöreskog(1971)所提出渐近模型的比较程序来评估多样本因素的结构恒等性。也就是将跨样本因素结构模型视为单一样本的因素结构的更严格限制模型,再通过嵌套模型的比较来决定样本间的因素恒等性。

一、多样本结构方程

首先,对于多样本的测量模型的因素结构,我们可以用下列通式来表示:

$$x_g = \Lambda_{xg}\xi_g + \delta_g \tag{9.1}$$

$$y_g = \Lambda_{yg}\eta_g + \varepsilon_g \tag{9.2}$$

其中,x_g与y_g是第g个样本的观察变量向量,Λ_{xg}与Λ_{yg}是第g个样本对应于观察变量的因素载荷矩阵，ξ_g 与 η_g 是潜在变量向量，δ_g 与 ε_g 是测量残差向量。结构模型的通式如下：

$$\eta_g = B_g \eta_g + \Gamma_g \xi_g + \varsigma_g \tag{9.3}$$

二、多样本模型分析的估计原理

（一）多样本拟合函数

基于上述方程，多样本 SEM 分析的参数估计是通过下列拟合函数的最小化来获得的：

$$F = \sum_{g=1}^{G} \frac{N_g}{N} F_g(S_g, \Sigma_g, W_g) \tag{9.4}$$

其中，F_g 为第四章所介绍的各种不同估计程序的拟合函数；N_g 为各组下的样本量，显示 F 函数考虑到不同样本之间的样本量的影响。整个模型的卡方值为总样本量乘以估计拟合函数值，而整个模型的自由度为：

$$df = G[\tfrac{1}{2}(p+q)(p+q+1)] - t \tag{9.5}$$

整个模型的自由度为总测量数据点数（DP）减去各样本估计参数的总和（t）。所以在多样本 SEM 分析当中，只会产生一个卡方估计数与一个自由度，表示多样本分析的整体拟合情形，而 GFI、RMR 等指数则是分别对不同的样本来报告。

（二）最大概似法

ML 法是 SEM 分析中最常用的方法，因此本节以 ML 法为基础，说明多样本 SEM 分析的原理。

当多个样本之间为独立样本，且各样本来自正态总体时，第 g 个样本的对数概率函数（log-likelihood function）可以写为：

$$\log L_0(\boldsymbol{\Omega})_g = -\frac{n_g}{2}\log|\boldsymbol{\Sigma}_g| + tr(S_g\boldsymbol{\Sigma}_g) \qquad (9.6)$$

将各样本的对数概率函数相加，得到下式：

$$\log L_0(\boldsymbol{\Omega}) = \sum_{g=1}^{G}\log L_0(\boldsymbol{\Omega}) \qquad (9.7)$$

取公式 9.6 与公式 9.7 的最小化，即得到最大概似法的拟合函数 F_{ML}：

$$F_{\mathrm{ML}} = \log|\boldsymbol{\Sigma}| + tr(S\boldsymbol{\Sigma}^{-1}) - \log|S| - q \qquad (9.8)$$

三、多样本参数估计

多样本 SEM 分析的参数估计在参数的标准化处理上与单样本 SEM 分析的做法有所不同。当研究者所关心的是跨样本比较时，变量的标准化必须是跨样本进行的，也就是建立跨样本的共同计量尺度（common metric for all groups），而不是单独针对某一个样本下的潜在变量或观察变量标准化。

例如，在不同的样本下，测量变量与潜在变量的方差不相等时，因素载荷参数（Λ_x、Λ_y）若在各自的样本下被标准化，跨样本间的参数比较即缺乏一个共同计量尺度，被设限为恒定的因素载荷的估计数的标准化是不完全的。

一般，在单样本 SEM 分析中，会得到三种参数解：非标准化估计值、标准化估计值（将潜在变量进行标准化）与完全标准化估计值（completely standardized solution；将潜在变量与观察变量同时进行标准化）。由于仅有一个样本，因此这三种解是以所有样本来计算的。但是在多样本分析中，则有全体样本、个别样本两种分析条件，因此参数估计的标准化程序更加复杂。在 LISREL 报表中，会出现 SOLUTION STANDARDIZED TO A COMMON METRIC 标准化解，表示参数估计解是将潜在变量的测量尺度经过跨样本标准化，即具有跨样本的共同计量尺度。相对的，个别样本下的参数估计标准化解称为组内标准化解（within group standardized solution），会与跨样本标准化解不同。

在多样本分析中，完全标准化解也区分为跨样本的共同量尺完全标准化解（common metric completely solution standardized）与组内完全标准化解（within group completely standardized solution）。这两种标准化解是将测量变量与潜在变量的方差都设为 1，所得到的参数均具有标准化的特性。

四、恒等性检测策略

（一）协方差矩阵恒等性检验

由于 SEM 的分析是以协方差矩阵为基本材料的，因此多样本间的模型检验首先需要评估样本间的协方差矩阵的等同性是否成立。此时，尚未有任何的假设模型被设定在 SEM 模型中。所检验的假设列举如下：

$$H_\Sigma : \Sigma_1 = \Sigma_2 = ... = \Sigma_G$$

利用 Box's M 检验（Tatsuoka，1988），可以检验上述假设，检验的统计量计算式如下：

$$M = n\log|S| - \sum_{g-1}^{G} n_g \log|S_g| \tag{9.9}$$

由于 M 统计量的性质与卡方分布相似，因此 Box's M 检验可以利用卡方分布来进行显著性检验，自由度如下：

$$df_\Sigma = \frac{1}{2}(g-1)q(q+1) \tag{9.10}$$

当显著性检验未达显著水平，显示 H_Σ 假设没有被推翻，多样本间的协方差矩阵完全相同，此时应停止多样本的 SEM 分析，将各样本的数据加以整合，改以单一样本 SEM 来分析。如果显著性检验达显著水平，H_Σ 假设被推翻，表示样本间的协方差矩阵具有差异，此时可继续进行不同类型的多样本 SEM 分析，来探讨样本间的差异究竟发生在何处。在此，Box's M 检验的性质就如同整体检验。

（二）因素恒等性检验

当 Box's M 检验指出样本间的共变结构具有差异后，即可以开始检验不同样本的差异。首先，应检验测量模型的差异，包括两个步骤。第一步是检验因素的结构是否相等，也就是检测因素的数目（k）是否相等，假设为：

$$H_k : k_1 = k_2 = ... = k_G$$

这一假设可以视为对 G 次独立的未限制因素个数的因素分析模型的检验，对每一个样本进行一次卡方检验，个别检验的自由度为：

$$df_k = \frac{1}{2}[(q-k)^2 - (q+k)] \tag{9.11}$$

G 次卡方检验的总自由度将上式的 df_k 乘以 g 即可以得到。如果这一假设遭到拒绝，显示因素个数不相等，则应该终止跨样本的检测，改以个别的样本进行单一样本 SEM 估计，以了解个别样本下的因素结构应如何。

当 H_k 假设被接受后，可以进行第二个步骤，考验因素载荷是否相等，也就是因素载荷的数值是否相等。假设如下：

$$H_\Lambda : \Lambda_1 = \Lambda_2 = ... = \Lambda_G$$

在操作上，这一假设检验是利用一组嵌套模型来进行卡方差异检验，限定模型（恒等模型）是将各样本的 SEM 测量模型中的 Λ 矩阵设定为在样本间相等，其他的参数则不做任何设定，基准模型则是 Λ 矩阵与其他所有参数均未设定样本间相等。对两个模型分别进行参数估计后，相减得到卡方值差异数达显著表示恒等模型能够反映数据，恒等性存在，可以继续进行其他各参数（测量残差、因素间相关系数和残差相关系数）的恒等性检验。例如，同时考验因素载荷与残差变异跨样本恒等性（$H_{\Lambda\Theta}$），以及同时考验因素间相关、因素载荷与残差变异的跨样本恒等性（$H_{\Lambda\Theta\Phi}$）。任何一个假设的卡方值差异数未达显著，显示参数的恒等性不存在，研究者应停止 SEM 分析，讨论所检验的参数的样本间差异发生在何处。

Jöreskog（1971）在提出上述检验程序时，指出了多次假设检验可能带来的一类错误概率膨胀等潜在问题，因此建议实际操作时不必严格遵循这些渐近的考验步骤，直接针对研究者所关心的议题加以检验即可。一般来说，对于因素个数与因素载荷恒定性的检验可以整合为一，称为因素恒等性检验。大多数研究对于测量恒等性的检验都是针对因素载荷来进行的，其他的各参数恒等性则视研究者的需要来检测。

（三）其他参数恒等性检验

因素恒等性的检验主要针对测量模型内的各参数进行样本间的等同性检验。借由相同的原理，在因素恒等性假设成立的情况下，研究者可以进一步检验结构模型当中各参数的恒等性，例如 $\boldsymbol{B}$、$\boldsymbol{\Gamma}$、$\boldsymbol{\Psi}$ 矩阵各参数的恒等性。

值得注意的是，当结构模型当中具有潜在变量的设定时（例如，潜在变量路径分析，或是高阶验证性因素分析），结构参数的恒等性必须在因素个数与因素载荷恒等性存在的前提下进行，否则结构参数的恒等性即缺乏了测量恒等性作为基础的合理性。相对的，当结构模型当中没有任何潜在变量的设定时（例如，观察变量的路径分析），研究者可以直接进行结构参数的样本恒等性检验。

除了针对整个矩阵进行恒等性考验，研究者还可以针对矩阵中的特定部分来进行检验，称为部分恒等性检验（test for partial invariance）（Byrne，Shavelson，& Muthén，1989），其步骤是当被检验的矩阵在不同的样本间具有差异时，再考验究竟矩阵中的何者或哪些参数具有跨样本的差异性。

第三节 多样本分析：测量恒等性检验

在第五章的范例中，我们说明了"组织创新气氛量表"18题短版本的CFA的具体做法，该量表具有6个因素"组织价值""工作方式""团队合作""领导风格""学习成长""环境气氛"，每个因素（分量表）由3个题目组成。在本范例中，我们纳入了性别变量，将CFA分析扩展到性别之间的恒等性比较，以证明组织创新气氛的知觉的因素结构在不同性别之间具有恒等性。

以跨样本SEM模型分析来进行因素恒等性检验，必须使用一系列的模型比较程序，区分为两个阶段来逐步检验不同层次的恒等性假设。第一个阶段为单样本CFA检验程序，第二个阶段为恒等性检验，也就是应用跨样本SEM模型分析来进行的检验程序。

第一个阶段首先以全体样本估计所得的良好拟合的CFA模型为基础，且进一步地分为不同样本，来进行个别样本下的CFA分析。如果有两个样本，必须进行两次独立的CFA分析；如果有三个样本，必须进行三次独立的CFA分析。这些独立的CFA分析也必须具有一定的拟合度。如果有哪一个样本的CFA检验显示该CFA模型在该总体下的拟合度不理想，研究者应停止跨样本的比较，直接进行各自样本下的 CFA 检验。此时，因素恒等性是不存在的。

第二个阶段是当研究者借由前一个阶段的检验，确认了一个整体的 CFA 拟合模型后，再利用跨样本程序来探讨该 CFA 模型的跨母群恒等性，以证明因素之间具有测量的恒等特性。具体做法是建立一个阶段性逐步设限的嵌套模型，来一一检验各种恒等假设下的模型拟合度的变化。以下，我们仅对第二阶段的跨样本 SEM 模型分析的做法加以详述，有关第一阶段的单样本 CFA 分析则不列出详细操作流程，读者可以参考前面章节的范例。

一、假设模型的建立

跨样本 SEM 分析用于因素恒等性的检验是由对下列各假设模型的分析与比较来进行的：

- 模型一：基准模型（形貌恒等模型）。跨样本之间没有任何恒等假设，因素结构则假设相等。基准模型是两个独立无关联但结构相同的 CFA 模型的组合，其卡方值为两个个别样本以同一个因素结构进行估计的总和。由于两个样本的 CFA 模型参数未设定恒等限定，模型界定条件未改变，因此称为形貌恒等，其目的是作为后续恒等设限的比较基准，又称为基准模型。
- 模型二：因素载荷恒等模型。因素结构在不同总体间被假设为相同，同时因素载荷具有跨样本的恒等设限；也就是两个样本的 Λ_x 矩阵被假设为相等同的。
- 模型三：因素载荷与测量残差恒等模型。此模型较模型二更进一步假设测量残差变异量具有跨总体的恒等性；也就是两个样本的 Λ_x 矩阵与 Θ_δ 矩阵被假设为相等同的。
- 模型四：因素载荷、测量残差变异、因素方差与协方差均恒等模型。此模型较模型三更进一步假设了因素的方差与协方差具有跨总体的恒等性；也就是两个样本的 Λ_x 矩阵、Θ_δ 矩阵与 Φ 矩阵被假设为相等同的。此时，由于所有的参数都被设定为相等同的，因此可以视为完全等同模型。

利用这四个模型，我们可以进行不同层次的因素恒等性检验，越多的参数被设定为恒等的，也就反映了因素恒等性越强。在这四个模型中，由于被估计的参数越来越少，因此自由度越来越大，卡方值也越来越大。利用卡方差异检验，可以确定新增的设限是否具有显著的影响：达显著的卡方差异检验，代表所检验的恒等性是存在的；当卡方差异考验未显著时，代表所检验的恒等性不存在。

二、模型界定

在第五章的 CFA 范例中，我们已经指出 18 个测量变量可以产生 171 个测量点数（$DP=171$），用 18 个测量变量来测量有 6 个因素的知觉强度的 CFA 模型，共有 51 个被估计的参数，设定情形如下：

1）模型中有 18 个测量变量（$V_1 \sim V_{18}$，为内生观察变量，亦是因变量）与 6 个潜在变量（$F_1 \sim F_6$，为外源潜在变量，亦是自变量）。
2）模型中有 18 个测量残差，其变异量被自由估计。
3）为了使 6 个潜在变量量尺得以确立，每一个因素的方差都被设定为 1.00。
4）因素之间的共变则允许自由估计。
5）测量残差被视为独立而没有共变关系的。
6）每一个测量变量仅受单一潜在变量影响。

在第一阶段单样本分析中，上述设定条件在全体样本以及个别样本的个别 CFA 分析中都是相同的。

在第二阶段当中，由于同时包括对两个样本的两套 CFA 模型进行分析，因此总 DP 值为 $171 \times 2=342$，而四个被检验模型的设定条件则有下列变动：

- 模型一（形貌恒等模型）：对两个样本进行 CFA 分析，但是模型参数未设定恒等限定，DP 值为个别 CFA 的总和（$171 \times 2=342$），总估计参数为 $51 \times 2=102$。自由度为 240。（见 Ch09amg1.LIS）
- 模型二（因素载荷恒等模型）：在形貌恒等的基础上，新增因素载荷恒等性假设，样本间的因素载荷参数的每一组配对均设定为相等，因此因素载荷参数估计数目为整合模型的 36 个参数的一半（18 个），表示释放了 18 个自由参数，总估计参数较前一个模型减少 18，为 84。自由度为 258。（见 Ch09amg2.LIS）
- 模型三（载荷与残差恒等模型）：在形貌恒等且因素载荷等价的基础上，新增残差方差恒等性假设，样本间的残差变异量的每一组配对均设定为相等，因此残差变异量参数估计数目为整合模型的 36 个参数的一半（18 个），表示再释放了 18 个自由参数，总估计参数较前一个模型减少 18，为 66。自由度为 276。（见 Ch09amg3.LIS）

- 模型四（协方差恒等模型）：最严格的 CFA 恒等检测，新增方差与协方差恒等限定，样本间的因素方差与协方差参数也少了一半，6 个因素的恒等性设定共减少了 15 个方差与协方差估计参数，再释放 15 个自由参数后，总估计参数为 51（等于个别模型的参数估计数）。自由度为 291。（见 Ch09amg4.LIS）

三、参数估计

（一）多样本模型一：未限定 CFA 语法（基准模型）

第一阶段所需进行的单样本 SEM 分析，其 LISREL 语法与第五章范例完全相同，读者可以自行参阅。个别样本进行独立的 CFA 分析时，语法仅有样本量的数字不同，其余皆相同。

表 9.2 列出了模型一进行跨样本 CFA 分析的 LISREL 与 SIMPLIS 语法。语法皆由两个独立的部分组成，其中 LISREL 语法的第 1～11 行用以设定男性样本的 CFA 模型分析条件，第 13～22 行用以设定女性样本 CFA 模型的分析条件，两者除了样本量与数据文件的文件名不同以外，其余指令完全一样。显示两个样本的因素结构是完全相同的设定。

对于多样本的设定，LISREL 语法借由第 2 行中的 NG=2 指令来辨认 LISREL 程序当中具有两个独立的 LISREL 语法程序，然后每一个样本由 GROUP 指令作为开端，例如，第 1 行的 GROUP: MALE 与第 12 行的 GROUP: FEMALE 用来说明不同样本的语法程序。

表 9.2 当中下半段的 SIMPLIS 语法的第 1～14 行用以设定男性样本 CFA 模型，第 15～43 行设定女性样本 CFA 模型。比较特别的是，由于第一个模型对两个样本并没有设定相同，因此 SIMPLIS 语法必须在第二个样本上详细列出对潜在变量以及残差的方差与协方差的设定（第 27～43 行）；如果没有设定，那么所有的方差与协方差都会被设定为等值。

表9.2　多样本CFA语法

LISREL 语法范例（Ch09amg1.LIS）

1　GROUP: MALE
2　DATA　NG=2 NI=18 NO=172
3　KM SY FI=Ch09am.cor; ME FI=Ch09am.cor; SD FI=Ch09am.cor
4　LA; A1 A2 A3 B1 B2 B3 C1 C2 C3 D1 D2 D3 E1 E2 E3 F1 F2 F3
5　MODEL　NX=18 NK=6 PH=SY,FR TD=DI,FR LX=FU,FI
6　LK; VALUE JOBSTYLE TEAMWORK LEADERSHIP LEARNING ENVIRONMENT
7　FR LX(1,1) LX(2,1) LX(3,1) LX(4,2) LX(5,2) LX(6,2) LX(7,3) LX(8,3) LX(9,3)
8　FR LX(10,4) LX(11,4) LX(12,4) LX(13,5) LX(14,5) LX(15,5) LX(16,6) LX(17,6) LX(18,6)
9　VALUE 1 PH(1,1) PH(2,2) PH(3,3) PH(4,4) PH(5,5) PH(6,6)
10　PD
11　OUTPUT
12　GROUP: FEMALE
13　DATA　NO=140
14　KM SY FI=Ch09af.cor; ME FI=Ch09af.cor; SD FI=Ch09af.cor
15　LA; A1 A2 A3 B1 B2 B3 C1 C2 C3 D1 D2 D3 E1 E2 E3 F1 F2 F3
16　MODEL　NX=18 NK=6 PH=SY,FR TD=DI,FR LX=FU,FI
17　LK; VALUE JOBSTYLE TEAMWORK LEADERSHIP LEARNING ENVIRONMENT
18　FR LX(1,1) LX(2,1) LX(3,1) LX(4,2) LX(5,2) LX(6,2) LX(7,3) LX(8,3) LX(9,3)
19　FR LX(10,4) LX(11,4) LX(12,4) LX(13,5) LX(14,5) LX(15,5) LX(16,6) LX(17,6) LX(18,6)
20　VALUE 1 PH(1,1) PH(2,2) PH(3,3) PH(4,4) PH(5,5) PH(6,6)
21　PD
22　OUTPUT
23　End of Problem

SIIMPLIS 语法范例（Ch09amg1.SPL）

1　GROUP: MALE
2　Observed variables: A1 A2 A3 B1 B2 B3 C1 C2 C3 D1 D2 D3 E1 E2 E3 F1 F2 F3
3　correlation matrix from file Ch09am.cor
4　Sample Size = 172
5　Latent Variables　VALUE JOBSTYLE TEAMWORK LEADERSH LEARNING ENVIRONM
6　Relationships
7　A1-A3= VALUE

(续表)

8	B1-B3 = JOBSTYLE
9	C1-C3 = TEAMWORK
10	D1-D3 = LEADERSH
11	E1-E3 = LEARNING
12	F1 -F3= ENVIRONM
13	Set the Variance of VALUE-ENVIRONM to 1.00
14	Path Diagram
15	GROUP: FEMALE
16	Observed variables: A1 A2 A3 B1 B2 B3 C1 C2 C3 D1 D2 D3 E1 E2 E3 F1 F2 F3
17	correlation matrix from file Ch09af.cor
18	Sample Size = 140
19	Latent Variables VALUE JOBSTYLE TEAMWORK LEADERSH LEARNING ENVIRONM
20	Relationships
21	A1-A3= VALUE
22	B1-B3 = JOBSTYLE
23	C1-C3 = TEAMWORK
24	D1-D3 = LEADERSH
25	E1-E3 = LEARNING
26	F1 -F3= ENVIRONM
27	Set the Variance of VALUE-ENVIRONM to 1.00
28	Set the Covariance of JOBSTYLE and VALUE Free
29	Set the Covariance of TEAMWORK and VALUE Free
30	Set the Covariance of TEAMWORK and JOBSTYLE Free
31	Set the Covariance of LEADERSH and VALUE Free
32	Set the Covariance of LEADERSH and JOBSTYLE Free
33	Set the Covariance of LEADERSH and TEAMWORK Free
34	Set the Covariance of LEARNING and VALUE Free
35	Set the Covariance of LEARNING and JOBSTYLE Free
36	Set the Covariance of LEARNING and TEAMWORK Free
37	Set the Covariance of LEARNING and LEADERSH Free
38	Set the Covariance of ENVIRONM and VALUE Free
39	Set the Covariance of ENVIRONM and JOBSTYLE Free

（续表）

40	Set the Covariance of ENVIRONM and TEAMWORK Free
41	Set the Covariance of ENVIRONM and LEADERSH Free
42	Set the Covariance of ENVIRONM and LEARNING Free
43	Set the Error Variance of A1-F3 Free
44	End of Problem

（二）恒等性参数限定语法

对于参数的恒等限定，LISREL 语法的做法是在第一个样本中以 FR 指令设定该参数为自由估计，然后在第二个或所有的后续的样本中以 EQ 指令进行恒等限定。另一种做法是在 Model 指定中，在所需设定的矩阵（例如，LX、LY、PS 等）之后加入下列副指令：

1) SP（same pattern）：表示样本间矩阵具有相同的形态。
2) SS（same starting value）：表示参数估计使用与前一个样本相同的起始值来进行估计。
3) PS（same pattern and starting value）：表示样本间矩阵具有相同的形态并使用与前一个样本相同的起始值来进行估计。
4) IN（invariant）：表示矩阵为恒等矩阵，矩阵的形态与参数的估计状态（FR 或 FI）以及参数数值均与第一个样本相同。

以本范例的模型二为例，由于增加了因素载荷恒等假设的设定，必须在第二个样本的模型界定指令（Model）当中增加一个 LX=IN（Λ_x 矩阵相等）的指令，然后移除 FR 与 FI 指令中对于 LX 参数的设定即可。也就是在表 9.2 的 LISREL 语法指令中，将第 18、19 行指令删除，改在 MO 指令中增加 LX=IN，语法变动部分如下：

16	MO NX=18 NK=6 PH=SY,FR TD=DI,FR LX=IN
17	LK; VALUE JOBSTYLE TEAMWORK LEADERSHIP LEARNING ENVIRONMENT
20	VALUE 1 PH(1,1) PH(2,2) PH(3,3) PH(4,4) PH(5,5) PH(6,6)
21	PD
22	OUTPUT
23	End of Problem

如果是 SIMPLIS 语法，只要把第 21～26 行移除，即可被识别为第二个样本的因素载荷与第一个样本等值。

以 LISREL 与 SIMPLIS 语法估计得出的男性和女性样本参数估计结果如图 9.1 所示，由图中数据可知，两个样本在因素载荷上数据相同，但是测量残差不同。

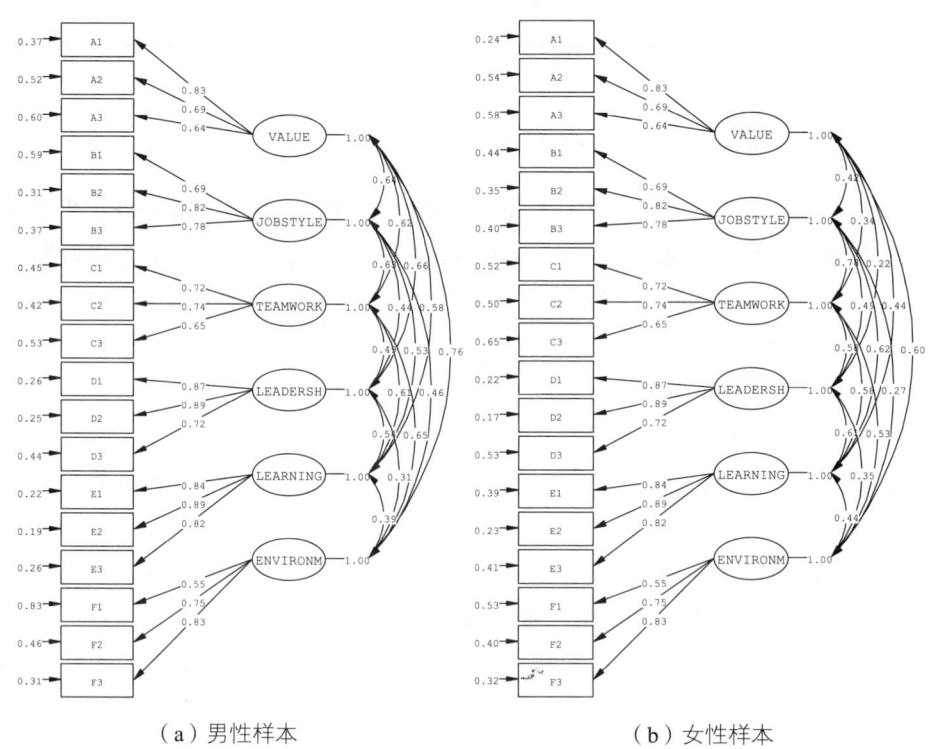

（a）男性样本　　　　　　　　　　（b）女性样本

图 9.1　模型二（因素载荷恒等）参数估计结果

模型三的设定依此类推。于 LX=IN 之外，另外增加一项 TD=IN 设定，也就是将表 9.2 中的 LISREL 语法指令中的第 19、20、21 和 22 行指令改以下列指令取代：

MO　LX=IN TD=IN

模型四的设定另外增加了一项 PH=IN 设定，但是要将 FI 指令与 VALUE 指令当中有关 PH 参数的设定移除，也就是移去表 9.2 中 LISREL 语法的第 20 行指令。MODEL 指令内容如下：

MO　LX=IN TD=IN PH=IN

四、恒等分析结果

（一）第一阶段分析结果

第一阶段系根据第五章范例语法来分别对全体、男性、女性样本进行 CFA 分析。分析结果与第五章范例类似，细节不在此赘述，仅列出摘要表于表 9.3。由表 9.3 数据可知，三个 CFA 分析均有相同的自由度，显示模型界定与因素结构完全相等。但是，男性样本似乎有较为理想的模型拟合度，卡方值较小，且 *RMSEA* 指数较低。但是如果以 *NNFI* 与 *CFI* 指数来看，三者的差异不大，显示这一 CFA 模型在全体样本以及个别样本中的拟合情形还算一致，因此可以进行下一阶段的跨样本分析。

表 9.3　多样本 CFA 分析模型拟合度评估摘要表

Model	χ^2	Δ^*	df	Δ^*	RMSEA	NNFI	CFI	GFI
阶段一								
全体样本	239.895		120		0.057	0.943	0.955	0.925
男性样本	193.845		120		0.060	0.926	0.942	0.897
女性样本	221.062		120		0.078	0.909	0.929	0.857
阶段二								
模型一	413.530	-	240	-	0.068	0.962	0.970	0.857
模型二	449.752	36.222	258	18	0.069	0.961	0.967	0.829
模型三	482.449	32.697	276	18	0.069	0.960	0.964	0.812
模型四	522.884	40.435	291	15	0.072	0.958	0.960	0.796

注：*差异值的计算是以后一个模型减去前一个的数值。

值得注意的是，由于多重样本分析的第一个模型是基准模型，两个样本间没有任何等同设定，因此表 9.3 当中的男性样本与女性样本的个别卡方值（自由度）相加，即会接近第二阶段模型一的卡方值（自由度），读者可以自行验算。

（二）第二阶段分析结果

第二阶段的多样本模型分析总计有四个模型来进行不同程度的恒等限定，下面仅以第四个模型说明，也就是 Λ_x、Φ、Θ_δ 三个矩阵均被限定为样本间等同。报表内容（**Ch09amg4.out**）如下：

首先，参数设定指令说明了整个模型当中共有 51 个被估计参数。其中被设定为相等的参数包括 Λ_x 矩阵、Θ_δ 矩阵与 Φ 矩阵（见注 1）。而为了使潜在变量能够量尺化，各潜在变量方差设定为 1，不予估计（见注 2）。

```
 Parameter Specifications

  LAMBDA-X EQUALS LAMBDA-X IN THE FOLLOWING GROUP
  PHI EQUALS PHI IN THE FOLLOWING GROUP
  THETA-DELTA EQUALS THETA-DELTA IN THE FOLLOWING GROUP

 GROUP: FEMALE

 Parameter Specifications

          LAMBDA-X

              VALUE   JOBSTYLE   TEAMWORK   LEADERSH   LEARNING   ENVIRONM
           --------   --------   --------   --------   --------   --------
     A1           1          0          0          0          0          0
     A2           2          0          0          0          0          0
     A3           3          0          0          0          0          0
     B1           0          4          0          0          0          0
     B2           0          5          0          0          0          0
     B3           0          6          0          0          0          0
     C1           0          0          7          0          0          0
     C2           0          0          8          0          0          0
     C3           0          0          9          0          0          0
     D1           0          0          0         10          0          0
     D2           0          0          0         11          0          0
     D3           0          0          0         12          0          0
     E1           0          0          0          0         13          0
     E2           0          0          0          0         14          0
     E3           0          0          0          0         15          0
     F1           0          0          0          0          0         16
     F2           0          0          0          0          0         17
     F3           0          0          0          0          0         18
```

注 1：两个样本的 Λ、Θ、Φ 矩阵设限为相等，因此仅有一组参数被估计。

```
         PHI
            LAMBDA-X
                      VALUE    JOBSTYLE   TEAMWORK    LEADERSH   LEARNING   ENVIRONM
                      --------  --------   --------    --------   --------   --------
            VALUE        0
            JOBSTYLE    19        0
            TEAMWORK    20       21          0
            LEADERSH    22       23         24           0
            LEARNING    25       26         27          28          0
            ENVIRONM    29       30         31          32         33          0

            THETA-DELTA
                        A1       A2         A3          B1         B2         B3
                      --------  --------   --------    --------   --------   --------
                        34       35         36          37         38         39

            THETA-DELTA
                        C1       C2         C3          D1         D2         D3
                      --------  --------   --------    --------   --------   --------
                        40       41         42          43         44         45

            THETA-DELTA
                        E1       E2         E3          F1         F2         F3
                      --------  --------   --------    --------   --------   --------
                        46       47         48          49         50         51
```

注2：各潜在变量的变异量被设定为1，故不予估计。

（三）参数估计结果

多样本 CFA 参数估计的原理与单样本 CFA 相同，仅有的差异是多样本所处理的参数估计随着组数的增加而成倍增加。但是以模型四为例，所有的参数被设定为相等，因此，尽管样本组数为 2，但是估计的参数数目与单样本 CFA 相同（均为 51 个参数）。

另外，由于多样本模型分析重点关注限定参数为等同之后，模型拟合度的变化是否有意义，因此，本范例省略了对参数估计结果的说明，仅举出男女两个样本的共同量尺完全标准化解（Common Metric Completely Standardized Solution）来说明。

GROUP: MALE ← 男性样本估计结果

Common Metric Completely Standardized Solution

LAMBDA-X

	VALUE	JOBSTYLE	TEAMWORK	LEADERSH	LEARNING	ENVIRONM
A1	0.821	- -	- -	- -	- -	- -
A2	0.683	- -	- -	- -	- -	- -
A3	0.628	- -	- -	- -	- -	- -
B1	- -	0.681	- -	- -	- -	- -
B2	- -	0.828	- -	- -	- -	- -
B3	- -	0.777	- -	- -	- -	- -
C1	- -	- -	0.713	- -	- -	- -
C2	- -	- -	0.729	- -	- -	- -
C3	- -	- -	0.648	- -	- -	- -
D1	- -	- -	- -	0.870	- -	- -
D2	- -	- -	- -	0.884	- -	- -
D3	- -	- -	- -	0.721	- -	- -
E1	- -	- -	- -	- -	0.828	- -
E2	- -	- -	- -	- -	0.900	- -
E3	- -	- -	- -	- -	0.808	- -
F1	- -	- -	- -	- -	- -	0.549
F2	- -	- -	- -	- -	- -	0.745
F3	- -	- -	- -	- -	- -	0.824

← 男性样本的因素载荷，数值与女性样本相同。

PHI

	VALUE	JOBSTYLE	TEAMWORK	LEADERSH	LEARNING	ENVIRONM
VALUE	1.000					
JOBSTYLE	0.519	1.000				
TEAMWORK	0.474	0.685	1.000			
LEADERSH	0.420	0.452	0.521	1.000		
LEARNING	0.508	0.559	0.592	0.563	1.000	
ENVIRONM	0.678	0.354	0.588	0.317	0.416	1.000

← 男性样本的相关系数，数值与女性样本相同。

THETA-DELTA

A1	A2	A3	B1	B2	B3
0.326	0.533	0.606	0.537	0.314	0.396

← 男性样本的残差，数值与女性样本相同。

THETA-DELTA

C1	C2	C3	D1	D2	D3
0.492	0.469	0.580	0.243	0.219	0.480

THETA-DELTA

E1	E2	E3	F1	F2	F3
0.314	0.189	0.346	0.699	0.445	0.321

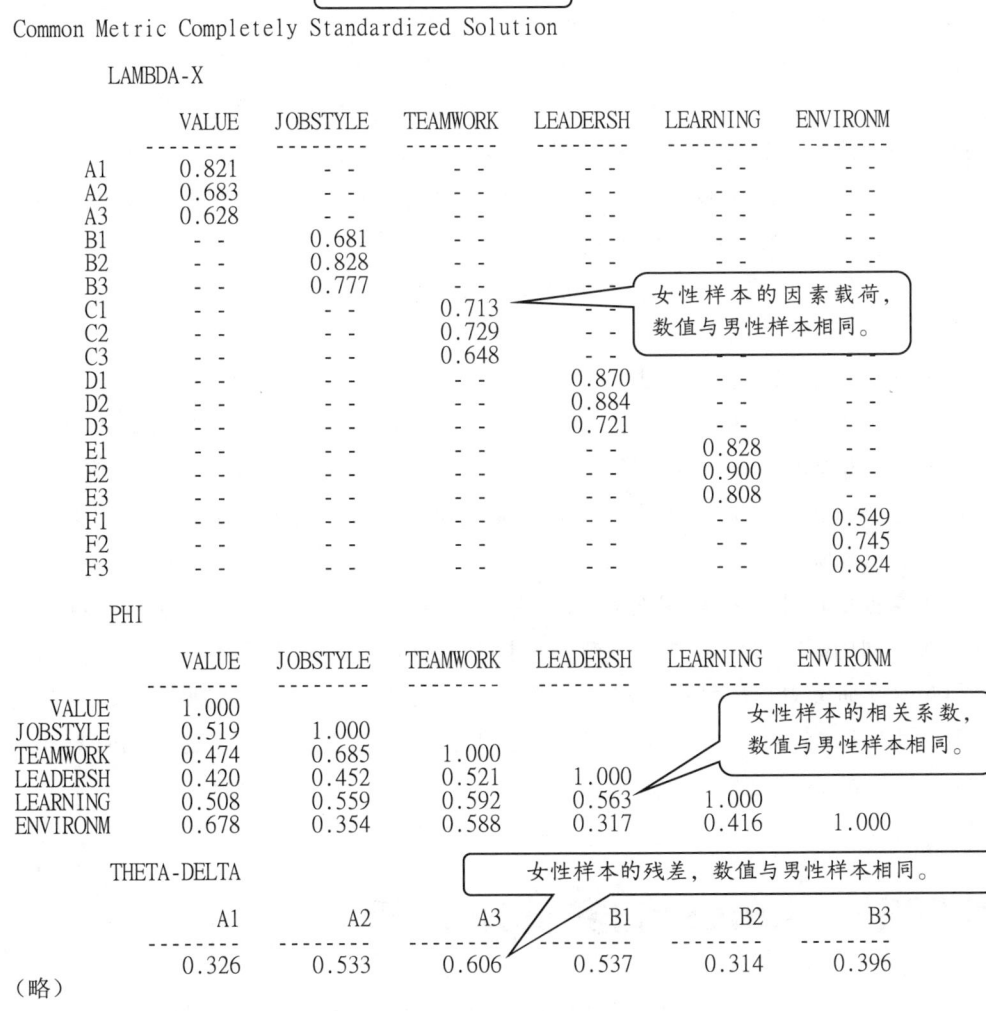

（四）模型拟合度分析

表 9.3 的数据显示，阶段二的模型随着恒等限制的增加，释放的自由参数越多，卡方值逐渐增加。显示恒等限制的加入对于模型估计产生了负面的影响。因为恒等限制的各模型都属于嵌套模型，模型间的拟合度差异可以利用卡方差异检验来考验。

模型一将两个独立 CFA 模型整合于同一个 CFA 分析当中，其性质就是在检测协方差矩阵等同的假设，卡方检验的结果拒绝了这一假设，因此可以继续进行进一步的恒等性评估，检验影响因素效度的不稳定因素在哪里。

模型二与模型一的卡方差异量检验显示，增加了因素载荷的恒等限制后，模型的拟合度降低，$\Delta \chi^2$=36.222，Δdf=18（p<0.001），显示两个样本在因素载荷参数上有明显的差异，因素载荷是不等同的。此时，研究者应该停止进一步的恒等性检验，就两个样本的因素载荷的数值内容进行详细讨论。但是，为了示范进一步的恒等性检验，我们继续讨论了模型三的卡方差异量检验结果。

模型三与模型二的比较，以及模型四与模型三的比较，都获得一个显著的卡方差异量（$\Delta \chi^2$=32.697，Δdf=18，p<0.001；$\Delta \chi^2$=40.435，Δdf=15，p<0.001），显示不论是增加残差变异量的恒等假设，还是增加因素间相关恒等假设，都造成了显著的模型拟合度降低，表示样本间的等同性是不存在的。

根据这一结果，我们应退回阶段一的两个样本的单样本 CFA 检验，探讨这个六因素量表在男性和女性样本上的差异。尽管这个差异不容易被清楚明确地界定，但是在量表的学术与实用价值上，这一程序均具有其价值。例如，研究者可以利用这个检查程序来进行项目分析，检讨为何题目间缺乏测量恒等性，必要时可以将题目删除。

从实务层面来看，如果男性和女性工作者对于组织气氛的知觉真的具有差异，那么利用同一套因素结构来测量男性与女性的心理状态就不是一个适当的做法。此时，研究者可以根据阶段一对男性与女性员工分别进行的独立 CFA 分析结果，找出两套参数数值，分别计算男性与女性工作者的得分，这将能有效地反映两个性别的心理状态。

第四节　Amos 的多样本分析

Amos 的多样本分析操作方式非常简单，仅需点选 Amos 所提供的多样本分析功能，即可利用对话框来设定测量恒等性的不同模型界定。以下即针对应用多样本分析来进行测量恒等性检测的特殊步骤加以说明。

一、操作步骤

步骤一：绘制假设模型图

步骤二：点选 Analyze->Manage Groups

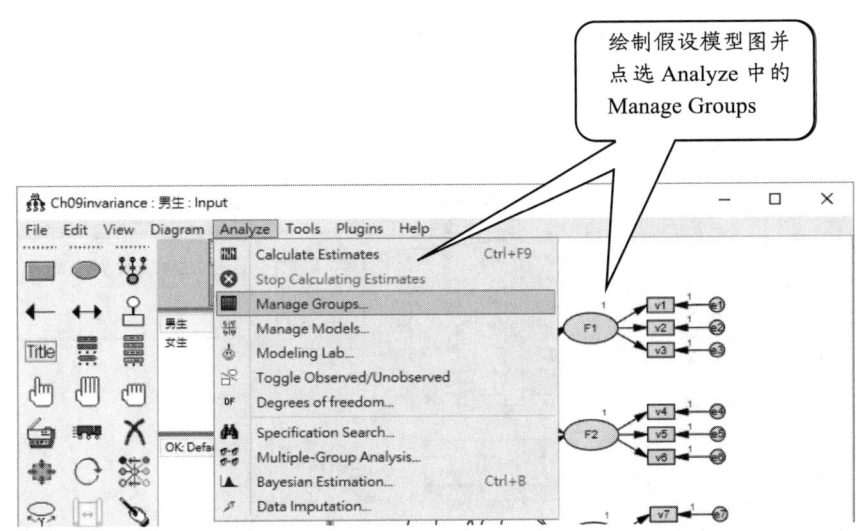

步骤三：将 Group number1 设为 male（男性）-> 点选 New。再将 Group number2 改为 Female（女性）-> 点选 Close。完成分组名称设定。

步骤四：点选数据文件，开启 ch09.sav 的数据库，点选 Grouping Variable->gender，再点选 Group Value->，分别选择 1 与 0（Gender 中的男性与女性分别为 1 与 0），完成后的画面如下，并可得到两者的样本量分别为 172 与 140：

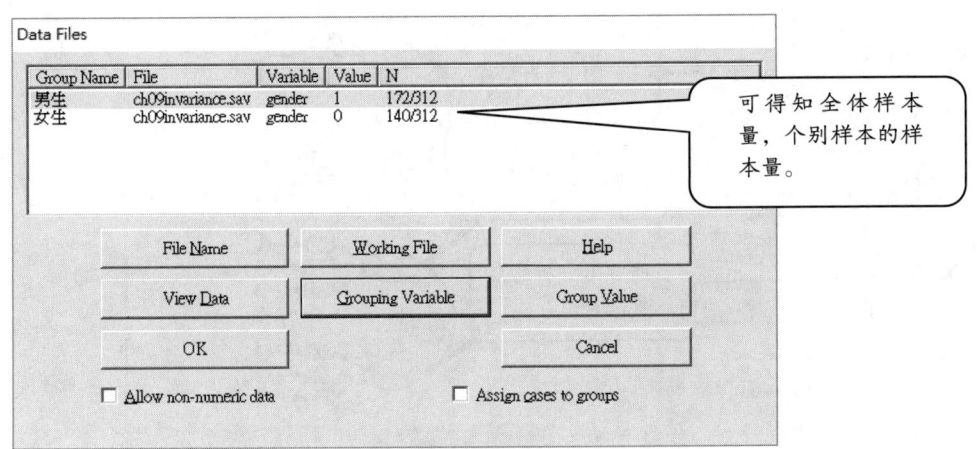

步骤五：按下 OK，点选 ▦=▦（多样本分析），按确定之后即进入模型界定对话框如下：

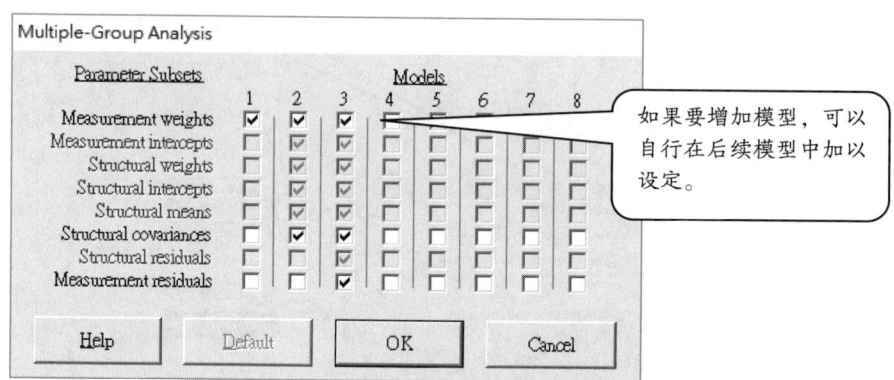

对话框中显示 Amos 自动默认的各种模型。打钩表示两个样本设定等值。其中第一个模型表示因素载荷跨样本等值。第二个模型表示增加了结构协方差（即因素间相关）跨样本等值。第三个模型表示还增加了测量残差跨样本等值，此为完全等值模型。

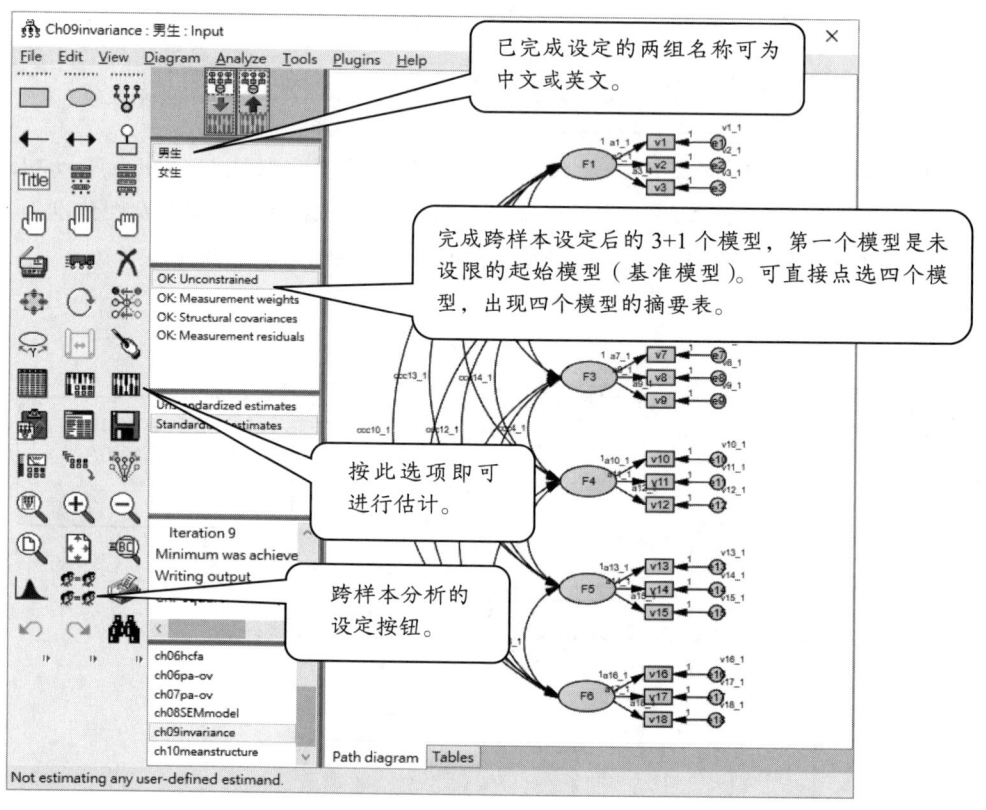

若点选 Amos 左侧菜单中的四个模型，可以得到以各模型界定的摘要表（第一个模型为未设限模型）：

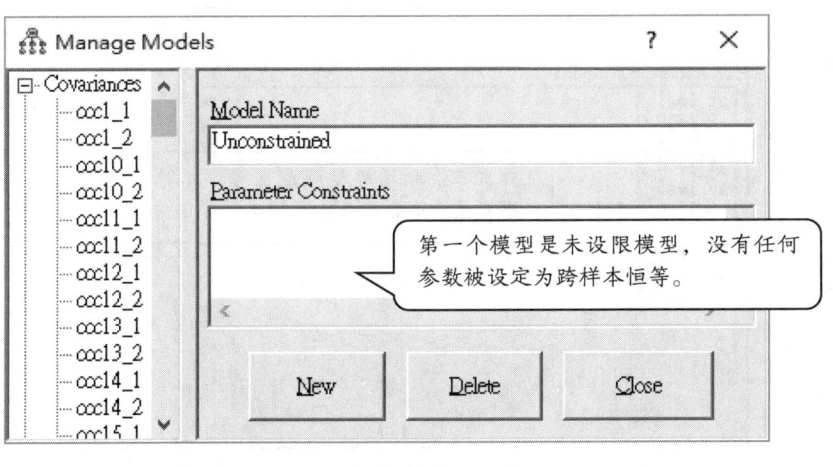

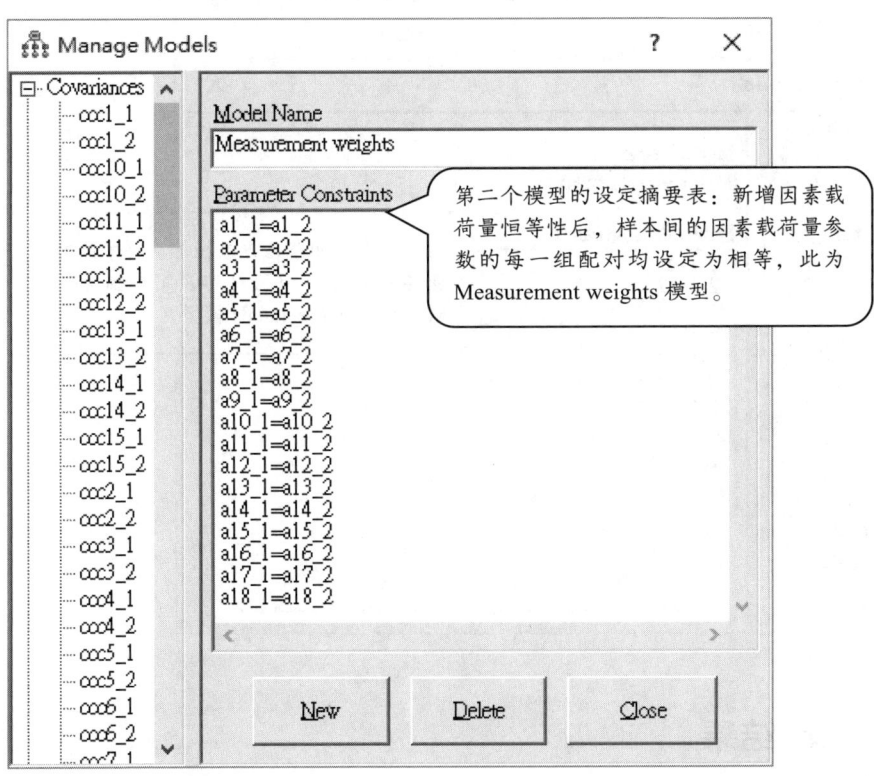

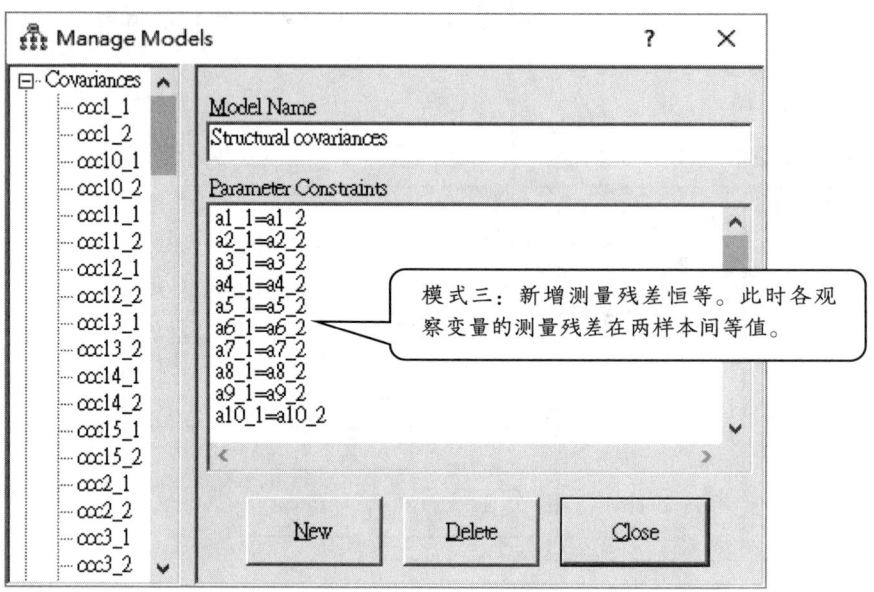

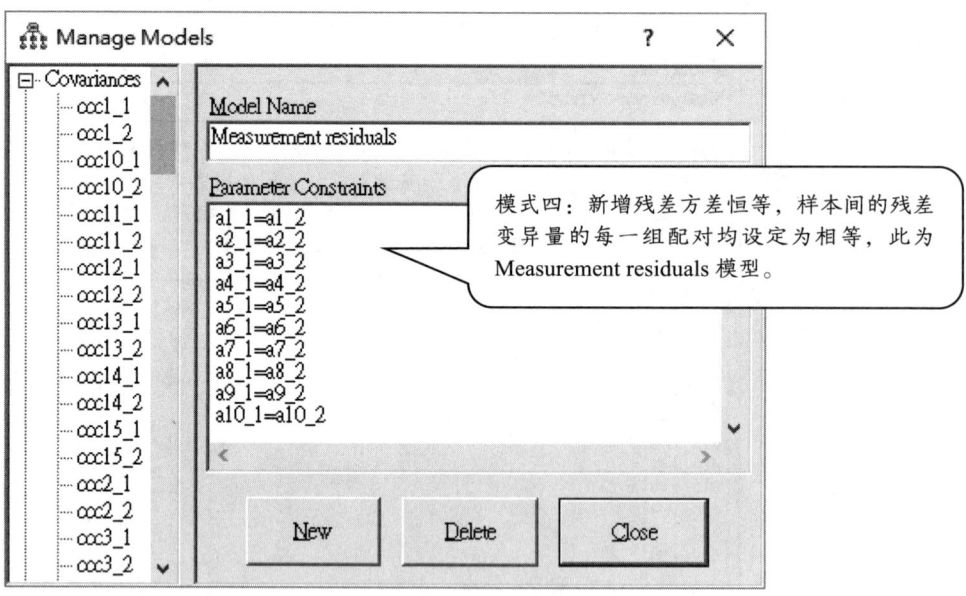

二、估计结果

进行估计后,Amos 会将四个模型的估计结果列于报表中(详细报表请参阅 ch09.AmosOutput)。以下是模型拟合指数:

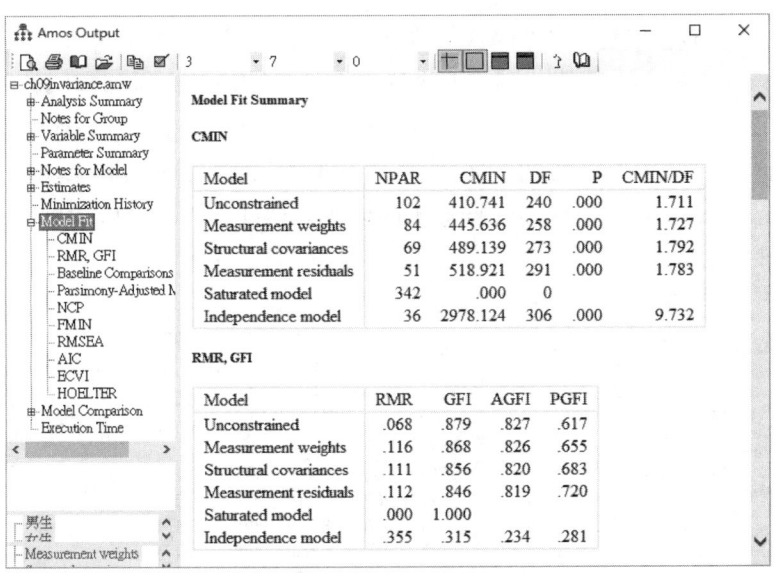

由于四个模型各有不同的恒等限制，属于嵌套模型，模型间比较可以利用卡方差异检验来完成。Amos 也已经在报表中整理出了这些模型以第一个未设限模型为基准所进行的嵌套比较（卡方差异检验）结果。

以因素载荷设限的模型为例，$\Delta \chi^2$=34.894（p=0.010）达统计显著水平。显示因素载荷设定为恒等后，模型拟合显著变差，而 34.894 的数值是 measurement weight 模型的卡方值（445.636）与未设限模型卡方值（410.741）的差异值。

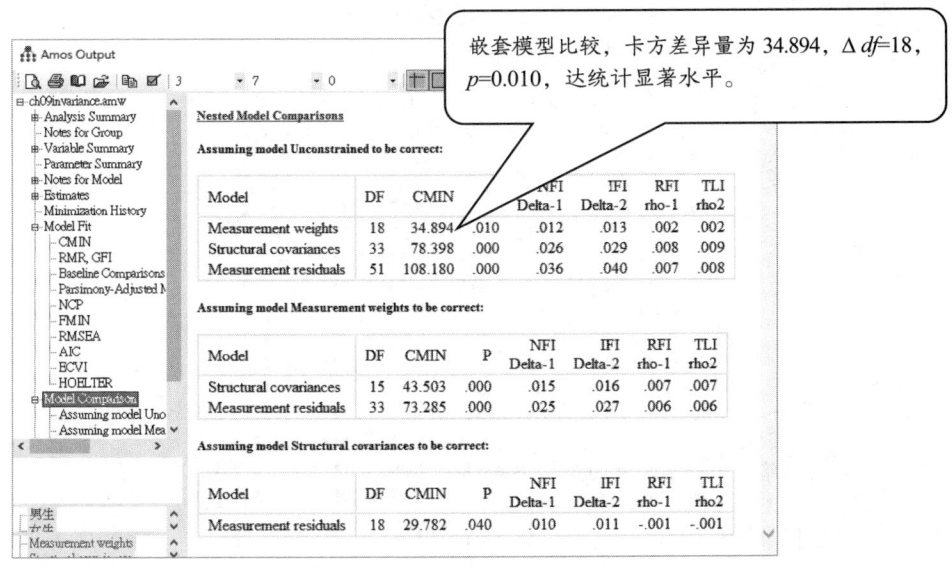

嵌套模型比较，卡方差异量为 34.894，Δdf=18，p=0.010，达统计显著水平。

对于参数估计的结果则可以在报表的左侧选单中选择四种模型在两个样本上的估计值。如果设定为等值，则在两个样本上的参数估计会得到相同的数值。

以第一个设限模型（Measurement Weight 模型）为例，两个样本在协方差估计值的位置应各有数值，不会等值。但是在第二个设限模型（Structure Covariances 模型）中，男性与女性样本的协方差估计值应有的数值则完全等值。

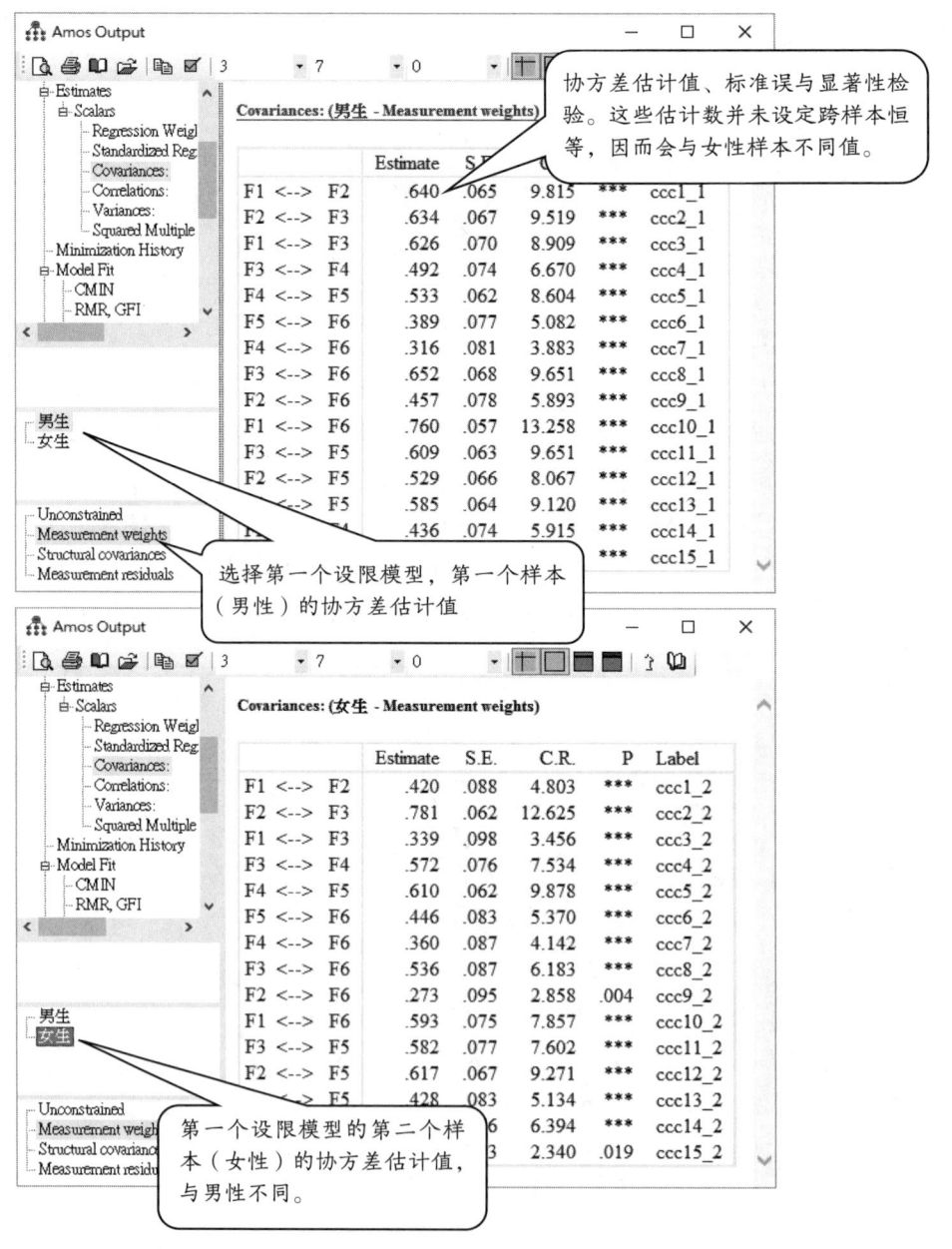

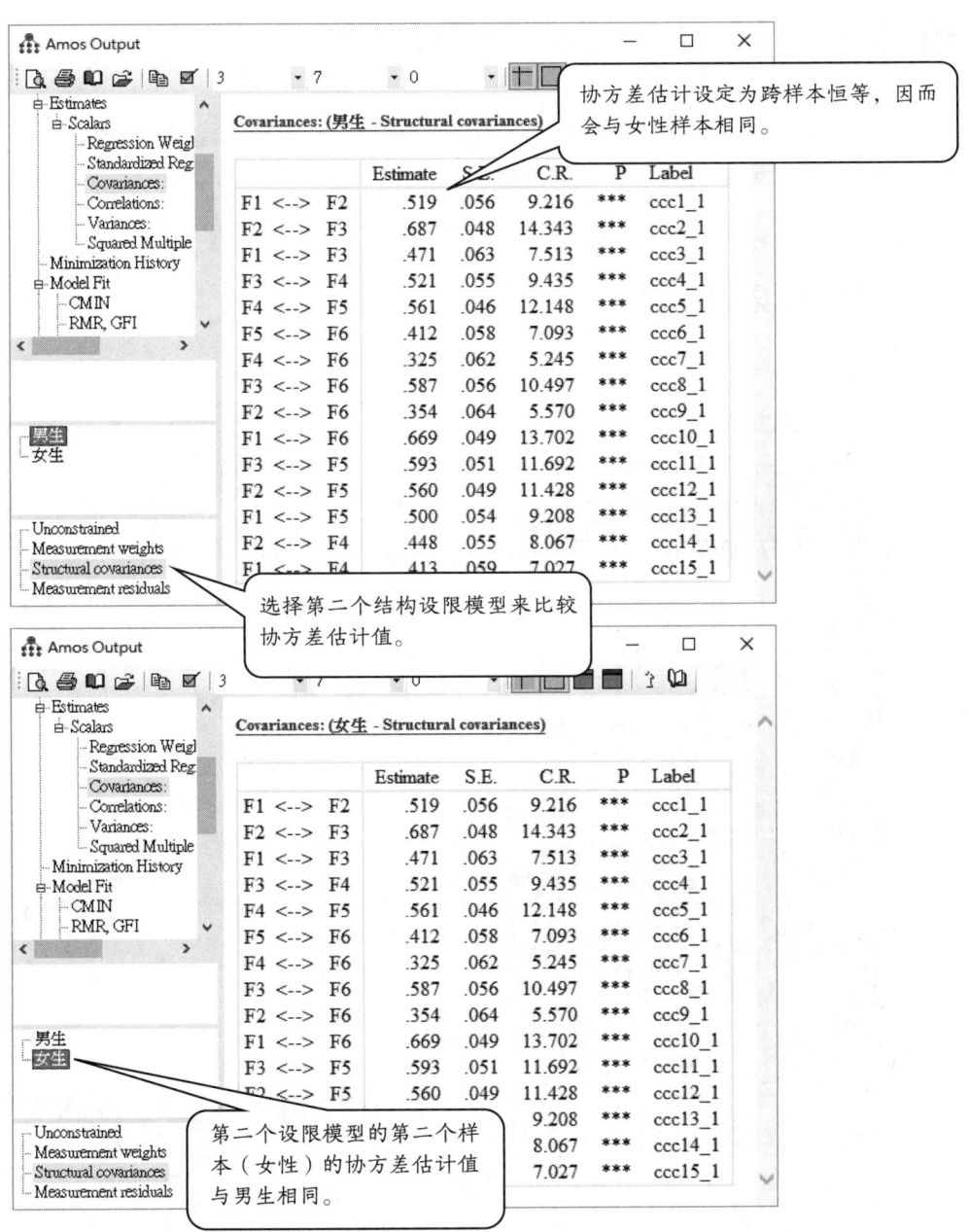

第五节　Mplus 的多样本分析

以 Mplus 来执行测量恒等性分析的语法如下（以第四个模型，也就是 Λ_x、Φ、Θ_δ 三个矩阵均被限定为样本间等同为例）。

一、Mplus 语法

```
TITLE: Ch09 Multi-group CFA Model 4
DATA:
  NGROUPS=2;
  FILE (male) IS Ch09m.dat;
  FILE (female) IS Ch09f.dat;
VARIABLE: NAMES ARE a1-a3 b1-b3 c1-c3 d1-d3 e1-e3 f1-f3;
MODEL:
  VALUE    by a1* a2-a3;
  JOBSTYLE by b1* b2-b3;
  TEAMWORK by c1* c2-c3;
  LEADERSH by d1* d2-d3;
  LEARNING by e1* e2-e3;
  ENVIRONM by f1* f2-f3;
  VALUE with JOBSTYLE (19);
  VALUE with TEAMWORK (20);
  VALUE with LEADERSH (21);
  VALUE with LEARNING (22);
  VALUE with ENVIRONM (23);
  JOBSTYLE with TEAMWORK (24);
  JOBSTYLE with LEADERSH (25);
  JOBSTYLE with LEARNING (26);
  JOBSTYLE with ENVIRONM (27);
  TEAMWORK with LEADERSH (28);
  TEAMWORK with LEARNING (29);
  TEAMWORK with ENVIRONM (30);
  LEADERSH with LEARNING (31);
  LEADERSH with ENVIRONM (32);
  LEARNING with ENVIRONM (33);
  a1(1); a2(2); a3(3); b1(4); b2(5); b3(6); c1(7); c2(8); c3(9);d1(10);
  d2(11); d3(12); e1(13); e2(14); e3(15); f1(16); f2(17);f3(18);
  VALUE@1 JOBSTYLE@1 TEAMWORK@1 LEADERSH@1 LEARNING@1 ENVIRONM@1;
  [a1 a2 a3 b1 b2 b3 c1 c2 c3 d1 d2 d3 e1 e2 e3 f1 f2 f3] ;
  [VALUE@0 JOBSTYLE@0 TEAMWORK@0 LEADERSH@0 LEARNING@0 ENVIRONM@0 ];
MODEL male:
  [a1 a2 a3 b1 b2 b3 c1 c2 c3 d1 d2 d3 e1 e2 e3 f1 f2 f3] ;
MODEL female:
  [a1 a2 a3 b1 b2 b3 c1 c2 c3 d1 d2 d3 e1 e2 e3 f1 f2 f3] ;
```

注释：
- 多样本分析的设定格式：NGGROUP=2 表示有两个样本，数据各自存放于两个档案中。
- 设定共变为跨样本恒等：如果这些语法移除，则为模型三。
- 设定观察变量残差具跨样本恒等性，模型一无此项设定。
- 观察变量截距在两样本间自由估计。

二、Mplus 报表

```
SUMMARY OF ANALYSIS

Number of groups                                             2
Number of observations
    Group MALE                                             172
    Group FEMALE                                           140
    Total sample size                                      312

Number of dependent variables                               18
Number of independent variables                              0
Number of continuous latent variables                        6

Observed dependent variables

  Continuous
   A1          A2          A3          B1          B2          B3
   C1          C2          C3          D1          D2          D3
   E1          E2          E3          F1          F2          F3

Continuous latent variables
   VALUE       JOBSTYLE    TEAMWORK    LEADERSH    LEARNING    ENVIRONM


Estimator                                                   ML
Information matrix                                    OBSERVED
Maximum number of iterations                              1000
Convergence criterion                                 0.500D-04
Maximum number of steepest descent iterations               20

Input data file(s)
  Ch09m.dat
  Ch09f.dat

Input data format  FREE


MODEL FIT INFORMATION

Number of Free Parameters                       87

Loglikelihood

          H0 Value                      -6708.937
          H1 Value                      -6447.803

Information Criteria

          Akaike (AIC)                  13591.874
          Bayesian (BIC)                13917.516
          Sample-Size Adjusted BIC      13641.581
            (n* = (n + 2) / 24)
```

> 显示数据读取情形：样本个数（2）、男性（172）、女性（140）、总样本量（312）

```
Chi-Square Test of Model Fit
        Value                                   522.269
        Degrees of Freedom                          291
        P-Value                                  0.0000
Chi-Square Contribution From Each Group
        MALE                                    251.686
        FEMALE                                  270.583
RMSEA (Root Mean Square Error Of Approximation)
        Estimate                                  0.071
        90 Percent C.I.                    0.061  0.081
        Probability RMSEA <= .05                  0.000
CFI/TLI
        CFI                                       0.914
        TLI                                       0.910
Chi-Square Test of Model Fit for the Baseline Model
        Value                                  2997.338
        Degrees of Freedom                          306
        P-Value                                  0.0000
SRMR (Standardized Root Mean Square Residual)
        Value                                     0.127

MODEL RESULTS

                                                              Two-Tailed
                        Estimate       S.E.     Est./S.E.      P-Value
Group MALE

  VALUE    BY
    A1                    0.795       0.052      15.329         0.000
    A2                    0.691       0.056      12.311         0.000
    A3                    0.603       0.054      11.197         0.000

  JOBSTYLE BY
    B1                    0.784       0.062      12.632         0.000
    B2                    0.941       0.058      16.266         0.000
    B3                    0.833       0.055      15.063         0.000

  TEAMWORK BY
    C1                    0.690       0.054      12.884         0.000
    C2                    0.749       0.056      13.259         0.000
   （略）
```

> 两个样本各自估计的模式适配指针卡方值，合计即为总和的 522.269。

> 以下为男性样本估计数

```
VALUE    WITH
   JOBSTYLE     0.520    0.057     9.074    0.000
   TEAMWORK     0.475    0.064     7.377    0.000
   LEADERSH     0.419    0.059     7.045    0.000
   LEARNING     0.507    0.056     9.038    0.000
   ENVIRONM     0.677    0.048    14.070    0.000
   （略）

Intercepts
   A1           4.552    0.074    61.740    0.000
   A2           4.442    0.077    57.626    0.000
   （略）

Residual Variances
   A1           0.303    0.049     6.215    0.000
   A2           0.544    0.056     9.732    0.000
   A3           0.558    0.053    10.615    0.000
   （略）
```

以下为女性样本估计数：
因素载荷量、残差方差以及潜在变量协方差均与男性样本相同。

Group FEMALE

```
VALUE    BY
   A1           0.795    0.052    15.329    0.000
   A2           0.691    0.056    12.311    0.000
   A3           0.603    0.054    11.197    0.000
   （略）

VALUE    WITH
   JOBSTYLE     0.520    0.057     9.074    0.000
   TEAMWORK     0.475    0.064     7.377    0.000
   LEADERSH     0.419    0.059     7.045    0.000
   LEARNING     0.507    0.056     9.038    0.000
   ENVIRONM     0.677    0.048    14.070    0.000
   （略）

Intercepts
   A1           4.236    0.082    51.828    0.000
   A2           4.136    0.085    48.407    0.000
   （略）

Residual Variances
   A1           0.303    0.049     6.215    0.000
   A2           0.544    0.056     9.732    0.000
   A3           0.558    0.053    10.615    0.000
   （略）
```

第六节　R 的多样本分析

一、R 语法

```
#Chapter 9: Mutliple group CFA using raw data
library(lavaan)
ch09.male   <-read.csv("c:\\SEM\\Ch09\\R\\Ch09m.csv", header=TRUE)
ch09.female<-read.csv("c:\\SEM\\Ch09\\R\\Ch09f.csv", header=TRUE)
ch09m.cov<-cov(ch09.male)
ch09f.cov<-cov(ch09.female)
#Combine the covariances and sample sizes
ch09all.cov <- list(MCOV=ch09m.cov, FCOV=ch09f.cov)
ch09all.n   <- list(M=170, F=142)
ch09.model<-'FA =~ NA*A1 + A2 + A3
             FB =~ NA*B1 + B2 + B3
             FC =~ NA*C1 + C2 + C3
             FD =~ NA*D1 + D2 + D3
             FE =~ NA*E1 + E2 + E3
             FF =~ NA*F1 + F2 + F3
             FA~~1*FA
             FB~~1*FB
             FC~~1*FC
             FD~~1*FD
             FE~~1*FE
             FF~~1*FF'

#configural invariance
ch09MG1.fit <- cfa(model=ch09.model, sample.cov=ch09all.cov, sample.nobs=ch09all.n)
inspect(ch09MG1.fit)
summary(ch09MG1.fit, fit.measures=TRUE, standard=TRUE)

#factor loading invariance
ch09MG2.fit <- cfa(model=ch09.model, sample.cov=ch09all.cov, sample.nobs=ch09all.n,
                   group.equal=c("loadings"))
inspect(ch09MG2.fit)
summary(ch09MG2.fit, fit.measures=TRUE, standard=TRUE)

#factor loading + residuals invariance
ch09MG3.fit <- cfa(model=ch09.model, sample.cov=ch09all.cov, sample.nobs=ch09all.n,
                   group.equal=c("loadings", "residuals"))
inspect(ch09MG3.fit)
summary(ch09MG3.fit, fit.measures=TRUE, standard=TRUE)

#factor loading + residuals + lv.covariances invariance
ch09MG4.fit <- cfa(model=ch09.model, sample.cov=ch09all.cov, sample.nobs=ch09all.n,
                   group.equal=c("loadings", "residuals", "lv.covariances"))
inspect(ch09MG4.fit)
summary(ch09MG4.fit, fit.measures=TRUE, standard=TRUE)

library(semPlot)
semPaths(ch09MG1.fit)
semPaths(ch09MG1.fit, 'est', mar = c(30, 1, 20, 1))
```

注释：
- 读取多个样本数据：ch09m.csv 为男性原始资料；ch09f.csv 为女性原始资料。
- 抽取各样本的协方差：ch09m.cov 为男性协方差；ch09f.cov 为女性协方差。
- 整合各样本的协方差与样本量：ch09all.cov 为整合协方差；ch09all.n 为整合样本量。
- 设定 CFA 模型：令所有的因素载荷自由估计；令所有的潜在变量方差为 1。
- 形貌恒等：无参数限定等值。
- 因素载荷限定等值。
- 因素载荷 + 测量残差限定等值。
- 因素载荷 + 测量残差 + 潜在变量协方差均限定等值。
- 以 semPlot 进行第一个形貌恒等模型的模式设定与估计结果绘图。

二、R 分析结果

```
> inspect(ch09MG1.fit)         ← 检查形貌恒等模型的参数设定情形。
$MCOV
$MCOV$lambda                    ← 第一个样本。
   FA FB FC FD FE FF
A1  1  0  0  0  0  0
A2  2  0  0  0  0  0
A3  3  0  0  0  0  0
B1  0  4  0  0  0  0
B2  0  5  0  0  0  0
B3  0  6  0  0  0  0
C1  0  0  7  0  0  0
C2  0  0  8  0  0  0
C3  0  0  9  0  0  0
D1  0  0  0 10  0  0
D2  0  0  0 11  0  0
D3  0  0  0 12  0  0
E1  0  0  0  0 13  0
E2  0  0  0  0 14  0
E3  0  0  0  0 15  0      ← 因素载荷的参数编号。
F1  0  0  0  0  0 16
F2  0  0  0  0  0 17
F3  0  0  0  0  0 18

$MCOV$theta
   A1 A2 A3 B1 B2 B3 C1 C2 C3 D1 D2 D3 E1 E2 E3 F1 F2 F3
A1 19
A2  0 20
A3  0  0 21
B1  0  0  0 22
B2  0  0  0  0 23
B3  0  0  0  0  0 24
C1  0  0  0  0  0  0 25
C2  0  0  0  0  0  0  0 26
C3  0  0  0  0  0  0  0  0 27
D1  0  0  0  0  0  0  0  0  0 28
D2  0  0  0  0  0  0  0  0  0  0 29
D3  0  0  0  0  0  0  0  0  0  0  0 30
E1  0  0  0  0  0  0  0  0  0  0  0  0 31     ← 残差方差与协方差参数编号：
E2  0  0  0  0  0  0  0  0  0  0  0  0  0 32    协方差均为 0，表示残差无相关。
E3  0  0  0  0  0  0  0  0  0  0  0  0  0  0 33
F1  0  0  0  0  0  0  0  0  0  0  0  0  0  0  0 34
F2  0  0  0  0  0  0  0  0  0  0  0  0  0  0  0  0 35
F3  0  0  0  0  0  0  0  0  0  0  0  0  0  0  0  0  0 36

$MCOV$psi
   FA FB FC FD FE FF
FA  0
FB 37  0                        ← 因素相关参数编号：
FC 38 42  0                       对角线均为 0，表示潜在变量的
FD 39 43 46  0                    方差不估计。
FE 40 44 47 49  0
FF 41 45 48 50 51  0
```

```
$FCOV
$FCOV$lambda
   FA FB FC FD FE FF
A1 52  0  0  0  0  0
A2 53  0  0  0  0  0
A3 54  0  0  0  0  0
B1  0 55  0  0  0  0
B2  0 56  0  0  0  0
B3  0 57  0  0  0  0
C1  0  0 58  0  0  0
C2  0  0 59  0  0  0
C3  0  0 60  0  0  0
D1  0  0  0 61  0  0
D2  0  0  0 62  0  0
D3  0  0  0 63  0  0
E1  0  0  0  0 64  0
E2  0  0  0  0 65  0
E3  0  0  0  0 66  0
F1  0  0  0  0  0 67
F2  0  0  0  0  0 68
F3  0  0  0  0  0 69

$FCOV$theta
   A1 A2 A3 B1 B2 B3 C1 C2 C3 D1 D2 D3 E1 E2 E3 F1 F2 F3
A1 70
A2  0 71
A3  0  0 72
B1  0  0  0 73
B2  0  0  0  0 74
B3  0  0  0  0  0 75
C1  0  0  0  0  0  0 76
C2  0  0  0  0  0  0  0 77
C3  0  0  0  0  0  0  0  0 78
D1  0  0  0  0  0  0  0  0  0 79
D2  0  0  0  0  0  0  0  0  0  0 80
D3  0  0  0  0  0  0  0  0  0  0  0 81
E1  0  0  0  0  0  0  0  0  0  0  0  0 82
E2  0  0  0  0  0  0  0  0  0  0  0  0  0 83
E3  0  0  0  0  0  0  0  0  0  0  0  0  0  0 84
F1  0  0  0  0  0  0  0  0  0  0  0  0  0  0  0 85
F2  0  0  0  0  0  0  0  0  0  0  0  0  0  0  0  0 86
F3  0  0  0  0  0  0  0  0  0  0  0  0  0  0  0  0  0 87

$FCOV$psi
   FA FB FC  FD  FE  FF
FA  0
FB 88  0
FC 89 93  0
FD 90 94 97   0
FE 91 95 98 100   0
FF 92 96 99 101 102   0
```

注释:
- 第二个样本。
- 因素相关参数编号：对角线均为 0，表示潜在变量的方差不估计。
- 估计参数总数为 102。

```
> summary(ch09MG1.fit, fit.measures=TRUE, standard=TRUE)
lavaan (0.5-23.1097) converged normally after  39 iterations

  Number of observations per group
    MCOV                                             170
    FCOV                                             142

  Estimator                                           ML
  Minimum Function Test Statistic                414.251
  Degrees of freedom                                 240
  P-value (Chi-square)                             0.000
```

注释:
- 两个样本的样本量。
- 模型拟合卡方值与自由度。

```
Chi-square for each group:

    MCOV                                    192.447
    FCOV                                    221.805

Model test baseline model:

    Minimum Function Test Statistic        3003.184
    Degrees of freedom                          306
    P-value                                   0.000

User model versus baseline model:

    Comparative Fit Index (CFI)               0.935
    Tucker-Lewis Index (TLI)                  0.918

Loglikelihood and Information Criteria:

    Loglikelihood user model (H0)         -6655.733
    Loglikelihood unrestricted model (H1) -6448.607

    Number of free parameters                   102
    Akaike (AIC)                          13515.466
    Bayesian (BIC)                        13897.252
    Sample-size adjusted Bayesian (BIC)   13573.743

Root Mean Square Error of Approximation:

    RMSEA                                     0.068
    90 Percent Confidence Interval     0.057  0.079
    P-value RMSEA <= 0.05                     0.005

Standardized Root Mean Square Residual:

    SRMR                                      0.065

Group 1 [MCOV]:
Latent Variables:
                    Estimate  Std.Err  z-value  P(>|z|)  Std.lv  Std.all
    FA =~
      A1             0.673    0.068    9.955    0.000    0.673   0.739
      A2             0.615    0.072    8.488    0.000    0.615   0.644
      A3             0.482    0.070    6.881    0.000    0.482   0.540
    FB =~
      B1             0.701    0.087    8.084    0.000    0.701   0.610
      B2             0.979    0.079   12.322    0.000    0.979   0.863
      B3             0.751    0.074   10.147    0.000    0.751   0.736
    (略)

Covariances:
                    Estimate  Std.Err  z-value  P(>|z|)  Std.lv  Std.all
    FA ~~
      FB             0.604    0.076    7.934    0.000    0.604   0.604
      FC             0.565    0.085    6.634    0.000    0.565   0.565
      FD             0.627    0.071    8.799    0.000    0.627   0.627
      FE             0.525    0.077    6.776    0.000    0.525   0.525
      FF             0.717    0.074    9.625    0.000    0.717   0.717
    (略)
```

> 两个样本的各自估计的模型拟合卡方值。

> 第一组的参数估计结果。

> 完全标准化解。

```
Variances:
                Estimate   Std.Err   z-value   P(>|z|)   Std.lv   Std.all
    FA           1.000                                    1.000    1.000
    FB           1.000                                    1.000    1.000
    FC           1.000                                    1.000    1.000
    FD           1.000                                    1.000    1.000
    FE           1.000                                    1.000    1.000
    FF           1.000                                    1.000    1.000
   .A1           0.376     0.059     6.343     0.000     0.376    0.454
   .A2           0.532     0.070     7.640     0.000     0.532    0.585
   .A3           0.566     0.068     8.337     0.000     0.566    0.709
   (略)

Group 2 [FCOV]:

Latent Variables:
                Estimate   Std.Err   z-value   P(>|z|)   Std.lv   Std.all
  FA =~
    A1           0.939     0.074    12.651     0.000     0.939    0.909
    A2           0.757     0.084     9.021     0.000     0.757    0.703
    A3           0.734     0.080     9.122     0.000     0.734    0.709
  FB =~
    B1           0.864     0.088     9.838     0.000     0.864    0.747
    B2           0.907     0.085    10.706     0.000     0.907    0.794
    B3           0.915     0.083    11.049     0.000     0.915    0.812
   (略)

Covariances:
                Estimate   Std.Err   z-value   P(>|z|)   Std.lv   Std.all
  FA ~~
    FB           0.451     0.082     5.480     0.000     0.451    0.451
    FC           0.380     0.092     4.126     0.000     0.380    0.380
    FD           0.253     0.089     2.842     0.004     0.253    0.253
    FE           0.454     0.078     5.828     0.000     0.454    0.454
    FF           0.628     0.067     9.401     0.000     0.628    0.628
   (略)

Variances:
                Estimate   Std.Err   z-value   P(>|z|)   Std.lv   Std.all
    FA           1.000                                    1.000    1.000
    FB           1.000                                    1.000    1.000
    FC           1.000                                    1.000    1.000
    FD           1.000                                    1.000    1.000
    FE           1.000                                    1.000    1.000
    FF           1.000                                    1.000    1.000
   .A1           0.185     0.066     2.800     0.005     0.185    0.173
   .A2           0.587     0.083     7.063     0.000     0.587    0.506
   .A3           0.532     0.076     7.003     0.000     0.532    0.497
   (略)

> #factor loading + residuals + lv.covariances invariance
> ch09MG4.fit <- cfa(model=ch09.model, sample.cov=ch09all.cov, sample.nobs=ch09all.n,
+                    group.equal=c("loadings", "residuals", "lv.covariances"))
> inspect(ch09MG4.fit)
Note: model contains equality constraints:

    lhs op rhs
1    1  ==  52
2    2  ==  53
```

第二组的参数估计结果。

完全标准化解。

检查第四个完全恒等模型的参数设定情形。

设定为跨样本恒等的参数代号。

```
  3   3 ==  54
  4   4 ==  55
  5   5 ==  56
  6   6 ==  57
 ...
 50  50 == 101
 51  51 == 102
```

> 总计有 51 个参数跨样本恒等。

```
$MCOV
$MCOV$lambda
   FA FB FC FD FE FF
A1  1  0  0  0  0  0
A2  2  0  0  0  0  0
 (略)


> summary(ch09MG4.fit, fit.measures=TRUE, standard=TRUE)
lavaan (0.5-23.1097) converged normally after  28 iterations

  Number of observations per group
  MCOV                                               170
  FCOV                                               142

  Estimator                                           ML
  Minimum Function Test Statistic                523.207
  Degrees of freedom                                 291
  P-value (Chi-square)                             0.000
```

> 恒等设定下的模型拟合卡方值与自由度。

```
Chi-square for each group:

  MCOV                                           250.122
  FCOV                                           273.084

Model test baseline model:

  Minimum Function Test Statistic               3003.184
  Degrees of freedom                                 306
  P-value                                          0.000

User model versus baseline model:

  Comparative Fit Index (CFI)                      0.914
  Tucker-Lewis Index (TLI)                         0.909

Loglikelihood and Information Criteria:

  Loglikelihood user model (H0)                -6710.211
  Loglikelihood unrestricted model (H1)        -6448.607

  Number of free parameters                           51
  Akaike (AIC)                                 13522.421
  Bayesian (BIC)                               13713.314
  Sample-size adjusted Bayesian (BIC)          13551.560

Root Mean Square Error of Approximation:

  RMSEA                                            0.072
  90 Percent Confidence Interval          0.062   0.081
  P-value RMSEA <= 0.05                            0.000

Standardized Root Mean Square Residual:
```

```
               SRMR                                    0.111
Group 1 [MCOV]:

Latent Variables:
                    Estimate   Std.Err   z-value   P(>|z|)   Std.lv    Std.all
  FA =~
    A1      (.p1.)    0.797     0.051    15.596     0.000    0.797     0.823
    A2      (.p2.)    0.692     0.056    12.446     0.000    0.692     0.684
    A3      (.p3.)    0.604     0.054    11.234     0.000    0.604     0.629
  FB =~
    B1      (.p4.)    0.785     0.062    12.664     0.000    0.785     0.681
    B2      (.p5.)    0.940     0.058    16.268     0.000    0.940     0.826
    B3      (.p6.)    0.834     0.055    15.086     0.000    0.834     0.780
(略)

Covariances:
                    Estimate   Std.Err   z-value   P(>|z|)   Std.lv    Std.all
  FA ~~
    FB      (.43.)    0.519     0.056     9.233    0.000    0.519     0.519
    FC      (.44.)    0.474     0.062     7.595    0.000    0.474     0.474
    FD      (.45.)    0.416     0.059     7.116    0.000    0.416     0.416
    FE      (.46.)    0.507     0.054     9.419    0.000    0.507     0.507
    FF      (.47.)    0.676     0.048    13.984    0.000    0.676     0.676
  FB ~~
    FC      (.48.)    0.688     0.048    14.391    0.000    0.688     0.688
    FD      (.49.)    0.450     0.055     8.152    0.000    0.450     0.450
    FE      (.50.)    0.559     0.049    11.416    0.000    0.559     0.559
    FF      (.51.)    0.353     0.064     5.556    0.000    0.353     0.353
(略)

Variances:
                    Estimate   Std.Err   z-value   P(>|z|)   Std.lv    Std.all
    FA                1.000                                  1.000     1.000
    FB                1.000                                  1.000     1.000
    FC                1.000                                  1.000     1.000
    FD                1.000                                  1.000     1.000
    FE                1.000                                  1.000     1.000
    FF                1.000                                  1.000     1.000
   .A1      (.25.)    0.302     0.047     6.472    0.000    0.302     0.322
   .A2      (.26.)    0.544     0.055     9.921    0.000    0.544     0.532
   .A3      (.27.)    0.557     0.052    10.621    0.000    0.557     0.604
   .B1      (.28.)    0.712     0.068    10.423    0.000    0.712     0.536
   .B2      (.29.)    0.412     0.057     7.249    0.000    0.412     0.318
   .B3      (.30.)    0.448     0.052     8.628    0.000    0.448     0.392
(略)

Group 2 [FCOV]:

Latent Variables:
                    Estimate   Std.Err   z-value   P(>|z|)   Std.lv    Std.all
  FA =~
    A1      (.p1.)    0.797     0.051    15.596    0.000    0.797     0.823
    A2      (.p2.)    0.692     0.056    12.446    0.000    0.692     0.684
    A3      (.p3.)    0.604     0.054    11.234    0.000    0.604     0.629
  FB =~
    B1      (.p4.)    0.785     0.062    12.664    0.000    0.785     0.681
    B2      (.p5.)    0.940     0.058    16.268    0.000    0.940     0.826
    B3      (.p6.)    0.834     0.055    15.086    0.000    0.834     0.780
(略)
```

```
Covariances:
                   Estimate  Std.Err  z-value  P(>|z|)  Std.lv   Std.all
  FA ~~
    FB      (.43.)  0.519    0.056    9.233    0.000    0.519    0.519
    FC      (.44.)  0.474    0.062    7.595    0.000    0.474    0.474
    FD      (.45.)  0.416    0.059    7.116    0.000    0.416    0.416
    FE      (.46.)  0.507    0.054    9.419    0.000    0.507    0.507
    FF      (.47.)  0.676    0.048    13.984   0.000    0.676    0.676
  FB ~~
    FC      (.48.)  0.688    0.048    14.391   0.000    0.688    0.688
    FD      (.49.)  0.450    0.055    8.152    0.000    0.450    0.450
    FE      (.50.)  0.559    0.049    11.416   0.000    0.559    0.559
    FF      (.51.)  0.353    0.064    5.556    0.000    0.353    0.353
(略)

Variances:
                   Estimate  Std.Err  z-value  P(>|z|)  Std.lv   Std.all
    FA              1.000                                1.000    1.000
    FB              1.000                                1.000    1.000
    FC              1.000                                1.000    1.000
    FD              1.000                                1.000    1.000
    FE              1.000                                1.000    1.000
    FF              1.000                                1.000    1.000
   .A1      (.25.)  0.302    0.047    6.472    0.000    0.302    0.322
   .A2      (.26.)  0.544    0.055    9.921    0.000    0.544    0.532
   .A3      (.27.)  0.557    0.052    10.621   0.000    0.557    0.604
(略)
```

最后，形貌恒等模型的分析结果如图 9.2 所示。

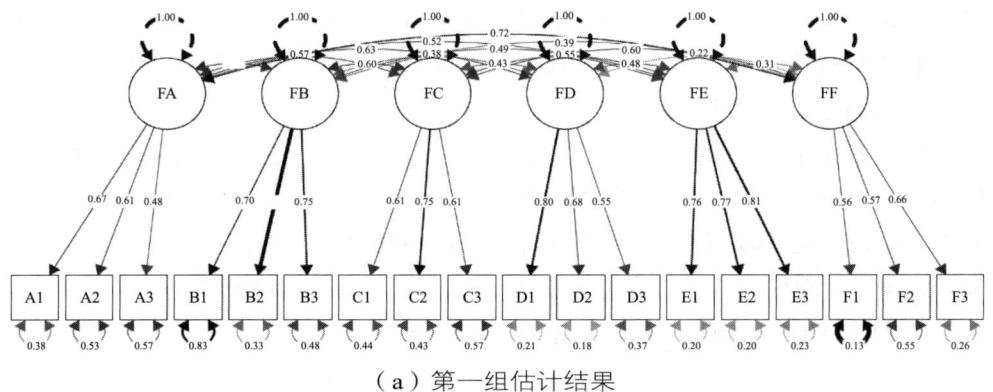

（a）第一组估计结果

图 9.2　以 R 进行形貌恒等模型分析结果的图示

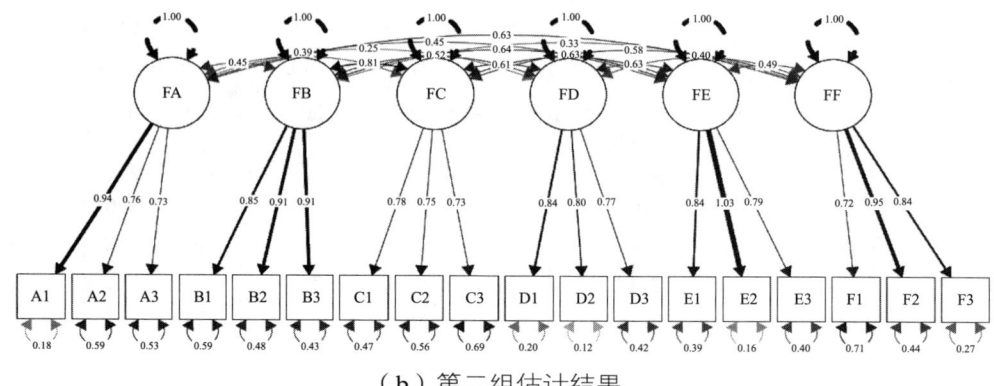

（b）第二组估计结果

图 9.2（续）

第七节 结　语

本章介绍了多样本 SEM 分析，从前述的介绍当中，我们可以发现多样本 SEM 分析可以说是基本的 SEM 分析的延伸。然而，不论在原理概念还是操作技术上，多样本模型分析具有相当高的价值，应用范围甚广，但是也具有一些限制。例如，数据库本身需要具有多重取样的程序，具有两个以上的样本数据。两个样本必须同时符合 SEM 分析的基本假设，当对两个样本进行整合比较时，也必须符合共同比较的假设。

值得注意的是，即使多样本 SEM 可以处理外加的一个类别变量的影响，但是 SEM 分析的本质仍是在处理连续变量之间的共变结构。多样本 SEM 所增加的多样本比较，仅是将原本的 SEM 分析中的单一共变结构切割成多个平行共变结构，来探讨共变结构在样本间的等同性。因此，多样本 SEM 不宜处理过多的样本，否则整个共变结构的分析会非常复杂且耗费时间。

第十章 平均数结构分析

在 SEM 分析中,主要的参数都是回归系数或近似于回归系数的参数,以及反映变量变异特性的方差与协方差。此时,变量分数的高低并不是分析的重点,各参数可以利用测量变量的方差与协方差矩阵(S 矩阵)加以估计,变量的分数高低(平均数)数据并不需要被 SEM 模型处理。但是,一旦研究者想要处理参数对于变量的平均数的影响,传统上以 S 矩阵来进行的 SEM 分析就不敷所需,而需使用本章所介绍的平均数结构分析。此外,如果研究者采用重复测量设计或纵贯研究设计,关心多次测量的分数变动,也就是对于同一组受测者或受测物进行多次测量,分析平均数的变化,也必须使用平均数结构分析。

第一节 平均数结构分析的原理

平均数结构分析可以说是多样本 SEM 的一个特色,类似于典型的 t 检验或方差分析,可以用来检验不同样本间的平均数差异。一般而言,多样本 SEM 在检验平均数结构时,是针对潜在变量的平均数进行检验,因为测量变量的存在是为了产生潜在变量,因此测量变量的程度差异是被忽略的。另外,由于平均数估计的主要元素是方程的截距,而共变结构所估计的是斜率,因此平均数结构分析必须以共变结构分析为基础,延伸至平均数结构的讨论。另外,平均数结构只有在有多个样本的情况下才能产生多个平均数来比较,因此,平均数结构估计必须搭配多样本 SEM 分析。

由于多样本 SEM 检验在模型中纳入了一个类别变量,这个类别变量将整组的 SEM 矩阵切割成多个平行矩阵,以进行样本间的恒等性评估,但是多样本分析所关心的是共变结构推导出来的参数在不同样本间的比较,并未涉及分数水平的比较。也就是说,类别变量将单一协方差矩阵切割成独立的协方差矩阵,观察不同样本下的共变结构的差异性,其本质仍为协方差,而样本间的差异也可能反映在模型中各变量的水平差异上,例如,潜在变量的得分高低。此时所分析的是不同样本的平均数结构(mean structure),而非传统 SEM 分析当中的协方差结构(covariance structure)。

一、平均数结构的统计原理

平均数结构的 SEM 分析的特性是在共变结构分析的基础之上,加入了平均数结构的估计,其模型构成的数学原理可由下列通式来表示:

$$\eta = \alpha + B\eta + \Gamma\xi + \varsigma \tag{10.1}$$

$$y = \tau_y + \Lambda_y \eta + \varepsilon \tag{10.2}$$

$$x = \tau_x + \Lambda_x \xi + \delta \tag{10.3}$$

上面各方程与传统 SEM 模型方程的差异在于增加了一个截距向量(α、τ_x、τ_y 项),这些截距的资料反映了测量变量的分数水平的差异所造成的影响。其中最重要的是 α 向量,它反映了潜在变量的平均数高低。一般传统的共变结构 SEM 分析并不处理截距的估计,也就是将截距设定为 0($\tau_x=0$,$\tau_y=0$),因而造成潜在变量的截距向量为零矩阵($\alpha=0$)。

基于 SEM 的假设,在带有平均数结构的结构模型方程(公式 10.1)中,解释残差(ζ)与内生潜在变量(ξ)相互独立;在带有平均数结构的测量模型方程(公式 10.2 与公式 10.3)中,测量残差(ε、δ)与外源潜在变量(η、ξ)亦相互独立。由于残差项为完全随机变量,因此期望值为 0,即 $E(\zeta)=0$、$E(\varepsilon)=0$、$E(\delta)=0$。但是潜在变量的分数并不是完全随机变量,潜在变量期望值 $E(\eta)$ 与 $E(\xi)$ 反映的即是平均数,平均数向量以 κ 表示。将公式 10.1、公式 10.2、公式 10.3 取期望值,得到结构模型与测量模型的平均数向量关系式如下:

$$E(\eta) = (I - B)^{-1}(\alpha + \Gamma\kappa) \tag{10.4}$$

$$E(y) = \mu_y = \tau_y + \Lambda_y(I - B)^{-1}(\alpha + \Gamma\kappa) \tag{10.5}$$

$$E(x) = \mu_x = \tau_x + \Lambda_x E(\xi) = \tau + \Lambda_x \kappa \tag{10.6}$$

在单一样本的 SEM 分析中，若 SEM 模型界定了截距来反映变量平均数的高低，对于基于共变结构所估计出来的各项参数并无影响。但是，在多样本 SEM 分析中，由于各参数除了反映斜率的差异之外，又多了一个截距的比较，使得 SEM 分析的结果多了一个影响参数变异的来源。因此，截距的设定必须配合多样本分析来进行才具有实质的意义。以外源变量的测量模型方程为例，具有多样本的外源测量变量方程可以写作：

$$x_g = \tau_x + \Lambda_{xg}\xi_g + \delta_g \tag{10.7}$$

在一个具有 g 个样本与 q 个测量变量的多样本 SEM 分析中，q 个测量变量形成了 k 个潜在变量，在加入了截距的设定后，τ_x 项反映了 q 个测量变量的截距向量组合。其数学模型如下：

$$E(x_g) = \tau + \Lambda_{xg}\kappa_g \tag{10.8}$$

其中，κ_g 就代表第 g 个样本的各潜在变量的平均数，该项也是由具有 k 个元素的向量组成。这些方程的改变虽然仅增加了截距项的估计，但是其估计过程与前几个章节的内容并无二致，但由于估计的参数增加，也将造成模型的复杂度增加，识别问题也就随之而来。

二、平均数结构分析的拟合函数

当多样本 SEM 模型中加入了截距的设定时，拟合函数（fit function）的计算必须反映样本平均数矩阵的影响，并考虑不同样本之间的样本量的差异。特定组下拟合函数 F_g 通式如下：

$$F_g = (s_g - \sigma_g)'W_g^{-1}(s_g - \sigma_g) + (\bar{z}_g - \mu_g)'V_g^{-1}(\bar{z}_g - \mu_g) \quad (10.9)$$

其中，$\bar{z}_g$ 为各样本平均数向量；μ_g 为各组的总体平均数，可由公式 10.5 与公式 10.6 中的各测量变量总体平均数 μ_{yg} 与 μ_{xg} 推导，$\mu_g=(\mu_{yg},\mu_{xg})'$。当 4 个截距与平均数矩阵被设定为 0 时，公式 10.9 当中的第二项为 0，公式 10.9 还原为第十一章的多样本 SEM 分析的拟合函数关系式。多样本综合拟合函数通式则为：

$$F = \sum_{g=1}^{G} \frac{N_g}{N} F_g \quad (10.10)$$

当使用 ULS、GLS、WLS 等参数估计程序时，加权矩阵直接套入各组实际测量得到的协方差矩阵，$V_g=S_g$；当使用 ML 估计程序时，加权矩阵则使用各组估计协方差矩阵，$V_g=\hat{\Sigma}_g$。

第二节　平均数结构的分析技术

一、LISREL 的矩阵概念

从上述的方程原理，我们可以得知平均数结构的 SEM 分析新增了四个参数矩阵：τ_x、τ_y、α 与 κ 矩阵。其中，τ_x、τ_y 为测量模型的截距矩阵，α 为内生潜在变量的截距矩阵（反映内生潜在变量的平均数），κ 则为外源潜在变量的平均数矩阵。在 LISREL 语法中，这四个矩阵的默认值为 0。当用户欲进行平均数结构分析时，仅需将这四个矩阵在 Model 指令中适当地设定估计条件，即可处理潜在变量的平均数估计。这四个矩阵的 LISREL 设定方式如表 10.1 所示。

表 10.1　LISREL 平均数结构分析的矩阵概念列表

符号与发音		缩写	代表意义	mm	mf	order
结构模型矩阵						
α	alpha	AL	内生潜在变量的截距矩阵	ZE	FI	NE×1
κ	kappa	KA	外源潜在变量的平均数矩阵	ZE	FI	NK×1
τ_y	tau-y	TY	内生测量变量的截距矩阵	ZE	FI	NY×1
τ_x	tau-x	TX	外源测量变量的截距矩阵	ZE	FI	NX×1

在 LISREL 语法中，这四个矩阵的估计形式可为 FI（固定参数）、FR（自由估计参数）、IN（恒等参数）、PS（与前一组样本具有相同形态）、SS（与前一组样本具有相同起始值）以及 SP（与前一组样本具有相同形态与起始值）。

二、平均数结构分析的识别性

由于平均数结构是在原有的 SEM 模型中外加的条件，因此在计算识别性问题时，平均数结构本身的设定条件需仔细评估，而且因为平均数结构的加入，导致新增的估计参数也可能造成模型识别不足的问题。因此，在执行多样本平均数结构设定时，必须仔细评估模型的设定条件与识别性是否恰当。

在识别性计算上，一个比较明显的问题是样本间因素恒等性会造成平均数结构无法识别的问题（Sörbom，1974）。由于潜在变量的平均数是由测量变量的分数计算得出的，因此 g 个样本的测量模型的因素恒等性是相当可能存在的。一旦因素恒等性存在，公式 10.5 与公式 10.6 的期望式即无法成立。Sörbom（1974）以一个简单的方程来说明因素恒等性假设的影响：

$$E(x_g) = \tau_x - \Lambda_x d + \Lambda_x(\kappa_g + d) = \tau_x + \Lambda_{xg}\kappa_g \quad (10.11)$$

上式是在公式 10.2 中的潜在变量的平均数向量 κ_g 中加入一个 k 元素的 d 向量，然后在截距中扣回 d 向量加入的影响，公式 10.3 将仍可以产生公式 10.2 的导出式。因此，公式 10.2 若要能被识别，必须在式子中增加一组 k 个设限，使平均数结构得以定位（或作为其他组样本的参照）。一般的做法是将其中一个样本的 κ_g 向量设定为 0（$\kappa_g=0$），使其他各组的平均数得以自由估计，整个模型方才获得成功的识别。

Jöreskog 与 Goldberger（1975）提出了一个 MIMIC 模型（multi-indicators multi-causes model）来进行多重指标与多重因果模型的跨样本分析。MIMIC 模型适用于两个样本的 SEM 比较，其做法是将双样本的切割设定为一个二分虚拟变量（例如，0 代表第一个样本，1 代表第二个样本），纳入 SEM 模型作为一个独立变量，使原有的 SEM 模型中增加了一个外源测量变量，而输入的协方差矩阵也因此增加了一组二分虚拟变量的协方差与方差，但仅需进行单样本共变结构分析，组间差异反映在新增的二分虚拟变量的参数估计中。

以 MIMIC 模型来处理双样本分析虽然会增加参数估计数目，但是由于增加了一个观察变量，使得共变结构的数据点数同时增加，因此不会造成识别性不足的问题。而虚拟变量的纳入使得双样本数据可以改为单样本模型来分析，因此操作上较前述的模型简易。此外，MIMIC 模型的优点是可以将其他类型的虚拟变量纳入 SEM 分析，例如，应用到实验设计中，进行不同组别的方差分析检验。

第三节　平均数结构分析：测量模型

平均数结构分析属于多样本 SEM 分析的一种应用，其基本原理是在两个以上的多样本 SEM 分析中，在因素恒等性存在的情况下，以其中一组为基准，输入各测量变量的平均数数据后，来估计其他组的潜在变量的平均数高低，并可利用显著性检验来检验不同组间的潜在变量平均数是否具有显著差异。

在先前的范例中，我们检验了《组织创新气氛量表》的 18 题短版本的因素结构在性别变量上的恒等性。结果指出因素恒等性并不存在，但是为了示范潜在变量的平均数估计，本范例则延续前一个范例的数据，在不同性别之间的 CFA 中增加对平均数结构的估计，来示范如何进行平均数结构的估计。但是在正常的情况下，如果因素的恒等性并不存在，潜在变量的平均数估计不宜进行。换句话说，平均数结构分析必须建立在因素恒等性的假设之上，只有这样，平均数的差异才具有统计上的比较价值。

根据前一章的说明，因素恒等性的存在有多种不同的层次，当用于潜在变量的平均数估计时，跨样本之间的因素结构在因素载荷与残差这两个矩阵上需具有恒等性，也就是两个样本的 Λ_x 矩阵与 Θ_δ 矩阵被假设为相等的（Jöreskog & Sörbom, 1996）。

一、LISREL 模型界定

本范例所进行的平均数结构分析，在因素模型上仍为一个以 18 个测量变量来估计 6 个因素的 CFA 模型，所不同的是增加了对于跨样本的测量模型中的截距项的估计，并推导出代表潜在变量的平均数的 **KAPPA** 矩阵的估计数。

以 18 个测量变量所建立的 CFA 模型可以产生 171 个测量数据点数（$DP=171$），由于包含多组 SEM 模型，因此总 DP 值为各单一模型的 k 倍（k 为样本量），本范例有男女两个样本，DP 值为 342。

在单一样本的独立 CFA 模型中，用 18 个测量变量来测量 6 个因素的 CFA 模型，共有 51 个被估计的参数，两个样本总估计参数为 102。进行平均数结构估计时，需增加两项设定：

1）观察变量的截距被估计，共有 18 个 *Tau* 参数需被估计。
2）潜在变量的平均数被估计，共有 6 个 *Kappa* 参数需被估计。

在模型中，由于因素载荷（18 个）与残差方差（18 个）被设定为恒等，因此共有 36 个参数被固定为 0，不予估计。无平均数设定下的参数数目为 66，自由度为 342 − 66=276，作为基准模型。增加平均数估计设定的跨样本 CFA 模型则需增加 18 个截距与 6 个平均数。

二、分析语法与参数估计

表 10.2 列出了测量模型的平均数结构分析的 LISREL 与 SIMPLIS 语法，其中 LISERL 语法的第 1～9 行用以设定男性样本模型，第 12～20 行用以设定女性样本模型，两个样本的因素结构完全相同。

表 10.2　多样本平均数结构分析语法

LISREL 语法范例（Ch10a.LIS）

1　GROUP: MALE

2　DATA　NG=2 NI=18 NO=172

3　KM SY FI=Ch10am.cor; ME FI=Ch10am.cor; SD FI=Ch10am.cor

4　LA; A1 A2 A3 B1 B2 B3 C1 C2 C3 D1 D2 D3 E1 E2 E3 F1 F2 F3

5　MODEL　NX=18 NK=6 PH=SY, FR TD=DI, FR LX=FU **FI TX=FR KA=FI**

6　LK; VALUE JOBSTYLE TEAMWORK LEADERSHIP LEARNING ENVIRONMENT

7　FREE　LX(1, 1) LX(2, 1) LX(3, 1) LX(4, 2) LX(5, 2) LX(6, 2) LX(7, 3) LX(8, 3) LX(9, 3)

8　FREE　LX(10, 4) LX(11, 4) LX(12, 4) LX(13, 5) LX(14, 5) LX(15, 5) LX(16, 6) LX(17, 6) LX(18, 6)

9　VALUE 1 PH(1, 1) PH(2, 2) PH(3, 3) PH(4, 4) PH(5, 5) PH(6, 6)

10　PD

11　OUTPUT SS SC

12　GROUP: FEMALE

13　DATA　NO=140

14　KM SY FI=Ch10af.cor; ME FI=Ch10af.cor; SD FI=Ch10af.cor

15　LA; A1 A2 A3 B1 B2 B3 C1 C2 C3 D1 D2 D3 E1 E2 E3 F1 F2 F3

16　MODEL LX=IN TD=IN **TX=IN KA=FR**

17　LK; VALUE JOBSTYLE TEAMWORK LEADERSHIP LEARNING ENVIRONMENT

18　FREE　LX(1, 1) LX(2, 1) LX(3, 1) LX(4, 2) LX(5, 2) LX(6, 2) LX(7, 3) LX(8, 3) LX(9, 3)

19　FREE　LX(10, 4) LX(11, 4) LX(12, 4) LX(13, 5) LX(14, 5) LX(15, 5) LX(16, 6) LX(17, 6) LX(18, 6)

20　VALUE 1 PH(1, 1) PH(2, 2) PH(3, 3) PH(4, 4) PH(5, 5) PH(6, 6)

21　PD

22　OUTPUT SS SC

23　End of Problem

（续表）

SIMPLIS 语法范例（Ch10a.spl）

1　GROUP: MALE

2　Observed variables: A1 A2 A3 B1 B2 B3 C1 C2 C3 D1 D2 D3 E1 E2 E3 F1 F2 F3

3　Raw data from file Ch10am.dat

4　Sample Size = 172

5　Latent Variables   VALUE JOBSTYLE TEAMWORK LEADERSH LEARNING ENVIRONM

6　Relationships

7　A1-A3 = **CONST** VALUE

8　B1-B3 = **CONST** JOBSTYLE

9　C1-C3 = **CONST** TEAMWORK

10　D1-D3 = **CONST** LEADERSH

11　E1-E3 = **CONST** LEARNING

12　F1-F3 = **CONST** ENVIRONM

13　Set the Variance of VALUE-ENVIRONM to 1.00

14　Path Diagram

15　GROUP: FEMALE

16　Observed variables: A1 A2 A3 B1 B2 B3 C1 C2 C3 D1 D2 D3 E1 E2 E3 F1 F2 F3

17　Raw data from file Ch10af.dat

18　Sample Size = 140

19　Latent Variables   VALUE JOBSTYLE TEAMWORK LEADERSH LEARNING ENVIRONM

20　Relationships

21　**VALUE = CONST**

22　**JOBSTYLE = CONST**

23　**TEAMWORK = CONST**

24　**LEADERSH = CONST**

25　**LEARNING = CONST**

26　**ENVIRONM = CONST**

（续表）

27	Set the Variance of VALUE-ENVIRONM to 1.00
28	Set the Covariance of JOBSTYLE and VALUE Free
29	Set the Covariance of TEAMWORK and VALUE Free
	（略）
30	End of Problem

LISREL 语法所输入的数据为相关系数矩阵，男性样本的相关矩阵数据存放于 Ch10am.cor 档案中，女性样本的相关矩阵数据存放于 Ch10af.cor 档案中。值得注意的是，在这两个数据文件中，最后两行是平均数与标准差的数据，在估计平均数结构时，必须让计算机读入观察变量的平均数数据，否则无法进行截距的估计。

恒等性设定位于第 16 行的 LX=IN 与 TD=IN，表示因素载荷与残差具有跨样本的恒等性。平均数结构的设定位于第 5 行与第 16 行。其中，第 5 行的 TX=FR 表示在第一个样本（男性样本）中，对测量变量的截距进行自由估计，KA=FI 表示因素的平均数被限定为 0；第 16 行的 TX=IN 指出截距项具有跨样本的等同性，KA=FR 表示对女性样本的潜在变量的平均数进行估计。在 SIMPLIS 语法部分，所读入的数据为原始数据，分别是 Ch10am.dat 与 Ch10af.dat。对于平均数结构的设定，在测量模型中位于第 7～12 行，各行均增加了 CONST，表示观察变量的截距纳入估计。结构模型的潜在平均数设定位于第 21～26 行。以第 21 行为例，VALUE=CONST 表示潜在变量的截距纳入估计。

在男性样本中，没有对潜在变量截距的设定，表示男性样本的潜在平均数设定为 0，作为参照组。在模型中设定跨样本等同的则为因素载荷。在 SIMPLIS 的女性模型部分，没有出现因素载荷参数，表示设定为跨样本相等。

三、估计结果与分析

本范例的特点在于增加了对截距的估计，因此 LISREL 将读入测量变量的平均数，以作为截距估计的基础。在报表上，我们可以看到两个样本的读入数据，在协方差矩阵之后会列出测量变量的平均数数据。在模型界定报表中，逐一列出各参数的编号，以及跨样本等值信息，最后列出了 6 个被估计的平均数参数（编号 85～90），如下所示：

GROUP: MALE

Parameter Specifications

LAMBDA-X EQUALS LAMBDA-X IN THE FOLLOWING GROUP

PHI

	VALUE	JOBSTYLE	TEAMWORK	LEADERSH	LEARNING	ENVIRONM
VALUE	0					
JOBSTYLE	19	0				
TEAMWORK	20	21	0			
LEADERSH	22	23	24	0		
LEARNING	25	26	27	28	0	
ENVIRONM	29	30	31	32	33	0

THETA-DELTA EQUALS THETA-DELTA IN THE FOLLOWING GROUP

TAU-X EQUALS TAU-X IN THE FOLLOWING GROUP

GROUP: FEMALE

Parameter Specifications

LAMBDA-X

	VALUE	JOBSTYLE	TEAMWORK	LEADERSH	LEARNING	ENVIRONM
A1	1	0	0	0	0	0
A2	2	0	0	0	0	0
A3	3	0	0	0	0	0

（略）

KAPPA

VALUE	JOBSTYLE	TEAMWORK	LEADERSH	LEARNING	ENVIRONM
85	86	87	88	89	90

（一）参数估计结果

在平均数结构的 CFA 分析中，最重要的参数是截距（tau 参数）与潜在变量平均数（kappa 参数的估计），利用这些参数估计数的标准误，可以计算出显著性检验的统计量（t 值；见注 1）。

值得注意的是，kappa 系数为女性样本潜在变量平均数的估计数，男性样本的 kappa 系数被设定为 0，以作为女性样本平均数的参照。当数值为正值时，表示女性样本的平均数高于男性；当数值为负值时，表示女性样本的平均数低于男性。t 值的绝对值若大于 1.96，表示平均数的差异达到 0.05 的统计水平。数据显示，除了团队合作与领导风格因素外，另外 4 个因素平均数在男性样本的参照下，具有统计的意义，也就是女性样本的因素平均数显著低于男性（见注 2）。

```
TAU-X
              A1        A2        A3        B1        B2        B3
            --------  --------  --------  --------  --------  --------
             4.547     4.427     4.173     4.143     4.406     4.376
            (0.072)   (0.072)   (0.066)   (0.079)   (0.084)   (0.078)
            62.809    61.830    63.577    52.153    52.352    56.145

TAU-X
              C1        C2        C3        D1        D2        D3
            --------  --------  --------  --------  --------  --------
             4.429     4.398     4.364     4.848     4.958     4.845
            (0.070)   (0.073)   (0.072)   (0.070)   (0.063)   (0.063)
            63.339    59.960    60.576    69.686    79.285    76.649

TAU-X
              E1        E2        E3        F1        F2        F3
            --------  --------  --------  --------  --------  --------
             4.753     4.867     4.822     4.379     4.822     4.678
            (0.070)   (0.075)   (0.070)   (0.075)   (0.077)   (0.068)
            67.883    65.101    69.371    58.184    62.728    68.325

KAPPA
            VALUE    JOBSTYLE  TEAMWORK  LEADERSH  LEARNING  ENVIRONM
           --------  --------  --------  --------  --------  --------
           -0.379    -0.374    -0.190    -0.037    -0.346    -0.560
           (0.130)   (0.127)   (0.133)   (0.121)   (0.122)   (0.131)
           -2.909    -2.938    -1.433    -0.306    -2.844    -4.273
```

注1：截距参数的估计数、标准误与显著性统计量，大于 1.96 表示截距显著不等于 0。

注2：潜在变量的平均数估计数，以男性样本（潜在变量平均数为 0）作为基准值，所计算出的跨样本差异数。TEAMWORK 与 LEADERSH 的潜在变量平均数的性别差异未达统计显著水平，另外四个则具有显著性别差异。

（二）模型拟合度分析

由于对平均数结构的检验基于因素恒等性存在的情况来进行对测量变量截距的估计与对潜在变量平均数的估计，因此，基准模型应为无平均数结构设定的恒等模型，将平均数结构纳入估计的 CFA 模型拟合指数（χ^2=500.576，df=288）与基准模型（第九章阶段二的模型三，χ^2=482.449，df=276）接近，$\Delta\chi^2$ 未达 0.05 的显著水平（$\Delta\chi^2$=18.127，Δdf=12，p=0.112），表示增加平均数与截距参数并不影响模型拟合度。

```
                    Global Goodness-of-Fit Statistics
Degrees of Freedom for (C1)-(C2)                    288
Maximum Likelihood Ratio Chi-Square (C1)            500.576 (P = 0.0000)
Browne's (1984) ADF Chi-Square (C2_NT)              314.895 (P = 0.1324)

Estimated Non-centrality Parameter (NCP)            212.576
90 Percent Confidence Interval for NCP              (154.350 ; 278.663)

Minimum Fit Function Value                          1.610
Population Discrepancy Function Value (F0)          0.684
90 Percent Confidence Interval for F0               (0.496 ; 0.896)
Root Mean Square Error of Approximation (RMSEA)     0.0689
90 Percent Confidence Interval for RMSEA            (0.0587 ; 0.0789)
P-Value for Test of Close Fit (RMSEA < 0.05)        0.00159

Expected Cross-Validation Index (ECVI)              2.188
90 Percent Confidence Interval for ECVI             (1.885 ; 2.285)
ECVI for Saturated Model                            1.100
ECVI for Independence Model                         9.743

Chi-Square for Independence Model (306 df)          2994.079

Normed Fit Index (NFI)                              0.918
Non-Normed Fit Index (NNFI)                         0.961
Parsimony Normed Fit Index (PNFI)                   0.864
Comparative Fit Index (CFI)                         0.963
Incremental Fit Index (IFI)                         0.963
Relative Fit Index (RFI)                            0.912

Critical N (CN)                                     215.741

                    Group Goodness of Fit Statistics
Contribution to Chi-Square                          262.017
Percentage Contribution to Chi-Square               52.343

Root Mean Square Residual (RMR)                     0.125
Standardized RMR                                    0.122
Goodness of Fit Index (GFI)                         0.812
```

四、参数整理与报告

由前述的数据可以看出，平均数结构的 CFA 分析并不影响对 CFA 模型本身的各参数（例如，因素载荷、残差变异量与相关系数）的估计。参数估计结果与显著性检验结果整理成表 10.3。在列举这些数据时，应采用跨样本的完全标准化解，也就是 common metric completely standardized solution，才能符合两样本具有跨样本等同性的基本假设的精神。也因为跨样本之间在因素载荷与残差上具有等同，因此两个样本的终解在 **LAMBDA-X** 与 **THETA-DELTA** 参数上均为等同，两个样本的因素相关是独立估计的（见注 3 与注 4）。原始报表数据如下：

```
GROUP: MALE

Common Metric Completely Standardized Solution

         LAMBDA-X

             VALUE   JOBSTYLE   TEAMWORK   LEADERSH   LEARNING   ENVIRONM
             -----   --------   --------   --------   --------   --------
       A1    0.816      - -        - -        - -        - -        - -
       A2    0.697      - -        - -        - -        - -        - -
       A3    0.630      - -        - -        - -        - -        - -
       B1     - -      0.682       - -        - -        - -        - -
       B2     - -      0.816       - -        - -        - -        - -
       B3     - -      0.791       - -        - -        - -        - -
(略)

         PHI
             VALUE   JOBSTYLE   TEAMWORK   LEADERSH   LEARNING   ENVIRONM
             -----   --------   --------   --------   --------   --------
    VALUE    1.000
 JOBSTYLE    0.627    1.000
 TEAMWORK    0.626    0.638      1.000
 LEADERSH    0.643    0.430      0.482      1.000
 LEARNING    0.583    0.525      0.627      0.527      1.000
 ENVIRONM    0.749    0.450      0.661      0.300      0.394      1.000
```

注3：男性样本的因素相关。在跨样本间并未等值。

```
         THETA-DELTA

             A1        A2        A3        B1        B2        B3
           ------    ------    ------    ------    ------    ------
           0.334     0.514     0.603     0.535     0.334     0.374

         THETA-DELTA

             C1        C2        C3        D1        D2        D3
           ------    ------    ------    ------    ------    ------
           0.476     0.479     0.577     0.242     0.217     0.479

         THETA-DELTA

             E1        E2        E3        F1        F2        F3
           ------    ------    ------    ------    ------    ------
           0.310     0.187     0.353     0.728     0.448     0.302


GROUP: FEMALE

Common Metric Completely Standardized Solution

         LAMBDA-X

             VALUE   JOBSTYLE   TEAMWORK   LEADERSH   LEARNING   ENVIRONM
             -----   --------   --------   --------   --------   --------
       A1    0.816      - -        - -        - -        - -        - -
       A2    0.697      - -        - -        - -        - -        - -
       A3    0.630      - -        - -        - -        - -        - -
(略)

         PHI
             VALUE   JOBSTYLE   TEAMWORK   LEADERSH   LEARNING   ENVIRONM
             -----   --------   --------   --------   --------   --------
    VALUE    1.000
 JOBSTYLE    0.437    1.000
 TEAMWORK    0.361    0.761      1.000
 LEADERSH    0.226    0.495      0.577      1.000
 LEARNING    0.460    0.608      0.568      0.611      1.000
 ENVIRONM    0.621    0.269      0.522      0.346      0.436      1.000
```

注4：女性样本的因素相关。

```
         THETA-DELTA
            A1        A2        A3        B1        B2        B3
          --------  --------  --------  --------  --------  --------
           0.334     0.514     0.603     0.535     0.334     0.374
```
(略)

表 10.3　跨样本平均数结构 CFA 分析的参数估计结果

因素	题目	因素载荷（λ）	残差（δ）	因素平均数（κ）	显著性检验（t）
组织价值	A1	0.816	0.334	−0.379	−2.909**
	A2	0.697	0.514		
	A3	0.630	0.603		
工作方式	B1	0.682	0.535	−0.374	−2.938**
	B2	0.816	0.334		
	B3	0.791	0.374		
团队运作	C1	0.724	0.476	−0.190	−1.433
	C2	0.722	0.479		
	C3	0.650	0.577		
领导风格	D1	0.871	0.242	−0.037	−0.306
	D2	0.885	0.217		
	D3	0.722	0.479		
学习成长	E1	0.830	0.310	−0.346	−2.844**
	E2	0.902	0.187		
	E3	0.804	0.353		
环境气氛	F1	0.522	0.728	−0.560	−4.273**
	F2	0.743	0.448		
	F3	0.836	0.302		

因素相关	女性样本						男性样本					
组织价值	1						1					
工作方式	0.437	1					0.627	1				
团队合作	0.361	0.761	1				0.626	0.638	1			
领导风格	0.226	0.495	0.577	1			0.643	0.430	0.482	1		
学习成长	0.460	0.608	0.568	0.611	1		0.583	0.525	0.627	0.527	1	
环境气氛	0.621	0.269	0.522	0.346	0.436	1	0.749	0.450	0.661	0.300	0.394	1

注：因素平均数系以男性样本为 0 的差异值，负值表示女低于男。** 表示 $p<0.01$。

表 10.3 的数据清楚地说明了 6 个因素平均数的性别差异，女性的因素得分均比男性低，且在组织价值、工作方式、学习成长与环境气氛这 4 个因素上达到了统计的显著性。相关系数的数据则显示男性与女性样本的因素相关明显不同。至于数据的详细说明不在此赘述。另外，也可以用 LISREL 的路径图功能将各变量的平均数估计数以图 10.1 的方式呈现，这样可以清楚地看到各变量平均数估计结果。

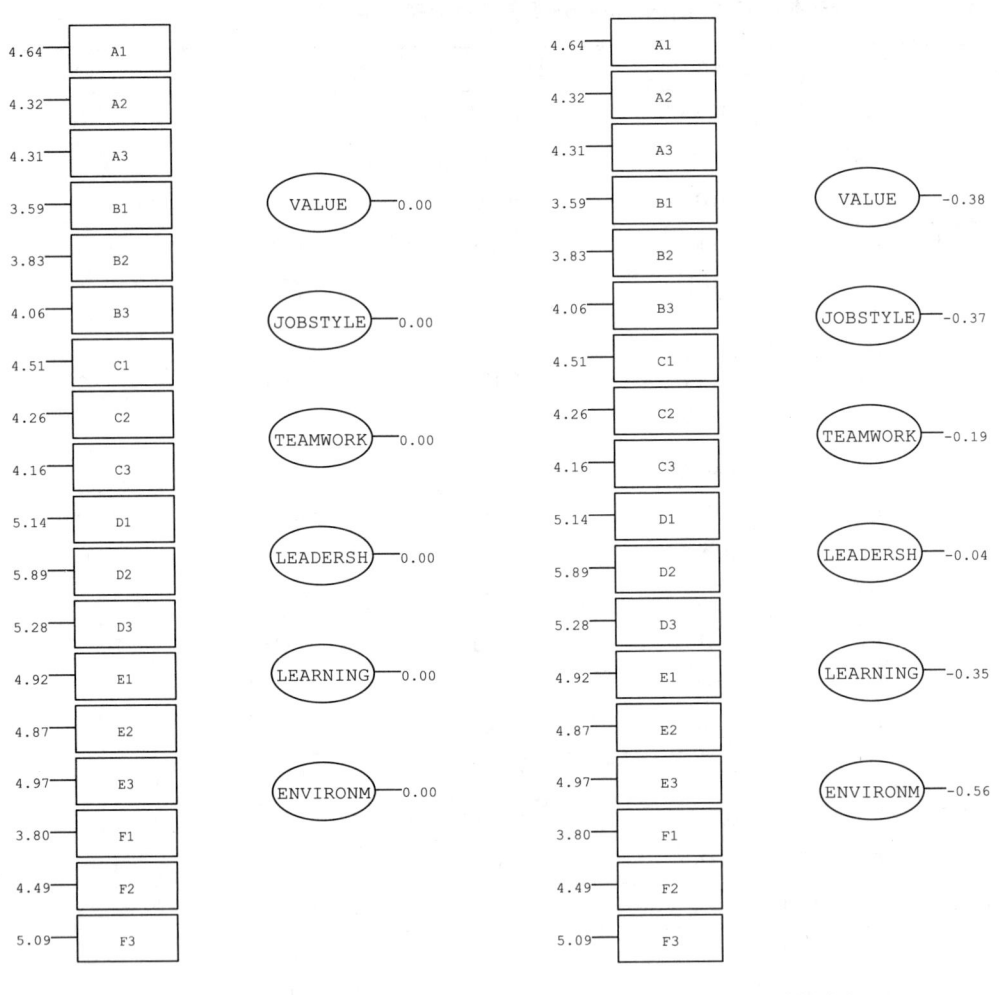

（a）女性样本　　　　　　　　　　（b）男性样本

图 10.1　平均数结构分析变量的平均数估计结果

五、Amos 平均数结构分析

延续前一章的 Amos 多样本分析，本章仅是增加了对截距与潜在变量平均数的估计，Amos 的操作仅需增加一些设定，说明如下。

（一）操作步骤

步骤一：绘制假设模型图。
步骤二：点选 Analyze->Manage Groups。
步骤三：设定样本名称：男性与女性。
步骤四：点选数据文件，开启档案，设定两个样本的来源。

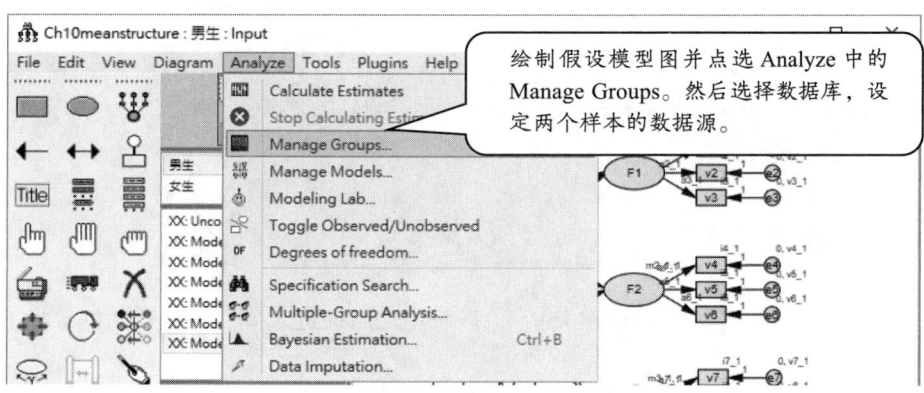

绘制假设模型图并点选 Analyze 中的 Manage Groups。然后选择数据库，设定两个样本的数据源。

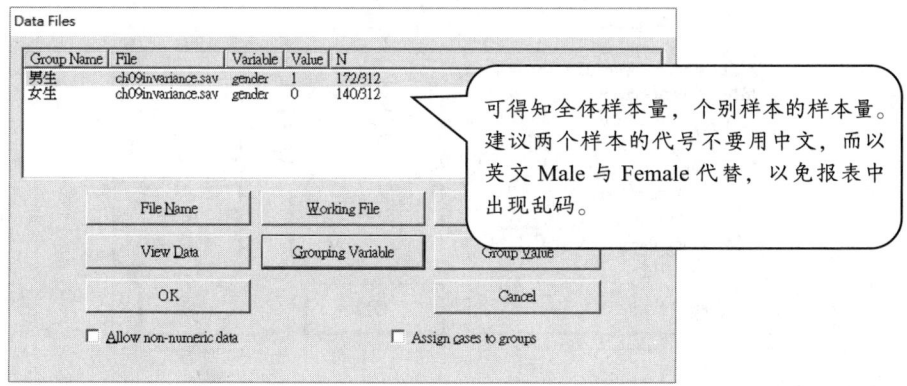

可得知全体样本量，个别样本的样本量。建议两个样本的代号不要用中文，而以英文 Male 与 Female 代替，以免报表中出现乱码。

步骤五：点选分析选项，点选 Estimate means and intercepts，如此即宣告要进行对截距与平均数的估计。

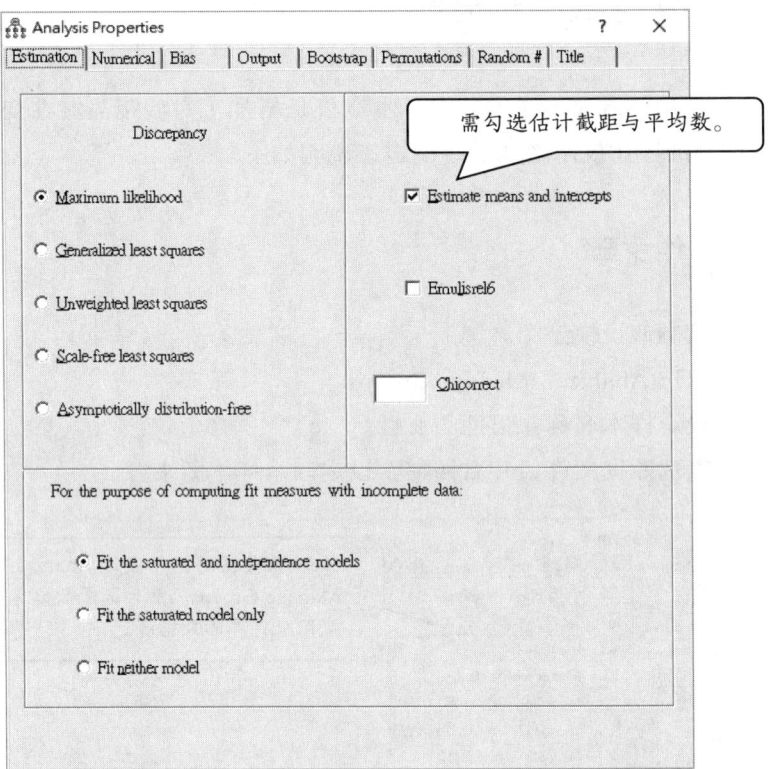

步骤六：点选 ![icon]（多样本分析），按确定之后即进入模型界定对话框，如下：

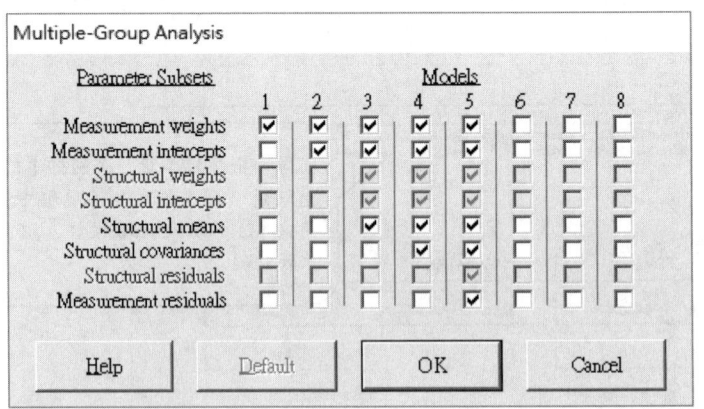

对话框中显示包含截距与潜在变量平均数的恒等模型。第一个模型表示两个样本的因素载荷跨样本等值。其中，第一个模型表示因素载荷跨样本等值；第二个模型表示增加了观察变量截距等值；第三个模型则增加了潜在变量平均数跨样本等值；第四个模型增加了因素的协方差等值；第五个模型增加了测量残差跨样本等值，此即为完全等值模型。

如果想要在第二个模型的基础之上先增加一个测量残差跨样本的限制（即本范例在 LISREL 范例中的设定），即为下面的第六个模型所示。第七个模型则是令结构平均数不互相比较，以与第六个模型比较。

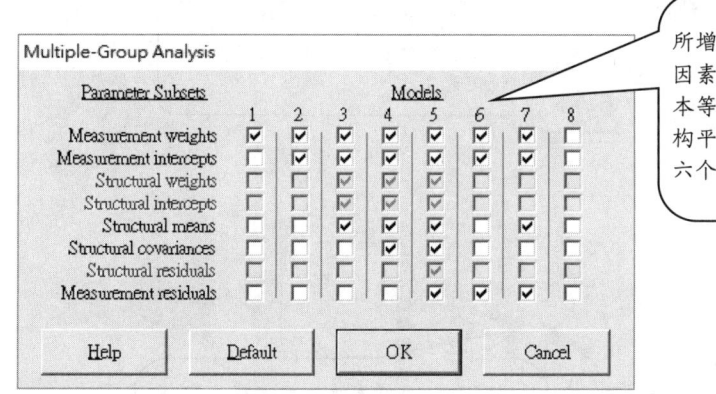

所增加的第六个模型是令测量因素载荷量、截距与残差跨样本等值。第七个模型则是令结构平均数不互相比较，以与第六个模型比较。

步骤七：设定其中一组结构平均数为 0。此步骤在平均数结构分析中非常重要。操作方法是选定两个样本中的一个样本的潜在变量平均数为零，另一个样本则自由估计，如此即可检验两个样本的平均数差异是否具有显著性。操作方式如下（对每一个潜在变量都要重复这一操作）：

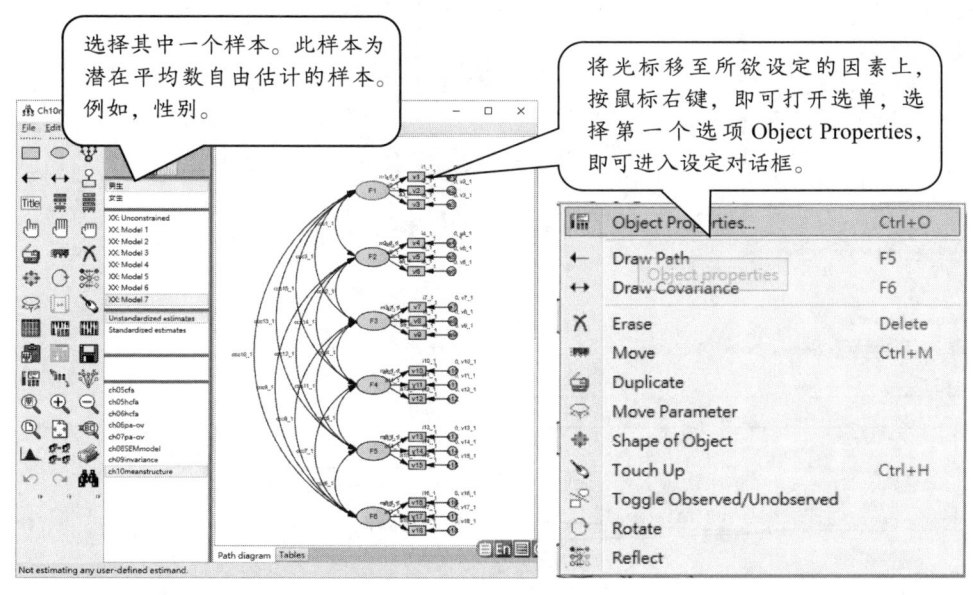

选择其中一个样本。此样本为潜在平均数自由估计的样本。例如，性别。

将光标移至所欲设定的因素上，按鼠标右键，即可打开选单，选择第一个选项 Object Properties，即可进入设定对话框。

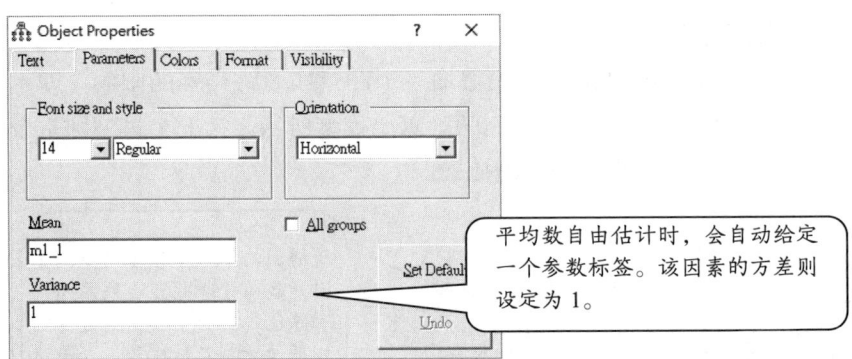

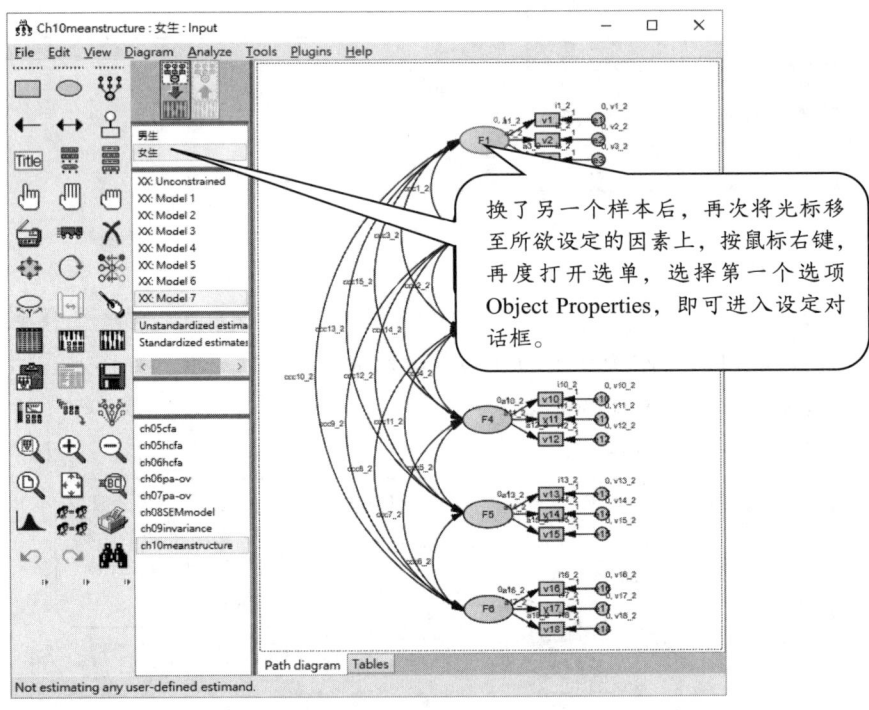

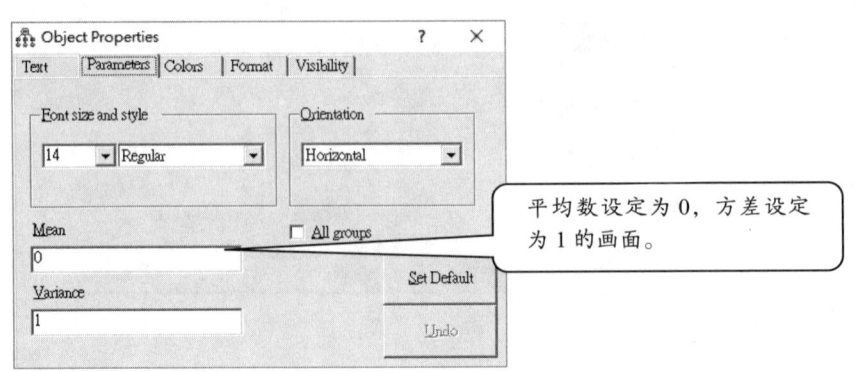

（二）估计结果：模型拟合比较

进行估计后，Amos 会将六个模型（包含未设限模型、饱和模型与独立模型）的估计结果列于报表中。下图即是 Amos 分析的模型拟合指数：

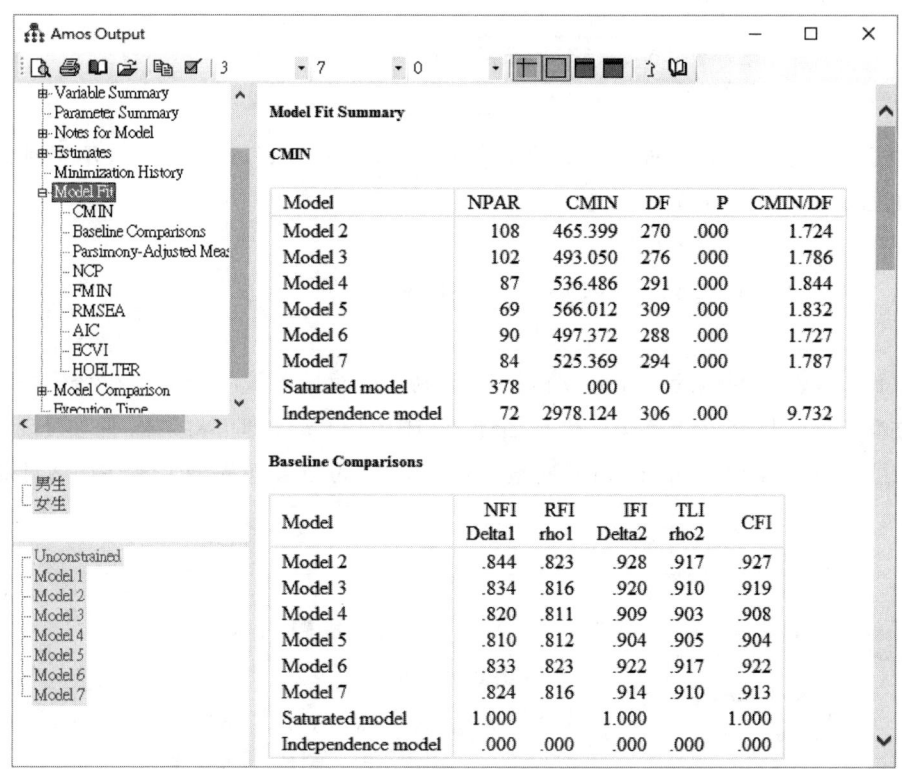

模型 6 是比照前面 LISREL 范例的设定（观察变量载荷、截距与残差为跨样本等值），χ^2=497.372，df=288，p<0.001，结果与先前的 LISREL 估计结果相似。模型 7 则是将模型 6 当中的结构平均数不加以比较后的模型（因此模型自由度增加了 6），χ^2=525.369，df=294，p<0.001，模型拟合情形变得更不理想，表示应该对结构的平均数加以估计。至于两个模型的嵌套比较（卡方差异检验）列于下面。

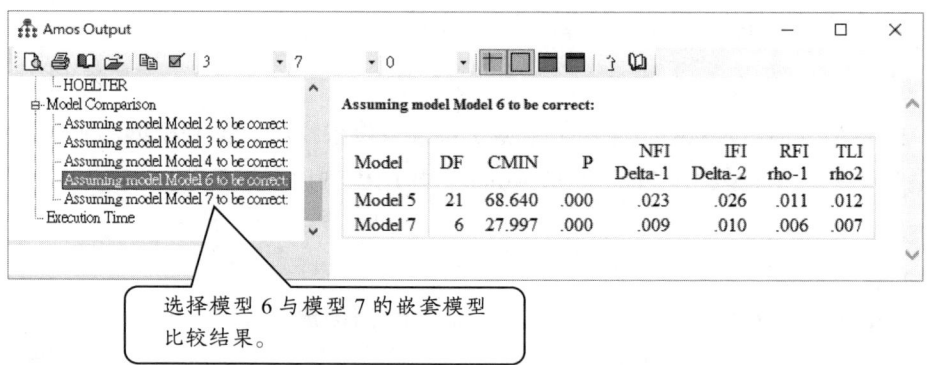

选择模型 6 与模型 7 的嵌套模型比较结果。

模型 6 与模型 7 这两个模型的 $\Delta \chi^2=27.997$，$\Delta df=6$，$p<0.001$。表示增加结构平均数的比较能够有效改善模型拟合。

（三）估计结果：平均数差异考验

平均数差异的检验主要并非检查模型拟合，而是比较两个样本在结构平均数上的差异是否具有统计意义。检查估计数当中的 Means 即可将结构平均数设定为自由估计样本（男性），得到下列报表。所得到的结果与先前 LISREL 估计结果相近。

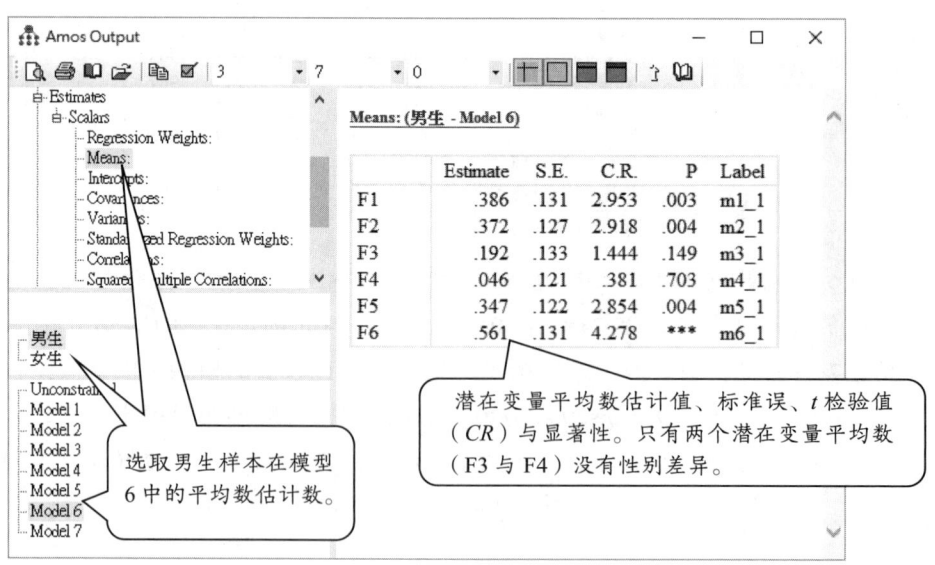

选取男生样本在模型 6 中的平均数估计数。

潜在变量平均数估计值、标准误、t 检验值（CR）与显著性。只有两个潜在变量平均数（F3 与 F4）没有性别差异。

六、Mplus 估计语法与结果

（一）Mplus 语法

```
TITLE: Ch10a Mean structure modeling for Measurement model
DATA:
    NGROUPS=2;
    FILE (female) IS Ch10af.dat;
    FILE (male) IS Ch10am.dat;
VARIABLE:
    NAMES ARE a1-a3 b1-b3 c1-c3 d1-d3 e1-e3 f1-f3;
MODEL:
    VALUE    by a1* a2-a3;
    JOBSTYLE by b1* b2-b3;
    TEAMWORK by c1* c2-c3;
    LEADERSH by d1* d2-d3;
    LEARNING by e1* e2-e3;
    ENVIRONM by f1* f2-f3;
    VALUE@1 JOBSTYLE@1 TEAMWORK@1 LEADERSH@1 LEARNING@1 ENVIRONM@1;
    a1(1); a2(2); a3(3); b1(4); b2(5); b3(6); c1(7); c2(8); c3(9); d1(10);
    d2(11); d3(12); e1(13); e2(14); e3(15); f1(16); f2(17); f3(18);
OUTPUT: STANDARDIZED;
```

> 多样本分析的设定格式：
> NGGROUP=2 表示有两个样本，数据各自存放于两个档案中。

> 模式设定：
> 对每一个潜在变量的第一个因素载荷量也自由估计，因此需将潜在变量方差设为 1。这些参数在两个样本上都是等值设定。

> 观察变量截距恒等设定：
> 两个样本的每一个观察变量的截距设为相等，必须在每一个截距上设一个数字，放在括号内。

（二）Mplus 报表

```
MODEL FIT INFORMATION

Information Criteria

        Akaike (AIC)                    13576.187
        Bayesian (BIC)                  13913.057
        Sample-Size Adjusted BIC        13627.607
            (n* = (n + 2) / 24)

Chi-Square Test of Model Fit

        Value                             500.581
        Degrees of Freedom                    288
        P-Value                            0.0000

Chi-Square Contribution From Each Group

        FEMALE                            260.845
        MALE                              239.737
```

> 模式适配数据：
> 卡方值为 500.581，自由度为 288

> 各组样本的卡方值，两者相加为整体卡方值。

```
RMSEA (Root Mean Square Error Of Approximation)
        Estimate                            0.069
        90 Percent C.I.                     0.059  0.079
        Probability RMSEA <= .05            0.002

CFI/TLI
        CFI                                 0.921
        TLI                                 0.916
(略)

MODEL RESULTS

                                                    Two-Tailed
                Estimate      S.E.      Est./S.E.   P-Value

Group FEMALE

 VALUE    BY                     ┌─ 两个样本的因素载荷设定为跨样本等值。─┐
   A1       0.798         0.051       15.630       0.000
   A2       0.712         0.055       12.925       0.000
   A3       0.606         0.054       11.319       0.000
(略)
                           ┌─ 第一个样本的潜在变量截距(平均数)设定为0。─┐
 Means
   VALUE    0.000         0.000      999.000      999.000
   JOBSTYLE 0.000         0.000      999.000      999.000
   TEAMWORK 0.000         0.000      999.000      999.000
   LEADERSH 0.000         0.000      999.000      999.000
   LEARNING 0.000         0.000      999.000      999.000
   ENVIRONM 0.000         0.000      999.000      999.000
                           ┌─ 两个样本的观察变量截距设定为跨样本等值。─┐
 Intercepts
   A1       4.241         0.079       53.466       0.000
   A2       4.153         0.077       53.730       0.000
   A3       3.939         0.070       56.374       0.000
(略)

Group MALE

 VALUE    BY                     ┌─ 两个样本的因素载荷设定为跨样本等值。─┐
   A1       0.798         0.051       15.630       0.000
   A2       0.712         0.055       12.925       0.000
   A3       0.606         0.054       11.319       0.000
(略)
                           ┌─ 不同性别潜在变量平均数差异。─┐
 Means
   VALUE    0.386         0.130        2.961       0.003
   JOBSTYLE 0.372         0.127        2.926       0.003
   TEAMWORK 0.192         0.133        1.437       0.151
   LEADERSH 0.046         0.121        0.382       0.703
   LEARNING 0.347         0.121        2.862       0.004
   ENVIRONM 0.561         0.131        4.288       0.000

 Intercepts
   A1       4.241         0.079       53.466       0.000
   A2       4.153         0.077       53.730       0.000
   A3       3.939         0.070       56.374       0.000
   B1       3.852         0.085       45.133       0.000
   B2       4.056         0.092       44.261       0.000
   B3       4.059         0.085       47.645       0.000
(略)
                           ┌─ 两个样本的观察变量截距设定为跨样本等值。─┐
```

七、R 的语法与分析结果

（一）R 语法

```
#Chapter 10: Mean structure SEM using raw data
library(lavaan)
Ch10a.data   <-read.csv("c:\\SEM\\ch10\\R\\Ch10a.csv", header=TRUE)
Ch10a.model<-'FA =~ NA*A1 + A2 + A3
              FB =~ NA*B1 + B2 + B3
              FC =~ NA*C1 + C2 + C3
              FD =~ NA*D1 + D2 + D3
              FE =~ NA*E1 + E2 + E3
              FF =~ NA*F1 + F2 + F3
              FA ~~ 1*FA
              FB ~~ 1*FB
              FC ~~ 1*FC
              FD ~~ 1*FD
              FE ~~ 1*FE
              FF ~~ 1*FF
              FA ~ c(0,NA)*1
              FB ~ c(0,NA)*1
              FC ~ c(0,NA)*1
              FD ~ c(0,NA)*1
              FE ~ c(0,NA)*1
              FF ~ c(0,NA)*1'
ch10a.fit<-cfa(model=Ch10a.model,
               data=Ch10a.data,
               group= "gender",
               meanstructure=TRUE,
               group.equal=c("loadings","residuals","intercepts"))
inspect(ch10a.fit)
summary(ch10a.fit, fit.measures=TRUE, standard=TRUE)
```

注释说明：
- 所有的数据放在同一个档案中即可，最后一个变量 gender 用于分组。
- 设定测量模型。每一个因素有三个测量变量，第一个测量变量的因素载荷自由估计（NA 表示自由估计）。
- 每一个因素的方差设定为 1。
- 设定潜在变量的平均数。第一组（女性样本）的潜在变量平均数设为 0，第二组（男性样本）则设定为自由估计（NA）。
- 设定 CFA 估计条件。多样本分析的分组变量为 group；开启平均数结构进行截距与平均数估计。
- 因素载荷、残差与观察变量截距设为跨样本等值。

（二）R 分析结果

```
> summary(Ch10a.fit, fit.measures=TRUE, standard=TRUE)
lavaan (0.5-23.1097) converged normally after  96 iterations

  Number of observations per group
    Female                                           140
    Male                                             172

  Estimator                                           ML
  Minimum Function Test Statistic              500.581
  Degrees of freedom                               288
  P-value (Chi-square)                           0.000

Chi-square for each group:

  Female                                         260.844
  Male                                           239.737

Model test baseline model:

  Minimum Function Test Statistic             2997.338
  Degrees of freedom                               306
  P-value                                        0.000

User model versus baseline model:

  Comparative Fit Index (CFI)                    0.921
  Tucker-Lewis Index (TLI)                       0.916

Loglikelihood and Information Criteria:

  Loglikelihood user model (H0)              -6698.093
  Loglikelihood unrestricted model (H1)      -6447.803

  Number of free parameters                         90
  Akaike (AIC)                               13576.187
  Bayesian (BIC)                             13913.057
  Sample-size adjusted Bayesian (BIC)        13627.607

Root Mean Square Error of Approximation:

  RMSEA                                          0.069
  90 Percent Confidence Interval          0.059  0.079
  P-value RMSEA <= 0.05                          0.002

Standardized Root Mean Square Residual:

  SRMR                                           0.111

Parameter Estimates:

  Information                                 Expected
  Standard Errors                             Standard


Group 1 [Female]:

Latent Variables:
                   Estimate  Std.Err  z-value  P(>|z|)  Std.lv  Std.all
  FA =~
    A1      (.p1.)    0.798    0.049   16.123    0.000   0.798    0.817
    A2      (.p2.)    0.712    0.054   13.225    0.000   0.712    0.698
    A3      (.p3.)    0.606    0.052   11.632    0.000   0.606    0.630
```

> 两组各自的样本量。

> 卡方值反映模型拟合状况，自由度为288。

> 各组样本的卡方值，两者相加为整体卡方值。

> 第一组（女性样本）的参数估计结果。

> 括号表示参数标签，用于设定跨样本等值。两个样本的p1参数均为0。

```
FB =~
    B1      (.p4.)    0.784    0.061    12.895    0.000    0.784    0.682
    B2      (.p5.)    0.930    0.057    16.237    0.000    0.930    0.814
    B3      (.p6.)    0.852    0.054    15.697    0.000    0.852    0.793
(略)

Covariances:
                     Estimate  Std.Err  z-value  P(>|z|)  Std.lv   Std.all
  FA ~~
    FB                0.439    0.088    4.977    0.000    0.439    0.439
    FC                0.364    0.098    3.722    0.000    0.364    0.364
    FD                0.224    0.095    2.360    0.018    0.224    0.224
    FE                0.458    0.082    5.602    0.000    0.458    0.458
    FF                0.620    0.075    8.265    0.000    0.620    0.620
  FB ~~
    FC                0.765    0.061    12.527   0.000    0.765    0.765
    FD                0.494    0.076    6.503    0.000    0.494    0.494
    FE                0.606    0.066    9.219    0.000    0.606    0.606
    FF                0.269    0.096    2.812    0.005    0.269    0.269
(略)

Intercepts:
                     Estimate  Std.Err  z-value  P(>|z|)  Std.lv   Std.all
    FA                0.000                                0.000    0.000
    FB                0.000                                0.000    0.000
    FC                0.000                                0.000    0.000
    FD                0.000                                0.000    0.000
    FE                0.000                                0.000    0.000
    FF                0.000                                0.000    0.000
   .A1      (.64.)    4.241    0.079    53.490   0.000    4.241    4.342
   .A2      (.65.)    4.153    0.077    53.820   0.000    4.153    4.072
   .A3      (.66.)    3.939    0.070    56.318   0.000    3.939    4.096
   .B1      (.67.)    3.852    0.085    45.090   0.000    3.852    3.347
   .B2      (.68.)    4.056    0.092    44.278   0.000    4.056    3.550
   .B3      (.69.)    4.059    0.085    47.688   0.000    4.059    3.777
(略)

Variances:
                     Estimate  Std.Err  z-value  P(>|z|)  Std.lv   Std.all
    FA                1.000                                1.000    1.000
    FB                1.000                                1.000    1.000
    FC                1.000                                1.000    1.000
    FD                1.000                                1.000    1.000
    FE                1.000                                1.000    1.000
    FF                1.000                                1.000    1.000
   .A1      (.31.)    0.317    0.043    7.315    0.000    0.317    0.332
   .A2      (.32.)    0.534    0.053    10.099   0.000    0.534    0.513
   .A3      (.33.)    0.558    0.051    10.861   0.000    0.558    0.603
   .B1      (.34.)    0.709    0.068    10.477   0.000    0.709    0.535
   .B2      (.35.)    0.440    0.056    7.797    0.000    0.440    0.337
   .B3      (.36.)    0.428    0.051    8.412    0.000    0.428    0.371
(略)

Group 2 [Male]:
Latent Variables:
                     Estimate  Std.Err  z-value  P(>|z|)  Std.lv   Std.all
  FA =~
    A1      (.p1.)    0.798    0.049    16.123   0.000    0.798    0.817
    A2      (.p2.)    0.712    0.054    13.225   0.000    0.712    0.698
    A3      (.p3.)    0.606    0.052    11.632   0.000    0.606    0.630
  FB =~
    B1      (.p4.)    0.784    0.061    12.895   0.000    0.784    0.682
    B2      (.p5.)    0.930    0.057    16.237   0.000    0.930    0.814
    B3      (.p6.)    0.852    0.054    15.697   0.000    0.852    0.793
(略)
```

注释：
- 观察变量的截距设定为跨组等值。
- 第一组潜在变量的平均数设定为 0。
- 残差方差设定为跨组等值。
- 潜在变量方差设定为 1.0。
- 第二组（男性样本）的参数估计结果。
- 括号表示参数标签，用于设定跨样本等值。两个样本的 p1 参数均为 0.798。

```
Covariances:
                 Estimate  Std.Err  z-value  P(>|z|)   Std.lv   Std.all
   FA ~~
     FB             0.627    0.065    9.615    0.000    0.627    0.627
     FC             0.626    0.070    8.898    0.000    0.626    0.626
     FD             0.643    0.059   10.813    0.000    0.643    0.643
     FE             0.585    0.064    9.135    0.000    0.585    0.585
     FF             0.747    0.056   13.270    0.000    0.747    0.747
   (略)

Intercepts:
                 Estimate  Std.Err  z-value  P(>|z|)   Std.lv   Std.all
   FA               0.386    0.130    2.963    0.003    0.386    0.386
   FB               0.372    0.127    2.927    0.003    0.372    0.372
   FC               0.192    0.132    1.448    0.147    0.192    0.192
   FD               0.046    0.121    0.382    0.702    0.046    0.046
   FE               0.347    0.121    2.863    0.004    0.347    0.347
   FF               0.561    0.131    4.292    0.000    0.561    0.561
  .A1      (.64.)   4.241    0.079   53.490    0.000    4.241    4.342
  .A2      (.65.)   4.153    0.077   53.820    0.000    4.153    4.072
  .A3      (.66.)   3.939    0.070   56.318    0.000    3.939    4.096
   (略)

Variances:
                 Estimate  Std.Err  z-value  P(>|z|)   Std.lv   Std.all
   FA               1.000                                1.000    1.000
   FB               1.000                                1.000    1.000
   FC               1.000                                1.000    1.000
   FD               1.000                                1.000    1.000
   FE               1.000                                1.000    1.000
   FF               1.000                                1.000    1.000
  .A1      (.31.)   0.317    0.043    7.315    0.000    0.317    0.332
  .A2      (.32.)   0.534    0.053   10.099    0.000    0.534    0.513
  .A3      (.33.)   0.558    0.051   10.861    0.000    0.558    0.603
  .B1      (.34.)   0.709    0.068   10.477    0.000    0.709    0.535
  .B2      (.35.)   0.440    0.056    7.797    0.000    0.440    0.337
  .B3      (.36.)   0.428    0.051    8.412    0.000    0.428    0.371
   (略)
```

注：第二组潜在变量平均数自由估计。残差方差设定为跨组等值。潜在变量方差设定为1.0。

第四节 平均数结构分析：统合模型

除了在测量模型中得以进行潜在变量的平均数结构的分析，在结构模型中亦可以进行潜在变量的平均数结构的分析。不论是 CFA 还是统合模型分析，当因素的平均数作为研究的焦点之一时，因素恒等性都是一个很重要的基础。由于统合模型不仅涉及测量模型的设定，也具有结构模型。因此，统合模型的平均数结构分析会较 CFA 模型复杂。因为平均数结构设定不仅要进行跨样本的比较，也涉及不同模型间恒等性的检验。当恒等性的前提适当地满足时，平均数的比较才有意义。

本范例的多样本是指主管与下属这两群不同层级的受试者，总计有 121 位主管与 215 位下属完成了一个简单的调查表。调查表中包括了测量组织承诺的 9 个题目，经题目组合（item parceling）后产生 3 个组合测量变量（co1、co2、co3），以及员工绩效的三个指标变量：工作满意度（out1）、离职意愿（out2）与自我绩效评定（out3）。这 6 个观察变量的描述统计量列于表 10.4。

表 10.4　6 个观察变量的描述统计量

变量	员工（N=215）		主管（N=121）		相关系数矩阵					
	M	SD	M	SD	*OUT1*	*OUT2*	*OUT3*	*CO1*	*CO2*	*CO3*
OUT1	4.44	0.69	4.67	0.57	1.00	−0.11	0.39	0.29	0.22	0.27
OUT2	2.62	1.40	2.07	1.22	−0.35	1.00	0.02	−0.19	−0.26	−0.17
OUT3	4.40	0.69	4.59	0.59	0.33	−0.01	1.00	0.15	0.14	0.25
CO1	9.29	1.83	10.04	1.64	0.33	−0.35	0.03	1.00	0.75	0.67
CO2	9.26	1.92	10.05	1.50	0.37	−0.34	0.08	0.71	1.00	0.78
CO3	8.99	1.76	9.75	1.55	0.33	−0.37	0.05	0.72	0.79	1.00

注：在相关系数矩阵中，下三角形部分为员工数据，上三角形部分为主管数据。

一、模型界定

从变量的关系来看，本范例的主要假设为"组织承诺感可以预测员工的工作表现"，其概念如图 10.2 所示。从平均数的比较来看，本范例的另一个假设是"主管的组织承诺和工作表现水平跟下属有所不同"。

由于平均数结构的检验必须建立在测量恒等性假设适当维系的前提之上。因此，对下列两项假设必须逐一加以检验：

1) 测量模型是否具有跨样本（主管与下属）的恒等性？在此范例中，测量模型有两个，分别为外源测量变量的测量模型（组织承诺）与内生变量的测量模型（员工绩效表现）。
2) 因素平均数是否具有跨样本恒等性？这一假设还可区分为外源潜在变量（组织承诺）的平均数与内生潜在变量（员工绩效表现）的平均数是否具有跨样本的恒等性。

关于第一点，读者可以依据前一节的范例来进行检测，在此不予示范。

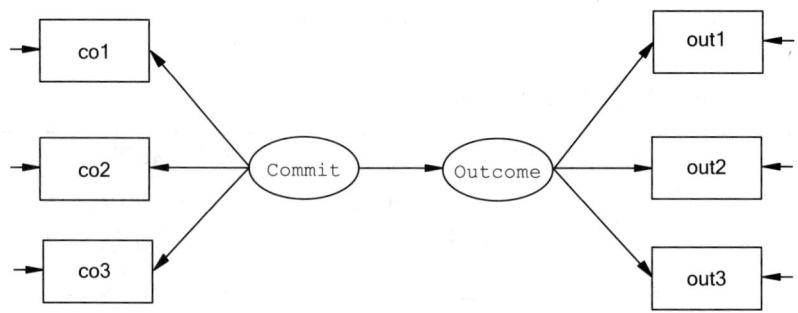

图 10.2　两个潜在变量的简单回归模型图示

从图 10.2 的路径图中可以推算出整个模型的测量数据数为（6×7）/2=21（*DP*=21）。为了进行跨样本测量模型恒等性检验，必须增加测量模型的因素载荷、结构模型的回归系数被设定等同的条件（观察变量的测量残差可在两样本间自由估计，也可设定为等值）。此外，对于平均数结构的估计，另需增加两项设定：

1）观察变量的截距被估计，共有 6 个 *tau* 参数需被估计，但是这 6 个参数被设定为跨样本等同，因此两个样本仅需估计一次。
2）潜在变量的平均数被估计，共计有 1 个 *kappa* 参数与 1 个 *alpha* 参数必须被估计。另一个样本的 *kappa* 与 *alpha* 参数被设定为 0，以作为参照组。

二、LISREL 模型设定与参数估计

表 10.5 列出了 LISREL 与 SIMPLIS 语法。在 LISREL 语法部分，第 1～11 行用以设定主管样本的模型，第 12～16 行用以设定员工样本的模型，两个样本的因素结构完全相同。输入的数据为原始数据（分别是 Ch10bm.dat 与 Ch10be.dat）。（平均数结构估计需要两样本各观察变量上的平均数数据，建议使用原始数据库来读入数据。）

表 10.5　平均数结构分析的语法

	LISREL 语法（Ch10b.LIS）
1	Group: Manager
2	DATA NI=6 NO=121 NG=2
3	RA FI=Ch10bm.dat
4	LA; out1 out2 out3 co1 co2 co3
5	MO NY=3 NE=1 NK=1 NX=3 PS=DI,FR PH=SY,FR GA=FU,FR 　　TY=FR TX=FR AL=FR KA=FR
6	LE; Outcome
7	LK; Commit
8	FR LX(2,1) LX(3,1) LY(2,1) LY(3,1)
9	FI LX(1,1) LY(1,1)
10	VA 1 LX(1,1) LY(1,1)
11	OUTPUT SE TV SS SC MI
12	Group: Employee
13	DATA NI=6 NO=215
14	RA FI=Ch10be.dat
15	MO LX=IN LY=IN GA=IN TD=SP TE=SP **TX=IN TY=IN AL=FI KA=FI**
16	PD
17	OUTPUT SE TV SS SC MI
18	End of Problem

	SIMPLIS 语法（Ch10b.SPL）
1	Group: Manager
2	Observed variables: out1 out2 out3 co1 co2 co3
3	raw data from file Ch10bm.dat
4	Latent Variables: Outcome Commit
5	Relationships:
6	out1 = **CONST** 1.00*Outcome
7	out2-out3 = **CONST** Outcome
8	co1 = **CONST** 1.00*Commit
9	co2-co3 = **CONST** Commit
10	Outcome = Commit
11	Path Diagram
12	Group: Employee
13	Observed variables: out1 out2 out3 co1 co2 co3
14	raw data from file Ch10be.dat
15	Latent Variables: Outcome Commit
16	Relationships:
17	**Outcome=CONST**
18	**Commit=CONST**
19	Set the Variance of Commit Free
20	Set the Error Variance of Outcome Free
21	Set the Error Variance of out1-co3 free
22	End of Problem

平均数结构的设定位于第 5 行，TX=FR 与 TY=FR 表示对主管样本的外源测量变量与内生测量变量截距的自由估计，AL=FR 与 KA=FR 表示对主管样本的外源与内生潜在变量的平均数进行估计。

恒等性设定位于第 15 行的 LX=IN、TX=IN、LY=IN、TY=IN、GA=IN，表示因素载荷、测量变量截距、回归系数均具有跨样本的恒等性。AL=FI、KA=FI 表示员工样本的潜在变量平均数设定为 0，用来与主管样本进行平均数比较。（加粗的部分若移除，表示没有平均数估计的设定，在本范例中视为基准模型。）

在 SIMPLIS 语法部分，平均数结构的设定在测量模型上位于第 6～9 行，各行均增加了 CONST，表示将截距纳入估计。以第 6 行为例，out1=CONST 1.00*Outcome 表示 out1 变量的截距需要估计，但因为此题作为 Outcome 潜在变量的量尺化设定参数，因素载荷设定为 1.00。

结构模型的潜在平均数设定位于第 17～18 行。Outcome=CONST 表示员工样本的 OUTCOME 变量的截距需要估计，而主管样本的截距设定为 0，作为参照。第 19～21 行则表示残差方差与外源变量方差均设定为自由估计。模型中被设定为跨样本等同的则为因素载荷及回归系数，因为在下半段的语法中，没有出现这些设定，表示套用主管样本的估计值。

三、估计结果与模型拟合

在报表中，我们可以看到两个样本的协方差矩阵与观察变量的平均数。上半部是主管样本的协方差矩阵与各观察变量的平均数数据，下半部则是员工样本的协方差矩阵与各观察变量的平均数数据。读者可以比对这些平均数数值是否与表 10.5 的描述统计量一致。

```
Group: Manager

        Covariance Matrix

              out1      out2      out3       co1       co2       co3
            --------  --------  --------  --------  --------  --------
    out1     0.323
    out2    -0.078     1.479
    out3     0.129     0.011     0.344
    co1      0.272    -0.378     0.142     2.673
    co2      0.192    -0.478     0.121     1.840     2.264
    co3      0.242    -0.325     0.230     1.694     1.812     2.405
```

Total Variance = 9.489 Generalized Variance = 0.271

Largest Eigenvalue = 6.159 Smallest Eigenvalue = 0.195

Condition Number = 5.613

Means

	out1	out2	out3	co1	co2	co3
	4.669	2.066	4.587	10.041	10.050	9.752

Group: Emplyee

Covariance Matrix

	VAR 1	VAR 2	VAR 3	VAR 4	VAR 5	VAR 6
VAR 1	0.472					
VAR 2	-0.335	1.946				
VAR 3	0.154	-0.006	0.476			
VAR 4	0.413	-0.898	0.040	3.348		
VAR 5	0.486	-0.913	0.106	2.495	3.677	
VAR 6	0.397	-0.905	0.065	2.330	2.661	3.093

Total Variance = 13.012 Generalized Variance = 1.591

Largest Eigenvalue = 8.820 Smallest Eigenvalue = 0.271

Condition Number = 5.710

Means

	VAR 1	VAR 2	VAR 3	VAR 4	VAR 5	VAR 6
	4.437	2.623	4.405	9.293	9.256	8.991

（一）模型界定

模型界定报表列出了 31 个被估计的参数。在主管样本中，被估计的参数包括了两个因素的方差（6、7）、三个内生变量的测量残差变量的方差（8、9、10）、三个外源变量的测量残差（11、12、13）。平均数估计则出现在 *alpha*（20）与 *kappa*（21）（见注5）。

Group: Manager
Parameter Specifications
LAMBDA-Y EQUALS LAMBDA-Y IN THE FOLLOWING GROUP
LAMBDA-X EQUALS LAMBDA-X IN THE FOLLOWING GROUP
GAMMA EQUALS GAMMA IN THE FOLLOWING GROUP

```
        PHI

              Commit
              --------
                 6
        PSI

              Outcome
              --------
                 7
        THETA-EPS

                out1      out2      out3
              --------  --------  --------
                 8         9         10
        THETA-DELTA

                co1       co2       co3
              --------  --------  --------
                11        12         13
        TAU-Y EQUALS TAU-Y IN THE FOLLOWING GROUP
        TAU-X EQUALS TAU-X IN THE FOLLOWING GROUP
```

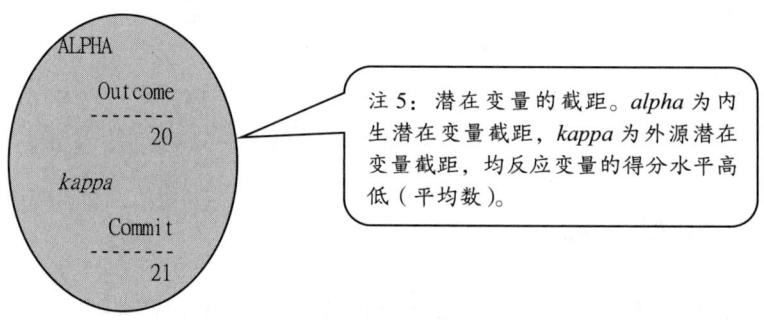

注5：潜在变量的截距。*alpha* 为内生潜在变量截距，*kappa* 为外源潜在变量截距，均反应变量的得分水平高低（平均数）。

在员工样本部分，被估计的参数包括内生与外源测量模型的因素载荷参数（1～4），两个潜在变量的回归系数参数则位于第5个参数（见注6），各测量变量的截距参数置于第14～19个等6个参数（见注7）。这11个参数在两个样本间仅估计一次，因为这些参数在两个样本间已被设定为相等。

```
Group: eEmplyee
Paramet r Specifications

         LAMBDA-Y

                 ETA 1
                 -----
    VAR 1         0
    VAR 2         1
    VAR 3         2

         LAMBDA-X

                 KSI 1
                 -----
    VAR 4         0
    VAR 5         3
    VAR 6         4

         GAMMA

                 KSI 1
                 -----
    ETA 1         5

         PHI

                 KSI 1
                 -----
                  22

         PSI

                 ETA 1
                 -----
                  23

         THETA-EPS
          VAR 1     VAR 2     VAR 3
          -----     -----     -----
           24        25        26

         THETA-DELTA
          VAR 4     VAR 5     VAR 6
          -----     -----     -----
           27        28        29

         TAU-Y
          VAR 1     VAR 2     VAR 3
          -----     -----     -----
           14        15        16

         TAU-X
          VAR 4     VAR 5     VAR 6
          -----     -----     -----
           17        18        19
```

注6：潜在变量回归系数参数。反映由 ETA（Commit）对 KSI（Outcome）的影响力的回归系数。

注7：测量变量截距。*Tau-Y* 为内生测量变量截距，*Tau-X* 为外源测量变量截距，皆表示测量变量得分水平高低（平均数）。

（二）参数估计结果

对平均数结构的路径分析与 CFA 分析相似，最重要的参数估计是对潜在变量平均数（*alpha*、*kappa* 参数）的估计。利用这些参数估计数的标准误，可以计算出显著性检验的统计量（*t* 值；见注8）。

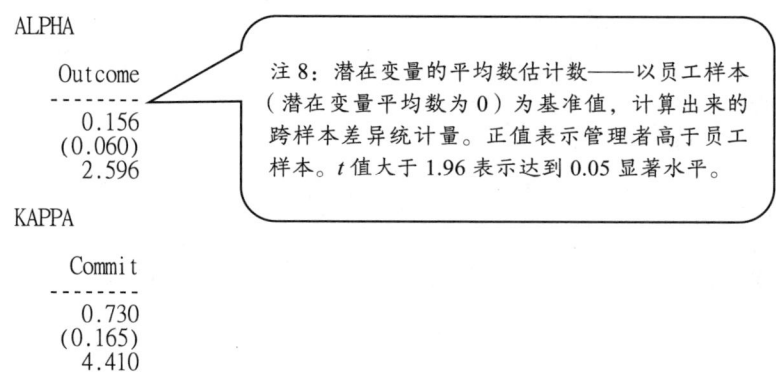

值得注意的是，本范例的 *alpha* 与 *kappa* 系数是以主管样本来进行估计的，员工样本的 *alpha* 与 *kappa* 系数被设定为 0，以作为与主管样本平均数的参照。当数值为正值时，表示主管样本的平均数高于员工。估计的结果发现，Commit 的平均数差异估计数为 0.730（t=4.410，$p<0.05$），Outcome 的平均数差异估计数为 0.156（t=2.596，$p<0.05$），两者估计数值均为正值，表示主管得分显著高于员工。

（三）模型拟合度分析

因为平均数结构检验基于因素恒等性存在的情况来进行测量变量截距估计与潜在变量平均数估计，所以，基准模型应为无平均数结构设定的恒等模型。由此，我们可以直接将表 10.5 中的 LISREL 语法里有关截距部分的设定移除，然后进行无平均数结构的恒等模型估计（语法文件为 Ch10bbase），得到基准模型的模型拟合度分析，结果列于表 10.6 中。

表 10.6　带有平均数结构统合模型拟合度评估摘要表

模型	χ^2	df	RMSEA	NNFI	CFI	GFI	SRMR
基准模型	45.672	21	0.0837	0.956	0.969	0.961	0.0925
平均数模型	49.602	25	0.0734	0.963	0.969	0.962	0.0771
Δ	3.930	4					

表 10.6 的数据显示，两个统合模型的拟合指数都十分接近，而两者的卡方值的差异量未达显著水平（Δχ^2=3.930，Δ df=4，$p>0.05$），表示增加平均数与截距参数并不影响对模型拟合度的计算。但是值得注意的是，由于增加截距与平均数

参数并未改变模型结构，仅增加了自由参数的数目，因此卡方差异量单纯反映了 SEM 技术复杂度提高后的影响，与假设模型和实际观察数据拟合与否无关。

（四）完成 SEM 分析

终解的数据，采用跨样本的完全标准化解，也就是 Common Metric Completely Standardized Solution，以符合两样本具有跨样本等同性的基本假设的精神。因素载荷（见注 9）、回归系数（见注 10）均是重要的参数，整理后的估计结果与显著性检验结果列于表 10.7。

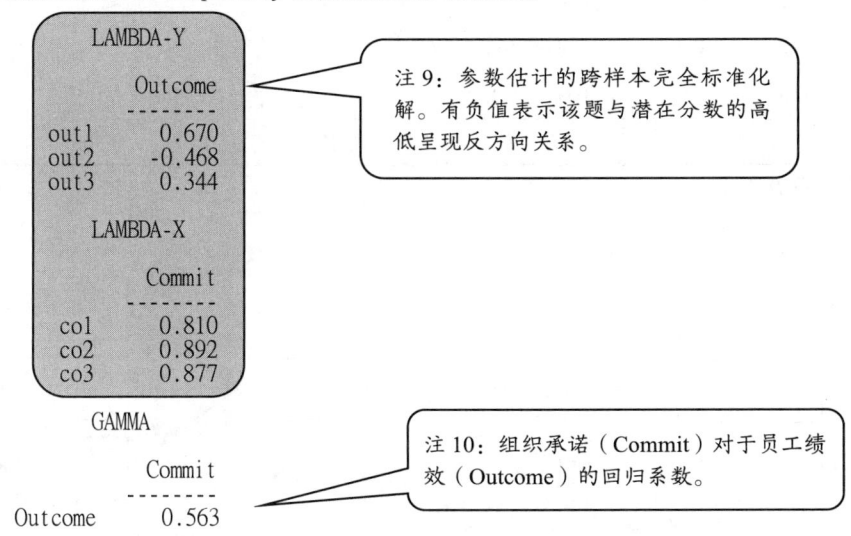

表 10.7 的数据清楚地说明了两个潜在因素平均数的组间差异，主管样本的组织承诺与绩效均比员工样本高，t 检验均达 0.01 的统计水平，标准化回归系数为

0.56，表示组织承诺可以有效地预测绩效，整体的拟合度大致良好（$\Delta\chi^2$=52.07，df=25，p=0.00，RMSEA=0.081），标准化终解的数据以及平均数结构估计数如图 10.3 和图 10.4 所示。

表 10.7　统合模型的平均数结构参数估计结果整理表

变量		因素载荷	残差	截距	因素	因素平均数		t
						原始	标准化	
测量模型					结构模型			
外源变量	CO1	0.81	0.30	9.30	组织承诺	0.730		4.41**
	CO2	0.89	0.11	9.25				
	CO3	0.88	0.25	8.99				
内生变量	OUT1	0.67	0.54	4.42	员工绩效	0.156		2.60**
	OUT2	−0.47	0.74	2.57				
	OUT3	0.34	0.69	4.42				
					回归系数	0.169	0.563	7.05**

注：** 表示 p<0.01。

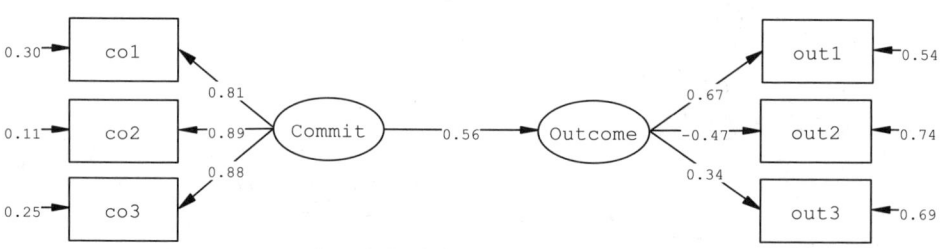

Chi-Square=49.60, df=25, P-value=0.00239, RMSEA=0.077

图 10.3　统合模型最终解（跨量尺完全标准化解）图示

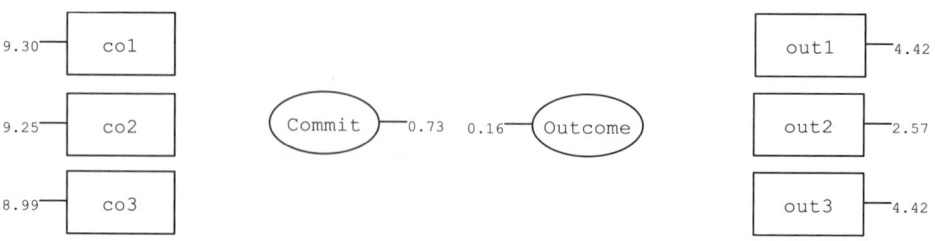

Chi-Square=49.60, df=25, P-value=0.00239, RMSEA=0.077

图 10.4　截距与平均数估计（原始解）结果图示

四、Amos 平均数结构的示范

（一）操作步骤

步骤一：绘制假设模型图，选择数据文件，完成模型的设定。
步骤二：点选 Analyze->Manage Groups。
步骤三：设定样本名称：Manage 与 Employee。
步骤四：点选数据文件，开启档案，设定两个样本的来源。

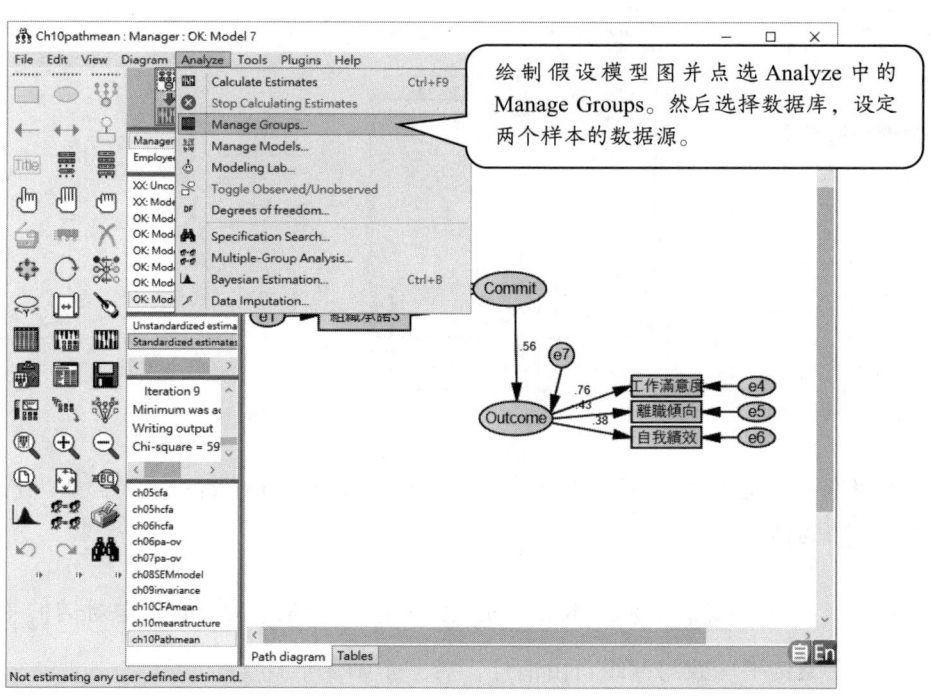

绘制假设模型图并点选 Analyze 中的 Manage Groups。然后选择数据库，设定两个样本的数据源。

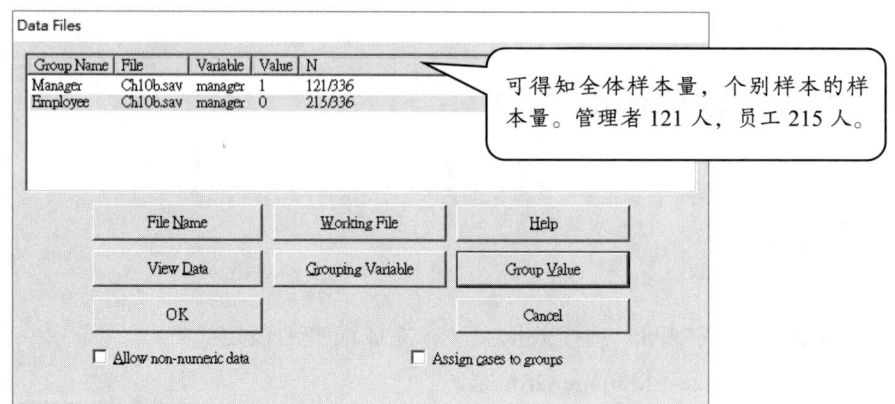

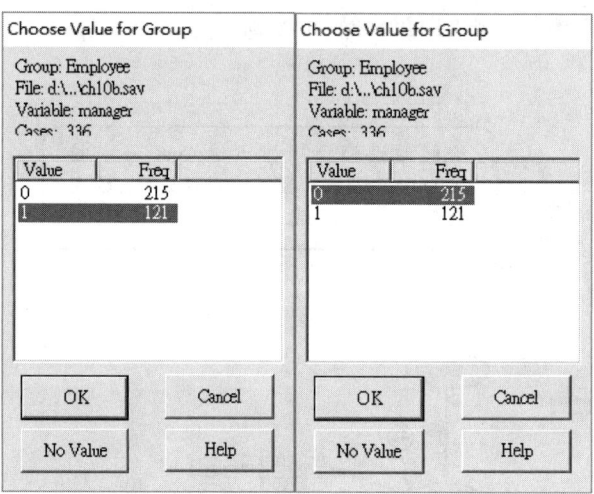

步骤五：点选分析选项，点选 Estimate means and intercepts，宣告要进行截距与平均数的估计。

步骤六：点选 ■■（多样本分析），按确定之后即进入模型界定对话框（前四个模型有结构平均数与截距自由估计，后三个则无估计）：

第十章 平均数结构分析

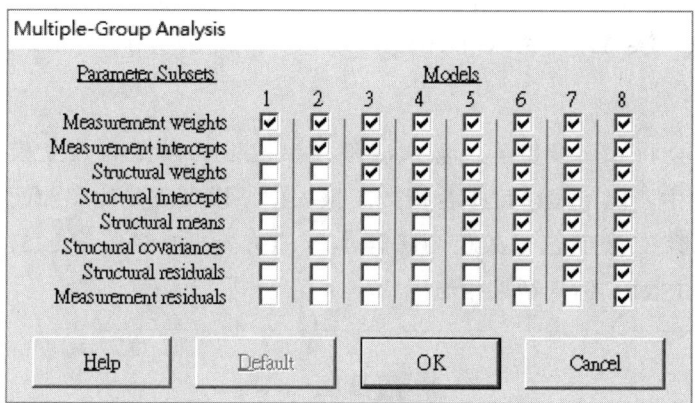

1）模型一为因素载荷跨样本等值。
2）模型二增加了观察变量截距跨样本恒等。
3）模型三增加了结构参数（回归系数）跨样本恒等。（与 LISREL 范例相同设定的模型。）
4）模型四增加了结构协方差与残差跨样本恒等。
5）模型五令结构截距与平均数跨样本恒等，用来与模型三与模型四比较。
6）模型六令结构截距与平均数跨样本恒等，且结构协方差与残差跨样本恒等。
7）模型七为完全等值模型。

步骤七：设定其中一个样本（本范例为主管样本）的外源潜在变量平均数为自由估计，内生潜在变量截距为自由估计。（首先点选样本为 Manager 后，将光标移至两个因素上，按右键后，选取 Object Properties 即可获得下列画面。）

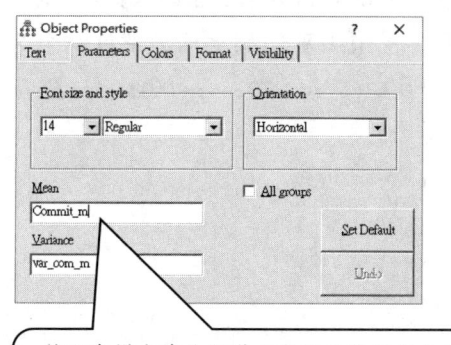

管理者样本的外源潜在变量平均数自由估计，给定一个参数为 Commit_m，因素方差自由估计。

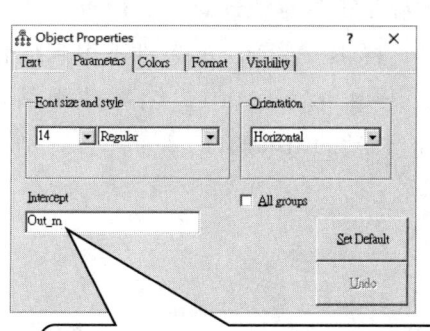

管理者样本的内生潜在变量截距为自由估计，给定一个参数为 Out_m。

（二）估计结果：模型拟合比较

进行估计后，Amos 会将 6 个模型（包含未设限模型、饱和模型与独立模型）的估计结果列于报表中。以下是模型拟合指数。报表中，模型三是比照前面 LISREL 范例的设定（观察变量正态与截距为跨样本等值），χ^2=49.491，df=25，p<0.001，结果与先前的 LISREL 估计结果相似。

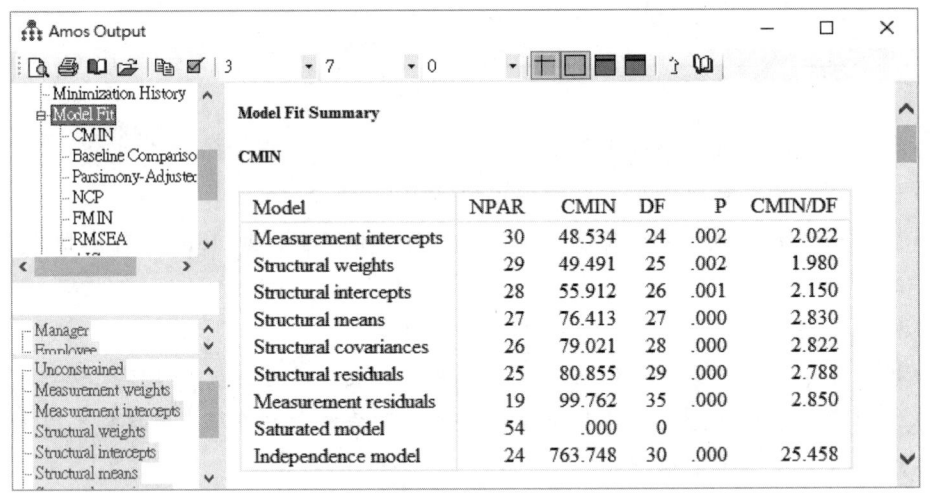

（三）估计结果：平均数差异检验

平均数差异的检验主要并非检查模型拟合，而是比较两个样本在结构平均数上的差异是否具有统计意义。检查估计数当中的 Means 即可在结构平均数设定为自由估计样本（主管）的条件下得到报表。其中，组织承诺的平均数估计结果为 0.730，t=4.420，p<0.001，绩效截距估计数为 0.176，t=2.802，p<0.01，与先前 LISREL 估计的结果相近。

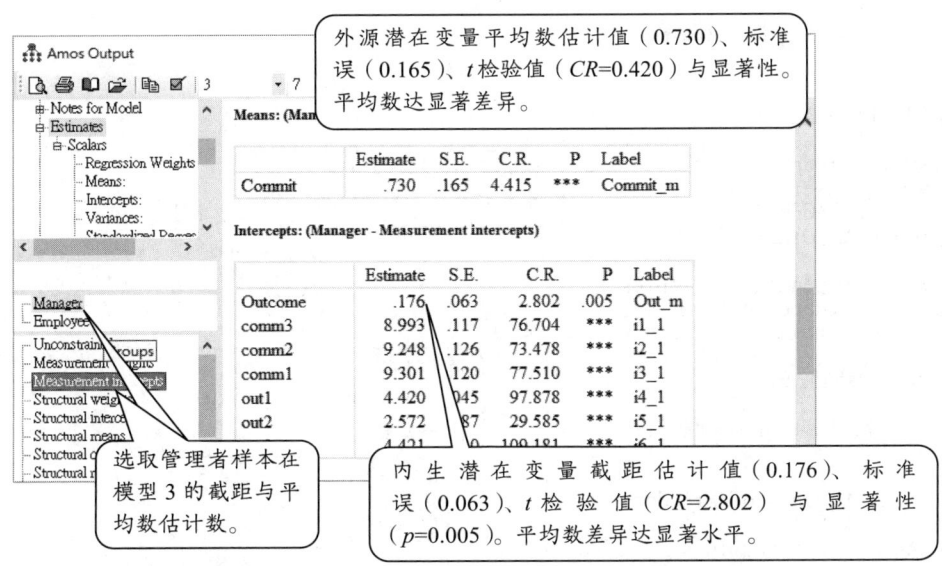

五、Mplus 估计语法与结果

（一）Mplus 语法

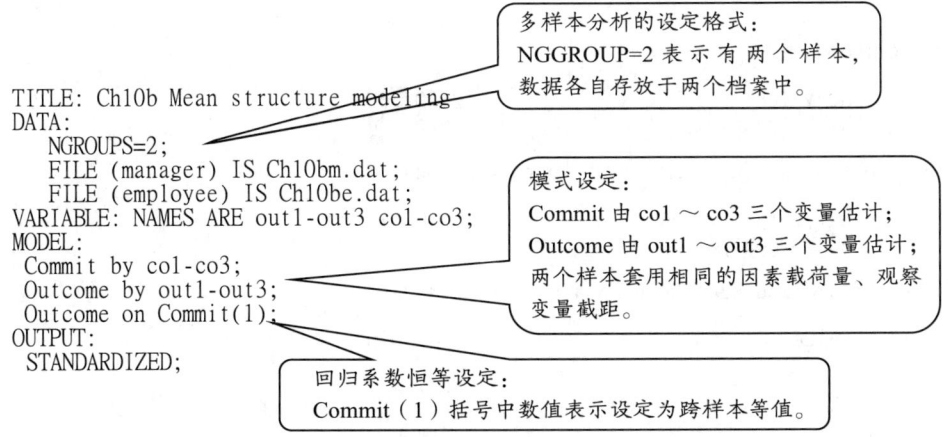

（二）Mplus 报表

```
SUMMARY OF ANALYSIS

Number of groups                                                    2
Number of observations
    Group MANAGER                                                 121
    Group EMPLOYEE                                                215

Number of dependent variables                                       6
Number of independent variables                                     0
Number of continuous latent variables                               2

TESTS OF MODEL FIT

Chi-Square Test of Model Fit

        Value                                              49.787
        Degrees of Freedom                                     25
        P-Value                                            0.0023
Chi-Square Contributions From Each Group

        MANAGER                                            24.095
        EMPLOYEE                                           25.692
Chi-Square Test of Model Fit for the Baseline Model

        Value                                             768.322
        Degrees of Freedom                                     30
        P-Value                                            0.0000
CFI/TLI

        CFI                                                 0.966
        TLI                                                 0.960

Loglikelihood

        H0 Value                                        -2850.338
        H1 Value                                        -2825.444

RMSEA (Root Mean Square Error Of Approximation)

        Estimate                                            0.077
        90 Percent C.I.                               0.045  0.108

SRMR (Standardized Root Mean Square Residual)

        Value                                               0.075
```

> 表示两个数据库的状况，各有 121 与 215 笔资料。

> 模式适配数据；卡方值为 49.787，与 LISREL 估计值相近。

> 两个样本各自估计的模式适配指针卡方值，分别合计即为总和（49.787）。

MODEL RESULTS

	Estimate	S.E.	Est./S.E.	Two-Tailed P-Value
Group MANGER				
COMMIT BY				
CO1	1.000	0.000	999.000	999.000
CO2	1.106	0.058	19.101	0.000
CO3	1.034	0.055	18.827	0.000
OUTCOME BY				
OUT1	1.000	0.000	999.000	999.000
OUT2	-1.466	0.390	-3.756	0.000
OUT3	0.528	0.103	5.137	0.000
OUTCOME ON				
COMMIT	0.169	0.023	7.207	0.000
Means				
COMMIT	0.000	0.000	999.000	999.000
Intercepts				
OUT1	4.699	0.049	95.335	0.000
OUT2	2.157	0.108	19.950	0.000
OUT3	4.568	0.042	109.443	0.000
CO1	10.030	0.132	75.965	0.000
CO2	10.055	0.135	74.557	0.000
CO3	9.748	0.132	73.955	0.000
OUTCOME	0.000	0.000	999.000	999.000
Variances				
COMMIT	1.583	0.257	6.160	0.000
Residual Variances				
OUT1	0.218	0.057	3.844	0.000
OUT2	1.319	0.194	6.789	0.000
OUT3	0.297	0.045	6.674	0.000
CO1	0.943	0.147	6.405	0.000
CO2	0.331	0.101	3.272	0.001
CO3	0.697	0.123	5.649	0.000
OUTCOME	0.071	0.048	1.473	0.141
Group EMPLOYEE				
COMMIT BY				
CO1	1.000	0.000	999.000	999.000
CO2	1.106	0.058	19.101	0.000
CO3	1.034	0.055	18.827	0.000
OUTCOME BY				
OUT1	1.000	0.000	999.000	999.000
OUT2	-1.466	0.390	-3.756	0.000
OUT3	0.528	0.103	5.137	0.000
OUTCOME ON				
COMMIT	0.169	0.023	7.207	0.000

注记：
- 因素载荷量与回归系数均设定为两样本等值。
- 观察变量的截距亦为跨样本等值
- 潜在变量的截距在第 1 个样本中设定为 0

```
Means
  COMMIT              -0.730     0.165    -4.430    0.000
Intercepts
  OUT1                 4.699
  OUT2                 2.157
  OUT3                 4.568
  CO1                 10.030
  CO2                 10.055
  CO3                  9.748     0.132    73.955    0.000
  OUTCOME             -0.156     0.059    -2.627    0.009
Variances
  COMMIT               2.293     0.296     7.740    0.000
Residual Variances
  OUT1                 0.228     0.065     3.500    0.000
  OUT2                 1.449     0.199     7.284    0.000
  OUT3                 0.426     0.046     9.268    0.000
  CO1                  1.136     0.139     8.146    0.000
  CO2                  0.816     0.129     6.324    0.000
  CO3                  0.627     0.107     5.853    0.000
  OUTCOME              0.155     0.065     2.402    0.016
```

> 潜在变量的截距在第二个样本中设定为自由估计。Commit 估计值为 -0.730，t = -4.43；Outcome 估计值为 -0.156，t = -2.627；均达统计显著水平，与 LISREL 结果相近。

STDYX Standardization

> 标准化估计数报表。值得注意的是，Mplus 并不提供跨样本完全标准化解，因此两个样本的标准化解并不一样。这里的标准化解等同于 LISREL 的 Within Group Completely Standardized Solution。

```
                    Estimate     S.E.   Est./S.E.  P-value
Group MANAGER

COMMIT  BY
  CO1                0.792     0.035    22.639    0.000
  CO2                0.924     0.024    37.942    0.000
  CO3                0.842     0.030    28.058    0.000

OUTCOME  BY
  OUT1               0.589     0.127     4.652    0.000
  OUT2              -0.399     0.076    -5.282    0.000
  OUT3               0.313     0.095     3.310    0.001

OUTCOME  ON
  COMMIT             0.623     0.135     4.612    0.000

Means
  COMMIT             0.000     0.000   999.000  999.000
Intercepts
  OUT1               8.121     0.488    16.640    0.000
  OUT2               1.722     0.138    12.507    0.000
  OUT3               7.954     0.495    16.079    0.000
  CO1                6.311     0.359    17.561    0.000
  CO2                6.679     0.430    15.548    0.000
  CO3                6.305     0.378    16.683    0.000
  OUTCOME            0.000     0.000   999.000  999.000

Variances
  COMMIT             1.000     0.000   999.000  999.000

Residual Variances
  OUT1               0.652     0.149     4.368    0.000
（略）
```

六、R 的语法与分析结果

（一）R 语法

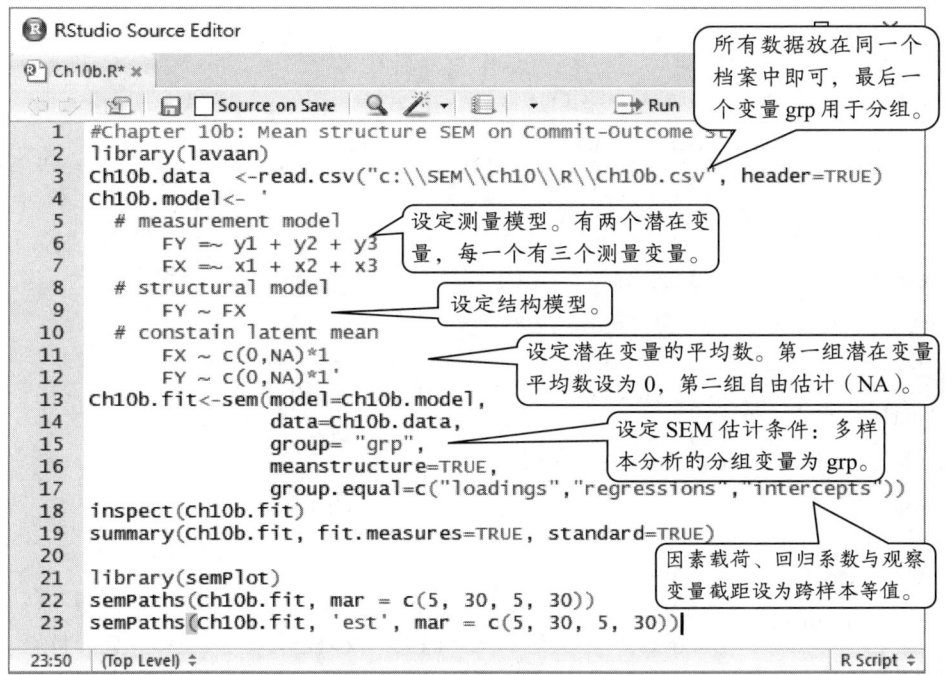

（二）R 分析结果

```
> summary(Ch10b.fit, fit.measures=TRUE, standard=TRUE)

lavaan (0.5-23.1097) converged normally after  70 iterations

  Number of observations per group
  Employee                                         215
  Manager                                          121

  Estimator                                         ML
  Minimum Function Test Statistic               49.787
  Degrees of freedom                                25
```

```
  P-value (Chi-square)                           0.002
Chi-square for each group:
  Employee                                      25.692
  Manager                                       24.095
Model test baseline model:
  Minimum Function Test Statistic              768.322
  Degrees of freedom                                30
  P-value                                        0.000
User model versus baseline model:
  Comparative Fit Index (CFI)                    0.966
  Tucker-Lewis Index (TLI)                       0.960
Loglikelihood and Information Criteria:
  Loglikelihood user model (H0)              -2850.338
  Loglikelihood unrestricted model (H1)      -2825.444
  Number of free parameters                         29
  Akaike (AIC)                                5758.676
  Bayesian (BIC)                              5869.372
  Sample-size adjusted Bayesian (BIC)         5777.380
Root Mean Square Error of Approximation:
  RMSEA                                          0.077
  90 Percent Confidence Interval       0.045  0.108
  P-value RMSEA <= 0.05                          0.078
Standardized Root Mean Square Residual:
  SRMR                                           0.069

Group 1 [Employee]:

Latent Variables:
                   Estimate  Std.Err  z-value  P(>|z|)   Std.lv  Std.all
  FY =~
    y1               1.000                                0.470    0.701
    y2     (.p2.)   -1.466    0.257   -5.712    0.000    -0.689   -0.497
    y3     (.p3.)    0.528    0.112    4.711    0.000     0.248    0.355
  FX =~
    x1               1.000                                1.514    0.818
    x2     (.p5.)    1.106    0.058   19.117    0.000     1.674    0.880
    x3     (.p6.)    1.034    0.055   18.802    0.000     1.566    0.892

Regressions:
                   Estimate  Std.Err  z-value  P(>|z|)   Std.lv  Std.all
  FY ~
    FX     (.p7.)    0.169    0.024    7.060    0.000     0.544    0.544

Intercepts:
                   Estimate  Std.Err  z-value  P(>|z|)   Std.lv  Std.all
   FX              0.000                                  0.000    0.000
  .FY              0.000                                  0.000    0.000
  .y1    (.18.)    4.420    0.045   99.222    0.000     4.420    6.595
```

> 第一组潜在变量平均数设定为 0。

```
    .y2       (.19.)    2.567    0.086    29.917   0.000    2.567    1.851
    .y3       (.20.)    4.420    0.040   109.708   0.000    4.420    6.330
    .x1       (.21.)    9.301    0.120    77.613   0.000    9.301    5.023
    .x2       (.22.)    9.248    0.126    73.585   0.000    9.248    4.862
    .x3       (.23.)    8.993    0.117    76.801   0.000    8.993    5.125
Variances:             Estimate Std.Err  z-value   P(>|z|)  Std.lv   Std.all
    .y1                0.228    0.046     4.938   0.000    0.228    0.509
    .y2                1.448    0.170     8.542   0.000    1.448    0.753
    .y3                0.426    0.044     9.622   0.000    0.426    0.874
    .x1                1.136    0.140     8.112   0.000    1.136    0.331
    .x2                0.816    0.129     6.326   0.000    0.816    0.225
    .x3                0.627    0.108     5.813   0.000    0.627    0.204
    .FY                0.155    0.044     3.542   0.000    0.704    0.704
     FX                2.293    0.297     7.713   0.000    1.000    1.000

Group 2 [Manager]:

Latent Variables:
                       Estimate Std.Err  z-value   P(>|z|)  Std.lv   Std.all
  FY =~
    y1                 1.000                                0.341    0.589
    y2       (.p2.)   -1.466    0.257    -5.712   0.000   -0.500   -0.399
    y3       (.p3.)    0.528    0.112     4.711   0.000    0.180    0.313
  FX =~
    x1                 1.000                                1.258    0.792
    x2       (.p5.)    1.106    0.058    19.117   0.000    1.391    0.924
    x3       (.p6.)    1.034    0.055    18.802   0.000    1.301    0.842

Regressions:
                       Estimate Std.Err  z-value   P(>|z|)  Std.lv   Std.all
  FY ~
    FX       (.p7.)    0.169    0.024     7.060   0.000    0.623    0.623

Intercepts:
                       Estimate Std.Err  z-value   P(>|z|)  Std.lv   Std.all
     FX                0.730    0.165     4.433   0.000    0.580    0.580
    .FY                0.156    0.060     2.610   0.009    0.458    0.458
    .y1       (.18.)   4.420    0.045    99.222   0.000    4.420    7.638
    .y2       (.19.)   2.567    0.086    29.917   0.000    2.567    2.049
    .y3       (.20.)   4.420    0.040   109.708   0.000    4.420    7.697
    .x1       (.21.)   9.301    0.120    77.613   0.000    9.301    5.852
    .x2       (.22.)   9.248    0.126    73.585   0.000    9.248    6.143
    .x3       (.23.)   8.993    0.117    76.801   0.000    8.993    5.816

Variances:
                       Estimate Std.Err  z-value   P(>|z|)  Std.lv   Std.all
    .y1                0.218    0.045     4.875   0.000    0.218    0.653
    .y2                1.319    0.190     6.957   0.000    1.319    0.841
    .y3                0.297    0.041     7.329   0.000    0.297    0.902
    .x1                0.943    0.147     6.404   0.000    0.943    0.373
    .x2                0.331    0.102     3.236   0.001    0.331    0.146
    .x3                0.697    0.123     5.646   0.000    0.697    0.292
    .FY                0.071    0.036     1.993   0.046    0.612    0.612
     FX                1.583    0.256     6.189   0.000    1.000    1.000
```

最后，模型设定与估计结果如图 10.5 所示。

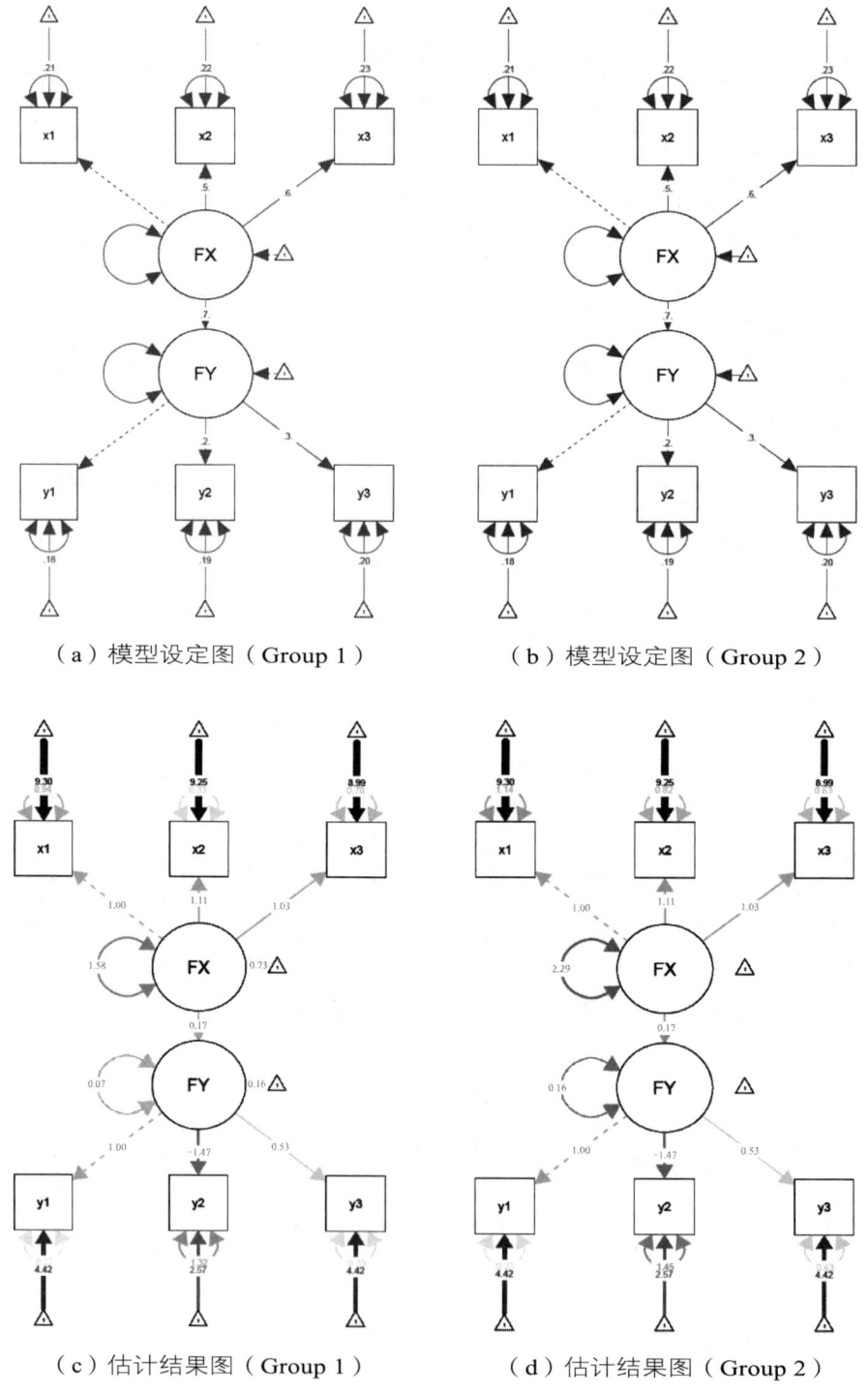

图 10.5 以 R 进行分析的模型设定与估计结果图示

第五节 结　语

　　本章介绍了将多样本 SEM 分析应用于对平均数结构的检验。由于 SEM 模型相当复杂，除了因素结构本身的复杂性，还包括结构模型的设定，因此 SEM 分析估计出来的截距或平均数数据虽然可以反映差异的有无，但是造成差异的原因无法从 SEM 分析的报表中获得。由此可见，对样本本身的性质的描述是多样本分析成败的关键所在。例如，各样本的差异是否可以具体描述，除了某些明显的差异之外，其他性质是否维持一致。如果可以，从 SEM 分析获得的样本间差异即可归因于样本间差异的明显特质。相对的，如果不同样本之间的异质性太高，我们就很难理解从 SEM 分析中得到的样本间差异的原因究竟为何。

　　样本异质性问题特别容易发生在非随机抽样所获得的样本上，例如，某个班级的男性与女性样本，某个公司的主管与下属。在社会与行为科学领域，除非进行实验室研究，以将样本利用随机分派区分成性质完全相等的两组，否则两个独立样本之间很难具有高度同构性。如此一来即造成样本间比较的困难。因此，在进行多样本模型分析时，研究者宜特别注意抽样的问题，以免因为样本本身的因素造成分析或解释上的偏差。

第十一章 潜在成长模型

第一节 潜在成长模型的基本概念

到目前为止，本书所讨论的数据并未带有时间信息，即研究者所观察到的资料都是在特定时间点上搜集获得的，即为横向数据。研究者随着时间的推移而持续重复搜集的某个（或某些）变量的数据即为纵向数据（longitudinal data），其主要特征在于时间的延续，因此分析模型多牵涉变化（change）或轨迹（trajectory）。基于 SEM 的设定原理，观察变量或潜在变量的平均数变化情形可以用潜在成长模型（latent growth modeling，LGM；Meredith & Tisak，1990）或潜在变化分析（latent change analysis）来探讨（Meredith & Tisak，1990；Raykov & Marcoulides，2000）。这一技术最早由 Tucker（1958）与 Rao（1958）提出，近年来相关文献与实际研究增加迅速，相关专著不断出版，可见其应用价值甚高。

在社会与行为科学研究中，研究者所关心的问题可能不是静态的现象，而是对随着时间的推移，某些特质所呈现的特定变化趋势的研究。例如，学生的学习成果随着时间的推移而增加，病人的症状随着时间的推移而有所改善。此时，最重要的特征即是变量（y）经过 t 次重复测量，形成带有时间特征的纵向数据。

假设今天有 4 个婴儿在出生后的 12 个月里的身高变化资料，如图 11.1 所示，在初生（第 0 个月）时虽然高低有别，但均呈逐渐增长的趋势。若将 4 个婴儿的身高取平均值（$\bar{y}$）对于时间（t）做回归，会得到线性方程（公式 11.1）。

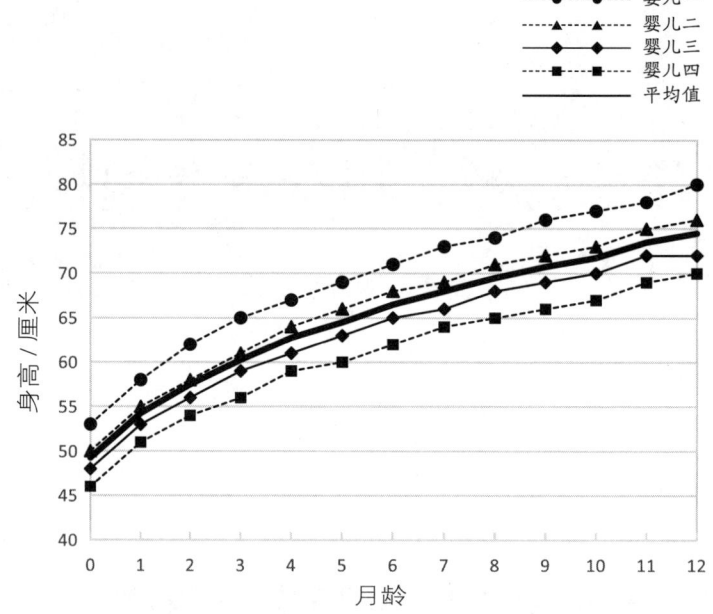

图 11.1　4 个婴儿 0—12 个月大时的身高变化轨迹图

$$\hat{y} = 51.26 + 1.9409t \tag{11.1}$$

公式 11.1 当中的截距（51.26）表示初生时（$t=0$）的身高平均预测值，斜率（1.9409）表示每增加 1 个月，每个婴儿平均增高 1.9409 厘米，但是这一线性方程所反映的是 4 个婴儿的平均趋势。事实上，每一个婴儿皆有自己的成长轨迹，如果分别估计 $t \rightarrow y$ 的线性方程，可以发现四条轨迹均有其各自的截距与斜率：

$$\hat{y}_1 = 55.12 + 2.0495t \tag{11.2}$$

$$\hat{y}_2 = 51.92 + 2.0110t \tag{11.3}$$

$$\hat{y}_3 = 50.08 + 1.8791t \tag{11.4}$$

$$\hat{y}_4 = 47.92 + 1.8242t \tag{11.5}$$

4 条轨迹不仅截距不同，最小值（47.92）与最大值（55.12）相差 7.2 厘米，同时斜率似乎会随着截距的增高而增大，最小值（1.8242）与最大值（2.0495）

相差 0.2253 厘米。由于对身高数据进行了 13 次重复观测，$t=0,1,2,\cdots,12$，每一次测量都从 n 个受试者身上获得，整个数据结构等同于一个带有 13 个观察变量（y_1, $y_2,\cdots,y_{13}$）的测量模型，所有的观察数据可形成一个 13×13 的完整方差/协方差矩阵，借以估计其间可能存在的特定潜在结构。LGM 主要是利用 SEM 测量模型估计某测量变量重复测量多次的变动轨迹。当某一个变量（y）经过 t 次重复测量，即形成带有时间的嵌套数据，此时即以 LGM 进行对这一变量的变化轨迹的分析。

第二节　潜在成长模型的统计原理

一、潜在成长模型：单因子模型

由于 SEM 的测量模型是用来估计潜在变量的，至少要有一个潜在变量才能形成一个测量模型，因此最简单的 LGM 是仅带有一个潜在变量的单因子 LGM（one-factor LGM），例如，y 重复测量 6 次（$t=6$）的单因子测量模型，如图 11.2 所示。

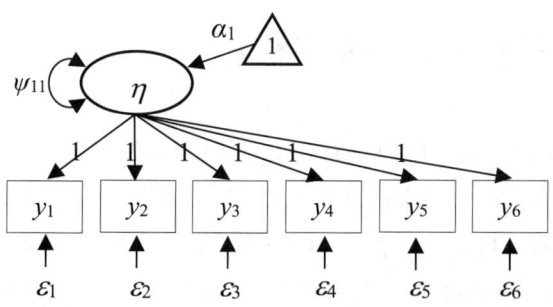

图 11.2　带有 6 次重复测量的单因子模型图示

在图 11.2 当中，作为 t 次重复测量的共同变异的潜在变量 η，反映了 t 次重复测量的变异情形，而无法反映任何成长趋势或轨迹信息，η 的平均数即为全体受测者重复测量的总平均值，因此称为水平因子（level factor），反映总体测量的平均水平。

为估计 n 个受测者的多次重复测量平均值，在图 11.2 的单因子 LGM 中，每一个因素载荷皆需设定为相等权重（皆为 1），三角形的符号代表模型中纳入潜在变量平均数（截距参数 α）进行估计，如公式 11.6 所示。

$$y = \alpha + \Lambda_y \eta + \varepsilon = \begin{bmatrix} y_1 \\ y_2 \\ y_3 \\ y_4 \\ y_5 \\ y_6 \end{bmatrix} = \alpha_1 + \begin{bmatrix} 1 \\ 1 \\ 1 \\ 1 \\ 1 \\ 1 \end{bmatrix}[\eta] + \begin{bmatrix} \varepsilon_1 \\ \varepsilon_2 \\ \varepsilon_3 \\ \varepsilon_4 \\ \varepsilon_5 \\ \varepsilon_6 \end{bmatrix} \quad (11.6)$$

公式 11.6 当中的截距参数 α_1 为 $n \times t$ 个观察值的总平均值，潜在变量的方差和协方差矩阵 Ψ 仅有一个向量 Ψ_{11}，为 n 位受测者在 t 次测量中的平均方差的估计值，反映个别差异。

在误差变异部分，基于误差独立性假设，将误差共变设定为 0，但每一次重复观测都有各自的误差变异（即 $\varepsilon_1 \sim \varepsilon_6$）。如果基于各波测量具有相等变异的变异同质假设，可将误差变异设定为相等，即 $\varepsilon_1 = \varepsilon_2 = ... = \varepsilon_6 = \varepsilon$，此时模型自由度将会增加。

二、潜在成长模型：二因子模型

图 11.2 的模型设定虽然可以估计每一个受测者的 t 次测量平均值的个别差异（方差），但是无法捕捉 t 次测量的变化趋势，因此当 t 次重复测量存在特定成长变动趋势时，以图 11.2 来进行估计的模型必然无法适配观察数据。此时可扩展成二因子 LGM（two-factor LGM）来进行线性成长变动趋势的估计，如图 11.3 所示。

m 位受测者在 t 次测量的起点水平在图 11.3 当中以第一个潜在变量 η_1 反映，为线性成长趋势的截距因子（intercept factor），简称为 I 因子。第二个潜在变量（η_2）的因素载荷为 0、1、2、3、4、5，用以估计六次测量的线性增加趋势，即 η_2 表示随着测量波次每增加一个单位，测量变量由起点水平逐次增加的幅度。因此，它被称为斜率因子（slope factor），简称为 S 因子。

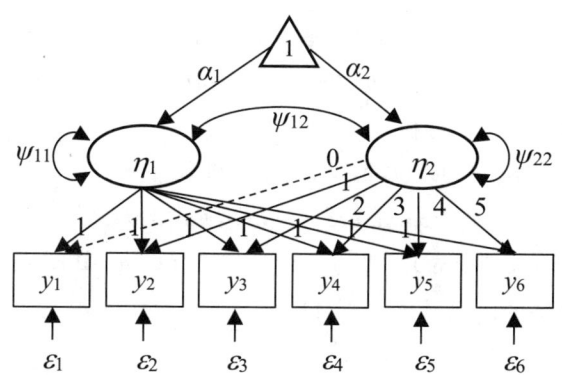

图 11.3　带有六次重复测量的二因子模型图示

一般在 LGM 中，η_2 的因素载荷用来定义每一波测量之间的间隔情形，以图 11.3 为例，0～5 的六个时间分数表示测量时间呈等间隔时距增加，定义如下：

$$y = \alpha + \Lambda_y \eta + \varepsilon = \begin{bmatrix} y_1 \\ y_2 \\ y_3 \\ y_4 \\ y_5 \\ y_6 \end{bmatrix} = \begin{bmatrix} 1 & 0 \\ 1 & 1 \\ 1 & 2 \\ 1 & 3 \\ 1 & 4 \\ 1 & 5 \end{bmatrix} \begin{bmatrix} \alpha_1 \\ \alpha_2 \end{bmatrix} + \begin{bmatrix} \eta_1 \\ \eta_2 \end{bmatrix} + \begin{bmatrix} \varepsilon_1 \\ \varepsilon_2 \\ \varepsilon_3 \\ \varepsilon_4 \\ \varepsilon_5 \\ \varepsilon_6 \end{bmatrix} \quad (11.7)$$

由于二因子 LGM 当中有两个潜在变量 η_1 与 η_2，其方差与协方差矩阵 $\boldsymbol{\Psi}$ 当中有三个元素 Ψ_{11}、Ψ_{22}、Ψ_{12}，分别表示 η_1 与 η_2 的方差与协方差。

一般而言，二因子 LGM 的 Ψ_{11}、Ψ_{22}、Ψ_{12} 皆会纳入估计，表示每一位受测者的起点与斜率都可以自由随机变动，而且起点水平与斜率之间具有共变，如此一来，可让模型更适配于数据，并检验每一个个体的起点与斜率的个别差异是否显著不为 0。

三、潜在成长模型：非线性模型

图 11.3 当中的两个潜在变量 η_1 与 η_2 反映了线性趋势的起点与斜率，可以

估计受测者在 y 变量上的线性增减趋势。但是如果 y 变量的变动呈现非线性的函数关系，以双因子线性模型就不足以适配观察数据，而必须以非线性模型（non-linear model）来进行 LGM 分析。

最常见的非线性模型为二次曲线 LGM，即设定第三个潜在变量 η_3 来反映斜率的渐增或渐减，即曲率（curvature）。以多项式的观点来看，就是纳入了一个二次项因子（quadratic factor），成为一个三因子 LGM（three-factor LGM），如图 11.4 所示。测量模型的定义式如公式 11.8。

$$y = \alpha + \Lambda_y \eta + \varepsilon = \begin{bmatrix} y_1 \\ y_2 \\ y_3 \\ y_4 \\ y_5 \\ y_6 \end{bmatrix} = \begin{bmatrix} \alpha_1 \\ \alpha_2 \\ \alpha_3 \end{bmatrix} + \begin{bmatrix} 1 & 0 & 0 \\ 1 & 1 & 1 \\ 1 & 2 & 4 \\ 1 & 3 & 9 \\ 1 & 4 & 16 \\ 1 & 5 & 25 \end{bmatrix} \begin{bmatrix} \eta_1 \\ \eta_2 \\ \eta_3 \end{bmatrix} + \begin{bmatrix} \varepsilon_1 \\ \varepsilon_2 \\ \varepsilon_3 \\ \varepsilon_4 \\ \varepsilon_5 \\ \varepsilon_6 \end{bmatrix} \tag{11.8}$$

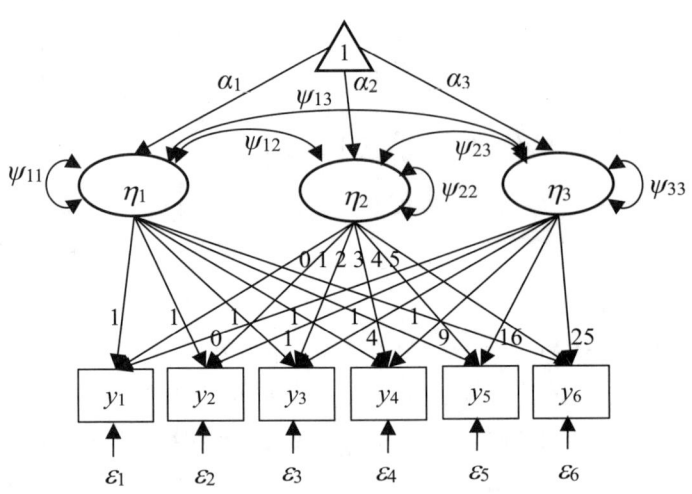

图 11.4　带有 6 个重复测量的二次曲线 LGM 图示

水平因子（η_1）的平均数所反映的是第一波测量的起始水平。由于测量模型中有 3 个潜在变量，Ψ 矩阵当中即有 6 个元素，分别表示 η_1、η_2 与 η_3 的方差（Ψ_{11}、Ψ_{22}、Ψ_{33}）与 3 个因子间的两两协方差（Ψ_{21}、Ψ_{31}、Ψ_{32}）。

$$\boldsymbol{\Psi} = \begin{bmatrix} \psi_{11} & & \\ \psi_{21} & \psi_{22} & \\ \psi_{31} & \psi_{32} & \psi_{33} \end{bmatrix} \tag{11.9}$$

一般而言，这 6 个方差或协方差参数虽然都会纳入估计，可提高模型适配，但是从实务上来说，每一位受测者的起始值、斜率和曲率是否具有显著差异，即 ψ_{11}、ψ_{22}、ψ_{33} 这 3 个变异成分是否显著不等于 0，多半是研究者所关注的焦点。但是 ψ_{21}、ψ_{31}、ψ_{32} 这 3 个协方差的数值高低并没有实务上的意义，即使估计也不易解释，因此可不纳入估计。

前述三因子 LGM 是将成长轨迹设定为二次曲线，如果增加三次项，则得到三次成长模型（cubic growth model），此即四因子 LGM（four-factor LGM）。模型中有截距（η_1）、一次项（η_2）、二次项（η_3）与三次项（η_4）这 4 个潜在变量，反映三次项（曲率变化率）的 η_4 因素载荷设定为 $\{0,1,8,27,64,125\}$，测量模型的定义式如公式 11.10 所示。

$$y = \alpha + \boldsymbol{\Lambda}_y \eta + \varepsilon = \begin{bmatrix} y_1 \\ y_2 \\ y_3 \\ y_4 \\ y_5 \\ y_6 \end{bmatrix} = \begin{bmatrix} \alpha_1 \\ \alpha_2 \\ \alpha_3 \\ \alpha_4 \end{bmatrix} + \begin{bmatrix} 1 & 0 & 0 & 0 \\ 1 & 1 & 1 & 1 \\ 1 & 2 & 4 & 8 \\ 1 & 3 & 9 & 27 \\ 1 & 4 & 16 & 64 \\ 1 & 5 & 25 & 125 \end{bmatrix} \begin{bmatrix} \eta_1 \\ \eta_2 \\ \eta_3 \\ \eta_4 \end{bmatrix} + \begin{bmatrix} \varepsilon_1 \\ \varepsilon_2 \\ \varepsilon_3 \\ \varepsilon_4 \\ \varepsilon_5 \\ \varepsilon_6 \end{bmatrix} \tag{11.10}$$

由于测量模型中有四个潜在变量，$\boldsymbol{\Psi}$ 矩阵将从二项式的 6 个元素增加到 10 个元素，所需估计的参数随之增加。

$$\boldsymbol{\Psi} = \begin{bmatrix} \psi_{11} & & & \\ \psi_{21} & \psi_{22} & & \\ \psi_{31} & \psi_{32} & \psi_{33} & \\ \psi_{41} & \psi_{42} & \psi_{43} & \psi_{44} \end{bmatrix} \tag{11.11}$$

理论上，如果重复测量的次数（t）越多，LGM 的潜在变量个数越可以增加，例如，当 $t \geq 2$，可以估计线性成长的截距与斜率这两个因子；当 $t \geq 3$，可以估计二次曲线的截距、斜率与曲率这三个因子；当 $t \geq 4$，就可以估计 S 曲线的 4

个因子模型。但是值得注意的是，如果变动轨迹的幂次太高，实务上的解释意义越趋有限，因此一般建议实行二次多项式的模型即可，除非研究者可以从数据分布图的检查中得出 S 曲线存在的可能性，或是重复观测次数够多（例如，$t \geq 6$），才建议使用更多因子的 LGM。

四、潜在成长模型：无指定轨迹模型

不论是线性、二次或三次的 LGM，研究者都必须明确指出重复测量的变动成长的函数模型，赋予特定的时间变量或因素载荷系数来估计轨迹状态。但是在研究实务上，重复观测数据的变动轨迹的函数形态究竟为何，研究者多无法事前确知，或者即使可以预先指定一种或两种函数形态，也未必适配观察资料。因此，研究者多会考虑放宽模型限制，得到更能适配观察数据的模型。

在 LGM 当中，对于轨迹形态的模型设定有一种特殊的替代策略，是将前述二因子模型当中的斜率因子设定放宽，不给定载荷量特定数值，而让模型自由估计成长的形态。如此将仅需要在起始点的水平因子之外再设定一个表示成长状态的形态因子（shape factor），由数据去估计变化的轨迹形态与时距间隔，借以让模型能适配观察数据，称为无指定轨迹模型（unspecified trajectory model，UTM）（Duncan，Duncan，Strycker，2006；Tisak & Meredith，1990）。

无指定轨迹模型的背后存在一个基本假设，即数据重复测量的轨迹变化不仅基于测量分数本身的变动，也存在时间效果，即轨迹形态也是时间累积的一种结果。在测量过程当中抽样的时间点，仅是时间样本中的一个随机取样，其真正的时距形态必须如同测量分数的起伏变动，以"潜在"变量模型由数据进行估计，因此 UTM 又称为完全潜在模型（completely latent model）（Aber & McArdle，1991；Curran & Hussong，2002；McArdle，1989）。

对于 UTM 时间信息的估计，最常见的做法是将 η_2（shape）因素载荷限定在 $0 \sim 1$，即仅设定头尾两个参照数值 $\{0\}$ 和 $\{1\}$，其余中间各次重复测量的成长参数则由观察数据来自由估计，称为限定自由编码模型或中段估计法，如公式 11.12 所示，模型示意图如图 11.5 所示。

$$y = \alpha + \Lambda_y \eta + \varepsilon = \begin{bmatrix} y_1 \\ y_2 \\ y_3 \\ y_4 \\ y_5 \\ y_6 \end{bmatrix} = \begin{bmatrix} \alpha_1 \\ \alpha_2 \end{bmatrix} + \begin{bmatrix} 1 & 0 \\ 1 & * \\ 1 & * \\ 1 & * \\ 1 & * \\ 1 & 1 \end{bmatrix} \begin{bmatrix} \eta_1 \\ \eta_2 \end{bmatrix} + \begin{bmatrix} \varepsilon_1 \\ \varepsilon_2 \\ \varepsilon_3 \\ \varepsilon_4 \\ \varepsilon_5 \\ \varepsilon_6 \end{bmatrix} \quad (11.12)$$

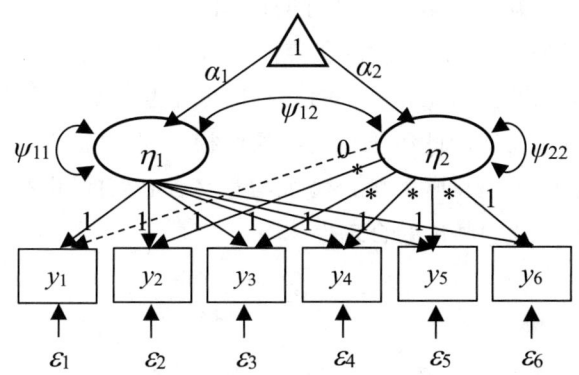

图 11.5　带有 6 个重复测量的无指定二因子模型的图示

另一种非限定轨迹模型的设定方式是将反映变动趋势的第二个潜在变量的因素载荷以第一波到第二波的第一次落后测量时间分数作为参照，然后令其他各期落后的时间间隔自由估计，例如，{0,1,*,*,*,*}，借以捕捉分数变动形态与时间分数，称为开放自由编码模型或后段估计法，如公式 11.13 所示。

$$y = \alpha + \Lambda_y \eta + \varepsilon = \begin{bmatrix} y_1 \\ y_2 \\ y_3 \\ y_4 \\ y_5 \\ y_6 \end{bmatrix} = \begin{bmatrix} \alpha_1 \\ \alpha_2 \end{bmatrix} + \begin{bmatrix} 1 & 0 \\ 1 & 1 \\ 1 & * \\ 1 & * \\ 1 & * \\ 1 & * \end{bmatrix} \begin{bmatrix} \eta_1 \\ \eta_2 \end{bmatrix} + \begin{bmatrix} \varepsilon_1 \\ \varepsilon_2 \\ \varepsilon_3 \\ \varepsilon_4 \\ \varepsilon_5 \\ \varepsilon_6 \end{bmatrix} \quad (11.13)$$

不论是限定自由编码还是开放自由编码的 UTM，其分析程序与二因子线性成长 LGM 相同，所不同的是增加了估计参数的数目，因此模型会比线性或二次曲线模型来得复杂，简效性较低。如果重复测量的波次少，可能会因为所需估计的参数数目超过观察数据矩阵所能够提供的数据点数，造成模型无法辨识求解的困境。因此一般而言，无指定轨迹模型至少要有四波以上的重复观测，从观察共变矩阵可获得 10 个数据点，如此才能够提供充分的信息来进行收敛求解的参数估计作业。

由前述的说明可知，由数据来估计时间间隔及轨迹形态而非指定时间分数，是 LGM 的一种特殊应用，其最大的优点是让理论模型更贴近观察数据，因此可以大幅提升模型适配度。但是相对而言，让时间信息由数据自由估计，容易造成解释上的困扰，因此在使用此种未指定结构的模型时，除了叙明理由，估计之后必须充分说明形态因子所反映的轨迹特征与意义，必要时还必须寻求有利的论证或文献，来支持所得到的结论的合理性。

第三节　LISREL 的潜在成长模型分析

一、单因子分析

首先，我们将示范单因子的潜在成长模型的分析方法。如果我们在一天之中在四个不同的时间点重复测量 200 位学生的课堂注意力（反应时间），可以得到四组重复测量数据，分别为 RT1～RT4（如图 11.6 所示）。四次测量的协方差与平均数数据如下所示，并放置于 Ch11a.cov 当中。

```
307.46
296.52 377.21
295.02 365.10 392.47
291.02 355.88 358.25 376.84
 37.48  53.30  54.82  52.63
```

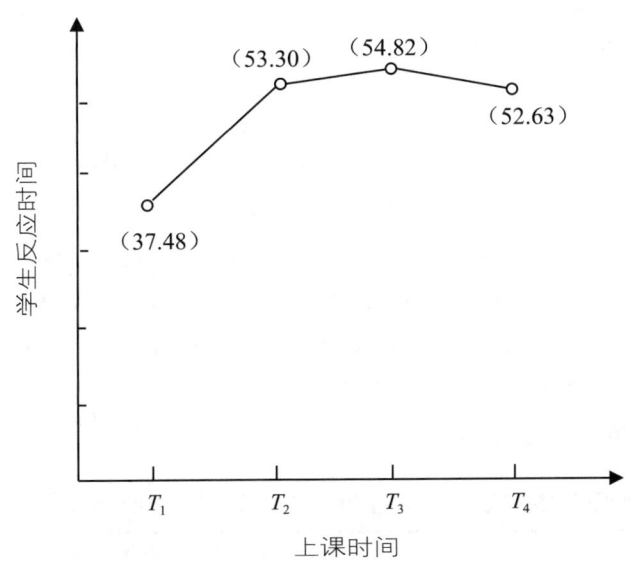

图 11.6　200 位学生在四个不同的上课时段的注意力（反应时间）

（一）LISREL 的模型设定与分析语法

前述提及的四次反应时间测量若以单一潜在变量（η）来估计集中情形与变化情形，即为单因子模型。此时，η 为时间状态因子，反映每一位受测者在不同时间的分数高低，但因为没有时间变量，无法估计变动趋势。

为了估计时间因子的影响，我们必须在 SEM 模型中将第一次测量的因素载荷设定为 1.00，表示潜在变量的影响的初始点发生在第一次测量时，而其他因素载荷则代表每一次重复测量被时间因子影响的程度，反映了平均数变动的程度。当这些因素载荷达到显著时，代表平均数的递变量具有统计的显著性。用于进行上述模型检验的 LISREL 语法列于表 11.1。

表 11.1　单因子潜在成长模型的 LISREL 语法（Ch11a.LIS）

```
1    Ch11 One factor latent change model using LISREL syntax
2    DATA    NI=4 NO=200
3    CM SY FI=Ch11a.COV; ME FI=Ch11a.COV
4    LA;     RT1 RT2 RT3 RT4
5    MO      NY=4 NE=1 AL=FR
6    LE;     Time
7    FI      LY 1 1 LY 2 1 LY 3 1 LY 4 1
8    VA    1 LY 1 1 LY 2 1 LY 3 1 LY 4 1
9    PD
10   OU
```

从表 11.1 可以看出，所输入的矩阵数据除了协方差以外，还包括了各观察变量的平均数（第 3 行指令），第 7～8 行指令则用来设定第一个因素载荷固定为 1.00。值得注意的是，MO 指令当中加入 AL=FR，表示潜在变量的平均数纳入估计。

SIMPLIS 语法（表 11.2）同样输入协方差（第 3 行），也包括观察变量平均数（第 4 行）。第 8 行指令设定测量模型，因素载荷均为 1.00，第 9 行指令设定潜在变量截距（平均数）需要估计。

表 11.2　单因子潜在成长模型的 SIMPLIS 语法（Ch11a.SPL）

```
1    Ch11 One factor latent change model using SIMPLIS syntax
2    Observed Variables: RT1-RT4
3    Covariance matrix from file=Ch11a.cov
4    Means from file=Ch11a.cov
5    Sample Size = 200
6    Latent Variables: TIME
7    Relationships
8    RT1-RT4 =1*TIME
9    TIME=CONST
10   Path Diagram
11   LISREL output
12   End of Problem
```

模型共有四个观察变量，可产生测量数据数（DP）为 14，包括 10 个协方差与 4 个方差。所估计的参数共有 9 个，包括 3 个因素载荷，4 个残差，1 个潜在变量方差，以及 1 个截距参数 *alpha*（反映了潜在变量的平均数，也就是平均数递变的平均值），因此自由度应为 5。

LISREL 报表先列出资料读入概况（见注 1）、样本协方差及平均数数据（见注 2），接着逐一列出被估计的每一个参数的编号（见注 3）。

```
Ch11 One factor latent change model using LISREL syntax

            Number of Input Variables    4
            Number of Y - Variables      4
            Number of X - Variables      0
            Number of ETA - Variables    1
            Number of KSI - Variables    0
            Number of Observations     200
```

注1：读取数据与模式设定概况

```
Ch11 One factor latent change model using LISREL syntax

    Covariance Matrix

                RT1         RT2         RT3         RT4
              --------    --------    --------    --------
       RT1    307.460
       RT2    296.520     377.210
       RT3    295.020     365.100     392.470
       RT4    291.020     355.880     358.250     376.840
```

注2：样本协方差矩阵与平均数数据

Total Variance = 1453.980 Generalized Variance = 37786493.35

Largest Eigenvalue = 1350.649 Smallest Eigenvalue = 18.007

Condition Number = 8.661

```
    Means

                RT1         RT2         RT3         RT4
              --------    --------    --------    --------
               37.480      53.300      54.820      52.630
```

Parameter Specifications

```
    PSI

              Time
            --------
                1

    THETA-EPS

                RT1         RT2         RT3         RT4
              --------    --------    --------    --------
                2           3           4           5

    ALPHA

              Time
            --------
                6
```

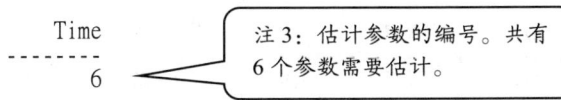

注3：估计参数的编号。共有6个参数需要估计。

接着，LISREL 列出了所有参数的估计数与显著性检验。其中，因素载荷均被设定为 1.00（见注 4），平均数都有显著的增加。而估计值（1.398）代表从第一次测量到第二次测量的平均数变动倍率为 1.398，如果第一次测量的平均数是

37.5，第二次测量的平均数估计数为 37.48×1.398=52.40。

```
Number of Iterations = 9

LISREL Estimates (Maximum Likelihood)

    LAMBDA-Y

           Time
          --------
  RT1      1.000
  RT2      1.000
  RT3      1.000
  RT4      1.000
```

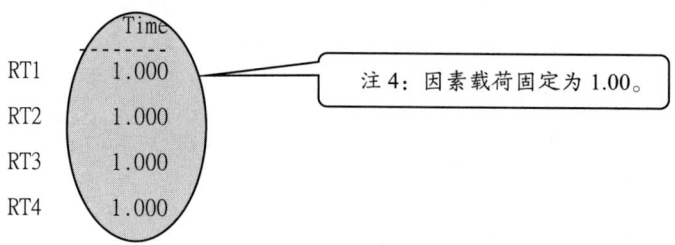

```
    Covariance Matrix of ETA

           Time
          --------
         357.580

    Mean Vector of Eta-Variables

           Time
          --------
          53.151

    PSI

           Time
          --------
         357.580
         (36.447)
           9.811

    THETA-EPS

           RT1          RT2          RT3          RT4
         --------     --------     --------     --------
         331.611       13.425       30.383       27.681
         (33.852)     (2.933)      (4.061)      (3.851)
           9.796        4.578        7.481        7.189

    Squared Multiple Correlations for Y - Variables

           RT1          RT2          RT3          RT4
         --------     --------     --------     --------
          0.519        0.964        0.922        0.928

    ALPHA

           Time
          --------
          53.151
          (1.350)
          39.377
```

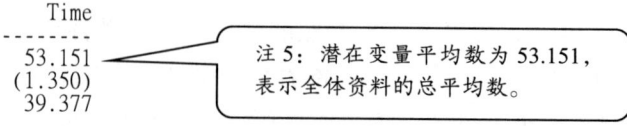

模型拟合度指标指出，χ^2=333.241，df=8，$RMSEA$=0.451，$NNFI$=0.800，CFI=0.733，模型拟合度非常不理想，显示单因子模型无法适配观察数据。参数估计结果如图11.7。

```
                        Log-likelihood Values

                          Estimated Model        Saturated Model
                          ---------------        ---------------
 Number of free parameters(t)      6                   14
 -2ln(L)                        4622.734             4289.492
 AIC (Akaike, 1974)*            4634.734             4317.492
 BIC (Schwarz, 1978)*           4654.524             4363.669

 *LISREL uses AIC= 2t - 2ln(L) and BIC = tln(N)- 2ln(L)


                      Goodness-of-Fit Statistics

 Degrees of Freedom for (C1)-(C2)                     8
 Maximum Likelihood Ratio Chi-Square (C1)        333.241 (P = 0.0000)
    Due to Covariance Structure                  164.499
    Due to Mean Structure                        168.742
 Browne's (1984) ADF Chi-Square (C2_NT)          194.352 (P = 0.0000)

 Estimated Non-centrality Parameter (NCP)        325.241
 90 Percent Confidence Interval for NCP          (269.210 ; 388.689)

 Minimum Fit Function Value                      1.666
 Population Discrepancy Function Value (F0)      1.626
 90 Percent Confidence Interval for F0           (1.346 ; 1.943)
 Root Mean Square Error of Approximation (RMSEA) 0.451
 90 Percent Confidence Interval for RMSEA        (0.410 ; 0.493)
 P-Value for Test of Close Fit (RMSEA < 0.05)    0.000

 Expected Cross-Validation Index (ECVI)          1.726
 90 Percent Confidence Interval for ECVI         (1.426 ; 2.023)
 ECVI for Saturated Model                        0.1000
 ECVI for Independence Model                     6.158

 Chi-Square for Independence Model (6 df)        1223.593

 Normed Fit Index (NFI)                          0.728
 Non-Normed Fit Index (NNFI)                     0.800
 Parsimony Normed Fit Index (PNFI)               0.970
 Comparative Fit Index (CFI)                     0.733
 Incremental Fit Index (IFI)                     0.732
 Relative Fit Index (RFI)                        0.796

 Critical N (CN)                                 12.998

 Root Mean Square Residual (RMR)                 58.355
 Standardized RMR                                0.0993
 Goodness of Fit Index (GFI)                     0.964
 Adjusted Goodness of Fit Index (AGFI)           0.955
 Parsimony Goodness of Fit Index (PGFI)          0.771
```

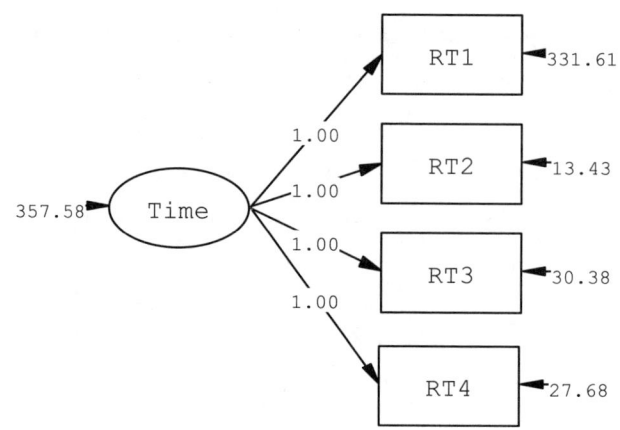

图 11.7　单因子模型估计结果

二、二因子潜在成长模型

前面示范的单因子模型所估计的仅是多次测量的平均数。换言之，所检验的模型主张四次测量分数并没有增减变化，但是分析结果显然不支持这一假设。因此，我们可以继续扩充到双因子模型，假设学生的反应时间随着上课时数的增加而有增长。此时，模型中除了需要设定一个潜在变量来估计四波测量起始状态的截距因子，还有另一个潜在变量评估测量分数的线性增长状态。因此，对于四波测量的因素载荷设定为 0、1、2、3，反映观察变量随时间变动的线性增长（Slope）。

二因子模型的 LISREL 语法见表 11.3，在 Model 指令中设定潜在变量有两个（NE=2），并依次将两个潜在变量的因素载荷设定为 1、1、1、1（第 7 行）与 0、1、2、3（第 8～11 行）。SIMPLIS 语法见表 11.4，因素载荷的设定位于第 8～11 行，同时对潜在变量的平均数都必须加以估计，即 Intercept Slope=CONST。

表11.3　二因子潜在成长模型的 LISREL 语法（Ch10.LIS）

1	Ch11b Two Factor: Level and Shape Model using LISREL syntax
2	DATA NI=4 NO=200
3	CM SY FI=Ch11a.COV; ME FI=Ch11a.COV
4	LA; RT1 RT2 RT3 RT4
5	MODEL NY=4 NE=2 AL=FR PS=SY,FR
6	LE; Intercept Slope
7	VA 1 LY 1 1 LY 2 1 LY 3 1 LY 4 1
8	VA 0 LY 1 2
9	VA 1 LY 2 2
10	VA 2 LY 3 2
11	VA 3 LY 4 2
12	PD
13	OU

表11.4　二因子潜在成长模型的 SIMPLIS 语法（Ch11b.SPL）

1	Ch11b Two factor: Level and Shape Model using SIMPLIS syntax
2	Observed variables: RT1-RT4
3	Covariance matrix from file=Ch11a.cov
4	Means from file=Ch11a.cov
5	Sample size = 200
6	Latent variables: Intercept Slope
7	Relationships
8	RT1 =1*Level 0*Slope
9	RT2 =1*Level 1*Slope
10	RT3 =1*Level 2*Slope
11	RT4 =1*Level 3*Slope
12	Intercept Slope=CONST
13	Path Diagram
14	LISREL output
15	End of Problem

　　LISREL 分析的详细报表列出了模型设定状态，包含潜在变量的平均数，共有9个参数需要估计（见注6），$DP=$ 样本方差＋样本协方差＋样本平均数 $=C_4^2+4+4=14$，自由度为5。两个因子的因素载荷固定而不需估计（见注7）。χ^2 高达 304.42，$RMSEA=0.547$，$NNFI=0.705$，$CFI=0.754$，模型拟合状况仍不理想。模型中甚至出现了方差为负值的非正定解（见注8），显示线性成长模型不能适配于观察数据，模型有调整的必要。二因子模型估计结果如图11.8。

```
Parameter Specifications
    PSI
              Intercep    Slope
              --------   --------
    Intercep     1
    Slope        2          3

    THETA-EPS
               RT1        RT2        RT3        RT4
             --------   --------   --------   --------
                4          5          6          7

    ALPHA
              Intercep    Slope
              --------   --------
                 8          9
```

注6：包含潜在变量的平均数，共有9个参数需要估计。

Number of Iterations = 23

```
LISREL Estimates (Maximum Likelihood)

    LAMBDA-Y
              Intercep    Slope
              --------   --------
    RT1         1.000        - -
    RT2         1.000      1.000
    RT3         1.000      2.000
    RT4         1.000      3.000
```

注7：因素载荷的设定状态。

```
    Covariance Matrix of ETA
              Intercep    Slope
              --------   --------
    Intercep   289.697
    Slope       26.788    -10.167

    Mean Vector of Eta-Variables
              Intercep    Slope
              --------   --------
               49.509      2.030

    PSI
              Intercep    Slope
              --------   --------
    Intercep   289.697
              (36.616)
                7.912
```

```
        Slope     26.788    -10.167
                  (4.984)   (1.809)
                   5.375    -5.621
```

注8：警示信息出现，表示估计结果得到不寻常的参数解。原因是Shape的方差出现负值-10.167。

W_A_R_N_I_N_G: PSI is not positive definite

THETA-EPS

```
           RT1       RT2       RT3       RT4
         --------  --------  --------  --------
         247.370    38.623    22.858    57.479
         (25.368)  (5.512)   (4.550)   (6.793)
           9.751     7.006     5.023     8.461
```

Squared Multiple Correlations for Y - Variables

```
           RT1       RT2       RT3       RT4
         --------  --------  --------  --------
          0.539     0.896     0.940     0.862
```

ALPHA

```
         Intercep    Slope
         --------  --------
          49.509     2.030
          (1.340)   (0.194)
          36.941    10.449
```

Goodness-of-Fit Statistics

```
Degrees of Freedom for (C1)-(C2)                     5
Maximum Likelihood Ratio Chi-Square (C1)             304.418 (P = 0.0000)
  Due to Covariance Structure                        127.006
  Due to Mean Structure                              177.412
Browne's (1984) ADF Chi-Square (C2_NT)               219.346 (P = 0.0000)

Estimated Non-centrality Parameter (NCP)             299.418
90 Percent Confidence Interval for NCP               (245.912 ; 360.335)

Minimum Fit Function Value                           1.522
Population Discrepancy Function Value (F0)           1.497
90 Percent Confidence Interval for F0                (1.230 ; 1.802)
Root Mean Square Error of Approximation (RMSEA)      0.547
90 Percent Confidence Interval for RMSEA             (0.496 ; 0.600)
P-Value for Test of Close Fit (RMSEA < 0.05)         0.000

Expected Cross-Validation Index (ECVI)               1.612
90 Percent Confidence Interval for ECVI              (1.325 ; 1.897)
ECVI for Saturated Model                             0.1000
ECVI for Independence Model                          6.158

Chi-Square for Independence Model (6 df)             1223.593

Normed Fit Index (NFI)                               0.751
Non-Normed Fit Index (NNFI)                          0.705
Parsimony Normed Fit Index (PNFI)                    0.626
Comparative Fit Index (CFI)                          0.754
Incremental Fit Index (IFI)                          0.754
```

Relative Fit Index (RFI)	0.701
Critical N (CN)	10.864
Root Mean Square Residual (RMR)	40.804
Standardized RMR	0.0856
Goodness of Fit Index (GFI)	0.954
Adjusted Goodness of Fit Index (AGFI)	0.909
Parsimony Goodness of Fit Index (PGFI)	0.477

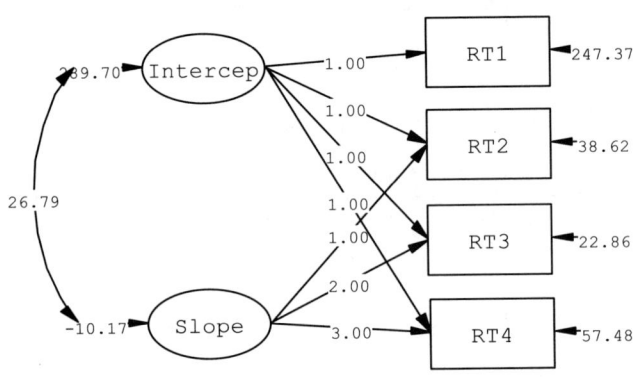

图 11.8 二因子潜在成长模型估计结果

（一）无指定轨迹模型

为了保留二因子的结构，但放宽成长形态为线性模型的假设，我们可以改用无指定轨迹形态的 UTM，即将斜率因子（η_2）的第一个与最后一个因素载荷设定为 0 与 1，对中间的两个因素载荷自由估计，此时不宜称为斜率，改称为形态因子。第一个因子则称为水平因子，估计第一次测量的得分水平；第二个因子（形态因子）让四波测量的增长形态由起点增长到终点，全期为 1 个单位，每次变动的比率则由模型来估计。LISREL 语法（见表 11.5）与 SIMPLIS 语法（见表 11.6）仅需将第二个潜在变量的因素载荷加以调整。

表 11.5　二因子 UTM 分析的 LISREL 语法（Ch10c.LIS）

1	Ch11c Two Factor UTM Model using LISREL syntax
2	DA　　NI=4 NO=200
3	CM SY FI=Ch11a.COV; ME FI=Ch111a.COV
4	LA;　　RT1 RT2 RT3 RT4
5	MO　　NY=4 NE=2 AL=FR PS=SY,FR
6	LE;　　Level Shape
7	FR　　LY 2 2 LY 3 2
8	VA　　1 LY 1 1 LY 2 1 LY 3 1 LY 4 1
9	VA　　0 LY 1 2
10	VA　　1 LY 4 2
11	PD
12	OU

表 11.6　二因子 UTM 分析的 SIMPLIS 语法（Ch11c.SPL）

1	Ch11c Two factor UTM using SIMPLIS syntax
2	Observed variables: RT1-RT4
3	Covariance matrix from file=Ch11a.cov
4	Means from file=Ch11a.cov
5	Sample size = 200
6	Latent variables Level Shape
7	Relationships
8	RT1 =1*Level 0*Shape
9	RT2 =1*Level Shape
10	RT3 =1*Level Shape
11	RT4 =1*Level 1*Shape
12	Level Shape=CONST
13	Path Diagram
14	LISREL output
15	End of Problem

由参数估计结果可知，四波测量的变动趋势从起点（第一波测量 37.479）增加到最后一波时，平均增加 15.148（见注 9），即最后一波为 37.479+15.148=52.627，但是第二波增加 1.045 倍（37.479+15.148×1.045=53.309；见注 10），第三波增加 1.144 倍（37.479+15.148×1.144=54.808；见注 11），然后再下降到 52.627，整个增长趋势呈现先上后下的曲线形态。

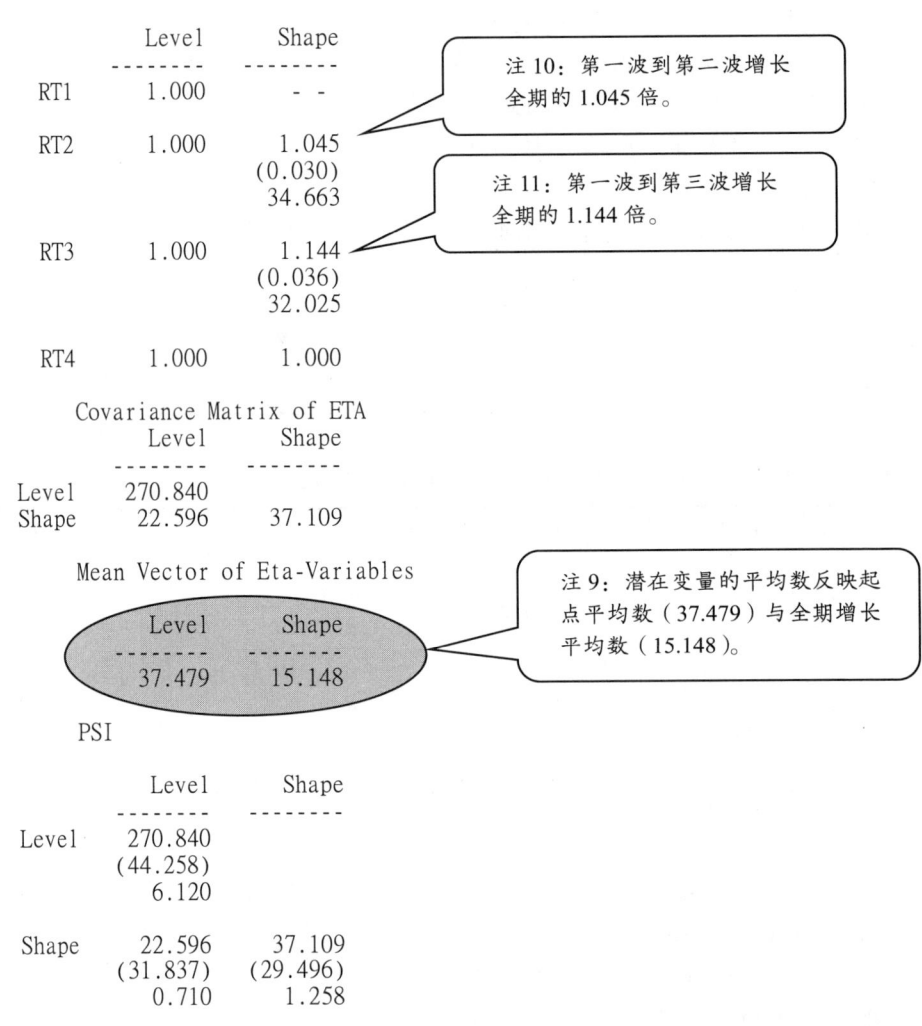

模型拟合状况大幅改善，χ^2 仅剩 0.411，$df=3$，$RMSEA=0$，$NNFI=1.004$，$CFI=1.00$，$GFI=0.999$。方差为负值非正定解的情形也不再出现。二因子 UTM 估计结果如图 11.9a。如果进行更严格的假定，令测量残差变异相等，且潜在变量的相关为 0，所进行的 UTM 估计结果发现，拟合状况仍符合理想状况，估计结果列于图 11.9b。

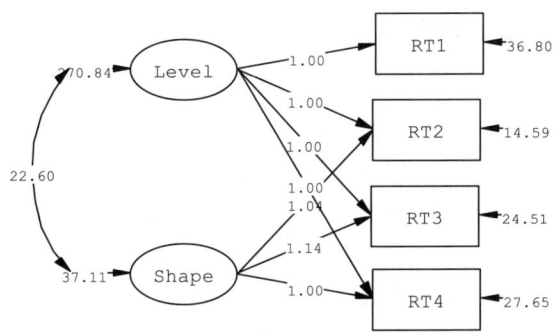

（a）无残差同质假设

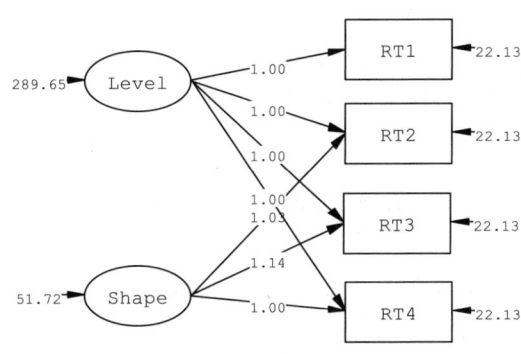

（b）残差同质假设且潜在变量无相关

图 11.9　二因子 UTM 估计结果

三、三因子与四因子潜在成长模型

由前面的 UTM 分析结果可知，本范例的变动曲线呈现先上后下的状态，不宜以线性成长模型来适配观察数据。但除了 UTM，我们也可以用二次成长曲线（三因子模型）或 S 型成长曲线（四因子模型）来进行估计。

三因子与四因子潜在成长模型是除了水平与斜率因子之外，另外增加两个因子，来捕捉曲率与曲率变动率。第三个因子的因素载荷为 0、1、4、9，第四个因子的因素载荷为 0、1、8、27，同时因为观察测量只有 4 个变量，为避免自由度为负而无法估计，这两个模型都假设残差变异相等，且潜在变量的相关均设定为

0，SIMPLIS 语法变动部分如下：

三因子模型 SIMPLIS 语法改变部分：

MO NY=4 NE=3 PS=DI,FR TE=DI TY=FI AL=FR
Latent Variables Intercept Slope Quadratic
Relationships
RT1 = 1*Intercept 0*Slope 0*Quadratic
RT2 = 1*Intercept 1*Slope 1*Quadratic
RT3 = 1*Intercept 2*Slope 4*Quadratic
RT4 = 1*Intercept 3*Slope 9*Quadratic
Intercept Slope Quadratic=CONST
Set the error variance of RT1 and RT2 and RT3 and RT4 equal
Set the covariance of Intercept- Quadratic to 0

四因子模型 SIMPLIS 语法改变部分：

Latent Variables Intercept Slope Quadratic Cubic
Relationships
RT1 = 1*Intercept 0*Slope 0*Quadratic 0*Cubic
RT2 = 1*Intercept 1*Slope 1*Quadratic 1*Cubic
RT3 = 1*Intercept 2*Slope 4*Quadratic 8*Cubic
RT4 = 1*Intercept 3*Slope 9*Quadratic 27*Cubic
Intercept Slope Quadratic Cubic=CONST
Set the error variance of RT1 and RT2 and RT3 and RT4 equal
Set the covariance of Intercept-Cubic to 0

由三因子（图 11.10a）与四因子（图 11.10b）潜在成长模型估计结果可知，两者的模型拟合状况并不理想。显示学生上课的注意力虽随着上课时数而增加，但是变动形态并无特定的曲线函数关系，虽仍有反应时间大幅上升后再下降的趋势，结论仍以 UTM 的无指定轨迹设定模型最能够适配观察数据，即使 UTM 中设定测量残差变异相等，潜在变量的相关为 0，UTM 的拟合状况仍比其他模型来得好。

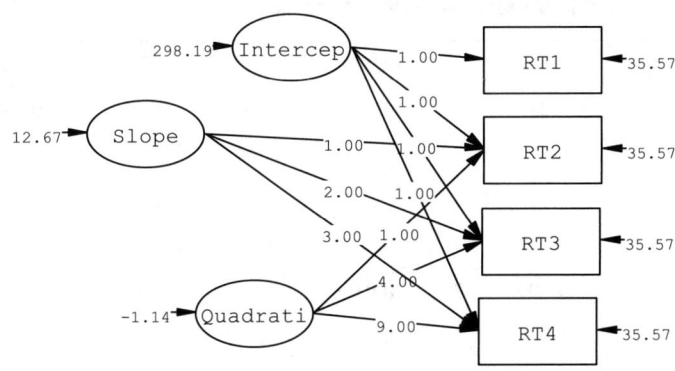

（a）三因子 LGM

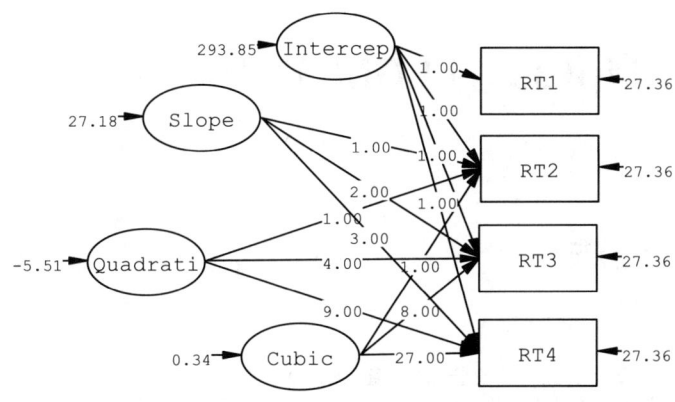

（b）四因子 LGM

图 11.10　三因子与四因子潜在成长模型估计结果

各 LGM 分析的模型拟合情形整理于表 11.7。从这一范例可以发现，以 SEM 取向来进行重复测量的纵贯性数据分析，除了可以检验平均数的不同水平变化外，还可以检验变化的形态。

表 11.7 各 LGM 分析的模型拟合情形整理表

模型	χ^2	df	RMSEA	NNFI	CFI	GFI	SRMR
单因子模型	333.241	8	0.451	0.800	0.733	0.964	0.0993
二因子模型							
线性成长模型	304.418	5	0.547	0.705	0.754	0.954	0.0856
无指定轨迹	0.411	3	0.000	1.004	1.000	0.999	0.0069
无指定轨迹*	9.109	7	0.039	0.999	0.998	0.978	0.0279
三因子模型*	78.185	7	0.225	0.950	0.942	0.922	0.0733
四因子模型*	19.063	5	0.119	0.986	0.988	0.954	0.0616

* 模型中的残差变异设定为相等，潜在变量间相关为 0。

第四节　Mplus 的 LGM 分析

一、Mplus 语法

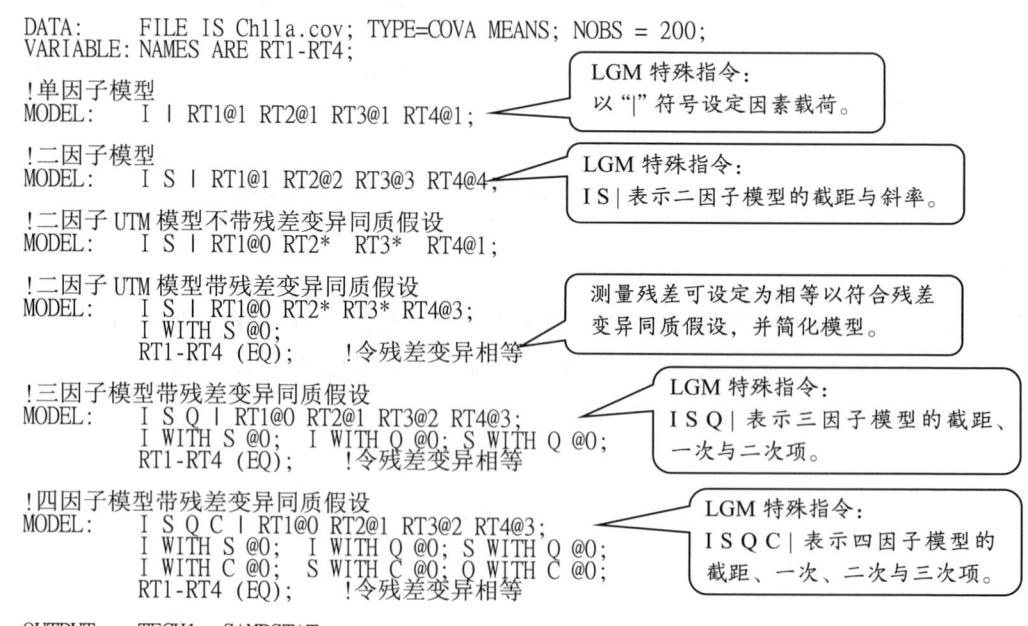

二、Mplus 报表（以 UTM 为例）

```
SAMPLE STATISTICS

     Means/Intercepts/Thresholds
       RT1         RT2         RT3         RT4
     _____      _____      _____      _____
     37.480      53.300      54.820      52.630


     Covariances/Correlations/Residual Correlations
       RT1         RT2         RT3         RT4
     _____      _____      _____      _____
RT1  307.460
RT2  296.520     377.210
RT3  295.020     365.100     392.470
RT4  291.020     355.880     358.250     376.840
```

（一）残差变异不相等 UTM 分析结果

```
MODEL FIT INFORMATION

Number of Free Parameters                       11

Loglikelihood

        H0 Value                         -2878.098
        H1 Value                         -2877.892

Information Criteria

        Akaike (AIC)                      5778.195
        Bayesian (BIC)                    5814.477
        Sample-Size Adjusted BIC          5779.628
          (n* = (n + 2) / 24)

Chi-Square Test of Model Fit

        Value                                0.411
        Degrees of Freedom                       3
        P-Value                             0.9379

RMSEA (Root Mean Square Error Of Approximation)

        Estimate                             0.000
        90 Percent C.I.            0.000      0.028
        Probability RMSEA <= .05             0.969

CFI/TLI

        CFI                                  1.000
        TLI                                  1.004
```

> 拟合指标：χ^2（0.411）与模型自由度（3），模型拟合极为良好。

```
Chi-Square Test of Model Fit for the Baseline Model
          Value                              1223.593
          Degrees of Freedom                        6
          P-Value                               0.0000

SRMR (Standardized Root Mean Square Residual)
          Value                                 0.006

MODEL RESULTS                 水平因子的因素载荷设为1.00

                                                        Two-Tailed
                    Estimate      S.E.    Est./S.E.      P-Value

I       |
   RT1              1.000        0.000     999.000      999.000
   RT2              1.000        0.000     999.000      999.000
   RT3              1.000        0.000     999.000      999.000
   RT4              1.000        0.000     999.000      999.000
S       |
   RT1              0.000        0.000     999.000      999.000
   RT2              1.045        0.030      34.742        0.000
   RT3  自由估计的   1.144        0.036      32.100        0.000
   RT4  因素载荷    1.000        0.000     999.000      999.000
S       WITH                              潜在变量协方差
   I               22.547       31.671       0.712        0.477

Means
   I  潜在变量     37.479        1.237      30.296        0.000
   S  平均数       15.148        0.705      21.474        0.000
Intercepts
   RT1              0.000        0.000     999.000      999.000
   RT2  观察变量    0.000        0.000     999.000      999.000
   RT3  截距设为0   0.000        0.000     999.000      999.000
   RT4              0.000        0.000     999.000      999.000
Variances
   I              269.423       44.031       6.119        0.000
   S               36.863       29.339       1.256        0.209

Residual Variances
   RT1             36.679       32.622       1.124        0.261
   RT2             14.515        2.732       5.314        0.000
   RT3  残差变异   24.390        3.709       6.576        0.000
   RT4  各自估计   27.507        3.618       7.602        0.000
```

（二）残差变异相等的 UTM 分析结果

```
MODEL FIT INFORMATION

Number of Free Parameters                       7

Loglikelihood

        H0 Value                         -2882.447
        H1 Value                         -2877.892
```

```
Information Criteria

          Akaike (AIC)                         5778.893
          Bayesian (BIC)                       5801.981
          Sample-Size Adjusted BIC             5779.805
              (n* = (n + 2) / 24)

Chi-Square Test of Model Fit

          Value                                   9.109
          Degrees of Freedom                          7
          P-Value                                0.2449

RMSEA (Root Mean Square Error Of Approximation)

          Estimate                                0.039
          90 Percent C.I.                 0.000   0.101
          Probability RMSEA <= .05                0.544

CFI/TLI

          CFI                                     0.998
          TLI                                     0.999

Chi-Square Test of Model Fit for the Baseline Model

          Value                                1223.593
          Degrees of Freedom                          6
          P-Value                                0.0000

SRMR (Standardized Root Mean Square Residual)

          Value                                   0.023


MODEL RESULTS
                                                        Two-Tailed
                    Estimate      S.E.   Est./S.E.      P-Value
 I       |
    RT1             1.000         0.000    999.000      999.000
    RT2             1.000         0.000    999.000      999.000
    RT3             1.000         0.000    999.000      999.000
    RT4             1.000         0.000    999.000      999.000

 S       |
    RT1             0.000         0.000    999.000      999.000
    RT2             1.033         0.029     35.390        0.000
    RT3             1.137         0.031     36.846        0.000
    RT4             1.000         0.000    999.000      999.000

 I        WITH
    S               0.000         0.000    999.000      999.000

 Means
    I              37.476         1.245     30.093        0.000
    S              15.242         0.682     22.335        0.000

 Intercepts
    RT1             0.000         0.000    999.000      999.000
    RT2             0.000         0.000    999.000      999.000
    RT3             0.000         0.000    999.000      999.000
    RT4             0.000         0.000    999.000      999.000

 Variances
    I             288.195        30.469      9.459        0.000
    S              51.464         8.005      6.429        0.000
```

拟合指标：χ^2（9.109）与模型自由度（7），模型拟合良好。

水平因子的因素载荷设为1.00

自由估计的因素载荷

潜在变量间相关为0。

残差变异设定为相等。

第五节　R 的 LGM 分析

一、R 语法

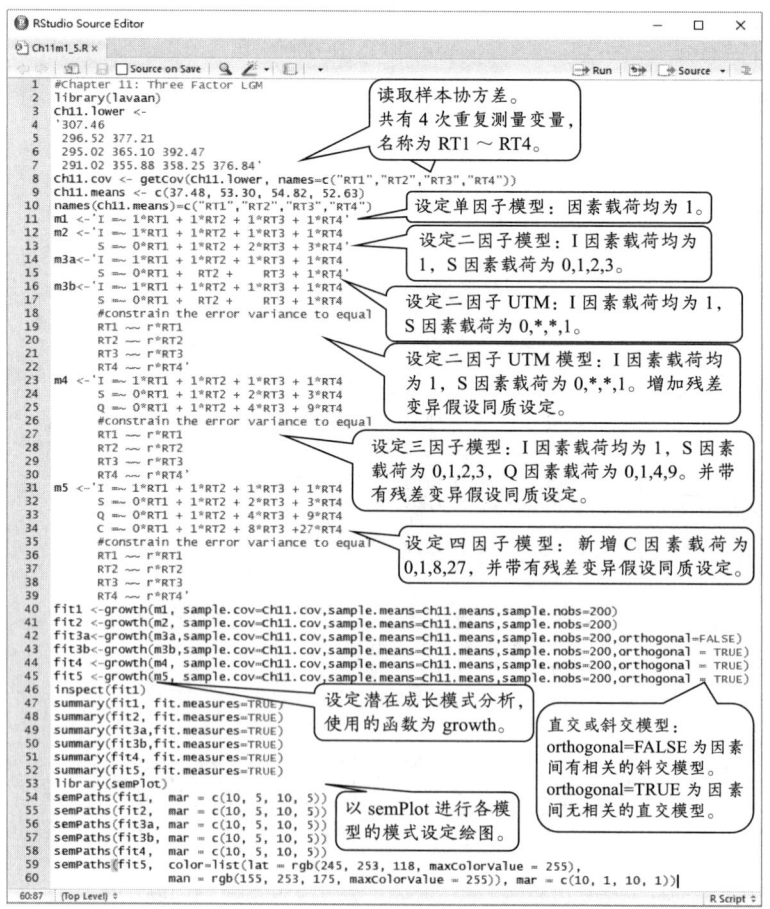

二、R 结果（仅列出模型设定图示）

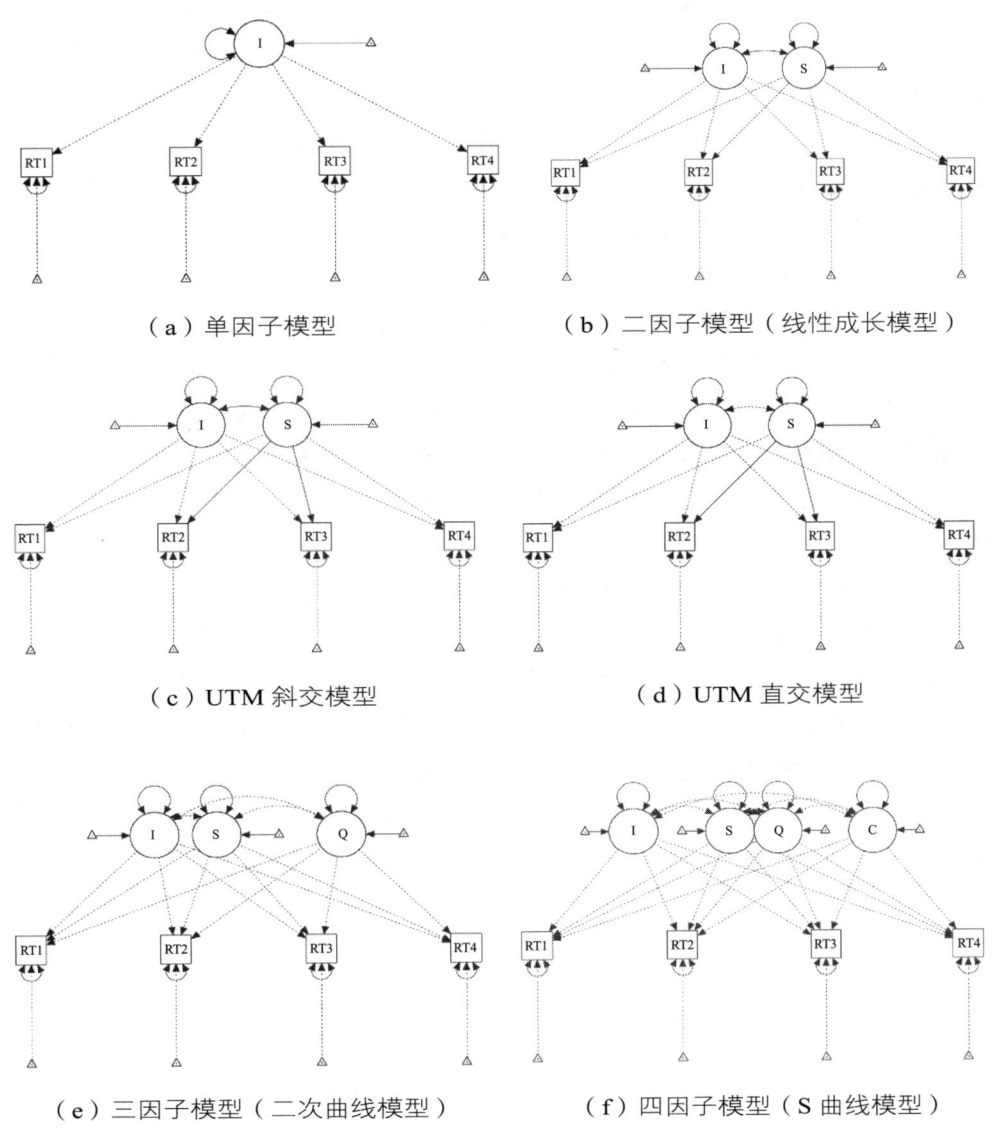

图 11.11　以 R 进行 LGM 分析各种模型设定图示

第六节 结　语

　　应用平均数结构分析技术的潜在成长模型可以说是 SEM 应用典范当中发展得最为快速的一种应用模型。LGM 分析之所以获得学者们的重视，主要是因为 SEM 方法技术的成熟以及 SEM 的设定弹性，例如，不仅成长轨迹的截距与斜率可以是潜在变量，其他纳入模型的变量也可以是潜在变量。此外，SEM 的共变模型不限定变量的特定角色，因此可以轻易地将单变量模型扩展为多变量模型，或进行异质分群的混合模型（mixture modeling）分析（邱皓政、林碧芳，2016），有兴趣的读者可以深入探讨这些进一步的应用。

　　笔者在美国求学期间虽然恭逢 SEM 起飞之盛，得以阅览原典与一些开创性的论文与著作，对于个人在学术上的启发甚大，而求学与工作地点美国南加州地区，亦是 SEM 分析的大本营（两位 SEM 重量级学者 Peter Bentler 与 Bengt Muthén 都在加州大学洛杉矶分校任教），甚至有机会近身与软件开发者一起共事、讨论。但是当时都还未曾听闻纵向研究及时间序列分析可以与 SEM 分析整合应用。当时在平均数估计的问题上，不论是 LISREL 还是 EQS，仅是大略性地提及，使用者并未指出其未来发展的潜力。本书对于潜在成长模型进行了概略性介绍，试举出简单的范例来说明应用原则。有兴趣的读者若能深入了解这一领域，将可以发现其中还有相当广阔的发展空间，甚至可以成为这一应用典范的领导者，跻身国际学术论坛。更重要的是可以将最新的观点与应用技术带入学界，开阔研究者的视野，提升研究能力，实为学术工作者最有意义与最感骄傲之事。

第十二章 中介与调节

第一节 中介与调节的基本概念

不论是学术研究还是日常生活，人们对于事情的因果不仅关心好奇，更影响人们的行为与决策。例如，人们常说幸福的企业带来快乐的员工，但是其中的影响机制究竟为何？如果今天以"组织气氛"的优劣来反映幸福与否，以员工的"工作满意"得分作为快乐员工的指标，那么当我们观察到"组织气氛"与"工作满意"之间存在高度正相关时，似乎就可支持"组织气氛"影响"工作满意"的假设。但是真正造成员工们满意工作环境的原因可能是经过了一个组织认同的过程，也就是"组织承诺"的中介作用。因此我们可以得到另一个假设："组织气氛"影响"组织承诺"，进而影响"工作满意"。同时我们也可以检验一下，这一假设对于不同性别或职务位阶的员工是否有不同的意义，即"性别"与"主管职"是否调节了前述的中介过程。本章特别就中介与调节的概念与分析方法加以讨论。

事实上，从一般的调查研究或数据库获得的数据都只是相关性数据，而不是实验操作得到的因果证据。凡是受过统计训练者皆曾被殷殷告诫："相关"不等于"因果"。从变量间的高度共变中无法确知因果关系，因为变量共变存在许多混淆变量的影响，也缺乏因果时序关系。然而变量之间的高相关隐含了因果机制存在的可能性，借由变量的安排与统计模型的检验，研究者得以针对其所感兴趣的假设进行检验，使得我们虽然不能通过相关确知因果，但是仍能针对变量间的影响机制进行学术性的探讨，进而将结论应用到实务工作上。

中介与调节是社会科学研究中重要的方法学概念，近年来受到研究者相当程度的重视。主要原因是研究者经常遇到第三变量的混淆与干扰而影响变量间的解释关系。假设今天要以 x 解释 y，可利用简单回归原理取 y 对 x 做回归（regress y on x），得到斜率系数 c 来表示 x 对 y 的影响力，如图 12.1 所示。

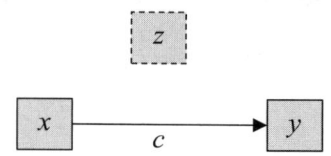

图 12.1　两个变量的简单回归图示

在真实世界中，除了 x 与 y 之外，还可能存在一个或多个可能对于 $x \rightarrow y$ 的关系发生影响的第三变量，例如，图 12.1 当中的 z 变量。在研究实务上，如果研究者认为两变量的关系 $x \rightarrow y$ 可能受到第三变量 z 的影响时，最简单的处理方式是采取多元回归策略，将 x 与 z 皆作为解释变量，一并投入回归模型，通过 x 与 z 之间的统计控制来去除 z 对于 $x \rightarrow y$ 的干扰。此时，第三变量 z 被称为控制变量（control variable）或干扰变量（confunding variable），如图 12.2a 所示。图 12.2a 当中 $x \rightarrow y$ 的回归系数改以 c' 表示，反映 x 对 y 的影响关系因为 z 被纳入模型而发生改变：如果 $x \rightarrow y$ 的关系受到 z 的干扰而呈现减弱或弱化，原始所观察到 $x \rightarrow y$ 的关系 c 就称为虚假关系（spurious relationship）。相反的，$x \rightarrow y$ 的关系可能因 z 的存在而提升，于是干扰变量被称为压抑项（suppressor），表示残差变异因为纳入 z 被"压抑"而减少。

将 z 纳入模型将使 $x \rightarrow y$ 的关系发生变化，主要是因为 x 与 z 之间存在一定的共变关系，以 r 表示（如图 12.2a 当中的双箭头弧线所示）。一般在回归分析中，如果多个解释变量具有相关，称为共线性问题。多元回归模型把共线性视为威胁而欲予以去除。但事实上，x 与 z 之间所存在的共变很可能反映了特殊的影响关系，如果加以正视，可能成为重要的发现。例如，组织气氛良好提升了员工对公司的认同（$x \rightarrow z$），然后，认同感提升造成了工作满意的提高（$z \rightarrow y$），形成了一个 $x \rightarrow z \rightarrow y$ 的影响路径，又称为中介关系，如图 12.2b 所示。此时，第三变量 z 称为中介者，扮演 x 与 y 之间的中继角色。当以中介变量处理 z 时，$x \rightarrow y$ 的关系也将从 c 变成 c'，因此图 12.2b 中的 $x \rightarrow y$ 的关系与图 12.2a 相同。

然而，员工的认同感（z）被视为中介者只是组织气氛（x）与认同感（z）这两个变量之间存在关系的一种解释与处理方式。另一种可能性则是认同感（z）扮演调节者的角色，即 $x \to y$ 关系在不同的认同感状况下会有不同的效应。换言之，组织气氛与认同感可能一起对于员工满意度发生作用，即 x 与 z 对 y 存在交互作用，$x \to y$ 的效应必须就 z 的不同状态发生条件性的变化，如图 12.2c 所示。调节效应的强弱以 d 表示。

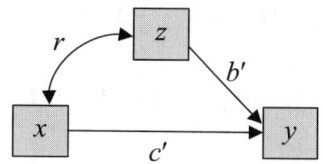

（a）第三变更 z 为控制变更

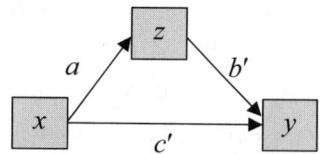

（b）第三变更 z 为中介变更

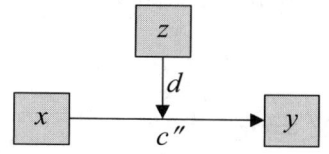

（c）第三变更 z 为调节变更

图 12.2　三种第三变量关系图示

第二节　中介效应的统计原理

若以线性回归模型来整理图 12.2 当中的三种第三变量角色，可由预测方程（公式 12.1 ～ 12.5）来表述。

$$\hat{y}_c = \beta_{0c} + cx \tag{12.1}$$

$$\hat{y}_b = \beta_{0b} + bz \tag{12.2}$$

$$\hat{z}_a = \beta_{0a} + ax \tag{12.3}$$

$$\hat{y}_{bc} = \beta_{0bc} + c'x + b'z \tag{12.4}$$

$$\hat{y}_{bcd} = \beta_{0bcd} + c''x + b''z + dxz \tag{12.5}$$

首先，公式 12.1～12.3 是三个简单回归方程，借以表现 $x \to y$、$z \to y$、$x \to z$ 三种关系。方程当中的回归系数都是单独只有一个解释变量的零阶系数，回归系数分别为 a、b、c。公式 12.4 则将 x 与 z 一起纳入作为解释变量，$(x+z) \to y$ 当中的两个回归系数 b' 与 c' 是控制了另一个解释变量下的净效应。

由于图 12.2b 当中 z 与 y 均作为结果变量，因此可说是从公式 12.1、12.2、12.3 延伸到公式 12.4 的串联，而得到图 12.2b 的中介关系；相对而言，图 12.2c 当中仅有 y 作为结果变量，但 x 与 z 之间具有交互作用，因此可视为由公式 12.1+公式 12.2 →公式 12.4 →公式 12.5 的复杂化，最后得以讨论变量如何发生调节作用。以下，我们将提供中介与调节的正式定义，并以范例来进行说明。

一、中介效应的定义与估计

根据韦伯字典的定义，中介（mediate）一词是指位居中间的位置，或是联系两个人或物的中间传递者。因此，中介效应（mediation effect）可定义成第三变量 z 在 x 与 y 两变量当中所存在的传递效应。此时，第三变量 z 作为中介者，标示为 Me。Me 的中介作用有两种途径：$x \to Me \to y$ 与 $y \to Me \to x$，但一般均以 y 作为最后的结果，x 作为最前面的前因，因此在没有特别说明的情况下，中介效应指的是 $x \to Me \to y$ 影响过程。

（一）多阶段因果关系拆解法

由于中介效应涉及多个变量之间的影响关系，因此最务实的做法就是逐一检查各系数的状况，来判定中介效应是否存在。最经典的做法是依据 Baron 与

Kenny（1986）所建议的三步骤四条件原则，说明于后。

第一个步骤是检验 $x \rightarrow y$ 解释力，即回归系数 c 必须具有统计显著性，如图 12.3a 所示。第二个步骤是检验 $x \rightarrow Me$ 的解释力，即 a 必须具有统计显著性，如图 12.3b 所示。第三个步骤是若同时考虑 x 与 Me 对结果变量 y 的影响，$Me \rightarrow y$ 的效应 b 必须具有统计显著性，但是 x 对 y 的解释力 c 消失，即证实 $x \rightarrow y$ 的关系是经由 Me 传递造成的，如图 12.3c 所示，称为完全中介效应（completed mediation effect）；如果 x 对 y 的解释力 c 没有完全消失，即 c 虽有明显下降成 c'，但 c' 仍具有统计显著性，则称为部分中介效应（partial mediation effect）。

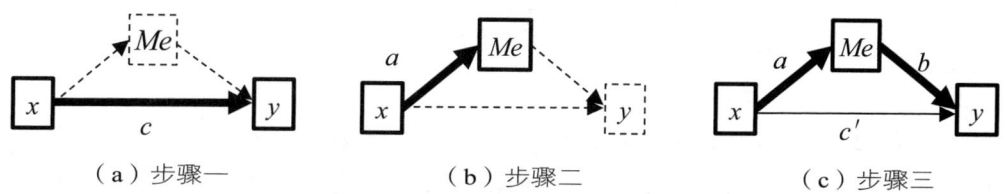

（a）步骤一　　　　（b）步骤二　　　　（c）步骤三

图 12.3　单一中介变量的步骤检验法图示

（二）间接效应估计法

另一种评估中介效应的策略，是计算间接效应（indirect effect）并进行显著性检验。在仅有 x、y、Me 三个变量存在的情况下，$x \rightarrow Me \rightarrow y$ 的间接效应可由 $x \rightarrow Me$ 与 $Me \rightarrow y$ 两个回归系数的乘积，或是由 $x \rightarrow y$ 的 c 到 c' 的递减量求得（MacKinnon，Warsi，& Dwyer，1995），如公式 12.6 所示。

$$间接效应 = c - c' = a \times b \tag{12.6}$$

从效应拆解的关系来看，公式 12.1 当中 $x \rightarrow y$ 的零阶回归系数 c 称为总效应（total effect），由于 x 与 y 之间没有任何中介变量，因此又可称为直接效应（direct effect）。当把中介变量纳入模型后，总效应被拆解成两个部分：公式 12.4 当中 $x \rightarrow y$ 的影响力 c' 是排除 z 的影响力后的净效应，$x \rightarrow z$ 与 $z \rightarrow y$ 两个直接效应回归系数的乘积反映了中介变量 z 的间接作用，这些效应具有加成性而可表述如下：

$$总效应 = 直接效应 + 间接效应 = c' + a \times b \tag{12.7}$$

如果间接效应的显著性检验达到显著水平，或是 c 到 c' 递减量具有统计意义，即可作为中介效应的证据。

对于 $x \to y$ 纳入单一中介变量 Me 的间接效应可由 a 与 b 的乘积来估计，如果可以找出 $a \times b$ 的抽样分布，估计其标准误，即可进行中介效应是否显著不为 0 的考验或 0.95 置信区间的建立。最常用的检验公式基于 Sobel（1982）所导出的 $a \times b$ 样本估计数的标准误，利用 z 检验或 t 检验来评估，称为 Sobel 检验，Sobel 检验公式如公式 12.8 所示。

$$t = \frac{ab}{\sqrt{s_b^2 a^2 + s_a^2 b^2}} \quad (12.8)$$

公式 12.8 的分母为联合标准误，可由 a 与 b 的标准误求得，并利用传统普通最小二乘法回归分析或 ML 估计。但由于 a 与 b 这两个非标准化回归系数的抽样分布虽符合正态分布，a 与 b 的联合概率分布（回归系数相乘）并不服从正态分布，而是峰度为 6 的高狭峰分布（Lomnicki, 1967; Springer & Thompson, 1966），同时如果解释变量的平均数不为零，还有非对称的偏态问题，使得 Sobel（1982）所导出的标准误为偏估计值且不符合正态要求，因此 Sampson 与 Breunig（1971）对标准误进行了修正：

$$s'_{ab} = \sqrt{s_b^2 a^2 + s_a^2 b^2 - s_b^2 s_a^2} \quad (12.9)$$

虽然公式 12.9 修正了非正态问题，但是当样本量太小时（$N < 200$）常会发生估计数为负值的非正定问题而无法有效估计。Bobko 与 Rieck（1980）建议在进行中介效应分析前，先将 x、y、Me 标准化，并利用三者的相关系数来计算标准误。

除了检验 ab 的显著性，$c-c'$ 的标准误也可以由个别系数标准误求得，借以进行 t 检验或 0.95 的置信区间的建立（Freedman & Schatzkin, 1992）。

$$t_{(N-2)} = \frac{c - c'}{\sqrt{s_c^2 + s_{c'}^2 - 2s_c s_{c'} \sqrt{1 - r_{xz}^2}}} \quad (12.10)$$

虽然检验方法与标准误公式相继被提出，但经过模拟研究发现，Sobel（1982）所提出的原始公式仍是效率最佳的间接效应标准误（Mackinnon, 2008），这也是为何多数软件（例如，LISREL、EQS、Mplus）仍以 Sobel（1982）作为间接效应的显著性检验方法。

近年来，由于统计模拟技术的进步与计算机指令周期的提升，对于间接效应标准误的估计得以利用重复取样技术来建立参数分布，求得参数的拔靴标准误（Efron & Tibshirani，1993），用以建立 0.95 置信区间（0.95CI）。其计算原理是以研究者所获得的观察数目为 N 的数据为总体，从中反复进行 k 次（例如，k=5000 次）的置回取样（sampling with replacement），来获得 k 次间接效应的参数分布。这一分布的标准偏差所反映的即是间接效应的抽样误差，也就是标准误。由于拔靴标准误反映了"真实的"参数抽样分布，因此不需受限于正态概率与对称分布的要求，因此可以利用拔靴标准误所建立的间接效应参数分布，取其第 2.5 百分位数与第 97.5 百分位数数值为上下界，检查 0.95CI 是否涵盖 0，借以判定间接效应是否显著不为 0。

基于拔靴标准误所建立的 0.95CI 虽不受分布形态的限制，但随着所估计的参数类型不同，拔靴重抽得到的参数分布不对称情况也各有不同。为了改善拔靴 0.95CI 上下界的对称性，可进行偏误校正（bias correction）（Efron & Tibshirani，1993）。但是最近的一些模拟研究发现（例如，Biesanz et al, 2010；Falk & Biesanz, 2015），用未经偏误校正的拔靴置信区间来评估间接效应的结果未必较差，有时反而有更理想的表现，例如，在小样本量（N<200）时，保留正确的虚无假设的能力较佳（犯一类错误的可能性较低）。

不论是否经过偏误校正，以拔靴法建立的 0.95CI 称为拔靴本位标准误（bootstrapped-based confidence interval）（Muthén, Muthén & Asparouhov, 2016），Mplus 等主流软件皆已纳入拔靴功能来建立偏误校正的拔靴置信区间，来评估间接效应的统计意义，逐渐成为检验间接效应的常规技术。

除了拔靴本位 0.95CI，贝叶斯估计标准误也逐渐受到重视，并认为可以取代拔靴标准误来检验间接效应的统计意义（例如，Wang & Preacher, 2016）。事实上，贝叶斯估计法所建立的 0.95CI 也如同拔靴法的估计程序，利用重抽技术来反复取样借以获得参数分布。贝叶斯方法的不同之处是基于先验分布信息的导入，结合实际样本的重抽分布，将两者加以整合之后所得到的参数后验分布的标准偏差，即贝叶斯标准误，进而建立贝叶斯置信区间。

贝叶斯标准误的应用越来越容易进行，主要受惠于计算机科技效能的提升，以及马可夫链蒙地卡罗（Markov Chain Monte Carlo；MCMC）算法的应用。本书之所以选择 Mplus 作为示范工具，主要的考虑因素即是因为 Mplus 将贝叶斯估计纳入分析模块，大大简化了贝叶斯估计的程序撰写与模型设定工作。Muthén 与

Asparouhov（2012）于《心理学方法》(*Psychological Methods*) 发表的《贝叶斯结构方程模型》(*Bayesian structural equation modeling*) 一文，详细介绍了结构方程模型当中的贝叶斯估计，并举出了实际范例以 Mplus 执行因素分析与 SEM 分析。

第三节　调节效应的统计原理

一、调节效应的定义与估计

调节效应是指某一个自变量对于因变量的解释因调节变量（Mo）的不同状态而发生改变。如果调节变量是类别变量，那么自变量对于因变量的解释或预测在调节变量的不同组别之下会有所不同。如果调节变量是连续变量，自变量对于因变量的解释或预测则会随着调节变量的高低而发生变化。

调节效应的概念源于二因子实验设计中 A 与 B 两个因子对于因变量的交互效应。当 A 与 B 两个自变量"联合"对于因变量 y 发生作用时，两个自变量在因变量上所造成的效应称为主效应（main effect），两个自变量联合对 y 产生的 $A \times B$ 影响力称为交互作用。

在回归分析中，如果取 x 来对 y 进行解释，其直接效应可由简单回归估计所得到的 β_1 系数表示。如果今天要将 Mo 作为 $x \rightarrow y$ 关系的调节者，必须增加两项来进行非线性回归分析：第一项是 $Mo \rightarrow y$ 的直接效应，影响力以 β_2 表示；第二项是 $x \times Mo \rightarrow y$ 的交互作用，影响力以 β_{int} 表示，此时称为带有交互作用的回归（regression with interaction）。当多元回归包含交互作用项时，可进行调节效应分析，因此又称为调节回归（moderated multiple regression；MMR），如公式 12.11 与图 12.4 所示。

$$y = \beta_0 + \beta_1 x + \beta_2 Mo + \beta_{int} xMo + [\varepsilon] \tag{12.11}$$

若 β_{int} 显著不为 0，表示交互作用存在，可据此进行 $x \rightarrow y$ 关系的调节效应分析。但如果 β_{int} 不显著，表示 x 与 Mo 无交互作用，可将交乘项移除，仅保留 Mo 变量在模型中作为控制变量之用。

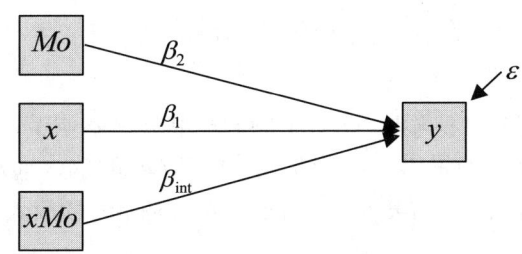

图 12.4　带有交互作用的回归分析效应拆解图示

二、调节效应的解释方法

交互作用回归的调节效应分析可利用公式 12.11 的移项重整来进行说明。如果今天令 Mo 为 $x \to y$ 的调节变量，公式 12.11 重整如下：

$$\begin{aligned}
y &= \beta_0 + \beta_1 x + \beta_2 Mo + \beta_{\text{int}} xMo + [\varepsilon^y] \\
&= (\beta_0 + \beta_2 Mo) + (\beta_1 + \beta_{\text{int}} Mo)x + [\varepsilon^y] \\
&= \beta_0^* + \beta_1^* x + [\varepsilon^y]
\end{aligned} \quad (12.12)$$

公式 12.12 当中，$(\beta_0 + \beta_2 Mo)$ 与 $(\beta_1 + \beta_{\text{int}} Mo)$ 为 $x \to y$ 简单回归在纳入调节变量后的新截距（β_0^*）与新斜率（β_1^*），这两者均为随 Mo 变化的变动系数（varying coefficient）而非固定值：

$$\beta_0^* = \beta_0 + \beta_2 Mo \quad (12.13)$$

$$\beta_1^* = \beta_1 + \beta_{\text{int}} Mo \quad (12.14)$$

换言之，在调节回归当中，Mo 作为调节变量，将通过两个途径影响 $x \to y$ 的回归方程：β_2 调整 $x \to y$ 的截距（公式 12.13），β_{int} 调整 $x \to y$ 的斜率（公式 12.14）。$x \to y$ 的截距会因为 Mo 的改变而变动（截距的调节），截距调节的幅度由 β_2 反映。但是由于截距高低并非反映 $x \to y$ 的解释力的强弱，使得 β_2 的显著性并不受重视。

由公式 12.14 可知，斜率 β_1^* 会随着 Mo 的变动而改变，β_1^* 变动程度由 β_{int} 反映。从统计的观点来看，只有当 β_{int} 具有统计意义（显著不为零，$\beta_{\text{int}} \neq 0$）时，

β_1^* 系数的增减才有意义；如果 β_{int} 没有统计意义（$\beta_{int}=0$），$x \to y$ 的影响力不会随 Mo 的变动而变化，即 $\beta_1^* = \beta_1$。

当 β_{int} 系数具有统计意义时，$x \to y$ 的斜率将被 Mo 调节，调节的方向由 β_{int} 系数的正负向来称呼：如果 β_{int} 为正值，β_1^* 将随 Mo 的放大而放大，称为正向调节（positive moderation）；如果 β_{int} 为负值，β_1^* 将随 Mo 的放大而降低，称为负向调节（negative moderation），如表 12.1 所示。

表 12.1　斜率受 Mo 调节的变动方向整理表

估计值	交互作用系数的影响		
	$\beta_{int}>0$ 正向调节	$\beta_{int}=0$	$\beta_{int}<0$ 负向调节
$\beta_1>0$	β_1^* 随 Mo 放大，正值更加趋正（正效应正调节）	$\beta_1^* = \beta_1$	β_1^* 随 Mo 放大，正值趋缓转负（正效应负调节）
$\beta_1<0$	β_1^* 随 Mo 放大，负值趋缓转正（负效应正调节）	$\beta_1^* = \beta_1$	β_1^* 随 Mo 放大，负值更加趋负（负效应负调节）

由公式 12.14 可知，若 $Mo=+1$，$\beta_1^* = \beta_1 + \beta_{int}$，$x \to y$ 的斜率将上升 β_{int} 个单位；若 $Mo=-1$，$\beta_1^* = \beta_1 - \beta_{int}$，$x \to y$ 的斜率将下降 β_{int} 个单位。由于 β_1 与 β_{int} 系数均可能有正有负，当 β_{int} 存在不同正负号方向时，β_1^* 的增减也有不同的意义。斜率正负值与交互作用正负值的配对关系会影响系数的解释，必须审慎处理。

由公式 12.13 可知，模型纳入调节变量后，$x \to y$ 的截距也将发生变动：β_0^* 增减变动幅度由 β_2 决定：若 $Mo=+1$，$\beta_0^* = \beta_0 + \beta_2$，$x \to y$ 的截距将上升 β_2 个单位；若 $Mo=-1$，$\beta_0^* = \beta_0 - \beta_2$，$x \to y$ 的截距将下降 β_2 个单位。

由于截距反映 x 经回归方程转换后对 y 轴投射的垂直高度，因此不论 β_0 为正值还是负值，β_0^* 的解释并没有太大困难：$\beta_2>0$ 将使截距 β_0^* 随 Mo 的放大逐渐升高；如果 β_0 为正，则随 Mo 的增加而正值更高，是一种正截距正调节；如果 β_0 为负，则随 Mo 的增加，截距趋近零甚至转正，是一种负截距正调节。相对的，$\beta_2<0$ 将使截距 β_0^* 随 Mo 放大逐渐降低；当 β_0 为正，截距随 Mo 的增加而降低，是一种正截距负调节；当 β_0 为负则呈现随 Mo 的增加而截距越低，是一种负截距负调节。

三、调节效应的分析程序

从分析的先后次序来看，调节效应是当交互作用具有统计显著性之后的事后检验。换言之，交互作用是一个整体考验，检验两个自变量是否会一起联合对因变量产生影响。调节效应则是交互作用下的一种特例，反映在某一个自变量作为调节变量的情况下，在不同水平或程度高低下的另一个自变量对因变量的影响力是否发生改变。从操作的角度来看，调节效应分析会因为调节变量是类别变量或连续变量而有所不同，但原理相同。

基本上，类别调节变量由于变量数值相对较少（类别数为 k），所以对调节效应的分析相对单纯。首先，研究者必须先将类别调节变量转换成 k-1 个虚拟变量，并创造 k-1 个交互作用项，然后就带有交互作用项的多元回归进行整体考验，检查 k-1 个交互作用项是否显著。如果交互作用显著，研究者仅需分别就调节变量的不同类别进行 k 次 $x \rightarrow y$ 的简单回归分析，即可得知在调节变量的不同水平下，$x \rightarrow y$ 的影响力分别为何，称为分组回归（separated regression）。

例如，当调节变量 Mo 有两个类别时，需进行两个分组回归；如果有 k 组，则进行 k 次分组回归。如果调节变量编码为 {0,1} 的二分变量，更直接的做法是估计含交互作用项的调节回归方程（如公式 12.11），令 Mo=0 与 Mo=1，即可导出两组简单回归方程。作图时，仅需绘制出各水平下的回归线，$x \rightarrow y$ 的解释力的差异将反映在回归线的斜率差异上。

如果调节变量与 x 都是连续变量，调节效应分析就相对复杂。这是由于连续调节变量的数值范围为连续光谱，并没有特定的固定状态，研究者必须自行定义调节变量的不同"水平"，来讨论 $x \rightarrow y$ 关系的变化。

如果 Mo 与 x 都是连续变量，且交互作用显著不为 0，研究者必须指定其中一个为调节变量，另一个为被调节的变量。然后寻找反映调节变量高低水平的分割点（例如，在调节变量平均数以上及以下一个或两个标准偏差的位置），此时将可得到调节变量（以 z 表示）的平均数（z_M）、加一个（或两个）标准偏差得到高限（upper limit；z_H）与减一个（或两个）标准偏差得到低限（lower limit；z_L）等三个条件值（conditional value；CV），据以进行 $x \rightarrow y$ 简单回归。

为了便于结果解释与交互作用图的绘制，一般在进行交互作用回归之前，多会先将连续变量以总平均数进行中心化，使连续变量的平均数设定为 0，即进行总平减，利用离均差来进行主效应或交互作用的估计（Aiken & West, 1991）。至于交互作用项，亦是利用平减后的变量进行相乘，使交乘项也具有离均差的性质。

第四节　调节式中介与中介式调节

虽然中介与调节是两个截然不同的方法学概念，但是在研究实务上，两者可能会一起发生。在 Baron 和 Kenny（1986）及 James 和 Brett（1984）关于中介与调节效应分析的经典论文中，他们除了指出了中介与调节效应的意义与检测原理，还提出了中介与调节的组合效应的概念雏形，即调节式中介（moderated mediation；$Mo\underset{\bullet}{Me}$）与中介式调节（mediated moderation；$Me\underset{\bullet}{Mo}$）。后来的学者（例如，Edward & Lambert, 2007；Muller, Tudd & Yzerbyt, 2005；Preacher, Rucker, & Hayes, 2007）则详细解释了这两个名词的异同与统计原理，甚至发展出了专属的分析模块（例如，PROCESS，Hayes, 2013）来简化其分析流程，使得调节与中介的组合效应更容易应用于实际研究当中。

顾名思义，$Mo\underset{\bullet}{Me}$ 是指某一中介效应被特定调节变量 Mo 所调节，主要名词是 $\underset{\bullet}{Me}$（因此加着重号），Mo 则是形容词，因此中介效应是研究分析的重点，中介效应必须先于调节效果成立，再进行中介效应当中的路径分析，例如，直接效应与间接效应如何受到 Mo 影响而发生条件化的变动。相对而言，$Me\underset{\bullet}{Mo}$ 一词是以调节效应为核心，$\underset{\bullet}{Mo}$ 先于 Me 存在，Me 用来形容 $\underset{\bullet}{Mo}$，表示调节效应在中介关系中扮演特定的角色。

一、调节式中介（$Mo\underset{\bullet}{Me}$）

如果研究者所关心的是中介效应如何被 Mo 调节，首先必须检查中介效应是否成立，即间接效应当中的各项效应（间接与直接效应）是否具有统计意义，进一步才能检验间接效应是否会随 Mo 的不同状况而变化，因此 $Mo\underset{\bullet}{Me}$ 又可称为条件化间接效应（conditional indirect effect）（Hayes, 2013；Preacher, Rucker, & Hayes, 2007）。如果从传统回归路径分析或 SEM 观点来看，多个相连的直接效应的乘积可称为路径系数，因此间接效应 $a \times b$ 只是路径系数的一种特例，因而 $Mo\underset{\bullet}{Me}$ 也被称为调节性路径分析（moderated path analysis）（Edwards & Lambert, 2007）。

如果 $x \rightarrow y$ 的简单回归受到一个中介变量（Me）与一个调节变量（Mo）的影响，这一 Mo 可能对于 3 个直接效应产生调节作用，如图 12.5 中的 int_a、int_b 和 int_c。

值得注意的是，图 12.5a 是从研究设计的观点来陈述各变量的影响方向，也就是用来表述研究者所关心的"效应"或"机制"为何，因此称为"假设概念图"。图中的系数符号仅作为各效应标示之用，不重要的系数并未被标示出来。相对而言，图 12.5b 则完整呈现了统计方程的成分拆解，因此可称为"参数效应图"。

由于本节讨论的是 $MoM\!e$，因此图 12.5a 当中的 $x \to Me$ 与 $Me \to y$ 两个直接效应皆以粗单箭头联系，目的在凸显中介效应必须先行成立。图 12.5 当中的 Mo 同时对 $x \to Me$、$Me \to y$、$x \to y$ 三个直接效应发生调节作用，所有的效应都被调节。

从 $MoM\!e$ 的观点来看，图 12.5 中最重要的调节应该发生在 $x \to Me$ 与 $Me \to y$ 两个直接效应之上，因此图 12.5a 当中的 Mo 对于这两个直接效应 a 与 b 均以粗的单箭头进行指向。相对而言，Mo 对 $x \to y$ 的直接效应 c 的调节并非重点（因为中介效应并不在乎 $x \to y$ 直接效应的统计意义），因此图 12.5 当中对于 int_a 与 int_b 标以粗的单箭头，至于 int_c 并非关心的重点。在执行 $MoM\!e$ 时，甚至可以把 int_c 项移除，进行较简化的 $MoM\!e$ 分析。

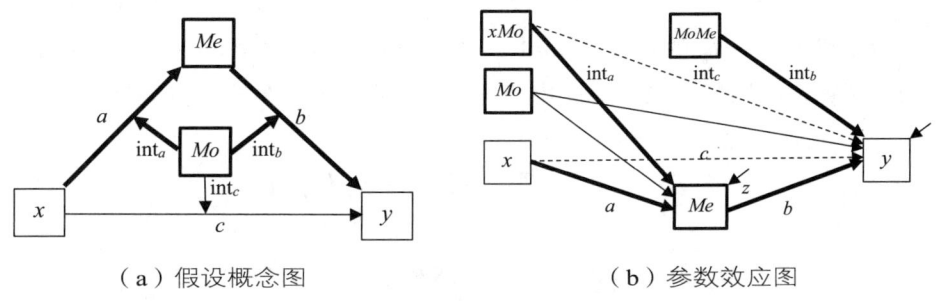

（a）假设概念图　　　　　　（b）参数效应图

图 12.5　两种 $MoM\!e$ 效应图示

二、中介式调节（$MeMo$）

相对于 $MoM\!e$ 把重点放在间接效应如何被调节，$MeMo$ 则是在检验 $xMo \to y$ 的交互作用是否会因为纳入 Me 而消失或显著减弱，可检测带有调节效应的 $xMo \to Me \to y$ 的中介过程是否成立。换言之，$MeMo$ 先必须有一个显著 Mo 调节 $x \to y$ 的 int_c 交互作用，其次估计同时纳入其他直接效应与交互作用后的新的 Mo 对 $x \to y$ 影响的交互作用项 int'_c，最后检测 $int_c - int'_c$ 差异是否具有显著意义（Muller et al., 2005），即图 12.5 当中的 int_c 是否从显著变成不显著，或是显著降低到 int'_c。如公式 12.15～12.17 所示。

$$\begin{aligned}y &= \beta_0 + \beta_c x + \beta_{d(y.Mo)} Mo + \beta_{int_c} xMo + [\varepsilon] \\ &= (\beta_0 + \beta_{d(y.Mo)} Mo) + (\beta_c + \beta_{int_c} Mo)x + [\varepsilon]\end{aligned} \quad (12.15)$$

$$Me = \beta_0 + \beta_a x + \beta_{d(Me.Mo)}Mo + \beta_{\text{int}\,a}xMo + [\varepsilon]$$
$$= (\beta_0 + \beta_{d(Me.Mo)}Mo) + (\beta_a + \beta_{\text{int}\,a}Mo)x + [\varepsilon] \quad (12.16)$$

$$y = \beta'_0 + \beta'_c x + \beta'_{d(y.Mo)}Mo + \beta'_{\text{int}\,c}xMo + \beta'_b Me + \beta'_{\text{int}\,b}MoMe + [\varepsilon']$$
$$= (\beta'_0 + \beta'_{d(y.Mo)}Mo) + (\beta'_c + \beta'_{\text{int}\,c}Mo)x + (\beta'_b + \beta'_{\text{int}\,b}Mo)Me + [\varepsilon'] \quad (12.17)$$

第一个步骤是检验 int_c 系数的统计意义，因此 $(x+Mo+xMo) \to y$ 的交互作用回归（公式 12.15）必须先行检测，$\beta_{\text{int}\,c}$ 必须具有统计意义，此时 $x \to y$ 的总效应为 $a+\text{int}_c$。第二个步骤则是以 Me 为结果变量，建立 $(x+Mo+xMo) \to Me$ 公式 12.16 来检测 $xMo \to Me$ 的 $\beta_{\text{int}\,a}$ 是否显著不为零。最后，第三个步骤是建立 $(x+Mo+xMo+Me+MeMo) \to y$，如公式 12.17 所示，来检测 $\beta'_{\text{int}\,c}$ 的作用是否消失。

为了简化 $Me\dot{Mo}$ 的检验，Muller、Judd 与 Yzerbyt（2005）以系数降低法来检测先期存在的调节效应减少量是否具有统计意义，如公式 12.18 所示。

$$\beta_{\text{int}\,c} - \beta'_{\text{int}\,c} = \beta'_b \beta_{\text{int}\,a} + \beta_a \beta'_{\text{int}\,b} \quad (12.18)$$

事实上，$Mo\dot{Me}$ 或 $Me\dot{Mo}$ 的检验虽然概念复杂，但是在统计上没有差异，Hayes（2013）甚至呼吁研究者完全抛弃 $Me\dot{Mo}$ 的概念，仅就 $Mo\dot{Me}$ 来检测同时带有 Mo 与 Me 的模型（p.389）。从研究设计的角度来看，研究者最重要的工作是清楚说明研究假设为何，并提出理论与文献来支持，分析时则针对研究者所关心的效应进行检验，详细说明各项效应，应可充分说明 $Mo\dot{Me}$ 与 $Me\dot{Mo}$ 的现象是否存在。

第五节　LISREL 的中介与调节分析

为了示范中介效应分析，以下以温福星与邱皓政（2009）所进行的一项关于组织气氛与工作满意的研究进行示范。温福星与邱皓政（2009）认为，组织气氛越好，员工的工作满意度越高，组织气氛的影响通过认同承诺的提升而使工作满意度增加；组织气氛对于工作满意度的影响也可能通过工具承诺的中介作用起作用。前述研究假设涉及下列两个中介效应的检验：

$x \to M_1 \to y$：组织气氛→认同承诺（M_1）→工作满意

$x \to M_2 \to y$：组织气氛→工具承诺（M_2）→工作满意

如果再增加职务别作为调节变量，整个模型就可能涉及两个中介变量与一个调节变量，相当复杂。该研究搜集到了 681 笔观察数据，各变量的基本描述统计与相关系数列于表 12.2。

表 12.2 组织行为研究范例数据的描述统计与相关系数（N=681）

变量	平均数	标准差	1. 主管职	2. 工作满意	3. 组织气氛	4. 认同承诺	5. 工具承诺
1. 主管职（1: 主管）	0.270	0.447	1.00				
2. 工作满意（x）	4.204	0.812	0.109**	(0.718)			
3. 组织气氛（y）	3.979	0.751	0.075	0.669**	(0.886)		
4. 认同承诺（M_1）	4.002	0.846	0.122**	0.745**	0.666**	(0.776)	
5. 工具承诺（M_2）	3.581	0.916	-0.145**	-0.372**	-0.268**	-0.413**	(0.653)

注：对角线上的括号内的系数为 Cronbach's α 信度系数。主管职以非主管职（编码为 0）为参照组。* 代表 $p<0.05$；** 代表 $p<0.01$。

一、中介效应分析

本研究的主要假设是对组织气氛的知觉影响员工的承诺感，进而影响员工的工作表现。由于本范例存在两个中介变量，因此是一个多重中介变量模型。LISREL 与 SIMPLIS 的语法列于表 12.3。模型中的观察变量共有 4 个，测量数据数 DP=（4×5）/2=10。三个内生变量有 3 个解释残差（ζ_1、ζ_2、ζ_3），其中两个中介变量的残差可以设定具有相关，即 ζ_{23} 可被估计，因此在第 5 行增加内生变量残差矩阵为下三角矩阵（PS=SY），然后在第 6 行把两个中介变量残差设为自由估计 PS(3,2)。结构系数矩阵则为完全矩阵，所需估计的结构参数则由 FR 指令指定。最后，间接效应反映了中介效应，必须在第 8 行加入 EF 的功能，借以得到效应分析报表。

表 12.3 中介分析的语法

LISREL 语法(Ch12a.LIS)

1. Ch12 Mediation Analysis using LISREL syntax
2. DA   NI=4 NO=681
3. RA   FI=Ch12ME.csv
4. LA;   Y ME1 ME2 X
5. MO   NX=1 NY=3 BE=FU GA=FI PS=SY
6. FR   BE(1,2) BE(1,3) GA(1,1) GA(2,1) GA(3,1) PS(3,2)
7. PD
8. OU   SC EF

SIMPLIS 语法(Ch12a.SPL)

1. Ch12 Mediation Analysis using SIMPLIS syntax
2. Observed variables: Y ME1 ME2 X
3. Raw data from file Ch12ME.csv
4. Sample Size = 681
5. Relationships
6. Y = ME1 ME2 X
7. ME1 ME2 = X
8. Set the Error Covariance of ME2 and ME1 Free
9. Path Diagram
10. LISREL OUTPUT SC EF
11. End of Problem

根据上述的模型设定,以 LISREL 软件分析的结果如下。由模型设定所列出的参数编号可以得知共有 10 个参数需要估计(见注 1),但是数据点 DP=10,显示这一模型为饱和模型,自由度为 0,因此无法进行迭代估计(见注 2)。

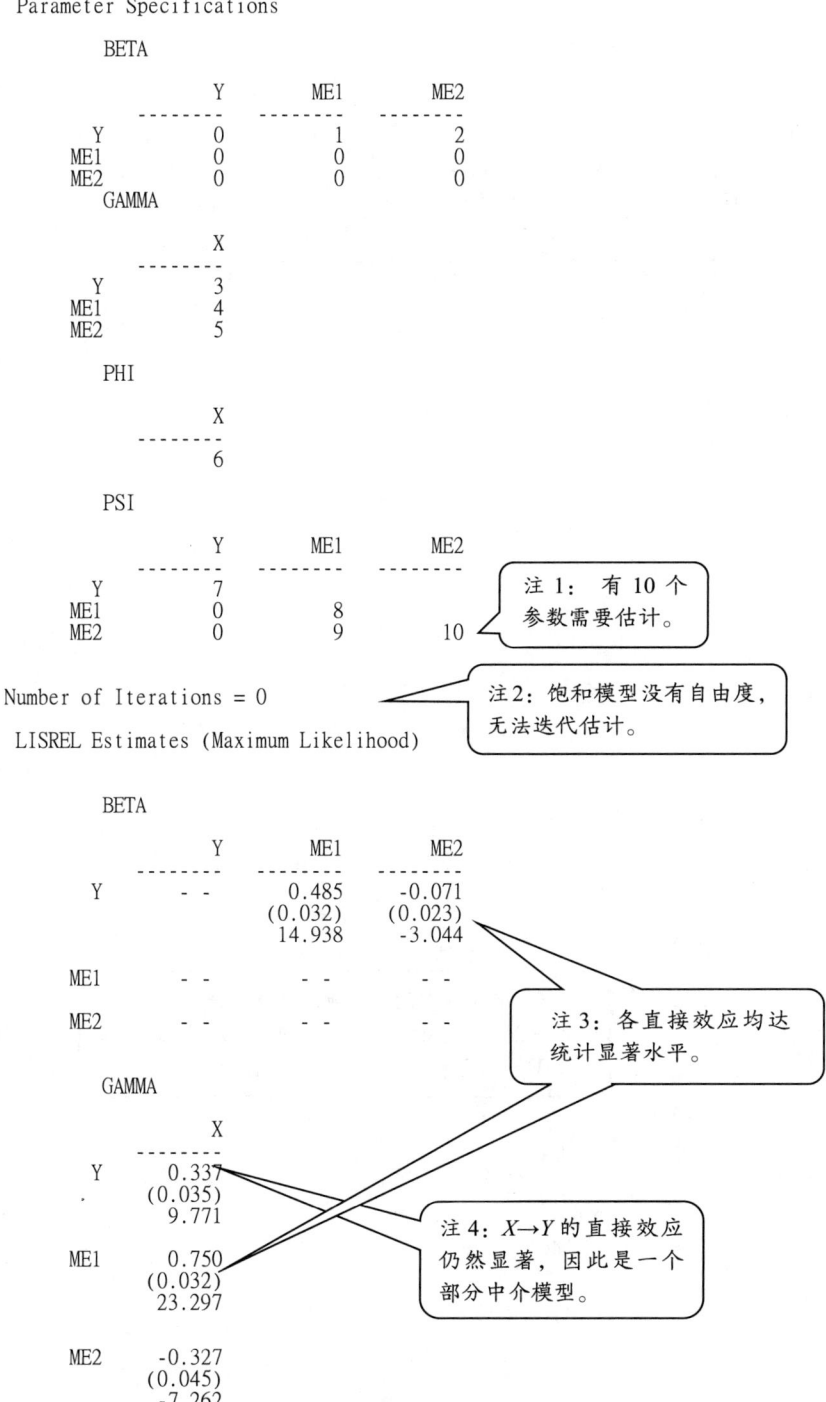

```
                    PSI

                        Y         ME1        ME2
                    --------   --------   --------
         Y           0.254
                    (0.014)
                    18.439

         ME1          - -       0.398
                              (0.022)
                              18.439

         ME2          - -      -0.181      0.778
                              (0.022)    (0.042)
                              -8.089     18.439
```

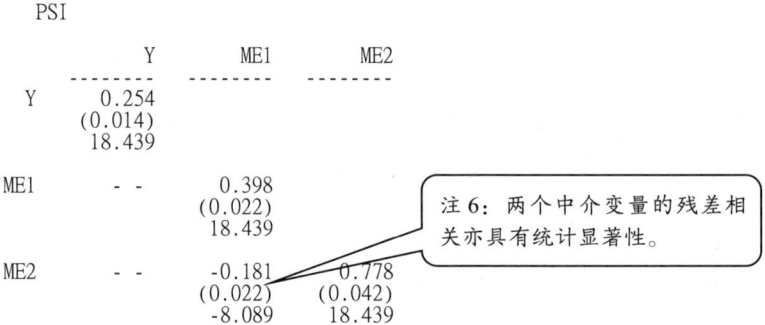

注6：两个中介变量的残差相关亦具有统计显著性。

```
         Squared Multiple Correlations for Structural Equations

                        Y        ME1        ME2
                    --------  --------  --------
                     0.615     0.444     0.072
```

```
  Total and Indirect Effects

      Total Effects of X on Y

                        X
                    --------
         Y           0.724
                    (0.031)
                    23.520

         ME1         0.750
                    (0.032)
                    23.314

         ME2        -0.327
                    (0.045)
                    -7.268


      Indirect Effects of X on Y

                        X
                    --------
         Y           0.387
                    (0.029)
                    13.550
```

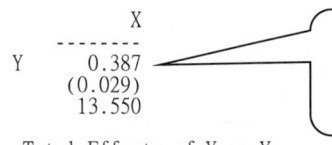

注5：由 $X \to Y$ 的间接效应具有统计意义，显示中介效应存在。但是此一中介效应无法区分是 $X \to ME_1 \to Y$，还是 $X \to ME_2 \to Y$。

```
      Total Effects of Y on Y

                        Y        ME1        ME2
                    --------  --------  --------
         Y            - -      0.485     -0.071
                              (0.032)    (0.023)
                              14.949    -3.046


  Largest Eigenvalue of B*B' (Stability Index) is    0.240
```

```
Standardized Total and Indirect Effects
    Standardized Total Effects of X on Y
                X
            --------
      Y      0.669
    ME1      0.666
    ME2     -0.268

    Standardized Indirect Effects of X on Y
                X
            --------
      Y      0.358

    Standardized Total Effects of Y on Y
                Y        ME1         ME2
            --------  --------    --------
      Y       - -      0.505      -0.080
```

所有的直接效应均具有统计意义（见注3），甚至于 $X \to Y$ 的直接效应也具有统计显著性（见注4），显示即使纳入了两个中介变量，组织气氛对于工作满意的直接效应也没有消失。但是由于 $X \to ME \to Y$ 的间接效应具有统计意义（见注5），因此这一中介模型支持了部分中介效应，而非完全中介效应。值得注意的是，LISREL 的间接效应是指两个特定变量间的所有间接效应的总和，因此 $X \to Y$ 的中介效应检验无法区分是 $X \to ME_1 \to Y$，还是 $X \to ME_2 \to Y$。最后，关于这一双重中介变量的中介模型分析结果呈现于图 12.6。

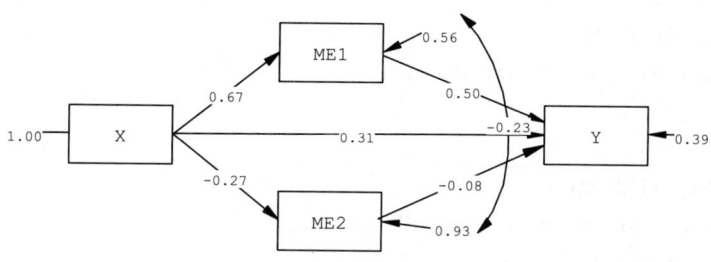

（a）原始估计解

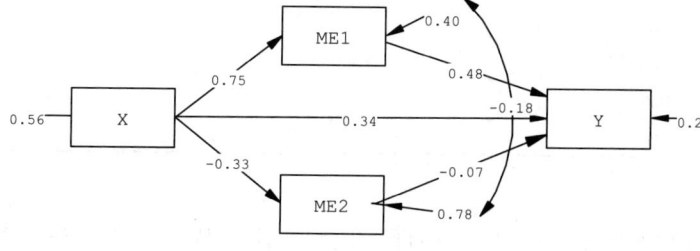

（b）标准化解

图 12.6　双重中介模型的估计结果图示

二、调节效应分析

前面示范的是组织气氛对于工作满意的影响是否通过组织承诺发生作用的，组织承诺扮演的是中介变量。本节则探讨组织气氛对于工作满意的影响是否对于主管或员工有不同的强度，即将主管别作为调节变量。

从分析的角度来看，主管别对于组织气氛→工作满意的调节效应必须由组织气氛（X）与主管别（Mo）的交互作用项来检验，即除了Y、X、Mo三个变量之外，必须创造一个新的变量$Mo \times X$，一起纳入方程来解释Y。这一带有交互作用项的LISREL语法分别为Ch12b.LIS（LISREL语法）与Ch12b.SPL（SIMPLIS语法），列于表12.4。

表12.4 带有交互作用的语法

LISREL 语法（Ch12b.LIS）	
1	Ch12b Moderation Analysis using LISREL syntax
2	DA NI=4
3	RA FI=Ch12MO.csv
4	LA; Y X MO XMO
5	MO NX=3 NY=1 GA=FU,FI
6	FR GA(1,1) GA(1,2) GA(1,3)
7	PD
8	OU

SIMPLIS 语法（Ch12b.spl）	
1	Ch12b Moderation Analysis using SIMPLIS syntax
2	Observed variables: Y X MO XMO
3	Raw data from file Ch12MO.csv
4	Sample Size = 681
5	Relationships
6	Y = CONST X MO XMO
7	Path Diagram
8	End of program

参数估计以最大概似法进行估计，耗费0次迭代。因为本研究为饱和模型，自由度为0，等同于求取唯一解，因此不经过迭代估计。紧接着即列出了各回归系数的原始估计数与显著性检验（见注7）。

```
Parameter Specifications

        GAMMA
                    X         MO        XMO
                 --------  --------  --------
            Y       1         2         3

        PHI
                    X         MO        XMO
                 --------  --------  --------
           X        4
           MO       5         6
          XMO       7         8         9

        PSI
                    Y
                 --------
                   10

        ALPHA
                    Y
                 --------
                   11

Number of Iterations = 0

LISREL Estimates (Maximum Likelihood)

        GAMMA
                    X         MO        XMO
                 --------  --------  --------
            Y     0.710    -0.090     0.049
                 (0.034)   (0.319)   (0.078)
                 20.648    -0.282     0.629

        Covariance Matrix of Y and X
                    Y         X         MO        XMO
                 --------  --------  --------  --------
            Y     0.659
            X     0.408     0.563
           MO     0.040     0.025     0.199
          XMO     0.244     0.212     0.812     3.414

        Mean Vector of Eta-Variables
                    Y
                 --------
                  4.203

        PHI
                    X         MO        XMO
                 --------  --------  --------
           X      0.563
                 (0.031)
                 18.412

           MO     0.025     0.199
                 (0.013)   (0.011)
                  1.950    18.412

          XMO     0.212     0.812     3.414
                 (0.054)   (0.044)   (0.185)
                  3.932    18.261    18.412

        PSI
                    Y
                 --------
                  0.361
                 (0.020)
                 18.412
```

> 注7：回归系数的显著性检验。X 的主效果达显著，但调节变量与交互作用都不显著。

由数据可知，主管别与交互作用项对因变量的解释均无统计意义，表示主管别对于组织气氛对工作满意的影响不会有调节效应。在模型拟合方面，由于本模型为饱和模型，自由度为0，因此模型拟合$\chi^2=0$，也就没有拟合指针数据可资参考。估计结果如图12.7所示。

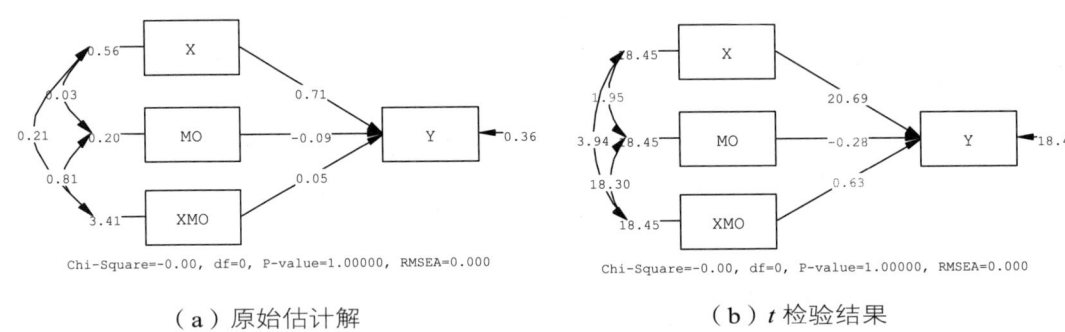

（a）原始估计解　　　　　　　　　　（b）t检验结果

图12.7　交互作用模型的估计结果图示

三、调节式中介效应分析

基于前述中介效应与调节效应的分析范例，本节将两者加以整合，即可进行 $MoM\underset{\cdot}{e}$ 的示范。$MoM\underset{\cdot}{e}$ 的关键在于间接效应被调节变量所调节，因此中介效应必须先成立才能检验间接效应的各参数是否会随调节变量的不同状况而变化。这里所使用的中介效应仍以组织气氛（X）经过认同承诺（Me）作为中介变量来影响工作满意（Y）。由于$X \rightarrow Me \rightarrow Y$的中介效应在先前的示范当中已经大致确立，因此本节得以进行 $MoM\underset{\cdot}{e}$ 的检验。调节变量仍为主管别（Mo），借以检验$X \rightarrow Me \rightarrow Y$的中介过程是否受到两种不同高低职务状态的调节而发生效应的改变。

由于主管别对于组织气氛→组织承诺以及组织承诺→工作满意均可能有调节效应，因此必须创造两个交互作用项：组织气氛（X）与主管别（Mo）的交互作用项 XMo，以及组织承诺（Me）与主管别（Mo）的交互作用项 $MoM\underset{\cdot}{e}$，连同三个主要变量X、Mo、Me一起纳入方程来解释Y，分析语法分别为Ch12c.LIS（LISREL语法）与Ch12d.SPL（SIMPLIS语法），列于表12.5。

表 12.5　带有中介变量与交互作用的语法

LISREL 语法

1　TI Ch12c Moderated Mediation Analysis using LISREL syntax
2　DA NI=6 NO=681
3　RA FI=Ch12MOME.csv
4　LA; Y ME X MO XMO MOME
5　MO NX=4 NY=2 BE=FU GA=FI PS=SY
6　FR BE(1,2) GA(1,1) GA(1,2) GA(1,3) GA(1,4) GA(2,1) GA(2,2) GA(2,3)
7　PD
8　OU SC EF

SIMPLIS 语法

1　Ch12c Moderated Mediation Analysis using SIMPLIS syntax
2　Observed variables: Y X ME MO XMO MOME
3　Raw data from file Ch12MOME.csv
4　Sample Size = 681
5　Relationships
6　Y = X ME MO XMO MOME
7　ME = X MO XMO
8　Path Diagram
9　LISREL OUTPUT EF SC
10　End of Problem

为了了解数据的特性，我们可以从报表中得知变量的信息。比较特别的是，由于交互作用项由两个变量相乘而得，因此彼此具有高相关，在回归分析当中即是多元共线性问题。经由数据检查，报表中出现了警告信息（见注 8）。一般而言，为了避免这一警告信息的出现，可以先行将变量平减（减去平均数），再与调节变量相乘。

```
TI Ch12c Moderated Mediation Analysis using LISREL syntax

                    Number of Input Variables   6
                    Number of Y - Variables     2
                    Number of X - Variables     4
                    Number of ETA - Variables   2
                    Number of KSI - Variables   4
                    Number of Observations    681

TI Ch12c Moderated Mediation Analysis using LISREL syntax
         Covariance Matrix
```

```
                Y          ME         X         MO        XMO       MOME
              --------   --------  --------  --------  --------  --------
     Y         0.659
     ME       -0.276      0.839
     X         0.408     -0.184     0.563
     MO        0.040     -0.059     0.025     0.199
     XMO       0.244     -0.262     0.212     0.812     3.414
     MOME      0.095      0.042     0.064     0.671     2.711     2.501
```

Total Variance = 8.176 Generalized Variance = 0.409790D-03

Largest Eigenvalue = 5.931 Smallest Eigenvalue = 0.003

Condition Number = 43.938

WARNING: The Condition Number indicates severe multicollinearity. One or more variables may be redundant.

> 注8：变量间具有高相关，报表中出现多元共线性的警告。

```
     Means
                Y          ME         X         MO        XMO       MOME
              --------   --------  --------  --------  --------  --------
               4.203      3.581    3.979     0.275     1.118     0.924
```

经由模型设定的部分，可以检查估计参数的状态。总计有20个参数需要估计（见注9），$DP=6\times(6+1)/2=21$，因此仅剩下一个自由度。

```
                Parameter Specifications

          BETA
                     Y          ME
                  --------   --------
            Y        0          1
            ME       0          0

          GAMMA
                     X          MO        XMO       MOME
                  --------   --------  --------  --------
            Y        2          3          4          5
            ME       6          7          8          0

          PHI
                     X          MO        XMO       MOME
                  --------   --------  --------  --------
            X        9
            MO      10         11
            XMO     12         13         14
            MOME    15         16         17         18

          PSI
                     Y          ME
                  --------   --------
                    19         20
```

> 注9：有20个参数需要估计。

组织承诺与主管别的交互作用具有统计意义（见注10），显示中介效应的某一部分确实会被主管别调节，由 *MoMe* 的系数为正值（0.123），可知主管别对于组织承诺→工作满意的回归系数有正向调节。也就是说，担任主管者的组织承诺→工作满意效应较强，未标准化回归系数高于非主管者0.123个单位。

```
Number of Iterations = 0
LISREL Estimates (Maximum Likelihood)
        BETA

                  Y          ME
               --------   --------
        Y        - -       -0.219
                           (0.025)
                            -8.620

        ME       - -        - -


        GAMMA

                  X          MO         XMO        MOME
               --------   --------   --------   --------
        Y       0.634      -0.793      0.106      0.123
               (0.034)    (0.361)    (0.075)    (0.046)
                18.531     -2.194      1.406      2.699

        ME     -0.346      -0.874      0.152       - -
               (0.050)    (0.464)    (0.113)
                -6.911     -1.884      1.347
```

> 注10：*MoMe* 对于 *Y* 的影响具有统计意义。

在模型拟合方面，自由度仅为1，卡方值虽为253.468（见注11），部分适配指数虽也不理想（*RMSEA*=0.609、*NNFI*=0.222、*CFI*=0.948、*GFI*=0.906），但是本范例的目的是检测涉及 *Mo* 与 *Me* 的回归系数，而非模型拟合状况，因此无须针对拟合指数进行讨论。

```
                     Log-likelihood Values

                         Estimated Model        Saturated Model
                         ---------------        ---------------
Number of free parameters(t)    26                    27
-2ln(L)                      -972.240             -1225.709
AIC (Akaike, 1974)*          -920.240             -1171.709
BIC (Schwarz, 1978)*         -802.628             -1049.572

*LISREL uses AIC= 2t - 2ln(L) and BIC = tln(N)- 2ln(L)


                   Goodness-of-Fit Statistics

Degrees of Freedom for (C1)-(C2)               1
Maximum Likelihood Ratio Chi-Square (C1)       253.468 (P = 0.0000)
Due to Covariance Structure                    253.468
Due to Mean Structure                          0.00
Browne's (1984) ADF Chi-Square (C2_NT)         211.644 (P = 0.0000)

Estimated Non-centrality Parameter (NCP)       252.468
90 Percent Confidence Interval for NCP         (203.795 ; 308.548)

Minimum Fit Function Value                     0.372
Population Discrepancy Function Value (F0)     0.371
90 Percent Confidence Interval for F0          (0.299 ; 0.453)
Root Mean Square Error of Approximation (RMSEA) 0.609
90 Percent Confidence Interval for RMSEA       (0.547 ; 0.673)
P-Value for Test of Close Fit (RMSEA < 0.05)   0.000
（略）
```

> 注11：χ^2=253.468，自由度为1，表示模型拟合并不理想。但是本范例并非以拟合为讨论焦点。

由 $X \to Y$ 的间接效应具有统计意义（见注12），支持了中介先于调节效应成立的要件。整个调节式中介分析结果呈现于图12.8。

```
Total and Indirect Effects
   Total Effects of X on Y
              X          MO         XMO        MOME
           --------   --------   --------   --------
   Y        0.710     -0.601       0.073      0.123
           (0.035)    (0.373)     (0.079)    (0.045)
           20.435     -1.609       0.919      2.707

   ME      -0.346     -0.874       0.152       - -
           (0.050)    (0.462)     (0.113)
           -6.932     -1.889       1.351

   Indirect Effects of X on Y
              X          MO         XMO        MOME
           --------   --------   --------   --------
   Y        0.076      0.191      -0.033       - -
           (0.014)    (0.104)     (0.025)
            5.408      1.846      -1.334

   ME        - -        - -         - -

   Total Effects of Y on Y
              Y          ME
           --------   --------
   Y        - -       -0.219
                      (0.025)
                      -8.645

   ME        - -        - -
```

注12：间接效应具有显著意义，支持中介必须先行成立的原则。

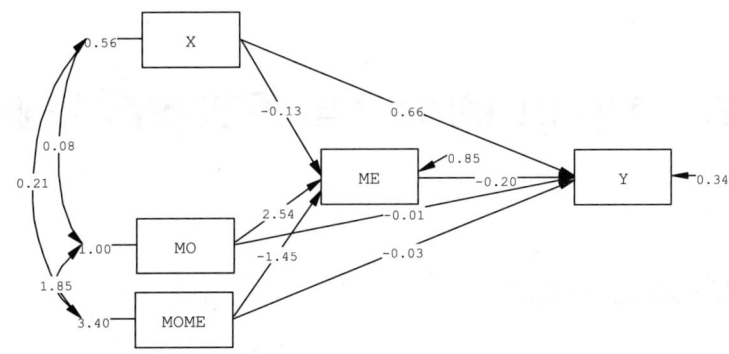

（a）原始估计解

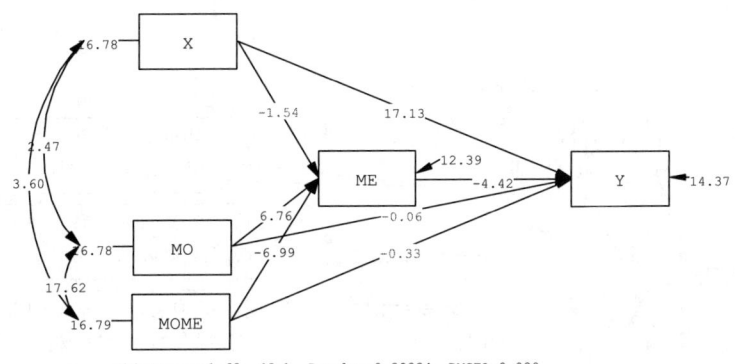

（b）t 检验结果

图 12.8　调节式中介效应分析的估计结果图示

第六节　Mplus 的中介与调节效应分析

一、中介效应分析

（一）Mplus 语法

```
TITLE:       Ch12 Mediation Analysis
DATA:        FILE = Ch12a.csv;
VARIABLE:    NAMES = ID y x m1 m2 gender leader;
             USEVARIABLES=y x m1 m2;
ANALYSIS:    ESTIMATOR IS ML;
             BOOTSTRAP IS 5000;
MODEL:       m1 m2 on x;
             y  on x m1 m2;
             m1 with m2;
MODEL INDIRECT:
             y IND x;
OUTPUT:      STDYX CINTERVAL(BOOTSTRAP);
PLOT:        TYPE = PLOT1 PLOT3;
```

- Mplus 提供中介效应的拔靴标准误估计值。
- 设定变量间的关系，中介变量的残差相关纳入估计。
- 间接效应检验可以检测每一个特定的中介效应。

（二）Mplus 报表

```
MODEL FIT INFORMATION

Number of Free Parameters                       12

Loglikelihood

        H0 Value                          -1993.206
        H1 Value                          -1993.206

Information Criteria

        Akaike (AIC)                       4010.412
        Bayesian (BIC)                     4064.695
        Sample-Size Adjusted BIC           4026.593
          (n* = (n + 2) / 24)

Chi-Square Test of Model Fit

        Value                                 0.000
        Degrees of Freedom                        0
        P-Value                              0.0000
```

模型拟合数据：$\chi^2=0$，$df=0$，为饱和模型。

```
RMSEA (Root Mean Square Error Of Approximation)
        Estimate                            0.000
        90 Percent C.I.                     0.000  0.000
        Probability RMSEA <= .05            0.000
(略)

MODEL RESULTS

                                                      Two-Tailed
                    Estimate      S.E.     Est./S.E.   P-Value

 M1       ON
    X                0.750       0.035       21.154     0.000

 M2       ON
    X               -0.327       0.054       -6.015     0.000

 Y        ON
    X                0.337       0.039        8.554     0.000
    M1               0.485       0.035       13.760     0.000
    M2              -0.071       0.028       -2.565     0.010

 M1       WITH
    M2              -0.181       0.026       -7.045     0.000

 Intercepts
    Y                1.174       0.190        6.193     0.000
    M1               1.017       0.149        6.824     0.000
    M2               4.883       0.217       22.460     0.000

 Residual Variances
    Y                0.254       0.017       14.638     0.000
    M1               0.397       0.027       14.702     0.000
    M2               0.777       0.044       17.592     0.000
```

STANDARDIZED MODEL RESULTS

STDYX Standardization

> 拔靴标准误
> 直接效应的检测

```
                                                      Two-Tailed
                    Estimate      S.E.     Est./S.E.   P-Value

 M1       ON
    X                0.666       0.025       27.180     0.000

 M2       ON
    X               -0.268       0.043       -6.292     0.000

 Y        ON
    X                0.312       0.036        8.676     0.000
    M1               0.505       0.035       14.328     0.000
    M2              -0.080       0.031       -2.571     0.010

 M1       WITH
    M2              -0.326       0.040       -8.215     0.000

 Intercepts
    Y                1.447       0.254        5.702     0.000
    M1               1.204       0.202        5.945     0.000
    M2               5.336       0.239       22.312     0.000

 Residual Variances
    Y                0.385       0.027       14.251     0.000
```

```
       M1                     0.556       0.033      17.071      0.000
       M2                     0.928       0.023      40.662      0.000
R-SQUARE

    Observed                                          Two-Tailed
    Variable              Estimate     S.E.     Est./S.E.     P-Value

       Y                     0.615       0.027      22.718      0.000
       M1                    0.444       0.033      13.625      0.000
       M2                    0.072       0.023       3.154      0.002

TOTAL, TOTAL INDIRECT, SPECIFIC INDIRECT, AND DIRECT EFFECTS

                                         [拔靴标准误]
                                                    Two-Tailed
                       Estimate     S.E.     Est./S.E.     P-Value

Effects from X to Y

    Total                 0.724       0.034      21.312      0.000
    Total indirect        0.387       0.032      12.213      0.000
    Specific indirect

       Y
       M1
       X                  0.364       0.031      11.688      0.000

       Y
       M2
       X                  0.023       0.010       2.298      0.022

    Direct
       Y
       X                  0.337       0.039       8.554      0.000
```

间接效应的检测：Mplus 提供 $X \to M_1 \to Y$ 与 $X \to M_2 \to Y$ 个别中介效应的间接效应检测。

CONFIDENCE INTERVALS OF MODEL RESULTS

基于拔靴标准误的 $0.95CI$。

```
                  Lower .5%  Lower 2.5%  Lower 5%  Estimate  Upper 5%  Upper 2.5%  Upper .5%

M1      ON
   X                0.661       0.682      0.692     0.750     0.808      0.819      0.842

M2      ON
   X               -0.475      -0.433     -0.414    -0.327    -0.238     -0.221     -0.189

Y       ON
   X                0.234       0.261      0.273     0.337     0.402      0.413      0.439
   M1               0.393       0.416      0.426     0.485     0.543      0.554      0.574
   M2              -0.141      -0.124     -0.116    -0.071    -0.026     -0.018      0.000

M1      WITH
   M2              -0.249      -0.233     -0.224    -0.181    -0.139     -0.131     -0.116

Intercepts
   Y                0.687       0.805      0.869     1.174     1.494      1.551      1.662
   M1               0.626       0.723      0.774     1.017     1.263      1.307      1.389
   M2               4.322       4.459      4.526     4.883     5.230      5.300      5.464

Residual Variances
   Y                0.208       0.219      0.224     0.254     0.281      0.287      0.298
   M1               0.327       0.346      0.353     0.397     0.441      0.452      0.468
   M2               0.667       0.688      0.703     0.777     0.848      0.860      0.892
```

二、调节效果分析

（一）Mplus 语法

```
TITLE:        Basic moderation model (categorial Moe)
DATA:         FILE = Ch12a.csv;
VARIABLE:     NAMES = group y x m1 m gender leader;
              USEVARIABLES=y x leader INTER1;
DEFINE:       CENTER x (GRANDMEAN);
              INTER1=x*leader;
ANALYSIS:     ESTIMATOR IS ML;
MODEL:        y on x leader
                    INTER1 (int);
MODEL TEST:   0 = int;
OUTPUT:       SAMPSTAT STDYX CINTERVAL;
PLOT:         TYPE = PLOT3;
```

- Mplus 提供便利的平减功能。
- 平减后的变量再进行交互作用项的定义。
- 提供交互作用项的增减是否显著不为 0 的 Wald 检验。

（二）Mplus 报表

```
MODEL FIT INFORMATION

Number of Free Parameters                         5

Loglikelihood

        H0 Value                           -619.159
        H1 Value                           -619.159

Information Criteria

        Akaike (AIC)                       1248.318
        Bayesian (BIC)                     1270.936
        Sample-Size Adjusted BIC           1255.060
          (n* = (n + 2) / 24)

Chi-Square Test of Model Fit

        Value                                 0.000
        Degrees of Freedom                        0
        P-Value                              0.0000

Wald Test of Parameter Constraints

        Value                                 0.400
        Degrees of Freedom                        1
        P-Value                              0.5270
```

- 交互作用项增减是否显著不为 0 的 Wald 检验结果。

```
RMSEA (Root Mean Square Error Of Approximation)
        Estimate                              0.000
        90 Percent C.I.                       0.000  0.000
        Probability RMSEA <= .05              0.000
CFI/TLI
        CFI                                   1.000
        TLI                                   1.000
(略)
MODEL RESULTS

                                                      Two-Tailed
                    Estimate    S.E.    Est./S.E.    P-Value
Y       ON
    X               0.710       0.034   20.693       0.000
    LEADER          0.105       0.052    2.012       0.044
    INTER1          0.049       0.078    0.633       0.527
Intercepts
    Y               4.174       0.027   154.289      0.000

Residual Variances
    Y               0.361       0.020    18.453      0.000
```

交互作用项的显著性检验。

三、调节式中介效应分析

（一）Mplus 语法

```
TITLE:        MoMe example (m2) case7
DATA:         FILE = Ch12c.csv;
VARIABLE:     NAMES = group y x m z;
              USEVARIABLES=y x m z xz mz;
DEFINE:       CENTER x m (GRANDMEAN);
              xz=x*z;
              mz=m*z;
ANALYSIS:     ESTIMATOR IS ML;
              BOOTSTRAP IS 5000;
MODEL:        m on x  (a)
                   z  (da)
                   xz (inta);
              y on m  (b)
                   x  (c)
                   z  (dc)
                   xz (intc)
                   mz (intb);
MODEL CONSTRAINT:
              NEW (DIR IND TOT);
              IND=a*b;
              DIR=c;
              TOT=a*b+c;
OUTPUT:       SAMPSTAT STANDARDIZED CINTERVAL(BOOTSTRAP);
PLOT:         TYPE = PLOT3;
```

Mplus 提供便利的平减功能。

Mplus 提供拔靴标准误估计值。

参数给定标签，可进行后续的新增参数定义。

利用 CONSTRAINT 可以定义新增参数。

（二）Mplus 报表

```
MODEL FIT INFORMATION

Number of Free Parameters                        12

Loglikelihood

          H0 Value                        -1465.965
          H1 Value                        -1339.231

Information Criteria

          Akaike (AIC)                     2955.930
          Bayesian (BIC)                   3010.213
          Sample-Size Adjusted BIC         2972.111
            (n* = (n + 2) / 24)

Chi-Square Test of Model Fit

          Value                             253.468
          Degrees of Freedom                      1
          P-Value                            0.0000
```

> 自由度为 1 的模型拟合检验结果。

```
RMSEA (Root Mean Square Error Of Approximation)

          Estimate                            0.609
          90 Percent C.I.             0.547   0.673
          Probability RMSEA <= .05            0.000

CFI/TLI

          CFI                                 0.673
          TLI                                -1.942

Chi-Square Test of Model Fit for the Baseline Model

          Value                             781.215
          Degrees of Freedom                      9
          P-Value                            0.0000

SRMR (Standardized Root Mean Square Residual)

          Value                               0.103

MODEL RESULTS
                                                    Two-Tailed
                    Estimate    S.E.   Est./S.E.    P-Value

 M       ON
     X              -0.346     0.059    -5.873       0.000
     Z              -0.268     0.078    -3.435       0.001
     XZ              0.152     0.143     1.062       0.288

 Y       ON
     M              -0.219     0.035    -6.281       0.000
```

X	0.634	0.036	17.524	0.000	
Z	0.070	0.050	1.406	0.160	
XZ	0.106	0.087	1.220	0.222	
MZ	0.123	0.067	1.832	0.067	MZ 的交互作用临界 0.05 显著水平。本范例采用的是拔靴标准误，与 LISREL 结果有些微差异。
Intercepts					
Y	4.189	0.026	160.933	0.000	
M	0.070	0.039	1.803	0.071	
Residual Variances					
Y	0.333	0.023	14.655	0.000	
M	0.762	0.043	17.825	0.000	
New/Additional Parameters					
DIR	0.634	0.036	17.524	0.000	
IND	0.076	0.017	4.375	0.000	间接效应显著。
TOT	0.710	0.038	18.721	0.000	

第七节　R 的中介与调节分析

一、R 语法

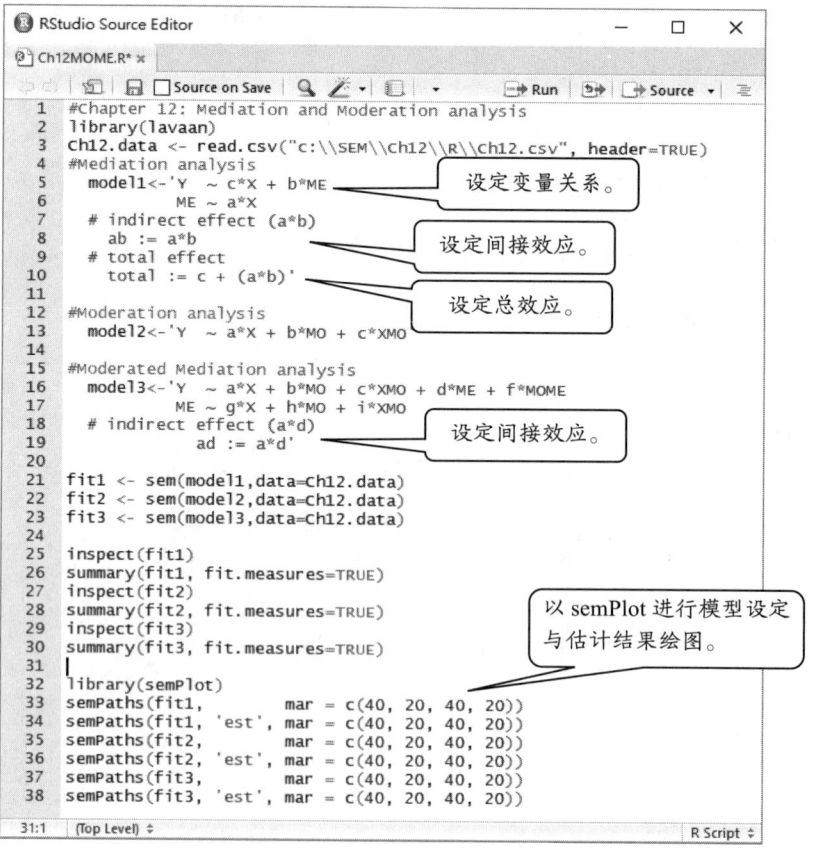

二、R 分析结果

```
> inspect(fit1)
$lambda
   Y ME X
Y  0  0 0
ME 0  0 0
X  0  0 0

$theta
   Y ME X
Y  0
ME 0  0
X  0  0 0

$psi
   Y ME X
Y  4            ← 估计残差参数。
ME 0  5
X  0  0 0

$beta
   Y ME X
Y  0  2 1       ← 直接效应参数。
ME 0  0 3
X  0  0 0

> summary(fit1, fit.measures=TRUE)
lavaan (0.5-23.1097) converged normally after  15 iterations

  Number of observations                         681

  Estimator                                       ML
  Minimum Function Test Statistic              0.000
  Degrees of freedom                               0    ← 饱和模型，χ²=0，df=0。
  Minimum Function Value          0.0000000000000
(略)

Regressions:
                   Estimate  Std.Err  z-value  P(>|z|)
  Y ~
    X        (c)     0.664    0.031   21.570    0.000
    ME       (b)    -0.184    0.025   -7.274    0.000    ← 直接效应检测。
  ME ~
    X        (a)    -0.327    0.045   -7.268    0.000

Variances:
                   Estimate  Std.Err  z-value  P(>|z|)
   .Y                0.337    0.018   18.453    0.000
   .ME               0.777    0.042   18.453    0.000

> inspect(fit2)
$psi
    Y X MO XMO
Y   4              ← 估计残差参数。
X   0 0
MO  0 0 0
```

```
XMO 0 0 0  0

$beta
      Y X MO XMO
Y     0 1  2   3        ← 直接效应参数。
X     0 0  0   0
MO    0 0  0   0
XMO   0 0  0   0

> summary(fit2, fit.measures=TRUE)
lavaan (0.5-23.1097) converged normally after  22 iterations

  Number of observations                             681

  Estimator                                           ML
  Minimum Function Test Statistic                  0.000
  Degrees of freedom                                   0
(略)

Regressions:
                   Estimate  Std.Err  z-value  P(>|z|)
  Y ~
    X        (a)      0.710    0.034   20.693    0.000
    MO       (b)     -0.090    0.318   -0.283    0.777      ← 交互作用检测。
    XMO      (c)      0.049    0.078    0.630    0.529

Variances:
                   Estimate  Std.Err  z-value  P(>|z|)
   .Y                 0.361    0.020   18.453    0.000

> inspect(fit3)
$psi
       Y  ME X  MO XMO MOME
Y      9                           ← 估计残差参数。
ME     0  10
X      0   0 0
MO     0   0 0  0
XMO    0   0 0  0   0
MOME   0   0 0  0   0    0

$beta
       Y  ME X  MO XMO MOME
Y      0   4  1  2   3    5        ← 直接效应参数。
ME     0   0  6  7   8    0
X      0   0  0  0   0    0
MO     0   0  0  0   0    0
XMO    0   0  0  0   0    0
MOME   0   0  0  0   0    0

> summary(fit3, fit.measures=TRUE)
lavaan (0.5-23.1097) converged normally after  31 iterations

  Number of observations                             681

  Estimator                                           ML
  Minimum Function Test Statistic                253.468
  Degrees of freedom                                   1
  P-value (Chi-square)                             0.000
(略)

Regressions:
                   Estimate  Std.Err  z-value  P(>|z|)
```

```
Y ~
    X     (a)   0.634   0.034   18.586   0.000
    MO    (b)  -0.793   0.360   -2.201   0.028
    XMO   (c)   0.106   0.075    1.410   0.158
    ME    (d)  -0.219   0.025   -8.645   0.000
    MOME  (f)   0.123   0.045    2.707   0.007    ← 交互作用检测。
ME ~
    X     (g)  -0.346   0.050   -6.932   0.000
    MO    (h)  -0.874   0.462   -1.889   0.059
    XMO   (i)   0.152   0.113    1.351   0.177
```

最后，中介效应与调节效应分析模型的设定与结果见图 12.9。

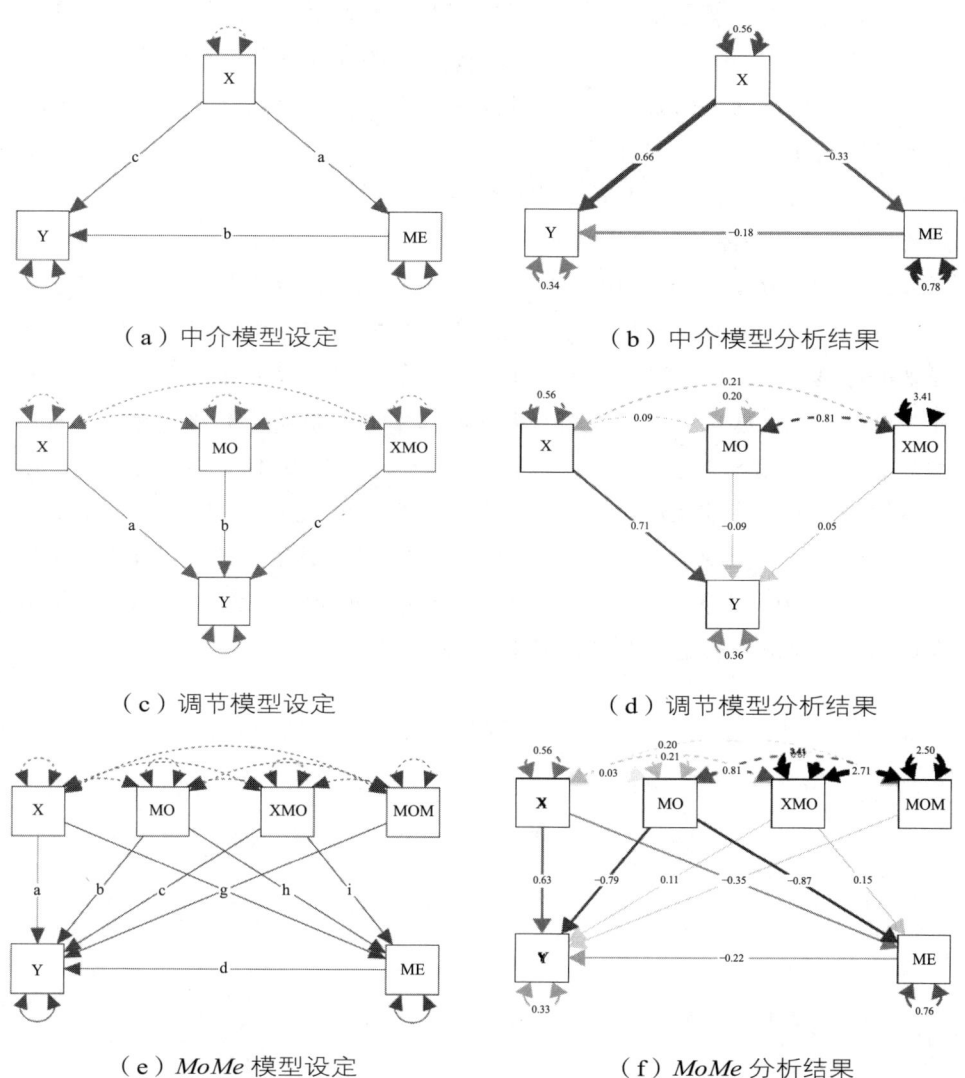

（a）中介模型设定　　　　　　（b）中介模型分析结果

（c）调节模型设定　　　　　　（d）调节模型分析结果

（e）MoMe 模型设定　　　　　　（f）MoMe 分析结果

图 12.9　以 R 进行中介与调节效果分析模型设定与结果图示

第八节 结　语

　　中介与调节效果分析可以说是当代社会科学研究当中最重要的方法学议题之一。在统计原理上，调节效果分析涉及多个自变量的阶层回归分析。在实务现象上，调节效果分析则提供实证性"视状况而定"的权宜证据。本章主要在说明中介与调节效应分析的概念差异，也同时说明两者的整合运用。但是为了清楚说明中介与调节的概念与操作，本章仅就观察变量的中介与调节进行讨论与示范，并未涉及对潜在变量的讨论。基本上，涉及潜在变量的中介效应分析的基本概念并无差异，只是在操作上必须特别注意测量模型的设定，至于调节效果分析，则涉及交互作用项的定义，操作上必须特别注意，有兴趣钻研的读者可以参考其他更进阶的专文或专著（例如，温忠麟、刘红云、侯杰泰，2012）。

　　SEM 的最大优势是可以在单一协方差矩阵中同时估计多个因变量被多重解释变量进行回归预测的复杂分析，个别或一组参数的影响也可以利用模型拟合度的差异来进行显著性检验。进一步地，中介与调节效果可以从外显变量模型扩展到潜在变量模型。这些优势使得以多次多元回归来进行路径分析的传统策略面临被淘汰的命运，改用 SEM 分析软件来进行路径分析已经是不可避免的趋势，除非研究者的研究数据不涉及对路径关系的探讨，方仍可利用多元回归分析来处理对一组自变量与一个因变量之间的关系讨论。其他有关中介变量、调节变量，乃至于多重因变量的回归分析，都将以 SEM 分析为标准程序，也说明了 SEM 技术在未来量化研究典范中的重要性将会不断提高。

第十三章　结构方程模型的正确运用

第一节　正确运用 SEM 的相关议题

1960 年可以视为统计技术发展的一个分水岭。之前的心理计量学的发展以古典的推论统计技术为主，例如，t 检验、方差分析、皮尔逊相关以及最小二乘回归；之后的发展则着重于各种统计问题的校正技术，可称为现代统计学。1994年，《结构方程模型》期刊第一卷的出版掀起了统计技术的第三次革命。尽管 SEM 的发展风起云涌，但同时也遭遇了许多困境与挑战。例如，美国南加州大学的心理系教授 Norman Cliff 在 1983 年以相当严厉的口吻质疑 SEM 的不当使用：第一，研究者所获得的数据无法替我们完全确认或否认一个模型的正确性，因为模型是人为的，而且可以用各种方法重新定义；第二，具有时间性的先后次序的证据并不代表因果；第三，潜在变量的命名是一个主观的过程，而非客观的事实，对潜在变量的估计存在名义谬误（nominalistic fallacy）的陷阱；第四，事后的解释与调整具有诚信与可信度的问题，也就是驳斥了部分研究者大量使用模型修饰程序来获得理想拟合度的不当做法。

Cliff 的批评可以说是警世之语，事实上，Cliff 也相当看重 SEM 的发展，他在 1983 年的文章中最后提道：

"……最后，我必须再次强调，像 LISREL 这类的分析工具的确提供了一个空前的、史无前例的机会，使我们能够把这类研究做好。"（p.125）

虽然 SEM 是一套非常具有说服力的分析技术与研究范式，但是 SEM 本身仍存在一些非常基本的问题。不论是 SEM 本身的技术问题，还是 SEM 应用上的限制，一再影响着 SEM 分析结果的正确运用。

一、SEM 运用的三个关键议题

Nesselroade（1991）指出，使用 SEM 这一类高阶的复变量分析技术，有三个层面的问题必须注意：个体（individuals）、测量（measures）和情境（occasions）。首先，与个体有关的问题，就是与抽样、样本有关的问题。任何推论统计都涉及抽样的过程，因此，有关抽样与样本对于统计分析的影响，在任何一本统计著作中皆有详细说明。对于统计稍有概念的研究者，对抽样的原理与相关定理的重要性也应知之甚详。

对于 SEM 而言，由于分析的核心原理是比较理论值与实际值的差异程度，因此，SEM 深受样本与样本统计量的影响。尽管 SEM 发展了诸多的估计样本所带来的影响的分析策略（例如，复核效化）与统计指数（例如，$ECVI$），但是这些技术或指数也有自己的限制，更重要的是，无法改变抽样本身会带来各种问题的事实。因此，抽样程序与样本特性可以说是 SEM 成败的关键之一。

其次，测量的问题也深深影响着 SEM 的操作。所谓测量的问题主要在于对潜在变量的估计与分析。不论是古典测量理论对于心理测验的界定，还是因素分析统计技术对于因素的决定，都反映了心理计量学最重要的任务之一——能够有效地处理抽象心理构念的测量问题。对于潜在心理构念，我们可以视其为一个行为或心理特征的概念总体，我们所进行的测量是从这个概念总体抽取相当的样本指标来反映这个总体概念。因此，测量的成败取决于我们如何对于这个测量总体进行定义。一旦对于总体加以定义，我们才可能发展出相对应的一组样本指标来反映该总体的基本特征。

从前面一段谈到的抽样问题来看，从概念总体选取指标样本，就好比从一群人口总体中抽取样本来进行研究，有异曲同工之意。但是，不同的是人口总体通常并没有太困难的定义问题，因为人的集合是具体的事件。然而对于心理特质的定义则是一个相当抽象的程序。这些有关测量题目如何选取、借以反映潜在变量性质以及不同的选题程序对于 SEM 影响的选择效果问题（Maccallum & Austin, 2000），是 SEM 成败的第二个关键。

最后，SEM 使用的情境也是 SEM 分析的重要影响因素。举例来说，当 SEM

应用于重复测量的研究数据分析时，不同测量时间点的重复测量的操作方式在前面提到的样本与测量问题之外，又增加了一个不同情境的干扰效果。在近年来相当蓬勃发展的成长曲线分析的应用上，对于不同时间点下的 SEM 测量应如何进行，有着诸多的讨论，反映了这个议题的重要性。此外，复核效化的应用也说明了 SEM 的结果在不同人口总体上的类化性，这也是一个必须加以探讨的重要议题。

进一步地，本书并没有特别讨论对多重特质多重方法矩阵（MTMM design）研究的 SEM 分析，这类应用也涉及 SEM 模型在多元测量模型当中的应用问题。如果我们把多重方法视为 SEM 分析的不同情境（好比重复测量的不同时间点），MTMM 设计的应用也反映了情境影响 SEM 分析这个议题的重要性（参见 Eid, Lischetzke, Nussbeck, & Trierweiler, 2003），因为时间序列分析、复核效化以及 MTMM 设计的应用都是最近在期刊上往来讨论得非常热烈的课题。我们或许不应该说情境议题是 SEM 分析成败的另一个关键，而应将它视为 SEM 更高度发展的跳板因素。对于这些议题的发展，读者可以拭目以待。

二、SEM 的决策建议

从原理来看，SEM 是一套非常复杂的统计技术，但是由于应用软件的便捷与强大功能，用户不需对于 SEM 的原理与内涵有深入了解，即可以快速熟练地操作 SEM，得到大量的数据。窗口版的 LISREL、EQS、Amos 等 SEM 分析工具更可以结合绘图功能与文书作业软件，让使用者甚至不必绘制变量关系的路径图，直接从软件中制作。从 SEM 的推广来看，这些便捷的作业模型并不令人鼓舞。

综观统计技术的运用，从初等统计、多变量统计到 SEM，每一种统计方法都难免掺杂主观的判断。尤其是当统计的原理越趋于繁复时，所涉及的人为判断往往更多且决策更为困难。基本上，操作 SEM 时有一些值得注意之处，虽然在本书的各章节与范例当中已有讨论，下面还是列举了 10 点有关 SEM 分析决策的提醒与建议。这些提醒与建议综合了各个层面的概念，供读者们参考。

1）对于模型的优劣，应该避免下武断与绝对的结论。记得在单一的 SEM 分析中，我们只能证实某一个模型可以拟合观察数据，也就是该模型没有错误地代表观察值，但是我们无法证明某一个模型是绝对正确的。

2）对于所检验的模型皆以理论为基础。在没有确切根据或没有逻辑推理的合理性之前，不要随意更动模型的界定。即使模型修饰指数告诉我们某些参数可以变动调整，也必须全盘考虑整个模型的设计原理，避免"为改善拟合度而修饰"的做法。

3）尽可能地检验不同的模型，了解不同模型的计量特性。如果可以，研究者应该从不同的理论观点去提出竞争的对立假设来进行相互比较。必要时，可以进行复核效化的检验，利用不同的样本来重复检验，以确认模型估计的类化能力。

4）当一个 SEM 模型当中兼含测量模型与结构模型时，宜先进行测量模型的检验，待测量模型具有相当的合理性之后，再进行结构模型的参数估计。使得 SEM 模型评估具有测量的"渐近合理性"。

5）对于模型界定的适当性，不应只考虑统计量的意义，而需考虑概念的本质与意义。尤其应该注意潜在变量的多重指标是否具有理论与实务的适当性。

6）对于模型拟合度的评估应同时采用各种指数，因为不同的指数反映不同的模型的计量特征。同时，不论指数数据的好坏，均应翔实报告，不应"报喜不报忧"或"粉饰太平"。

7）尽可能地先行检验数据的分布特性，使其不受偏离值与遗漏值的影响。必要时应进行多变量的正态化或遗漏值检验，找出潜藏于变量之间的特殊数据。

8）对于测量变量的选择，应尽可能地符合正态化假设的基本特性，例如，避免二分变量或顺序变量的虚拟化；单一测量变量的尺度尽可能增加，并扩大其变异量（例如，可以将多题集合成单一测量变量，提高单一指标的变异量，使其符合正态化的特质）。

9）当不同模型具有类似的拟合度时，使用简效原则来决定最终接受的模型。也就是越简单的模型（估计的参数较少者），越具有较高的简约性。

10）样本量越大越好。

第二节 SEM 的解释与应用

自从 SEM 分析的概念被提出以来，最大的争议与批评并不在技术层面，而是在整个研究范式的应用与解释（Freedman，1987；Cliff，1983）上的争议。因此，在讨论如何解释 SEM 分析的结果之前，我们先必须澄清 SEM 分析在因果论证与结果推论上的一些限制。

一、因果关系的论证

在 SEM 的使用上，最常被讨论的是对因果关系的质疑。SEM 最早的名称是因果模型分析，到目前为止，仍有很多 SEM 研究者将回归分析或是 SEM 视为非实验研究可以得到因果结论的重要技术。然而，如果从研究设计的角度来看，只有经过严格实验处理的研究，将受试者随机分派，然后在严谨的实验控制下检验研究者所操纵的自变量变化对于因变量的影响，所得到的结果才符合因果关系的基本条件。其他任何形式的研究设计或统计推论，所得到的仅可能是对变量的预测或解释，而非因果关系。

在实验研究当中，研究者所操纵的自变量（因）是影响因变量（果）的直接原因，在时间顺序上有前因后果之分。但是，非实验研究的变量关系往往没有一个清楚的方向与单一轴线，变量的影响关系无法清楚区分。同时，在变量的选取上，通常是从因变量来回溯、探讨可能具有解释力的前置变量，再放入模型中来检验研究者的推理是否正确。因此，如果要以 SEM 分析的测量原理从在同一个时间点测量得到的变量关系上推导出因果关系，是不切实际的。SEM 的统计原理与其他相关及回归分析的原理并无二致，在推导因果结论上的限制是相同的（Holland，1986）。除非 SEM 分析所进行的研究在测量上能够证明变量的前因后果（例如，纵向研究，变量的测量是在不同时间点上的测量），此时，关系的讨论或许可以被接受为一种因果的概念；否则，任何其他形式的 SEM 分析都应该避免做出因果结论[1]。

二、SEM 分析的推论限制

SEM 是一套用以检验特定假设模型的统计方法学。因此，SEM 最主要的一个目的是检验研究者所提出的理论或概念架构是否具有实证的意义。整个 SEM 的分析程序都离不开研究者所提出的 SEM 模型，因此，研究者是否可以在提出研究问题的第一时间，就通过理论推导与文献检阅过程，选择适当的研究变量，

---

1 有关因果关系的论证，Pearl（2000）、Cliff（1983）与 Mulaik（1986，1995）曾有详细的说明与精彩的论辩，有兴趣的读者可以参考他们的相关论文。

提出有意义的研究假设，去说明变量的关系，进而发展出适切理想的假设模型，即成为 SEM 模型的计量检验程序是否可以顺利完成的一个基本条件。换句话说，SEM 分析技术只是一套统计的方法与分析的策略，SEM 本身无法创造理论或知识，而是需要研究者以其智慧去整理前人所发展出来的理论或知识，建构一套适当的概念模型，然后再以 SEM 技术协助研究者完成模型的分析与讨论。

SEM 分析最大的禁忌是过度倚赖技术指标数据与过度推论。SEM 分析只能用来评估研究者所提出的假设模型是否适切，但是，究竟何者才是真正能够反映真实世界的变量之间关系的模型，这一个结论并不能够从模型拟合指数的数据中得到。因为除了研究者所提出的模型之外，同样的一组观察变量可能有许多不同的模型组合，这些基于同样的观察数据的假设模型可能都有理想的拟合度，SEM 分析无法区辨这些计量特征类似的理论模型何者为真。SEM 的使用者不但必须谨记统计方法学本身的限制，也必须避免陷入过度推论的陷阱当中。

从等同模型比较的实际范例即可看出，上面讨论的问题是如何影响 SEM 研究的进行的。Lee 和 Hershberger（1990）与 MacCallum、Wegener、Uchino 和 Fabrigar（1993）等学者就曾经证明两个不同的模型具有一样的自由度，但是分别描述了两套不同的假设概念。此时，在统计上，两个模型是等同的，但是确有两种不同的估计结果。或者简单来说，我们如果将一个 SEM 模型中的两个潜在变量的影响路径倒置，也就是把 A 指向 B 的参数改为 B 指向 A 的参数，此时模型的自由度是一样的，模型的复杂度是一样的，变量是一样的，但是模型代表的意义有极大的不同。更棘手的是，倒置后模型参数估计结果可能与倒置前的估计数相差不多。此时，从技术层面是无法解释此种差异的，唯一的解决途径是回头找出理论上的解释支持哪一种模型的设计。

三、SEM 分析的解释

从先前的讨论中，我们可以意识到 SEM 的分析有其限制，但是这并不意味着 SEM 分析的结果缺乏说服力。只要依据 SEM 分析的原理，逐步完成各项设定与检验工作，我们还是可以从分析结果中得到许多具有启发性的研究发现的。

首先，使用者必须了解 SEM 分析的各项参数估计与模型拟合度数据是变量因果关系的必要但非充分的证据。SEM 分析的证据可以说明某一个因果概念是可能存在的，但是不能据此排斥其他模型的存在。除非 SEM 分析直接检验了其他假设模型的计量特性，得到清楚的结论，证明该模型是不适当的，否则，SEM 分析的结果应仅就该研究所使用的样本与所检验的变量关系来讨论。

此外，SEM 分析结果受到诸多因素的影响，如样本量的大小、变量正态性问题、估计方法的选择、潜在变量的量尺化设定等。因此，在撰写研究报告的同时，也应详细说明这些技术层面的特殊之处与处理原则，尽可能使分析过程透明化。此举除了有利于其他读者了解，也让其他研究者得以复制研究的结果，是维系 SEM 分析的公正性、客观性的一个重要手段。

第三节 结语：对 SEM 的展望

要为 SEM 预期一个未来，就像替别人算命一样，是非常不容易的事情。但是，要说明目前计量领域对于 SEM 的重视与未来发展的高度信心，是非常容易的一件事。例如，在心理学领域的重要文献《心理学年度评论》（*Annual Review of Psychology*）中，近年来陆续发表了与 SEM 有关的综述文献。一些重要期刊当中的 SEM 文章数量不计其数，而且市面上的 SEM 分析软件琳琅满目，SEM 专著陆续、密集的出版，都表示 SEM 是一个发展成熟但仍有相当空间可以发挥测量、统计、方法学领域。

SEM 在亚洲各国的应用在 2000 年之后逐渐蓬勃，但从专门著作、研究者社群、专属期刊、相关工作坊、大专院校的开课列表来看，SEM 的影子仍属稀有，显示 SEM 在亚洲地区仍大有可为。我会对此抱持乐观的态度，理由有三。第一，如果以 SEM 受到国际学术界的重视程度以及国内学术界追求国际化的趋势来看，通过 SEM 的语言，参与国际间的对话是一个非常值得鼓励的做法。第二，国内已有越来越多的投稿论文开始使用 SEM，年轻一代的学者更是对于西方学术发展接触程度高，对于 SEM 十分愿意尝试。可见，学术界对于 SEM 的需求与潜在使用者有增加的趋势。第三，以国内整体学术发展趋势与信息水平来看，这十分有利于 SEM 的发展，而统计分析技术的计算机化已经相当普及，部分大学在教育学与心理学系里教授统计学或测量学的老师已经开始采用 R、SPSS、SAS 以及 STATA 软件来协助教学；另外，几乎所有的研究生论文都要运用 R、MINITAB、SPSS 或 SAS 等统计软件进行数据分析，对于 R、Mplus、LISREL、Amos 的推广，可以说是水到渠成，衔接上绝非难事。但是，要使这个乐观的期待得以实现，最重要的是需要推手，将 SEM 推上国内学术界的舞台。本书出版的主要动机就在于促成这一理想的实现。

本书分量不薄，希望能够从 SEM 的基本概念、原理、操作技术到应用的范式，完整地进行解说与示范，使读者能借由对此书的阅读与范例的练习，熟悉 SEM 这套统计方法学。另一方面，本书也是为配合本人所开设的高阶统计课程"结构方程模型"而准备的教材。尽管本书介绍的内容繁多，却也只能对于 SEM 进行概略式的介绍，范例举隅也是从 SEM 的诸多应用中选择了较为具有代表性的范式来进行说明。碍于篇幅，有一些非常值得介绍的应用范式（如 MTMM 分析、潜在交互作用分析、多水平 SEM）不在本书搜集的范例之内，有兴趣的读者可以从国外的文献中获得这方面的信息。

在工具方面，虽然本人在撰写博士论文期间是以 EQS 为分析工具的，但是在本书的示范与说明中，仍选择了最传统、也是最普遍被学术界接受的 LISREL 语言，希望能够将本书的概念与传统的 SEM 使用方式相结合。一旦读者对于 SEM 的基本原理有一定的认识与了解，对于其他 SEM 软件应可以很快上手。尤其是 Mplus 与 Amos 这两套软件，是非常值得推荐的 SEM 分析工具。Mplus 的优点是可以整合各种重要的统计分析技术，例如项目反应理论（IRT）、潜在类别模型（LCM）、多层次模型（MLM）。而 Amos 则可以与 SPSS 软件搭配，使得高低阶的统计分析可以轻易地结合与搭配使用，适合硕博士研究生使用。

总之，本书作为 SEM 的概览介绍与范例演示的教材，最主要的目的是推广 SEM 的使用，并使读者具有实践能力。至于本书未能达到的目标与未能详细说明的内容，则有赖学术界的其他同好一起努力，使得 SEM 可以在国内的学术界占有一席之地，真正发挥其价值。为学术尽一些心力，是所至盼。

附录一　LISREL 语法

LISREL 语法通常由三个部分组成：数据设定、模型设定与输出设定。用户可以在打开 LISREL 软件后点选 FILE 当中的 NEW 的 SYNTAX only 开启一个新的语法窗口，以便输入 LISREL 语法，或以其他软件编写 LISREL 语法并读入。

每一行 LISREL 语法的长度上限为 127 个字符。原始数据或变量标签等数据可以储存于外部档案中，需要时再读入 LISREL 程序。外挂档案若以固定格式储存数据，系统所支持的固定格式数据的总长度为 1024 个字符。

LISREL 语法以 **TI**tal（标题）为开端，**TI** 指令用来指定整个 LISREL 分析的标题名称，使每一页输出报表都有一个清楚的标题说明。如果标题放置于 LISREL 程序的头两行，可以省略主指令关键词 TI，LISREL 将自动视该一至二行文字为标题栏，直到遇见第一个主指令 DA。想在 LISREL 语法当中加入一行无关于 LISREL 分析的标注说明时，可以用惊叹号（！）来进行批注，LISREL 将不会处理该行数据。有关 LISREL 其他各类指令与关键词的意义与使用方法说明如下。

一、数据设定指令

（一）**DA**ta

DAta 主指令用来定义数据。使 LISREL 可以理解研究者所输入的数据类型与内容。基本语法格式如下：

> DA NG=*n* NI=*k* NO=*n* MA=*type of matrix*
> XM=*global missing value* RP=*number of repetitions*

- **NG**（number of groups）：表示用于分析的样本组数，原始设定为1。当研究者想比较不同的样本之间的模型估计的异同时使用。例如，比较男生样本与女生样本时，数据输入区分成两个群体，NG=2。比较三个学院（文艺、理工、法商）学生样本时，数据输入区分成三个群体，NG=3。

- **NI**（number of input of variables）：表示输入的观察变量数目，原始设定为0。变量数目系单指输入的观察变量数目，不包括非观察变量。当一个LISREL模型中包含18个观察变量时，NI=18。

- **NO**（number of observations）：表示样本规模，即样本人数。当一个研究的数据库有450个受测者，NO=450。

- **XM**（a missing value label）：用于遗漏值设定。当所使用的数据为原始数据时，可指定遗漏值。

- **MA**（the type of matrix to be analyzed）：表示用于LISREL分析的矩阵类型（注意：此时所指的是LISREL进行估计的数据形态，而非指数据读入的形态）。可为下列几种选择：

  - **MM**（matrix of moments about 0）：数值为零矩阵；
  - **CM** [a covariance matrix (default)]：共变量矩阵（原始设定值）；
  - **KM**（a correlation matrix）：相关矩阵；
  - **AM**（an augmented moment matrix）：外增动差矩阵；
  - **OM**（a correlation matrix of optimal scores produced by PRELIS）：由PRELIS所产生的期望分数相关矩阵；
  - **PM**（a matrix of polychromic or polyserial correlations）：多元系列相关矩阵。

- **RP**（number of repetitions）：表示重复执行LISREL的次数，原始设定值为1。用于Monte Carlo与Bootstrap研究。例如，当研究者希望重复执行LISREL分析100次时，RP=100。

Data指令的综合范例列举如下：

> DA NI=10 NO=100 MA=CM

表示LISREL将读入有10个变量（**NI**=10）、100个受测者（**NO**=100）的数

据库，数据分析形态为协方差矩阵（**MA=CM**）

（二）**LAbel**

LAbels 主指令用来进行对输入变量的标签批注，使 LISREL 输出结果与报表在呈现观察变量时，可以用易于理解的文字呈现。每一个标签以 8 个字符为限，超过的字符则被忽略。标签指令以（' '）引号来描述标注内容，且依观察变量的顺序排列，指令格式如下：

> **LA FI**=*filename* **FO RE**
> *format statement*
> '*labels*'

- **FI**（filename for containing the labels）：存放观察变量标签批注的文件名。可以简化为 LA=*filename*。FO 与 RE 关键词则只配合外挂标签档案之使用，FO 表示标签文字为固定格式时的格式形态。RE 表示标签档案读取后进行转置。当变量标签放置于外部档案时使用。
- *format statement*：变量标签格式为固定格式时，需使用 FORTRAN 语言的字符串格式来表示，即 *A*，第一个 * 代表变量数目，第二个 * 代表字符数（最大值为 8）。如果要使用自由格式，则在 LA 次行以 * 号表示即可，标签之间以空白、逗号或换行表示区隔。

LAbels 指令范例列举如下：

1. LA

```
    *
    'HAPPY1' 'HAPPY2' 'HAPPY3' 'SES1' 'SES2' 'SES3' /
```

表示以自由格式界定标签，共有六个观察变量的标签。最后一个斜线代表观察变量标签完毕，如果此行所列出的变量标签个数等于观察变量数目，斜线可以省略。如果在任两个变量之间的某个变量没有标签，可以将每一个标签的间隔改以逗号区隔，再将没有标签的观察变量以两个逗号来代表跳过，LISREL 软件将以 VAR1, VAR2……来代替。例如，想取消第二个变量标签，语法为：

'HAPPY1',,'HAPPY3' 'SES1' 'SES2' 'SES3' /

LISREL 将读到的标签为：

HAPPY1 VAR2 HAPPY3 SES1 SES2 SES3

2. LA

```
(6A7)
HAPPY1 HAPPY2 HAPPY3 SES1   SES2    SES3
```

表示观察变量标签将以固定格式表示。6A7 代表 LISREL 将以固定格式读取六个标签，每一个标签"必须"占据七个字符。

3. LA FI=label.txt

表示观察变量的标签存放于 label.txt 档案当中，标签的格式将在标签档案当中的第一行中指定。如果是自由格式，档案中的第一行可以直接放置变量标签，或是标示一个 *，次行再出现标签。如果变量名称之后紧接着 FO 关键词，那么在下一行应出现标签固定格式的界定值（*A*）。

（三）RAw data

RAw data 主指令用于当输入的数据为原始数据而非摘要统计数据（例如矩阵数据）时。而通常的原始数据都储存在另一个档案中，因此 RA 指令多跟随着路径关键词 FI。格式说明如下：

> RA FI=*filename* FO RE
> *Variable format statement*
> *data*

原始数据如果放置于外部档案中，需要指定 FI 关键词并说明变量名称与路径。FO 关键词表示外部数据文件使用固定格式，因此紧接下一行将会出现一个 FORTRAN 语言的数值格式（*F*.*）符号，第一个 * 表示变量数目，第二个 * 表示每个变量所占据的字段数，第三个 * 表示小数点之后的位数，例如 5F6.3 代有5个观察变量,每一个变量占六个字段,小数点后保留三位。如果使用自由格式,则不需指定变量数据的格式,直接在第一行便输入数据,或*放置于第一行,第二行开始输入数据。

数据读取时,LISREL有一些特殊的符号使用原则:第一,LISREL将数据间的空白(或是逗号)视为变量数据的分界点,依序自动读取每一个变量的数值。第二,当资料最后跟随一个斜线时,表示剩下的变量数值与前一个样本剩下来的变量数值相同。第三,两个逗号之间的变量数值与前一个样本的该变量数值相同。第四,当两个变量有相同的数值时,可以n*data来表示重复该数据,n表示重复次数,data表示数值。

RA指令范例列举如下:

1)**DA NI**=5 **NO**=20
   RA FI='c:\data.dat' **FO**
   (5F3.1)

上述指令表示共有5个观察变量,20个样本。数据形式为原始数据,放置于C:\data.dat路径与档案中,采取固定格式,共有5个观察变量,每一个变量占据三个字符,其中一个为小数点后数字。

2)**DA NI**=5 **NO**=20
   RA
   10.5 3.2 5.4, 5.8, 12.1
   0.9 6.1 /
   3.1 ,, 7.1 9.8 10
   2*3.5 4.4
   3.9 6.6 ……

此一范例表示有5个观察变量,20个样本,数据内含于LISREL语法当中。每一个变量的数据包含了一个小数点,第二行的"/"代表第二个样本的剩余三个变量数据与第一个样本的数据相同,两个逗号之间应补入上一个样本的相同变量的数值,"*"表示有两个变量数值都是3.5。这些特殊符号使用的读入结果与下列的固定格式读出结果相同:

```
(5F3.1)
105 32 54 58121
  9 61 54 58121
 31 61 71 98100
 35 35 44 39 66
```

每一个变量数值占有三个字符，其中最后一个数字为小数点后数字，因此 25 将被读为 2.5，121 将被读为 12.1。

（四）CM、KM、MM、OM、PM

除了原始资料之外，LISREL 还可以读入摘要统计数据，例如，协方差、相关系数等。使用的指令为 CM、KM、MM、OM、PM。例如：

```
KM SY
1.00
 .50 1.00
 .40 .30 1.00
```

表示相关矩阵的数据（KM），且数据以三角矩阵方法读入对角线及以下三角形内的资料（SY）。如果矩阵数据储存于另一个档案中，可以以（FI）关键词指定文件名读取之。指令标准格式如下：

> **CM** FI=*filename* SY FO RE
> *Variable format statement*
> *Summary data statistics*

上式中，**CM** 系指协方差矩阵，此指令的其他选择包括 **KM**（相关矩阵）、**MM**（动差矩阵）、**OM**（期望分数矩阵）、**PM**（多元系列相关矩阵）、**RM**（Spearman 等级相关矩阵）、**TM**（Kendall's tau-c 相关矩阵）等。

矩阵内部形态关键词包括了 SY 与 FU，SY 代表读取对角线及以下数据（下三角区域），FU 代表读入矩阵中的所有数据。如果没有指定 SY 与 FU 任一关键词，则矩阵数据应以固定格式形态，依 SY 对角线与下三角形的顺序，读入所有的数据。

值得注意的是，如果在 DAta 指令中，数据分析形态指定为协方差矩阵（MA=CM），而数据读取形态为相关矩阵（本指令使用 KM 关键词时），还需输入各观察变量的标准偏差，才能得到协方差的数据。另外，如果在 DAta 指令中，数据分析形态指定为零矩阵（MA=MM），而数据读取形态为协方差矩阵（本指令使用 CM 关键词时），还需输入各观察变量的平均数。若读入为相关矩阵时，各观察变量的平均数与标准偏差均需输入。平均数与标准偏差的读入请参考 ME 与 SD 指令的使用说明。以下列协方差矩阵（S）为例，

$$S = \begin{bmatrix} 20.78 & -5.54 & 10.21 \\ -5.54 & 25.90 & 7.67 \\ 10.21 & 7.67 & 21.25 \end{bmatrix}$$

以固定形态输入时，矩阵指令可为下列三种中的任意一种：

CM FU
```
(3F6.2)
  2078  -554  1021
  -554  2590   767
  1021   767  2125
```
CM SY
```
(3F6.2)
  2078
  -554  2590
  1021   767  2125
```
CM
```
(6F6.2)
  2078  -554  2590  1021   767  1021
```

以自由格式输入时，语法如下：

CM FU
```
20.78 -5.54 10.21
-5.54 25.9 7.67
```

```
10.21  7.67  21.25
```
CM SY
```
20.78
-5.54  25.9
10.21  7.67  21.25
```
CM
```
20.78  -5.54  25.9  7.67  10.21
```

（五）ME、SD

ME、**SD** 主指令用于读取观察变量的平均数（ME）与标准差（SD）数据。配合关键词可以读取放在外部档案的平均数与标准差资料。基本语法如下：

> **ME**(or **SD**) FI=*filename* FO RE
> *Variable format statement*
> *data (vector of* NI *means or standard deviation)*

现以三个观察变量的平均数与标准差的读取为例，当以自由格式读入时如下：

ME
```
52.11  60.59  53.01
```
SD
```
4.64  4.12  5.88
```

平均数与标准差的读取可以与矩阵整合在一起，将平均数与标准差放置于矩阵数据之下，现以外挂数据与内含数据格式各举例如下：

DA NI=3 **MA**=MM
CM FI=DATA.COV
ME FI=MEAN.MEN FO
(3F6.2)

表示协方差矩阵数据储存于 DATA.COV 档案中，平均数数据储存于 MEAN.

MEN 档案中。

```
DA NI=3 MA=MM
CM ME FO
(3F6.2)
   2078
   -554   2590
   1021    767   2125
   5211   6059   5301
```

上例当中的最后一行为平均数数据。

（六）SElect

SElect 主指令用于选取矩阵中的变量，或将变量顺序重新排列。例如，一个矩阵中有 5 个变量，依 1、2、3、4、5 顺序排列，或直接列出变量的名称。一般而言，LISREL 语法将 Y 变量放置于 X 变量之前。举例如下：

```
SE 5 4 3 2 1
```

表示将变量顺序倒置。

```
SE 5 4 2 1
```

表示将变量顺序倒置且不选择第三个变量纳入分析。

二、模型界定指令

（一）MOdel

模型设定指令由 MOdel 指令主导，接续一连串的关键词来说明模型当中变量数目、类型与各种参数关系的界定。基本语法形态如下：

```
MO NY=p NX=q NE=m NK=n AP=k FI
   LY=mf,mm  LX=mf,mm  BE=mf,mm  GA=mf,mm
   PH=mf,mm  PS=mf,mm  TE=mf,mm  TD=mf,mm
   TY=mf,mm  TX=mf,mm  AL=mf,mm  KA=mf,mm
```

首先，MOdel 指令必须说明模型中各重要变量的数目，各关键词说明如下：

- **NY**（number of observed endogenous variables）：内生观察变量（y）数目。
- **NX**（number of observed exogenous variables）：外源观察变量（x）数目。
- **NE**（number of latent endogenous variables）：内生潜在变量（η）数目。
- **NK**（number of latent exogenous variables）：外源潜在变量（ξ）数目。

这四个主要次指令说明了模型中各类变量的数目。LISREL 第八版新增加一个 **AP**（number of additional parameters），纳入外加参数。一般传统 LISREL 模型多仅使用上述四种数目的说明。当一个模型同时用到这四类变量，表示为 SEM 统合模型分析，但也可能只用到其中几类，例如，当 NK 与 NX 合并使用时，反映了外源变量的测量模型（因素分析模型），涉及了 LISREL 的 **LX**、**PH**、**TD** 矩阵的估计；当 NE 与 NY 合并使用时，反映了内生变量的测量模型（因素分析模型），涉及了 LISREL 的 **LY**、**PS**、**TE** 矩阵的估计；当 NX 与 NY 合并使用时，反映了观察变量之间的路径分析模型而无任何的潜在变量涉入其中，此时涉及了 LISREL 的 **BE**、**GA**、**PS** 矩阵的估计。

在 **MO**del 指令中，如果跟随一个关键词 FI，LISREL 分析会自动将整个模型视为一个无潜在变量的模型。也就是产生下列设定：

$$NK=NX,\ \Lambda_X=I,\ \Theta_\delta=0,\ \Phi=S_{XX}(\text{fixed})$$

也就是将 NK 视为 0，没有潜在外源变量。因此，当 FI 出现在 Model 指令中时，表示 Φ 矩阵（自变量间相关矩阵）将自由估计，并计算标准误 $\hat{\Phi}$。当出现 FI 时，表示 $\Phi=S_{XX}$ 被设定为固定，且没有标准误 $\hat{\Phi}$。

对于 **LX**、**LY**、**BE**、**GA**、**PH**、**PS**、**TE**、**TD**、**TH**、**TY**、**TX**、**AL** 和 **KA** 等各矩阵来说，**MO** 指令可以个别说明它们的矩阵格式（matrix form; *mf*）或形式

（matrix mode; mm）。如果矩阵的格式与形式同时被指定，mm 与 mf 则以逗号隔开（不得留空白）。各矩阵可能的形式与格式列于表 6.2。以下列的 **Φ** 矩阵为例：

$$\boldsymbol{\Phi} = \begin{bmatrix} 1 & & & \\ * & 1 & & \\ 0 & 0 & * & \\ 0 & 0 & 0 & * \end{bmatrix}$$

其中，* 表示自由估计参数，0 与 1 代表固定参数。可被写作：

MO …… PH=FI ……
FR PH(2,1) PH(3,3) PH(4,4)
VA 1 PH(1,1) PH(2,2)

（二）FR、FI、EQ

如果用户想要改变矩阵中的特定元素的关系，例如，固定、自由或限定参数估计时，可以使用 FR、FI 与 EQ 指令。例如：

FRee LX(1,2) LX(2,2)

表示让 **LX** 矩阵（与 X 有关的因素载荷量矩阵）中的第一与第二个元素的参数自由估计，也就是第一与第二个观察变量与第二个因素的因素载荷量。

FIx LX(1,2) LX(2,2)

表示让 **LX** 矩阵（与 X 有关的因素载荷量矩阵）中的第一个与第二个元素的参数自由估计。

EQual LY(3,4) LY(4,4) BE(2,1) GA(4,6)

表示限定 **LY** 矩阵（与 Y 有关的因素载荷量矩阵）中的四个元素的参数具有相等的数值，也就是第三与第四个观察变量与第四个潜在变量的两个因素载荷量，第二个残差与第一个观察变量的结构参数，以及第四个观察变量与第六个因素的结构参数等四个参数限定等同。

值得注意的是，语法中的左右括号与逗号可以省略。例如，下面两行指令是相同的设定：

```
FI   LX(1,2)  LX(2,2)
FI   LX 1 2   LX 2 2
```

如果参数数目众多且具有连续的顺序，可以减号（-）简化参数的指定，例如，下面两行指令是相同的设定：

```
FI   GA(2,2)  GA(2,3)  GA(2,4)  GA(2,5)
FI   GA(2,2)-GA(2,5)
```

另外，如果在 MO 指令中，矩阵设定了 **ZE** 与 **ID** 限制时，矩阵中的数据将不会储存于计算机的内存中；若设定了 **DI** 限制时，只有对角线的数据被计算机读取；若设定了 PH=ST 限制时，**Φ** 矩阵的参数将无法在此地被设定。

（三）恒等性参数限定语法

在 MO 指令中，亦可以利用多样本分析对于参数进行跨样本的恒等限定。其做法是在第一个样本中，以 FR 指令设定该参数为自由估计，然后在第二个或所有的后续样本中以 EQ 指令进行恒等限定。另一种做法是在 Model 指定中，在所需设定的矩阵（例如，LX、LY、PS 等）之后加入下列副指令：

- SP（same pattern）：表示样本间矩阵具有相同的形态。
- SS（same starting value）：表示参数估计使用与前一个样本相同的起始值来进行估计。
- PS（same pattern and starting value）：表示样本间矩阵具有相同的形态并使用与前一个样本相同的起始值来进行估计。
- IN（invariant）：表示矩阵为恒等矩阵，矩阵的形态与参数的估计状态（FR 或 FI）以及参数数值均与第一个样本相同。

（四）CO、IR、PA、MA

CO、IR、PA、MA 是 LISREL 中特殊的参数限定与数据读入指令。比如，使用者如果想要估计某一个参数限定为另一组参数的函数关系，可以用 **CO**mplex equality constraints 指令来完成。此时，参数函数关系的表现可以利用一般数学四则运算符号 +、-、*、/、**k（k 代表幂次）来连接各参数。范例如下：

CO TD(1,1)=1-LX(2,1)**2-LX(2,2)**2
CO LX(2,2)=LX(1,1)-LX(4,1)**4
CO BE(1,3)=-BE(3,1)

如果要将某一些参数的数值限定在一个特定区间当中或某个数值的上下，可使用 **IR**（interval restrictions）指令进行：

IR TD(1,1)>0
IR GA(1,2)<1
IR PH(1,3)>-1 <1

值得注意的是，此时参数数值的范围虽然是以 < 与 > 来界定的，但是实则是 ≤ 与 ≥ 的关系。也就是说，TD(1,1) 参数的范围被限定在大于且等于 0；GA(1,2) 参数的范围被限定在小于且等于 1；PH(1,3) 参数的范围被限定在小于等于 1 与大于等于 -1。

参数限定除了以条列式的数值来陈述之外，也可以用 0（表示固定参数）与 1（表示自由估计参数）的数值矩阵来设定，此时需配合 **PA**ttern matrix 指令进行。以 Γ 矩阵中的参数设定为例：

$$\Gamma = \begin{bmatrix} free & fixed & fixed \\ fixed & free & free \end{bmatrix}$$

对于上述 Γ 矩阵，可以利用四种不同的 PA 指令陈述法来表现：

PA GA
(6I1)

```
100011
PA GA
(3I1)
100
011
PA GA
*
1 0 0 0 1 1
PA GA
*
1 0 0
0 1 1
```

如果一个矩阵当中只有对角线必须设定，PA 指令则只需对于对角线的参数进行指定。例如，有一个 Ψ（4×4）矩阵，其中的 $\Psi 11$ 与 $\Psi 33$ 为固定参数，$\Psi 22$ 与 $\Psi 44$ 为自由估计参数，则可以用 PA 指令表示为：

```
PA PS
*
0101
```

如果以矩阵输入的不是 0 与 1 的形态设定值，而是具体数值，此时应使用 **MA**trix values 指令来设定，例如，下列 **B** 矩阵的 MA 表示法：

$$B = \begin{bmatrix} 0 & 0 & 0 \\ .5 & 0 & 0 \\ .5 & .5 & 0 \end{bmatrix}$$

```
MA BE
(3F1.1)
000
500
550
MA BE
*
```

```
 0   0   0
.5   0   0
.5  .5   0
```

（五）VA、ST

VAlue 与 **ST**arting value 两个次指令用来说明参数限定为 0 之外的数值，也就是估计的起始值。这两个次指令有相同的数学性质，因此可以互换使用。

VA 1.5 LX(2,1) LX(6,2) GA(1,2)

表示令 **LX** 矩阵中的两个元素与 **GA** 矩阵中的一个元素参数值为 1.5。

（六）LE、LK

LE 与 **LK** 两个次指令用来给予潜在变量文字标签，**LE** 为潜在内生变量标签，**LK** 为潜在外源变量标签，两者的功能与标示原则与 **LA** 指令相同。基本语法如下：

> **LE(or LK)　FI**=*filename* FO RE
> *format statement*
> '*labels*'

较简单的做法是在 LE 与 LK 指令之后加上一个分号（；），然后直接加入各潜在变量的标签。例如：

LE；幸福感 自尊

三、结果输出设定

LISREL 软件可以提供多种不同的参数估计方法与输出信息，除了原始设定的一些估计方法与统计报表之外，还有多种可供选择的报表。LISREL 出厂设定为使用最大概似法 ML 或 UL 法进行参数估计，固定输出报表为模型的拟合度指数与描述统计资料。参数估计与结果输出指令的下达以 **OU**tput 主指令接续适当的次指令或关键词而为之。基本语法如下：

> **OU ME**=*methods* **RC**=*c* **SL**=100*α* **NS RO AM SO**

（一）**ME**thod（*method of estimation*）参数估计方法

在输出设定当中，使用者必须设定参数估计的方法，LISREL 提供了多种估计方法，关键词说明如下：

- **IV**（instrumental variable method）
- **TS**（two-stage least squares）
- **UL**（unweighted least squares）
- **GL**（generalized least squares）
- **ML**[maximum likelihood (default)]
- **WL**（generally weighted least squares）
- **DL**（diagonally weighted least squares）

除了上述进行参数估计的方法选择之外，对于输出设定的其他关键词尚包括下列状况：

- **RC**（ridge constant）：脊状常数处理，矩阵数值重复乘以 10，直到矩阵可以为正常定位。原始设定值 RC=0.001。
- **SL**（significance of modification procedures）：修正程序的显著性，以百分比数值表示，例如，SL=5 表示 0.05 的显著水平。原始设定值 SL=1。
- **NS**（do not compute starting value）：计算机不执行起始值估计，而需由用户利用 ST 或 MA 指令来指定起始值。
- **RO**[ridge option (used with RC)]：当协方差矩阵无法正常定位时，自动执行脊状常数处理。
- **AM**（automatic model modification）：LISREL 将自动进行模型修正，方法是逐次将最大的未估计参数设定为估计参数并加以估计。
- **SO**（scaling check off）：关闭 LISREL 中自动对于潜在变量进行尺度化的功能。

（二）报表输出设定

LISREL 的报表中除提供数据读取之后的各种描述统计资料外，还提供了多种统计数据，供用户自由选择，关键词如下：

- **SE**（standard errors）：标准误。
- **TV**（t values）：报告 t 检验值。
- **PC**（correlations of estimates）：列出参数估计的相关系数。
- **RS**（residuals, normalized residuals, and Q plots）：列出残差、正态化残差与 Q 图。
- **EF**（total effects and indirect effect）：列出总效应与间接效应。
- **MR**[miscellaneous results (=RS, EF)]：列出 RS、EF 等多重数据。
- **MI**（modification indices）：列出模型修正指针。
- **XM**（suppress computation of the modification indices）：列出精简的修正指标。
- **XI**（limit the fit statistics）：仅列出一行模型拟合度数据（卡方、自由度与显著性）。
- **FS**（factor scores regressions）：列出因素分数回归值。
- **SS**（standard solution）：标准化参数估计解。
- **SC**（solution completely standardized）：参数估计解完全标准化。
- **AL**（print everything）：列出所有 LISREL 分析的统计报表。
- **TO**（print 80 characters/line）：正常打印，每行打印 80 字符。为 PC 设定值。
- **WP**（print 132 characters/line）：宽式打印，每行打印 132 字符。
- **ND**（number of decimals）：报表中的小数点数目，可以为 0～8 的任意数。原始设定值为 ND=2。

（三）估计迭代设定

LISREL 软件进行参数估计时，迭代程序可以利用下列方式来操作：

```
OU TM=t IT=n AD=m EP=ξ
```

- **TM**（maximum number of CPU seconds allowed for current problem）：微处理器最大处理秒数，例如 TM=60，表示微处理器进行迭代最大时间为 60 秒。原始设定值为 TM=172800（二天）。

- **IT**（maximum number of iterations）：最大迭代次数，原始设定值为参数估计数的 3 倍。
- **AD**（check the admissibility of the solution）：估计解接受度检测，当进行 m 次迭代后进行。若接受度不足，则迭代停止，例如 AD=10，表示 10 次迭代后即检查估计解接受度。
- **EP**[convergence criterion(epsilon)]：收敛值标准指定，原始设定值为 EP=0.000001。

（四）矩阵输出设定

LISREL 软件可以将特定矩阵输出至外部档案以供检视，基本语法如下：

> **OU** *matrix1=filename1 matrix2=filename2……*

LISREL 分析得到的矩阵列于左侧，文件名与路径置于右侧。文件名由使用者任意指定，而矩阵可为 **LY**、**LX**、**BE**、**GA**、**PH**、**PS**、**TE**、**TD**、**TY**、**TX**、**AL** 或 **KA**。此外，LISREL 还提供下列各种档案输出设定选项，且以固定格式（6F13.6）列于档案当中：

- **MA**（reordered input matrix）：重新排序后的输入矩阵。
- **SI**[the fitted matrix, $\hat{\Sigma}$(Sigma matrix)]：导出协方差矩阵。
- **RM**（regression matrix of latent on observed variables）：基于因素分数对观察变量的回归系数矩阵。
- **EX**（estimated asymptotic covariance matrix of LISREL estimates）：估计渐近协方差矩阵。
- **GF**（all the goodness-of-fit measures）：所有模型拟合评估值。
- **PV**（the vector of estimated free parameters）：自由估计参数向量。
- **SV**（the vector of corresponding standard errors）：标准误向量。
- **TV**（the vector of corresponding t-values）：t 检验值向量。

（五）路径图输出设定

如果使用者想要得到 LISREL 分析完成之后包含各种参数估计结果的路径图，可以用 **PD**（path diagram）指令，要求 LISREL 绘制模型路径图。**PD** 指令需放置

于 **MO**del 指令之后。

LISREL 一旦执行完毕，会将所有的数据以路径图的方式加以整理，使用者可以打开结果类型对话卷帘，选择所需要的数据类型。LISREL8 路径图输出共提供了参数估计、标准化解、概念图、t 检验值、修正指标和预期改变量等六种路径图结果输出模式。

此外，利用 档案（FILE）当中的 Export As Metafile，则可将路径图连同分析数据转换成图形文件，轻易地与其他软件（例如，Word 和 PowerPoint）结合使用。

附录二　SIMPLIS 语法

一、简介

　　SIMPLIS 语法可以在第八版之后的 LISREL 软件中执行。LISREL8 同时接受两种程序语言的命令，LISREL 语法已在附录一中加以介绍，SIMPLIS 语法在本附录加以介绍。为了区分这两种语言，以 LISREL 语法所撰写的语法程序称为 LISREL 输入（LISREL input），以 SIMPLIS 所撰写的语法程序称为 SIMPLIS 语法输入（SIMPLIS input），两种语法的撰写方式不同，不可混用。

　　SIMPLIS 分析所得到的输出报表有两种形式：SIMPLIS 格式或 LISREL 格式。一个 SIMPLIS 输入经过执行之后，可以产生 SIMPLIS 语法专属的报表格式，也可以得到与 LISREL 分析相仿的输出报表。SIMPLIS 格式的报表与 LISREL 格式最大的不同是采用方程式的输出模式，将传统 LISREL 报表中巨细靡遗的各种参数或检验值直接以容易理解的方程式整理呈现。相对的，如果产生的是 LISREL 格式报表，用户必须从报表当中找寻有意义的数据，对于不熟悉 LISREL 分析原理的用户来说，是相当困难的一件事。

　　虽然 LISREL 格式报表难以阅读，需要进一步的统整，却是被 SIMPLIS 软件的作者建议采用。原因有二：首先，LISREL 报表提供的是参数矩阵的数据，符合 SEM 分析的基本概念；其次，LISREL 报表较 SIMPLIS 格式报表详细。所以，SIMPLIS 的作者直接将 SIMPLIS 语法与 LISREL 报表相链接，使操作者可以自由选择以 SIMPLIS 报表还是 LISREL 报表来呈现数据，所需要的指令只有简单的一行：

LISREL Output

或更具体地指明哪些项目需要 LISREL 报表，例如：

LISREL Output: RS MI SS SC EF

冒号后面的选项的意义与功能完全与 LISREL 分析相同。基于 SIMPLIS，可以获得与 LISREL 分析一样的报表，本书将仅介绍 SIMPLIS 的语法，范例中的报表仍以 LISREL 格式报表为主。对于 SIMPLIS 报表有兴趣的读者可以参考 SIMPLIS 操作手册的介绍。

二、SIMPLIS 语法的基本内容

SIMPLIS 语法的基本概念与 LISREL 相似，以 ASCII 字符来撰写，大写或小写均可，但是变量名称必须为大写。如果要给变量加特殊标签，可以利用左右单引点（' '），单引号内可以输入中文字形。语法以 TITLE 指令作为开端，用以说明整个 SIMPLIS 分析的标题。紧接着包括几个部分。第一，数据的定义，主要说明数据的格式与内容，包括观察变量的名称与标签、输入数据的形态和样本大小。第二，模型界定指令，说明研究者所欲检验的 SEM 假设模型，包括潜在变量的名称与标签、变量的关系、路径的类型与内容、潜在变量的量尺化、起始值设定、误差项的处理和限制参数的处理。第三，有关报表输出的设定，包括打印的宽度、小数点后的位数、参数估计的方法、估计迭代次数设定与 LISREL 报表的指定等。

SIMPLIS 语法可以惊叹号 "!" 或 "/*" 符号说明指令开始的位置，或直接开始语法的撰写。指令的终点可以直接换行，或以分号 "；" 表示指令的结束。同一行中，可用分号连接多个指令以节省空间。

SIMPLIS 语法的第一行为标题栏，标题栏的行数不限，也可以不输入任何标题。通常，使用者会利用前几行的空间，自由输入与该 SIMPLIS 分析有关的文字，作为辨识该语法的内容之用。其中，第一行文字被视为该 SIMPLIS 报表的标题栏，将出现在每一页报表的最开端（在标题栏与变量标签中，皆可输入中文字形）。

在标题栏之后，SIMPLIS 会以 Observed variables、labels 或 DA、Da、dA、da 作为指令的开始。而 SIMPLIS 指令的下达是以一段与英文文法相通的文字作

为开端，例如：

Covariance matrix from file EX1.COV
Sample size = 254

上述指令指出协方差矩阵数据放置于 EX1.COV 这一个档案中，样本量为 254。这一特色使得 SIMPLIS 语法易读易懂，语法的内容遵循一般的英文文法，阅读 SIMPLIS 语法与阅读英文语句一样的方便。在数学方程式的表现上，亦与一般的数学使用惯例相仿，使用者仅需具备高中程度的数学知识，即可顺利撰写 SIMPLIS 语法。在 SIMPLIS 语法的终了最好以指令：

End of problem

作为终结，将之视为语法程序终结的标示。以下，仅就 SIMPLIS 语法的内容加以介绍。

（一）数据界定指令

1. Observed Variables 与 Labels

SIMPLIS 语法的第一个指令是用来说明观察变量的名称与标签的，语法为 Observed Variables 或是 Labels（这两个指令有相同的作用）。例如：

Observed variables: PERFORM MOT1 MOT2 ABLE1 ABLE2

或

Observed variables: '绩效''动机 1''动机 2''能力 1''能力 2'

在 Observed variables 或 Labels 指令之后，空一格，即可开始输入变量名称，或是直接输入变量标签（不必另行输入变量名称，整个单引号内的文字连同单引号都是变量名称）。如果用户想要获得中文标签，必须在单引号内输入中文字，以整组标签连同单引号作为变量名称。

变量的名称或标签数据也可以储存在外部档案中，再读入 SIMPLIS 当中：

Observed variables from file=*filename*

或

Labels from file=*filename*

当变量数目众多时，可以利用连续数字作为变量名称，以短横线来说明变量的起讫，例如，200 个变量可以命名为 VAR1～VAR200，或 A1～A150 与 B1～B50，再以下列语法输入：

Observed variables: VAR1 – VAR200
Observed variables: A1 – A150 B1 – B50

2. 数据格式指令

在 SIMPLIS 中，数据格式指令的运用与 LISREL 语法的 DATA 指令功能类似，用以说明数据的格式，包括：Raw data、Covariance matrix、Covariance matrix and means、Correlation matrix、Correlation matrix and standard deviations、Correlation matrix, standard deviation 和 means 几种形态。

当以原始数据读入时，最好以外部数据文件来储存原始数据，再以自由格式读入，语法如下：

Raw data from file = *filename*

值得注意的是，SIMPLIS 无法处理遗漏值。因此，若有遗漏值，应以 PRELIS 语法处理。

协方差矩阵或相关矩阵可以直接在指令下方输入，以三个观察变量的矩阵为例，语法如下：

Covariance matrix
10.03
2.86 13.97

5.01　4.59　19.80
Covariance matrix
10.03　2.86　13.97　5.01,4.59,19.80

若辅以 FORTRAN 语言的数字格式，矩阵中的数据可以省去小数点，标以矩阵的向量数目（6）或变量数（3）。如下所示：

Covariance matrix
(6F5.2)
1003　286　1397　501,459,1980
Covariance matrix
(3F5.2) SYMMETRIC
1003
286　1397
501　459　1980

数字间可以留空白或以逗号区隔之。指令完毕后亦可以用冒号直接输入数字。以节省空间，如下所示：

Covariance matrix: 10.03　2.86　13.97　5.01,4.59,19.80

若欲输入平均数或标准差数据，则可以用下列方式处理：

Means: 40.08　2.03　12.20
Standard deviations: 0.125　0.098　1.25

3. 样本量

SIMPLIS 的样本量指令如下：

Sample size = *number*

或

Sample size: *number*

或

Sample size is *number*

（二）模型界定指令

1. 潜在变量的指令

模型界定最主要的工作是指出潜在变量为何。指令如下：

Latent variables: *variablename(s)*

或

Unobserved variables: *variablename(s)*

如果没有潜在变量，这一指令可以省略。欲加中文标签时，可以在单引点内直接输入中文字形：

Latent variables: '中文变量名称'

2. 变量关系指令

为了说明变量之间的关系，SIMPLIS 语法以方程式直接表明变量关系，指令为 Relationships，等号左边为目的变量，等号右边为条件式，说明对目的变量的影响条件，例如：

Relationships:
A1 = 1*F1
A2 = F1
A3 = F1
B1 = 1*F2
B2 = F2

B3 = F2
F2 = F1

上述指令表示有两个潜在变量 F1 与 F2，各有三个观察变量 A1～A3 与 B1～B3 来估计这两个潜在变量。其中两个潜在变量的第一个观察变量的因素载荷量设定为 1。最后一行指出 F2 被 F1 预测，因此，F2 为内生潜在变量，F1 为外源潜在变量，F2 与 F1 之间具有一个 r 参数，说明 F1 对 F2 的回归系数。

除了以上述方程式的形式来设定变量关系，SIMPLIS 还可以利用路径指针的形式来指定变量关系，指令为 Paths，语法为从 *variables -> variables*：

Paths:
F1 -> 1*A1 A2 A3
F2 -> 1*B1 B2 B3

其中的 -> 表示直接效应。

如果 A3 观察变量除了被 F1 影响，也被 F2 影响，与 A3 有关的路径为：

A3 = F1 F2

或

F1 F2 -> A3

3. 潜在变量的量尺化

为了使潜在变量具有适当的量尺，SEM 模型必须对潜在变量进行量尺化，例如指出某一个因素载荷量为 1 的固定值。在 SIMPLIS 语法中，仅需将关系指令中的适当参数直接给定所欲固定的数值。如前述的语法范例：

A1 = 1*F1
A2 - A3 = F1

第一个观察变量的因素载荷量设定为 1，以设定 F1 的量尺。

4. 残差项设定

在 SEM 模型中，残差项的设定通常包括测量模型的测量残差（error in x or y）与结构模型的解释残差（error in Eta）两种类型。在 SIMPLIS 的语法中，如果要将残差项的变异量设定为 1，设定方法如下：

Let the error variances of *variablename(s)* be 1

或

Set the error variances of *variablename(s)* equal to 1

若要设定残差间具有相关，做法如下：

Let the errors between *variablename1* and *variablename2* correlate

或

Set the error Covariance between *variablename1* and *variablename2* free

若要设定残差间的相关为 0，做法如下：

Set the error Covariance between *variablename1* and *variablename2* to 0

5. 因素间相关

一般而言，在没有特别指定的情况下，SEM 模型中的外源变量的相关是自由估计的参数，但是如果要将因素间的相关的估计取消，做法如下：

Set the Covariance of *factorname1-factorname2* to 0

6. 参数的相等性假设

有时，在 SEM 模型中，我们会将某些参数设定为相等，将两个参数视为同一个参数来估计。在 SIMPLIS 中，做法如下：

Set the path from *variablename1* to *variablename2* equal to the path from *variablenam 3* to *variablename4*

或

Set path from *variablename1* to *variablename2* =path from *variablename3* to *variablename 4*

或

Set path *variablename1* -> *variablename2* =path *variablename3* -> *variablename4*

或

Set *variablename1* -> *variablename2* = *variablename3* -> *variablename4*

对于残差变异量设定为相等，做法如下：

Set the error variances of *variablename1* and *variablename2* equal

或

Let the error variances of *variablename1* and *variablename2* be equal

或直接以下列指令设定之：

Equal error variances: *variablename(s)*

三、输出设定指令

1. Options 指令

在 SIMPLIS 语法中，对于分析完成后的报表打印格式，可以用 Options 指令

来进行下列设定:

- RS: Print residuals (列出残差)
- WP: Wide print (宽式报表打印, 132bits 格式)
- ND=n: Number of Decimals = n (小数点位数)
- ME= *options* : Method of estimation = *options* (参数估计方法)
- AD= *off/on* : Admissibility check = *off/on*
- IT=n: Iterations = n (迭代次数)
- SI=*filename*: Save sigma in file *filename* (结果储存于外部档案)

完整的语法如下:

Options: RS WP ND=n ME=*options* AD=*off/on* IT=n SI=*filename*

其中,估计方法的选择有七种不同方式,包括:

- Instrumental variable (IV)
- Two-stage least squares (TSLS)
- Unweighted least squares (ULS)
- General least squares (GLS)
- Maximum likelihood (ML)
- Generally weighted least squares (WLS)
- Diagonally weighted least squares (DWLS)

2. LISREL Output 指令

SIMPLIS 语法的报表有两种不同的形态,如果以前述方式来进行 SIMPLIS 估计,将得到 SIMPLIS 的方程式形态的报表。利用下列指令则可以得到与 LISREL 分析相同形式的结果报表:

LISREL Output

附录三　Mplus 简介与语法功能

一、Mplus 简介

Mplus 由美国加州大学洛杉矶分校的 Bengt O. Muthén 教授与其团队成员于 1995 年开始发展，应用于以潜在变量为核心的统计模型分析中。第一版于 1998 年 11 月发行，目前已经发展到第 8.1 版（2018, June）（Muthén & Muthén, 1998-2017）。各版次的发行日期与演变摘要列于表 A.1。

在第八版的发行序言当中，Dr. Muthén 特别提及了几位关键成员的贡献，例如，两位程序设计师 Tihomir Asparouhov 与 Thuy Nguyen，负责行政财务工作的 Michelle Conn，以及负责后期文件与简报制作的 Noah Hastings。从其字里行间可知，Mplus8 已经囊括适用于连续变量与类别变量（次序性、计数性）的横断面、纵贯面、多水平、混合模式等各种高阶统计模型，除了提供多种估计方法，也纳入了模拟研究、资料插补等技术，足以应付绝大多数的统计模型分析的需求，并且提供了友善的语法产生器（language generator）与路径图输入功能（Mplus diagrammer）。Mplus8 的成熟完备或许就是 Dr. Muthén 得以安心退休的主要原因，然而 Dr. Muthén 虽已离开教学研究专职工作，但近年来仍是著述不断，游走于世界各地讲述统计模型原理与应用计数，更不时亲上 Mplus 论坛（https://www.statmodel.com/cgi-bin/discus/discus.cgi）分享经验、解答疑惑，嘉惠四方学者，可谓当代典范人物。

Mplus 的主要特色是可以同时处理多重不同形式变量关系下的模型估计（如图 A.1 所示），其基本标示方法依循传统 SEM 的设定方式：圆圈表示潜在变量，方形表示外显测量变量。其中，潜在变量又可区分为连续潜在变量（标示为 f）

与类别潜在变量（标示为 c）。同样的，观察变量也可区分为连续观察变量（标示为 y）与类别观察变量（标示为 u）。由于潜在变量必须由观察变量估计而得，因此 f、c、y、u 四种变量构成了表 A.2 当中的四种可能的分析模型。而 x 则为其他具有影响力的协变量，例如，个人背景变量。

表 A.1　不同版本的 Mplus 发表时间与功能摘要

版次	发表时间	特色功能
1	11-1998	第一版 Mplus 软件发行
2	02-2001	改善估计效能
3	03-2004	简化语法撰写与模型设定方式 提供多重模块 base program、mixture add-on, multilevel add-on 扩充数据处理能力（长格式与宽格式转换）
4	02-2006	扩充多水平模型分析功能 扩充类别依变量处理能力 扩充混合模型分析功能
5	11-2007	**提升运算效能（提供 32 位与 64 位运算）** 提供中央处理器 CPU 个数设定 增加 exploratory structural equation modeling 等分析 扩充混合模式、因素分析功能
5.1	05-2008	提升运算效能
5.2	11-2008	提升运算效能
6	04-2010	**新增 MCMC 贝叶斯估计功能** 强化多重插补（multiple imputation）功能 扩充多水平数据加权功能 扩充似真值（plausible values）处理能力
6.1	10-2010	改善贝叶斯估计功能
7	09-2012	**新增路径图输入功能（Mplus Diagrammer）** 扩充贝叶斯结构方程模式功能（贝叶斯因素分析、恒等性分析、多水平 SEM、交叉嵌套分析等）
7.1	05-2013	扩充 EFA、多样本因素分析功能
7.2	05-2014	强化潜在类别分析/潜在剖面分析、非常态数据处理能力
7.3	10-2014	强化混合模型、贝叶斯估计功能
7.4	11-2015	扩充 IRT 分析（3PL、4PL, Partial Credit Models）
8	04-2017	**扩充时间序列分析** 单一样本时间序列分析 双层次时间序列分析 交叉嵌套时间序列分析 强化双层次模型随机效果与自我回归分析功能
8.1	06-2018	修正 8.0 版瑕疵 强化潜在变量变异分解，提升时间序列分析功能 扩充嵌套于等价模型的自动检测功能与估计效能

注：读者可由 Mplus 官方网站 http://www.statmodel.com/ 下载示范版进行演练。DEMO 版共有 WINDOWS（32 与 64 位）、MAC OS X、LINUX 三种系统版本。

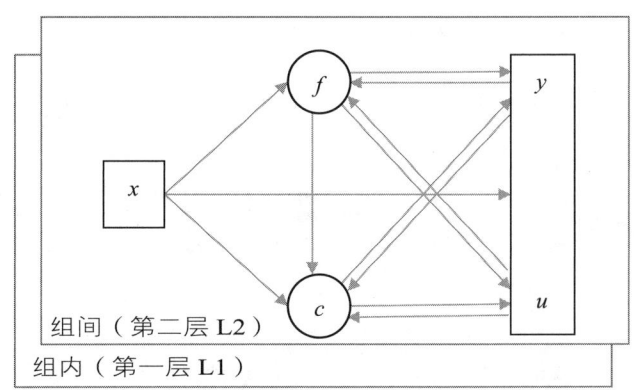

图 A.1　Mplus 的变量关系与分析模式概念示意图

图 A.1 当中以重迭的区块标示了组间与组内的分层区隔，目的在于说明前述四种模型皆可进行多水平分析或带有时间信息的纵贯数据分析。例如，全部都是连续变量的因素分析可进行多水平 MLM 或多水平 LGM 分析，全部类别变量的潜在类别分析可进行多水平 LCA 或多水平混合模式分析，至于类别观察变量所估计得到的 IRT 也可以进行多水平 IRT。这说明了 Mplus 是功能相当完备的高阶统计分析工具。

表 A.2　Mplus 可处理的不同变量形式所形成的四种不同的分析模型

潜在变量	观察变量	分析模型
连续（f）	连续（y）	因素分析（factor analysis; FA）
连续（f）	类别（u）	项目反应理论（item reponse theory; IRT）
类别（c）	连续（y）	潜在剖面分析（latent profile analysis; LPA）
类别（c）	类别（u）	潜在类别分析（latent class analysis; LCA）

二、Mplus 界面架构

（一）Mplus 的基本视窗

开启 Mplus 之后所进入的第一个视窗是编辑视窗，可用来撰写 Mplus 语法或阅览/编辑结果报表，如图 A.2 所示。语法视窗当中提供了选单与图形化的工具按钮。用户除了可以直接在编辑视窗当中编写语法，也可以利用选单的下拉选单来选择所欲进行的编辑或运行作业。

图 A.2　内含语法的 Mplus 编辑视窗

语法撰写完成后，或是语法内容经过任何更动之后，必须进行储存，语法文件名将以 .inp 为扩展名。储存完成之后，才可按 RUN 按钮（RUN MPLUS）来执行语法，执行完毕之后将得到结果报表，如图 A.3 所示。Mplus 将报表档案以 .out 扩展名进行命名，主文档名则与语法档案的主文档名相同。

如果语法中有下达绘图指令（PLOT），在报表当中的 View plots 按钮将由黑白按钮转变成彩色按钮，此时按图表按钮将可浏览已经制作完成的图表，可供选择的统计图如图 A.3 当中的对话框所示。如果选择散点图，将可得到图 A.4 的输出结果。此时可将该图复制到其他文书软件中进行编辑作业，或是将图表另行储存成 DIB、EMF 或 JPEG 形式的图片档案。同时，也可利用菜单中的选项进行图表编辑，或是呼叫相关信息（例如，图 A.5 当中的描述统计资料）。

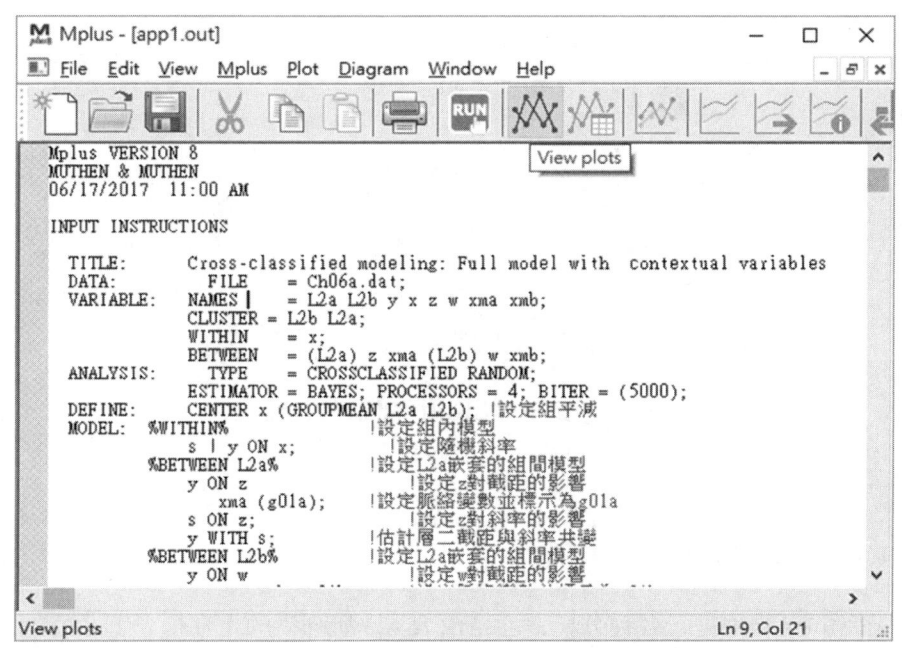

图 A.3　语法执行后的 Mplus 输出结果视窗

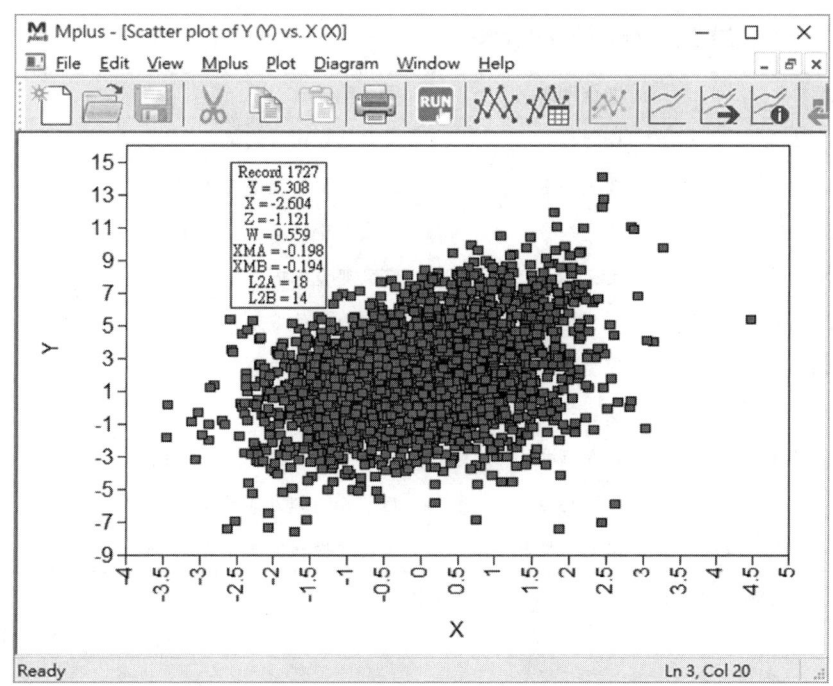

图 A.4　语法执行后的 Mplus 图形输出结果

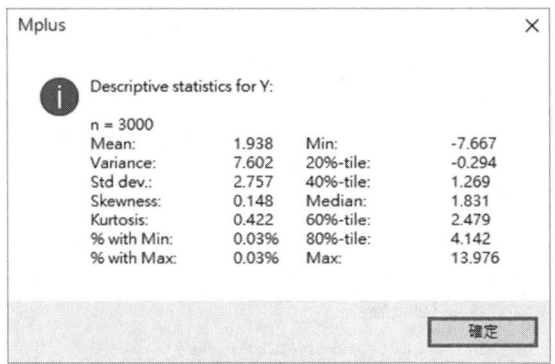

图 A.5　图形输出当中的描述统计信息

（二）Mplus 的语法架构

在 Mplus 当中进行各种分析，均是由表 A.3 所列举的十种指令下达的。因此，用户必须熟悉这些指令的使用方式，并能将指令组合成为有效的语法（syntax）来驱动 Mplus 分析。

表 A.3　十种主要的 Mplus 语法指令

指令用语	指令型态	指令用途
1. TITLE	标题指令	提供语法内容的说明
2. DATA*	数据指令	指定数据的型态与读取方式
3. VARIABLE*	变量指令	指定变量的名称与使用状态
4. DEFINE	定义指令	定义变量的内容
5. ANALYSIS	分析指令	设定分析的方法
6. MODEL	模型指令	设定模型的内容
7. OUTPUT	输出指令	指定分析结果的内容
8. SAVEDATA	存盘指令	指定分析结果的存档方式
9. PLOT	绘图指令	指定绘图的方式与结果
10. MONTECARLO	蒙地卡罗指令	设定模拟研究的条件

注：*表示必须存在的指令。

从图 A.1 示范的 Mplus 语法可看出，整个语法是由一系列英文语句组成，大小写不影响语法执行，并可支持中文字形。主指令均以冒号（：）结尾，并以蓝色字形呈现。主指令下的副指令、关键词或变量名称皆为黑体字形，每一条有效副指令皆以分号（；）作为结束标示。如果有批注文字，则以惊叹号（！）标示，并以绿色文字呈现。如果批注列跨越好几行，在批注起始处标以 !*，然后在结尾处标以 *!，中间的内容皆会被视为批注而被 Mplus 视为无效指令而不执行。

虽然 Mplus 新近版本提供了精灵形式的语法产生器（图 A.6），协助使用者一步一步完成各项指令的正确编写，甚至可以利用图形界面形式来完成分析语法（图 A.7），但是这两者皆仅能提供语法撰写的辅助，Mplus 最终仍须以语法档案的指令集来进行分析运算。如果分析过程发生错误或有修改必要，仍必须从语法文件当中进行编辑，因此对于语法指令的熟悉仍是最关键的工作。

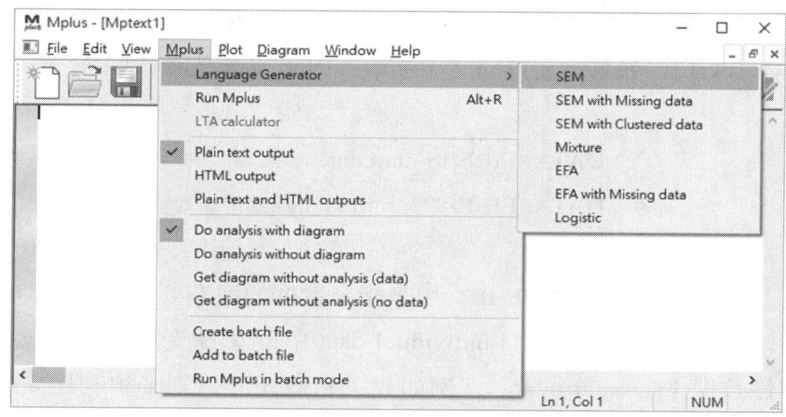

图 A.6　Mplus 的语法产生器功能键

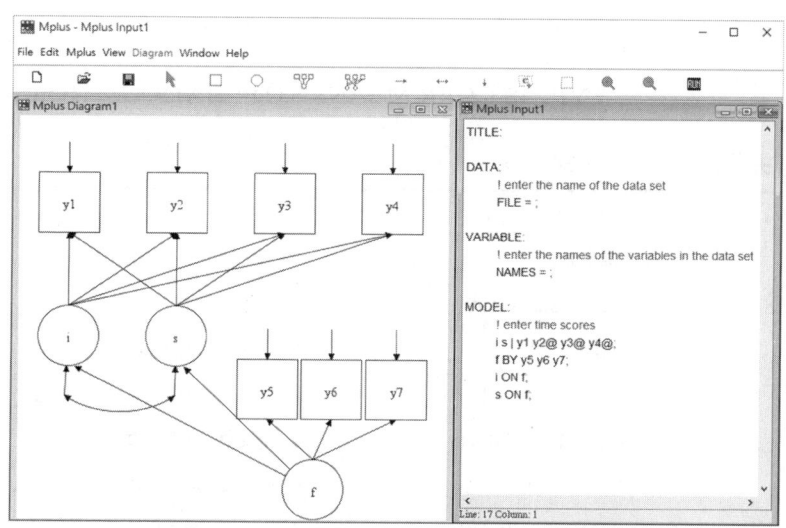

图 A.7　Mplus 的语法图形产生器视窗画面

三、Mplus 语法指令

（一）数据指令

Mplus 的第一组必要指令是数据指令，用来定义数据的来源与状态。主指令是 DATA：，其余较常用的副指令列于表 A.4（指令中的粗体部分为可接受的缩写）。其中最主要的一个副指令是指定数据文件路径与名称的 FILE IS（IS 可用 = 代替）。值得注意的是，如果语法档案与数据文件放在同一个文件夹当中，则无须指定路径（S#1），如果放在不同文件夹中，则必须指定路径（S#2）：

S#1　　　　　　　DATA: FILE IS data.dat;
S#2　　　　　　　DATA: FILE="C:\mplus\data.dat";

另一个常用副指令是 TYPE IS，用来指定数据的型态。一般而言，如果读取的数据是原始的逐笔个别资料（individual data），这一指令可以省略。但是如果使用摘要性数据（summary data），例如相关系数矩阵，则必须利用 TYPE IS 来设定数据形式，并提供其他必要信息（例如，观察值数目 NOBSERVATIONS）（S#3）。

S#3　　　　　　　TYPE IS CORR MEANS STDEVIATIONS; NOBS=300;

表 A.4　主要的 Mplus 数据指令

DATA:		
FILE IS	file name;	读入数据的路径与文件名
FORMAT IS	format statement;	读入数据的格式
TYPE IS	**IND**IVIDUAL;	数据类型为个体资料
	COVARIANCE;	数据类型为协方差矩阵
	CORRELATION;	数据类型为相关矩阵
	MEANS;	数据类型为平均数
	STDEVIATIONS;	数据类型为标准偏差

（续表）

	MONTECARLO;	数据类型为蒙地卡罗资料
	IMPUTATION;	数据类型为插补资料
NOBSERVATIONS ARE	number of observations;	观察值的数目
NGROUPS =	number of groups;	资料的组数

（二）变量指令

接续数据指令之后的必要指令是变量指令，用来设定读入数据的变量名称与使用情形，主指令是 VARIABLE:，最常用的变量副指令是 NAME ARE（ARE 可用 = 代替），其余较常用的副指令列于表 A.5。

一般而言，Mplus 分析所读入的数据数量与实际使用的数据或变量数量并不相同，此时必须使用 **USEO**BSERVATIONS ARE 或 **USEV**ARIABLES ARE 来指定所使用的观察值状态或变量列表，这两个副指令皆可简化成为 USEO= 或 USEV=。例如，S#4 当中读入 gender yr mn y1-y6 共 9 个变量，但只使用 y1-y3 三个变量，而且仅将 gender 为 1 的数据纳入分析：

S#4　　　　　　　　VARIABLE:　　NAMES ARE gender yr mn y1-y6;
　　　　　　　　　　　　　　　　USEV=y1-y3;
　　　　　　　　　　　　　　　　USEO=（gedner EQ 1）;

值得注意的是，当使用 USEO 选择观察值时，所下达的条件命令必须使用 Mplus 所指定的运算符（见表 A.6），例如，等号必须以 EQ 指令为之，或以 == 符号代替，如果只用一个 = 将造成执行错误。

表 A.5　主要的 Mplus 变量指令

VARIABLE:		
NAMES ARE	names of variables;	读入资料的变量名称
USEOBSERVATIONS=	conditional statement to select observations;	用于分析的观察数据（必须指定选择条件）
USEVARIABLES=	names of analysis variables;	用于分析的变量名称
MISSING ARE	variable（#）;	遗漏值设定为数值 #

（续表）

	. ;	遗漏值设定为 .
	* ;	遗漏值设定为 *
CLUSTER IS	name of cluster variables;	嵌套变量名称
WEIGHT IS	name of sampling weight variable;	加权变量名称
BWEIGHT	name of between-level sampling weight variable;	组间层次加权变量名称
WITHIN ARE	names of individual-level observed variables;	组内/个体层次变量
BETWEEN ARE	names of cluster-level observed variables;	组间/总体层次变量

表 A.6　Mplus 常用的条件运算与四则运算符

运算符	内容	范例
AND	与（logical and）	x == 1 AND y >= 1;
OR	或（logical or）	x == 1 OR y >= 1;
NOT	非（logical not）	x == 1 NOT y < 1;
EQ（==）	等于（equal）	x == 1;
NE（/=）	不等（not equal）	x /= 1;
GE（>=）	大于等于（greater than or equal to）	x >= 1;
LE（<=）	小于等于（less than or equal to）	x <= 1;
GT（>）	大于（greater than）	x > 1;
LT（<）	小于（less than）	x < 1;
+	加（addition）	y + x;
-	减（subtraction）	y - x;
*	乘（multiplication）	y * x;
/	除（division）	y / x;
**	幂次（exponentiation）	y**2;
%	百分比（remainder）	remainder of y/x;
LOG	自然对数（base e log）	LOG（y）;
LOG10	取 10 为底对数（base 10 log）	LOG10（y）;
EXP	指数（exponential）	EXP（y）;
SQRT	开根号（square root）	SQRT（y）;
ABS	绝对值（absolute value）	ABS（y）;

(三)定义指令

如果所读入的数据必须进行四则数学运算来产生新变量,可利用定义指令来完成,主指令是 DEFINE:,较常用的副指令列于表 A.7。例如,要将出生年(yr)月(mn)转换成年龄,可用 S#5 完成;若要创造年龄变数的二次方,可利用 S#6 完成;若要产生脉络变量(第一层变量的组平均数),可利用 S#7 完成:

S#5	DEFINE:	age=(2017–yr)+(12-mn)/12;
S#6	DEFINE:	age2=age**2;
S#7	DEFINE:	agebar=CLUSTER_MEAN(age);

如果有一组 10 个题目(i1-i10)的问卷要求取总分或平均数,可利用 SUM 与 MEAN 函数功能来进行,如 S#8 与 S#9 所示。进一步的,如果要对某个变量进行标准化,可使用 STANDARDIZE 指令。例如,S#10 可分别对 S#8 与 S#9 所求得的总分(total)与平均分(itemmean)进行标准化。这一指令并不会创造新变量,而是直接将已读入或已创造的新变量以原来的变量名称进行标准化。

S#8	DEFINE:	total=SUM(i1-i10);
S#9	DEFINE:	itemmean=MEAN(i1-i10);
S#10	DEFINE:	STANDARDIZE total itemmean;

表 A.7　主要的 Mplus 定义指令

DEFINE:	
variable = mathematical expression;	数学转换
IF(conditional statement)THEN transformation statements;	条件转换
_MISSING;	转成遗漏值
variable = MEAN(list of variables);	求取平均数
variable = SUM(list of variables);	求取总和
CUT variable or list of variables(cutpoints);	分割变数
variable = CLUSTER_MEAN(variable);	求取组平均
CENTER variable or list of variables(**GRAND**MEAN); CENTER variable or list of variables(**GROUP**MEAN); CENTER variable or list of variables(**GROUP**MEAN label);	平减指令
STANDARDIZE variable or list of variables;	变量标准化

值得注意的是，利用 DEFINE 指令所创造的新变量并非从数据库当中读取而得，因此必须在选择变量副指令 USEV 的最后逐一列出。例如，前面的 S#4 当中并没有 age、age2 与 agebar 变量，为了利用 DEFINE 来创造这三个新变量，必须先在 USEV 最后增加 age、age2 与 agebar，如 S#11，才能顺利产生这三个新变量。

S#11　　　　　VARIABLE:　　NAMES ARE gender yr mn y1-y6;
　　　　　　　　　　　　　　USEV=y1-y3 **age age2 agebar**;

如果使用 IF 与 THEN 指令，可以进行条件式转换。例如，进行重新分组（S#12），或是将某些数值转换成遗漏值（S#13），以及把遗漏值转换成特定值（S#14）。同样的，副指令下的条件命令必须使用表 A.6 的条件运算符。

S#12　　　DEFINE: IF（gender EQ 1 AND age GE 30）THEN group = 1;
S#13　　　DEFINE: IF（age LT 30）THEN group=_MISSING;
S#14　　　DEFINE: IF（group == _MISSING）THEN u=1;

（四）分析指令

在完成了数据读取与定义之后，Mplus 必须指定分析的内容，即分析指令的使用，主指令为 ANALYSIS:。由于分析指令内容繁多，涉及不同的统计模型、估计法的选择、模型参数化、算法设定，等等。本节仅就本书所涉及的 TYPE、ESTIMATOR、BOOSTRAP 的部分内容加以介绍（如表 A.8 所示）。

首先，TYPE 指令用来指定分析的类型，包括 GENERAL、MIXTURE、TWOLEVEL、THREELEVEL、CROSSCLASSIFIED、EFA 等六种，预设分析方法为 **GEN**ERAL，可进行下列八种分析：

- 回归分析（Regression analysis）
- 路径分析（Path analysis）
- 验证性因素分析（Confirmatory factor analysis）
- 结构方程模式分析（Structural equation modeling）
- 成长模型（Growth modeling）
- 离散时间存活分析（Discrete-time survival analysis）
- 连续时间存活分析（Continuous-time survival analysis）

■ 单样本时间序列分析（N=1 time series analysis）

如果使用者需要进行参数的拔靴估计（例如求取间接效应的拔靴标准误），可利用 BOOTSTRAP 副指令来指定重抽次数（例如，500 或 1000 次），并且在输出指令当中要求输出拔靴信赖区间 CINTERVAL（BOOTSTRAP），即可得到拔靴估计结果与信赖区间信息。

表 A.8　主要的 Mplus 分析指令

ANALYSIS:		
TYPE =	**GEN**ERAL;	基本模型分析
	BASIC;	可估计样本统计量与描述统计信息
	RANDOM;	可估计随机截距与斜率
	COMPLEX;	可估计分层取样数据的模式信息
MODEL=	**CONFIG**URAL; METRIC; SCALAR; **NOMEANS**TRUCTURE; **NOCOV**ARIANCES;	测量恒等性检验之形貌恒等 测量恒等性检验之尺度恒等 测量恒等性检验之量尺恒等 测量恒等性检验之无平均数设定 测量恒等性检验之无协变量设定
ESTIMATOR =	ML;	最大概似法
	MLM;	
	MLMV;	
	MLR;	
	MLF;	
	MUML;	
	WLS;	加权最小平方法
	WLSM;	
	WLSMV;	
	ULS;	无加权最小平方法
	ULSMV;	
	GLS;	
	BAYES;	贝叶斯估计法
BOOTSTRAP =	number of bootstrap draws;	

分析指令当中的 MODEL 副指令则是用于测量恒等性的评估。三个选项 CONFIGURAL、METRIC 与 SCALAR 可以单独使用，也可以同时使用，分析结果

将列出不同限定条件下的模型估计卡方差异统计量,借以判定恒等性是否成立。

除了 TYPE,另一组重要的分析指令是估计法设定指令,即 ESTIMATOR,对于不同的分析方法,能够使用的估计法与预设估计法并不相同。值得注意的是,所有的估计法都需以原始个别观察值的完整信息进行运算。如果输入的数据是相关系数或协方差矩阵等摘要信息,仅适用于 TYPE=GENERAL 下的 ML 估计法。此外,如果数据当中带有遗漏值,MLM、MLMV、GLS、WLS 等估计法无法使用,使用者必须先进行插补才可使用这些估计法。

(五) 模型指令

在 Mplus 当中,最关键的指令可说是设定模型内容的模型指令 MODEL:,由于 Mplus 能够处理的统计模型类型众多,对于特定模型所涉及的 MODEL: 指令内容有所不同。但有三个关键指令 BY、ON、WITH 最常见:

BY	设定潜在变量	例如,f1 BY y1-y4;	!f1 由 y1-y4 估计而得
ON	设定回归关系	例如,f1 ON x1-x3;	!f1 被 x1-x3 解释
WITH	设定共变关系	例如,f1 WITH f2;	!f1 与 f2 的协变量纳入估计

如果 ON 与 WITH 前面增加一个 P,则可设定配对关系,例如,f2 f3 PON f1 f2; 表示 f2 被 f1 解释且 f3 被 f2 解释。另外,f1 f2 f3 PWITH f4 f5 f6; 表示 f1 与 f4、f2 与 f5、f3 与 f6 的协变量纳入估计。

另外一组重要的关键指令是设定各种参数,例如,因素载荷量、回归系数、变异数(包括潜在变量与残差变异)、平均数或截距(以 [] 表示)自由估计(*)、设定为特定数值(@)或设定为特定标签并进行设限处理的各种状况,如 S#15 至 S#22 所示。当使用 @ 符号时,必须附加一个特定数值作为限定值。但是 * 后面则可不加上任何数值或特定数值,此时 Mplus 将以预设方式用该参数的起始值来进行估计;如果加上特定数值,则将以该数值作为起始值进行估计。

S#15	f1 BY y1-y4 *.9;	!y1-y4 的因素载荷量自由估计(以 0.9 为起始值)
S#16	f1 BY y1 @1.0;	!y1 的因素载荷量设定为 1.0
S#17	f1 y1-y4 *;	!f1 的变异数与 y1-y4 的残差变异自由估计
S#18	f1 y1-y4 @0;	!f1 的变异数与 y1-y4 的残差变异设定为 0
S#19	[f1 y1-y4 *];	!f1 的平均数与 y1-y4 的截距自由估计

S#20　[f1 y1-y4 @0];　　　!f1 的平均数与 y1-y4 的截距设定为 0
S#21　f1 ON x1（beta1）;　!x1 → f1 与 x2 → f2 的回归系数标签为 beta1 且等值
　　　f2 ON x2（beta1）;
S#22　S | f1 ON x1;　　　!x1 → f1 的回归系数 S 具有随机效果

至于路径分析与中介效应分析所关心的间接效应，可以利用指令来估计，例如 S#23 所示：

S#23　MODEL:
　　　　　y ON m1 m2 x;　　!y 被 m1 m2 x 三者解释
　　　　　m1 m2 ON x;　　　!m1 m2 被 x 解释
　　　MODEL INDIRECT:
　　　　　y IND x;　　　　　! 估计 x → m1 → y 与 x → m2 → y 的间接效应
　　　　　y IND x VIA m1;　 ! 估计 x → m1 → y 的间接效应

如果间接效应被某变量 Mo 所调节，即 MoMe 分析，可加入 MOD 指令来处理，例如 S#24 所示：

S#24　　MODEL:
　　　　　y ON m;　　　　　!y 被 m 解释
　　　　　m ON x;　　　　　!m 被 x 解释
　　　MODEL INDIRECT:
　　　　　y MOD m xm x;　　!m 为 x → y 的中介变数且 xm 具交互作用

最后，MODEL 指令可利用 MODEL TEST: 指令来进行某参数是否等于特定值的 WALD 检定。另外，MODEL CONSTRAINT: 指令则可用来创造模型当中所没有的新参数，进而得以制图描绘参数状态，所搭配的指令如下（这两组指令请参考本书相关章节的示范实例，本节不再举例说明）：

MODEL CONSTRAINT:
　　NEW　　　　!设定模型当中所没有的新参数名称
　　DO　　　　　!以循环方式处理新参数的运算
　　PLOT　　　　!设定 y 轴变量以利制图

LOOP　　　　　　　　!设定 x 轴变量以利制图

（六）输出指令

Mplus 执行完毕后，可利用输出指令 OUTPUT: 来设定所欲检验的分析结果。常用的输出指令为 SAMPSTAT、STANDARDIZED、CINTERVAL，这三个副指令分别列出读入数据的样本统计信息、参数的标准化结果与信赖区间。

首先，SAMPSTAT 副指令将输出连续变量的样本平均数、变异数、协变量与相关系数，以及样本量与偏态、峰度、中位数、最大与最小值等单变量信息。如果是二分或顺序变量，则将会输出样本阈值、四元相关（tetrachoric correlation）与多元相关（polychoric correlation）等信息。这些统计量都是以可辨识的 ASCII 格式撰写，可以利用 SAVE: 主指令下的 SAMPLE 副指令存于外部档案另做应用。

表 A.9　主要的输出指令

OUTPUT:	
SAMPSTAT;	列出样本统计量
CROSSTABS;	列出列联表
CROSSTABS（ALL）;	列出列联表所有信息
CROSSTABS（COUNT）;	
CROSSTABS（%ROW）;	
CROSSTABS（**%COL**UMN）;	
CROSSTABS（%TOTAL）;	
STANDARDIZED;	列出参数的标准化值
STDYX;	列出参数的完全标准化值
STDY;	列出参数对 Y 标准化值
STD;	列出涉及潜在变量标准化值
STANDARDIZED（**CLUS**TER）;	在嵌套变量下的标准化
STDYX（**CLUS**TER）;	
STDY（**CLUS**TER）;	
STD（**CLUS**TER）;	
RESIDUAL;	列出残差信息
RESIDUAL（**CLUS**TER）;	列出嵌套数据下的残差信息

（续表）

CINTERVAL;	列出信赖区间
CINTERVAL（SYMMETRIC）;	列出对称信赖区间
CINTERVAL（BOOTSTRAP）;	列出拔靴信赖区间
CINTERVAL（BCBOOTSTRAP）;	列出偏误校正拔靴信赖区间
CINTERVAL（EQTAIL）;	列出等尾信赖区间
CINTERVAL（HPD）;	
TECH1; 至 TECH16;	列出技术信息

进一步的，STANDARDIZED 副指令除了可以输出 STDYX（完全标准化）、STDY（Y 标准化）和 STD（潜在变量标准化）三种标准化参数估计数，还可得到 R^2 效应量与标准化参数的标准误等信息。其中，完全标准化所得到的 b_{StdYX} 与 Y 标准化所得到的 b_{StdY} 公式如下：

$$b_{StdYX} = b \times SD(x)/SD(y) \tag{A.1}$$

$$b_{StdY} = b/SD(y) \tag{A.2}$$

由前述公式可知，b_{StdYX} 同时去除 x 与 y 变量标准偏差的影响，因此是一种完全标准化的估计解，需解释为 "x 变量变动一个标准偏差而在 y 变量上变动几个标准偏差"。由于 b_{StdY} 仅将 y 变量的标准偏差进行标准化而未考虑 x 变量的标准化，因此 b_{StdY} 适用于当 x 变量为二分变量时的回归系数的标准化，可解释为 "x 变量变动一个类别时在 y 变量上变动几个标准偏差"。至于 STD 副指令所执行的标准化程序则是针对潜在变量的标准化，解释方法则比照完全标准化解。

CINTERVAL 副指令可列出参数估计数与其 90%、95%、99% 的对称信赖区间（confidence intervals）。若是配合拔靴估计，则可利用 CINTERVAL（BOOTSTRAP）列出参数的拔靴信赖区间，或是以 CINTERVAL（BCBOOTSTRAP）列出偏误校正信赖区间（bias-corrected bootstrap confidence intervals）。

进一步的，如果估计法是选择贝叶斯估计，CINTERVAL 副指令所列出的是 MCMC 重抽估计所得到的置信区间（credibility intervals），区间的百分位数在预设条件下是取 90%、95%、99% 左右等尾概率（即 EQTAIL），但是也可以利用 CINTERVAL（HPD）得到最高后验概率等尾概率（Gelman et al., 2004）。

最后，输出指令还可指定 16 种技术指标，例如，TECH1 可列出模式设定当中各参数的位置与序号（即模式设定状态）；TECH3 可列出 TECH1 当中各参数估计数的协方差矩阵；TECH4 则是列出潜在变量的估计平均数与估计协方差矩阵。其他的技术输出指令则多与混合模式分析有关，因此不在此讨论。

（七）绘图指令

最后介绍的 Mplus 指令是绘图指令，借以得到特定的统计图表输出，主指令为 PLOT:。主要的副指令为 TYPE=PLOT1 PLOT2 PLOT3;，可得到三类报表。

PLOT1 可得到读入数据的描述统计图表信息，例如，各变量的直方图、散点图、时间序列图；如果是多水平模型，则可得到组间层次的直方图与散点图。

PLOT2 所提供的图表信息则与语法当中所选择的分析与估计方法有关，比较重要的是可得到模型估计描述统计量（平均数、中位数、众数、百分位数等）、调节效果图、敏感度分析图、拔靴分配，或是下列贝叶斯估计图：

- 后验参数分配（Posterior parameter distributions）
- 后验参数收敛轨迹（Posterior parameter trace plots）
- 自我相关图（Autocorrelation plots）
- 先验参数分配（Prior parameter distributions）
- 后验预测检核散点图（Posterior predictive checking scatterplots）
- 后验预测检核分配图（Posterior predictive checking distribution plots）

PLOT3 则可提供前述之外的特殊图表，例如，多水平嵌套模型下的组间样本统计量、估计值、残差等。或是潜在变量估计得到的一些估计信息统计图（例如，因素分数、极端值、残差等）。

如果是带有时间递延信息的变量，可以利用 SERIES IS 副指令来描绘随时间每递增一个单位的趋势图，例如，SERIES = y1-y4（*）；可在 X 轴依序列列出 y1-y4 四个变量的信息；SERIES = y1-y4（SLOPE）；可在 X 轴依序列列出 y1-y4 四个变数的以 SLOPE 命名的斜率值。如果不是随时间递变的信息，则需逐一指定 X 轴上每增加一个单位的变量为何。

由于本书所关注的统计模型为 SEM，因此本附录仅针对有关指令加以介绍。如果用户对于 Mplus 语法撰写或指令内容有疑义，可从软件当中提供的协助功能或指导手册得到解答。如果自行查阅这些文件仍无法解决问题，还可以直接到 Mplus 论坛提问。

附录四　SEM 操作常见疏失检核表

Kline（1998）曾经撰文指出一般使用者在操作 SEM 时会犯下的细节性技术错误，十分值得参考，列举如下：

一、与设定有关的疏失

1）在数据收集完成之后才开始进行模型界定。
2）忽略了结构模型当中潜在变量的关系。
3）潜在变量缺乏足够的测量指标。
4）测量尺度不恰当，不符合心理计量的要求。
5）对于变量的因果关联缺乏谨慎的考虑。
6）利用回溯关系的设定，掩饰变量影响方向的不确定。
7）为了追求模型拟合度，不惜改变模型设定，并使模型变得非常复杂。
8）没有充分的理由，就将测量残差或解释残差的相关纳入估计。
9）没有充分的理由，就使用多维假设（同一个测量变量受到一个以上的潜在变量的影响）。

二、与资料有关的疏失

10）忽略了对于输入数据最基本的检查。
11）忽略了对遗漏值的遗漏形态（随机或系统化遗漏）的检验。

12）忽略了对数据的频次数分布的检查。

13）忽略了偏离值的检查。

14）忽略了线性假设的检查。

三、与执行过程有关的疏失

15）完全基于统计数字来判断模型的修饰。

16）忽略了对分析软件的语法指令的检查。

17）不正确地使用相关矩阵作为输入数据。

18）变量的相关过高，造成不稳定的结果。

19）用小样本分析很复杂的模型。

20）对于潜在变量量尺化的操作有误。

21）忽视SEM的起始值所带来的影响，或设定了不恰当的起始值。

22）没有使用适当或必要的方法去确认模型的辨识度是否足够。

23）没有正确有效地避免实务上辨识不足的问题。

24）对于统合模型，没有分别针对测量模型与结构模型进行模型评估。

四、与结果报告有关的疏失

25）仅关心模型的整体拟合度，而忽略了其他指标。

26）将模型拟合度解读为模型被支持的唯一或主要证据。

27）将模型拟合度解读为内生变量被有效解释的证据。

28）过度倚赖显著性检验的数据与分析结果。

29）以不适当的方法解读标准化参数数据的意义。

30）对于完全相同的模型（equivalent models）没有妥善地处理。

31）没有妥善地运用替代模型。

32）将潜在变量（因素）以具体变量来解释。

33）错认为SEM可以弥补一个设计不佳或思虑不周的研究。

34）没有善尽一个研究者的责任，提供充分的信息与正确的解读给读者，使他人无法理解或复制研究结果。

35）从显著的参数数据，过度乐观地下达因果结论。

参考文献

中文部分

王木荣，林幸台．（1986）．威廉斯创造力测验修定研究．台湾：师大特殊教育研究学刊，2，231-250．

吴静吉，高泉丰，王敬仁，丁兴祥．（1981）．拓弄思图形创造思考测验指导及研究手册（甲式）．台湾：远流出版社．

吴静吉，王文中，郭俊贤，陈淑惠，李慧贤．（1996）．''我的老师''问卷之修订。未出版手稿．

林碧芳，邱皓政．（2003）．中小学教师创意教学自我效能与相关因素之研究．台湾：辅仁大学主办''中国''心理学会第四十二届年会．

邱皓政．（1999）．青少年自我概念向度与成分双维理论之效度检验与相关因素研究．台湾：教育与心理研究，26(1)，85-131。

邱皓政．（2003）．组织创新环境的概念建构与测量工具发展．台湾：政治大学主办创造与创新研讨会．

邱皓政，林碧芳．（2016）．孰优、孰弱？台湾青少年学生学习成就轨迹之异质性分析．当代教育研究季刊，24(1)，33-79．

邱皓政．（2017）．多层次模式与纵贯数据分析．台北：五南图书公司．

郭美凰．（1996）．新进人员信息搜寻行为、组织社会化程度与组织行为结果之相关研究．台湾：云林技术学院企业管理技术研究所未发表硕士论文．

温福星，邱皓政．（2009）．组织研究中的多层次调节中介效果：以组织创新气氛、组织承诺与工作满意的实证研究为例，管理学报，26(2)，189-211．

温忠麟，刘红云，侯杰泰．（2012）．调节效应和中介效应分析．北京：教育科学出版社.

叶玉珠，吴静吉，郑英耀．（2000）．影响科技与信息产业人员创意发展的因素之量表编制．台湾：师大学报：科学教育类，45(2)，39-63。

英文部分

Aber, M. S., & McArdle, J. J. (1991). Latent growth curve approaches to modeling the development of competence. In M. Chandler & M. Chapman (Eds.), *Criteria for competence*. Hillsdale, NJ: Erlbaum: 231-258.

Aiken, L. S., & West, S. G. (1991). *Multiple regression: Testing and interpreting interactions*. Newbury Park, CA: Sage.

Aitken, A. C. (1934). Note on selection from a multivariate normal population. *Proceedings of the Edinburgh Mathematical Society, 4*, 106-110.

Akaike, H. (1987). Factor analysis and AIC. *Psychometrika, 52*, 317-322.

Allison, P. D. (1987). Estimation of linear models with incomplete data. In C. C. Clogg (Ed.), *Sociological methodology* (pp. 71-103). San Francisco: Jossey-Bass.

Anastasi, A., & Urbina, S. (1997). *Psychological testing*. Upper Saddle River, NJ: Prentice-Hall.

Anderson, J. C., & Gerbing, D. W. (1984). The effects of sampling error on convergence, improper solution and goodness-of-fit indices for maximum likelihood confirmatory factor analysis. *Psychometrika, 49,* 155-173.

Anderson, J. C., & Gerbing, D. W. (1988). Structural equation modeling in practice: A review and recommended two-step approach. *Psychological Bulletin, 103*, 411-423.

Anderson, J. C., & Gerbing, D. W. (1992). Assumptions and comparative strengths of the two-step approach: Comment on Fornell and Yi. *Sociological Methods & Research, 20* (1), 321-333.

Bagozzi, R. P. (1983). Issues in the application of covariance structure analysis: A further comment. *Journal of Consumer Research, 9,* 449-450.

Bagozzi, R. P., & Heatherton, T. F. (1994). A general approach to representing multifaceted personality constructs: Application to state self-esteem. *Structural Equation Modeling, 1,* 35-67.

Bagozzi, R. P., & Phillips, L. W. (1992). Representing and testing organizational theories: A holistic construal. *Administrative Science Quarterly, 27*(3), 459-489.

Bagozzi, R. P., & Yi, Y. (1988). On the evaluation of structural equation models. Journal of the *Academy of Marketing Science, 16*(1), 74–94.

Bandalos, D. L. (2002). The effects of item parceling on goodness-of-fit and parameter estimate bias in structural equation modeling. *Structural Equation Modeling, 9,* 78-102.

Bandalos, D. L., & Finney, S. J. (2001). Item parceling issues in structural equation modeling. In G. A. Marcoulides & R. E. Schumacker (Eds.), *New developments and techniques in structural equation modeling* (pp. 269-296). Mahwah, NJ: Lawrence Erlbaum.

Baron, R. M, & Kenny, D. A. (1986). The moderator-mediator variable distinction in social psychological research: conceptual, strategic, and statistical considerations. *Journal of Personality & Social Psychology, 51,* 1173-1182.

Barrett, P. T., & Kline, P. (1981). Radial parcel factor analysis. *Personality and Individual Differences, 2,* 311-318.

Bearden, E. O., Sharma, S., & Teel, J. E. (1982), Sample size effects on chi-square and other statistics used in evaluating structural equations, *Journal of Marketing Research*, 19, 425-430.

Bentler, P. M. (1988). *Theory and implementation of EQS: A structural equations program*. Newbury Park, CA: Sage.

Bentler, P. M. (1989). *EQS Structural Equations Program Manual.* Los Angeles, CA: BMDP.

Bentler, P. M. (1992). On the fit of models to covariances and methodology to the Bulletin. *Psychological Bulletin, 112*, 400-404.

Bentler, P. M. (1995). *EQS structural equations program manual.* Encino, CA: Multivariate Software.

Bentler, P. M., & Bonett, D. G. (1980). Significance tests and goodness of fit in the analysis of covariance structures. *Psychological Bulletin, 88,* 588-606.

Bentler, P. M., & Yuan, K-H. (1999). Structural equation modeling with small samples: Test statistics. *Multivariate Behavioral Research, 34*, 181-197.

Biesanz, J.C., Falk, C.F., & Savalei, V. (2010). Assessing mediational models: Testing and interval estimation for indirect effects. *Multivariate Behavioral Research,*

45, 661-701.

Bobko, P., & Rieck, A. (1980). Large sample estimators for standard errors of functions of correlation coefficients. *Applied Psychological Measurement, 4*, 385–398.

Boker, S., Neale, M., Maes, H. H., Wilde, M., Spiegel, M., et al. (2011). OpenMx: An Open Source Extended Structural Equation Modeling Framework. *Psychometrika, 76*, 306-317.

Bollen, K. A. (1989). *Structural equation modeling with latent variables.* New York: John Wiley.

Bollen, K. A. (2002). Latent variables in psychology and the social sciences. *Annual Review of Psychology, 53*, 605-634.

Breckler, S. J. (1990). Applications of covariance structure modeling in psychology: Cause for concern? *Psychological Bulletin, 107*, 260-273.

Brislin, R. W. (1986). The wording and translation of research instruments. In W. J. Lonner & J. W. Berry (Eds.), *Field methods in cross-cultural research* (pp. 137-164). Newbury, CA: Sage.

Brown, T. A. (2006). *Confirmatory Factor Analysis for Applied Research.* New York: Guilford Press.

Browne, M. W., & Cudeck, R. (1993). Alternative ways of assessing model fit. In K. A. Bollen & J. S. Long (Eds.), *Testing structural equation models* (pp. 136-162). Newbury Park, CA: Sage.

Browne, M. W., & Du Toit, S. H. C. (1992). Automated fitting of nonstandard models. *Multivariate Behavioral Research, 27*, 269-300.

Byrne, B. M. (1994). *Structural equation modeling with EQS and EQS/Windows.* Newbury Park, CA: Sage.

Byrne, B. M. (1998). *Structural equation modeling with LISREL, PRELIS and SIMPLIS: Basic Concepts, Applications and Programming.* Mahwah, NJ: Lawrence Erlbaum Associates.

Byrne, B. M., & Campbell, T. L. (1999). Cross-cultural comparisons and the presumption of equivalent measurement and theoretical structure: A look beneath the surface. Journal of Cross-Cultural Psychology, 30, 555-574.

Byrne, B. M., Shavelson, R. J., & Muthén, B. (1989). Testing for the equivalence of factor covariance and mean structures: The issue of partial measurement invariance. *Psychological Bulletin, 105*, 456-466.

Campbell, D. T., & Fiske, D. W. (1959). Convergent and discriminant validation by the multitrait-multimethod matrix. *Psychological Bulletin, 56*, 81-105.

Carmines, E. G, & McIver, J. P. (1981). Analyzing models with unobserved variables: Analysis of covariance structures. In G. W. Bohrnstedt and E. F. Borgotta (eds.), *Social Measurement: Current Issues* (pp. 65-115). Beverley Hills, CA: Sage.

Cattell, R. B. (1974). Radial item parcel factoring vs. item factoring in defining personality structure in questionnaires: Theory and experimental checks. *Australian Journal of Psychology, 26,* 103-119.

Cattell, R. B., & Baggaley, A. R. (1960). The salient variable index for factor matching. *British Journal of Statistical Psychology, 13,* 33-46.

Cattell, R. B., & Bursdal, C. A. (1975). The radial parcel double factor design: A solution to the item-versus-parcel controversy. *Multivariate Behavioral Research, 10,* 165-179.

Cattin, P. (1980). Note on the estimation of the squared cross-validated multiple correlation of a regression model. *Psychological Bulletin, 87,* 63-65.

Chapman, J. W., & Tunmer, W. E. (1995). Development of young children's reading self concepts: An examination of emerging subcomponents and their relationship with reading achievement. *Journal of Educational Psychology, 87*(1), 154-167.

Cheung, G. W. (2008). Testing Equivalence in the Structure, Means, and Variances of Higher-Order Constructs With Structural Equation Modeling. *Organizational Research Methods, 11*(3), 593-613.

Chiou, H.,-J. (1995). *The estimation of reliability, validity, and method effects with invariance in the multipopulation-multitrait-multimethod design using hierarchical confirmatory factor analysis.* Unpublished Doctoral Dissertation, University of Southern California.

Chiou, H.,-J., & Hocevar, D. (1995). *Examination of population-invariant construct validity in the Multipopulation-Multitrait-Multimethod design.* Paper presented at the 1995 Annual Convention of the American Psychological Association, New York, NY.

Cliff, N. (1966). Orthogonal rotation to congruence. *Psychometrika, 31,* 33-42.

Cliff, N. (1983). Some cautions concerning the application of causal modeling methods. *Multivariate Behavioral Research, 18,* 115-126.

Clogg, C. C. & Haritou, A. (1997). The regression method of causal inference and a dilemma confronting this method. In V. R. Mckim & S. P. Turner (Eds.), *Causality in crisis? Statistical methods and the search for causal knowledge in the social sciences* (pp. 83-112). Notre Dame, IN: University of Notre Dame Press.

Cochran, W. G. (1957). Analysis of covariance: Its nature and uses. *Biometrics, 13,* 261-281.

Cohen, J., & Cohen, P. (1983). *Applied multiple regression/correlation for the behavioral sciences* (2nd ed.). Hillsdale, NJ: Erlbaum.

Cohen, J., Cohen, P., West, S. G., & Aiken, L. S. (2003). *Applied Multiple Regression/Correlation Analysis for the Behavioral Sciences* (3rd edition). Mahwah, NJ: Erlbaum.

Comrey, A. L. (1970). *Manual for the Comrey Personality Scales.* San Diego: Educational and Industrial Testing Service.

Conger, A. J. (1974). A revised definition for suppressor variables: A guide to their identification and interpretation. *Educational and Psychological Measurement, 34,* 35-46.

Cronbach, L. J., & Meehl, P. E. (1955). Construct validity in the psychological literature. *Psychological Bulletin, 52,* 281-302.

Cudeck, R. (1989). Analysis of correlation matrices using covariance structure models. *Psychological Bulletin, 105,* 317-327.

Curran, P. J., & Hussong, A. M. (2002). Structural equation modeling of repeated measures data. In D. Moskowitz and S. Hershberger (Eds), *Modeling Intraindividual Variability with Repeated Measures Data: Methods and Applications.* Mahwah, NJ: Psychology Press.

Diamantopoulos, A. (1994). Modeling with LISREL: A guide for the uninitiated. *Journal of Marketing Management* (Special Issue on Quantitative Techniques in Marketing), 10: 105-136.

Diamantopoulos, A., & Siguaw J. A. (2000). *Introducing LISREL: A Guide for the uninitiated.* Thousand Oaks, CA: Sage.

Drasgow, F., & Kanfer, R.(1985). Equivalence of psychological measurement in heterogeneous populations. *Journal of Applied Psychology*, 70(4), 662-680.

Duncan, T. E., Duncan, S. C., & Strycker, L. A. (2006). *An introduction to latent variable growth curve modeling.* Mahwah, NJ: Lawrence Erlbaum Associates, Inc.

Edwards, J. & Lambert, L. (2007). Methods for integrating moderation and mediation: A general analytical framework using moderated path analysis. *Psychological Methods*, 12(1), 1-22.

Efron, B. & Tibshirani, R.J. (1993). *An introduction to the bootstrap*. New York: Chapman & Hall.

Falk, C.F., & Biesanz, J.C. (2015). Inference and interval estimation methods for indirect effects with latent variable models. *Structural Equation Modeling*, 22, 24-38.

Fisicaro, S. A. (1988). A reexamination of the relation between halo error and accuracy. *Journal of Applied Psychology, 73,* 239-244.

Fletcher, T. D. & Perry, K. M. (2007, April). A comparison of parceling strategies in structural equation modeling. Paper presented at the 22nd Annual Conference of the Society for Industrial and Organizational Psychology, New York, NY.

Fletcher, T. D. (2005) The effects of parcels and latent variable scores on the detection of interactions in structural equation modeling. (Doctoral dissertation, Old Dominion University) *Dissertation Abstracts International: Section B: The Sciences and Engineering,* 66(5-B), 2872. 14

Fornell, C., & Larcker, D. F. (1981). Evaluating structural equation models with unobserved variables and measurement error. *Journal of Marketing Research, 18,* 39-50.

Fornell, C., & Yi, Y. (1992). Assumptions of the two-step approach to latent variable modeling. *Sociological Methods & Research, 20* (1), 291-320.

Fox, J., Nie, Z., & Byrnes, J. (2012). sem: Structural Equation Models. R package version 3.0-0, URL http://CRAN.R-project.org/package=sem.

Freedman, D. A. (1987). As others see us: A case study in path analysis. *Journal of Educational Statistics, 12,* 101-128.

Freedman, D. A. (1997). From association to causation via regression. In V. R. Mckim & S. P. Turner (Eds.), *Causality in crisis? Statistical methods and the search for causal knowledge in the social sciences* (pp. 113-161, 177-182). Notre Dame, IN: University of Notre Dame Press.

Freedman, L. S., & Schatzkin, A. (1992). Sample size for studying intermediate endpoints within intervention trials of observational studies. *American Journal of Epidemiology*, 136, 1148–1159.

Gottfried, A. E., Fleming, J. S., & Gottfried, A. W. (1994). Role of parental motivational practices in children's academic intrinsic motivation and achievement. *Journal of Educational Psychology, 86*(1), 104-113.

Gould, S. J. (1981). *The Mismeasure of Man*. New York: Norton.

Guilford, J. P. (1962). Creativity: Its measurement and development. In J. J. Parnes & H. F. Harding (Eds.), *A source book for creative thinking*. New York: Scribners.

Hagtvet, K. A., & Nasser, F. M. (2004). How well do item parcels represent conceptually defined latent constructs? A two-facet approach. *Structural Equation Modeling, 11,* 168-193.

Hair, J.F. Jr., Black, W.C., Babin, B.J., Anderson, R.E., & Tatham, R.L. (2006). *Multivariate data analysis* (6th ed.). Upper Saddle River, NJ: Prentice-Hall.

Hall, R. J., Snell, A. F., & Singer-Foust, M. (1999). Item parceling strategies in SEM: Investigation the subtle effects of unmodeled secondary constructs. *Organizational Research Methods, 2,* 233-256.

Hayduk, L. A. (1987). *Structural equation modeling with LISREL: Essentials and advances*. Baltimore, MD: John Hopkins University Press.

Hayes, A. F. (2013). *An introduction to mediation, moderation, and conditional process analysis*. New York: The Guilford Press.

Hays, W. L. (1994). *Statistics*. Fort Worth, TX: Holt, Rinehart & Winston.

Hershberger, S. (1994). The specification of equivalent models before the collection of data. In A. von Eye and C.C. Clogg (Eds.), *Latent variables analysis* (pp.68-108). Thousand Oaks, CA: Sage.

Hocevar, D. & El-Zahhar, N. (1992). Cross-cultural differences in test anxiety: Establishing transliteral equivalence. In K. A. Hagtvet (Ed.), *Advances in test anxiety research*, (Vol. 7, pp. 48-61), Star.

Hoelter, J. W. (1983). The analysis of covariance structures: Goodness-of-fit indices. *Sociological Methods and Research ,11,* 325-344.

Holland, P. W. (1986). Statistics and causal inference. *Journal of the American Statistical Association, 81,* 945-970.

Hoyle, R. H. (1995). *Structural equation modeling: Concepts, issues, and applications*. Thousand Oaks, CA: Sage.

Hoyle, R. H., & Panter, A. T. (1995). Writing about structural equation models. In R. H. Hoyle (Ed.), *Structural equation modeling* (pp. 158-176). Thousand Oaks, CA: Sage.

Hu, L. T., & Bentler, P. M. (1995). Evaluating model fit. In R. H. Hoyle (Ed.), *Structural equation modeling* (pp. 76-99). Thousand Oaks, CA: Sage.

Hu, L. T., Bentler, P. M., & Kano, Y. (1992). Can test statistics in covariance structure analysis be trusted? *Psychological Bulletin, 112,* 351-362.

Hu, L., & Bentler, P. M. (1999). *Cutoff criteria for fit indexes in covariance structural Equation Modeling, 6(1)*, 1-55.

Hui, C. H., & Triandis, H. C. (1985). Measurement in cross-cultural psychology: A review and comparison of strategies. *Journal of Education Psychology, 16,* 131-152.

Ilgen, D. R., Barnes-Farrell, J. L., & McKellin, D. B. (1993). Performance appraisal process research in the 1980s: What has it contributed to appraisals in use? *Organizational Behavior and Human Decision Processes, 54,* 321-368.

James, L. R., & Brett, J. M. (1984). Mediators, moderators, and tests for mediation. *Journal of Applied Psychology*, 69, 307-321.

James, L. R., Mulaik, S. A, & Brett, J. M. (1982). *Causal analysis: Assumptions, models, and data.* Beverly Hills, CA: Sage.

Jöeskog, K. G. (1973). A general method for estimating a linear structural equation system. In A. S. Goldberger & O. D. Duncan (Eds.), *Structural equation models in the social science.* (pp. 85-112). New York: Academic.

Jöeskog, K. G., & Sörbom, D. (1993). *LISREL8.14: Structural equation modeling with the SIMPLIS command language.* Chicago: Scientific Software International.

Jöreskog & Sörbom (1996a). *LISREL 8: User's reference guide.* Chicago: Scientific Software International.

Jöreskog & Sörbom (1996b). *PRELIS 2: User's reference guide.* Chicago: Scientific Software International.

Jöreskog, K. G. & Sörbom, D. (1996). *LISREL 8: Users' reference guide.* Chicago: Scientific Software International.

Jöreskog, K. G. (1971). Simultaneous factor analysis in several populations. *Psychometrika, 36,* 409-426.

Jöreskog, K. G. (1993). Testing structural equation models. In K. A. Bollen & J. S. Lang (Eds.), *Testing structural equation models* (pp. 294-316). Newbury Park, CA: Sage.

Jöreskog, K. G., & Goldberger, A. S. (1972). Factor analysis by generalized least squares. *Psychometrika, 37,* 243-260.

Jöreskog, K. G., & Goldberger, A. S. (1975). Estimation of a model with multiple indicators and multiple causes of a single latent variable. *Journal of the American Statistical Association, 70*, 631-639.

Kaiser, H. F., Hunka, S., & Bianchini, J. (1971). Relating factors between studies based on different individuals. *Multivariate Behavioral Research, 6,* 409.

Kaplan, D. (2000). *Structural equation modeling: Foundations and extensions.* Thousand Oaks, CA: Sage.

Kaplan, D., Harik, P., & Hotchkiss, L. (2000). Cross-sectional Estimation of Dynamic Structural Equation Models in Disequilibrium. In *Structural Equation Modeling Present and Future: A Festschrift in honor of Karl G. Jöreskog.* (pp. 315-339). Lincolnwood, IL: Scientific Software.

Kenny, D. A., & Kashy, D. A. (1992).The analysis of the multitrait-multimethod matrix by Confirmatory factor analysis. *Psychological Bulletin, 112*, 165-172.

Kim, S., & Hagtvet, K. A. (2003) The impact of misspecified item parceling on representing latent variables in covariance structure modeling: a simulation study. *Structural Equation Modeling, 10*, 101-127.

Kishton, J. M., & Widaman, K. F. (1994). Unidimensional versus domain respective parceling of questionnaire items: An empirical example. *Educational and Psychological Measurement, 54*, 757-765.

Kline, R. B. (1996). Eight-month predictive validity and covariance structure of the Alcohol Expectancy Questionnaire for Adolescents (AEQ-A) for junior high school students. *Journal of Studies on Alcohol, 57,* 369-405.

Kline, R. B. (1998). *Principles and practice of structural equation modeling.* New York: Guilford Press.

Koopmans, T. C., Rubin, H., & Leipnik, R. B. (1950). Measuring the equation systems of dynamic economics. In T. C. Koopmans (Ed.), *Statistical inference in dynamic economic models* (pp. 53-237). New York: Wiley.

Landis, R.S., Beal, D. J., & Tesluk, P.E. (2000). A comparison of approaches to forming composite measures in structural equation models. *Organizational Research Methods, 3*, 186-207.

Lee, S., & Hershberger, S. (1990). A simple rule for generating equivalent models in covariance structure modeling. *Multivariate Behavioral Research, 25*, 313-334.

Little, T. D. (2013). *Longitudinal structural equation modeling.* New York, NY:

Guilford Press.

Little, T. D., Cunningham, W. A., Shahar, G., & Widaman, K. F. (2002). To parcel or not to parcel: Exploring the question, weighing the merits. *Structural Equation Modeling, 9*, 151-173.

Little, T. D., Lindenberger, U., & Nesserlroade, J. R. (1999). On selecting indicators for multivariate measurement and modeling with latent variables: When "good" indicators are bad and "bad" indicators are good. *Psychological Methods, 4*, 192-211.

Little, T. D., Schnabel, K. U., & Baumert, J. (Eds.). (2000). M*odeling longitudinal and multilevel data: Practical issues, applied approaches, and specific examples*. Mahwah, NJ, US: Lawrence Erlbaum Associates Publishers.

Lomnicki, Z. A. (1967). On the distribution of products of random variables. *Journal of the Royal Statistical Society, Series B, 29*, 513-524.

Long, J. S. (1983). *Confirmatory factor analysis*. CA: Sage.

Lord, F. M., & Novick, M. R. (1968). *Statistical theories of mental test scores*. Reading, MA: Addison-Wesley.

Lowe, N. K., & Ryan-Wenger, N. M. (1992). Beyond Campbell and Fiske: Assessment of convergent and discriminant validity. *Research in Nursing and Health, 15,* 67-75.

MacCallum, R. C., & Austin, J. T. (2000). Applications if structural equation modeling in psychological research. *Annual Review of Psychology, 51*, 201-226.

MacCallum, R. C., Roznowski, M., Mar, M., & Reith, J. V. (1994). Alternative strategies for cross-validation of covariance structure models. Multivariate Behavioral Research, 29, 1-32.

MacCallum, R. C., Wegener, D. T., Uchino, B. N., & Fabrigar, L. R. (1993). The problem of equivalent models in application of covariance structure analysis. *Psychological Bulletin, 114,* 185-199.

MacKinnon, D. P. (2008). *Introduction to statistical mediation analysis*. Mahwah, NJ: Erlbaum.

MacKinnon, D. P., Fritz, M. S., Williams, J. & Lockwood, C. M. (2007). Distribution of the product confidence limits for the indirect effect: Program PRODCLIN. *Behavior Research Methods. 39*, 384-389.

MacKinnon, D. P., Krull, J. L., & Lockwood, C. M. (2000). Equivalence of the mediation, confounding, and suppression effect. *Prevention Science, 1*, 173-181.

MacKinnon, D. P., Lockwood, C. M., & Williams, J. (2004). Confidence limits for the indirect effect: Distribution of the product and resampling methods. *Multivariate Behavioral Research, 39*(1), 99-128.

MacKinnon, D. P., Warsi, G., & Dwyer, J. H. (1995). A simulation study of mediated effect measures. *Multivariate Behavioral Research, 30*, 41-62.

Mackinnon, D.P., Lockwood, C. M., Hoffman, J. M., West, S. G., & Sheet, V. (2002). A comparison of methods to test mediation and other intervening variable effects. *Psychological Methods, 7*, 83-104.

Marcoulides, G. A. & Schumacker, R. E. (1996). *Advance structural equation modeling: Issues and techniques.* Mahwah, NJ: Lawrence Erlbaum Associates.

Marsh, H. W. (1988). Multitrait-multimethod analyses. In J. P. Keeves (Ed.), *Educational research methodology, measurement and evaluation: An international handbook.* Oxford, Pergamon.

Marsh, H. W. (1989). Confirmatory factor analyses of multitrait-multimethod data: Many problems and a few solutions. *Applied Psychological Measurement, 13*, 335-361.

Marsh, H. W. (1996). Positive and negative global self-esteem: A substantive meaningful distinction or artifactors? *Journal of Personality and Social Psychology, 70,* 810-819.

Marsh, H. W., & Bailey, M. (1991). Confirmatory factor analyses of multitrait-multimethod data: A comparison of alternative models. *Applied Psychological Measurement, 15*, 47-70.

Marsh, H. W., & Hocevar, D. (1985). Application of confirmatory factor analysis to the study of self-concept: First- and higher order factor models and their invariance across groups. *Psychological Bulletin, 97*, 562-582.

Marsh, H. W., & Hocevar, D. (1988). A new, more powerful method of multitrait-multimethod analysis. *Journal of Applied Psychology, 73,* 107-117.

Marsh, H. W., Hau, K., Balla, J. R., & Grayson, D. (1998). Is more ever too much? The number of indicators per factor in confirmatory factor analysis. *Multivariate Behavioral Research, 33*, 181-220.

Maruyama, G. M. (1997). *Basics of structural equation modeling.* Thousand Oaks, CA: SAGE Publications, Inc.

McArdle J. J. (1989). Structural modeling experiments using multiple growth functions. In P. Ackerman, R. Kanfer, R. Cudeck (Eds.), *Learning and individual differences: Abilities, motivation, and methodology.* Hillsdale, NJ: Erlbaum,71-117.

McArdle, J. J., & Nesselroade, J. R. (2014). *Longitudinal Data Analysis Using Structural Equation Models.* Washington, D.C.: APA.

McDonald, R. P. (1997). Haldane's lungs: A case study in path analysis. *Multivariate Behavioral Research, 32,* 1-38.

McDonald, R. P. (1999). *Test theory: A unified treatment.* Mahwah, NJ: Erlbaum.

McDonald, R. P., & Marsh, H. M. (1990). Choosing a multivariate model: Noncentrality and goodness-of-fit. *Psychological Bulletin, 107,* 247-255.

McDonald, R. P., Parker, P. M., & Ishizuka, T. (1993). A scale-invariant treatment for recursive models. *Psychometrika, 58,* 431-443.

McDonald, R.P., Ho, M. R. (2002). Principles and practice in reporting structural equation analysis. *Psychological Methods,7,* 64-82.

Meade, A. W., & Kroustalis, C. M. (2006). Problems with Item Parceling for Confirmatory Factor Analytic Tests of Measurement Invariance. Organizational Research Methods, 9, 369-403.

Meehl, P. E. (1959). Some rumination on the validation of clinical procedures. *Canadian Journal of Psychology*, 13, 102-128.

Meehl, P. E., & Waller, N. G. (2002). *The path analysis controversy: A new statistical approach to strong appraisal of verisimilitude, 7*(3), 283-300.

Meinert, C. L. (1986). Monographs in epidemiology and biostatistics(Vol. 8): *Clinical trials: Design, conduct and analysis.* New York, NY: Oxford University Press.

Meredith, W. (1964). Notes on factorial invariance. *Psychometrika, 29,* 177-185.

Meredith, W., & Tisak, J. (1990). Latent curve analysis. *Psychometrika*, 55, 107-122.

Messick, S. (1989). Validity. In R. L. Linn (Ed.), *Educational measurement* (pp. 13-103). Washington, DC: American Council on Education and National Council on Measurement in Education.

Mitchell, T. R., (1985). An evaluation of the validity of correlational research conducted in organizations. *Academy of Management Review, 10,* 192-205.

Mosier, C. I. (1951). Batteries and profiles. In E. F. Lindquist (Ed.), *Educational measurement* (pp. 764-808). Washington, DC: American Council on Education.

Mulaik, S. A. (1972). *The foundations of factor analysis.* New York: McGraw-

Hill.

Mulaik, S. A. (1986). Toward a synthesis of deterministic and probabilistic formulations of causal relations by the functional relation concept. *Philosophy of science, 52,* 410-430.

Mulaik, S. A. (1995). The metaphoric origins of objectivity, subjectivity and consciousness in the direct perception of reality, *Philosophy of Science, 62,* 283-303.

Mulaik, S. A., James, L. R., Van Altine, J., Bennett, N., Lind, S., & Stilwell, C. D. (1989). Evaluation of goodness-of-fit indices for structural equation models. *Psychological Bulletin, 105,* 430-445.

Mulaik, S.A. & Millsap, R.E. (2000). Doing the four-step right. *Structural Equation Modeling, 7,* 36-73.

Muller, D., Judd, C. M., & Yzerbyt, V. Y. (2005). When moderation is mediated and mediation is moderated. *Journal of Personality and Social Psychology*, 89(6): 852-863.

Murphy, K. R., Jako, R. A., & Anhalt, R. L. (1993). Nature and consequences of halo error: A critical analysis. *Journal of Applied Psychology, 78,* 218-225.

Muthén, B. O., & Asparouhov, T. (2012). Bayesian SEM: A more flexible representation of substantive theory. *Psychological Methods*, 17: 313-335.

Muthén, B. O., Muthén, L. K., & Asparouhov, T. (2016). *Regression and mediation analysis using Mplus.* Los Angeles: Muthén & Muthén.

Muthén, B., Kaplan, D., & Hollis, M. (1987). On structural equation modeling with data that are not missing completely at random. *Psychometrika, 52,* 431-462.

Muthén, L. K., & Muthén, B. O. (1998-2017). *Mplus User's Guide. Eighth Edition.* Los Angeles, CA: Muthén & Muthén.

Nasser, F., & Wisenbaker, J. (2003). A Monte Carlo study investigating the impact of item parceling on measures of fit in confirmatory factor analysis. *Educational and Psychological Measurement, 63,* 729-757.

Nesselroade, J. R. (1991). Interindividual differences in intrainsividual change. In L. M. Collins & J. L. Horn (Eds.), *Best methods for the analysis of change* (pp. 92-105). Washington, DC: American Psychological Association.

Nunnally, J. C. (1978). *Psychometric theory* (2nd ed.). New York, NY: McGraw-Hill, Inc.

Nunnally, J. C., & Bernstein, I. H. (1994). *Psychometric theory* (3rd ed.). New

York, NY: McGraw-Hill, Inc.

Pearl, J. (2000). *Causality: Models, reasoning and inference*. Cambridge, England: Cambridge University Press.

Pedhazur, E. J. (1997). *Multiple regression in behavioral research: Explanation and prediction* (4th. ed). New York: Thomson Learning, Inc.

Please, N. W. (1973). Comparison of factor loadings in different populations. *British Journal of Mathematical and Statistical Psychology, 26,* 67-89.

Podsakoff, P., & Organ, D. (1986). Self-reports in organizational research: Problems and prospects. *Journal of Management, 12,* 531-544.

Preacher, K. J., Rucker, D. D., & Hayes, A. F. (2007). Assessing moderated mediation hypotheses: Theory, methods, and prescriptions. *Multivariate Behavioral Research*, 42, 185–227.

Raine-Eudy, R. (2000). Using structural equation modeling to test for differential reliability and validity: An empirical demonstration. *Structural Equation Modeling 7*(1): 124-141.

Rao, C. R. (1958). Some statistical methods for comparison of growth curves. *Biometrics*, 14, 1–17.

Raykov, T. (2002). Analytic estimation of standard error and confidence interval for scale reliability. *Multivariate Behavioral Research, 37,* 89-103.

Raykov, T. (2004). Behavioral scale reliability and measurement invariance evaluation using latent variable modeling. *Behavior Therapy, 35,* 299-331.

Raykov, T., & Marcoulides, G. A. (2000). Can there be infinitely many models equivalent to a given covariance structure model? *Structural Equation Modeling*, 8, 142-149.

Raykov, T., & Penev, S. (1999). On structural equation model equivalence. *Multivariate Behavioral Research, 34,* 199-244.

Raykov, T., Marcoulides, G. A. (2000). *A first course in structural equation modeling*. Mahwah, NJ: Lawrence Erlbaum Associates, Inc.

Raykov, T., Marcoulides, G. A. (2001). Can there be infinitely many models equivalent to a given covariance structure model? *Structural Equation Modeling, 8*, 142-149.

Reise, S. P., Widaman, K. F., & Pugh, R. H. (1993). Confirmatory factor analysis and item response theory: Two approaches for exploring measurement invariance.

Psychological Bulletin, 114, 552-566.

Reynolds, C. R., & Harding, R. E. (1983). Outcome in two large sample studies of factorial similarity under six methods of comparison. *Educational and Psychological Measurement, 43,* 723-728.

Rigdon, E. E. (1995). A necessary and sufficient identification rule for structural models estimated in practice. *Multivariate Behavioral Research, 30*(3), 359-383.

Rogers, W. R., & Schmitt, N. (2004). Parameter recovery and model fit using multidimensional composites: a comparison of four empirical parceling algorithms. *Multivariate Behavioral Research, 39,* 379-412.

Rosenberg, M. (1986). The logic of survey analysis. New York: Basic Books.

Rosseel, Y. (2012). lavaan: An R Package for Structural Equation Modeling. *Journal of Statistical Software*, 48(2), 1-36. URL http://www.jstatsoft.org/v48/i02/.

Sampson, C. B., & Breunig, H. L. (1971). Some Statistical Aspects of Pharmaceutical Content Uniformity. *Journal of Quality Technology, 3*, 170-178.

Satorra, A., & Bentler, P. M. (1988). Scaling corrections for chi-square statistics in covariance structure analysis. *In American Statistical Association 1988 proceedings of the business and economics section* (pp. 308-313). Alexandria, VA: American Statistical Association.

Satorra. A., & Bentler, P. M. (1994). Corrections to test statistics and standard errors on covariance structure analysis. In A. von Eye & C. C. Clogg (Eds.), *Latent variables analysis* (pp. 399-419). Thousand Oaks, CA: Sage.

Schumacker, R. E., & Lomax, R. G. (1996). *A beginner's guide to structural equation modeling.* Mahwah, NJ: Erlbaum.

Sharma, S., Durand, R. M., & Gur-Arie, O. (1981). Identification and Analysis of Moderator Variables, *Journal of Marketing Research, 18,* 291-300.

Smith, H. F. (1957). Interpretation of adjusted treatment means and regression in analysis of covariance. *Biometrics, 13,* 282-308.

Sobel, M. E. (1982). Asymptotic confidence intervals for indirect effects in structural equation models. Sociological Methodology, 13. 290-312.

Sobel, M. E. (1986). Some new results on indirect effects and their standard errors in covariance structure models. *Sociological Methodology, 16*, 159-186.

Sobel, M. E. (1987). Direct and indirect effects in linear structural equation models. *Sociological Methods and Research, 16,* 155-176.

Sörbom, D. (1974). A general method for studying differences in factor means and factor structure between groups. *British Journal of Mathematical and Statistical Psychology, 27*, 229-239.

Spearman, C. (1904). General intelligence, objectively determined and measured. *American Journal of Psychology, 15*, 201-293.

Springer, M. D., & Thompson, W. E. (1966). The distribution of products of independent random variables. *SIAM Journal on Applied Mathematics, 14*, 511-526.

Steiger, J. H. (1990). Structural model evaluation and modification: An interval estimation approach. *Multivariate Behavioral Research, 25,* 173-180.

Stelzl, I. (1986). Changing a causal hypothesis without changing the fit: Some rules for generating equivalent path models. *Multivariate Behavioral Research, 21*, 309-331.

Steiger, J. H., Shapiro, A., & Browne, M. W. (1985). On the multivariate asymptotic distribution of sequential chi-square tests. *Psychometrika, 50*, 253-264.

Tabachnick, B. G., & Fidell, L. S. (2001). *Using Multivariate Statistics*. Needham Heights, MA: Allyn and Bacon.

Tabachnick, B. G., & Fidell, L. S. (2007). *Using multivariate statistics* (5th Ed.). Boston, MA: Allyn & Bacon.

Tanaka, J. S. (1993). Multifaceted conceptions of fit in structural equation models. In K. A. Bollen & J. S. Long (Eds.), *Testing structural equation models* (pp. 10-39). Newbury Park, CA: Sage.

Tanaka, J. S., & Huba G. J. (1989). A General coefficient of determination for covariance structure models under arbitrary GLS estimation. *British Journal of Mathematical and Statistical Psychology, 42*, 233-239.

Tatsuoka, M. M. (1988). *Multivariate analysis: Techniques for educational and psychological research*. New York: Macmillan.

Thurstone, L. L. (1947). *Multiple factor analysis*. Chicago, IL: University of Chicago Press.

Tisak, J., & Meredith, W. (1990). Longitudinal factor analysis. In A. von Eye (Ed.), Statistical methods in longitudinal research: *Principles and structuring change* (Vol. 1, pp. 125-150). San Diego CA: Academic.

Tucker, L. R. & Lewis, C.(1973). The reliability coefficient formaximum likelihood factor analysis. *Psychometrika*, 38, 1-10.

Vandenberg, R. J., & Lance, C. E. (2000). A review and synthesis of the measurement equivalence literature: Suggestions, practices, and recommendations for organizational research. *Organizational Research Methods, 3*, 4-69.

Vandenberg, R. J., & Scarpello, V. (1991). Multitrait multimethod validation of the satisfaction with my supervisor scale. *Educational and Psychological Measurement, 52*, 203-212.

Wang, L., & Preacher, K. J. (2015). Moderated mediation analysis using Bayesian methods. *Structural Equation Modeling, 22*, 249-263.

West, S. G., Finch, J. F., & Curran, P. J. (1995). Structural equation models with non-normal variables: Problems and remedies. In R. H. Hoyle (Ed.), *Structural equation modeling* (pp. 56-75). Thousand Oaks, CA: Sage.

Williams, F. (1980). *Creativity Assessment Packet: Manual.* East Aurora, NY: DOK Publishers.

Williams, L. J., & Holahan, P. J. (1994). Parsimony-based fit indices for multiple-indicator models: Do they work？ *Structural Equation Modeling, 1*, 161-189.

Wolfle, L. M. (2003). The introduction of path analysis to the social sciences, and some emergent themes: An annotated bibliography. *Structural Equation Modeling, 10*, 1-34.

Wright, S. (1918). On the nature of size factors. *Genetics, 3*, 367-374.

Wright, S. (1921). Correlation and causation. *Journal of Agriculture Research, 20*, 557-585.

Wright, S. (1960). Path coefficients and path regressions: Alternative or complementary concepts? *Biometrics, 16*, 189-202.

Yuan, K. H., Bentler, P. M., & Kano, Y. (1997). On averaging variables in a CFA model. *Behaviormetrika, 24,* 71–83.